普通高等教育经济管理类精品教材

ECONOMIC LAW

经济法教程

庞　欢　陈金东 / 主编

经济科学出版社
Economic Science Press

图书在版编目（CIP）数据

经济法教程／庞欢，陈金东主编．—北京：经济科学出版社，2016.3（2017.9 重印）
ISBN 978－7－5141－6472－5

Ⅰ.①经… Ⅱ.①庞…②陈… Ⅲ.①经济法－中国－高等学校－教材 Ⅳ.①D922.29

中国版本图书馆 CIP 数据核字（2016）第 006503 号

责任编辑：周国强
责任校对：郑淑艳
责任印制：邱 天

经济法教程
庞 欢 陈金东 主编
经济科学出版社出版、发行 新华书店经销
社址：北京市海淀区阜成路甲 28 号 邮编：100142
总编部电话：010－88191217 发行部电话：010－88191522
网址：www.esp.com.cn
电子邮件：esp@esp.com.cn
天猫网店：经济科学出版社旗舰店
网址：http://jjkxcbs.tmall.com
固安华明印业有限公司印装
787×1092 16 开 26.5 印张 780000 字
2016 年 3 月第 1 版 2017 年 9 月第 2 次印刷
ISBN 978－7－5141－6472－5 定价：49.00 元
（图书出现印装问题，本社负责调换。电话：010－88191502）

本书编委会

主　编　庞　欢　陈金东

副主编　丁炜炜　裴崇毅　刘志龙

编委会成员（按姓氏笔画排序）

丁炜炜　刘志龙　庞　欢

陈金东　裴崇毅

前　　言

法律与经济之间存在密切的关系，伴随着社会大量经济现象的出现，人们开始寻求通过法律的方式来解决彼此之间的权利义务配置。市场经济的发展和繁荣促进了法律的体系化、制度化和系统化发展，而成熟的市场经济必然要求完备的法制。市场经济中生产、交换、分配、消费等各个环节的运转，市场秩序的维系，国家对经济活动的管理和宏观调控，都需要法律的引导与规范。正因为如此，经济类和管理类的学生掌握一些与经济有关的法律知识是十分必要的。

对经济的法律调整古已有之，但经济法作为一个独立的法律部门是20世纪新兴的，特别是在我国其更是一个新兴的法律部门。从法律部门的角度，经济法是国家政权普遍直接参与经济环节、公共管理渗透到经济生活方方面面的产物。法学专业中的经济法就是指作为独立法律部门的经济法。经管类学生所需要具备的法律知识是指和经济有关的法律，不仅包括经济法，还包括民商法等相关法律制度。这使得适用于经管类学生的经济法和法学专业教材的经济法在章节体例和内容上存在很大的差别。本书编者均多年从事经管类学生经济法的教学工作，为适应实际教学的需要编制本教材。

本教材分为五编进行阐述：民商法基础知识、市场主体法、市场行为法、市场管理法、宏观调控法。鉴于经管类学生没有学过民商法基础知识，而民商法中相关制度与经济法存在极其密切的关系，也是平等主体间开展经济活动所必需的法律制度，教材第一编专设民商法基础知识，对相关法律制度进行介绍，既满足了经管类学生对法律知识的需求，也为学生学习后续知识打下基础。后续各编分别对市场主体、市场行为、市场管理和宏观调控法律制度进行具体阐述，各编之间具有内在的逻辑结构，各章节之间形成了紧密的知识体系。

在具体体例上，每章分为四个部分：材料导读、基本理论、案例探讨和法律链接。材料导读目的在于激发读者学习兴趣，引出正文基本理论的介绍。基本理论对相关法律制度进行了阐述，让读者对相关法律制度有全面的了解。案例探讨则帮助读者加深所学知识的理解，培养学生分析问题和解决问题的能力。最后法律链接便于读者掌握具体法律规定，在碰到实际案例时可以依据章节查找我国相关法律规定。

本书由庞欢、陈金东担任主编，丁炜炜、裴崇毅、刘志龙担任副主编。具体分工如下：第一章至第四章由庞欢编写，第五章至第九章由陈金东编写，第十章由刘志龙编写，第十一章至第十七章由丁炜炜编写，第十八章至第二十一章由裴崇毅编写。由庞欢负责主要法律链接和统稿工作。本教材编写过程中部分同事和学生付出了辛勤的劳动，在此一并致以衷心的谢意。

编写一本上乘的经济法教材是编者们的美好愿望，但该愿望的实现绝非易事。虽然编者们尽可能地查阅资料，认真编写，但由于水平有限，本书可能存在这样或那样的缺点和不足，甚至存在错误之处，敬请同行和读者批评指正。

编者

2015 年 12 月 18 日

目　　录

第一编　民商法基础知识

第一章　民法基本制度

材料导读

2015 年 4 月 20 日，中国法学会民法典编纂项目领导小组秘书处和中国民法学研究会秘书处发布《对〈中华人民共和国民法典·民法总则专家建议稿（征求意见稿）〉公开征求意见的通知》。截至 6 月 22 日，《中华人民共和国民法典·民法总则专家建议稿（征求意见稿）》（以下简称“专家建议稿”）在各网站平台浏览量为：中国民商法律网网站 16914，微信平台 49832，微博平台 291853；中国法学创新网 17165。共有 413 人、15 个团体通过发送电子或纸质方式直接向中国法学会民法典编纂项目领导小组秘书处和中国民法学研究会秘书处对专家建议稿提出意见或建议，共计 2381 条（电子版 2018 条，纸质版 363 条），字数总计超过 83 万字（电子版 784803 字；纸质版近 6 万字）。此外，还有超过 125 人次通过会议报告、发言等其他形式提出意见或建议。[①]

法律是调整人与人之间各种社会关系的规范，经法律所确认和调整的社会关系称为法律关系。根据所调整的社会关系的性质不同，法律规范可以划分为不同的法律部门，民法是其中非常古老和重要的法律部门。民法所调整的社会关系是平等主体之间的人身关系和财产关系，商品交换需要的主体制度、所有权制度和契约制度都首先由民法进行规范，其反映了商品生产和交换的本质要求和基本规律。不同历史时期的民法尽管在体系和内容上存在明显差别，但都是以调整市场关系为基本内容的，是特定时期的经济关系的反映。经济法是在民法的基础上产生和发展起来的，直至 20 世纪才逐渐被人们当做一个独立的法律部门。要学习和掌握经济法的内容，首先要学习民法的相关制度和理论。

第一节　民事法律关系

民事法律关系是指经民法调整所形成的以民事权利和民事义务为核心的社会关系。民事法律关系是民法的基本概念，是整个民法体系展开与构建的基础。任何法律关系均

① 中国民法学研究会关于民法总则专家建议稿公开征求意见的致谢公告 – 实务动态 – 悦读驿站 – 中国民商法网［EB/OL］. http：//www. civillaw. com. cn/bo/t/？29566

由主体、客体和内容三个要素构成，民事法律关系也不例外。主体、客体、内容是民事法律关系成立所不可或缺的因素。

一、民事法律关系的主体

民事法律关系的主体简称民事主体，是指民事法律关系的参加者，民事法律关系中享有权利，承担义务的人。在民事法律关系中，享有权利的一方当事人称为权利主体，也称为权利人；负有义务的一方当事人称为义务主体，也称为义务人。民事法律关系是人与人之间的关系，每个民事法律关系均为一定主体之间的关系，没有主体就不能构成民事法律关系，主体是民事法律关系的首要要素。在我国，民事主体包括自然人、法人、其他组织，国家在特殊情况下也可以成为民事主体。

（一）自然人

民事活动中最常见的主体是自然人，自然人即生物学意义上的人，是基于出生而取得民事主体资格的人。自然人包括本国公民、外国公民和无国籍人。公民是指具有一国国籍的自然人。在我国法律中，“公民”和“自然人”的概念混同使用，《民法通则》使用“公民”，《合同法》则使用“自然人”，除极少数的无国籍人外，自然人都是某国公民。

1. 自然人的民事权利能力

自然人的民事权利能力，是指法律赋予自然人的享有民事权利、承担民事义务的资格。自然人具有平等的民事权利能力。自然人的权利能力始于出生，终于死亡。自然人的民事权利能力自出生时开始，出生的时间以户籍证明为准；没有户籍证明的，以医院出具的出生证明为准。没有医院证明的，参照其他有关证明认定。自然人出生应具备“出”和“生”两个条件。“出”是指胎儿和母体分离，至于是自然分娩还是分工分娩，则在所不问。“生”是指胎儿与母体分离之后仍然是个活体，至于存活时间的长短，则不影响其民事权利能力的取得与否。自然人死亡是其权利能力消灭的唯一原因。自然人死亡后，其民事权利能力消灭，其作为民事法律关系主体的资格也就消灭了。法律上的死亡分为自然死亡和宣告死亡两种。自然死亡，又称为生理死亡，是自然人生命的结束。宣告死亡是指根据法律规定的条件和程序，自然人下落不明满一定期限后，经利害关系人申请，由法院宣告该自然人死亡。自然死亡和宣告死亡具有同样的法律效力，但自然死亡不存在撤销问题，宣告死亡存在撤销的情况。

2. 自然人的民事行为能力

自然人的民事行为能力是指自然人以自己的行为参与民事活动，行使权利、承担义务的资格。自然人是否能以自己的行为行使权利、承担义务，关键是看其是否具有意思能力。意思能力即行为人对其行为性质和后果识别和判断的能力。意思能力和自然人的年龄与精神健康状况密切相关，因此以年龄和精神状态为标准，可以将自然人的民事行为能力分为三类。

（1）完全民事行为能力。完全民事行为能力是指自然人能够独立实施法律行为的资格。根据我国法律规定，18 周岁以上，精神健康状况正常的公民，具有完全民事行为能力，可以独立进行民事活动。16 周岁以上不满 18 周岁的公民，以自己的劳动收入为主要生活来源的，视为完全民事行为能力人。

（2）限制民事行为能力。限制民事行为能力是指在一定范围内具有行为能力，可以从事相应的法律行为，超出该范围就不具有以自己的行为行使权利承担义务的资格。根据我国法律规定，10 周岁以上的未成年人和不能完全辨认自己行为的精神病人是限制民事行为能力人，可以从事与他的年龄、智力、精神健康状况相适应的民事活动。

（3）无民事行为能力。无民事行为能力是指不具有以自己的行为行使权利承担义务的资格。根据我国的法律规定，不满 10 周岁的未成年人和完全不能辨认自己行为的精神病人是无民事行为能力人。

3. 监护

对于无民事行为能力或限制民事行为能力的未成年人和精神病人，法律设置了监护制度来保护其合法权益。所谓监护是对未成年人和精神病人的人身、财产及其他合法权益进行监督和保护的一种民事制度。未成年人的父母是未成年人的法定监护人，如果未成年人的父母死亡或没有监护能力，则由祖父母、外祖父母、兄、姐、关系密切的其他亲属、朋友担任监护人。没有上述监护人的，由未成年人父母所在单位或未成年人住所地的居民委员会、村民委员会或民政部门担任监护人。精神病人的监护人由其配偶、父母、成年子女、其他近亲属、关系密切的其他亲属、朋友担任。没有上述监护人的，由精神病人所在单位或住所地的居民委员会、村民委员会或民政部门担任监护人。监护人的具体职责包括：保护被监护人的人身、财产及其他合法权益不受损害；保管被监护人的财产；担任被监护人的法定代理人。监护因为被监护人完全获得民事行为能力、监护人或被监护人死亡、监护人丧失民事行为能力、监护人辞职或撤职等原因而终止。

4. 宣告失踪和宣告死亡

人们经常由于自然灾害、探险活动、战争等各种原因而导致下落不明。失踪人的财产关系和身份关系势必处于不确定状态，这种不确定状态的长期持续不仅有害于失踪人及利害关系人的利益还不利于社会经济的发展和秩序的稳定。为此，法律设置了宣告失踪和宣告死亡制度。

宣告失踪是指根据法律规定的条件和程序，自然人在下落不明满一定期限时，经利害关系人申请，由人民法院宣告该自然人为失踪人的制度。根据我国法律规定，宣告失踪应满足以下条件和程序：①必须自然人下落不明满 2 年；②必须由利害关系人向人民法院提出申请；③必须由人民法院根据法定程序宣告。法院判决宣告自然人失踪的，应当同时指定失踪人的财产代管人，由代管人管理失踪人的财产，代理失踪人履行债务和受领他人的履行等。

宣告死亡是指根据法律规定的条件和程序，自然人在下落不明满一定期限时，经利害关系人申请，由人民法院宣告该自然人死亡的制度。根据我国法律规定，宣告死亡应满足以下条件和程序：①自然人下落不明满法定期限，通常情况下下落不明满 4 年，在意外事故中失踪的，满 2 年；②利害关系人向人民法院提出申请，申请宣告死亡的利害关系人有顺序规定，其顺序是：配偶；父母、子女；兄弟姐妹、祖父母、外祖父母、孙子女、外孙子女；其他有民事权利义务关系的人；③由人民法院根据法定程序宣告。自然人被宣告死亡的法律效果相当于自然死亡。自然人被宣告死亡后其债权债务关系要进行清理，继承关系开始。自然人被宣告死亡后与其配偶的婚姻关系，从死亡宣告之日消灭。自然人被宣告死亡后，其子女可依法被他人收养。自然人被宣告死亡后，如果重新出现，经本人或利害关系人的申请，法院应当撤销对他的死亡宣告。

5. 个体工商户和农村承包经营户

自然人在法律允许的范围内，依法经核准登记，从事工商业经营的，为个体工商户。农村集体经济组织的成员，在法律允许的范围内，按照承包合同规定从事商品经营的，为农村承包经营户。个体工商户和农村承包经营户并非独立的民事主体类型，而是包含在自然人这种民事主体中，其行为的后果由自然人承受。

（二）法人

在法律上，人不仅指自然人还包括法人。所谓法人是指依法成立，享有民事权利能力和民事行为能力，依法独立享有民事权利和承担民事义务，并独立承担民事责任的组织。现代意义的法人制度产生于德国民法。伴随商品经济的发展而发展起来的公司制度在法律上就是属于法人制度。

1. 法人的成立

法人制度是法律的一种制度设计，法人的条件由法律加以规定，判断一个组织是否具备法人的条件，应以法律的规定为依据。我国《民法通则》对法人成立的条件作了一般性的规定，至于特定类型法人成立的条件则由专门法给予规定。例如，我国公司法人应具备的具体条件由《公司法》规定。根据《民法通则》的规定，法人成立应具备的一般条件是：依法成立；有必要的财产或者经费；有自己的名称、组织机构和场所；能够独立承担民事责任。

2. 法人的民事权利能力和行为能力

法人的民事权利能力，是指法人依法享有民事权利、承担民事义务的资格。法人成立后，具有独立的民事主体资格，也就具有民事权利能力，可以享有民事权利和承担民事义务。法人的民事权利能力始于法人成立，终于法人解散。例如，企业法人的民事权利能力从核准登记手续、颁发营业执照时取得，从办理注销登记后消灭。法人不能享有自然人基于其特有的人身关系而享有的那些民事权利，例如法人不可能享有生命权、健康权、婚姻自由权等。法人的民事权利能力通常根据其设立的宗旨而定，不同的法人之间的民事权利能力存在明显差异。例如从事药品生产经营的法人不能从事房地产经营活动。

法人的民事行为能力是指法人可以独立进行民事活动，通过自己的行为取得民事权利和承担民事义务的资格。法人作为民事主体，需要独立参与民事活动，就必须具备相应的民事行为能力。法人的民事行为能力和民事权利能力同时产生，同时消灭。法人的民事行为能力和民事权利能力的范围完全一致。法人只有在其民事权利能力和民事行为能力的范围内从事民事行为，才能受到法律的承认和保护。

3. 法人的机关

法人的机关，是指根据法律或者法人章程在法人内部设立的，对内管理法人事务，对外代表法人从事民事活动的组织机构。法人作为民事主体，具有民事权利能力和民事行为能力，可以通过自身的行为取得权利和承担义务。然而法人是一种社会组织，必须建立自己的机关，才能形成自己的意志，完成自己各种活动。因此法人是依其机关而存在，法人的机关是法人据以存在并维持主体资格的必不可少的要件。法人的机关依据其在法人活动中所发挥的作用不同，可分为意思机关、执行机关、代表机关和监督机关。例如有限责任公司的组织机构包括股东会、董事会、监事会。

4. 法人的变更和终止

法人的变更是指法人在其存续期间内发生的合并、分立以及设立目的、组织形式、业务范围、注册资本等发生的变化。法人的变更主要有以下形式：

（1）法人合并。法人合并是指两个或两个以上法人合并成为一个法人。法人合并有吸收合并和新设合并之分。吸收合并是指一个或多个法人归入一个现存的法人之中，被合并的法人主体资格消灭的合并形式。例如A公司和B公司合并成为A公司。新设合并是指两个或两个以上法人合并成为一个新的法人，原有的法人全部归于消灭的合并形式。例如A公司和B公司合并成为C公司。

（2）法人分立。法人分立是指一个法人分成两个或两个以上的法人。法人分立有新设分立和派生分立之分。新设分立是指原法人解散，分立成为两个或者两个以上新法人。例如A公司分立成为B公司和C公司。派生分立是指原法人存续，但从中分立出新的法人。例如A公司分立成为A公司和B公司。

（3）其他形式的变更。包括组织形式、法人名称、业务范围等。例如法人组织形式的变更，也就是所谓的“改制”，有限责任公司改为股份有限公司等。

法人的终止又称为法人的消灭，是指法人丧失权利主体资格，其民事权利能力和民事行为能力的终止。法人的终止相当于自然人的死亡，自然人的死亡产生继承问题，法人的终止则产生债权债务的清理。为了清理法人的债权债务，法人的终止必须经过解散和清算两种程序。

（三）其他组织

其他组织又称为非法人组织、非法人团体，是指能够以自己的名义从事民事活动，但不享有独立财产权利和不承担独立民事责任的组织体。其他组织在实务中是大量存在的，既有以营利为目的的，也有非以营利为目的的；既有较大规模的，也有小规模的；既有经过登记成立的，也有未经登记存在的。根据我国相关的民商事立法，非法人组织主要包括非法人企业、非法人经营体、非法人公益团体，最为典型的为合伙企业。

二、民事法律关系的内容

民事法律关系的内容主要是指民事主体所享有的权利和所承担的义务。民事权利和民事义务是民事法律关系中的核心要素。

1. 民事权利

权利就是法律对要保护的特定利益赋予法律上的力，确保权利主体可以享受特定利益，这种可享受特定利益的法律上的力，称为权利。民事权利就是民法规范赋予民事主体为实现其利益而具有的法律上的力量。

以民事权利的内容为标准，可以将民事权利分为人身权、财产权和综合性权利。①人身权。人身权是指以人格利益和身份利益为内容，与权利人的人身不可分离，不具有直接财产内容的民事权利。人身权包括人格权和身份权。人格权是民事主体依法享有的维持自己生存和尊严的权利，包括生命权、健康权、姓名权、名称权、肖像权、名誉权、荣誉权、隐私权等。身份权是指民事主体基于一定身份或地位而享有的权利，包括配偶权、亲权等。②财产权。财产权是指以财产为标的，具有直接的财产内容或经济利益的民事权利。财产权主要包括物权和债权。下文将详细介绍。③综合性权利。综合性权利也称为双重性质的权利，是指既具有财产权利的性质又具有人身权利性质的权利。综合性权利主要包括知识产权、继承权等。知识产权也将在下文中详细阐述。

2. 民事义务

民事义务与民事权利是相对应的一个概念，是指根据法律规定或者当事人之间的约定，义务人为一定行为或者不为一定行为，以满足权利人的需要。民事权利体现了民事主体可以从事行为的自由范围，而民事义务则体现了法律对民事主体的约束。民事权利可以抛弃，民事义务则不能，如果民事主体不履行相应的义务，就要承担相应的民事责任。

三、民事法律关系的客体

民事法律关系的客体是指民事权利和民事义务所指向的对象。民事权利和民事义务是以客体为基础的，没有民事客体，民事权利和民事义务就无所依归，从而无法确定。各民事主体之间也正是因为一定的客体而彼此发生联系，从而为民法所调整。民事法律关系的客体就是民事利益，在不同的民事法律关系中，客体是不同的。民事法律关系的客体主要有人身利益、物、行为、智力成果，特定情况下权利也可以成为民事法律关系的客体。虽然物并不是权利唯一的客体，但是，物在权利客体中具有绝对优势地位。根据不同的标准，可以对物做不同的分类。以物能否移动并且移动是否损害其价值、改变其性质为标准，物可以分为动产和不动产。动产和不动产是物的最基本的一种分类方式。

1. 不动产

不动产是指不能移动或移动会损害其价值或变更其性质的物。不动产主要是指土地及土地上的定着物。定着物是指依附于土地，但具有独立使用价值的物。以房屋为代表的建筑物是最主要的定着物。不动产以登记作为所有权变动的要件。

2. 动产

动产是指能够移动而且移动不会损害其价值或者用途的物。动产通常以交付作为所有权变动的要件，但是汽车、船舶、飞机等特殊动产，其所有权的变动也需要进行登记，但登记主要产生的是对抗第三人的效力。

第二节 法律行为

一、法律行为的概念

法律行为的概念起源于近代德国，是大陆法系民法最重要的基础概念。法律行为不等于“法律上的行为”，法律上的行为是指凡能引起法律上后果的行为，但并非所有能引起法律上后果的行为都是法律行为。法律行为是指民事主体实施的，以意思表示为要素，旨在发生一定法律效果的行为。我国《民法通则》继承了这一概念，并有所创新，创新之一是在“法律行为”之前加上“民事”两字，称为“民事法律行为”，理由是区别于其他部门法领域中关于“法律行为”的使用；创新之二是创立了“民事行为”一语，作为“民事法律行为”的上位概念，以此回避“无效（民事）法律行为”这一不合逻辑用语所引起的争议。本书中法律行为的含义和我国《民法通则》所指的民事行为是一致的。

二、法律行为的成立与生效

法律行为的成立，是指法律行为产生之事实，即一项具体法律行为之形成并存在的客观状态。法律行为的生效则是指法律行为具有约束力的状态，即法律行为因符合法律的规定而能产生权利义务关系设立、变更或消灭的法律效力。法律行为的成立与生效是两个不同的概念，法律行为成立是生效的前提条件。法律行为的成立与生效各有不同的要件或规则，成立要件旨在说明法律行为是否存在，生效要件旨在说明法律行为是否按照意思表示具有约束力，是否能够产生法律上的权利义务后果。

1. 法律行为的成立要件

任何法律行为的成立都需要具备以下要件：行为人、意思表示、标的。行为人是法律行为的主体，主要包括自然人、法人和其他组织。意思表示是法律行为的核心概念，所谓意思表示是指表意人将其期望发生某种法律效果的内心意思以一定方式表现于外部的行为。法律行为的标的也就是法律行为的内容，法律行为的成立必须有标的。依据法律规定或者当事人的约定，某些法律行为的成立还需要具备特别的要件，例如交付标的物或者采用特定形式等。

2. 法律行为的生效要件

法律行为成立后未必生效，要使已经成立的法律行为生效，必须符合法律行为的生效要件。一般认为法律行为的生效要件包括以下三个：

（1）行为人具有相应的民事行为能力。需要特别注意的是无民事行为能力人和限制民事行为能力人所从事的纯获益的法律行为，其行为效力不受其行为能力的影响。

（2）标的合法。行为的内容必须符合法律的规定，违法行为不能按照当事人的意志产生法律效力。在有些情况下还要求行为的内容具有确定性和可能性。

（3）意思表示真实。意思表示真实包含两方面的含义：一是指行为人的内心意思和外部的表示行为相一致；二是当事人是在意志自由的前提下进行意思表示的。

对于特殊的法律行为，还需要具备特殊要件才能生效，例如条件实现或符合特定要件。

三、效力存在欠缺的法律行为

已经成立但不符合生效要件的法律行为，其效力存在欠缺。根据我国法律的规定，效力欠缺的法律行为包括无效法律行为、可撤销法律行为和效力待定的法律行为。

1. 无效法律行为

无效法律行为是指已经成立的法律行为严重欠缺法律行为的生效要件，因而自始、当然、绝对、确定不按照当事人的意思表示发生法律效力的法律行为。在我国关于无效法律行为的规定，主要有《中华人民共和国民法通则》（以下简称《民法通则》）和《中华人民共和国合同法》（以下简称《合同法》）。《民法通则》第 58 条规定以下法律行为无效：无民事行为能力人实施的；限制民事行为能力人依法不能独立实施的；一方以欺诈、胁迫的手段或者乘人之危，使对方在违背真实意思的情况下所为的；恶意串通，损害国家、集体或者第三人利益的；违反法律或者社会公共利益的；以合法形式掩盖非法目的的。《合同法》第 52 条规定以下合同无效：一方以欺诈、胁迫的手段订立合同，损害国家利益；恶意串通，损害国家、集体或者第三人利益；以合法形式掩盖非法目的；损害社会公共利益；违反法律、行政法规的强制性规定。前者规定的无效范围比后者的更广。合同无效以《合同法》为准，其他法律行为除法律另有规定外以《民法通则》为准。

2. 可撤销法律行为

可撤销法律行为也称可撤销可变更法律行为，是指法律行为已经成立并且生效，但因意思表示不真实，行为人可以行使撤销权使其自始不发生法律效力的法律行为。根据《民法通则》第 59 条的规定，行为人对行为内容有重大误解的或显失公平的，一方有权请求人民法院或仲裁机关予以变更或者撤销。《合同法》第 54 条规定，不仅包括重大误解和显失公平，还包括一方以欺诈、胁迫的手段或者乘人之危，使对方违背真实意思的情况下订立的合同，也属于可撤销可变更合同。

3. 效力待定法律行为

效力待定的法律行为又称效力未定的法律行为，是指法律行为虽已成立，但是否生效尚不确定，只有经特定当事人的行为，才能确定生效或不生效的法律行为。根据《合同法》的规定，效力待定法律行为主要包括三类：限制民事行为能力人所实施的依法不能独立实施的法律行为；无权处分行为；真正的无权代理行为。

四、附条件与附期限的法律行为

依据私法自治原则，当事人可以对法律行为效果的发生或者消灭加以限制，这就是法律行为的附款。在传统民法上，法律行为的附款分为两种，即附条件和附期限。因此法律行为也可以相应地分为附条件的法律行为和附期限的法律行为。

附条件的法律行为是指法律行为效力的开始或终止取决于将来不确定事实的发生或不发生的法律行为。法律行为所附的条件应当满足以下要求：必须是将来的事实；必须是不确定的事实；必须合法；必须是当事人约定的而不是法定的事实；必须和法律行为的主要内容不矛盾。附期限的法律行为，是以一定期限的到来作为效力开始或终止原因的法律行为。期限和条件最大的不同是，期限一定会到来的，而条件的成就与否具有不确定性。

案例探讨

李某和张某2000年1月1日结婚，婚后妻子张某一直在家操持家务，育有一儿一女。2005年1月2日，李某和张某因为琐事争吵，李某一怒之下离家出走，杳无音信。张某没有正式工作，靠打零工支撑家庭养育一儿一女。苦苦支撑三年后，张某因病无法继续养育子女，想将子女送于他人收养，自己改嫁给一直帮助自己的邻居王某。请问张某能否改嫁和将子女送养？对于李某留下的财产该如何处理？

法律链接

中华人民共和国民法通则

（1986年4月12日第六届全国人民代表大会第四次会议通过，根据2009年8月27日第十一届全国人民代表大会常务委员会第十次会议《关于修改部分法律的决定》修正）

第一章　基本原则

第一条　为了保障公民、法人的合法的民事权益，正确调整民事关系，适应社会主义现代化建设事业发展的需要，根据宪法和我国实际情况，总结民事活动的实践经验，制定本法。

第二条　中华人民共和国民法调整平等主体的公民之间、法人之间、公民和法人之间的财产关系和人身关系。

第三条　当事人在民事活动中的地位平等。

第四条　民事活动应当遵循自愿、公平、等价有偿、诚实信用的原则。

第五条　公民、法人的合法的民事权益受法律保护，任何组织和个人不得侵犯。

第六条　民事活动必须遵守法律，法律没有规定的，应当遵守国家政策。

第七条　民事活动应当尊重社会公德，不得损害社会公共利益，扰乱社会经济秩序。

第八条　在中华人民共和国领域内的民事活动，适用中华人民共和国法律，法律另有规定的除外。

本法关于公民的规定，适用于在中华人民共和国领域内的外国人、无国籍人，法律另有规定的除外。

第二章　公民（自然人）

第一节　民事权利能力和民事行为能力

第九条　公民从出生时起到死亡时止，具有民事权利能力，依法享有民事权利，承担民事义务。

第十条　公民的民事权利能力一律平等。

第十一条　十八周岁以上的公民是成年人，具有完全民事行为能力，可以独立进行民事活动，是完全民事行为能力人。

十六周岁以上不满十八周岁的公民，以自己的劳动收入为主要生活来源的，视为完全民事行为能力人。

第十二条　十周岁以上的未成年人是限制民

事行为能力人，可以进行与他的年龄、智力相适应的民事活动；其他民事活动由他的法定代理人代理，或者征得他的法定代理人的同意。

不满十周岁的未成年人是无民事行为能力人，由他的法定代理人代理民事活动。

第十三条 不能辨认自己行为的精神病人是无民事行为能力人，由他的法定代理人代理民事活动。

不能完全辨认自己行为的精神病人是限制民事行为能力人，可以进行与他的精神健康状况相适应的民事活动；其他民事活动由他的法定代理人代理，或者征得他的法定代理人的同意。

第十四条 无民事行为能力人、限制民事行为能力人的监护人是他的法定代理人。

第十五条 公民以他的户籍所在地的居住地为住所，经常居住地与住所不一致的，经常居住地视为住所。

第二节 监 护

第十六条 未成年人的父母是未成年人的监护人。

未成年人的父母已经死亡或者没有监护能力的，由下列人员中有监护能力的人担任监护人：

（一）祖父母、外祖父母；

（二）兄、姐；

（三）关系密切的其他亲属、朋友愿意承担监护责任，经未成年人的父、母的所在单位或者未成年人住所地的居民委员会、村民委员会同意的。

对担任监护人有争议的，由未成年人的父、母的所在单位或者未成年人住所地的居民委员会、村民委员会在近亲属中指定。对指定不服提起诉讼的，由人民法院裁决。

没有第一款、第二款规定的监护人的，由未成年人的父、母的所在单位或者未成年人住所地的居民委员会、村民委员会或者民政部门担任监护人。

第十七条 无民事行为能力或者限制民事行为能力的精神病人，由下列人员担任监护人：

（一）配偶；

（二）父母；

（三）成年子女；

（四）其他近亲属；

（五）关系密切的其他亲属、朋友愿意承担监护责任，经精神病人的所在单位或者住所地的居民委员会、村民委员会同意的。

对担任监护人有争议的，由精神病人的所在单位或者住所地的居民委员会、村民委员会在近亲属中指定。对指定不服提起诉讼的，由人民法院裁决。

没有第一款规定的监护人的，由精神病人的所在单位或者住所地的居民委员会、村民委员会或者民政部门担任监护人。

第十八条 监护人应当履行监护职责，保护被监护人的人身、财产及其他合法权益，除为被监护人的利益外，不得处理被监护人的财产。

监护人依法履行监护的权利，受法律保护。

监护人不履行监护职责或者侵害被监护人的合法权益的，应当承担责任；给被监护人造成财产损失的，应当赔偿损失。人民法院可以根据有关人员或者有关单位的申请，撤销监护人的资格。

第十九条 精神病人的利害关系人，可以向人民法院申请宣告精神病人为无民事行为能力人或者限制民事行为能力人。

被人民法院宣告为无民事行为能力人或者限制民事行为能力人的，根据他健康恢复的状况，经本人或者利害关系人申请，人民法院可以宣告他为限制民事行为能力人或者完全民事行为能力人。

第三节 宣告失踪和宣告死亡

第二十条 公民下落不明满二年的，利害关系人可以向人民法院申请宣告他为失踪人。

战争期间下落不明的，下落不明的时间从战争结束之日起计算。

第二十一条 失踪人的财产由他的配偶、父母、成年子女或者关系密切的其他亲属、朋友代管。代管有争议的，没有以上规定的人或者以上规定的人无能力代管的，由人民法院指定的人代管。

失踪人所欠税款、债务和应付的其他费用，由代管人从失踪人的财产中支付。

第二十二条 被宣告失踪的人重新出现或者确知他的下落，经本人或者利害关系人申请，人民法院应当撤销对他的失踪宣告。

第二十三条 公民有下列情形之一的，利害关系人可以向人民法院申请宣告他死亡：

（一）下落不明满四年的；

（二）因意外事故下落不明，从事故发生之日起满二年的。

战争期间下落不明的，下落不明的时间从战争结束之日起计算。

第二十四条 被宣告死亡的人重新出现或者确知他没有死亡，经本人或者利害关系人申请，人民法院应当撤销对他的死亡宣告。

有民事行为能力人在被宣告死亡期间实施的民事法律行为有效。

第二十五条 被撤销死亡宣告的人有权请求返还财产。依照继承法取得他的财产的公民或者组织，应当返还原物；原物不存在的，给予适当补偿。

第四节 个体工商户，农村承包经营户

第二十六条 公民在法律允许的范围内，依法经核准登记，从事工商业经营的，为个体工商户。个体工商户可以起字号。

第二十七条 农村集体经济组织的成员，在法律允许的范围内，按照承包合同规定从事商品经营的，为农村承包经营户。

第二十八条 个体工商户，农村承包经营户的合法权益，受法律保护。

第二十九条 个体工商户，农村承包经营户的债务，个人经营的，以个人财产承担；家庭经营的，以家庭财产承担。

第五节 个人合伙

第三十条 个人合伙是指两个以上公民按照协议，各自提供资金、实物、技术等，合伙经营、共同劳动。

第三十一条 合伙人应当对出资数额、盈余分配、债务承担、入伙、退伙、合伙终止等事项，订立书面协议。

第三十二条 合伙人投入的财产，由合伙人统一管理和使用。

合伙经营积累的财产，归合伙人共有。

第三十三条 个人合伙可以起字号，依法经核准登记，在核准登记的经营范围内从事经营。

第三十四条 个人合伙的经营活动，由合伙人共同决定，合伙人有执行或监督的权利。

合伙人可以推举负责人。合伙负责人和其他人员的经营活动，由全体合伙人承担民事责任。

第三十五条 合伙的债务，由合伙人按照出资比例或者协议的约定，以各自的财产承担清偿责任。

合伙人对合伙的债务承担连带责任，法律另有规定的除外。偿还合伙债务超过自己应当承担数额的合伙人，有权向其他合伙人追偿。

第三章 法 人

第一节 一般规定

第三十六条 法人是具有民事权利能力和民事行为能力，依法独立享有民事权利和承担民事义务的组织。

法人的民事权利能力和民事行为能力，从法人成立时产生，到法人终止时消灭。

第三十七条 法人应当具备下列条件：

（一）依法成立；

（二）有必要的财产或者经费；

（三）有自己的名称、组织机构和场所；

（四）能够独立承担民事责任。

第三十八条 依照法律或者法人组织章程规定，代表法人行使职权的负责人，是法人的法定代表人。

第三十九条 法人以它的主要办事机构所在地为住所。

第四十条 法人终止，应当依法进行清算，停止清算范围外的活动。

第二节 企业法人

第四十一条 全民所有制企业、集体所有制企业有符合国家规定的资金数额，有组织章程、组织机构和场所，能够独立承担民事责任，经主管机关核准登记，取得法人资格。

在中华人民共和国领域内设立的中外合资经营企业，中外合作经营企业和外资企业，具备法人条件的，依法经工商行政管理机关核准登记，取得中国法人资格。

第四十二条 企业法人应当在核准登记的经营范围内从事经营。

第四十三条 企业法人对它的法定代表人和其他工作人员的经营活动，承担民事责任。

第四十四条 企业法人分立、合并上或有其

他重要事项变更，应当向登记机关办理登记并公告。

企业法人分立、合并，它的权利和义务由变更后的法人享有和承担。

第四十五条 企业法人由于下列原因之一终止：

（一）依法被撤销；

（二）解散；

（三）依法宣告破产；

（四）其他原因。

第四十六条 企业法人终止，应当向登记机关办理注销登记并公告。

第四十七条 企业法人解散，应当成立清算组织，进行清算。企业法人被撤销、被宣告破产的，应当由主管机关或者人民法院组织有关机关和有关人员成立清算组织，进行清算。

第四十八条 全民所有制企业法人以国家授予它经营管理的财产承担民事责任。集体所有制企业法人以企业所有的财产承担民事责任。中外合资经营企业法人、中外合作经营企业法人和外资企业法人以企业所有的财产承担民事责任，法律另有规定的除外。

第四十九条 企业法人有下列情形之一的，除法人承担责任外，对法定代表人可以给予行政处分、罚款，构成犯罪的，依法追究刑事责任：

（一）超出登记机关核准登记的经营范围从事非法经营的；

（二）向登记机关、税务机关隐瞒真实情况、弄虚作假的；

（三）抽逃资金、隐匿财产逃避债务的；

（四）解散、被撤销、被宣告破产后，擅自处理财产的；

（五）变更、终止时不及时申请办理登记和公告，使利害关系人遭受重大损失的；

（六）从事法律禁止的其他活动，损害国家利益或者社会公共利益的。

第三节 机关、事业单位和社会团体法人

第五十条 有独立经费的机关从成立之日起，具有法人资格。

具备法人条件的事业单位、社会团体，依法不需要办理法人登记的，从成立之日起，具有法人资格；依法需要办理法人登记的，经核准登记，取得法人资格。

第四节 联　营

第五十一条 企业之间或者企业、事业单位之间联营，组成新的经济实体，独立承担民事责任，具备法人条件的，经主管机关核准登记，取得法人资格。

第五十二条 企业之间或者企业、事业单位之间联营，共同经营、不具备法人条件的，由联营各方按照出资比例或者协议的约定，以各自所有的或者经营管理的财产承担民事责任。依照法律的规定或者协议的约定负连带责任的，承担连带责任。

第五十三条 企业之间或者企业、事业单位之间联营，按照合同的约定各自独立经营的，它的权利和义务由合同约定，各自承担民事责任。

第四章 民事法律行为和代理

第一节 民事法律行为

第五十四条 民事法律行为是公民或者法人设立、变更、终止民事权利和民事义务的合法行为。

第五十五条 民事法律行为应当具备下列条件：

（一）行为人具有相应的民事行为能力；

（二）意思表示真实；

（三）不违反法律或者社会公共利益。

第五十六条 民事法律行为可以采用书面形式、口头形式或者其他形式。法律规定用特定形式的，应当依照法律规定。

第五十七条 民事法律行为从成立时起具有法律约束力。行为人非依法律规定或者取得对方同意，不得擅自变更或者解除。

第五十八条 下列民事行为无效：

（一）无民事行为能力人实施的；

（二）限制民事行为能力人依法不能独立实施的；

（三）一方以欺诈、胁迫的手段或者乘人之危，使对方在违背真实意思的情况下所为的；

（四）恶意串通，损害国家、集体或者第三人利益的；

（五）违反法律或者社会公共利益的；

（六）以合法形式掩盖非法目的的。

无效的民事行为，从行为开始起就没有法律约束力。

第五十九条 下列民事行为，一方有权请求人民法院或者仲裁机关予以变更或者撤销：

（一）行为人对行为内容有重大误解的；

（二）显失公平的。

被撤销的民事行为从行为开始起无效。

第六十条 民事行为部分无效，不影响其他部分的效力的，其他部分仍然有效。

第六十一条 民事行为被确认为无效或者被撤销后，当事人因该行为取得的财产，应当返还给受损失的一方。有过错的一方应当赔偿对方因此所受的损失，双方都有过错的，应当各自承担相应的责任。

双方恶意串通，实施民事行为损害国家的、集体的或者第三人的利益的，应当追缴双方取得的财产，收归国家、集体所有或者返还第三人。

第六十二条 民事法律行为可以附条件，附条件的民事法律行为在符合所附条件时生效。

第二节 代 理

第六十三条 公民、法人可以通过代理人实施民事法律行为。

代理人在代理权限内，以被代理人的名义实施民事法律行为。被代理人对代理人的代理行为，承担民事责任。

依照法律规定或者按照双方当事人约定，应当由本人实施的民事法律行为，不得代理。

第六十四条 代理包括委托代理、法定代理和指定代理。

委托代理人按照被代理人的委托行使代理权，法定代理人依照法律的规定行使代理权，指定代理人按照人民法院或者指定单位的指定行使代理权。

第六十五条 民事法律行为的委托代理，可以用书面形式，也可以用口头形式。法律规定用书面形式的，应当用书面形式。

书面委托代理的授权委托书应当载明代理人的姓名或者名称、代理事项、权限和期间，并由委托人签名或盖章。

委托书授权不明的，被代理人应当向第三人承担民事责任，代理人负连带责任。

第六十六条 没有代理权、超越代理权或者代理权终止后的行为，只有经过被代理人的追认，被代理人才承担民事责任。未经追认的行为，由行为人承担民事责任。本人知道他人以本人名义实施民事行为而不作否认表示的，视为同意。

代理人不履行职责而给被代理人造成损害的，应当承担民事责任。

代理人和第三人串通、损害被代理人的利益的，由代理人和第三人负连带责任。

第三人知道行为人没有代理权、超越代理权或者代理权已终止还与行为人实施民事行为给他人造成损害的，由第三人和行为人负连带责任。

第六十七条 代理人知道被委托代理的事项违法仍然进行代理活动的，或者被代理人知道代理人的代理行为违法不表示反对的，由被代理人和代理人负连带责任。

第六十八条 委托代理人为被代理人的利益需要转托他人代理的，应当事先取得被代理人的同意。事先没有取得被代理人同意的，应当在事后及时告诉被代理人，如果被代理人不同意，由代理人对自己所转托的人的行为负民事责任，但在紧急情况下，为了保护被代理人的利益而转托他人代理的除外。

第六十九条 有下列情形之一的，委托代理终止：

（一）代理期间届满或者代理事务完成；

（二）被代理人取消委托或者代理人辞去委托；

（三）代理人死亡；

（四）代理人丧失民事行为能力；

（五）作为被代理人或者代理人的法人终止。

第七十条 有下列情形之一的，法定代理或者指定代理终止：

（一）被代理人取得或者恢复民事行为能力；

（二）被代理人或者代理人死亡；

（三）代理人丧失民事行为能力；

（四）指定代理的人民法院或者指定单位取消指定；

（五）由其他原因引起的被代理人和代理人之间的监护关系消灭。

第五章　民事权利

第一节　财产所有权和与财产所有权有关的财产权

第七十一条　财产所有权是指所有人依法对自己的财产享有占有、使用、收益和处分的权利。

第七十二条　财产所有权的取得，不得违反法律规定。按照合同或者其他合法方式取得财产的，财产所有权从财产交付时起转移，法律另有规定或者当事人另有约定的除外。

第七十三条　国家财产属于全民所有。

国家财产神圣不可侵犯，禁止任何组织或者个人侵占、哄抢、私分、截留、破坏。

第七十四条　劳动群众集体组织的财产属于劳动群众集体所有，包括：

（一）法律规定为集体所有的土地和森林、山岭、草原、荒地、滩涂等；

（二）集体经济组织的财产；

（三）集体所有的建筑物、水库、农田水利设施和教育、科学、文化、卫生、体育等设施；

（四）集体所有的其他财产。

集体所有的土地依照法律属于村农民集体所有，由村农业生产合作社等农业集体经济组织或者村民委员会经营、管理。已经属于乡（镇）农民集体经济组织所有的，可以属于乡（镇）农民集体所有。

集体所有的财产受法律保护，禁止任何组织或者个人侵占、哄抢、私分、破坏或者非法查封、扣押、冻结、没收。

第七十五条　公民的个人财产，包括公民的合法收入、房屋、储蓄、生活用品、文物、图书资料、林木、牲畜和法律允许公民所有的生产资料以及其他合法财产。

公民的合法财产受法律保护，禁止任何组织或者个人侵占、哄抢、破坏或者非法查封、扣押、冻结、没收。

第七十六条　公民依法享有财产继承权。

第七十七条　社会团体包括宗教团体的合法财产受法律保护。

第七十八条　财产可以由两个以上的公民、法人共有。

共有分为按份共有和共同共有。按份共有人按照各自的份额，对共有财产分享权利，分担义务。共同共有人对共有财产享有权利，承担义务。

按份共有财产的每个共有人有权要求将自己的份额分出或者转让。但在出售时，其他共有人在同等条件下，有优先购买的权利。

第七十九条　所有人不明的埋藏物、隐藏物，归国家所有。接收单位应当对上缴的单位或者个人，给予表扬或者物质奖励。

拾得遗失物、漂流物或者失散的饲养动物，应当归还失主，因此而支出的费用由失主偿还。

第八十条　国家所有的土地，可以依法由全民所有制单位使用，也可以依法确定由集体所有制单位使用，国家保护它的使用、收益的权利；使用单位有管理、保护、合理利用的义务。

公民、集体依法对集体所有的或者国家所有由集体使用的土地的承包经营权，受法律保护。承包双方的权利和义务，依照法律由承包合同规定。

土地不得买卖、出租、抵押或者以其他形式非法转让。

第八十一条　国家所有的森林、山岭、草原、荒地、滩涂、水面等自然资源，可以依法由全民所有制单位使用，也可以依法确定由集体所有制单位使用，国家保护它的使用、收益的权利；使用单位有管理、保护、合理利用的义务。

国家所有的矿藏，可以依法由全民所有制单位和集体所有制单位开采，也可以依法由公民采挖。国家保护合法的采矿权。

公民、集体依法对集体所有的或者国家所有由集体使用森林、山岭、草原、荒地、滩涂、水面的承包经营权，受法律保护。承包双方的权利和义务，依照法律由承包合同规定。

国家所有的矿藏、水流，国家所有的和法律规定属于集体所有的林地、山岭、草原，荒地、滩涂不得买卖、出租、抵押或者以其他形式非法转让。

第八十二条　全民所有制企业对国家授予它经营管理的财产依法享有经营权，受法律保护。

第八十三条　不动产的相邻各方，应当按照有利生产、方便生活、团结互助、公平合理的精神，正确处理截水、排水、通行、通风、采光等方面的相邻关系。给相邻方造成妨碍或者损失的，应当停止侵害，排除妨碍，赔偿损失。

第二节　债　　权

第八十四条　债是按照合同的约定或者依照法律的规定，在当事人之间产生的特定的权利和义务关系。享有权利的人是债权人，负有义务的人是债务人。

债权人有权要求债务人按照合同的约定或者依照法律的规定履行义务。

第八十五条　合同是当事人之间设立、变更、终止民事关系的协议。依法成立的合同，受法律保护。

第八十六条　债权人为二人以上的，按照确定的份额分享权利。债务人为二人以上的，按照确定的份额分担义务。

第八十七条　债权人或者债务人一方人数为二人以上的，依照法律的规定或者当事人的约定，享有连带权利的每个债权人，都有权要求债务人履行义务；负有连带义务的每个债务人，都负有清偿全部债务的义务，履行了义务的人，有权要求其他负有连带义务的人偿付他应当承担的份额。

第八十八条　合同的当事人应当按照合同的约定，全部履行自己的义务。

合同中有关质量、期限、地点或者价款约定不明确，按照合同有关条款内容不能确定，当事人又不能通过协商达成协议的，适用下列规定：

（一）质量要求不明确的，按照国家质量标准履行，没有国家质量标准的，按照通常标准履行。

（二）履行期限不明确的，债务人可以随时向债权人履行义务，债权人也可以随时要求债务人履行义务，但应当给对方必要的准备时间。

（三）履行地点不明确，给付货币的，在接受给付一方的所在地履行，其他标的在履行义务一方的所在地履行。

（四）价格约定不明确，按照国家规定的价格履行；没有国家规定价格的，参照市场价格或者同类物品的价格或者同类劳务的报酬标准履行。

合同对专利申请权没有约定的，完成发明创造的当事人享有申请权。

合同对科技成果的使用权没有约定的，当事人都有使用的权利。

第八十九条　依照法律的规定或者按照当事人的约定，可以采用下列方式担保债务的履行：

（一）保证人向债权人保证债务人履行债务，债务人不履行债务的，按照约定由保证人履行或者承担连带责任；保证人履行债务后，有权向债务人追偿。

（二）债务人或者第三人可以提供一定的财产作为抵押物。债务人不履行债务的，债权人有权依照法律的规定以抵押物折价或者以变卖抵押物的价款优先得到偿还。

（三）当事人一方在法律规定的范围内可以向对方给付定金。债务人履行债务后，定金应当抵作价款或者收回。给付定金的一方不履行债务的，无权要求返还定金；接受定金的一方不履行债务的，应当双倍返还定金。

（四）按照合同约定一方占有对方的财产，对方不按照合同给付应付款项超过约定期限的，占有人有权留置该财产，依照法律的规定以留置财产折价或者以变卖该财产的价款优先得到偿还。

第九十条　合法的借贷关系受法律保护。

第九十一条　合同一方将合同的权利、义务全部或者部分转让给第三人的，应当取得合同另一方的同意，并不得牟利。依照法律规定应当由国家批准的合同，需经原批准机关批准。但是，法律另有规定或者原合同另有约定的除外。

第九十二条　没有合法根据，取得不当利益，造成他人损失的，应当将取得的不当利益返还受损失的人。

第九十三条　没有法定的或者约定的义务，为避免他人利益受损失进行管理或者服务的，有权要求受益人偿付由此而支付的必要费用。

第三节　知识产权

第九十四条　公民、法人享有著作权（版权），依法有署名、发表、出版、获得报酬等权利。

第九十五条　公民、法人依法取得的专利权受法律保护。

第九十六条　法人、个体工商户、个人合伙依法取得商标专用权受法律保护。

第九十七条 公民对自己的发现享有发现权。发现人有权申请领取发现证书、奖金或者其他奖励。

公民对自己的发明或者其他科技成果，有权申请领取荣誉证书、奖金或者其他奖励。

第四节 人身权

第九十八条 公民享有生命健康权。

第九十九条 公民享有姓名权，有权决定、使用和依照规定改变自己的姓名，禁止他人干涉、盗用、假冒。

法人、个体工商户、个人合伙享有名称权。企业法人、个体工商户、个人合伙有权使用、依法转让自己的名称。

第一百条 公民享有肖像权，未经本人同意，不得以营利为目的使用公民的肖像。

第一百零一条 公民、法人享有名誉权，公民的人格尊严受法律保护，禁止用侮辱、诽谤等方式损害公民、法人的名誉。

第一百零二条 公民、法人享有荣誉权，禁止非法剥夺公民、法人的荣誉称号。

第一百零三条 公民享有婚姻自主权，禁止买卖、包办婚姻和其他干涉婚姻自由的行为。

第一百零四条 婚姻、家庭、老人、母亲和儿童受法律保护。

残疾人的合法权益受法律保护。

第一百零五条 妇女享有同男子平等的民事权利。

第六章 民事责任

第一节 一般规定

第一百零六条 公民、法人违反合同或者不履行其他义务的，应当承担民事责任。

公民、法人由于过错侵害国家的、集体的财产，侵害他人财产、人身的应当承担民事责任。

没有过错，但法律规定应当承担民事责任的，应当承担民事责任。

第一百零七条 因不可抗力不能履行合同或者造成他人损害的，不承担民事责任，法律另有规定的除外。

第一百零八条 债务应当清偿。暂时无力偿还的，经债权人同意或者人民法院裁决，可以由债务人分期偿还。有能力偿还拒不偿还的，由人民法院判决强制偿还。

第一百零九条 因防止、制止国家的、集体的财产或者他人的财产、人身遭受侵害而使自己受到损害的，由侵害人承担赔偿责任，受益人也可以给予适当的补偿。

第一百一十条 对承担民事责任的公民、法人需要追究行政责任的，应当追究行政责任；构成犯罪的，对公民、法人的法定代表人应当依法追究刑事责任。

第二节 违反合同的民事责任

第一百一十一条 当事人一方不履行合同义务或者履行合同义务不符合约定条件的，另一方有权要求履行或者采取补救措施，并有权要求赔偿损失。

第一百一十二条 当事人一方违反合同的赔偿责任，应当相当于另一方因此所受到的损失。

当事人可以在合同中约定，一方违反合同时，向另一方支付一定数额的违约金；也可以在合同中约定对于违反合同而产生的损失赔偿额的计算方法。

第一百一十三条 当事人双方都违反合同的，应当分别承担各自应负的民事责任。

第一百一十四条 当事人一方因另一方违反合同受到损失的，应当及时采取措施防止损失的扩大；没有及时采取措施致使损失扩大的，无权就扩大的损失要求赔偿。

第一百一十五条 合同的变更或者解除，不影响当事人要求赔偿损失的权利。

第一百一十六条 当事人一方由于上级机关的原因，不能履行合同义务的，应当按照合同约定向另一方赔偿损失或者采取其补救措施，再由上级机关对它因此受到的损失负责处理。

第三节 侵权的民事责任

第一百一十七条 侵占国家的、集体的财产或者他人财产的，应当返还财产，不能返还财产的，应当折价赔偿。

损坏国家的、集体的财产或者他人财产的，应当恢复原状或者折价赔偿。

受害人因此遭受其他重大损失的，侵害人并应当赔偿损失。

第一百一十八条 公民、法人的著作权

（版权），专利权、商标专用权、发现权、发明权和其他科技成果权受到剽窃、篡改、假冒等侵害的，有权要求停止侵害，消除影响，赔偿损失。

第一百一十九条 侵害公民身体造成伤害的，应当赔偿医疗费、因误工减少的收入、残废者生活补助费等费用；造成死亡的，并应当支付丧葬费、死者生前扶养的人必要的生活费等费用。

第一百二十条 公民的姓名权、肖像权、名誉权、荣誉权受到侵害的，有权要求停止侵害，恢复名誉，消除影响，赔礼道歉，并可以要求赔偿损失。

法人的名称权、名誉权、荣誉权受到侵害的，适用前款规定。

第一百二十一条 国家机关或者国家机关工作人员在执行职务，侵犯公民、法人的合法权益造成损害的，应当承担民事责任。

第一百二十二条 因产品质量不合格造成他人财产、人身损害的，产品制造者、销售者应当依法承担民事责任。运输者仓储者对此负有责任的，产品制造者、销售者有权要求赔偿损失。

第一百二十三条 从事高空、高压、易燃、易爆、剧毒、放射性、高速运输工具等对周围环境有高度危险的作业造成他人损害的，应当承担民事责任；如果能够证明损害是由受害人故意造成的，不承担民事责任。

第一百二十四条 违反国家保护环境防止污染的规定，污染环境造成他人损害的，应当依法承担民事责任。

第一百二十五条 在公共场所、道旁或者通道上挖坑、修缮安装地下设施等，没有设置明显标志和采取安全措施造成他人损害的，施工人应当承担民事责任。

第一百二十六条 建筑物或者其他设施以及建筑物上的搁置物、悬挂物发生倒塌、脱落、坠落造成他人损害的，它的所有人或者管理人应当承担民事责任，但能够证明自己没有过错的除外。

第一百二十七条 饲养的动物造成他人损害的，动物饲养人或者管理人应当承担民事责任；由于受害人的过错造成损害的，动物饲养人或者管理人不承担民事责任；由于第三人的过错造成损害的，第三人应当承担民事责任。

第一百二十八条 因正当防卫造成损害的，不承担民事责任。正当防卫超过必要的限度，造成不应有的损害的，应当承担适当的民事责任。

第一百二十九条 因紧急避险造成损害的，由引起险情发生的人承担民事责任。如果危险是由自然原因引起的，紧急避险人不承担民事责任或者承担适当的民事责任。因紧急避险采取措施不当或者超过必要的限度，造成不应有的损害的，紧急避险人应当承担适当的民事责任。

第一百三十条 二人以上共同侵权造成他人损害的，应当承担连带责任。

第一百三十一条 受害人对于损害的发生也有过错的，可以减轻侵害人的民事责任。

第一百三十二条 当事人对造成损害都没有过错的，可以根据实际情况，由当事人分担民事责任。

第一百三十三条 无民事行为能力人、限制民事行为能力人造成他人损害的，由监护人承担民事责任。监护人尽了监护责任的，可以适当减轻他的民事责任。

有财产的无民事行为能力人、限制民事行为能力人造成他人损害的，从本人财产中支付赔偿费用。不足部分，由监护人适当赔偿，但单位担任监护人的除外。

第四节 承担民事责任的方式

第一百三十四条 承担民事责任的方式主要有：

（一）停止侵害；

（二）排除妨碍；

（三）消除危险；

（四）返还财产；

（五）恢复原状；

（六）修理、重作、更换；

（七）赔偿损失；

（八）支付违约金；

（九）消除影响、恢复名誉；

（十）赔礼道歉。

以上承担民事责任的方式，可以单独适用，也可以合并适用。

人民法院审理民事案件，除适用上述规定

外，还可以予以训诫、责令具结悔过，收缴进行非法活动的财物和非法所得，并可以依照法律规定处以罚款、拘留。

第七章　诉讼时效

第一百三十五条　向人民法院请求保护民事权利的诉讼时效期间为二年，法律另有规定的除外。

第一百三十六条　下列的诉讼时效期间为一年：

（一）身体受到伤害要求赔偿的；

（二）出售质量不合格的商品未声明的；

（三）延付或者拒付租金的；

（四）寄存财物被丢失或者损毁的。

第一百三十七条　诉讼时效期间从知道或者应当知道权利被侵害时起计算。但是，从权利被侵害之日起超过二十年的，人民法院不予保护。有特殊情况的，人民法院可以延长诉讼时效期间。

第一百三十八条　超过诉讼时效期间，当事人自愿履行的，不受诉讼时效限制。

第一百三十九条　在诉讼时效期间的最后六个月内，因不可抗力或者其他障碍不能行使请求权的，诉讼时效中止。从中止时效的原因消除之日起，诉讼时效期间继续计算。

第一百四十条　诉讼时效因提起诉讼、当事人一方提出要求或者同意履行义务而中断。从中断时起，诉讼时效期间重新计算。

第一百四十一条　法律对诉讼时效另有规定的，依照法律规定。

第八章　涉外民事关系的法律适用

第一百四十二条　涉外民事关系的法律适用，依照本章的规定确定。

中华人民共和国缔结或者参加的国际条约同中华人民共和国的民事法律有不同规定的，适用国际条约的规定，但中华人民共和国声明保留的条款除外。

中华人民共和国法律和中华人民共和国缔结或者参加的国际条约没有规定的，可以适用国际惯例。

第一百四十三条　中华人民共和国公民定居国外的，他的民事行为能力可以适用定居国法律。

第一百四十四条　不动产的所有权，适用不动产所在地法律。

第一百四十五条　涉外合同的当事人可以选择处理合同争议所适用的法律，法律另有规定的除外。

涉外合同的当事人没有选择的，适用与合同有最密切联系的国家的法律。

第一百四十六条　侵权行为的损害赔偿，适用侵权行为地法律。当事人双方国籍相同或者在同一国家有住所的，也可以适用当事人本国法律或者住所地法律。

中华人民共和国法律不认为在中华人民共和国领域外发生的行为是侵权行为的，不作为侵权行为处理。

第一百四十七条　中华人民共和国公民和外国人结婚适用婚姻缔结地法律，离婚适用受理案件的法院所在地法律。

第一百四十八条　扶养适用与被扶养人有最密切联系的国家的法律。

第一百四十九条　遗产的法定继承，动产适用被继承人死亡时住所地法律，不动产适用不动产所在地法律。

第一百五十条　依照本章规定适用外国法律或者国际惯例的，不得违背中华人民共和国的社会公共利益。

第九章　附　　则

第一百五十一条　民族自治地方的人民代表大会可以根据本法规定的原则，结合当地民族的特点，制定变通的或者补充的单行条例或者规定。自治区人民代表大会制定的，依照法律规定报全国人民代表大会常务委员会批准或者备案；自治州，自治县人民代表大会制定的，报省、自治区人民代表大会常务委员会批准。

第一百五十二条　本法生效以前，经省、自治区、直辖市以上主管机关批准开办的全民所有制企业，已经向工商行政管理机关登记的，可以不再办理法人登记，即具有法人资格。

第一百五十三条　本法所称的“不可抗力”，是指不能预见、不能避免并不能克服的客观情况。

第一百五十四条 民法所称的期间按照公历年、月、日、小时计算。

规定按照小时计算期间的，从规定时开始计算。规定按照日、月、年计算期间的，开始的当天不算入，从下一天开始计算。

期间的最后一天是星期日或者其他法定休假日的，以休假日的次日为期间的最后一天。

期间的最后一天的截止时间为二十四点。有业务时间的，到停止业务活动的时间截止。

第一百五十五条 民法所称的“以上”、“以下”、“以内”、“届满”，包括本数；所称的“不满”、“以外”，不包括本数。

第一百五十六条 本法自一九八七年一月一日起施行。

第二章 物权法

材料导读

物权法的筹备工作始于1993年，2007年3月16日，物权法被审议通过，前后历时13年。从2002年12月物权法初次审议，到2007年审议通过，共经过5年8次审议，审议次数之多在中国立法史上是空前的。2005年7月，物权法草案向社会全文公布，共收到人民群众提出的意见11543件，并先后召开100多次座谈会和多次论证会。2007年3月16日上午，十届中国人大五次会议，参加表决的近3000名人大代表以2799票赞成、52票反对、37票弃权的表决结果，通过了物权法。这部法律被认为对于推进经济改革和建设法治国家都有着重大意义，标志着社会主义市场经济进一步完善，政治文明迈出了重要一步。物权法，这部规范基本财产权的法律，从2002年到2007年，从一审到八审，创下了中国人大立法史上单部法律案审议次数的纪录。①

第一节　概述

一、物权的概念

物权是物权人对特定之物的排他性支配权。物权法是确定物权人之间对物的归属权和利用关系的法律。《中华人民共和国物权法》（以下简《物权法》）第一次以法律规范的形式确定了物权的定义。《物权法》第2条第2款规定："本法所称物权，是指权利人依法对特定的物享有直接支配和排他的权利，包括所有权、用益物权和担保物权。"

二、物权的效力

1. 物权的排他效力

物权排他效力是指在同一标的物上不允许存在两种或两种以上内容或者性质相抵触

① 《中华人民共和国物权法》_互动百科［EB/OL］. http://www.baike.com/wiki/%E3%80%8A%E7%89%A9%E6%9D%83%E6%B3%95%E3%80%8B

的物权。物权的排他效力，起源于物权人对标的物的直接支配力，具体表现为同一标的物上，不得同时存在两个所有权，也不能存在两个或两个以上内容相冲突的定限物权。

2. 物权的优先效力

物权的优先效力，也称物权的优先权效力，法律上说的优先，指的是权利实现的优先。对于物权的优先权效力问题，学说上历来有广义和狭义的解释。狭义的物权优先效力是指物权优先于债权的效力。广义的物权优先权效力，是指除了物权有优先于债权的效力之外，物权与物权相互间也有优先效力，即先设立的物权具有优先于后设立的物权的效力。

3. 物权的追及效力

物权的追及效力，如果从物权的权利角度来谈，一般也称其为物权的追及权。物权的追及效力，是指物权的标的物，无论被无权处分人或者处分权受限制的人转让于任何人之手，除法律另有规定以外，物权人均可追及物之所在而行使物权。

4. 物上请求权

物上请求权是指当物权受到他人侵害或者妨害的可能性时，物权人为了排除或者预防妨害，有请求义务人为一定行为或不为一定行为，以恢复物权完善状态的权利效力。

三、物权法

物权法是确定和调整人与人之间因对物的归属权和利用而产生的财产关系的法律规范的总称。物权法的功能是对财产所有与利用关系予以确认和保护，在一个国家的社会共同体内建立并且维持对物质资料的合理占有、使用和分配的有序状态，归根到底，物权法的功能在于调整人与人之间对物的所属权和利益分配关系。

物权法可以分为形式意义上的物权法和实质意义上的物权法。形式意义上的物权法，是指民法典中的物权编和以单法形式颁布的《物权法》；实质意义上的物权法是指调整物权关系的所有法律规范的总和，包括民法典中的物权编、单行的物权法、其他法律法规中关于物权内容的规定，比如渔业法、矿产资源法、水法、森林法等单法中有关物权的规定，均为实质意义上的物权法。

第二节　所有权

一、概述

1. 概念

所有权制度是物权制度的核心内容，是他物权制度的基石。所有权是指所有权人对自己的不动产或者动产，依法享有占有、使用、收益和处分的权利。所有权人对自己的不动产或者动产，依法享有占有、使用、收益和处分的权利。该规定体现了所有权的积极权能。但所有权的全面支配权的特性决定了所有权本身应具有排除他人非法干涉之功能，此为所有权的消极权能。我国《物权法》依所有权的主体性质将所有权分为国家所有权、集体所有权和私人所有权。对于这三种不同类型的所有权《物权法》确定了平等保护的原则，体现了民法的平等理念。

2. 所有权的权能

（1）占有权能，占有是指民事主体对物的实际控制的状态。

（2）使用权能，使用是指依据物的属性，在不损毁物的实体和变更物的性质的前提下对物进行事实上的利用以满足使用者的特定需要。

（3）收益权能，收益是指收取所有物新增利益的权能。

（4）处分权能，处分是指依法对物进行处置，从而决定物的命运的权能。

3. 所有权的限制

（1）私法上的限制。所有权在私法上的限制主要体现在民法基本原则的适用以及有关规定对所有权行使的限制。所有权人行使所有权时应遵守诚实信用原则，禁止权利滥用。所有权受到侵害又无法及时寻求公力救济时，允许当事人进行私力救济。私力救济在民法上包括正当防卫、紧急避险和自助行为。除此之外所有权还受到他物权、债权等其他方面的限制。

（2）公法上的限制。公法为了保护社会公共利益而对所有物进行限制，此类规范多属行政法，如环境保护法、土地管理法、文物保护法等。

二、不动产所有权

土地、建筑物为典型的不动产，除此之外，尚未与土地分离的林木、水体、矿藏等自然资源也是不动产所有权的客体。不动产所有权是指权利人对其所属的不动产依法享有排他性支配权。

1. 土地所有权

土地所有权是指以土地为客体成立的所有权。我国土地所有权包括国家土地所有权和集体土地所有权。国家土地所有权主要指国家对其所有的土地依法享有的占有、使用、收益及处分等权利。《物权法》规定，城市的土地和法律规定属于国家所有的农村和城市郊区的土地，属于国家所有。国家土地所有权是我国土地所有权的主要形式。现阶段我国国家土地所有权的行使主要是通过设立使用权的方式进行使用、收益，具体有三种方式：出租、划拨和出让。除了法律规定的属于国家所有的土地以外，土地属于集体所有。集体土地所有权是指根据法律规定由农村集体经济组织对特定土地享有所有权，并进行占有、使用、收益及处分的权利。集体土地所有权行使方式主要有两种：承包和划拨。国家和集体土地所有权不得流转，但其使用权可以进行流转交易。

2. 建筑物所有权

房屋是典型的建筑物，我国建筑物所有权问题主要是房屋所有权问题。房屋所有权分为了两种形态：房屋所有权和建筑物区分所有权。房屋所有权主要指所有权人对单独封闭性的房屋享有所有权，其中包括农村家庭房屋、城市单独院落、别墅等房屋，也可称单独房屋所有权。

在现代社会，城市居民大多居住在公寓大厦里，但其不是整个大厦的所有权人，而是大厦内某一或某些特定房间和公共领域的所有权人，此即产生了建筑物区分所有权。所谓建筑物区分所有权，是指当多数人共同拥有同一建筑物时，将该建筑物在观念上区分各个独立使用的空间，各区分所有人对区分后的每一特定部分享有部分的所有权和共有部分的共有权以及共有和专有部分不能分离所产生的共有人的成员权。

3. 相邻关系

相邻关系也称不动产相邻权，是基于不动产位置相邻的事实而在相毗邻的不动产所有者或使用者之间就不动产的所有和使用产生的权利义务关系。相邻关系包括土地相邻关系和不动产相邻关系，具体而言包括用水、排水、通行、利用、通风、采光、日照、有害物质排放等内容。不动产的相邻权利人应当按照有利生产、方便生活、团结互助、公平合理的原则，正确处理相邻关系。法律、法规对处理相邻关系有规定的，依照其规定；法律、法规没有规定的，可以按照当地习惯。

三、动产所有权

动产所有权是指权利人对其动产享有的所有权。在动产所有权制度中，主要法律问题是动产所有权的取得方式。我国《物权法》第九章“所有权取得的特别规定”中确定了善意取得、拾得遗失物、拾得漂流物、发现埋藏物或者隐藏物、从物与孳息取得等内容。

1. 善意取得

我国《物权法》第106条规定：“无处分权人将不动产或者动产转让给受让人的，所有权人有权追回；除法律另有规定外，符合下列情形的，受让人取得该不动产或者动产的所有权：①受让人受让该不动产或者动产时是善意的；②以合理的价格转让；③转让的不动产或者动产依照法律规定应当登记的已经登记，不需要登记的已经交付给受让人。受让人依照前款规定取得不动产或者动产的所有权的，原所有权人有权向无处分权人请求赔偿损失。当事人善意取得其他物权的，参照前两款规定。”根据《物权法》的规定，我国善意取得制度不仅适用于动产还适用于不动产。但是在司法实践中赃物一般不适用善意取得，遗失物根据《物权法》第107条的规定，也是在一定条件下适用善意取得。

2. 遗失物的拾得

拾金不昧是我国的传统美德，根据法律规定，拾得遗失物，应当返还权利人。拾得人应当及时通知权利人领取，或者送交公安等有关部门。有关部门收到遗失物，知道权利人的，应当及时通知其领取，不知道的，应当及时发布招领公告。拾得人在遗失物送交有关部门前，有关部门在遗失物被领取前，应当妥善保管遗失物。因故意或者重大过失致使遗失物毁损、灭失的，应当承担民事责任。权利人领取遗失物时，应当向拾得人或者有关部门支付保管遗失物的必要费用。拾得人不能要求支付报酬。如果权利人悬赏寻找遗失物的，领取遗失物时应当按照承诺履行义务。遗失物自发布招领公告之日起6个月内无人认领的，归国家所有。

拾得漂流物、发现埋藏物或者隐藏物的，参照拾得遗失物的有关规定，法律另有规定的，按照法律规定。

四、共有

共有是指两个以上的权利主体共享一物所有权的情形。根据共有人之间的内部关系，可将共有分为按份共有和共同共有两种类型。按份共有也称分别共有，是指数人按照确定的份额对于同一项财产享有所有权的形态。共同共有，是指数人之间由于一定原因成立共同关系，基于共同关系而享有一物所有权，及共有人对共有物享有的所有权。按份共有人按照份额享有权利，承担义务。按份共有人可以转让其享有的共有的不动产或者动产份额。其他共有人在同等条件下享有优先购买的权利。共同共有人之间没有份额的划分。共有人对共有的不动产或者动产没有约定为按份共有或者共同共有，或者约定不明确的，除共有人具有家庭关系等外，视为按份共有。按份共有人对共有的不动产或者动产享有的份额，没有约定或者约定不明确的，按照出资额取得；不能确定出资额的，视为等额享有。

共有人按照约定管理共有的不动产或者动产；没有约定或者约定不明确的，各共有人都有管理的权利和义务。对共有物的管理费用以及其他负担，有约定的，按照约定；没有约定或者约定不明确的，按份共有人按照其份额负担，共同共有人共同负担。处分共有的不动产或者动产以及对共有的不动产或者动产作重大修缮的，应当经占份额 2/3 以上的按份共有人或者全体共同共有人同意，但共有人之间另有约定的除外。

共有人约定不得分割共有的不动产或者动产，以维持共有关系的，应当按照约定，按共有人有重大理由需要分割的，可以请求分割；没有约定或者约定不明确的，按份共有人可以随时请求分割，共同共有人在共有的基础丧失或者有重大理由需要分割时可以请求分割。因分割对其他共有人造成损害的，应当给予赔偿。共有人可以协商确定分割方式。达不成协议，共有的不动产或者动产可以分割并且不会因分割减损价值的，应当对实物予以分割；难以分割或者因分割会减损价值的，应当对折价或者拍卖、变卖取得的价款予以分割。

第三节　用益物权

一、概述

用益物权是对他人所有的动产和不动产以使用、收益为目的的物权，因而被称作“用益”物权。用益物权与所有权、担保物权等一起构成了物权制度的完整体系。我国《物权法》不仅规定了用益物权的一般规定，还具体规定了土地承包经营权、建设用地使用权、宅基地使用权与地役权四种用益物权。

二、土地承包经营权

我国农村集体经济组织实行家庭承包经营为基础、统分结合的双层经营体制。土地承包经营权自土地承包经营权合同生效时设立。土地承包经营权也称农村土地承包经营权、土地承包权，是指土地承包经营权人为从事种植业、林业、畜牧业，对其承包的集体组织的土地或者国家所有交由集体组织使用的耕地、林地、草地等所享有的占有、使用和收益的权利。

土地承包经营权作为一种限制物权，具有一定的期限性。考虑到不同性质土地的投资收益期限差别较大，物权法对耕地、草地和林地规定了不同的承包期限。耕地的承包期为 30 年；草地的承包期为 30 ~ 50 年，林地的承包期为 30 ~ 70 年；特殊林木的林地承包期，经国务院林地行政主管部门批准可以延长。承包期届满，由土地承包经营权人按照国家有关规定继续承包。

三、建设用地使用权

建设用地使用权分为广义上的建筑用地使用权与狭义上的建设用地使用权。广义上的建设用地使用权是指建设用地使用权人对国家所有的土地和集体所有的土地享有占有、使用、收益以及利用该土地建造建筑物、构筑物及其附属设施的权利。狭义上的建设用地使用权是指建设用地使用权人对国家所有的土地享有占有、使用、收益以及利用该土地建造建筑物、构筑物及其附属设施的权利。我国《物权法》是从狭义上使用建设用地使用权这一概念的。

设立建设用地使用权，可以采取出让或者划拨等方式。工业、商业、旅游、娱乐和商品住宅等经营性用地以及同一土地上有两个以上意向用地者，应当采取招标、拍卖等公开竞价的方式出让。法律对以划拨方式设立建设用地使用权进行严格限制。

建设用地使用权人应当依照法律规定以及合同约定支付出让金等费用。建设用地使用权人应当合理利用土地，不得改变土地用途，需要改变土地用途的，应当依法经有关行政主管部门批准。建设用地使用权可以通过转让、互换、出资、赠与等方式进行流转。建设用地使用权转让、互换、出资、赠与、抵押的，当事人应当采取书面形式订立相应的合同。使用权限由当事人约定，但不得超出建设用地使用权的剩余期限。住宅建设用地使用权期间届满的，自动续期。非住宅建设用地使用权期间届满后的续期，依照法律规定办理。需注意的是，建设用地使用权和附着于该土地上的建筑物、构筑物及其附属设置需要一并处分。

四、宅基地使用权

广义上的宅基地使用权包括城镇宅基地使用权和农村宅基地使用权，狭义的宅基地使用权仅指农村宅基地使用权，是指集体组织成员因建造住宅以及附属设施而对集体土地享有占有、使用的一种用益物权。我国《物权法》是从狭义上使用宅基地使用权的。

宅基地使用权的取得、行使和转让，适用土地管理法等法律和国家有关规定。农村村民一户只能拥有一处宅基地，其宅基地的面积不得超过省、自治区、直辖市规定的标准。农村村民建住宅，应当符合乡（镇）土地利用总体规划，并尽量适用原有的宅基地和村内空闲地。宅基地因自然灾害等原因灭失的，宅基地使用权消灭。对失去宅基地的村民，应当重新分配宅基地。

五、地役权

地役权是指地役权人按照合同约定利用他人的不动产，以提高自己不动产效益的权利。利用他人不动产提高效益的不动产称为“需役地”；提供给他人使用的不动产，即设定负担的不动产称为“供役地”。享有地役权的人称为“需役人”；提供供役地的人称为“供役人”。地役权可基于法律行为取得，也可基于法律行为外的原因取得。我国《物权法》规定，地役权只能通过合同的方式设立，实践中地役权可以通过让与、继承等方式取得。

由于地役权的成立必须是需役地和供役地同时存在，因此在法律属性上地役权与其他物权不同。地役权虽然是一种独立的用益物权，但它仍然应当与需役地的使用权共命运，必须与需役地使用权一同移转，不得与需役地分离而单独让与。

第四节　担保物权

一、概述

担保物权，指为确保特定债权的实现，债务人或第三人以自己特定的不动产、动产及其他的财产权利为标的而设定担保，在债务人不履行到期债务或发生当事人所约定的情形时，债务人有权就该项财产变价并优先受偿的一种限制物权。根据我国《物权法》的规定，我国担保物权包括抵押权、质押权和留置权。

二、抵押权

根据《物权法》第179条之规定，抵押权是指为担保债务的履行，债务人或者第三人不转移财产的占有，将该财产抵押给债权人的，债务人不履行到期债务或者发生当事人约定的实现抵押权的情形，债权人有权就该财产的价值优先受偿的权利。

抵押权是对抵押物的交换价值排他性地享有控制并最终支配的权利。其制度核心主要体现为对抵押物的优先受偿效力。抵押权不以转移标的物的占有为要件，可有效利用抵押财产的用益价值，具有较大的优越性和较广泛的适用性。抵押权可依照法律的直接规定而取得，成为法定抵押权。抵押权亦可以当事人的意思而创设，即基于法律行为而取得，称为意定抵押权或约定抵押权。

三、质权

质权是指债务人或第三人将特定的动产或动产权利转移给债权人占有，作为债权的担保，在债务人不履行到期债务或发生当事人约定的实现质权的情形时，债权人得对该特定财产变价以优先受偿的权利。质权以转移标的占有为要件，兼具留置效力与优先受偿效力，更有利于确保债权实现。以不同性质的标的为划分标准，质权可分为动产质权与权利质权。

动产质权是指为担保债务的履行，债务人或者第三人将其动产转移给债权人占有，债务人不履行到期债务或者发生当事人约定的实现质权的情形，债权人有权就该动产优先受偿的权利。法律、行政法规禁止转让的动产不得出质。质权自出质人交付质押财产时设立。质权人在债务履行期限届满前，不得与出质人约定债务人不履行到期债务时质押财产归债权人所有。在质权存续期间，质权人负有妥善保管质押财产的义务，未经出质人同意，不得擅自使用、处分质物。

权利质权是指以所有权和用益物权以外的可让与的财产权利为标的设立的质权。根据我国《物权法》第 223 条的规定，可以出质的权利包括：①汇票、支票、本票；②债券、存款单；③仓单、提单；④可以转让的基金份额、股权；⑤可以转让的注册商标专用权、专利权、著作权等知识产权中的财产权；⑥应收账款；⑦法律、行政法规规定可以出质的其他财产权利。

四、留置权

留置权是指到期债务未获清偿时，债权人可对已合法占有的债务人的动产予以留置，经一定期限可对该留置物变价优先受偿的权利。留置权系一种法定担保物权。留置权的发生，以留置物与债权之间存在一定的牵连关系为限。法律规定或者当事人约定不得留置的动产，不得留置。留置为可分物的，留置财产的价值应当相当于债务的金额。

留置权人与债务人应当约定留置财产后的债务履行期间，没有约定或者约定不明确的，留着权人应当给债务人两个月以上履行债务的期间，但鲜活易腐等不易保管的动产除外。债务人逾期未履行的，留置权人可以与债务人协议以留置财产折价，也可以拍卖、变卖留置财产所得价款优先受偿。

案例探讨

贾某因为要外出留学就将自己的贵重物品祖传古董花瓶和字画交给好友李某保管。李某因为炒股亏损巨大，急需用钱，就将古董花瓶卖给了不知情的古董商赵某，得款 10 万元。赵某将该花瓶质押给了吕某。后来为了升职，李某又将字画送给了自己的上司张某。张某得到字画后非常喜欢，经常随身携带观看，有一天不小心遗落在出租车上。司机丁某捡到后将该字画在拍卖所拍卖，被王某以5万元的价格拍得。贾某回家后发现此事，遂向吕某和王某要求返还古董花瓶和字画，问本案如何处理？

法律链接

中华人民共和国物权法

（2007年3月16日第十届全国人民代表大会第五次会议通过）

第一编　总　　则

第一章　基本原则

第一条　为了维护国家基本经济制度，维护社会主义市场经济秩序，明确物的归属，发挥物的效用，保护权利人的物权，根据宪法，制定本法。

第二条　因物的归属和利用而产生的民事关系，适用本法。

本法所称物，包括不动产和动产。法律规定权利作为物权客体的，依照其规定。

本法所称物权，是指权利人依法对特定的物享有直接支配和排他的权利，包括所有权、用益物权和担保物权。

第三条　国家在社会主义初级阶段，坚持公有制为主体、多种所有制经济共同发展的基本经济制度。

国家巩固和发展公有制经济，鼓励、支持和引导非公有制经济的发展。

国家实行社会主义市场经济，保障一切市场主体的平等法律地位和发展权利。

第四条　国家、集体、私人的物权和其他权利人的物权受法律保护，任何单位和个人不得侵犯。

第五条　物权的种类和内容，由法律规定。

第六条　不动产物权的设立、变更、转让和消灭，应当依照法律规定登记。动产物权的设立和转让，应当依照法律规定交付。

第七条　物权的取得和行使，应当遵守法律，尊重社会公德，不得损害公共利益和他人合法权益。

第八条　其他相关法律对物权另有特别规定的，依照其规定。

第二章　物权的设立、变更、转让和消灭

第一节　不动产登记

第九条　不动产物权的设立、变更、转让和消灭，经依法登记，发生效力；未经登记，不发生效力，但法律另有规定的除外。

依法属于国家所有的自然资源，所有权可以不登记。

第十条　不动产登记，由不动产所在地的登记机构办理。

国家对不动产实行统一登记制度。统一登记的范围、登记机构和登记办法，由法律、行政法规规定。

第十一条　当事人申请登记，应当根据不同登记事项提供权属证明和不动产界址、面积等必要材料。

第十二条　登记机构应当履行下列职责：

（一）查验申请人提供的权属证明和其他必要材料；

（二）就有关登记事项询问申请人；

（三）如实、及时登记有关事项；

（四）法律、行政法规规定的其他职责。

申请登记的不动产的有关情况需要进一步证明的，登记机构可以要求申请人补充材料，必要时可以实地查看。

第十三条　登记机构不得有下列行为：

（一）要求对不动产进行评估；

（二）以年检等名义进行重复登记；

（三）超出登记职责范围的其他行为。

第十四条　不动产物权的设立、变更、转让和消灭，依照法律规定应当登记的，自记载于不动产登记簿时发生效力。

第十五条 当事人之间订立有关设立、变更、转让和消灭不动产物权的合同，除法律另有规定或者合同另有约定外，自合同成立时生效；未办理物权登记的，不影响合同效力。

第十六条 不动产登记簿是物权归属和内容的根据。不动产登记簿由登记机构管理。

第十七条 不动产权属证书是权利人享有该不动产物权的证明。不动产权属证书记载的事项，应当与不动产登记簿一致；记载不一致的，除有证据证明不动产登记簿确有错误外，以不动产登记簿为准。

第十八条 权利人、利害关系人可以申请查询、复制登记资料，登记机构应当提供。

第十九条 权利人、利害关系人认为不动产登记簿记载的事项错误的，可以申请更正登记。不动产登记簿记载的权利人书面同意更正或者有证据证明登记确有错误的，登记机构应当予以更正。

不动产登记簿记载的权利人不同意更正的，利害关系人可以申请异议登记。登记机构予以异议登记的，申请人在异议登记之日起十五日内不起诉，异议登记失效。异议登记不当，造成权利人损害的，权利人可以向申请人请求损害赔偿。

第二十条 当事人签订买卖房屋或者其他不动产物权的协议，为保障将来实现物权，按照约定可以向登记机构申请预告登记。预告登记后，未经预告登记的权利人同意，处分该不动产的，不发生物权效力。

预告登记后，债权消灭或者自能够进行不动产登记之日起三个月内未申请登记的，预告登记失效。

第二十一条 当事人提供虚假材料申请登记，给他人造成损害的，应当承担赔偿责任。

因登记错误，给他人造成损害的，登记机构应当承担赔偿责任。登记机构赔偿后，可以向造成登记错误的人追偿。

第二十二条 不动产登记费按件收取，不得按照不动产的面积、体积或者价款的比例收取。具体收费标准由国务院有关部门会同价格主管部门规定。

第二节 动产交付

第二十三条 动产物权的设立和转让，自交付时发生效力，但法律另有规定的除外。

第二十四条 船舶、航空器和机动车等物权的设立、变更、转让和消灭，未经登记，不得对抗善意第三人。

第二十五条 动产物权设立和转让前，权利人已经依法占有该动产的，物权自法律行为生效时发生效力。

第二十六条 动产物权设立和转让前，第三人依法占有该动产的，负有交付义务的人可以通过转让请求第三人返还原物的权利代替交付。

第二十七条 动产物权转让时，双方又约定由出让人继续占有该动产的，物权自该约定生效时发生效力。

第三节 其他规定

第二十八条 因人民法院、仲裁委员会的法律文书或者人民政府的征收决定等，导致物权设立、变更、转让或者消灭的，自法律文书或者人民政府的征收决定等生效时发生效力。

第二十九条 因继承或者受遗赠取得物权的，自继承或者受遗赠开始时发生效力。

第三十条 因合法建造、拆除房屋等事实行为设立或者消灭物权的，自事实行为成就时发生效力。

第三十一条 依照本法第二十八条至第三十条规定享有不动产物权的，处分该物权时，依照法律规定需要办理登记的，未经登记，不发生物权效力。

第三章 物权的保护

第三十二条 物权受到侵害的，权利人可以通过和解、调解、仲裁、诉讼等途径解决。

第三十三条 因物权的归属、内容发生争议的，利害关系人可以请求确认权利。

第三十四条 无权占有不动产或者动产的，权利人可以请求返还原物。

第三十五条 妨害物权或者可能妨害物权的，权利人可以请求排除妨害或者消除危险。

第三十六条 造成不动产或者动产毁损的，权利人可以请求修理、重作、更换或者恢复原状。

第三十七条 侵害物权，造成权利人损害的，权利人可以请求损害赔偿，也可以请求承担其他民事责任。

第三十八条 本章规定的物权保护方式，可以单独适用，也可以根据权利被侵害的情形合并适用。

侵害物权，除承担民事责任外，违反行政管理规定的，依法承担行政责任；构成犯罪的，依法追究刑事责任。

第二编 所有权

第四章 一般规定

第三十九条 所有权人对自己的不动产或者动产，依法享有占有、使用、收益和处分的权利。

第四十条 所有权人有权在自己的不动产或者动产上设立用益物权和担保物权。用益物权人、担保物权人行使权利，不得损害所有权人的权益。

第四十一条 法律规定专属于国家所有的不动产和动产，任何单位和个人不能取得所有权。

第四十二条 为了公共利益的需要，依照法律规定的权限和程序可以征收集体所有的土地和单位、个人的房屋及其他不动产。

征收集体所有的土地，应当依法足额支付土地补偿费、安置补助费、地上附着物和青苗的补偿费等费用，安排被征地农民的社会保障费用，保障被征地农民的生活，维护被征地农民的合法权益。

征收单位、个人的房屋及其他不动产，应当依法给予拆迁补偿，维护被征收人的合法权益；征收个人住宅的，还应当保障被征收人的居住条件。

任何单位和个人不得贪污、挪用、私分、截留、拖欠征收补偿费等费用。

第四十三条 国家对耕地实行特殊保护，严格限制农用地转为建设用地，控制建设用地总量。不得违反法律规定的权限和程序征收集体所有的土地。

第四十四条 因抢险、救灾等紧急需要，依照法律规定的权限和程序可以征用单位、个人的不动产或者动产。被征用的不动产或者动产使用后，应当返还被征用人。单位、个人的不动产或者动产被征用或者征用后毁损、灭失的，应当给予补偿。

第五章 国家所有权和集体所有权、私人所有权

第四十五条 法律规定属于国家所有的财产，属于国家所有即全民所有。

国有财产由国务院代表国家行使所有权；法律另有规定的，依照其规定。

第四十六条 矿藏、水流、海域属于国家所有。

第四十七条 城市的土地，属于国家所有。法律规定属于国家所有的农村和城市郊区的土地，属于国家所有。

第四十八条 森林、山岭、草原、荒地、滩涂等自然资源，属于国家所有，但法律规定属于集体所有的除外。

第四十九条 法律规定属于国家所有的野生动植物资源，属于国家所有。

第五十条 无线电频谱资源属于国家所有。

第五十一条 法律规定属于国家所有的文物，属于国家所有。

第五十二条 国防资产属于国家所有。

铁路、公路、电力设施、电信设施和油气管道等基础设施，依照法律规定为国家所有的，属于国家所有。

第五十三条 国家机关对其直接支配的不动产和动产，享有占有、使用以及依照法律和国务院的有关规定处分的权利。

第五十四条 国家举办的事业单位对其直接支配的不动产和动产，享有占有、使用以及依照法律和国务院的有关规定收益、处分的权利。

第五十五条 国家出资的企业，由国务院、地方人民政府依照法律、行政法规规定分别代表国家履行出资人职责，享有出资人权益。

第五十六条 国家所有的财产受法律保护，禁止任何单位和个人侵占、哄抢、私分、截留、破坏。

第五十七条 履行国有财产管理、监督职责的机构及其工作人员，应当依法加强对国有财产的管理、监督，促进国有财产保值增值，防止国

有财产损失；滥用职权，玩忽职守，造成国有财产损失的，应当依法承担法律责任。

违反国有财产管理规定，在企业改制、合并分立、关联交易等过程中，低价转让、合谋私分、擅自担保或者以其他方式造成国有财产损失的，应当依法承担法律责任。

第五十八条 集体所有的不动产和动产包括：

（一）法律规定属于集体所有的土地和森林、山岭、草原、荒地、滩涂；

（二）集体所有的建筑物、生产设施、农田水利设施；

（三）集体所有的教育、科学、文化、卫生、体育等设施；

（四）集体所有的其他不动产和动产。

第五十九条 农民集体所有的不动产和动产，属于本集体成员集体所有。

下列事项应当依照法定程序经本集体成员决定：

（一）土地承包方案以及将土地发包给本集体以外的单位或者个人承包；

（二）个别土地承包经营权人之间承包地的调整；

（三）土地补偿费等费用的使用、分配办法；

（四）集体出资的企业的所有权变动等事项；

（五）法律规定的其他事项。

第六十条 对于集体所有的土地和森林、山岭、草原、荒地、滩涂等，依照下列规定行使所有权：

（一）属于村农民集体所有的，由村集体经济组织或者村民委员会代表集体行使所有权；

（二）分别属于村内两个以上农民集体所有的，由村内各该集体经济组织或者村民小组代表集体行使所有权；

（三）属于乡镇农民集体所有的，由乡镇集体经济组织代表集体行使所有权。

第六十一条 城镇集体所有的不动产和动产，依照法律、行政法规的规定由本集体享有占有、使用、收益和处分的权利。

第六十二条 集体经济组织或者村民委员会、村民小组应当依照法律、行政法规以及章程、村规民约向本集体成员公布集体财产的状况。

第六十三条 集体所有的财产受法律保护，禁止任何单位和个人侵占、哄抢、私分、破坏。

集体经济组织、村民委员会或者其负责人作出的决定侵害集体成员合法权益的，受侵害的集体成员可以请求人民法院予以撤销。

第六十四条 私人对其合法的收入、房屋、生活用品、生产工具、原材料等不动产和动产享有所有权。

第六十五条 私人合法的储蓄、投资及其收益受法律保护。

国家依照法律规定保护私人的继承权及其他合法权益。

第六十六条 私人的合法财产受法律保护，禁止任何单位和个人侵占、哄抢、破坏。

第六十七条 国家、集体和私人依法可以出资设立有限责任公司、股份有限公司或者其他企业。国家、集体和私人所有的不动产或者动产，投到企业的，由出资人按照约定或者出资比例享有资产收益、重大决策以及选择经营管理者等权利并履行义务。

第六十八条 企业法人对其不动产和动产依照法律、行政法规以及章程享有占有、使用、收益和处分的权利。

企业法人以外的法人，对其不动产和动产的权利，适用有关法律、行政法规以及章程的规定。

第六十九条 社会团体依法所有的不动产和动产，受法律保护。

第六章　业主的建筑物区分所有权

第七十条 业主对建筑物内的住宅、经营性用房等专有部分享有所有权，对专有部分以外的共有部分享有共有和共同管理的权利。

第七十一条 业主对其建筑物专有部分享有占有、使用、收益和处分的权利。业主行使权利不得危及建筑物的安全，不得损害其他业主的合法权益。

第七十二条 业主对建筑物专有部分以外的共有部分，享有权利，承担义务；不得以放弃权利不履行义务。

业主转让建筑物内的住宅、经营性用房，其对共有部分享有的共有和共同管理的权利一并转让。

第七十三条 建筑区划内的道路，属于业主共有，但属于城镇公共道路的除外。建筑区划内的绿地，属于业主共有，但属于城镇公共绿地或者明示属于个人的除外。建筑区划内的其他公共场所、公用设施和物业服务用房，属于业主共有。

第七十四条 建筑区划内，规划用于停放汽车的车位、车库应当首先满足业主的需要。

建筑区划内，规划用于停放汽车的车位、车库的归属，由当事人通过出售、附赠或者出租等方式约定。

占用业主共有的道路或者其他场地用于停放汽车的车位，属于业主共有。

第七十五条 业主可以设立业主大会，选举业主委员会。

地方人民政府有关部门应当对设立业主大会和选举业主委员会给予指导和协助。

第七十六条 下列事项由业主共同决定：

（一）制定和修改业主大会议事规则；

（二）制定和修改建筑物及其附属设施的管理规约；

（三）选举业主委员会或者更换业主委员会成员；

（四）选聘和解聘物业服务企业或者其他管理人；

（五）筹集和使用建筑物及其附属设施的维修资金；

（六）改建、重建建筑物及其附属设施；

（七）有关共有和共同管理权利的其他重大事项。

决定前款第五项和第六项规定的事项，应当经专有部分占建筑物总面积三分之二以上的业主且占总人数三分之二以上的业主同意。决定前款其他事项，应当经专有部分占建筑物总面积过半数的业主且占总人数过半数的业主同意。

第七十七条 业主不得违反法律、法规以及管理规约，将住宅改变为经营性用房。业主将住宅改变为经营性用房的，除遵守法律、法规以及管理规约外，应当经有利害关系的业主同意。

第七十八条 业主大会或者业主委员会的决定，对业主具有约束力。

业主大会或者业主委员会作出的决定侵害业主合法权益的，受侵害的业主可以请求人民法院予以撤销。

第七十九条 建筑物及其附属设施的维修资金，属于业主共有。经业主共同决定，可以用于电梯、水箱等共有部分的维修。维修资金的筹集、使用情况应当公布。

第八十条 建筑物及其附属设施的费用分摊、收益分配等事项，有约定的，按照约定；没有约定或者约定不明确的，按照业主专有部分占建筑物总面积的比例确定。

第八十一条 业主可以自行管理建筑物及其附属设施，也可以委托物业服务企业或者其他管理人管理。

对建设单位聘请的物业服务企业或者其他管理人，业主有权依法更换。

第八十二条 物业服务企业或者其他管理人根据业主的委托管理建筑区划内的建筑物及其附属设施，并接受业主的监督。

第八十三条 业主应当遵守法律、法规以及管理规约。

业主大会和业主委员会，对任意弃置垃圾、排放污染物或者噪声、违反规定饲养动物、违章搭建、侵占通道、拒付物业费等损害他人合法权益的行为，有权依照法律、法规以及管理规约，要求行为人停止侵害、消除危险、排除妨害、赔偿损失。业主对侵害自己合法权益的行为，可以依法向人民法院提起诉讼。

第七章　相邻关系

第八十四条 不动产的相邻权利人应当按照有利生产、方便生活、团结互助、公平合理的原则，正确处理相邻关系。

第八十五条 法律、法规对处理相邻关系有规定的，依照其规定；法律、法规没有规定的，可以按照当地习惯。

第八十六条 不动产权利人应当为相邻权利人用水、排水提供必要的便利。

对自然流水的利用，应当在不动产的相邻权

利人之间合理分配。对自然流水的排放，应当尊重自然流向。

第八十七条 不动产权利人对相邻权利人因通行等必须利用其土地的，应当提供必要的便利。

第八十八条 不动产权利人因建造、修缮建筑物以及铺设电线、电缆、水管、暖气和燃气管线等必须利用相邻土地、建筑物的，该土地、建筑物的权利人应当提供必要的便利。

第八十九条 建造建筑物，不得违反国家有关工程建设标准，妨碍相邻建筑物的通风、采光和日照。

第九十条 不动产权利人不得违反国家规定弃置固体废物，排放大气污染物、水污染物、噪声、光、电磁波辐射等有害物质。

第九十一条 不动产权利人挖掘土地、建造建筑物、铺设管线以及安装设备等，不得危及相邻不动产的安全。

第九十二条 不动产权利人因用水、排水、通行、铺设管线等利用相邻不动产的，应当尽量避免对相邻的不动产权利人造成损害；造成损害的，应当给予赔偿。

第八章　共　　有

第九十三条 不动产或者动产可以由两个以上单位、个人共有。共有包括按份共有和共同共有。

第九十四条 按份共有人对共有的不动产或者动产按照其份额享有所有权。

第九十五条 共同共有人对共有的不动产或者动产共同享有所有权。

第九十六条 共有人按照约定管理共有的不动产或者动产；没有约定或者约定不明确的，各共有人都有管理的权利和义务。

第九十七条 处分共有的不动产或者动产以及对共有的不动产或者动产作重大修缮的，应当经占份额三分之二以上的按份共有人或者全体共同共有人同意，但共有人之间另有约定的除外。

第九十八条 对共有物的管理费用以及其他负担，有约定的，按照约定；没有约定或者约定不明确的，按份共有人按照其份额负担，共同共有人共同负担。

第九十九条 共有人约定不得分割共有的不动产或者动产，以维持共有关系的，应当按照约定，但共有人有重大理由需要分割的，可以请求分割；没有约定或者约定不明确的，按份共有人可以随时请求分割，共同共有人在共有的基础丧失或者有重大理由需要分割时可以请求分割。因分割对其他共有人造成损害的，应当给予赔偿。

第一百条 共有人可以协商确定分割方式。达不成协议，共有的不动产或者动产可以分割并且不会因分割减损价值的，应当对实物予以分割；难以分割或者因分割会减损价值的，应当对折价或者拍卖、变卖取得的价款予以分割。

共有人分割所得的不动产或者动产有瑕疵的，其他共有人应当分担损失。

第一百零一条 按份共有人可以转让其享有的共有的不动产或者动产份额。其他共有人在同等条件下享有优先购买的权利。

第一百零二条 因共有的不动产或者动产产生的债权债务，在对外关系上，共有人享有连带债权、承担连带债务，但法律另有规定或者第三人知道共有人不具有连带债权债务关系的除外；在共有人内部关系上，除共有人另有约定外，按份共有人按照份额享有债权、承担债务，共同共有人共同享有债权、承担债务。偿还债务超过自己应当承担份额的按份共有人，有权向其他共有人追偿。

第一百零三条 共有人对共有的不动产或者动产没有约定为按份共有或者共同共有，或者约定不明确的，除共有人具有家庭关系等外，视为按份共有。

第一百零四条 按份共有人对共有的不动产或者动产享有的份额，没有约定或者约定不明确的，按照出资额确定；不能确定出资额的，视为等额享有。

第一百零五条 两个以上单位、个人共同享有用益物权、担保物权的，参照本章规定。

第九章　所有权取得的特别规定

第一百零六条 无处分权人将不动产或者动产转让给受让人的，所有权人有权追回；除法律另有规定外，符合下列情形的，受让人取得该不动产或者动产的所有权：

（一）受让人受让该不动产或者动产时是善意的；

（二）以合理的价格转让；

（三）转让的不动产或者动产依照法律规定应当登记的已经登记，不需要登记的已经交付给受让人。

受让人依照前款规定取得不动产或者动产的所有权的，原所有权人有权向无处分权人请求赔偿损失。

当事人善意取得其他物权的，参照前两款规定。

第一百零七条 所有权人或者其他权利人有权追回遗失物。该遗失物通过转让被他人占有的，权利人有权向无处分权人请求损害赔偿，或者自知道或者应当知道受让人之日起二年内向受让人请求返还原物，但受让人通过拍卖或者向具有经营资格的经营者购得该遗失物的，权利人请求返还原物时应当支付受让人所付的费用。权利人向受让人支付所付费用后，有权向无处分权人追偿。

第一百零八条 善意受让人取得动产后，该动产上的原有权利消灭，但善意受让人在受让时知道或者应当知道该权利的除外。

第一百零九条 拾得遗失物，应当返还权利人。拾得人应当及时通知权利人领取，或者送交公安等有关部门。

第一百一十条 有关部门收到遗失物，知道权利人的，应当及时通知其领取；不知道的，应当及时发布招领公告。

第一百一十一条 拾得人在遗失物送交有关部门前，有关部门在遗失物被领取前，应当妥善保管遗失物。因故意或者重大过失致使遗失物毁损、灭失的，应当承担民事责任。

第一百一十二条 权利人领取遗失物时，应当向拾得人或者有关部门支付保管遗失物等支出的必要费用。

权利人悬赏寻找遗失物的，领取遗失物时应当按照承诺履行义务。

拾得人侵占遗失物的，无权请求保管遗失物等支出的费用，也无权请求权利人按照承诺履行义务。

第一百一十三条 遗失物自发布招领公告之日起六个月内无人认领的，归国家所有。

第一百一十四条 拾得漂流物、发现埋藏物或者隐藏物的，参照拾得遗失物的有关规定。文物保护法等法律另有规定的，依照其规定。

第一百一十五条 主物转让的，从物随主物转让，但当事人另有约定的除外。

第一百一十六条 天然孳息，由所有权人取得；既有所有权人又有用益物权人的，由用益物权人取得。当事人另有约定的，按照约定。

法定孳息，当事人有约定的，按照约定取得；没有约定或者约定不明确的，按照交易习惯取得。

第三编 用益物权

第十章 一般规定

第一百一十七条 用益物权人对他人所有的不动产或者动产，依法享有占有、使用和收益的权利。

第一百一十八条 国家所有或者国家所有由集体使用以及法律规定属于集体所有的自然资源，单位、个人依法可以占有、使用和收益。

第一百一十九条 国家实行自然资源有偿使用制度，但法律另有规定的除外。

第一百二十条 用益物权人行使权利，应当遵守法律有关保护和合理开发利用资源的规定。所有权人不得干涉用益物权人行使权利。

第一百二十一条 因不动产或者动产被征收、征用致使用益物权消灭或者影响用益物权行使的，用益物权人有权依照本法第四十二条、第四十四条的规定获得相应补偿。

第一百二十二条 依法取得的海域使用权受法律保护。

第一百二十三条 依法取得的探矿权、采矿权、取水权和使用水域、滩涂从事养殖、捕捞的权利受法律保护。

第十一章 土地承包经营权

第一百二十四条 农村集体经济组织实行家庭承包经营为基础、统分结合的双层经营体制。

农民集体所有和国家所有由农民集体使用的

耕地、林地、草地以及其他用于农业的土地，依法实行土地承包经营制度。

第一百二十五条 土地承包经营权人依法对其承包经营的耕地、林地、草地等享有占有、使用和收益的权利，有权从事种植业、林业、畜牧业等农业生产。

第一百二十六条 耕地的承包期为三十年。草地的承包期为三十年至五十年。林地的承包期为三十年至七十年；特殊林木的林地承包期，经国务院林业行政主管部门批准可以延长。

前款规定的承包期届满，由土地承包经营权人按照国家有关规定继续承包。

第一百二十七条 土地承包经营权自土地承包经营权合同生效时设立。

县级以上地方人民政府应当向土地承包经营权人发放土地承包经营权证、林权证、草原使用权证，并登记造册，确认土地承包经营权。

第一百二十八条 土地承包经营权人依照农村土地承包法的规定，有权将土地承包经营权采取转包、互换、转让等方式流转。流转的期限不得超过承包期的剩余期限。未经依法批准，不得将承包地用于非农建设。

第一百二十九条 土地承包经营权人将土地承包经营权互换、转让，当事人要求登记的，应当向县级以上地方人民政府申请土地承包经营权变更登记；未经登记，不得对抗善意第三人。

第一百三十条 承包期内发包人不得调整承包地。

因自然灾害严重毁损承包地等特殊情形，需要适当调整承包的耕地和草地的，应当依照农村土地承包法等法律规定办理。

第一百三十一条 承包期内发包人不得收回承包地。农村土地承包法等法律另有规定的，依照其规定。

第一百三十二条 承包地被征收的，土地承包经营权人有权依照本法第四十二条第二款的规定获得相应补偿。

第一百三十三条 通过招标、拍卖、公开协商等方式承包荒地等农村土地，依照农村土地承包法等法律和国务院的有关规定，其土地承包经营权可以转让、入股、抵押或者以其他方式流转。

第一百三十四条 国家所有的农用地实行承包经营的，参照本法的有关规定。

第十二章　建设用地使用权

第一百三十五条 建设用地使用权人依法对国家所有的土地享有占有、使用和收益的权利，有权利用该土地建造建筑物、构筑物及其附属设施。

第一百三十六条 建设用地使用权可以在土地的地表、地上或者地下分别设立。新设立的建设用地使用权，不得损害已设立的用益物权。

第一百三十七条 设立建设用地使用权，可以采取出让或者划拨等方式。

工业、商业、旅游、娱乐和商品住宅等经营性用地以及同一土地有两个以上意向用地者的，应当采取招标、拍卖等公开竞价的方式出让。

严格限制以划拨方式设立建设用地使用权。采取划拨方式的，应当遵守法律、行政法规关于土地用途的规定。

第一百三十八条 采取招标、拍卖、协议等出让方式设立建设用地使用权的，当事人应当采取书面形式订立建设用地使用权出让合同。

建设用地使用权出让合同一般包括下列条款：

（一）当事人的名称和住所；

（二）土地界址、面积等；

（三）建筑物、构筑物及其附属设施占用的空间；

（四）土地用途；

（五）使用期限；

（六）出让金等费用及其支付方式；

（七）解决争议的方法。

第一百三十九条 设立建设用地使用权的，应当向登记机构申请建设用地使用权登记。建设用地使用权自登记时设立。登记机构应当向建设用地使用权人发放建设用地使用权证书。

第一百四十条 建设用地使用权人应当合理利用土地，不得改变土地用途；需要改变土地用途的，应当依法经有关行政主管部门批准。

第一百四十一条 建设用地使用权人应当依照法律规定以及合同约定支付出让金等费用。

第一百四十二条 建设用地使用权人建造的

建筑物、构筑物及其附属设施的所有权属于建设用地使用权人，但有相反证据证明的除外。

第一百四十三条 建设用地使用权人有权将建设用地使用权转让、互换、出资、赠与或者抵押，但法律另有规定的除外。

第一百四十四条 建设用地使用权转让、互换、出资、赠与或者抵押的，当事人应当采取书面形式订立相应的合同。使用期限由当事人约定，但不得超过建设用地使用权的剩余期限。

第一百四十五条 建设用地使用权转让、互换、出资或者赠与的，应当向登记机构申请变更登记。

第一百四十六条 建设用地使用权转让、互换、出资或者赠与的，附着于该土地上的建筑物、构筑物及其附属设施一并处分。

第一百四十七条 建筑物、构筑物及其附属设施转让、互换、出资或者赠与的，该建筑物、构筑物及其附属设施占用范围内的建设用地使用权一并处分。

第一百四十八条 建设用地使用权期间届满前，因公共利益需要提前收回该土地的，应当依照本法第四十二条的规定对该土地上的房屋及其他不动产给予补偿，并退还相应的出让金。

第一百四十九条 住宅建设用地使用权期间届满的，自动续期。

非住宅建设用地使用权期间届满后的续期，依照法律规定办理。该土地上的房屋及其他不动产的归属，有约定的，按照约定；没有约定或者约定不明确的，依照法律、行政法规的规定办理。

第一百五十条 建设用地使用权消灭的，出让人应当及时办理注销登记。登记机构应当收回建设用地使用权证书。

第一百五十一条 集体所有的土地作为建设用地的，应当依照土地管理法等法律规定办理。

第十三章 宅基地使用权

第一百五十二条 宅基地使用权人依法对集体所有的土地享有占有和使用的权利，有权依法利用该土地建造住宅及其附属设施。

第一百五十三条 宅基地使用权的取得、行使和转让，适用土地管理法等法律和国家有关规定。

第一百五十四条 宅基地因自然灾害等原因灭失的，宅基地使用权消灭。对失去宅基地的村民，应当重新分配宅基地。

第一百五十五条 已经登记的宅基地使用权转让或者消灭的，应当及时办理变更登记或者注销登记。

第十四章 地役权

第一百五十六条 地役权人有权按照合同约定，利用他人的不动产，以提高自己的不动产的效益。

前款所称他人的不动产为供役地，自己的不动产为需役地。

第一百五十七条 设立地役权，当事人应当采取书面形式订立地役权合同。

地役权合同一般包括下列条款：

（一）当事人的姓名或者名称和住所；

（二）供役地和需役地的位置；

（三）利用目的和方法；

（四）利用期限；

（五）费用及其支付方式；

（六）解决争议的方法。

第一百五十八条 地役权自地役权合同生效时设立。当事人要求登记的，可以向登记机构申请地役权登记；未经登记，不得对抗善意第三人。

第一百五十九条 供役地权利人应当按照合同约定，允许地役权人利用其土地，不得妨害地役权人行使权利。

第一百六十条 地役权人应当按照合同约定的利用目的和方法利用供役地，尽量减少对供役地权利人物权的限制。

第一百六十一条 地役权的期限由当事人约定，但不得超过土地承包经营权、建设用地使用权等用益物权的剩余期限。

第一百六十二条 土地所有权人享有地役权或者负担地役权的，设立土地承包经营权、宅基地使用权时，该土地承包经营权人、宅基地使用权人继续享有或者负担已设立的地役权。

第一百六十三条 土地上已设立土地承包经营权、建设用地使用权、宅基地使用权等权利的，未经用益物权人同意，土地所有权人不得设立地役权。

第一百六十四条 地役权不得单独转让。土地承包经营权、建设用地使用权等转让的，地役权一并转让，但合同另有约定的除外。

第一百六十五条 地役权不得单独抵押。土地承包经营权、建设用地使用权等抵押的，在实现抵押权时，地役权一并转让。

第一百六十六条 需役地以及需役地上的土地承包经营权、建设用地使用权部分转让时，转让部分涉及地役权的，受让人同时享有地役权。

第一百六十七条 供役地以及供役地上的土地承包经营权、建设用地使用权部分转让时，转让部分涉及地役权的，地役权对受让人具有约束力。

第一百六十八条 地役权人有下列情形之一的，供役地权利人有权解除地役权合同，地役权消灭：

（一）违反法律规定或者合同约定，滥用地役权；

（二）有偿利用供役地，约定的付款期间届满后在合理期限内经两次催告未支付费用。

第一百六十九条 已经登记的地役权变更、转让或者消灭的，应当及时办理变更登记或者注销登记。

第四编　担保物权

第十五章　一般规定

第一百七十条 担保物权人在债务人不履行到期债务或者发生当事人约定的实现担保物权的情形，依法享有就担保财产优先受偿的权利，但法律另有规定的除外。

第一百七十一条 债权人在借贷、买卖等民事活动中，为保障实现其债权，需要担保的，可以依照本法和其他法律的规定设立担保物权。

第三人为债务人向债权人提供担保的，可以要求债务人提供反担保。反担保适用本法和其他法律的规定。

第一百七十二条 设立担保物权，应当依照本法和其他法律的规定订立担保合同。担保合同是主债权债务合同的从合同。主债权债务合同无效，担保合同无效，但法律另有规定的除外。

担保合同被确认无效后，债务人、担保人、债权人有过错的，应当根据其过错各自承担相应的民事责任。

第一百七十三条 担保物权的担保范围包括主债权及其利息、违约金、损害赔偿金、保管担保财产和实现担保物权的费用。当事人另有约定的，按照约定。

第一百七十四条 担保期间，担保财产毁损、灭失或者被征收等，担保物权人可以就获得的保险金、赔偿金或者补偿金等优先受偿。被担保债权的履行期未届满的，也可以提存该保险金、赔偿金或者补偿金等。

第一百七十五条 第三人提供担保，未经其书面同意，债权人允许债务人转移全部或者部分债务的，担保人不再承担相应的担保责任。

第一百七十六条 被担保的债权既有物的担保又有人的担保的，债务人不履行到期债务或者发生当事人约定的实现担保物权的情形，债权人应当按照约定实现债权；没有约定或者约定不明确，债务人自己提供物的担保的，债权人应当先就该物的担保实现债权；第三人提供物的担保的，债权人可以就物的担保实现债权，也可以要求保证人承担保证责任。提供担保的第三人承担担保责任后，有权向债务人追偿。

第一百七十七条 有下列情形之一的，担保物权消灭：

（一）主债权消灭；

（二）担保物权实现；

（三）债权人放弃担保物权；

（四）法律规定担保物权消灭的其他情形。

第一百七十八条 担保法与本法的规定不一致的，适用本法。

第十六章　抵押权

第一节　一般抵押权

第一百七十九条 为担保债务的履行，债务人或者第三人不转移财产的占有，将该财产抵押给债权人的，债务人不履行到期债务或者发生当事人约定的实现抵押权的情形，债权人有权就该财产优先受偿。

前款规定的债务人或者第三人为抵押人，债权人为抵押权人，提供担保的财产为抵押财产。

第一百八十条 债务人或者第三人有权处分的下列财产可以抵押：

（一）建筑物和其他土地附着物；

（二）建设用地使用权；

（三）以招标、拍卖、公开协商等方式取得的荒地等土地承包经营权；

（四）生产设备、原材料、半成品、产品；

（五）正在建造的建筑物、船舶、航空器；

（六）交通运输工具；

（七）法律、行政法规未禁止抵押的其他财产。

抵押人可以将前款所列财产一并抵押。

第一百八十一条 经当事人书面协议，企业、个体工商户、农业生产经营者可以将现有的以及将有的生产设备、原材料、半成品、产品抵押，债务人不履行到期债务或者发生当事人约定的实现抵押权的情形，债权人有权就实现抵押权时的动产优先受偿。

第一百八十二条 以建筑物抵押的，该建筑物占用范围内的建设用地使用权一并抵押。以建设用地使用权抵押的，该土地上的建筑物一并抵押。

抵押人未依照前款规定一并抵押的，未抵押的财产视为一并抵押。

第一百八十三条 乡镇、村企业的建设用地使用权不得单独抵押。以乡镇、村企业的厂房等建筑物抵押的，其占用范围内的建设用地使用权一并抵押。

第一百八十四条 下列财产不得抵押：

（一）土地所有权；

（二）耕地、宅基地、自留地、自留山等集体所有的土地使用权，但法律规定可以抵押的除外；

（三）学校、幼儿园、医院等以公益为目的的事业单位、社会团体的教育设施、医疗卫生设施和其他社会公益设施；

（四）所有权、使用权不明或者有争议的财产；

（五）依法被查封、扣押、监管的财产；

（六）法律、行政法规规定不得抵押的其他财产。

第一百八十五条 设立抵押权，当事人应当采取书面形式订立抵押合同。

抵押合同一般包括下列条款：

（一）被担保债权的种类和数额；

（二）债务人履行债务的期限；

（三）抵押财产的名称、数量、质量、状况、所在地、所有权归属或者使用权归属；

（四）担保的范围。

第一百八十六条 抵押权人在债务履行期届满前，不得与抵押人约定债务人不履行到期债务时抵押财产归债权人所有。

第一百八十七条 以本法第一百八十条第一款第一项至第三项规定的财产或者第五项规定的正在建造的建筑物抵押的，应当办理抵押登记。抵押权自登记时设立。

第一百八十八条 以本法第一百八十条第一款第四项、第六项规定的财产或者第五项规定的正在建造的船舶、航空器抵押的，抵押权自抵押合同生效时设立；未经登记，不得对抗善意第三人。

第一百八十九条 企业、个体工商户、农业生产经营者以本法第一百八十一条规定的动产抵押的，应当向抵押人住所地的工商行政管理部门办理登记。抵押权自抵押合同生效时设立；未经登记，不得对抗善意第三人。

依照本法第一百八十一条规定抵押的，不得对抗正常经营活动中已支付合理价款并取得抵押财产的买受人。

第一百九十条 订立抵押合同前抵押财产已出租的，原租赁关系不受该抵押权的影响。抵押权设立后抵押财产出租的，该租赁关系不得对抗已登记的抵押权。

第一百九十一条 抵押期间，抵押人经抵押权人同意转让抵押财产的，应当将转让所得的价款向抵押权人提前清偿债务或者提存。转让的价款超过债权数额的部分归抵押人所有，不足部分由债务人清偿。

抵押期间，抵押人未经抵押权人同意，不得转让抵押财产，但受让人代为清偿债务消灭抵押权的除外。

第一百九十二条 抵押权不得与债权分离而

单独转让或者作为其他债权的担保。债权转让的，担保该债权的抵押权一并转让，但法律另有规定或者当事人另有约定的除外。

第一百九十三条　抵押人的行为足以使抵押财产价值减少的，抵押权人有权要求抵押人停止其行为。抵押财产价值减少的，抵押权人有权要求恢复抵押财产的价值，或者提供与减少的价值相应的担保。抵押人不恢复抵押财产的价值也不提供担保的，抵押权人有权要求债务人提前清偿债务。

第一百九十四条　抵押权人可以放弃抵押权或者抵押权的顺位。抵押权人与抵押人可以协议变更抵押权顺位以及被担保的债权数额等内容，但抵押权的变更，未经其他抵押权人书面同意，不得对其他抵押权人产生不利影响。

债务人以自己的财产设定抵押，抵押权人放弃该抵押权、抵押权顺位或者变更抵押权的，其他担保人在抵押权人丧失优先受偿权益的范围内免除担保责任，但其他担保人承诺仍然提供担保的除外。

第一百九十五条　债务人不履行到期债务或者发生当事人约定的实现抵押权的情形，抵押权人可以与抵押人协议以抵押财产折价或者以拍卖、变卖该抵押财产所得的价款优先受偿。协议损害其他债权人利益的，其他债权人可以在知道或者应当知道撤销事由之日起一年内请求人民法院撤销该协议。

抵押权人与抵押人未就抵押权实现方式达成协议的，抵押权人可以请求人民法院拍卖、变卖抵押财产。

抵押财产折价或者变卖的，应当参照市场价格。

第一百九十六条　依照本法第一百八十一条规定设定抵押的，抵押财产自下列情形之一发生时确定：

（一）债务履行期届满，债权未实现；

（二）抵押人被宣告破产或者被撤销；

（三）当事人约定的实现抵押权的情形；

（四）严重影响债权实现的其他情形。

第一百九十七条　债务人不履行到期债务或者发生当事人约定的实现抵押权的情形，致使抵押财产被人民法院依法扣押的，自扣押之日起抵押权人有权收取该抵押财产的天然孳息或者法定孳息，但抵押权人未通知应当清偿法定孳息的义务人的除外。

前款规定的孳息应当先充抵收取孳息的费用。

第一百九十八条　抵押财产折价或者拍卖、变卖后，其价款超过债权数额的部分归抵押人所有，不足部分由债务人清偿。

第一百九十九条　同一财产向两个以上债权人抵押的，拍卖、变卖抵押财产所得的价款依照下列规定清偿：

（一）抵押权已登记的，按照登记的先后顺序清偿；顺序相同的，按照债权比例清偿；

（二）抵押权已登记的先于未登记的受偿；

（三）抵押权未登记的，按照债权比例清偿。

第二百条　建设用地使用权抵押后，该土地上新增的建筑物不属于抵押财产。该建设用地使用权实现抵押权时，应当将该土地上新增的建筑物与建设用地使用权一并处分，但新增建筑物所得的价款，抵押权人无权优先受偿。

第二百零一条　依照本法第一百八十条第一款第三项规定的土地承包经营权抵押的，或者依照本法第一百八十三条规定以乡镇、村企业的厂房等建筑物占用范围内的建设用地使用权一并抵押的，实现抵押权后，未经法定程序，不得改变土地所有权的性质和土地用途。

第二百零二条　抵押权人应当在主债权诉讼时效期间行使抵押权；未行使的，人民法院不予保护。

第二节　最高额抵押权

第二百零三条　为担保债务的履行，债务人或者第三人对一定期间内将要连续发生的债权提供担保财产的，债务人不履行到期债务或者发生当事人约定的实现抵押权的情形，抵押权人有权在最高债权额限度内就该担保财产优先受偿。

最高额抵押权设立前已经存在的债权，经当事人同意，可以转入最高额抵押担保的债权范围。

第二百零四条　最高额抵押担保的债权确定前，部分债权转让的，最高额抵押权不得转让，但当事人另有约定的除外。

第二百零五条 最高额抵押担保的债权确定前，抵押权人与抵押人可以通过协议变更债权确定的期间、债权范围以及最高债权额，但变更的内容不得对其他抵押权人产生不利影响。

第二百零六条 有下列情形之一的，抵押权人的债权确定：

（一）约定的债权确定期间届满；

（二）没有约定债权确定期间或者约定不明确，抵押权人或者抵押人自最高额抵押权设立之日起满二年后请求确定债权；

（三）新的债权不可能发生；

（四）抵押财产被查封、扣押；

（五）债务人、抵押人被宣告破产或者被撤销；

（六）法律规定债权确定的其他情形。

第二百零七条 最高额抵押权除适用本节规定外，适用本章第一节一般抵押权的规定。

第十七章 质　　权

第一节 动产质权

第二百零八条 为担保债务的履行，债务人或者第三人将其动产出质给债权人占有的，债务人不履行到期债务或者发生当事人约定的实现质权的情形，债权人有权就该动产优先受偿。

前款规定的债务人或者第三人为出质人，债权人为质权人，交付的动产为质押财产。

第二百零九条 法律、行政法规禁止转让的动产不得出质。

第二百一十条 设立质权，当事人应当采取书面形式订立质权合同。

质权合同一般包括下列条款：

（一）被担保债权的种类和数额；

（二）债务人履行债务的期限；

（三）质押财产的名称、数量、质量、状况；

（四）担保的范围；

（五）质押财产交付的时间。

第二百一十一条 质权人在债务履行期届满前，不得与出质人约定债务人不履行到期债务时质押财产归债权人所有。

第二百一十二条 质权自出质人交付质押财产时设立。

第二百一十三条 质权人有权收取质押财产的孳息，但合同另有约定的除外。

前款规定的孳息应当先充抵收取孳息的费用。

第二百一十四条 质权人在质权存续期间，未经出质人同意，擅自使用、处分质押财产，给出质人造成损害的，应当承担赔偿责任。

第二百一十五条 质权人负有妥善保管质押财产的义务；因保管不善致使质押财产毁损、灭失的，应当承担赔偿责任。

质权人的行为可能使质押财产毁损、灭失的，出质人可以要求质权人将质押财产提存，或者要求提前清偿债务并返还质押财产。

第二百一十六条 因不能归责于质权人的事由可能使质押财产毁损或者价值明显减少，足以危害质权人权利的，质权人有权要求出质人提供相应的担保；出质人不提供的，质权人可以拍卖、变卖质押财产，并与出质人通过协议将拍卖、变卖所得的价款提前清偿债务或者提存。

第二百一十七条 质权人在质权存续期间，未经出质人同意转质，造成质押财产毁损、灭失的，应当向出质人承担赔偿责任。

第二百一十八条 质权人可以放弃质权。债务人以自己的财产出质，质权人放弃该质权的，其他担保人在质权人丧失优先受偿权益的范围内免除担保责任，但其他担保人承诺仍然提供担保的除外。

第二百一十九条 债务人履行债务或者出质人提前清偿所担保的债权的，质权人应当返还质押财产。

债务人不履行到期债务或者发生当事人约定的实现质权的情形，质权人可以与出质人协议以质押财产折价，也可以就拍卖、变卖质押财产所得的价款优先受偿。

质押财产折价或者变卖的，应当参照市场价格。

第二百二十条 出质人可以请求质权人在债务履行期届满后及时行使质权；质权人不行使的，出质人可以请求人民法院拍卖、变卖质押财产。

出质人请求质权人及时行使质权，因质权人怠于行使权利造成损害的，由质权人承担赔偿责任。

第二百二十一条 质押财产折价或者拍卖、变卖后，其价款超过债权数额的部分归出质人所有，不足部分由债务人清偿。

第二百二十二条 出质人与质权人可以协议设立最高额质权。

最高额质权除适用本节有关规定外，参照本法第十六章第二节最高额抵押权的规定。

第二节 权利质权

第二百二十三条 债务人或者第三人有权处分的下列权利可以出质：

（一）汇票、支票、本票；

（二）债券、存款单；

（三）仓单、提单；

（四）可以转让的基金份额、股权；

（五）可以转让的注册商标专用权、专利权、著作权等知识产权中的财产权；

（六）应收账款；

（七）法律、行政法规规定可以出质的其他财产权利。

第二百二十四条 以汇票、支票、本票、债券、存款单、仓单、提单出质的，当事人应当订立书面合同。质权自权利凭证交付质权人时设立；没有权利凭证的，质权自有关部门办理出质登记时设立。

第二百二十五条 汇票、支票、本票、债券、存款单、仓单、提单的兑现日期或者提货日期先于主债权到期的，质权人可以兑现或者提货，并与出质人协议将兑现的价款或者提取的货物提前清偿债务或者提存。

第二百二十六条 以基金份额、股权出质的，当事人应当订立书面合同。以基金份额、证券登记结算机构登记的股权出质的，质权自证券登记结算机构办理出质登记时设立；以其他股权出质的，质权自工商行政管理部门办理出质登记时设立。

基金份额、股权出质后，不得转让，但经出质人与质权人协商同意的除外。出质人转让基金份额、股权所得的价款，应当向质权人提前清偿债务或者提存。

第二百二十七条 以注册商标专用权、专利权、著作权等知识产权中的财产权出质的，当事人应当订立书面合同。质权自有关主管部门办理出质登记时设立。

知识产权中的财产权出质后，出质人不得转让或者许可他人使用，但经出质人与质权人协商同意的除外。出质人转让或者许可他人使用出质的知识产权中的财产权所得的价款，应当向质权人提前清偿债务或者提存。

第二百二十八条 以应收账款出质的，当事人应当订立书面合同。质权自信贷征信机构办理出质登记时设立。

应收账款出质后，不得转让，但经出质人与质权人协商同意的除外。出质人转让应收账款所得的价款，应当向质权人提前清偿债务或者提存。

第二百二十九条 权利质权除适用本节规定外，适用本章第一节动产质权的规定。

第十八章 留置权

第二百三十条 债务人不履行到期债务，债权人可以留置已经合法占有的债务人的动产，并有权就该动产优先受偿。

前款规定的债权人为留置权人，占有的动产为留置财产。

第二百三十一条 债权人留置的动产，应当与债权属于同一法律关系，但企业之间留置的除外。

第二百三十二条 法律规定或者当事人约定不得留置的动产，不得留置。

第二百三十三条 留置财产为可分物的，留置财产的价值应当相当于债务的金额。

第二百三十四条 留置权人负有妥善保管留置财产的义务；因保管不善致使留置财产毁损、灭失的，应当承担赔偿责任。

第二百三十五条 留置权人有权收取留置财产的孳息。

前款规定的孳息应当先充抵收取孳息的费用。

第二百三十六条 留置权人与债务人应当约定留置财产后的债务履行期间；没有约定或者约定不明确的，留置权人应当给债务人两个月以上履行债务的期间，但鲜活易腐等不易保管的动产除外。债务人逾期未履行的，留置权人可以与债务人协议以留置财产折价，也可以就拍卖、变卖留置财产所得的价款优先受偿。

留置财产折价或者变卖的，应当参照市场价格。

第二百三十七条 债务人可以请求留置权人在债务履行期届满后行使留置权；留置权人不行使的，债务人可以请求人民法院拍卖、变卖留置财产。

第二百三十八条 留置财产折价或者拍卖、变卖后，其价款超过债权数额的部分归债务人所有，不足部分由债务人清偿。

第二百三十九条 同一动产上已设立抵押权或者质权，该动产又被留置的，留置权人优先受偿。

第二百四十条 留置权人对留置财产丧失占有或者留置权人接受债务人另行提供担保的，留置权消灭。

第五编 占 有

第十九章 占 有

第二百四十一条 基于合同关系等产生的占有，有关不动产或者动产的使用、收益、违约责任等，按照合同约定；合同没有约定或者约定不明确的，依照有关法律规定。

第二百四十二条 占有人因使用占有的不动产或者动产，致使该不动产或者动产受到损害的，恶意占有人应当承担赔偿责任。

第二百四十三条 不动产或者动产被占有人占有的，权利人可以请求返还原物及其孳息，但应当支付善意占有人因维护该不动产或者动产支出的必要费用。

第二百四十四条 占有的不动产或者动产毁损、灭失，该不动产或者动产的权利人请求赔偿的，占有人应当将因毁损、灭失取得的保险金、赔偿金或者补偿金等返还给权利人；权利人的损害未得到足够弥补的，恶意占有人还应当赔偿损失。

第二百四十五条 占有的不动产或者动产被侵占的，占有人有权请求返还原物；对妨害占有的行为，占有人有权请求排除妨害或者消除危险；因侵占或者妨害造成损害的，占有人有权请求损害赔偿。

占有人返还原物的请求权，自侵占发生之日起一年内未行使的，该请求权消灭。

附 则

第二百四十六条 法律、行政法规对不动产统一登记的范围、登记机构和登记办法作出规定前，地方性法规可以依照本法有关规定作出规定。

第二百四十七条 本法自2007年10月1日起施行。

第三章 债 法

材料导读

新京报讯 11月12日凌晨5时许，江西南昌百世汇通快递分拨中心的班车在昌铜高速路段起火，货车司机称车上共有4000多件快递。昨日下午，百世汇通总部表示，车内1600余件快件损毁，目前已成立理赔小组，客户和消费者的理赔工作正在进行。新京报记者联系百世汇通南昌多个收件点询问理赔方式和进展，多家收件员均表示，对于确定在事故中损毁的快件，收件点工作人员会通过电子单主动与寄件人联系，如果发件人怀疑自己的物品在12日发货的范围内，也可以提供订单号与收件点人员核实。因网购中形成的订单直接标明了商品的价格，网店店家可以向收件点提供订单信息，公司将按照订单显示的商品价格进行赔偿。①

第一节 概述

一、债与债法

债为特定当事人之间请求为特定行为的法律关系。在债的关系中，当事人享有的权利称为债权，负担的义务称为债务。享有债权的当事人称为债权人，承担义务的当事人为债务人。例如甲借给乙100元钱，甲就是债权人，其享有的债权是有权请求乙向自己偿还100元钱。

债法是指调整债权债务关系的法律规范的总称。债法是民法的重要组成部分，我国相关法律主要有《民法通则》、《合同法》、《侵权责任法》等。《合同法》、《侵权责任法》和《民法通则》的关系为特别法和一般法的关系。

---

① 快递货车双11后高速起火1600多件被烧毁（图）| 快递 | 双十一_新浪新闻［EB/OL］. http://news.sina.com.cn/o/2015-11-14/doc-ifxksqku2977257.shtml

二、债权和债务

债的法律关系的内容就是债权债务。债权是特定人请求为或不为特定行为的权利。债权作为一种权利，除了体现着债权人的某种利益外，还同时以法律上的力为其保障。债权人根据这种法律上的力，可以请求债务人为或不为特定行为。

债务是指依照当事人的约定或者法律的规定，债务人所负担的为或不为特定行为的义务。债务的内容包括实施特定行为，也包括不实施特定的行为。债务就其本质来说是债务人负担的不利益。债务内容或者当事人协商确定，或者由法院依照法律规定加以确定。债务人不履行债务时，债权人有权请求法院强制其履行债务，债务人应承担债务不履行的法律责任。

三、债的保全

债的保全是指法律为防止因债务人财产的不当减少，给债权人的债权带来危害，允许债权人代债务人之位，向第三人行使债务人的权利，或者请求法院撤销债务人的法律行为的制度。债的保全分为代位权和撤销权。

法律设置债的保全制度的目的是为债权的实现提供积极、有效的法律保障。就我国的现实情况而言，一方面，随着经济的发展，民事活动日趋多样化，但违反义务的现象也时有发生。债务纠纷日益增多，三角债大量存在，仅依赖诉讼，不仅会造成诉累，而且难以彻底解决问题。另一方面，由于种种原因，一些债务人不积极地去清偿债务，而是想方设法转移自己的财产，或者不主动去主张自己的债权。为了解决这一现象，债的保全制度应运而生。综观近些年的司法实践，债的保全制度，对于维护正常的社会经济秩序，起到了非常积极的作用。

1. 债权人的代位权

债权人的代位权，是指债务人怠于行使其对第三人享有的权利而害及债权人的债权时，债权人为保全自己的债权，可以自己的名义代位行使债务人对第三人权利的权利。我国《合同法》第 73 条规定了代位权制度，《最高人民法院关于适用〈中华人民共和国合同法〉若干问题的解释（一）》对代位权做了较为详细的规定。

2. 债权人的撤销权

债权人的撤销权，是指债权人对于债务人所谓的危害债权的行为，可请求法院予以撤销的权利。我国《合同法》第 74 条规定了撤销权制度。根据第 74 条的规定，因债务人放弃其到期债权或者无偿转让财产，对债权人造成损害的，债权人可以请求人民法院撤销债务人的行为。债务人以明显不合理的低价转让财产，对债权人造成损害，并且受让人知道该情形的，债权人也可以请求人民法院撤销债务人的行为。

四、债的变更、移转和消灭

1. 债的变更

债的变更，指不改变债的主体而仅改变债的内容的情形。债的变更方式主要有两种：一是根据法律的规定，依法院或者仲裁机构的裁判而变更；二是由双方当事人协议变更。债的变更的效力在于使债的内容发生改变，而成为债务履行的新根据。债变更后，债的当事人均应受变更后的债的约束。

2. 债的移转

债的移转是指在不改变债的内容的前提下，债权或者债务由第三人予以承受。债的移转包括债权让与、债务承担和债权债务的概括移转。

债权让与，是指不改变债的内容，债权人将其享有的债权移转给第三人享有。我国《合同法》第 80 条规定，债权人转让权利的，应当通知债务人，未经通知，该转让对债务人不发生效力。

债务承担，是指不改变债的内容，债务人将其负担的债务移转于第三人负担。我国《合同法》第 84 条规定，债务人将合同的义务全部或者部分转移给第三人的，应当经债权人同意。

在债的移转中，除单纯的债权让与和单纯的债务承担外，较为常见的情形还有债的当事人将债权债务概括地移转于第三人。债权债务的概括移转通常有两种情况：一是合同承受；二是企业合并或者分立。我国《合同法》第 88 条规定，当事人一方经对方同意，可以将自己在合同中的权利和义务一并转让给第三人。我国《民法通则》第 44 条规定，企业法人分立、合并，它的权利义务由变更后的法人享有或承担。

3. 债的消灭

债的消灭，是指债在客观上不复存在。债的消灭须有法律上的原因。自其消灭原因发生之时起，债的关系在法律上当然消灭，无须当事人主张。债的消灭原因主要有清偿、抵销、提存、免除、混同等。

清偿为实现债的目的的行为，和履行意义相同，只不过履行强调实现债的过程，清偿则注重债消灭的结果。清偿是债的消灭的最主要和最常见的原因。在理解清偿时需要注意以下要点：清偿人、清偿受领人、清偿标的、清偿地、清偿期、清偿费用等。

抵销是指二人互负债务时，各以其债权充当债务的清偿，而使债务与对方的债务在对等额度内相互消灭。抵销依其发生根据的不同，可分为法定抵销和合意抵销。法定抵销是指二人互负同种类的债务，且债务均已届清偿期时，为使相互间所负同等数额的债务同归消灭的一方意思表示。合意抵销是指当事人之间所互负的债务，依据双方的抵销合意而消灭。合意抵销可以不受债务均已到期及债务同种类等限制。

提存是指由于债权人的原因而无法向其交付债的标的物时，债务人将该标的物提交给提存机关而消灭债务的制度。债务的履行往往需要债权人的协助，如债权人无正当理由而拒绝受领或者不能受领，则债务人无法完成债务的履行而一直处于债务拘束之下。为解决这一问题而设计了提存制度。根据我国法律的规定，提存的原因主要有：①债权人无正当理由而拒绝受领；②债权人因可归责于自己的事由不能受领；③债权人不明；④债权人因丧失行为能力不能受领而又无代理人；⑤债权人死亡后，继承人不明确等。债务人将债的履行标的提存后，无论债权人是否受领，均依法发生债务消灭的效力。

免除是指债权人为抛弃债权而对债务人为一方意思表示并发生债务消灭效力的单独行为。免除的意思表示必须向债务人或债务人的代理人作出。债权人一旦作出免除的意思表示后，即不得撤回。混同是指因债权债务同归一人，致使债的关系归于消灭的事实。混同是一种事实，无须任何意思表示，只要有债权与债务同归一人的事实，即发生债的关系消灭的效果。

第二节　债的发生原因

债作为一种法律关系，其发生、变更和终止都是以一定的法律事实为根据的。导致债的法律关系发生的法律事实称为债的发生原因，也称为债的发生根据。关于债的发生原因，各国法律规定并不相同。我国学者普遍认为债的发生原因主要有合同、侵权行为、不当得利和无因管理，还有些学者认为缔约过失和单方允诺也是债的发生原因。因合同的相关内容在本书下文会专门阐述，这里就讨论侵权行为、不当得利和无因管理这三个债的发生原因。

一、侵权行为

1. 侵权行为与侵权责任法

侵权行为是指由于过错或在法律有特别规定时不问过错侵害他人的民事权益而依法承担民事责任的损害行为。根据我国法律的规定，民事权益包括生命权、健康权、姓名权、名誉权、荣誉权、肖像权、隐私权、婚姻自主权、监护权、所有权、用益物权、担保物权、著作权、专利权、商标专用权、发现权、股权、继承权等人身、财产权益。

行为人因过错侵害他人民事权益，应当承担侵权责任。以过错来确定责任归属称为过错责任原则，适用过错责任原则的侵权行为称为一般侵权行为。以法律推定行为人有过错来确定责任归属称为过错推定责任原则，过错推定责任原则是过错责任原则的一种特殊情况。根据法律规定推定行为人有过错，行为人不能证明自己没有过错的，应当承担侵权责任。而根据法律规定，行为人没有过错也需要承担责任的原则为无过错责任原则。行为人侵害他人民事权益，无论行为人有无过错，法律规定应当承担侵权责任的，依照法律规定承担侵权责任。适用过错推定责任原则和无过错责任原则的侵权行为称为特殊侵权行为。

为了保护民事主体的合法权益，明确侵权责任，预防并制裁侵权行为，促进社会和谐稳定，我国在 2009 年 12 月 26 日通过了《中华人民共和国侵权责任法》，自 2010 年 7 月 1 日起施行。在《侵权责任法》出台之前，我国《民法通则》、《消费者权益保护法》、《产品质量法》、《环境保护法》、《道路交通安全法》等对侵权责任也作了一些规定，这些规定对于保护民事主体的合法权益，也起到了一定作用。

2. 一般侵权行为

一般侵权行为适用过错责任原则，在满足侵权责任四个构成要件的情况下才承担侵权责任。侵权责任的构成要件包括：违法行为、损害事实、因果关系、主观过错。

（1）违法行为。违法行为是指自然人或者法人违反法律而实施的作为或不作为。

（2）损害事实。损害事实也是侵权责任的必备要件，是指一定的行为导致权利人的民事利益减少或灭失。

（3）因果关系。任何人只有在因他人的行为受到实际损害时才能获得法律上的救济，因此要求在违法行为和损害事实之间应具有因果关系。

（4）主观过错。作为一般侵权行为，必须在行为人主观上有过错的情况下才承担民事责任。所谓过错，就是行为人对自己的行为及其后果所具有的主观心理状态。主观过错分为两种基本形态：故意和过失。

3. 特殊侵权行为

特殊侵权行为部分适用过错推定责任原则，部分适用无过错责任原则。特殊侵权责任的构成要件与一般侵权责任有所不同，在采用无过错责任原则的特殊侵权行为中，只要具备违法行为、损害事实、因果关系三个要件就需要承担侵权责任。

我国《侵权责任法》分别以专章形式从第五章到第十一章规范了以下特殊侵权行为：产品责任、机动车交通事故责任、医疗损害责任、环境污染责任、高度危险责任、饲养动物责任、物件损害责任。我国《侵权责任法》对特殊侵权行为的归责原则、责任构成、免责事由等均进行了详细的规定。

4. 承担侵权责任的方式

承担侵权责任的方式主要有：停止侵害；排除妨碍；消除危险；返还财产；恢复原状；赔偿损失；赔礼道歉；消除影响、恢复名誉。

二、不当得利

1. 不当得利的概念

为调整因财产变动而产生的不公平现象，法律确立了不当得利制度，使不当得利成为债的发生原因之一。不当得利是指没有合法根据取得利益而使他人受损失的事实。不当得利可因人的行为引起，包括受益人的行为、受损人的行为以及第三人的行为，也可因自然事实引起。我国《民法通则》第 92 条规定：“没有合法根据，取得不当得利，造成他人损失的，应当将取得的不当利益返还受损失的人。”

2. 不当得利的构成要件

根据法律规定，不当得利的成立条件有以下四个：

（1）一方获得利益。不当得利是以一方获得利益为前提的，没有一方获得利益，就不会发生得利的当与不当的问题，也就无所谓不当得利。所谓一方获得利益，是指一方当事人因一定的事实结果而使其财产总额增加，包括积极增加和消极增加。

（2）他方受有损失。不当得利一旦成立，需要将利益返还给受损失的一方，如果只有获利方，没有损失方，也不构成不当得利。所谓损失，是指因一定的事实结果使财产利益的总额减少，包括积极损失和消极损失。

（3）获利与受损之间有因果关系。他方的损失是因一方获得利益造成的，一方获利是他人受损的原因，二者之间具有因果关系。

（4）没有合法根据。没有合法根据就是指受益人取得利益没有约定的或法定的原因。受益人在取得利益时没有合法根据的，当然属于无合法根据；取得利益时虽有合法根据，但其后该合法根据丧失的，也属于没有合法根据。

3. 不当得利的效力

不当得利成立后，在受益人与受损人之间产生债的法律关系，即不当得利之债。根据我国法律规定，不当得利应当返还，但受益人返还的范围因其是否善意有所不同。受益人在取得利益时不知道自己取得利益无合法根据，为善意；知道其取得利益无合法根据，为恶意。在受益人为善意时，受益人返还的利益以现存利益为限。在受益人为恶意时，受益人应当返还全部利益。

三、无因管理

1. 无因管理的概念

无因管理是一项古老的法律制度，在罗马法中就有规定。我国《民法通则》第93条规定："没有法定的或者约定的义务，为避免他人利益受损失进行管理或者服务的，有权要求受益人偿付由此而支出的必要费用。"根据之一规定，无因管理是指没有法定或者约定的义务，为避免他人利益受损失而进行管理或者服务的行为。其中进行管理或者服务的人称为管理人，受管理或者服务的一方称为本人或受益人。

2. 无因管理的成立要件

根据我国法律的规定，一般认为无因管理需要具备以下要件：

（1）管理他人事务。管理他人事务为无因管理的客观要件。需要注意的是，该事务并非人们生活中的一切事务，其应符合：须为合法事务；须非本人专属的事务；须不属于非经本人授权不得办理的事务；须为他人事务；须适于发生债的关系。

（2）为他人管理的意思。为他人管理的意思，是无因管理成立的主观要件。为他人管理的意思是指管理人于管理事务时所具有的为他人谋利益的意思。所谋的利益可以是积极利益也可以是消极利益。

（3）无法定或约定的义务。无因管理上的无因，是指没有法律规定或者约定的义务。认定管理人有无管理他人事务的义务，应以管理人着手管理时的客观事实而定，而不能以管理人的主观的判断为标准。对于管理不违反本人意思是否作为无因管理的构成要件，各国法律规定不同，学者的观点也不一致，多数学者不承认属于无因管理的构成要件。

3. 无因管理的效力

在管理人和本人之间，因无因管理行为的实施，产生无因管理之债。管理人自管理开始，即负担一定义务，其负担的义务主要有：适当管理；继续管理；管理开始时通知本人；报告和计算。管理人如果没有尽到上述义务，需要承担侵权责任等相应责任。本人对管理人所负的义务主要有：偿还必要费用；清偿必要债务；损害赔偿。

案例探讨

甲乘坐客车公司长途客车回家。车辆在高速公路行驶途中，甲走到司机身边，说自己有事，要求停车。司机告诉他说，高速公路上不准停车。甲不听，突然上前抓住方向盘晃动，导致客车失控，车子冲断护栏后翻车。所幸无人死亡，但造成多名乘客受伤。请回答下列问题：

1. A是受伤乘客之一，由于翻车，A购买的价值2000元的餐具全部被毁。A为疗伤花费医药费3000元。A以违反运输合同为由，向法院起诉客车公司。请问客车公司应否赔偿A支出的医药费？为什么？客车公司应否赔偿A携带的餐具毁损的损失？为什么？

2. B是另一受伤乘客，他因为与司机熟识，客车售票员同意他免票乘车，B为疗伤支出医药费4000元。B以违反运输合同为由，向法院起诉客车公司。请问客车公司应否赔偿B支出的医药费？为什么？

3. 乘客C在事故中受伤，他是在客车中途停车时，乘售票员不注意偷偷上车的，事故发生前，售票员多次要求无票乘客买票，C没有购买车票。C为疗伤支出医药费3120元。C也以违法运输合同为由，向法院起诉客车公司。请问客车公司应否赔偿C支出的医药费？为什么？

4. A、B、C是否可以要求甲赔偿损失？为什么？

法律链接

中华人民共和国侵权责任法

（2009年12月26日第十一届全国人民代表大会常务委员会第十二次会议通过）

第一章　一般规定

第一条　为保护民事主体的合法权益，明确侵权责任，预防并制裁侵权行为，促进社会和谐稳定，制定本法。

第二条　侵害民事权益，应当依照本法承担侵权责任。

本法所称民事权益，包括生命权、健康权、姓名权、名誉权、荣誉权、肖像权、隐私权、婚姻自主权、监护权、所有权、用益物权、担保物权、著作权、专利权、商标专用权、发现权、股权、继承权等人身、财产权益。

第三条　被侵权人有权请求侵权人承担侵权责任。

第四条　侵权人因同一行为应当承担行政责任或者刑事责任的，不影响依法承担侵权责任。

因同一行为应当承担侵权责任和行政责任、刑事责任，侵权人的财产不足以支付的，先承担侵权责任。

第五条　其他法律对侵权责任另有特别规定的，依照其规定。

第二章　责任构成和责任方式

第六条　行为人因过错侵害他人民事权益，

应当承担侵权责任。

根据法律规定推定行为人有过错，行为人不能证明自己没有过错的，应当承担侵权责任。

第七条 行为人损害他人民事权益，不论行为人有无过错，法律规定应当承担侵权责任的，依照其规定。

第八条 二人以上共同实施侵权行为，造成他人损害的，应当承担连带责任。

第九条 教唆、帮助他人实施侵权行为的，应当与行为人承担连带责任。

教唆、帮助无民事行为能力人、限制民事行为能力人实施侵权行为的，应当承担侵权责任；该无民事行为能力人、限制民事行为能力人的监护人未尽到监护责任的，应当承担相应的责任。

第十条 二人以上实施危及他人人身、财产安全的行为，其中一人或者数人的行为造成他人损害，能够确定具体侵权人的，由侵权人承担责任；不能确定具体侵权人的，行为人承担连带责任。

第十一条 二人以上分别实施侵权行为造成同一损害，每个人的侵权行为都足以造成全部损害的，行为人承担连带责任。

第十二条 二人以上分别实施侵权行为造成同一损害，能够确定责任大小的，各自承担相应的责任；难以确定责任大小的，平均承担赔偿责任。

第十三条 法律规定承担连带责任的，被侵权人有权请求部分或者全部连带责任人承担责任。

第十四条 连带责任人根据各自责任大小确定相应的赔偿数额；难以确定责任大小的，平均承担赔偿责任。

支付超出自己赔偿数额的连带责任人，有权向其他连带责任人追偿。

第十五条 承担侵权责任的方式主要有：

（一）停止侵害；

（二）排除妨碍；

（三）消除危险；

（四）返还财产；

（五）恢复原状；

（六）赔偿损失；

（七）赔礼道歉；

（八）消除影响、恢复名誉。

以上承担侵权责任的方式，可以单独适用，也可以合并适用。

第十六条 侵害他人造成人身损害的，应当赔偿医疗费、护理费、交通费等为治疗和康复支出的合理费用，以及因误工减少的收入。造成残疾的，还应当赔偿残疾生活辅助具费和残疾赔偿金。造成死亡的，还应当赔偿丧葬费和死亡赔偿金。

第十七条 因同一侵权行为造成多人死亡的，可以以相同数额确定死亡赔偿金。

第十八条 被侵权人死亡的，其近亲属有权请求侵权人承担侵权责任。被侵权人为单位，该单位分立、合并的，承继权利的单位有权请求侵权人承担侵权责任。

被侵权人死亡的，支付被侵权人医疗费、丧葬费等合理费用的人有权请求侵权人赔偿费用，但侵权人已支付该费用的除外。

第十九条 侵害他人财产的，财产损失按照损失发生时的市场价格或者其他方式计算。

第二十条 侵害他人人身权益造成财产损失的，按照被侵权人因此受到的损失赔偿；被侵权人的损失难以确定，侵权人因此获得利益的，按照其获得的利益赔偿；侵权人因此获得的利益难以确定，被侵权人和侵权人就赔偿数额协商不一致，向人民法院提起诉讼的，由人民法院根据实际情况确定赔偿数额。

第二十一条 侵权行为危及他人人身、财产安全的，被侵权人可以请求侵权人承担停止侵害、排除妨碍、消除危险等侵权责任。

第二十二条 侵害他人人身权益，造成他人严重精神损害的，被侵权人可以请求精神损害赔偿。

第二十三条 因防止、制止他人民事权益被侵害而使自己受到损害的，由侵权人承担责任。侵权人逃逸或者无力承担责任，被侵权人请求补偿的，受益人应当给予适当补偿。

第二十四条 受害人和行为人对损害的发生都没有过错的，可以根据实际情况，由双方分担损失。

第二十五条 损害发生后，当事人可以协商赔偿费用的支付方式。协商不一致的，赔偿费用应当一次性支付；一次性支付确有困难的，可以分期支付，但应当提供相应的担保。

第三章　不承担责任和减轻责任的情形

第二十六条　被侵权人对损害的发生也有过错的，可以减轻侵权人的责任。

第二十七条　损害是因受害人故意造成的，行为人不承担责任。

第二十八条　损害是因第三人造成的，第三人应当承担侵权责任。

第二十九条　因不可抗力造成他人损害的，不承担责任。法律另有规定的，依照其规定。

第三十条　因正当防卫造成损害的，不承担责任。正当防卫超过必要的限度，造成不应有的损害的，正当防卫人应当承担适当的责任。

第三十一条　因紧急避险造成损害的，由引起险情发生的人承担责任。如果危险是由自然原因引起的，紧急避险人不承担责任或者给予适当补偿。紧急避险采取措施不当或者超过必要的限度，造成不应有的损害的，紧急避险人应当承担适当的责任。

第四章　关于责任主体的特殊规定

第三十二条　无民事行为能力人、限制民事行为能力人造成他人损害的，由监护人承担侵权责任。监护人尽到监护责任的，可以减轻其侵权责任。

有财产的无民事行为能力人、限制民事行为能力人造成他人损害的，从本人财产中支付赔偿费用。不足部分，由监护人赔偿。

第三十三条　完全民事行为能力人对自己的行为暂时没有意识或者失去控制造成他人损害有过错的，应当承担侵权责任；没有过错的，根据行为人的经济状况对受害人适当补偿。

完全民事行为能力人因醉酒、滥用麻醉药品或者精神药品对自己的行为暂时没有意识或者失去控制造成他人损害的，应当承担侵权责任。

第三十四条　用人单位的工作人员因执行工作任务造成他人损害的，由用人单位承担侵权责任。

劳务派遣期间，被派遣的工作人员因执行工作任务造成他人损害的，由接受劳务派遣的用工单位承担侵权责任；劳务派遣单位有过错的，承担相应的补充责任。

第三十五条　个人之间形成劳务关系，提供劳务一方因劳务造成他人损害的，由接受劳务一方承担侵权责任。提供劳务一方因劳务自己受到损害的，根据双方各自的过错承担相应的责任。

第三十六条　网络用户、网络服务提供者利用网络侵害他人民事权益的，应当承担侵权责任。

网络用户利用网络服务实施侵权行为的，被侵权人有权通知网络服务提供者采取删除、屏蔽、断开链接等必要措施。网络服务提供者接到通知后未及时采取必要措施的，对损害的扩大部分与该网络用户承担连带责任。

网络服务提供者知道网络用户利用其网络服务侵害他人民事权益，未采取必要措施的，与该网络用户承担连带责任。

第三十七条　宾馆、商场、银行、车站、娱乐场所等公共场所的管理人或者群众性活动的组织者，未尽到安全保障义务，造成他人损害的，应当承担侵权责任。

因第三人的行为造成他人损害的，由第三人承担侵权责任；管理人或者组织者未尽到安全保障义务的，承担相应的补充责任。

第三十八条　无民事行为能力人在幼儿园、学校或者其他教育机构学习、生活期间受到人身损害的，幼儿园、学校或者其他教育机构应当承担责任，但能够证明尽到教育、管理职责的，不承担责任。

第三十九条　限制民事行为能力人在学校或者其他教育机构学习、生活期间受到人身损害，学校或者其他教育机构未尽到教育、管理职责的，应当承担责任。

第四十条　无民事行为能力人或者限制民事行为能力人在幼儿园、学校或者其他教育机构学习、生活期间，受到幼儿园、学校或者其他教育机构以外的人员人身损害的，由侵权人承担侵权责任；幼儿园、学校或者其他教育机构未尽到管理职责的，承担相应的补充责任。

第五章　产品责任

第四十一条　因产品存在缺陷造成他人损害

的，生产者应当承担侵权责任。

第四十二条 因销售者的过错使产品存在缺陷，造成他人损害的，销售者应当承担侵权责任。

销售者不能指明缺陷产品的生产者也不能指明缺陷产品的供货者的，销售者应当承担侵权责任。

第四十三条 因产品存在缺陷造成损害的，被侵权人可以向产品的生产者请求赔偿，也可以向产品的销售者请求赔偿。

产品缺陷由生产者造成的，销售者赔偿后，有权向生产者追偿。

因销售者的过错使产品存在缺陷的，生产者赔偿后，有权向销售者追偿。

第四十四条 因运输者、仓储者等第三人的过错使产品存在缺陷，造成他人损害的，产品的生产者、销售者赔偿后，有权向第三人追偿。

第四十五条 因产品缺陷危及他人人身、财产安全的，被侵权人有权请求生产者、销售者承担排除妨碍、消除危险等侵权责任。

第四十六条 产品投入流通后发现存在缺陷的，生产者、销售者应当及时采取警示、召回等补救措施。未及时采取补救措施或者补救措施不力造成损害的，应当承担侵权责任。

第四十七条 明知产品存在缺陷仍然生产、销售，造成他人死亡或者健康严重损害的，被侵权人有权请求相应的惩罚性赔偿。

第六章 机动车交通事故责任

第四十八条 机动车发生交通事故造成损害的，依照道路交通安全法的有关规定承担赔偿责任。

第四十九条 因租赁、借用等情形机动车所有人与使用人不是同一人时，发生交通事故后属于该机动车一方责任的，由保险公司在机动车强制保险责任限额范围内予以赔偿。不足部分，由机动车使用人承担赔偿责任；机动车所有人对损害的发生有过错的，承担相应的赔偿责任。

第五十条 当事人之间已经以买卖等方式转让并交付机动车，但未办理所有权转移登记，发生交通事故后属于该机动车一方责任的，由保险公司在机动车强制保险责任限额范围内予以赔偿。不足部分，由受让人承担赔偿责任。

第五十一条 以买卖等方式转让拼装或者已达到报废标准的机动车，发生交通事故造成损害的，由转让人和受让人承担连带责任。

第五十二条 盗窃、抢劫或者抢夺的机动车发生交通事故造成损害的，由盗窃人、抢劫人或者抢夺人承担赔偿责任。保险公司在机动车强制保险责任限额范围内垫付抢救费用的，有权向交通事故责任人追偿。

第五十三条 机动车驾驶人发生交通事，故后逃逸，该机动车参加强制保险的，由保险公司在机动车强制保险责任限额范围内予以赔偿；机动车不明或者该机动车未参加强制保险，需要支付被侵权人人身伤亡的抢救、丧葬等费用的，由道路交通事故社会救助基金垫付。道路交通事故社会救助基金垫付后，其管理机构有权向交通事故责任人追偿。

第七章 医疗损害责任

第五十四条 患者在诊疗活动中受到损害，医疗机构及其医务人员有过错的，由医疗机构承担赔偿责任。

第五十五条 医务人员在诊疗活动中应当向患者说明病情和医疗措施。需要实施手术、特殊检查、特殊治疗的，医务人员应当及时向患者说明医疗风险、替代医疗方案等情况，并取得其书面同意；不宜向患者说明的，应当向患者的近亲属说明，并取得其书面同意。

医务人员未尽到前款义务，造成患者损害的，医疗机构应当承担赔偿责任。

第五十六条 因抢救生命垂危的患者等紧急情况，不能取得患者或者其近亲属意见的，经医疗机构负责人或者授权的负责人批准，可以立即实施相应的医疗措施。

第五十七条 医务人员在诊疗活动中未尽到与当时的医疗水平相应的诊疗义务，造成患者损害的，医疗机构应当承担赔偿责任。

第五十八条 患者有损害，因下列情形之一的，推定医疗机构有过错：

（一）违反法律、行政法规、规章以及其他有关诊疗规范的规定；

（二）隐匿或者拒绝提供与纠纷有关的病历

资料；

（三）伪造、篡改或者销毁病历资料。

第五十九条　因药品、消毒药剂、医疗器械的缺陷，或者输入不合格的血液造成患者损害的，患者可以向生产者或者血液提供机构请求赔偿，也可以向医疗机构请求赔偿。患者向医疗机构请求赔偿的，医疗机构赔偿后，有权向负有责任的生产者或者血液提供机构追偿。

第六十条　患者有损害，因下列情形之一的，医疗机构不承担赔偿责任：

（一）患者或者其近亲属不配合医疗机构进行符合诊疗规范的诊疗；

（二）医务人员在抢救生命垂危的患者等紧急情况下已经尽到合理诊疗义务；

（三）限于当时的医疗水平难以诊疗。

前款第一项情形中，医疗机构及其医务人员也有过错的，应当承担相应的赔偿责任。

第六十一条　医疗机构及其医务人员应当按照规定填写并妥善保管住院志、医嘱单、检验报告、手术及麻醉记录、病理资料、护理记录、医疗费用等病历资料。

患者要求查阅、复制前款规定的病历资料的，医疗机构应当提供。

第六十二条　医疗机构及其医务人员应当对患者的隐私保密。泄露患者隐私或者未经患者同意公开其病历资料，造成患者损害的，应当承担侵权责任。

第六十三条　医疗机构及其医务人员不得违反诊疗规范实施不必要的检查。

第六十四条　医疗机构及其医务人员的合法权益受法律保护。干扰医疗秩序，妨害医务人员工作、生活的，应当依法承担法律责任。

第八章　环境污染责任

第六十五条　因污染环境造成损害的，污染者应当承担侵权责任。

第六十六条　因污染环境发生纠纷，污染者应当就法律规定的不承担责任或者减轻责任的情形及其行为与损害之间不存在因果关系承担举证责任。

第六十七条　两个以上污染者污染环境，污染者承担责任的大小，根据污染物的种类、排放量等因素确定。

第六十八条　因第三人的过错污染环境造成损害的，被侵权人可以向污染者请求赔偿，也可以向第三人请求赔偿。污染者赔偿后，有权向第三人追偿。

第九章　高度危险责任

第六十九条　从事高度危险作业造成他人损害的，应当承担侵权责任。

第七十条　民用核设施发生核事故造成他人损害的，民用核设施的经营者应当承担侵权责任，但能够证明损害是因战争等情形或者受害人故意造成的，不承担责任。

第七十一条　民用航空器造成他人损害的，民用航空器的经营者应当承担侵权责任，但能够证明损害是因受害人故意造成的，不承担责任。

第七十二条　占有或者使用易燃、易爆、剧毒、放射性等高度危险物造成他人损害的，占有人或者使用人应当承担侵权责任，但能够证明损害是因受害人故意或者不可抗力造成的，不承担责任。被侵权人对损害的发生有重大过失的，可以减轻占有人或者使用人的责任。

第七十三条　从事高空、高压、地下挖掘活动或者使用高速轨道运输工具造成他人损害的，经营者应当承担侵权责任，但能够证明损害是因受害人故意或者不可抗力造成的，不承担责任。被侵权人对损害的发生有过失的，可以减轻经营者的责任。

第七十四条　遗失、抛弃高度危险物造成他人损害的，由所有人承担侵权责任。所有人将高度危险物交由他人管理的，由管理人承担侵权责任；所有人有过错的，与管理人承担连带责任。

第七十五条　非法占有高度危险物造成他人损害的，由非法占有人承担侵权责任。所有人、管理人不能证明对防止他人非法占有尽到高度注意义务的，与非法占有人承担连带责任。

第七十六条　未经许可进入高度危险活动区域或者高度危险物存放区域受到损害，管理人已经采取安全措施并尽到警示义务的，可以减轻或者不承担责任。

第七十七条　承担高度危险责任，法律规定赔偿限额的，依照其规定。

第十章　饲养动物损害责任

第七十八条　饲养的动物造成他人损害的，动物饲养人或者管理人应当承担侵权责任，但能够证明损害是因被侵权人故意或者重大过失造成的，可以不承担或者减轻责任。

第七十九条　违反管理规定，未对动物采取安全措施造成他人损害的，动物饲养人或者管理人应当承担侵权责任。

第八十条　禁止饲养的烈性犬等危险动物造成他人损害的，动物饲养人或者管理人应当承担侵权责任。

第八十一条　动物园的动物造成他人损害的，动物园应当承担侵权责任，但能够证明尽到管理职责的，不承担责任。

第八十二条　遗弃、逃逸的动物在遗弃、逃逸期间造成他人损害的，由原动物饲养人或者管理人承担侵权责任。

第八十三条　因第三人的过错致使动物造成他人损害的，被侵权人可以向动物饲养人或者管理人请求赔偿，也可以向第三人请求赔偿。动物饲养人或者管理人赔偿后，有权向第三人追偿。

第八十四条　饲养动物应当遵守法律，尊重社会公德，不得妨害他人生活。

第十一章　物件损害责任

第八十五条　建筑物、构筑物或者其他设施及其搁置物、悬挂物发生脱落、坠落造成他人损害，所有人、管理人或者使用人不能证明自己没有过错的，应当承担侵权责任。所有人、管理人或者使用人赔偿后，有其他责任人的，有权向其他责任人追偿。

第八十六条　建筑物、构筑物或者其他设施倒塌造成他人损害的，由建设单位与施工单位承担连带责任。建设单位、施工单位赔偿后，有其他责任人的，有权向其他责任人追偿。

因其他责任人的原因，建筑物、构筑物或者其他设施倒塌造成他人损害的，由其他责任人承担侵权责任。

第八十七条　从建筑物中抛掷物品或者从建筑物上坠落的物品造成他人损害，难以确定具体侵权人的，除能够证明自己不是侵权人的外，由可能加害的建筑物使用人给予补偿。

第八十八条　堆放物倒塌造成他人损害，堆放人不能证明自己没有过错的，应当承担侵权责任。

第八十九条　在公共道路上堆放、倾倒、遗撒妨碍通行的物品造成他人损害的，有关单位或者个人应当承担侵权责任。

第九十条　因林木折断造成他人损害，林木的所有人或者管理人不能证明自己没有过错的，应当承担侵权责任。

第九十一条　在公共场所或者道路上挖坑、修缮安装地下设施等，没有设置明显标志和采取安全措施造成他人损害的，施工人应当承担侵权责任。

窨井等地下设施造成他人损害，管理人不能证明尽到管理职责的，应当承担侵权责任。

第十二章　附　　则

第九十二条　本法自 2010 年 7 月 1 日起施行。

第四章 知识产权法

材料导读

根据联合国机构世界知识产权组织3月19日公布的报告，华为是2014年申请国际专利最多的公司。报告称，华为以3442件的申请数超越日本松下公司，成为2014年申请专利最多的公司。美国加利福尼亚的高通公司排在第二位，申请数为2409件，中国的中兴通讯排第三，申请数为2179件。世界知识产权组织的这份报告是根据各方在《专利合作条约》框架下提交的专利申请数量作出的。根据这份年度报告，中国是全球唯一一个专利申请数出现两位数增长的国家。而日本的申请数在减少。根据世界知识产权组织的报告，在35个技术领域中，计算机技术是专利申请数最多的领域，申请数为17653件。在排名前十位的技术领域中，增长最快的是计算机技术，增速为19.4%，其次是医疗技术，增长17.1%，第三是数字通信，增长14.5%。①

第一节 知识产权与知识产权法

关于“知识产权”一词起源，通常被认为来自英文“intellectual property”。知识产权属于民事权利，是基于创造性智力成果和工商业标记依法产生的权利的统称。现代财产法通常主要由物权法、债权法、知识产权法这三个相互区别、相互关联、相互依存的部分组成。财产权也是由物权、债权和知识产权组成。知识产权作为财产权，其内容和特征，既不同于物权，也不同于债权。知识产权所针对的是创造性智力成果和工商业标记这样的有形无体的“知识”。

知识产权法是调整知识产权取得、行使和保护的法律规范。在我国知识产权法主要以单行法律形式存在，如著作权法、专利法、商标法等。我国缔结和参加的国际条约《保护工业产权巴黎公约》、《保护文学艺术作品伯尔尼公约》、《与贸易有关的知识产权协定》即TRIPS协定等也属于我国知识产权法的范畴。

---

① 华为去年专利申请数全球第一_产业_中国信息产业网［EB/OL］. http://www.cnii.com.cn/industry/2015-03/25/content_1551136.htm

第二节　著作权法

一、著作权与著作权法概述

1. 著作权的概念

著作权，是指基于文学、艺术和科学作品的创作而依法享有的专有权利。著作权包括人身权利和财产权利两个方面的内容。在我国，《民法通则》第 94 条和《中华人民共和国著作权法》（以下简称《著作权法》）第 56 条均确认著作权即版权，二者系同义语。因而，著作权又称为版权。我国《民法通则》第 94 条规定："公民、法人享有著作权（版权），依法有署名、发表、出版、获得报酬等权利。"

2. 著作权法的概念和立法目的

著作权法是调整公民、法人和其他组织之间因文学、艺术和科学作品的创作和使用而产生的人身关系和财产关系的法律规范的总和。我国《著作权法》第 1 条规定著作权法的立法目的在于"保护文学、艺术和科学作品作者的著作权，以及与著作权有关的权益，鼓励有益于社会主义精神文明、物质文明建设的作品的创作和传播，促进社会主义文化和科学事业的发展与繁荣，根据宪法制定本法"。

二、著作权主体与对象

1. 著作权主体

著作权主体又称为著作权人，是指依法对文学、艺术和科学作品享有著作权的人。根据我国《著作权法》第 9 条的规定，著作权人包括作者以及其他依法享有著作权的公民、法人或者其他组织。

作者是著作权的原始主体，是指创作文学、艺术和科学作品的人。我国著作权法规定的作者包括公民、法人和其他组织。根据我国《著作权法》第 11 条规定，作者的身份按照以下标准进行认定：①创作作品的公民是作者；②由法人或者其他组织主持，代表法人或者其他组织意志创作，并由法人或者其他组织承担责任的作品，法人或者其他组织视为作者；③如无相反证明，在作品上署名的公民、法人或者其他组织为作者。作者是最主要、最基本的著作权主体，但不是唯一的主体。除了作者以外，还存在其他依法享有著作权的公民、法人或者其他作者。作者享有著作权是基于创作事实，而作者以外的公民、法人或者其他组织获得著作权，则是依据法律规定或者合同约定。

2. 著作权的对象

作品是著作权的对象，也是著作权得以产生和存在的基础，没有作品就没有著作权。根据我国法律规定，作品是指文学、艺术和科学领域内具有独创性并能以某种有形形式复制的智力成果。作品体现的内容复杂多样，涉及文学、艺术、自然科学、社会学、工程技术等领域，其具体表现形式也各不相同，有语言、文字、平面或立体图形、声像等。著作权法保护的作品，除了必须是属于文学、艺术和科学领域外，还应当具备以下的条件：独创性、可感知性、可复制性。

受到我国著作权法保护的作品可以分为以下几类：文字作品；口述作品；音乐、戏剧、曲艺、舞蹈、杂技艺术作品；美术、建筑作品；摄影作品；电影作品和以类似摄制电影的方法创作的作品；工程设计图、产品设计图、地图、示意图等图形作品和模型作品；计算机软件；民间文学艺术作品；法律、行政法规规定的其他作品。

根据我国《著作权法》第 4 条规定："依法禁止出版、传播的作品，不受本法保护。"我国《著作权法》第 5 条从国际惯例、国家政策和社会公共利益等方面考虑，规定著作权法不适用于以下对象：①法律、法规、国家机关的决议、决定、命令和其他具有立法、行政、司法性质的文件，及其官方正式译文；②时事新闻；③历法、通用数表、通用表格和公式。

三、著作权的内容

著作权包括著作人身权和著作财产权。著作人身权是指作者基于作品创作而依法享有的以人身利益为内容的，没有直接财产内容的权利。根据我国《著作权法》第 10 条的规定，著作权人依法享有的著作人身权包括：发表权、署名权、修改权、保护作品完整权。著作财产权是指著作权人依法通过各种方式利用其作品以及基于利用作品而获得财产利益的权利。著作财产权的内容包括：使用权、许可他人使用并获得报酬的权利、转让权。其中使用权又可以细分为：复制权、发行权、出租权、展览权、表演权、放映权、广播权、信息网络传播权、摄制权、改编权、翻译权、汇编权、应当由著作权人享有的其他权利。

四、著作权的取得、利用和限制

（一）著作权的取得

我国对著作权的取得实行的是自动产生原则。我国《著作权法实施条例》第 6 条具体规定"著作权自作品创作完成之日起产生。并受著作权法的保护。"创作完成后，即自动享有著作权，既不论是否发表，也无须履行任何登记手续或标明著作权标记。作者自己如果愿意，根据《作品自愿登记试行办法》，可以将自己的作品在著作权行政管理机关进行登记，进一步明确其作品著作权的归属。

著作权人依法取得的著作权存在有效保护期限。根据我国著作权法第 20 条、第 21 条的规定，作者的署名权、修改权、保护作品完整权的保护期不受限制，著作权保护期仅适用于著作权人享有的发表权和著作权中的财产权。

（二）著作权的利用

著作权的利用主要包括许可使用和转让两种途径。

著作权许可使用是指著作权人授权他人以法律规定的方式，在一定的时间内和一定的地域范围内使用其作品的行为。我国《著作权法》第 24 条规定："使用他人作品应当同著作权人订立许可使用合同，本法规定可以不经许可的除外。”著作权许可使用合同除法律规定必须采用书面方式的如图书出版合同外，允许当事人采用口头形式。著作权许可使用合同的主要条款为：许可使用作品的权利种类；许可使用的权利是专有使用权或者非专有使用权；许可使用的范围、期间；付酬标准和办法；违约责任；双方认为需要约定的其他内容。

著作权转让是指著作权人将著作权中的财产权全部或部分转让他人的行为。著作权转让是著作权人行使著作权的一种方式。根据我国《著作权法》第25条的规定，著作权人全部或者部分转让著作财产权的，应当订立书面合同。著作权转让合同应当包括以下主要内容：作品名称；转让的权利种类、地域范围；转让价金；交付转让价金的日期和方式；违约责任；双方认为需要约定的其他内容。

（三）著作权的限制

著作权的限制主要是针对著作权人所享有的财产权利的限制，即对著作权人依法享有的使用作品以及许可他人使用其作品并因此获得报酬的权利的限制。著作权的限制主要体现在合理使用、法定许可和强制许可三个方面。

1. 合理使用

合理使用是指在法律规定的情形内，按照法律规定的条件使用他人作品的，可以不经著作权人许可，不向其支付报酬的制度。法律设置合理使用制度的目的是协调作者个体利益和社会公共利益之间的对立和冲突，使著作权的独占性在一定范围内避免阻碍优秀作品传播和科学、文化事业的发展。根据我国《著作权法》第22条规定，以下情形属于合理使用范围：为个人学习、研究或者欣赏，使用他人已经发表的作品；为介绍、评论某一作品或者说明某一问题，在作品中适当引用他人已经发表的作品；为报道时事新闻，在报纸、期刊、广播电台、电视台等媒体中不可避免地再现或者引用已经发表的作品；报纸、期刊、广播电台、电视台等媒体刊登或者播放其他报纸、期刊、广播电台、电视台等媒体已经发表的关于政治、经济、宗教等问题的时事性文章，但作者声明不许刊登、播放的除外；报纸、期刊、广播电台等媒体刊登或者播放在公众集会上发表的讲话，但作者声明不许刊登、播放的除外；为学校课堂教学或者科学研究，翻译或者少量复制已经发表的作品，供教学或者科研人员使用，但不得出版发行；国家机关为执行公务在合理范围内使用已经发表的作品；图书馆、档案馆、纪念馆、博物馆、美术馆等为陈列或者保存版本的需要复制本馆收藏的作品；免费表演已经发表的作品；对设置或者陈列在室外公共场所的艺术作品进行临摹、绘画、摄影、录像；将中国公民、法人或者其他组织已经发表的汉族文字作品翻译成少数民族语言文字作品在国内出版发行；将已经发表的作品改成盲文出版。

2. 法定许可使用

法定许可使用是指在法律规定的范围内使用他人的作品，可以不经著作权人的许可，但须向其支付报酬。我国著作权法规定的法定许可使用的情形，主要体现在以下几个方面：著作权人向报社、杂志社投稿的，作品刊登后，除著作权人声明不得转载、摘编的外，其他报刊可以转载或者作为文摘、资料刊登；录音制作者使用他人合法录制为录音制品的音乐作品制作录音制品；广播电台、电视台播放已经出版的录音制品；为实施九年制义务教育和国家教育规划而编写出版教科书，除作者事先声明不许使用的外，可以不经著作权人许可，在教科书中汇编已经发表的作品片段或者短小的文字作品、音乐作品或者单幅的美术作品、摄影作品等。

3. 强制许可使用

强制许可使用是指在法律规定的特殊情形下，著作权人无正当理由拒绝授权他人使用其作品的，具备使用条件的人可以向著作权行政管理部门提出申请，由著作权行政管理部门颁发强制许可证，而取得作品的合法使用权。我国著作权法目前没有规定强制许可制度，但是由于我国已经加入两个基本的著作权国际公约《伯尔尼公约》和《世界版权公约》，这两个公约的现行文本都规定了强制许可制度，故我国也适用公约关于强制许可的规定。

五、邻接权

邻接权是指与著作权有关的权利，即作品传播者所享有的专有权利。具体而言是指作品的传播者以他人作品为基础进行表演或录制音像制品或者制作广播、电视节目等进行传播活动而依法享有的专有权利。目前，各国已经普遍承认和保护邻接权，但在邻接权的保护对象和保护方式上仍存在很大的差异。我国著作权法未规定“邻接权”的概念，但规定了相关的内容。根据我国《著作权法》的规定，包括出版者的权利、表演者的权利、录音录像制作者的权利、广播电台、电视台的权利。

六、著作权的法律保护

1. 侵犯著作权的民事责任

我国《著作权法》规定有下列侵权行为的，应当根据情况，承担停止侵害、消除影响、赔礼道歉、赔偿损失等民事责任：①未经著作权人许可，发表其作品的；②未经合作作者许可，将与他人合作创作的作品当作自己单独创作的作品发表的；③没有参加创作，为谋取个人名利，在他人作品上署名的；④歪曲、篡改他人作品的；⑤剽窃他人作品的；⑥未经著作权人许可，以展览、摄制电影和以类似摄制电影的方法使用作品，或者以改编、翻译、注释等方式使用作品的，本法另有规定的除外；⑦使用他人作品，应当支付报酬而未支付的；⑧未经电影作品和以类似摄制电影的方法创作的作品、计算机软件、录音录像制品的著作权人或者与著作权有关的权利人许可，出租其作品或者录音录像制品的，本法另有规定的除外；⑨未经出版者许可，使用其出版的图书、期刊的版式设计的；⑩未经表演者许可，从现场直播或者公开传送器现场表演，或者录制其表演的；其他侵犯著作权以及与著作权有关的权益的行为。

2. 侵犯著作权的行政责任与刑事责任

在我国《著作权法》47 条规定的八类侵权行为的，应当根据情况，承担停止侵害、消除影响、赔礼道歉、赔偿损失等民事责任；同时损害公共利益的，可以由著作权行政管理部门责令停止侵权行为，没收违法所得，没收、销毁侵权复制品，并可以处罚款；

情节严重的，著作权行政管理部门还可以没收主要用于制作侵权复制品的材料、工具、设备等；构成犯罪的，依法追究刑事责任。

第三节　专利法

一、专利权与专利法

专利权又被简称专利，“专利”的英文是“patent”，源于拉丁文，有公开、特许和垄断之意。现代法律制度中的“专利权”，指国家主管机关以颁发证书的形式授予发明人或者设计人或其所在单位在一定期限内对其发明创造依法享有独占实施的专有权利。专利权作为技术领域的一项专有权利，其法律特征主要体现在以下方面：①专利权是一种经行政确认而取得的民事权利，行政管理是构成专利制度不可缺少的组成部分；②专利权属于技术发明领域的专有权利，该权利的取得以技术公开为代价；③专利权具有鲜明的独占性，对技术方案实施的排他性垄断是专利权内容的重要体现；④禁止权利滥用，防止限制竞争的反垄断机制的设置是专利权保护制度中不可缺少的限制性规定。

专利法是调整规范专利制度的相关法律，其主要功能在于保护技术发明，在知识产权法占有极为重要的地位。《中华人民共和国专利法》（以下简称《专利法》）第1条明确规定，我国制定《专利法》的目的是为了保护发明创造专利权，鼓励发明创造，有利于发明创造的推广应用，促进科学技术进步和创新，适应社会主义现代化建设的需要。

二、专利权主体

专利权主体即专利权人，指专利权产生后享有专利权的人。讨论专利权主体问题不可避免地涉及专利权产生过程中的发明人和专利申请人的法律地位问题。

1. 发明人

发明人即完成发明创造的人。我国专利法保护的发明创造除发明外，还包括实用新型和外观设计。在我国专利法上将实用新型和外观设计称作设计人。在这里，为叙述方便，统称为发明人。只有在发明创造完成过程中对发明创造的构思以及构思的具体化提出了创造性见解的人才能被称为发明人。

2. 申请人

申请人是指就一项发明创造向专利局申请专利的人。发明人与申请人通常情况下为同一人，但是也存在发明人与申请人不是同一人的情况，甚至有的国家这种不一致的情况占专利申请的大多数。造成发明人与申请人分离的主要原因有：①发明人以外的其他人通过合同从发明人处取得了发明创造的专利申请权；②发明人的继承人通过继承取得发明创造的专利申请权；③法律直接将专利申请权赋予发明人以外的其他人，这种情况主要发生在职务发明创作上。

3. 专利权人

专利权人是指享有专利权的人。专利权人与专利申请人是两个不同的概念。专利申请人申请的专利未必能获得批准从而成为专利权人。专利权人也未必曾是专利申请人，因为专利权是可以通过转让和继承获得的。在专利权产生后，专利权人即成为专利法律关系的焦点，一切有关专利的活动都是围绕着专利权人展开的。

三、专利权的对象

专利权的对象即专利权保护的对象，也就是被授予专利权的对象。我国《专利法》规定的专利权对象包括发明、实用新型、外观设计。

1. 发明

发明是专利权保护的重要对象，也是各国专利法保护的重点。我国《专利法》第2条第1款的规定："发明，是指对产品、方法或者其改进所提出的新的技术方案。"强调发明必须是一种新的有创造性的技术方案。需要注意的是，并不是所有的发明都可以申请专利，必须是符合专利法有关条件的发明才能被授予发明专利。

2. 实用新型

实用新型是我国专利权保护的另一对象。根据我国《专利法》第2条第2款的规定：实用新型，是指对产品的形状、构造或者其结合所提出的适于实用的新的技术方案。实用新型和发明相比，是对产品的形状、结构或者形状与结构结合起来所作的革新或设计。因此，它往往并不涉及产品制造原理的变革，也不涉及方法发明或技术设计，而只是在原有产品的基本原理的基础上对产品的形状、构造所作的局部性革新。

3. 外观设计

外观设计也被称作工业品外观设计，或者简称为工业设计。我国《专利法》第2条第3款规定："外观设计，是指对产品的形状、图案或者其结合以及色彩与形状、图案的结合所作出的富有美感并适于工业应用的新设计。"

4. 不授予专利权的项目

我国《专利法》第5条规定："对违反国家法律、社会公德或者妨害公共利益的发明创造，不授予专利权。"这是我国专利法关于不授予专利权的原则性规定。另外根据我国《专利法》第25条的规定，以下项目不授予专利权：①科学发现；②智力活动的规则和方法；③疾病的诊断和治疗方法；④动物和植物品种；⑤用原子核变换方法获得的物质。

四、专利权的取得、终止

1. 专利权的取得

专利权的取得，必须符合一定的实质要件和程序要件。所谓实质要件是指法律规定授予专利的条件，即新颖性、创造性和实用性。发明、实用新型、外观设计三类不同类型的专利具体要求有所不同。我国《专利法》第22条和第23条规定了具体要求。所谓的程序要件是指专利权取得需要经过申请和审批程序。需要注意的是，申请人为获得专利权所需履行的众多法定手续都必须以书面形式办理。以书面形式申请专利的，应当向国务院专利行政部门提交申请，由国务院专利行政部门负责专利申请的审批工作。国务院专利行政部门是国家知识产权局。

2. 专利权的终止

专利权和其他知识产权一样具有法定期限性，取得专利的发明创造仅在专利权期限内享有受法律保护的独占性的专利实施权。根据我国《专利法》第42条的规定，发明专利权的期限为20年，实用新型专利权和外观设计专利权的期限为10年，均自申请日起计算。除了因为期限届满而终止外，专利权还会因为没有按照规定缴纳专利年费、专利权人以书面声明放弃专利权等原因而终止。专利权终止后，原专利权人对专利技术不再享有独占实施的权利，任何单位或者个人均可以无偿自由使用该技术。

五、专利权的内容和限制

1. 专利权的内容

专利权的内容是指专利权法律关系中的权利和义务，具体体现为专利权人的权利和义务。专利权人的权利主要包括：①独占实施权。根据我国《专利法》第11条的规定，专利权人依法享有的独占实施权具体体现在商品制造和流通领域的每一个环节。②实施许可权。专利权人依法享有的对其专利技术的独占实施权，不仅包括自己实施，还包括许可他人实施。③转让权。根据我国专利法规定，专利申请权和专利权可以依法转让。④专利标明权。根据我国《专利法》第15条的规定，专利权人有权在其专利产品或者该产品的包装上标明专利标记和专利号。

专利权人的义务主要体现在：①按规定缴纳专利年费。缴纳专利年费是专利权人最基本的义务。②公开发明创造。专利权的取得是以发明创造的公开为代价的。在获得专利的同时，专利权人有义务将其发明创造对外公开，使同一技术领域的其他人员能够知悉和掌握。③积极实施专利。专利权人在专利权授予后应当积极实施其专利技术方案，不得滥用权利限制专利的实施。

2. 专利权的限制

同其他知识产权一样，专利权在许多方面受到限制。法律对专利权的限制主要体现在以下方面。①专利的指定实施，是指由国家主管机关或地方政府对对国家利益或公共利益具有重大意义、需要推广应用的专利，以行政命令的方式允许指定的单位实施的一种强制措施。②专利实施的强制许可，是指有国家专利行政主管机关依照法定条件和程序，以颁发实施专利的强制许可方式允许专利权人以外的其他人实施专利的一种制度。③不视为侵犯专利权的行为，除了专利的指定实施和专利实施的强制许可外，对专利权的限制还体现为从法律上规定某些未经许可的专利实施行为的合法性，主要包括权利用尽、在先实施、临时过境、非生产经营性使用等情况。

六、专利权的保护

根据我国《专利法》第 56 条的规定，发明或者实用新型专利权的保护范围以其权利要求的内容为准，说明书及附图可以用于解释权利要求。外观设计专利权的保护范围以表示在图片或者照片中的该外观设计专利产品为准。

未经专利权人许可，实施其专利，即侵犯其专利权，引起纠纷的，有当事人协商解决。不愿协商或者协商不成的，专利权人或者利害关系人可以向人民法院起诉，也可以请求管理专利工作的部门处理。认定侵权行为成立的，可以要求侵权人承担相应的民事责任和行政责任。

第四节　商标法

一、商标与商标法

商标，英文“trademark”，简单说就是商品的标志。商标是商品的生产者、经营者或者服务的提供者为了标明自己、区别他人在自己的商品或者服务上使用的可视性标志，即由文字、图形、字母、数字、三维标志、颜色组合和声音等，以及上述要素的组合所构成的标志。在商品或服务上除了商标外，往往还会出现一些其他标记，例如商号、装潢、商务标语等。这些标记和商标既有联系又存在区别。

商标法是规定因调整商标的注册、使用、管理和保护商标专用权而发生的各种社会关系的法律规范的总和。《中华人民共和国商标法》（以下简称《商标法》）第 1 条明确规定，商标法的立法目的是为了加强商标管理，保护商标专用权，促使生产、经营者保证商品和服务质量，维护商标信誉，以保障消费者和生产、经营者的利益，促进社会主义市场经济的发展。

我国《商标法》具有以下特点和基本原则：①保护商标专用权与保护消费者权益相结合原则；②实行以自愿注册为主，个别强制注册为辅并兼顾使用在先商标合法权益的注册在先原则；③统一注册与分级管理相结合的原则。

二、商标权的主体和对象

1. 商标权的主体

商标注册人是商标权的主体。商标注册人，又称为商标专用权人，是指依法享有注册商标专用权的人。根据我国《商标法》第 4 条的规定，自然人、法人或者其他组织在生产经营活动中，对其商品或者服务需要取得商标专用权的，应当向商标局申请商标注册。我国商标法采用注册原则为商标权取得原则，只有商标注册人才能享有商标专用权，成为注册商标的所有人。

2. 商标权的对象

商标权的对象，就是商标权人所有的商标。我国只有注册商标的所有人才能被认为是商标权主体，也只有注册商标才是完整意义上的商标权的对象。未经注册的商标，其使用人不享有商标权。并不是所有的商标都可以经过注册成为注册商标。批准注册的商标必须具备显著性、可视性、非冲突性等要求。

经商标局核准注册的商标为注册商标，包括商品商标、服务商标、集体商标和证明商标。商品商标是指适用于商品上的商标，服务商标是服务的提供者为了表明自己的服务并区别他人同类服务而使用的商标。集体商标是指以团体、协会或其他集体组织名义注册，供该组织成员在商事活动中使用，以表明使用者在该组织中的成员资格的标志。证明商标是指对某种商品或者服务具有监督能力的组织所控制，而由该组织以外的单位或者个人使用于其商品或者服务，用于证明该商品或者服务的原产地、原料、制造方法、质量或者其他特定品质的标志。

三、商标权的取得

商标权的取得分为原始取得和继受取得。我国商标法实行注册制度和申请在先原则，原始取得的方式为注册取得。商标权的取得必须经过注册登记，注册商标受法律保护，未经注册的商标，一般得不到法律的保护。商标注册采用申请在先原则，两个或两个以上的申请人，在相同或类似的商品上以相同或者近似的商标申请注册时，申请在先的商标，其申请人可以获得商标专用权，在后的商标注册申请予以驳回。目前我国商标注册的申请方式采用直接制和代理制相结合的方式。商标注册的具体程序是：商标使用人依照法定条件和程序向商标主管机关申请注册，商标主管机关经过审查，予以核准注册。注册商标的继受取得主要指通过转让等法律行为从原商标权人处取得商标权。

四、商标权的内容和行使

（一）商标权的内容

商标注册人的权利包括：①注册商标专有使用的权利。商标注册人享有商标专用权，有权在核定的商品或服务上使用经核准注册的商标，并享有因此产生的一切利益。②禁止他人混淆和淡化其注册商标的权利。商标权是一种独占性的权利，法律对商标注册人专用权的保护表明商标注册人还享有禁止他人未经许可，擅自使用其注册商标的权利。③转让注册商标的权利。注册商标作为一种特殊的财产利益，可以依法转让。④许可他人使用注册商标的权利。商标注册人自己使用注册商标的同时，可以许可他人使用其注册商标，也可以自己不使用而许可他人独占性地使用其注册商标。⑤标明为注册商标的权利。商标注册人享有“注册商标”的标明权，有权在将该核准注册的商标使用在核定使用的商品上时，标明该商标为“注册商标”或使用注册商标标记。注册商标标记包括㊟和®。

商标注册人的义务包括：①依法使用注册商标。商标注册人在使用注册商标时应遵循法律规定，不得违法使用注册商标。②保证使用注册商标的商品或服务的质量。商标对消费者而言往往是表明特定商品或服务质量等级和水平的标志。商标使用人不得粗制滥造、以次充好，欺骗消费者。③缴纳规定的各项费用。商标注册人应当按照规定缴纳注册申请费、转让注册费、续展注册费等各项费用。

（二）商标权的行使

1. 注册商标的转让

注册商标的转让，是指商标注册人将其注册商标以财产转让的方式转移归他人所有的法律事实。在转让注册商标的法律关系中，商标注册人为转让人，另一方为受让人。注册商标的有效转让，使得受让人成为的新的商标专用权人。根据我国现行法律规定，注册商标可以依法转让，但必须符合法律规定的实质性条件和程序性条件。

2. 注册商标的使用许可

注册商标的使用许可，是指商标注册人许可他人在一定期限内以约定的方式使用其注册商标。注册商标的使用许可不改变注册商标权的归属，而是商标注册人实现其商标权中收益权能的一种方式。注册商标使用许可中，商标注册人为许可人，另一方为被许可人。注册商标的使用许可也必须符合法律相应要求。

五、商标权的法律保护

根据我国《商标法》的规定，保护注册商标专用权，因此我国对商标权的保护是指对注册商标专用权的保护。根据我国《商标法》第 56 条规定："注册商标专用权，以核准注册的商标和核定使用是商品为限。"因此注册商标专用权的保护范围为：①以核准注册的商标为限，即注册商标专用权人实际使用的商标必须与核准注册的商标相一致。②以核定使用的商品为限，即注册商标专用权人实际使用注册商标的商品和核定使用的商品相一致。

从具体的法律保护措施来看，商标权的保护范围是以规定对他人侵权行为的禁止来体现的。根据我国《商标法》和相关法律规定，以下行为属于侵犯注册商标专用权：①未经商标注册人的许可，在同一种商品上使用与其注册商标相同的商标的；②未经商标注册人的许可，在同一种商品上使用与其注册商标近似的商标，或者在类似商品上使用与其注册商标相同或者近似的商标，容易导致混淆的；③销售侵犯注册商标专用权的商品的；④伪造、擅自制造他人注册商标标识或者销售伪造、擅自制造的注册商标标识的；⑤未经商标注册人同意，更换其注册商标并将该更换商标的商品又投入市场的；⑥故意为侵犯他人商标专用权行为提供便利条件，帮助他人实施侵犯商标专用权行为的；⑦给他人的注册商标专用权造成其他损害的。

对于因侵犯注册商标专用权引起的纠纷，当事人可以协商解决。不愿协商或者协商不成的，商标注册人或者利害关系人可以向人民法院起诉，也可以请求工商行政管理部门处理。工商行政管理部分处理时，认定侵权行为成立的，可以根据当事人的请求，就侵犯商标专用权的赔偿数额进行调解。调解不成的，当事人可以向人民法院起诉。侵犯他人注册商标专用权的，应按照法律规定承担相应的民事责任和刑事责任。

案例探讨

龙飞与陈玉青梅竹马，高中毕业后，两人分别考到了不同城市的两所大学，平时两人飞鸿传书，大学四年积累了大量情书。大学毕业后，龙飞和陈玉分别在北京和上海找到了心仪的工作。没能在一个城市工作，加上双方父母反对，龙飞提出了分手，迫于无奈，陈玉只好接受。忍受着失恋的痛苦，过去几年给龙飞写的大量火热的情书也成了陈玉的心病，陈玉担心龙飞将情书外泄。陈玉多次向龙飞提出要收回写给龙飞的那些信，并表示愿意退还龙飞写给自己的情书，但龙飞坚决不同意。陈玉非常无奈，不知自己是否可以通过法律要回自己写的情书？是否可以阻止龙飞公开情书？

法律链接

中华人民共和国著作权法

（1984 年 3 月 12 日第六届全国人民代表大会常务委员会第四次会议通过，根据 1992 年 9 月 4 日第七届全国人民代表大会常务委员会第二十七次会议《关于修改〈中华人民共和国专利法〉的决定》第一次修正，根据 2000 年 8 月 25 日第九届全国人民代表大会常务委员会第十七次会议《关于修改〈中华人民共和国专利法〉的决定》第二次修正，根据 2008 年 12 月 27 日第十一届全国人民代表大会常务委员会第六次会议《关于修改〈中华人民共和国专利法〉的决定》第三次修正）

第一章　总　　则

第一条　为保护文学、艺术和科学作品作者的著作权，以及与著作权有关的权益，鼓励有益于社会主义精神文明、物质文明建设的作品的创作和传播，促进社会主义文化和科学事业的发展与繁荣，根据宪法制定本法。

第二条　中国公民、法人或者其他组织的作品，不论是否发表，依照本法享有著作权。

外国人、无国籍人的作品根据其作者所属国或者经常居住地国同中国签订的协议或者共同参加的国际条约享有的著作权，受本法保护。

外国人、无国籍人的作品首先在中国境内出版的，依照本法享有著作权。

未与中国签订协议或者共同参加国际条约的国家的作者以及无国籍人的作品首次在中国参加的国际条约的成员国出版的，或者在成员国和非成员国同时出版的，受本法保护。

第三条　本法所称的作品，包括以下列形式创作的文学、艺术和自然科学、社会科学、工程技术等作品：

（一）文字作品；

（二）口述作品；

（三）音乐、戏剧、曲艺、舞蹈、杂技艺术作品；

（四）美术、建筑作品；

（五）摄影作品；

（六）电影作品和以类似摄制电影的方法创作的作品；

（七）工程设计图、产品设计图、地图、示意图等图形作品和模型作品；

（八）计算机软件；

（九）法律、行政法规规定的其他作品。

第四条　依法禁止出版、传播的作品，不受本法保护。

著作权人行使著作权，不得违反宪法和法律，不得损害公共利益。

第五条　本法不适用于：

（一）法律、法规，国家机关的决议、决定、命令和其他具有立法、行政、司法性质的文件，及其官方正式译文；

（二）时事新闻；

（三）历法、通用数表、通用表格和公式。

第六条　民间文学艺术作品的著作权保护办

法由国务院另行规定。

第七条 国务院著作权行政管理部门主管全国的著作权管理工作；各省、自治区、直辖市人民政府的著作权行政管理部门主管本行政区域的著作权管理工作。

第八条 著作权人和与著作权有关的权利人可以授权著作权集体管理组织行使著作权或者与著作权有关的权利。著作权集体管理组织被授权后，可以以自己的名义为著作权人和与著作权有关的权利人主张权利，并可以作为当事人进行涉及著作权或者与著作权有关的权利的诉讼、仲裁活动。

著作权集体管理组织是非营利性组织，其设立方式、权利义务、著作权许可使用费的收取和分配，以及对其监督和管理等由国务院另行规定。

第二章 著作权

第一节 著作权人及其权利

第九条 著作权人包括：

（一）作者；

（二）其他依照本法享有著作权的公民、法人或者其他组织。

第十条 著作权包括下列人身权和财产权：

（一）发表权，即决定作品是否公之于众的权利；

（二）署名权，即表明作者身份，在作品上署名的权利；

（三）修改权，即修改或者授权他人修改作品的权利；

（四）保护作品完整权，即保护作品不受歪曲、篡改的权利；

（五）复制权，即以印刷、复印、拓印、录音、录像、翻录、翻拍等方式将作品制作一份或者多份的权利；

（六）发行权，即以出售或者赠与方式向公众提供作品的原件或者复制件的权利；

（七）出租权，即有偿许可他人临时使用电影作品和以类似摄制电影的方法创作的作品、计算机软件的权利，计算机软件不是出租的主要标的的除外；

（八）展览权，即公开陈列美术作品、摄影作品的原件或者复制件的权利；

（九）表演权，即公开表演作品，以及用各种手段公开播送作品的表演的权利；

（十）放映权，即通过放映机、幻灯机等技术设备公开再现美术、摄影、电影和以类似摄制电影的方法创作的作品等的权利；

（十一）广播权，即以无线方式公开广播或者传播作品，以有线传播或者转播的方式向公众传播广播的作品，以及通过扩音器或者其他传送符号、声音、图像的类似工具向公众传播广播的作品的权利；

（十二）信息网络传播权，即以有线或者无线方式向公众提供作品，使公众可以在其个人选定的时间和地点获得作品的权利；

（十三）摄制权，即以摄制电影或者以类似摄制电影的方法将作品固定在载体上的权利；

（十四）改编权，即改变作品，创作出具有独创性的新作品的权利；

（十五）翻译权，即将作品从一种语言文字转换成另一种语言文字的权利；

（十六）汇编权，即将作品或者作品的片段通过选择或者编排，汇集成新作品的权利；

（十七）应当由著作权人享有的其他权利。

著作权人可以许可他人行使前款第（五）项至第（十七）项规定的权利，并依照约定或者本法有关规定获得报酬。

著作权人可以全部或者部分转让本条第一款第（五）项至第（十七）项规定的权利，并依照约定或者本法有关规定获得报酬。

第二节 著作权归属

第十一条 著作权属于作者，本法另有规定的除外。

创作作品的公民是作者。

由法人或者其他组织主持，代表法人或者其他组织意志创作，并由法人或者其他组织承担责任的作品，法人或者其他组织视为作者。

如无相反证明，在作品上署名的公民、法人或者其他组织为作者。

第十二条 改编、翻译、注释、整理已有作品而产生的作品，其著作权由改编、翻译、注释、整理人享有，但行使著作权时不得侵犯原作品的著作权。

第十三条 两人以上合作创作的作品，著作权由合作作者共同享有。没有参加创作的人，不能成为合作作者。

合作作品可以分割使用的，作者对各自创作的部分可以单独享有著作权，但行使著作权时不得侵犯合作作品整体的著作权。

第十四条 汇编若干作品、作品的片段或者不构成作品的数据或者其他材料，对其内容的选择或者编排体现独创性的作品，为汇编作品，其著作权由汇编人享有，但行使著作权时，不得侵犯原作品的著作权。

第十五条 电影作品和以类似摄制电影的方法创作的作品的著作权由制片者享有，但编剧、导演、摄影、作词、作曲等作者享有署名权，并有权按照与制片者签订的合同获得报酬。

电影作品和以类似摄制电影的方法创作的作品中的剧本、音乐等可以单独使用的作品的作者有权单独行使其著作权。

第十六条 公民为完成法人或者其他组织工作任务所创作的作品是职务作品，除本条第二款的规定以外，著作权由作者享有，但法人或者其他组织有权在其业务范围内优先使用。作品完成两年内，未经单位同意，作者不得许可第三人以与单位使用的相同方式使用该作品。

有下列情形之一的职务作品，作者享有署名权，著作权的其他权利由法人或者其他组织享有，法人或者其他组织可以给予作者奖励：

（一）主要是利用法人或者其他组织的物质技术条件创作，并由法人或者其他组织承担责任的工程设计图、产品设计图、地图、计算机软件等职务作品；

（二）法律、行政法规规定或者合同约定著作权由法人或者其他组织享有的职务作品。

第十七条 受委托创作的作品，著作权的归属由委托人和受托人通过合同约定。合同未作明确约定或者没有订立合同的，著作权属于受托人。

第十八条 美术等作品原件所有权的转移，不视为作品著作权的转移，但美术作品原件的展览权由原件所有人享有。

第十九条 著作权属于公民的，公民死亡后，其本法第十条第一款第（五）项至第（十七）项规定的权利在本法规定的保护期内，依照继承法的规定转移。

著作权属于法人或者其他组织的，法人或者其他组织变更、终止后，其本法第十条第一款第（五）项至第（十七）项规定的权利在本法规定的保护期内，由承受其权利义务的法人或者其他组织享有；没有承受其权利义务的法人或者其他组织的，由国家享有。

第三节 权利的保护期

第二十条 作者的署名权、修改权、保护作品完整权的保护期不受限制。

第二十一条 公民的作品，其发表权、本法第十条第一款第（五）项至第（十七）项规定的权利的保护期为作者终生及其死亡后五十年，截止于作者死亡后第五十年的 12 月 31 日；如果是合作作品，截止于最后死亡的作者死亡后第五十年的 12 月 31 日。

法人或者其他组织的作品、著作权（署名权除外）由法人或者其他组织享有的职务作品，其发表权、本法第十条第一款第（五）项至第（十七）项规定的权利的保护期为五十年，截止于作品首次发表后第五十年的 12 月 31 日，但作品自创作完成后五十年内未发表的，本法不再保护。

电影作品和以类似摄制电影的方法创作的作品、摄影作品，其发表权、本法第十条第一款第（五）项至第（十七）项规定的权利的保护期为五十年，截止于作品首次发表后第五十年的 12 月 31 日，但作品自创作完成后五十年内未发表的，本法不再保护。

第四节 权利的限制

第二十二条 在下列情况下使用作品，可以不经著作权人许可，不向其支付报酬，但应当指明作者姓名、作品名称，并且不得侵犯著作权人依照本法享有的其他权利：

（一）为个人学习、研究或者欣赏，使用他人已经发表的作品；

（二）为介绍、评论某一作品或者说明某一问题，在作品中适当引用他人已经发表的作品；

（三）为报道时事新闻，在报纸、期刊、广播电台、电视台等媒体中不可避免地再现或者引用已经发表的作品；

（四）报纸、期刊、广播电台、电视台等媒体刊登或者播放其他报纸、期刊、广播电台、电视台等媒体已经发表的关于政治、经济、宗教问题的时事性文章，但作者声明不许刊登、播放的除外；

（五）报纸、期刊、广播电台、电视台等媒体刊登或者播放在公众集会上发表的讲话，但作者声明不许刊登、播放的除外；

（六）为学校课堂教学或者科学研究，翻译或者少量复制已经发表的作品，供教学或者科研人员使用，但不得出版发行；

（七）国家机关为执行公务在合理范围内使用已经发表的作品；

（八）图书馆、档案馆、纪念馆、博物馆、美术馆等为陈列或者保存版本的需要，复制本馆收藏的作品；

（九）免费表演已经发表的作品，该表演未向公众收取费用，也未向表演者支付报酬；

（十）对设置或者陈列在室外公共场所的艺术作品进行临摹、绘画、摄影、录像；

（十一）将中国公民、法人或者其他组织已经发表的以汉语言文字创作的作品翻译成少数民族语言文字作品在国内出版发行；

（十二）将已经发表的作品改成盲文出版。

前款规定适用于对出版者、表演者、录音录像制作者、广播电台、电视台的权利的限制。

第二十三条　为实施九年制义务教育和国家教育规划而编写出版教科书，除作者事先声明不许使用的外，可以不经著作权人许可，在教科书中汇编已经发表的作品片段或者短小的文字作品、音乐作品或者单幅的美术作品、摄影作品，但应当按照规定支付报酬，指明作者姓名、作品名称，并且不得侵犯著作权人依照本法享有的其他权利。

前款规定适用于对出版者、表演者、录音录像制作者、广播电台、电视台的权利的限制。

第三章　著作权许可使用和转让合同

第二十四条　使用他人作品应当同著作权人订立许可使用合同，本法规定可以不经许可的除外。

许可使用合同包括下列主要内容：

（一）许可使用的权利种类；

（二）许可使用的权利是专有使用权或者非专有使用权；

（三）许可使用的地域范围、期间；

（四）付酬标准和办法；

（五）违约责任；

（六）双方认为需要约定的其他内容。

第二十五条　转让本法第十条第一款第（五）项至第（十七）项规定的权利，应当订立书面合同。

权利转让合同包括下列主要内容：

（一）作品的名称；

（二）转让的权利种类、地域范围；

（三）转让价金；

（四）交付转让价金的日期和方式；

（五）违约责任；

（六）双方认为需要约定的其他内容。

第二十六条　许可使用合同和转让合同中著作权人未明确许可、转让的权利，未经著作权人同意，另一方当事人不得行使。

第二十七条　使用作品的付酬标准可以由当事人约定，也可以按照国务院著作权行政管理部门会同有关部门制定的付酬标准支付报酬。当事人约定不明确的，按照国务院著作权行政管理部门会同有关部门制定的付酬标准支付报酬。

第二十八条　出版者、表演者、录音录像制作者、广播电台、电视台等依照本法有关规定使用他人作品的，不得侵犯作者的署名权、修改权、保护作品完整权和获得报酬的权利。

第四章　出版、表演、录音录像、播放

第一节　图书、报刊的出版

第二十九条　图书出版者出版图书应当和著作权人订立出版合同，并支付报酬。

第三十条　图书出版者对著作权人交付出版的作品，按照合同约定享有的专有出版权受法律保护，他人不得出版该作品。

第三十一条　著作权人应当按照合同约定期限交付作品。图书出版者应当按照合同约定的出版质量、期限出版图书。

图书出版者不按照合同约定期限出版，应当依照本法第五十三条的规定承担民事责任。

图书出版者重印、再版作品的，应当通知著作权人，并支付报酬。图书脱销后，图书出版者拒绝重印、再版的，著作权人有权终止合同。

第三十二条 著作权人向报社、期刊社投稿的，自稿件发出之日起十五日内未收到报社通知决定刊登的，或者自稿件发出之日起三十日内未收到期刊社通知决定刊登的，可以将同一作品向其他报社、期刊社投稿。双方另有约定的除外。

作品刊登后，除著作权人声明不得转载、摘编的外，其他报刊可以转载或者作为文摘、资料刊登，但应当按照规定向著作权人支付报酬。

第三十三条 图书出版者经作者许可，可以对作品修改、删节。

报社、期刊社可以对作品作文字性修改、删节。对内容的修改，应当经作者许可。

第三十四条 出版改编、翻译、注释、整理、汇编已有作品而产生的作品，应当取得改编、翻译、注释、整理、汇编作品的著作权人和原作品的著作权人许可，并支付报酬。

第三十五条 出版者有权许可或者禁止他人使用其出版的图书、期刊的版式设计。

前款规定的权利的保护期为十年，截止于使用该版式设计的图书、期刊首次出版后第十年的12月31日。

第二节 表　演

第三十六条 使用他人作品演出，表演者（演员、演出单位）应当取得著作权人许可，并支付报酬。演出组织者组织演出，由该组织者取得著作权人许可，并支付报酬。

使用改编、翻译、注释、整理已有作品而产生的作品进行演出，应当取得改编、翻译、注释、整理作品的著作权人和原作品的著作权人许可，并支付报酬。

第三十七条 表演者对其表演享有下列权利：

（一）表明表演者身份；

（二）保护表演形象不受歪曲；

（三）许可他人从现场直播和公开传送其现场表演，并获得报酬；

（四）许可他人录音录像，并获得报酬；

（五）许可他人复制、发行录有其表演的录音录像制品，并获得报酬；

（六）许可他人通过信息网络向公众传播其表演，并获得报酬。

被许可人以前款第（三）项至第（六）项规定的方式使用作品，还应当取得著作权人许可，并支付报酬。

第三十八条 本法第三十七条第一款第（一）项、第（二）项规定的权利的保护期不受限制。

本法第三十七条第一款第（三）项至第（六）项规定的权利的保护期为五十年，截止于该表演发生后第五十年的12月31日。

第三节 录音录像

第三十九条 录音录像制作者使用他人作品制作录音录像制品，应当取得著作权人许可，并支付报酬。

录音录像制作者使用改编、翻译、注释、整理已有作品而产生的作品，应当取得改编、翻译、注释、整理作品的著作权人和原作品著作权人许可，并支付报酬。

录音制作者使用他人已经合法录制为录音制品的音乐作品制作录音制品，可以不经著作权人许可，但应当按照规定支付报酬；著作权人声明不许使用的不得使用。

第四十条 录音录像制作者制作录音录像制品，应当同表演者订立合同，并支付报酬。

第四十一条 录音录像制作者对其制作的录音录像制品，享有许可他人复制、发行、出租、通过信息网络向公众传播并获得报酬的权利；权利的保护期为五十年，截止于该制品首次制作完成后第五十年的12月31日。

被许可人复制、发行、通过信息网络向公众传播录音录像制品，还应当取得著作权人、表演者许可，并支付报酬。

第四节 广播电台、电视台播放

第四十二条 广播电台、电视台播放他人未发表的作品，应当取得著作权人许可，并支付报酬。

广播电台、电视台播放他人已发表的作品，可以不经著作权人许可，但应当支付报酬。

第四十三条 广播电台、电视台播放已经出版的录音制品，可以不经著作权人许可，但应当支付报酬。当事人另有约定的除外。具体办法由国务院规定。

第四十四条 广播电台、电视台有权禁止未经其许可的下列行为：

（一）将其播放的广播、电视转播；

（二）将其播放的广播、电视录制在音像载体上以及复制音像载体。

前款规定的权利的保护期为五十年，截止于该广播、电视首次播放后第五十年的12月31日。

第四十五条 电视台播放他人的电影作品和以类似摄制电影的方法创作的作品、录像制品，应当取得制片者或者录像制作者许可，并支付报酬；播放他人的录像制品，还应当取得著作权人许可，并支付报酬。

第五章 法律责任和执法措施

第四十六条 有下列侵权行为的，应当根据情况，承担停止侵害、消除影响、赔礼道歉、赔偿损失等民事责任：

（一）未经著作权人许可，发表其作品的；

（二）未经合作作者许可，将与他人合作创作的作品当作自己单独创作的作品发表的；

（三）没有参加创作，为谋取个人名利，在他人作品上署名的；

（四）歪曲、篡改他人作品的；

（五）剽窃他人作品的；

（六）未经著作权人许可，以展览、摄制电影和以类似摄制电影的方法使用作品，或者以改编、翻译、注释等方式使用作品的，本法另有规定的除外；

（七）使用他人作品，应当支付报酬而未支付的；

（八）未经电影作品和以类似摄制电影的方法创作的作品、计算机软件、录音录像制品的著作权人或者与著作权有关的权利人许可，出租其作品或者录音录像制品的，本法另有规定的除外；

（九）未经出版者许可，使用其出版的图书、期刊的版式设计的；

（十）未经表演者许可，从现场直播或者公开传送其现场表演，或者录制其表演的；

（十一）其他侵犯著作权以及与著作权有关的权益的行为。

第四十七条 有下列侵权行为的，应当根据情况，承担停止侵害、消除影响、赔礼道歉、赔偿损失等民事责任；同时损害公共利益的，可以由著作权行政管理部门责令停止侵权行为，没收违法所得，没收、销毁侵权复制品，并可处以罚款；情节严重的，著作权行政管理部门还可以没收主要用于制作侵权复制品的材料、工具、设备等；构成犯罪的，依法追究刑事责任：

（一）未经著作权人许可，复制、发行、表演、放映、广播、汇编、通过信息网络向公众传播其作品的，本法另有规定的除外；

（二）出版他人享有专有出版权的图书的；

（三）未经表演者许可，复制、发行录有其表演的录音录像制品，或者通过信息网络向公众传播其表演的，本法另有规定的除外；

（四）未经录音录像制作者许可，复制、发行、通过信息网络向公众传播其制作的录音录像制品的，本法另有规定的除外；

（五）未经许可，播放或者复制广播、电视的，本法另有规定的除外；

（六）未经著作权人或者与著作权有关的权利人许可，故意避开或者破坏权利人为其作品、录音录像制品等采取的保护著作权或者与著作权有关的权利的技术措施的，法律、行政法规另有规定的除外；

（七）未经著作权人或者与著作权有关的权利人许可，故意删除或者改变作品、录音录像制品等的权利管理电子信息的，法律、行政法规另有规定的除外；

（八）制作、出售假冒他人署名的作品的。

第四十八条 侵犯著作权或者与著作权有关的权利的，侵权人应当按照权利人的实际损失给予赔偿；实际损失难以计算的，可以按照侵权人的违法所得给予赔偿。赔偿数额还应当包括权利人为制止侵权行为所支付的合理开支。

权利人的实际损失或者侵权人的违法所得不能确定的，由人民法院根据侵权行为的情节，判决给予五十万元以下的赔偿。

第四十九条 著作权人或者与著作权有关的权利人有证据证明他人正在实施或者即将实施侵犯其权利的行为，如不及时制止将会使其合法权益受到难以弥补的损害的，可以在起诉前向人民法院申请采取责令停止有关行为和财产保全的措施。

人民法院处理前款申请，适用《中华人民共和国民事诉讼法》第九十三条至第九十六条和第九十九条的规定。

第五十条 为制止侵权行为，在证据可能灭失或者以后难以取得的情况下，著作权人或者与著作权有关的权利人可以在起诉前向人民法院申请保全证据。

人民法院接受申请后，必须在四十八小时内作出裁定；裁定采取保全措施的，应当立即开始执行。

人民法院可以责令申请人提供担保，申请人不提供担保的，驳回申请。

申请人在人民法院采取保全措施后十五日内不起诉的，人民法院应当解除保全措施。

第五十一条 人民法院审理案件，对于侵犯著作权或者与著作权有关的权利的，可以没收违法所得、侵权复制品以及进行违法活动的财物。

第五十二条 复制品的出版者、制作者不能证明其出版、制作有合法授权的，复制品的发行者或者电影作品或者以类似摄制电影的方法创作的作品、计算机软件、录音录像制品的复制品的出租者不能证明其发行、出租的复制品有合法来源的，应当承担法律责任。

第五十三条 当事人不履行合同义务或者履行合同义务不符合约定条件的，应当依照《中华人民共和国民法通则》、《中华人民共和国合同法》等有关法律规定承担民事责任。

第五十四条 著作权纠纷可以调解，也可以根据当事人达成的书面仲裁协议或者著作权合同中的仲裁条款，向仲裁机构申请仲裁。

当事人没有书面仲裁协议，也没有在著作权合同中订立仲裁条款的，可以直接向人民法院起诉。

第五十五条 当事人对行政处罚不服的，可以自收到行政处罚决定书之日起三个月内向人民法院起诉，期满不起诉又不履行的，著作权行政管理部门可以申请人民法院执行。

第六章 附 则

第五十六条 本法所称的著作权即版权。

第五十七条 本法第二条所称的出版，指作品的复制、发行。

第五十八条 计算机软件、信息网络传播权的保护办法由国务院另行规定。

第五十九条 本法规定的著作权人和出版者、表演者、录音录像制作者、广播电台、电视台的权利，在本法施行之日尚未超过本法规定的保护期的，依照本法予以保护。

本法施行前发生的侵权或者违约行为，依照侵权或者违约行为发生时的有关规定和政策处理。

第六十条 本法自1991年6月1日起施行。

中华人民共和国专利法

（1984年3月12日第六届全国人民代表大会常务委员会第四次会议通过，根据1992年9月4日第七届全国人民代表大会常务委员会第二十七次会议《关于修改〈中华人民共和国专利法〉的决定》第一次修正，根据2000年8月25日第九届全国人民代表大会常务委员会第十七次会议《关于修改〈中华人民共和国专利法〉的决定》第二次修正，根据2008年12月27日第十一届全国人民代表大会常务委员会第六次会议《关于修改〈中华人民共和国专利法〉的决定》第三次修正）

第一章 总 则

第一条 为了保护专利权人的合法权益，鼓励发明创造，推动发明创造的应用，提高创新能力，促进科学技术进步和经济社会发展，制定本法。

第二条 本法所称的发明创造是指发明、实用新型和外观设计。

发明，是指对产品、方法或者其改进所提出的新的技术方案。

实用新型，是指对产品的形状、构造或者其结合所提出的适于实用的新的技术方案。

外观设计，是指对产品的形状、图案或者其结合以及色彩与形状、图案的结合所作出的富有美感并适于工业应用的新设计。

第三条 国务院专利行政部门负责管理全国的专利工作；统一受理和审查专利申请，依法授予专利权。

省、自治区、直辖市人民政府管理专利工作的部门负责本行政区域内的专利管理工作。

第四条 申请专利的发明创造涉及国家安全或者重大利益需要保密的，按照国家有关规定办理。

第五条 对违反法律、社会公德或者妨害公共利益的发明创造，不授予专利权。

对违反法律、行政法规的规定获取或者利用遗传资源，并依赖该遗传资源完成的发明创造，不授予专利权。

第六条 执行本单位的任务或者主要是利用本单位的物质技术条件所完成的发明创造为职务发明创造。职务发明创造申请专利的权利属于该单位；申请被批准后，该单位为专利权人。

非职务发明创造，申请专利的权利属于发明人或者设计人；申请被批准后，该发明人或者设计人为专利权人。

利用本单位的物质技术条件所完成的发明创造，单位与发明人或者设计人订有合同，对申请专利的权利和专利权的归属作出约定的，从其约定。

第七条 对发明人或者设计人的非职务发明创造专利申请，任何单位或者个人不得压制。

第八条 两个以上单位或者个人合作完成的发明创造、一个单位或者个人接受其他单位或者个人委托所完成的发明创造，除另有协议的以外，申请专利的权利属于完成或者共同完成的单位或者个人；申请被批准后，申请的单位或者个人为专利权人。

第九条 同样的发明创造只能授予一项专利权。但是，同一申请人同日对同样的发明创造既申请实用新型专利又申请发明专利，先获得的实用新型专利权尚未终止，且申请人声明放弃该实用新型专利权的，可以授予发明专利权。

两个以上的申请人分别就同样的发明创造申请专利的，专利权授予最先申请的人。

第十条 专利申请权和专利权可以转让。

中国单位或者个人向外国人、外国企业或者外国其他组织转让专利申请权或者专利权的，应当依照有关法律、行政法规的规定办理手续。

转让专利申请权或者专利权的，当事人应当订立书面合同，并向国务院专利行政部门登记，由国务院专利行政部门予以公告。专利申请权或者专利权的转让自登记之日起生效。

第十一条 发明和实用新型专利权被授予后，除本法另有规定的以外，任何单位或者个人未经专利权人许可，都不得实施其专利，即不得为生产经营目的制造、使用、许诺销售、销售、进口其专利产品，或者使用其专利方法以及使用、许诺销售、销售、进口依照该专利方法直接获得的产品。

外观设计专利权被授予后，任何单位或者个人未经专利权人许可，都不得实施其专利，即不得为生产经营目的制造、许诺销售、销售、进口其外观设计专利产品。

第十二条 任何单位或者个人实施他人专利的，应当与专利权人订立实施许可合同，向专利权人支付专利使用费。被许可人无权允许合同规定以外的任何单位或者个人实施该专利。

第十三条 发明专利申请公布后，申请人可以要求实施其发明的单位或者个人支付适当的费用。

第十四条 国有企业事业单位的发明专利，对国家利益或者公共利益具有重大意义的，国务院有关主管部门和省、自治区、直辖市人民政府报经国务院批准，可以决定在批准的范围内推广应用，允许指定的单位实施，由实施单位按照国家规定向专利权人支付使用费。

第十五条 专利申请权或者专利权的共有人对权利的行使有约定的，从其约定。没有约定的，共有人可以单独实施或者以普通许可方式许可他人实施该专利；许可他人实施该专利的，收取的使用费应当在共有人之间分配。

除前款规定的情形外，行使共有的专利申请权或者专利权应当取得全体共有人的同意。

第十六条 被授予专利权的单位应当对职务

发明创造的发明人或者设计人给予奖励；发明创造专利实施后，根据其推广应用的范围和取得的经济效益，对发明人或者设计人给予合理的报酬。

第十七条 发明人或者设计人有权在专利文件中写明自己是发明人或者设计人。

专利权人有权在其专利产品或者该产品的包装上标明专利标识。

第十八条 在中国没有经常居所或者营业所的外国人、外国企业或者外国其他组织在中国申请专利的，依照其所属国同中国签订的协议或者共同参加的国际条约，或者依照互惠原则，根据本法办理。

第十九条 在中国没有经常居所或者营业所的外国人、外国企业或者外国其他组织在中国申请专利和办理其他专利事务的，应当委托依法设立的专利代理机构办理。

中国单位或者个人在国内申请专利和办理其他专利事务的，可以委托依法设立的专利代理机构办理。

专利代理机构应当遵守法律、行政法规，按照被代理人的委托办理专利申请或者其他专利事务；对被代理人发明创造的内容，除专利申请已经公布或者公告的以外，负有保密责任。专利代理机构的具体管理办法由国务院规定。

第二十条 任何单位或者个人将在中国完成的发明或者实用新型向外国申请专利的，应当事先报经国务院专利行政部门进行保密审查。保密审查的程序、期限等按照国务院的规定执行。

中国单位或者个人可以根据中华人民共和国参加的有关国际条约提出专利国际申请。申请人提出专利国际申请的，应当遵守前款规定。

国务院专利行政部门依照中华人民共和国参加的有关国际条约、本法和国务院有关规定处理专利国际申请。

对违反本条第一款规定向外国申请专利的发明或者实用新型，在中国申请专利的，不授予专利权。

第二十一条 国务院专利行政部门及其专利复审委员会应当按照客观、公正、准确、及时的要求，依法处理有关专利的申请和请求。

国务院专利行政部门应当完整、准确、及时发布专利信息，定期出版专利公报。

在专利申请公布或者公告前，国务院专利行政部门的工作人员及有关人员对其内容负有保密责任。

第二章 授予专利权的条件

第二十二条 授予专利权的发明和实用新型，应当具备新颖性、创造性和实用性。

新颖性，是指该发明或者实用新型不属于现有技术；也没有任何单位或者个人就同样的发明或者实用新型在申请日以前向国务院专利行政部门提出过申请，并记载在申请日以后公布的专利申请文件或者公告的专利文件中。

创造性，是指与现有技术相比，该发明具有突出的实质性特点和显著的进步，该实用新型具有实质性特点和进步。

实用性，是指该发明或者实用新型能够制造或者使用，并且能够产生积极效果。

本法所称现有技术，是指申请日以前在国内外为公众所知的技术。

第二十三条 授予专利权的外观设计，应当不属于现有设计；也没有任何单位或者个人就同样的外观设计在申请日以前向国务院专利行政部门提出过申请，并记载在申请日以后公告的专利文件中。

授予专利权的外观设计与现有设计或者现有设计特征的组合相比，应当具有明显区别。

授予专利权的外观设计不得与他人在申请日以前已经取得的合法权利相冲突。

本法所称现有设计，是指申请日以前在国内外为公众所知的设计。

第二十四条 申请专利的发明创造在申请日以前六个月内，有下列情形之一的，不丧失新颖性：

（一）在中国政府主办或者承认的国际展览会上首次展出的；

（二）在规定的学术会议或者技术会议上首次发表的；

（三）他人未经申请人同意而泄露其内容的。

第二十五条 对下列各项，不授予专利权：

（一）科学发现；

（二）智力活动的规则和方法；

（三）疾病的诊断和治疗方法；

（四）动物和植物品种；

（五）用原子核变换方法获得的物质；

（六）对平面印刷品的图案、色彩或者二者的结合作出的主要起标识作用的设计。

对前款第（四）项所列产品的生产方法，可以依照本法规定授予专利权。

第三章　专利的申请

第二十六条　申请发明或者实用新型专利的，应当提交请求书、说明书及其摘要和权利要求书等文件。

请求书应当写明发明或者实用新型的名称，发明人的姓名，申请人姓名或者名称、地址，以及其他事项。

说明书应当对发明或者实用新型作出清楚、完整的说明，以所属技术领域的技术人员能够实现为准；必要的时候，应当有附图。摘要应当简要说明发明或者实用新型的技术要点。

权利要求书应当以说明书为依据，清楚、简要地限定要求专利保护的范围。

依赖遗传资源完成的发明创造，申请人应当在专利申请文件中说明该遗传资源的直接来源和原始来源；申请人无法说明原始来源的，应当陈述理由。

第二十七条　申请外观设计专利的，应当提交请求书、该外观设计的图片或者照片以及对该外观设计的简要说明等文件。

申请人提交的有关图片或者照片应当清楚地显示要求专利保护的产品的外观设计。

第二十八条　国务院专利行政部门收到专利申请文件之日为申请日。如果申请文件是邮寄的，以寄出的邮戳日为申请日。

第二十九条　申请人自发明或者实用新型在外国第一次提出专利申请之日起十二个月内，或者自外观设计在外国第一次提出专利申请之日起六个月内，又在中国就相同主题提出专利申请的，依照该外国同中国签订的协议或者共同参加的国际条约，或者依照相互承认优先权的原则，可以享有优先权。

申请人自发明或者实用新型在中国第一次提出专利申请之日起十二个月内，又向国务院专利行政部门就相同主题提出专利申请的，可以享有优先权。

第三十条　申请人要求优先权的，应当在申请的时候提出书面声明，并且在三个月内提交第一次提出的专利申请文件的副本；未提出书面声明或者逾期未提交专利申请文件副本的，视为未要求优先权。

第三十一条　一件发明或者实用新型专利申请应当限于一项发明或者实用新型。属于一个总的发明构思的两项以上的发明或者实用新型，可以作为一件申请提出。

一件外观设计专利申请应当限于一项外观设计。同一产品两项以上的相似外观设计，或者用于同一类别并且成套出售或者使用的产品的两项以上外观设计，可以作为一件申请提出。

第三十二条　申请人可以在被授予专利权之前随时撤回其专利申请。

第三十三条　申请人可以对其专利申请文件进行修改，但是，对发明和实用新型专利申请文件的修改不得超出原说明书和权利要求书记载的范围，对外观设计专利申请文件的修改不得超出原图片或者照片表示的范围。

第四章　专利申请的审查和批准

第三十四条　国务院专利行政部门收到发明专利申请后，经初步审查认为符合本法要求的，自申请日起满十八个月，即行公布。国务院专利行政部门可以根据申请人的请求早日公布其申请。

第三十五条　发明专利申请自申请日起三年内，国务院专利行政部门可以根据申请人随时提出的请求，对其申请进行实质审查；申请人无正当理由逾期不请求实质审查的，该申请即被视为撤回。

国务院专利行政部门认为必要的时候，可以自行对发明专利申请进行实质审查。

第三十六条　发明专利的申请人请求实质审查的时候，应当提交在申请日前与其发明有关的参考资料。

发明专利已经在外国提出过申请的，国务院专利行政部门可以要求申请人在指定期限内提交该国为审查其申请进行检索的资料或者审查结果的资料；无正当理由逾期不提交的，该申请即被视为撤回。

第三十七条 国务院专利行政部门对发明专利申请进行实质审查后，认为不符合本法规定的，应当通知申请人，要求其在指定的期限内陈述意见，或者对其申请进行修改；无正当理由逾期不答复的，该申请即被视为撤回。

第三十八条 发明专利申请经申请人陈述意见或者进行修改后，国务院专利行政部门仍然认为不符合本法规定的，应当予以驳回。

第三十九条 发明专利申请经实质审查没有发现驳回理由的，由国务院专利行政部门作出授予发明专利权的决定，发给发明专利证书，同时予以登记和公告。发明专利权自公告之日起生效。

第四十条 实用新型和外观设计专利申请经初步审查没有发现驳回理由的，由国务院专利行政部门作出授予实用新型专利权或者外观设计专利权的决定，发给相应的专利证书，同时予以登记和公告。实用新型专利权和外观设计专利权自公告之日起生效。

第四十一条 国务院专利行政部门设立专利复审委员会。专利申请人对国务院专利行政部门驳回申请的决定不服的，可以自收到通知之日起三个月内，向专利复审委员会请求复审。专利复审委员会复审后，作出决定，并通知专利申请人。

专利申请人对专利复审委员会的复审决定不服的，可以自收到通知之日起三个月内向人民法院起诉。

第五章 专利权的期限、终止和无效

第四十二条 发明专利权的期限为二十年，实用新型专利权和外观设计专利权的期限为十年，均自申请日起计算。

第四十三条 专利权人应当自被授予专利权的当年开始缴纳年费。

第四十四条 有下列情形之一的，专利权在期限届满前终止：

（一）没有按照规定缴纳年费的；

（二）专利权人以书面声明放弃其专利权的。

专利权在期限届满前终止的，由国务院专利行政部门登记和公告。

第四十五条 自国务院专利行政部门公告授予专利权之日起，任何单位或者个人认为该专利权的授予不符合本法有关规定的，可以请求专利复审委员会宣告该专利权无效。

第四十六条 专利复审委员会对宣告专利权无效的请求应当及时审查和作出决定，并通知请求人和专利权人。宣告专利权无效的决定，由国务院专利行政部门登记和公告。

对专利复审委员会宣告专利权无效或者维持专利权的决定不服的，可以自收到通知之日起三个月内向人民法院起诉。人民法院应当通知无效宣告请求程序的对方当事人作为第三人参加诉讼。

第四十七条 宣告无效的专利权视为自始即不存在。

宣告专利权无效的决定，对在宣告专利权无效前人民法院作出并已执行的专利侵权的判决、调解书，已经履行或者强制执行的专利侵权纠纷处理决定，以及已经履行的专利实施许可合同和专利权转让合同，不具有追溯力。但是因专利权人的恶意给他人造成的损失，应当给予赔偿。

依照前款规定不返还专利侵权赔偿金、专利使用费、专利权转让费，明显违反公平原则的，应当全部或者部分返还。

第六章 专利实施的强制许可

第四十八条 有下列情形之一的，国务院专利行政部门根据具备实施条件的单位或者个人的申请，可以给予实施发明专利或者实用新型专利的强制许可：

（一）专利权人自专利权被授予之日起满三年，且自提出专利申请之日起满四年，无正当理由未实施或者未充分实施其专利的；

（二）专利权人行使专利权的行为被依法认定为垄断行为，为消除或者减少该行为对竞争产生的不利影响的。

第四十九条 在国家出现紧急状态或者非常情况时，或者为了公共利益的目的，国务院专利行政部门可以给予实施发明专利或者实用新型专利的强制许可。

第五十条 为了公共健康目的，对取得专利权的药品，国务院专利行政部门可以给予制造并将其出口到符合中华人民共和国参加的有关国际条约规定的国家或者地区的强制许可。

第五十一条 一项取得专利权的发明或者实用新型比前已经取得专利权的发明或者实用新型具有显著经济意义的重大技术进步，其实施又有赖于前一发明或者实用新型的实施的，国务院专利行政部门根据后一专利权人的申请，可以给予实施前一发明或者实用新型的强制许可。

在依照前款规定给予实施强制许可的情形下，国务院专利行政部门根据前一专利权人的申请，也可以给予实施后一发明或者实用新型的强制许可。

第五十二条 强制许可涉及的发明创造为半导体技术的，其实施限于公共利益的目的和本法第四十八条第（二）项规定的情形。

第五十三条 除依照本法第四十八条第（二）项、第五十条规定给予的强制许可外，强制许可的实施应当主要为了供应国内市场。

第五十四条 依照本法第四十八条第（一）项、第五十一条规定申请强制许可的单位或者个人应当提供证据，证明其以合理的条件请求专利权人许可其实施专利，但未能在合理的时间内获得许可。

第五十五条 国务院专利行政部门作出的给予实施强制许可的决定，应当及时通知专利权人，并予以登记和公告。

给予实施强制许可的决定，应当根据强制许可的理由规定实施的范围和时间。强制许可的理由消除并不再发生时，国务院专利行政部门应当根据专利权人的请求，经审查后作出终止实施强制许可的决定。

第五十六条 取得实施强制许可的单位或者个人不享有独占的实施权，并且无权允许他人实施。

第五十七条 取得实施强制许可的单位或者个人应当付给专利权人合理的使用费，或者依照中华人民共和国参加的有关国际条约的规定处理使用费问题。付给使用费的，其数额由双方协商；双方不能达成协议的，由国务院专利行政部门裁决。

第五十八条 专利权人对国务院专利行政部门关于实施强制许可的决定不服的，专利权人和取得实施强制许可的单位或者个人对国务院专利行政部门关于实施强制许可的使用费的裁决不服的，可以自收到通知之日起三个月内向人民法院起诉。

第七章 专利权的保护

第五十九条 发明或者实用新型专利权的保护范围以其权利要求的内容为准，说明书及附图可以用于解释权利要求的内容。

外观设计专利权的保护范围以表示在图片或者照片中的该产品的外观设计为准，简要说明可以用于解释图片或者照片所表示的该产品的外观设计。

第六十条 未经专利权人许可，实施其专利，即侵犯其专利权，引起纠纷的，由当事人协商解决；不愿协商或者协商不成的，专利权人或者利害关系人可以向人民法院起诉，也可以请求管理专利工作的部门处理。管理专利工作的部门处理时，认定侵权行为成立的，可以责令侵权人立即停止侵权行为，当事人不服的，可以自收到处理通知之日起十五日内依照《中华人民共和国行政诉讼法》向人民法院起诉；侵权人期满不起诉又不停止侵权行为的，管理专利工作的部门可以申请人民法院强制执行。进行处理的管理专利工作的部门应当事人的请求，可以就侵犯专利权的赔偿数额进行调解；调解不成的，当事人可以依照《中华人民共和国民事诉讼法》向人民法院起诉。

第六十一条 专利侵权纠纷涉及新产品制造方法的发明专利的，制造同样产品的单位或者个人应当提供其产品制造方法不同于专利方法的证明。

专利侵权纠纷涉及实用新型专利或者外观设计专利的，人民法院或者管理专利工作的部门可以要求专利权人或者利害关系人出具由国务院专利行政部门对相关实用新型或者外观设计进行检索、分析和评价后作出的专利权评价报告，作为审理、处理专利侵权纠纷的证据。

第六十二条 在专利侵权纠纷中，被控侵权人有证据证明其实施的技术或者设计属于现有技术或者现有设计的，不构成侵犯专利权。

第六十三条 假冒专利的，除依法承担民事责任外，由管理专利工作的部门责令改正并予公告，没收违法所得，可以并处违法所得四倍以下的罚款；没有违法所得的，可以处二十万元以下的罚款；构成犯罪的，依法追究刑事责任。

第六十四条 管理专利工作的部门根据已经取得的证据，对涉嫌假冒专利行为进行查处时，可以询问有关当事人，调查与涉嫌违法行为有关的情况；对当事人涉嫌违法行为的场所实施现场检查；查阅、复制与涉嫌违法行为有关的合同、发票、账簿以及其他有关资料；检查与涉嫌违法行为有关的产品，对有证据证明是假冒专利的产品，可以查封或者扣押。

管理专利工作的部门依法行使前款规定的职权时，当事人应当予以协助、配合，不得拒绝、阻挠。

第六十五条 侵犯专利权的赔偿数额按照权利人因被侵权所受到的实际损失确定；实际损失难以确定的，可以按照侵权人因侵权所获得的利益确定。权利人的损失或者侵权人获得的利益难以确定的，参照该专利许可使用费的倍数合理确定。赔偿数额还应当包括权利人为制止侵权行为所支付的合理开支。

权利人的损失、侵权人获得的利益和专利许可使用费均难以确定的，人民法院可以根据专利权的类型、侵权行为的性质和情节等因素，确定给予一万元以上一百万元以下的赔偿。

第六十六条 专利权人或者利害关系人有证据证明他人正在实施或者即将实施侵犯专利权的行为，如不及时制止将会使其合法权益受到难以弥补的损害的，可以在起诉前向人民法院申请采取责令停止有关行为的措施。

申请人提出申请时，应当提供担保；不提供担保的，驳回申请。

人民法院应当自接受申请之时起四十八小时内作出裁定；有特殊情况需要延长的，可以延长四十八小时。裁定责令停止有关行为的，应当立即执行。当事人对裁定不服的，可以申请复议一次；复议期间不停止裁定的执行。

申请人自人民法院采取责令停止有关行为的措施之日起十五日内不起诉的，人民法院应当解除该措施。

申请有错误的，申请人应当赔偿被申请人因停止有关行为所遭受的损失。

第六十七条 为了制止专利侵权行为，在证据可能灭失或者以后难以取得的情况下，专利权人或者利害关系人可以在起诉前向人民法院申请保全证据。

人民法院采取保全措施，可以责令申请人提供担保；申请人不提供担保的，驳回申请。

人民法院应当自接受申请之时起四十八小时内作出裁定；裁定采取保全措施的，应当立即执行。

申请人自人民法院采取保全措施之日起十五日内不起诉的，人民法院应当解除该措施。

第六十八条 侵犯专利权的诉讼时效为二年，自专利权人或者利害关系人得知或者应当得知侵权行为之日起计算。

发明专利申请公布后至专利权授予前使用该发明未支付适当使用费的，专利权人要求支付使用费的诉讼时效为二年，自专利权人得知或者应当得知他人使用其发明之日起计算，但是，专利权人于专利权授予之日前即已得知或者应当得知的，自专利权授予之日起计算。

第六十九条 有下列情形之一的，不视为侵犯专利权：

（一）专利产品或者依照专利方法直接获得的产品，由专利权人或者经其许可的单位、个人售出后，使用、许诺销售、销售、进口该产品的；

（二）在专利申请日前已经制造相同产品、使用相同方法或者已经作好制造、使用的必要准备，并且仅在原有范围内继续制造、使用的；

（三）临时通过中国领陆、领水、领空的外国运输工具，依照其所属国同中国签订的协议或者共同参加的国际条约，或者依照互惠原则，为运输工具自身需要而在其装置和设备中使用有关专利的；

（四）专为科学研究和实验而使用有关专利的；

（五）为提供行政审批所需要的信息，制造、使用、进口专利药品或者专利医疗器械的，以及专门为其制造、进口专利药品或者专利医疗器械的。

第七十条 为生产经营目的使用、许诺销售或者销售不知道是未经专利权人许可而制造并售出的专利侵权产品，能证明该产品合法来源的，不承担赔偿责任。

第七十一条 违反本法第二十条规定向外国申请专利，泄露国家秘密的，由所在单位或者上级主管机关给予行政处分；构成犯罪的，依法追究刑事责任。

第七十二条 侵夺发明人或者设计人的非职务发明创造专利申请权和本法规定的其他权益的，由所在单位或者上级主管机关给予行政处分。

第七十三条 管理专利工作的部门不得参与向社会推荐专利产品等经营活动。

管理专利工作的部门违反前款规定的，由其上级机关或者监察机关责令改正，消除影响，有违法收入的予以没收；情节严重的，对直接负责的主管人员和其他直接责任人员依法给予行政处分。

第七十四条 从事专利管理工作的国家机关工作人员以及其他有关国家机关工作人员玩忽职守、滥用职权、徇私舞弊，构成犯罪的，依法追究刑事责任；尚不构成犯罪的，依法给予行政处分。

第八章 附 则

第七十五条 向国务院专利行政部门申请专利和办理其他手续，应当按照规定缴纳费用。

第七十六条 本法自 1985 年 4 月 1 日起施行。

中华人民共和国商标法

（1982 年 8 月 23 日第五届全国人民代表大会常务委员会第二十四次会议通过，根据 1993 年 2 月 22 日第七届全国人民代表大会常务委员会第三十次会议《关于修改〈中华人民共和国商标法〉的决定》第一次修正，根据 2001 年 10 月 27 日第九届全国人民代表大会常务委员会第二十四次会议《关于修改〈中华人民共和国商标法〉的决定》第二次修正，根据 2013 年 8 月 30 日第十二届全国人民代表大会常务委员会第四次会议《关于修改〈中华人民共和国商标法〉的决定》第三次修正）

第一章 总 则

第一条 为了加强商标管理，保护商标专用权，促使生产、经营者保证商品和服务质量，维护商标信誉，以保障消费者和生产、经营者的利益，促进社会主义市场经济的发展，特制定本法。

第二条 国务院工商行政管理部门商标局主管全国商标注册和管理的工作。

国务院工商行政管理部门设立商标评审委员会，负责处理商标争议事宜。

第三条 经商标局核准注册的商标为注册商标，包括商品商标、服务商标和集体商标、证明商标；商标注册人享有商标专用权，受法律保护。

本法所称集体商标，是指以团体、协会或者其他组织名义注册，供该组织成员在商事活动中使用，以表明使用者在该组织中的成员资格的标志。

本法所称证明商标，是指由对某种商品或者服务具有监督能力的组织所控制，而由该组织以外的单位或者个人使用于其商品或者服务，用以证明该商品或者服务的原产地、原料、制造方法、质量或者其他特定品质的标志。

集体商标、证明商标注册和管理的特殊事项，由国务院工商行政管理部门规定。

第四条 自然人、法人或者其他组织在生产经营活动中，对其商品或者服务需要取得商标专用权的，应当向商标局申请商标注册。

本法有关商品商标的规定，适用于服务商标。

第五条 两个以上的自然人、法人或者其他组织可以共同向商标局申请注册同一商标，共同享有和行使该商标专用权。

第六条 法律、行政法规规定必须使用注册商标的商品，必须申请商标注册，未经核准注册的，不得在市场销售。

第七条 申请注册和使用商标，应当遵循诚实信用原则。

商标使用人应当对其使用商标的商品质量负责。各级工商行政管理部门应当通过商标管理，制止欺骗消费者的行为。

第八条 任何能够将自然人、法人或者其他组织的商品与他人的商品区别开的标志，包括文字、图形、字母、数字、三维标志、颜色组合和声音等，以及上述要素的组合，均可以作为商标申请注册。

第九条 申请注册的商标，应当有显著特征，便于识别，并不得与他人在先取得的合法权利相冲突。

商标注册人有权标明“注册商标”或者注册标记。

第十条 下列标志不得作为商标使用：

（一）同中华人民共和国的国家名称、国旗、国徽、国歌、军旗、军徽、军歌、勋章等相同或者近似的，以及同中央国家机关的名称、标志、所在地特定地点的名称或者标志性建筑物的名称、图形相同的；

（二）同外国的国家名称、国旗、国徽、军旗等相同或者近似的，但经该国政府同意的除外；

（三）同政府间国际组织的名称、旗帜、徽记等相同或者近似的，但经该组织同意或者不易误导公众的除外；

（四）与表明实施控制、予以保证的官方标志、检验印记相同或者近似的，但经授权的除外；

（五）同“红十字”、“红新月”的名称、标志相同或者近似的；

（六）带有民族歧视性的；

（七）带有欺骗性，容易使公众对商品的质量等特点或者产地产生误认的；

（八）有害于社会主义道德风尚或者有其他不良影响的。

县级以上行政区划的地名或者公众知晓的外国地名，不得作为商标。但是，地名具有其他含义或者作为集体商标、证明商标组成部分的除外；已经注册的使用地名的商标继续有效。

第十一条 下列标志不得作为商标注册：

（一）仅有本商品的通用名称、图形、型号的；

（二）仅直接表示商品的质量、主要原料、功能、用途、重量、数量及其他特点的；

（三）其他缺乏显著特征的。

前款所列标志经过使用取得显著特征，并便于识别的，可以作为商标注册。

第十二条 以三维标志申请注册商标的，仅由商品自身的性质产生的形状、为获得技术效果而需有的商品形状或者使商品具有实质性价值的形状，不得注册。

第十三条 为相关公众所熟知的商标，持有人认为其权利受到侵害时，可以依照本法规定请求驰名商标保护。

就相同或者类似商品申请注册的商标是复制、摹仿或者翻译他人未在中国注册的驰名商标，容易导致混淆的，不予注册并禁止使用。

就不相同或者不相类似商品申请注册的商标是复制、摹仿或者翻译他人已经在中国注册的驰名商标，误导公众，致使该驰名商标注册人的利益可能受到损害的，不予注册并禁止使用。

第十四条 驰名商标应当根据当事人的请求，作为处理涉及商标案件需要认定的事实进行认定。认定驰名商标应当考虑下列因素：

（一）相关公众对该商标的知晓程度；

（二）该商标使用的持续时间；

（三）该商标的任何宣传工作的持续时间、程度和地理范围；

（四）该商标作为驰名商标受保护的记录；

（五）该商标驰名的其他因素。

在商标注册审查、工商行政管理部门查处商标违法案件过程中，当事人依照本法第十三条规定主张权利的，商标局根据审查、处理案件的需要，可以对商标驰名情况作出认定。

在商标争议处理过程中，当事人依照本法第十三条规定主张权利的，商标评审委员会根据处理案件的需要，可以对商标驰名情况作出认定。

在商标民事、行政案件审理过程中，当事人依照本法第十三条规定主张权利的，最高人民法院指定的人民法院根据审理案件的需要，可以对商标驰名情况作出认定。

生产、经营者不得将“驰名商标”字样用于商品、商品包装或者容器上，或者用于广告宣传、展览以及其他商业活动中。

第十五条　未经授权，代理人或者代表人以自己的名义将被代理人或者被代表人的商标进行注册，被代理人或者被代表人提出异议的，不予注册并禁止使用。

就同一种商品或者类似商品申请注册的商标与他人在先使用的未注册商标相同或者近似，申请人与该他人具有前款规定以外的合同、业务往来关系或者其他关系而明知该他人商标存在，该他人提出异议的，不予注册。

第十六条　商标中有商品的地理标志，而该商品并非来源于该标志所标示的地区，误导公众的，不予注册并禁止使用；但是，已经善意取得注册的继续有效。

前款所称地理标志，是指标示某商品来源于某地区，该商品的特定质量、信誉或者其他特征，主要由该地区的自然因素或者人文因素所决定的标志。

第十七条　外国人或者外国企业在中国申请商标注册的，应当按其所属国和中华人民共和国签订的协议或者共同参加的国际条约办理，或者按对等原则办理。

第十八条　申请商标注册或者办理其他商标事宜，可以自行办理，也可以委托依法设立的商标代理机构办理。

外国人或者外国企业在中国申请商标注册和办理其他商标事宜的，应当委托依法设立的商标代理机构办理。

第十九条　商标代理机构应当遵循诚实信用原则，遵守法律、行政法规，按照被代理人的委托办理商标注册申请或者其他商标事宜；对在代理过程中知悉的被代理人的商业秘密，负有保密义务。

委托人申请注册的商标可能存在本法规定不得注册情形的，商标代理机构应当明确告知委托人。

商标代理机构知道或者应当知道委托人申请注册的商标属于本法第十五条和第三十二条规定情形的，不得接受其委托。

商标代理机构除对其代理服务申请商标注册外，不得申请注册其他商标。

第二十条　商标代理行业组织应当按照章程规定，严格执行吸纳会员的条件，对违反行业自律规范的会员实行惩戒。商标代理行业组织对其吸纳的会员和对会员的惩戒情况，应当及时向社会公布。

第二十一条　商标国际注册遵循中华人民共和国缔结或者参加的有关国际条约确立的制度，具体办法由国务院规定。

第二章　商标注册的申请

第二十二条　商标注册申请人应当按规定的商品分类表填报使用商标的商品类别和商品名称，提出注册申请。

商标注册申请人可以通过一份申请就多个类别的商品申请注册同一商标。

商标注册申请等有关文件，可以以书面方式或者数据电文方式提出。

第二十三条　注册商标需要在核定使用范围之外的商品上取得商标专用权的，应当另行提出注册申请。

第二十四条　注册商标需要改变其标志的，应当重新提出注册申请。

第二十五条　商标注册申请人自其商标在外国第一次提出商标注册申请之日起六个月内，又在中国就相同商品以同一商标提出商标注册申请的，依照该外国同中国签订的协议或者共同参加的国际条约，或者按照相互承认优先权的原则，可以享有优先权。

依照前款要求优先权的，应当在提出商标注册申请的时候提出书面声明，并且在三个月内提交第一次提出的商标注册申请文件的副本；未提出书面声明或者逾期未提交商标注册申请文件副本的，视为未要求优先权。

第二十六条　商标在中国政府主办的或者承认的国际展览会展出的商品上首次使用的，自该商品展出之日起六个月内，该商标的注册申请人可以享有优先权。

依照前款要求优先权的，应当在提出商标注册申请的时候提出书面声明，并且在三个月内提交展出其商品的展览会名称、在展出商品上使用该商标的证据、展出日期等证明文件；未提出书面声明或者逾期未提交证明文件的，视为未要求优先权。

第二十七条 为申请商标注册所申报的事项和所提供的材料应当真实、准确、完整。

第三章 商标注册的审查和核准

第二十八条 对申请注册的商标，商标局应当自收到商标注册申请文件之日起九个月内审查完毕，符合本法有关规定的，予以初步审定公告。

第二十九条 在审查过程中，商标局认为商标注册申请内容需要说明或者修正的，可以要求申请人做出说明或者修正。申请人未做出说明或者修正的，不影响商标局做出审查决定。

第三十条 申请注册的商标，凡不符合本法有关规定或者同他人在同一种商品或者类似商品上已经注册的或者初步审定的商标相同或者近似的，由商标局驳回申请，不予公告。

第三十一条 两个或者两个以上的商标注册申请人，在同一种商品或者类似商品上，以相同或者近似的商标申请注册的，初步审定并公告申请在先的商标；同一天申请的，初步审定并公告使用在先的商标，驳回其他人的申请，不予公告。

第三十二条 申请商标注册不得损害他人现有的在先权利，也不得以不正当手段抢先注册他人已经使用并有一定影响的商标。

第三十三条 对初步审定公告的商标，自公告之日起三个月内，在先权利人、利害关系人认为违反本法第十三条第二款和第三款、第十五条、第十六条第一款、第三十条、第三十一条、第三十二条规定的，或者任何人认为违反本法第十条、第十一条、第十二条规定的，可以向商标局提出异议。公告期满无异议的，予以核准注册，发给商标注册证，并予公告。

第三十四条 对驳回申请、不予公告的商标，商标局应当书面通知商标注册申请人。商标注册申请人不服的，可以自收到通知之日起十五日内向商标评审委员会申请复审。商标评审委员会应当自收到申请之日起九个月内做出决定，并书面通知申请人。有特殊情况需要延长的，经国务院工商行政管理部门批准，可以延长三个月。当事人对商标评审委员会的决定不服的，可以自收到通知之日起三十日内向人民法院起诉。

第三十五条 对初步审定公告的商标提出异议的，商标局应当听取异议人和被异议人陈述事实和理由，经调查核实后，自公告期满之日起十二个月内做出是否准予注册的决定，并书面通知异议人和被异议人。有特殊情况需要延长的，经国务院工商行政管理部门批准，可以延长六个月。

商标局做出准予注册决定的，发给商标注册证，并予公告。异议人不服的，可以依照本法第四十四条、第四十五条的规定向商标评审委员会请求宣告该注册商标无效。

商标局做出不予注册决定，被异议人不服的，可以自收到通知之日起十五日内向商标评审委员会申请复审。商标评审委员会应当自收到申请之日起十二个月内做出复审决定，并书面通知异议人和被异议人。有特殊情况需要延长的，经国务院工商行政管理部门批准，可以延长六个月。被异议人对商标评审委员会的决定不服的，可以自收到通知之日起三十日内向人民法院起诉。人民法院应当通知异议人作为第三人参加诉讼。

商标评审委员会在依照前款规定进行复审的过程中，所涉及的在先权利的确定必须以人民法院正在审理或者行政机关正在处理的另一案件的结果为依据的，可以中止审查。中止原因消除后，应当恢复审查程序。

第三十六条 法定期限届满，当事人对商标局做出的驳回申请决定、不予注册决定不申请复审或者对商标评审委员会做出的复审决定不向人民法院起诉的，驳回申请决定、不予注册决定或者复审决定生效。

经审查异议不成立而准予注册的商标，商标注册申请人取得商标专用权的时间自初步审定公告三个月期满之日起计算。自该商标公告期满之日起至准予注册决定做出前，对他人在同一种或者类似商品上使用与该商标相同或者近似的标志的行为不具有追溯力；但是，因该使用人的恶意给商标注册人造成的损失，应当给予赔偿。

第三十七条 对商标注册申请和商标复审申请应当及时进行审查。

第三十八条 商标注册申请人或者注册人发现商标申请文件或者注册文件有明显错误的，可以申请更正。商标局依法在其职权范围内作出更正，并通知当事人。

前款所称更正错误不涉及商标申请文件或者注册文件的实质性内容。

第四章 注册商标的续展、变更、转让和使用许可

第三十九条 注册商标的有效期为十年，自核准注册之日起计算。

第四十条 注册商标有效期满，需要继续使用的，商标注册人应当在期满前十二个月内按照规定办理续展手续；在此期间未能办理的，可以给予六个月的宽展期。每次续展注册的有效期为十年，自该商标上一届有效期满次日起计算。期满未办理续展手续的，注销其注册商标。

商标局应当对续展注册的商标予以公告。

第四十一条 注册商标需要变更注册人的名义、地址或者其他注册事项的，应当提出变更申请。

第四十二条 转让注册商标的，转让人和受让人应当签订转让协议，并共同向商标局提出申请。受让人应当保证使用该注册商标的商品质量。

转让注册商标的，商标注册人对其在同一种商品上注册的近似的商标，或者在类似商品上注册的相同或者近似的商标，应当一并转让。

对容易导致混淆或者有其他不良影响的转让，商标局不予核准，书面通知申请人并说明理由。

转让注册商标经核准后，予以公告。受让人自公告之日起享有商标专用权。

第四十三条 商标注册人可以通过签订商标使用许可合同，许可他人使用其注册商标。许可人应当监督被许可人使用其注册商标的商品质量。被许可人应当保证使用该注册商标的商品质量。

经许可使用他人注册商标的，必须在使用该注册商标的商品上标明被许可人的名称和商品产地。

许可他人使用其注册商标的，许可人应当将其商标使用许可报商标局备案，由商标局公告。商标使用许可未经备案不得对抗善意第三人。

第五章 注册商标的无效宣告

第四十四条 已经注册的商标，违反本法第十条、第十一条、第十二条规定的，或者是以欺骗手段或者其他不正当手段取得注册的，由商标局宣告该注册商标无效；其他单位或者个人可以请求商标评审委员会宣告该注册商标无效。

商标局做出宣告注册商标无效的决定，应当书面通知当事人。当事人对商标局的决定不服的，可以自收到通知之日起十五日内向商标评审委员会申请复审。商标评审委员会应当自收到申请之日起九个月内做出决定，并书面通知当事人。有特殊情况需要延长的，经国务院工商行政管理部门批准，可以延长三个月。当事人对商标评审委员会的决定不服的，可以自收到通知之日起三十日内向人民法院起诉。

其他单位或者个人请求商标评审委员会宣告注册商标无效的，商标评审委员会收到申请后，应当书面通知有关当事人，并限期提出答辩。商标评审委员会应当自收到申请之日起九个月内做出维持注册商标或者宣告注册商标无效的裁定，并书面通知当事人。有特殊情况需要延长的，经国务院工商行政管理部门批准，可以延长三个月。当事人对商标评审委员会的裁定不服的，可以自收到通知之日起三十日内向人民法院起诉。人民法院应当通知商标裁定程序的对方当事人作为第三人参加诉讼。

第四十五条 已经注册的商标，违反本法第十三条第二款和第三款、第十五条、第十六条第一款、第三十条、第三十一条、第三十二条规定的，自商标注册之日起五年内，在先权利人或者利害关系人可以请求商标评审委员会宣告该注册商标无效。对恶意注册的，驰名商标所有人不受五年的时间限制。

商标评审委员会收到宣告注册商标无效的申请后，应当书面通知有关当事人，并限期提出答辩。商标评审委员会应当自收到申请之日起十二个月内做出维持注册商标或者宣告注册商标无效

的裁定，并书面通知当事人。有特殊情况需要延长的，经国务院工商行政管理部门批准，可以延长六个月。当事人对商标评审委员会的裁定不服的，可以自收到通知之日起三十日内向人民法院起诉。人民法院应当通知商标裁定程序的对方当事人作为第三人参加诉讼。

商标评审委员会在依照前款规定对无效宣告请求进行审查的过程中，所涉及的在先权利的确定必须以人民法院正在审理或者行政机关正在处理的另一案件的结果为依据的，可以中止审查。中止原因消除后，应当恢复审查程序。

第四十六条 法定期限届满，当事人对商标局宣告注册商标无效的决定不申请复审或者对商标评审委员会的复审决定、维持注册商标或者宣告注册商标无效的裁定不向人民法院起诉的，商标局的决定或者商标评审委员会的复审决定、裁定生效。

第四十七条 依照本法第四十四条、第四十五条的规定宣告无效的注册商标，由商标局予以公告，该注册商标专用权视为自始即不存在。

宣告注册商标无效的决定或者裁定，对宣告无效前人民法院做出并已执行的商标侵权案件的判决、裁定、调解书和工商行政管理部门做出并已执行的商标侵权案件的处理决定以及已经履行的商标转让或者使用许可合同不具有追溯力。但是，因商标注册人的恶意给他人造成的损失，应当给予赔偿。

依照前款规定不返还商标侵权赔偿金、商标转让费、商标使用费，明显违反公平原则的，应当全部或者部分返还。

第六章 商标使用的管理

第四十八条 本法所称商标的使用，是指将商标用于商品、商品包装或者容器以及商品交易文书上，或者将商标用于广告宣传、展览以及其他商业活动中，用于识别商品来源的行为。

第四十九条 商标注册人在使用注册商标的过程中，自行改变注册商标、注册人名义、地址或者其他注册事项的，由地方工商行政管理部门责令限期改正；期满不改正的，由商标局撤销其注册商标。

注册商标成为其核定使用的商品的通用名称或者没有正当理由连续三年不使用的，任何单位或者个人可以向商标局申请撤销该注册商标。商标局应当自收到申请之日起九个月内做出决定。有特殊情况需要延长的，经国务院工商行政管理部门批准，可以延长三个月。

第五十条 注册商标被撤销、被宣告无效或者期满不再续展的，自撤销、宣告无效或者注销之日起一年内，商标局对与该商标相同或者近似的商标注册申请，不予核准。

第五十一条 违反本法第六条规定的，由地方工商行政管理部门责令限期申请注册，违法经营额五万元以上的，可以处违法经营额百分之二十以下的罚款，没有违法经营额或者违法经营额不足五万元的，可以处一万元以下的罚款。

第五十二条 将未注册商标冒充注册商标使用的，或者使用未注册商标违反本法第十条规定的，由地方工商行政管理部门予以制止，限期改正，并可以予以通报，违法经营额五万元以上的，可以处违法经营额百分之二十以下的罚款，没有违法经营额或者违法经营额不足五万元的，可以处一万元以下的罚款。

第五十三条 违反本法第十四条第五款规定的，由地方工商行政管理部门责令改正，处十万元罚款。

第五十四条 对商标局撤销或者不予撤销注册商标的决定，当事人不服的，可以自收到通知之日起十五日内向商标评审委员会申请复审。商标评审委员会应当自收到申请之日起九个月内做出决定，并书面通知当事人。有特殊情况需要延长的，经国务院工商行政管理部门批准，可以延长三个月。当事人对商标评审委员会的决定不服的，可以自收到通知之日起三十日内向人民法院起诉。

第五十五条 法定期限届满，当事人对商标局做出的撤销注册商标的决定不申请复审或者对商标评审委员会做出的复审决定不向人民法院起诉的，撤销注册商标的决定、复审决定生效。

被撤销的注册商标，由商标局予以公告，该注册商标专用权自公告之日起终止。

第七章 注册商标专用权的保护

第五十六条 注册商标的专用权，以核准注册的商标和核定使用的商品为限。

第五十七条 有下列行为之一的，均属侵犯注册商标专用权：

（一）未经商标注册人的许可，在同一种商品上使用与其注册商标相同的商标的；

（二）未经商标注册人的许可，在同一种商品上使用与其注册商标近似的商标，或者在类似商品上使用与其注册商标相同或者近似的商标，容易导致混淆的；

（三）销售侵犯注册商标专用权的商品的；

（四）伪造、擅自制造他人注册商标标识或者销售伪造、擅自制造的注册商标标识的；

（五）未经商标注册人同意，更换其注册商标并将该更换商标的商品又投入市场的；

（六）故意为侵犯他人商标专用权行为提供便利条件，帮助他人实施侵犯商标专用权行为的；

（七）给他人的注册商标专用权造成其他损害的。

第五十八条 将他人注册商标、未注册的驰名商标作为企业名称中的字号使用，误导公众，构成不正当竞争行为的，依照《中华人民共和国反不正当竞争法》处理。

第五十九条 注册商标中含有的本商品的通用名称、图形、型号，或者直接表示商品的质量、主要原料、功能、用途、重量、数量及其他特点，或者含有的地名，注册商标专用权人无权禁止他人正当使用。

三维标志注册商标中含有的商品自身的性质产生的形状、为获得技术效果而需有的商品形状或者使商品具有实质性价值的形状，注册商标专用权人无权禁止他人正当使用。

商标注册人申请商标注册前，他人已经在同一种商品或者类似商品上先于商标注册人使用与注册商标相同或者近似并有一定影响的商标的，注册商标专用权人无权禁止该使用人在原使用范围内继续使用该商标，但可以要求其附加适当区别标识。

第六十条 有本法第五十七条所列侵犯注册商标专用权行为之一，引起纠纷的，由当事人协商解决；不愿协商或者协商不成的，商标注册人或者利害关系人可以向人民法院起诉，也可以请求工商行政管理部门处理。

工商行政管理部门处理时，认定侵权行为成立的，责令立即停止侵权行为，没收、销毁侵权商品和主要用于制造侵权商品、伪造注册商标标识的工具，违法经营额五万元以上的，可以处违法经营额五倍以下的罚款，没有违法经营额或者违法经营额不足五万元的，可以处二十五万元以下的罚款。对五年内实施两次以上商标侵权行为或者有其他严重情节的，应当从重处罚。销售不知道是侵犯注册商标专用权的商品，能证明该商品是自己合法取得并说明提供者的，由工商行政管理部门责令停止销售。

对侵犯商标专用权的赔偿数额的争议，当事人可以请求进行处理的工商行政管理部门调解，也可以依照《中华人民共和国民事诉讼法》向人民法院起诉。经工商行政管理部门调解，当事人未达成协议或者调解书生效后不履行的，当事人可以依照《中华人民共和国民事诉讼法》向人民法院起诉。

第六十一条 对侵犯注册商标专用权的行为，工商行政管理部门有权依法查处；涉嫌犯罪的，应当及时移送司法机关依法处理。

第六十二条 县级以上工商行政管理部门根据已经取得的违法嫌疑证据或者举报，对涉嫌侵犯他人注册商标专用权的行为进行查处时，可以行使下列职权：

（一）询问有关当事人，调查与侵犯他人注册商标专用权有关的情况；

（二）查阅、复制当事人与侵权活动有关的合同、发票、账簿以及其他有关资料；

（三）对当事人涉嫌从事侵犯他人注册商标专用权活动的场所实施现场检查；

（四）检查与侵权活动有关的物品；对有证据证明是侵犯他人注册商标专用权的物品，可以查封或者扣押。

工商行政管理部门依法行使前款规定的职权时，当事人应当予以协助、配合，不得拒绝、阻挠。

在查处商标侵权案件过程中，对商标权属存在争议或者权利人同时向人民法院提起商标侵权诉讼的，工商行政管理部门可以中止案件的查处。中止原因消除后，应当恢复或者终结案件查处程序。

第六十三条 侵犯商标专用权的赔偿数额，按照权利人因被侵权所受到的实际损失确定；实际损失难以确定的，可以按照侵权人因侵权所获得的利益确定；权利人的损失或者侵权人获得的利益难以确定的，参照该商标许可使用费的倍数合理确定。对恶意侵犯商标专用权，情节严重的，可以在按照上述方法确定数额的一倍以上三倍以下确定赔偿数额。赔偿数额应当包括权利人为制止侵权行为所支付的合理开支。

人民法院为确定赔偿数额，在权利人已经尽力举证，而与侵权行为相关的账簿、资料主要由侵权人掌握的情况下，可以责令侵权人提供与侵权行为相关的账簿、资料；侵权人不提供或者提供虚假的账簿、资料的，人民法院可以参考权利人的主张和提供的证据判定赔偿数额。

权利人因被侵权所受到的实际损失、侵权人因侵权所获得的利益、注册商标许可使用费难以确定的，由人民法院根据侵权行为的情节判决给予三百万元以下的赔偿。

第六十四条 注册商标专用权人请求赔偿，被控侵权人以注册商标专用权人未使用注册商标提出抗辩的，人民法院可以要求注册商标专用权人提供此前三年内实际使用该注册商标的证据。注册商标专用权人不能证明此前三年内实际使用过该注册商标，也不能证明因侵权行为受到其他损失的，被控侵权人不承担赔偿责任。

销售不知道是侵犯注册商标专用权的商品，能证明该商品是自己合法取得并说明提供者的，不承担赔偿责任。

第六十五条 商标注册人或者利害关系人有证据证明他人正在实施或者即将实施侵犯其注册商标专用权的行为，如不及时制止将会使其合法权益受到难以弥补的损害的，可以依法在起诉前向人民法院申请采取责令停止有关行为和财产保全的措施。

第六十六条 为制止侵权行为，在证据可能灭失或者以后难以取得的情况下，商标注册人或者利害关系人可以依法在起诉前向人民法院申请保全证据。

第六十七条 未经商标注册人许可，在同一种商品上使用与其注册商标相同的商标，构成犯罪的，除赔偿被侵权人的损失外，依法追究刑事责任。

伪造、擅自制造他人注册商标标识或者销售伪造、擅自制造的注册商标标识，构成犯罪的，除赔偿被侵权人的损失外，依法追究刑事责任。

销售明知是假冒注册商标的商品，构成犯罪的，除赔偿被侵权人的损失外，依法追究刑事责任。

第六十八条 商标代理机构有下列行为之一的，由工商行政管理部门责令限期改正，给予警告，处一万元以上十万元以下的罚款；对直接负责的主管人员和其他直接责任人员给予警告，处五千元以上五万元以下的罚款；构成犯罪的，依法追究刑事责任：

（一）办理商标事宜过程中，伪造、变造或者使用伪造、变造的法律文件、印章、签名的；

（二）以诋毁其他商标代理机构等手段招徕商标代理业务或者以其他不正当手段扰乱商标代理市场秩序的；

（三）违反本法第十九条第三款、第四款规定的。

商标代理机构有前款规定行为的，由工商行政管理部门记入信用档案；情节严重的，商标局、商标评审委员会并可以决定停止受理其办理商标代理业务，予以公告。

商标代理机构违反诚实信用原则，侵害委托人合法利益的，应当依法承担民事责任，并由商标代理行业组织按照章程规定予以惩戒。

第六十九条 从事商标注册、管理和复审工作的国家机关工作人员必须秉公执法，廉洁自律，忠于职守，文明服务。

商标局、商标评审委员会以及从事商标注册、管理和复审工作的国家机关工作人员不得从事商标代理业务和商品生产经营活动。

第七十条 工商行政管理部门应当建立健全内部监督制度，对负责商标注册、管理和复审工作的国家机关工作人员执行法律、行政法规和遵守纪律的情况，进行监督检查。

第七十一条 从事商标注册、管理和复审工作的国家机关工作人员玩忽职守、滥用职权、徇私舞弊，违法办理商标注册、管理和复审事项，收受当事人财物，牟取不正当利益，构成犯罪的，依法追究刑事责任；尚不构成犯罪的，依法给予处分。

第八章　附　　则

第七十二条　申请商标注册和办理其他商标事宜的，应当缴纳费用，具体收费标准另定。

第七十三条　本法自 1983 年 3 月 1 日起施行。1963 年 4 月 10 日国务院公布的《商标管理条例》同时废止；其他有关商标管理的规定，凡与本法抵触的，同时失效。

本法施行前已经注册的商标继续有效。

第二编 市场主体法

第五章　个人独资企业法

材料导读

根据《个人独资企业法》第16条规定，法律、行政法规禁止从事营利性活动的人，不得作为投资人申请设立个人独资企业。按照法律、行政法规的规定，禁止从事营利性活动的人员主要是国家公务员，包括行政机关公务人员和司法机关公务人员。禁止国家公务员从事营利性活动，有利于避免商品交换的原则侵入国家机关而影响公务活动，防止以权谋私、权钱交易等腐败现象的发生，也有利于保持国家机关的清正廉洁，保证国家公务员公正地履行职责，维护规范的社会主义市场经济秩序。此规定只是做了消极限制，并未直接确定投资人的积极资格。对于非国家公务员的其他人员，能否成为投资人呢？比如，非独资企业里的员工，事业单位的职员，他们能否投资设立一人公司呢？

一、个人独资企业法概述

（一）个人独资企业的概念和特征

个人独资企业是最古老的一种企业组织形式，它产生于商品经济初期，并发展延续至今。它虽形式古老，但即使在现代市场经济中，也仍以其设立简便，出资灵活，经营便利等特点而富有生命力，受到投资者的欢迎。在我国，个人独资企业长期以来是私营企业的一种形式，而且数量众多。

根据《中华人民共和国个人独资企业法》（以下简称《个人独资企业法》）第2条规定，个人独资企业是指依法在中国境内设立，由一个自然人投资，财产为投资人个人所有，投资人以其个人财产对企业债务承担无限责任的经营实体。

个人独资企业的法律特征概括起来主要包括以下四个方面：

（1）个人独资企业的出资人为一个自然人。根据《个人独资企业法》的规定，设立个人独资企业只能是一个自然人，国家机关、国家授权投资的机构或者国家授权的部门、企业、事业单位等都不能作为个人独资企业的设立人。

（2）个人独资企业的投资人对企业的债务承担无限责任。即当企业的财产不足以清偿到期债务时，投资人应以自己个人的全部财产用于清偿。这实际上将企业的责任与投资人的责任联系在一起。

（3）个人独资企业的内部机构设置简单，经营管理方式灵活。个人独资企业的投资人既是企业的所有者，又可以是企业的经营者，对企业的事务有绝对的控制权和支配权，完全可以按照自己的意志去经营所属的企业。因此，法律对其内部机构和经营管理方式不像公司和其他企业那样加以严格的规定。

（4）个人独资企业是非法人企业。个人独资企业由一个自然人出资，投资人对企业的债务承担无限责任，在权利义务上，企业和个人是融为一体的，企业的责任即是投资人个人的责任，企业的财产即是投资人的财产。因此，个人独资企业不具有法人资格，也无独立承担民事责任的能力。但它具备独立的法律主体资格，可依法以自己的名义从事民事、经济活动，其合法行为受法律保护。

（二）个人独资企业法的概念

个人独资企业法有广义和狭义之分，广义的个人独资企业法，是指国家关于个人独资企业的各种法律规范的总称；狭义的个人独资企业法是指1999年8月30日第九届全国人大常委会第十一次会议通过的、并于2000年1月1日起实施的《个人独资企业法》。《个人独资企业法》的颁布实施，对于规范独资企业的行为，保护投资企业的投资人和债权人的合法权益，维护市场经济秩序，促进市场经济的健康发展都发挥了重要作用。

二、个人独资企业的设立

（一）个人独资企业设立的条件

根据《个人独资企业法》的规定，我国对个人独资企业在立法上采取了准则主义，即只要符合设立的条件，企业即可登记成立，无须经过有关部门的批准。当然，个人独资企业不得从事法律、行政法规禁止经营的业务。如果个人独资企业拟从事法律、行政法规规定须报经有关部门审批的业务，应当在申请设立登记时提交有关部门的批准文件。

《个人独资企业法》第8条规定了设立个人独资企业应当具备的条件，包括：

（1）投资人为一个自然人。个人独资企业中的“人”只能是自然人，因此，个人独资企业与合伙企业有相似之处。同时，这一法定条件还意味着自然人之外的法人、其他组织不能投资设立个人独资企业。各国独资企业的立法和司法实践也无一例外地将独资企业确认为自然个人投资的一种法律形式。因此，自然人以外的团体或社会组织虽然也常有单独投资经营的情形，但从不被视为独资企业。如国家单独投资的企业通常被称作国有企业，团体或社会组织单独设立的企业则通常采用“一人公司”的形式。作为个人独资企业的投资人，在数量上仅限于一个，设立个人独资企业，投资人应当有相应的民事权利能力和完全的民事行为能力。法律、行政法规禁止从事营利性活动的人，例如，政府公务员，不得作为投资人申请设立个人独资企业；限制民事行为能力的人和无民事行为能力的人不得作为投资人申请设立个人独资企业。

（2）有合法的企业名称。作为企业的文字符号，企业的名称应当真实地表现企业的组织形式特征。就个人独资企业而言，个人独资企业的名称不仅应当与公司企业和合伙企业区别开来，而且应当与其他个人独资企业区别开来。因此，个人独资企业的名称应当与其责任形式及所从事的营业相符合。

（3）有投资人申报的出资。由于个人独资企业的投资人以其个人财产对企业债务承担无限责任，无限责任的责任形式本身就是对交易安全的一种保障，债权人可以通过追究投资人个人的财产责任来保障自己的债权实现。所以个人独资企业法并没有对个人独资企业规定最低资本数额的要求。

（4）有固定的生产经营场所和必要的生产经营条件。无论何种企业类型，固定的生产经营场所和必要的生产经营条件都是企业开展经营活动的物质基础。

（5）有必要的从业人员。从业人员是企业开展经营活动必不可少的要素和条件，关于从业人员的人数，法律并没有作具体规定，由企业视经营情况而定。

（二）个人独资企业的设立程序

申请设立个人独资企业，应当由投资人或者其委托的代理人向个人独资企业所在地的登记机关提交设立申请书、投资人身份证明、生产经营场所使用证明等文件。在设立个人独资企业的过程中。既可以由投资人亲自办理有关事项，也可以委托代理人办理有关事项。委托代理人申请设立登记时，应当出具投资人的委托书和代理人的合法证明。个人独资企业设立申请书应当载明下列事项：企业的名称和住所；投资人的姓名和居所；投资人的出资额和出资方式；经营范围。

登记机关应当在收到设立申请文件之日起 15 日内，对符合规定条件的，予以登记，发给营业执照；对不符合个人独资企业法规定条件的，不予登记，并应当给予书面答复，说明理由。个人独资企业营业执照的签发日期，为个人独资企成立日期。

三、个人独资企业的事务管理

《个人独资企业法》第 19 条规定，个人独资企业投资人可以自行管理企业事务，也可以委托或者聘用其他具有民事行为能力的人员对企业的事务管理。可见，个人独资企业的事务有两种管理方式：其一为自行管理；其二则是委托他人管理。个人独资企业投资人集企业的所有权和经营权于一身，没有实现分离。这两种方式均不会改变投资人与个人独资企业在财产权利和责任承担等方面的关系。为了保护投资人、受托人和第三人的正当权益，投资人委托或者聘用他人管理个人独资企业事务，应当与受托人或者被聘用的人签订书面合同，明确委托的具体内容和授予的权利范围。特别指出的是，投资人对受托人或者被聘用的人员职权的限制，不得对抗善意第三人。

为了保护投资人的合法权益，个人独资企业法规定了受托人或者被聘用人员的义务和责任：

（1）受托人或者被聘用的人员应当履行诚信、勤勉义务，按照与投资人签订的合同负责个人独资企业的事务管理。投资人委托或者聘用的人员管理个人独资企业事务时违反双方订立的合同，给投资人造成损害的，承担民事赔偿责任。

（2）投资人委托或者聘用的管理个人独资企业事务的人员不得有下列行为：利用职务上的便利，索取或者收受贿；利用职务或者工作上的便利侵占企业财产；挪用企业的资金归个人使用或者借贷给他人；擅自将企业资金以个人名义或者以他人名义开立账户储存；擅自以企业财产提供担保；未经投资人同意，从事与本企业相竞争的业务；未经投资人同意，同本企业订立合同或者进行交易；未经投资人同意，擅自将企业商标或者其他知识产权转让给他人使用；泄露本企业的商业秘密；法律、行政法规禁止的其他行为。投资人委托或者聘用的人员违反规定从事上述行为，侵犯个人独资企业财产权益的，责令退还侵占的财产；给企业造成损失的，依法承担赔偿责任；有违法所得的没收违法所得；构成犯罪的，依法追究刑事责任。

四、个人独资企业的解散和清算

（一）个人独资企业的解散

个人独资企业的解散是指个人独资企业终止活动使其民事主体资格消灭的行为。根据《个人独资企业法》第26条的规定，个人独资企业有下列情形之一时，应当解散：

（1）投资人决定解散。只要不违反法律规定，投资人有权决定在任何时候解散独资企业。

（2）投资人死亡或者宣告死亡，无继承人或者继承人决定放弃继承。在投资人死亡或宣告死亡的情况下，如果其继承人继承了独资企业，则企业可以继续存在，只需办理投资人的变更登记，但若出现无继承人或全部继承人均决定放弃继承的情形，独资企业失去继续经营的必备条件，故应当解散。

（3）被依法吊销营业执照。这是个人独资企业解散的强制原因。被处以吊销营业执照的处罚的原因包括独资企业提交虚假文件以骗取手段取得登记情节严重的行为，涂改、出租、转让营业执照情节严重的行为，企业成立后无正当理由超过6个月未开业或开业后自行停业连续6个月以上的行为等。

（4）法律、行政法规规定的其他情形。

（二）个人独资企业的清算

清算制度的目的就是规范企业清算行为，保护债权人、投资人相对其他利害关系人的合法权益，因此，应当坚持公开、公正原则进行清算。清算工作的主要内容包括：通知或者向债权人公告，接受债权人的债权申报，对债权进行审查，财产清理、财产分割等。

根据《个人独资企业法》的规定，个人独资企业解散，由投资人自行清算或者由债权人申请人民法院指定清算人进行清算。投资人自行清算的，应当在清算前15日内书面通知债权人，无法通知的，应当予以公告。债权人应当在接到通知之日起30日内，未接到通知的应当在公告之日起60日内，向投资人申报其债权。个人独资企业解散后，原投资人对个人独资企业存续期间的债务仍应承担偿还责任，但债权人在5年内未向债务人提出偿债请求的，该责任消灭。

清算期间，个人独资企业不得开展与清算目的无关的经营活动。

（三）财产的分配

在清算工作中，财产分配制度的主要内容是财产分配的顺序和内容，其目的是保护债权人、投资人、企业职工以及其他利害关系人的合法权益。根据《个人独资企业法》

的规定，个人独资企业解散的，财产应当按照下列顺序清偿：所欠职工工资和社会保险费用；所欠税款；其他债务。在按以上规定的顺序清偿债务前，投资人不得转移、隐匿财产。

案例探讨

刘某出资设立了一家个人独资企业，刘某由于事务繁忙，委托关某全权负责企业的经营，但是约定标的额超过10万元的合同，关某应先向刘某汇报，刘某同意后，关某方能签订合同。关某未经刘某同意，擅自与某公司签订了15万元的供货合同。根据以上案情回答：关某与某公司签订的合同的效力如何？

法律链接

中华人民共和国个人独资企业法

（1999年8月30日第九届全国人民代表大会常务委员会第十一次会议通过，1999年8月30日中华人民共和国主席令第20号公布，自2000年1月1日起施行）

第一章　总　　则

第一条　为了规范个人独资企业的行为，保护个人独资企业投资人和债权人的合法权益，维护社会经济秩序，促进社会主义市场经济的发展，根据宪法，制定本法。

第二条　本法所称个人独资企业，是指依照本法在中国境内设立，由一个自然人投资，财产为投资人个人所有，投资人以其个人财产对企业债务承担无限责任的经营实体。

第三条　个人独资企业以其主要办事机构所在地为住所。

第四条　个人独资企业从事经营活动必须遵守法律、行政法规，遵守诚实信用原则，不得损害社会公共利益。个人独资企业应当依法履行纳税义务。

第五条　国家依法保护个人独资企业的财产和其他合法权益。

第六条　个人独资企业应当依法招用职工。职工的合法权益受法律保护。个人独资企业职工依法建立工会，工会依法开展活动。

第七条　在个人独资企业中的中国共产党党员依照中国共产党章程进行活动。

第二章　个人独资企业的设立

第八条　设立个人独资企业应当具备下列条件：

（一）投资人为一个自然人；

（二）有合法的企业名称；

（三）有投资人申报的出资；

（四）有固定的生产经营场所和必要的生产经营条件；

（五）有必要的从业人员。

第九条　申请设立个人独资企业，应当由投资人或者其委托的代理人向个人独资企业所在地的登记机关提交设立申请书、投资人身份证明、生产经营场所使用证明等文件。委托代理人申请设立登记时，应当出具投资人的委托书和代理人的合法证明。

个人独资企业不得从事法律、行政法规禁止经营的业务；从事法律、行政法规规定须报经有关部门审批的业务，应当在申请设立登记时提交有关部门的批准文件。

第十条　个人独资企业设立申请书应当载明下列事项：

（一）企业的名称和住所；

（二）投资人的姓名和居所；

（三）投资人的出资额和出资方式；

（四）经营范围。

第十一条 个人独资企业的名称应当与其责任形式及从事的营业相符合。

第十二条 登记机关应当在收到设立申请文件之日起十五日内，对符合本法规定条件的，予以登记，发给营业执照；对不符合本法规定条件的，不予登记，并应当给予书面答复，说明理由。

第十三条 个人独资企业的营业执照的签发日期，为个人独资企业成立日期。在领取个人独资企业营业执照前，投资人不得以个人独资企业名义从事经营活动。

第十四条 个人独资企业设立分支机构，应当由投资人或者其委托的代理人向分支机构所在地的登记机关申请登记，领取营业执照。分支机构经核准登记后，应将登记情况报该分支机构隶属的个人独资企业的登记机关备案。

分支机构的民事责任由设立该分支机构的个人独资企业承担。

第十五条 个人独资企业存续期间登记事项发生变更的，应当在作出变更决定之日起的十五日内依法向登记机关申请办理变更登记。

第三章　个人独资企业的投资人及事务管理

第十六条 法律、行政法规禁止从事营利性活动的人，不得作为投资人申请设立个人独资企业。

第十七条 个人独资企业投资人对本企业的财产依法享有所有权，其有关权利可以依法进行转让或继承。

第十八条 个人独资企业投资人在申请企业设立登记时明确以其家庭共有财产作为个人出资的，应当依法以家庭共有财产对企业债务承担无限责任。

第十九条 个人独资企业投资人可以自行管理企业事务，也可以委托或者聘用其他具有民事行为能力的人负责企业的事务管理。投资人委托或者聘用他人管理个人独资企业事务，应当与受托人或者被聘用的人签订书面合同，明确委托的具体内容和授予的权利范围。

受托人或者被聘用的人员应当履行诚信、勤勉义务，按照与投资人签订的合同负责个人独资企业的事务管理。投资人对受托人或者被聘用的人员职权的限制，不得对抗善意第三人。

第二十条 投资人委托或者聘用的管理个人独资企业事务的人员不得有下列行为：

（一）利用职务上的便利，索取或者收受贿赂；

（二）利用职务或者工作上的便利侵占企业财产；

（三）挪用企业的资金归个人使用或者借贷给他人；

（四）擅自将企业资金以个人名义或者以他人名义开立账户储存；

（五）擅自以企业财产提供担保；

（六）未经投资人同意，从事与本企业相竞争的业务；

（七）未经投资人同意，同本企业订立合同或者进行交易；

（八）未经投资人同意，擅自将企业商标或者其他知识产权转让给他人使用；

（九）泄露本企业的商业秘密；

（十）法律、行政法规禁止的其他行为。

第二十一条 个人独资企业应当依法设置会计账簿，进行会计核算。

第二十二条 个人独资企业招用职工的，应当依法与职工签订劳动合同，保障职工的劳动安全，按时、足额发放职工工资。

第二十三条 个人独资企业应当按照国家规定参加社会保险，为职工缴纳社会保险费。

第二十四条 个人独资企业可以依法申请贷款、取得土地使用权，并享有法律、行政法规规定的其他权利。

第二十五条 任何单位和个人不得违反法律、行政法规的规定，以任何方式强制个人独资企业提供财力、物力、人力；对于违法强制提供财力、物力、人力的行为，个人独资企业有权拒绝。

第四章　个人独资企业的解散和清算

第二十六条 个人独资企业有下列情形之一时，应当解散：

（一）投资人决定解散；

（二）投资人死亡或者被宣告死亡，无继承人或者继承人决定放弃继承；

（三）被依法吊销营业执照；

（四）法律、行政法规规定的其他情形。

第二十七条　个人独资企业解散，由投资人自行清算或者由债权人申请人民法院指定清算人进行清算。投资人自行清算的，应当在清算前十五日内书面通知债权人，无法通知的，应当予以公告。债权人应当在接到通知之日起三十日内，未接到通知的应当在公告之日起六十日内，向投资人申报其债权。

第二十八条　个人独资企业解散后，原投资人对个人独资企业存续期间的债务仍应承担偿还责任，但债权人在五年内未向债务人提出偿债请求的，该责任消灭。

第二十九条　个人独资企业解散的，财产应当按照下列顺序清偿：

（一）所欠职工工资和社会保险费用；

（二）所欠税款；

（三）其他债务。

第三十条　清算期间，个人独资企业不得开展与清算目的无关的经营活动。在按前条规定清偿债务前，投资人不得转移、隐匿财产。

第三十一条　个人独资企业财产不足以清偿债务的，投资人应当以其个人的其他财产予以清偿。

第三十二条　个人独资企业清算结束后，投资人或者人民法院指定的清算人应当编制清算报告，并于十五日内到登记机关办理注销登记。

第五章　法律责任

第三十三条　违反本法规定，提交虚假文件或采取其他欺骗手段，取得企业登记的，责令改正，处以五千元以下的罚款；情节严重的，并处吊销营业执照。

第三十四条　违反本法规定，个人独资企业使用的名称与其在登记机关登记的名称不相符合的，责令限期改正，处以二千元以下的罚款。

第三十五条　涂改、出租、转让营业执照的，责令改正，没收违法所得，处以三千元以下的罚款；情节严重的，吊销营业执照。伪造营业执照的，责令停业，没收违法所得，处以五千元以下的罚款。构成犯罪的，依法追究刑事责任。

第三十六条　个人独资企业成立后无正当理由超过六个月未开业的，或者开业后自行停业连续六个月以上的，吊销营业执照。

第三十七条　违反本法规定，未领取营业执照，以个人独资企业名义从事经营活动的，责令停止经营活动，处以三千元以下的罚款。个人独资企业登记事项发生变更时，未按本法规定办理有关变更登记的，责令限期办理变更登记；逾期不办理的，处以二千元以下的罚款。

第三十八条　投资人委托或者聘用的人员管理个人独资企业事务时违反双方订立的合同，给投资人造成损害的，承担民事赔偿责任。

第三十九条　个人独资企业违反本法规定，侵犯职工合法权益，未保障职工劳动安全，不缴纳社会保险费用的，按照有关法律、行政法规予以处罚，并追究有关责任人员的责任。

第四十条　投资人委托或者聘用的人员违反本法第二十条规定，侵犯个人独资企业财产权益的，责令退还侵占的财产；给企业造成损失的，依法承担赔偿责任；有违法所得的，没收违法所得；构成犯罪的，依法追究刑事责任。

第四十一条　违反法律、行政法规的规定强制个人独资企业提供财力、物力、人力的，按照有关法律、行政法规予以处罚，并追究有关责任人员的责任。

第四十二条　个人独资企业及其投资人在清算前或清算期间隐匿或转移财产，逃避债务的，依法追回其财产，并按照有关规定予以处罚；构成犯罪的，依法追究刑事责任。

第四十三条　投资人违反本法规定，应当承担民事赔偿责任和缴纳罚款、罚金，其财产不足以支付的，或者被判处没收财产的，应当先承担民事赔偿责任。

第四十四条　登记机关对不符合本法规定条件的个人独资企业予以登记，或者对符合本法规定条件的企业不予登记的，对直接责任人员依法给予行政处分；构成犯罪的，依法追究刑事责任。

第四十五条　登记机关的上级部门的有关主管人员强令登记机关对不符合本法规定条件的企

业予以登记，或者对符合本法规定条件的企业不予登记的，或者对登记机关的违法登记行为进行包庇的，对直接责任人员依法给予行政处分；构成犯罪的，依法追究刑事责任。

第四十六条 登记机关对符合法定条件的申请不予登记或者超过法定时限不予答复的，当事人可依法申请行政复议或提起行政诉讼。

第六章 附 则

第四十七条 外商独资企业不适用本法。

第四十八条 本法自 2000 年 1 月 1 日起施行。

第六章　合伙企业法

材料导读

“合伙也许是人类群体本能最古老的表现形式”。这种经营方式早在公元前18世纪古巴比伦的《汉穆拉比法典》中已有规定。我国在春秋时期，就已有了合伙制度的雏形，《史记》中所载的“管鲍之交”即为其例。到古罗马时代，合伙已成为一种制度成熟、形式多样的个人联合体。不过，早期的合伙主要是一种契约关系。其一般而言为“二人以上相约出资，经营共同事业，共享利益，共担风险的合同”。随着社会经济的发展，尤其是海陆贸易的需要，一种新型的商业经营方式——康孟达于11世纪晚期在意大利、英格兰和欧洲的其他地方逐渐被使用。这种经营方式调动的资金一般用于长距离的海上贸易，不常用于陆上贸易。该契约最早的前身可能是穆斯林的一种商业习惯，其产生的目的：一是为了规避教会借贷生息的法令；二是希望通过契约的约定将投资风险限定于特定财产。根据这种康孟达契约，一方合伙人（通常被称为stans的出资者一方）将商品、金钱、船舶等转交于另一方合伙人（通常被称为tractor的企业家）经营。冒资金风险的合伙人通常获得3/4的利润，且仅以其投资为限承担风险责任。从事航行的企业家则以双方投入的全部财产独立从事航海交易，其获得1/4的利润，并对外承担经营的无限责任。有些海上合伙则规定，从事航行的合伙人提供1/3的资金，不从事航行的合伙人提供2/3的资金，最后双方平分利润。这种经营方式所以不太公平，根本原因在于当时人的生命是廉价的，资金则非常短缺。所以，该契约一般为特定航行而设，航行完成即告终止。

一、合伙企业法概述

（一）合伙企业的概念

合伙企业是指依法在中国境内设立的由各合伙人订立合伙协议，共同出资、合伙经营、共享收益、共担风险的营利性组织。合伙企业分为普通合伙企业和有限合伙企业。

普通合伙企业由普通合伙人组成，合伙人对合伙企业债务承担无限连带责任。法律另有规定的，从其规定。有限合伙企业由普通合伙人和有限合伙人组成。普通合伙人对合伙企业债务承担无限连带责任，有限合伙人以其认缴的出资额为限，对合伙企业债务承担责任。

（二）合伙企业法的概念及其适用范围

合伙企业法是指国家立法机关或者其他有关机关依法制定的、调整合伙企业合伙关系的各种法律规范的总称。《中华人民共和国合伙企业法》（以下简称《合伙企业法》）适用于按照现行行政管理划分规定应由工商行政管理机关登记管理的合伙企业。非企业专业服务机构依据有关法律采取合伙制的，其合伙人承担责任的形式可以适用合伙企业法关于特殊的普通合伙企业合伙人承担责任的规定。

二、普通合伙企业

（一）普通合伙企业的设立条件

设立普通合伙企业应当具备下列条件：

（1）有两个以上合伙人，并且都是依法承担无限责任者。合伙企业不允许有承担有限责任的合伙人。合伙人应当为具有完全民事行为能力的人，无民事行为能力人和限制民事行为能力人不得成为普通合伙企业设立时的合伙人。国有独资公司、国有企业、上市公司以及公益性事业单位、社会团体不得成为普通合伙人。

（2）有书面合伙协议。合伙协议是由各合伙人通过协商，共同决定相互间的权利义务，达成的具有法律约束力的文件。合伙协议应当依法由全体合伙人协商一致，以书面形式订立。合伙协议应当载明下列事项：①合伙企业的名称和主要经营场所的地点；②合伙目的和合伙企业经营范围；③合伙人的姓名或者名称及其住所；④合伙人出资的方式、数额和缴付出资的期限；⑤利润分配和亏损分担办法；⑥合伙企业事务的执行；⑦入伙与退伙；⑧争议解决办法；⑨合伙企业的解散与清算；⑩违约责任。合伙协议经全体合伙人签名、盖章后生效。合伙人依照合伙协议享有权利，承担责任。合伙协议生效后，全体合伙人可以在协商一致的基础上，对该合伙协议加以修改或者补充。

（3）有各合伙人认缴或者实际缴付的出资。合伙协议生效后，合伙人应当按照合伙协议的规定缴纳出资。合伙人可以用货币、实物、土地使用权、知识产权或者其他财产权利缴纳出资。合伙人对于自己用于缴纳出资的财产或者财产权，应当拥有合法的处分权，合伙人不得将自己无权处分的财产或财产权用于缴纳出资。此外，经全体合伙人协商一致，合伙人也可以用劳务出资。

（4）有合伙企业名称。普通合伙企业在其名称中应当标明“普通合伙”的字样，不得使用“有限”或者“有限责任”的字样。

（5）有营业场所和从事经营的必要条件。

（二）普通合伙企业财产

合伙企业存续期间，合伙人的出资和所有以合伙企业名义取得的收益均为合伙企业的财产。

（1）合伙企业财产的性质。合伙企业的财产只能由全体合伙人共同管理和使用；在合伙企业存续期间，除非有合伙人退伙等法定事由，合伙人不得请求分割合伙企业的财产。合伙企业的合伙财产具有共有财产的性质，对合伙财产的占有、使用、收益和处分，均应当依据全体合伙人的共同意志进行。

（2）合伙企业财产的转让。合伙企业财产的转让是指合伙人将自己在合伙企业中的财产份额转让于他人。由于合伙企业及其财产性质的特殊性，其财产的转让，将会影响到合伙企业以及各合伙人的切身利益，因此，《合伙企业法》对合伙企业财产的转让作了以下限制性规定：①合伙企业存续期间，合伙人向合伙人以外的人转让其在合伙企业中的全部或者部分财产份额时，须经其他合伙人一致同意。②合伙人之间转让在合伙企业中的全部或者部分财产份额时，应当通知其他合伙人。③合伙人依法转让其财产份额时，在同等条件下，其他合伙人有优先受让的权利。④合伙人以其在合伙企业中的财产份额出质的，须经其他合伙人一致同意；未经其他合伙人一致同意，其行为无效，由此给善意第三人造成损失的，由行为人依法承担赔偿责任。

经全体合伙人同意，合伙人以外的人依法受让合伙企业财产份额时，经修改合伙协议即成为合伙企业新的合伙人，合伙企业的各合伙人依照修改后的合伙协议享有权利和承担责任。

（三）合伙事务执行

1. 合伙事务执行的形式

合伙人执行合伙企业事务的形式有全体合伙人共同执行合伙企业事务和委托一名或数名合伙人执行合伙企业事务两种形式。

全体合伙人共同执行合伙企业事务是合伙企业事务执行的基本形式，也是在合伙企业中经常使用的一种形式。在采取这种形式的合伙企业中，按照合伙协议的约定，各个合伙人都直接参与经营，处理合伙企业的事务，对外代表合伙企业。

委托一名或数名合伙人执行合伙企业事务，即由合伙协议约定或者全体合伙人决定委托一名或者数名合伙人执行合伙企业事务，对外代表合伙企业。但合伙企业的下列事务必须经全体合伙人一致同意：①处分合伙企业的不动产；②改变合伙企业名称；③转让或者处分合伙企业的知识产权和其他财产权利；④改变合伙企业的经营范围、主要营业场所；⑤以合伙企业名义为他人提供担保；⑥聘任合伙人以外的人担任合伙企业的经营管理人员；⑦依照合伙协议约定的有关事项。

2. 合伙人在执行合伙事务中的权利和义务

（1）合伙人在执行合伙事务中的权利。合伙人在执行合伙事务中的权利主要有以下内容：①合伙人平等享有合伙事务执行权。②执行合伙事务的合伙人对外代表合伙企业。③不参加执行事务的合伙人有权监督执行事务的合伙人，检查其执行合伙企业事务的情况。④各合伙人有权查阅合伙企业的账簿和其他有关文件。⑤合伙人提出异议权和撤销委托执行事务权。在合伙人分别执行合伙事务的情况下，由于合伙事务执行人的行为所产生的亏损和责任要由全体合伙人承担，因此，《合伙企业法》规定，合伙协议约定或者经全体合伙人决定，合伙人分别执行合伙企业事务时，合伙人可以对其他合伙人执行的事务提出异议。提出异议时，应暂停该项事务的执行。如果发生争议，可由全体合伙人共同决定。被委托执行合伙事务的合伙人不按照合伙协议或者全体合伙人的决定执行事务的，其他合伙人可以决定撤销该委托。合伙人对合伙企业有关事项作出决议，按照合伙协议约定的表决办法办理。合伙人协议未约定或者约定不明确的，实行合伙人一人一票，并经全体合伙人过半数通过的表决办法。法律另有规定的，从其规定。合伙人不得从事损害本合伙企业利益的活动。

（2）合伙损益分配原则。合伙损益由合伙人依照合伙协议约定的比例分配和分担。合伙协议未约定合伙损益分配比例的，由合伙人协商决定，协商不成的，由合伙人按照实缴出资比例分配、分担；无法确定实缴出资比例的，由各合伙人平均分配和分担。合伙协议不得约定将全部利润分配给部分合伙人或者由部分合伙人承担全部责任。

（3）合伙损益分配具体形式。合伙企业年度的或者一定时期的利润分配或者亏损分担的具体方案，由全体合伙人协商决定或者按照合伙协议约定的办法决定。合伙损益分配的时间比较灵活，既可以按年度进行分配，也可以在一定时期内进行分配。合伙损益分配的具体方案应由全体合伙人共同决定。

3. 非合伙人参与经营管理

经全体合伙人同意，合伙企业可以聘任合伙人以外的人担任合伙企业的经营管理人员。被聘任的合伙企业的经营管理人员应当在合伙企业授权范围内履行职责。超越合伙企业授权范围从事经营活动，或者因故意或者重大过失．给合伙企业造成损失的，依法承担赔偿责任。

（四）合伙企业与第三人关系

合伙企业与第三人关系，实际上是指有关合伙企业的对外关系，涉及合伙企业对外代表权的效力、合伙企业和合伙人的债务清偿等问题。

1. 对外代表权的效力

《合伙企业法》规定，执行合伙企业事务的合伙人，对外代表合伙企业。依据这一规定，可以取得合伙企业对外代表权的合伙人，主要有三种情况：①由全体合伙人共同执行合伙企业事务的，全体合伙人都有权对外代表合伙企业。②由部分合伙人执行合伙企业事务的，只有受委托执行合伙企业事务的那一部分合伙人有权对外代表合伙企业。③由于特别授权在单项合伙事务上有执行权的合伙人，依照授权范围可以对外代表合伙企业。

《合伙企业法》规定，合伙企业对合伙人执行合伙企业事务以及对外代表合伙企业权利的限制，不得对抗不知情的善意第三人。这里所指的合伙人，是指在合伙企业中有合伙事务执行权与对外代表权的合伙人；这里所指的限制，是指合伙企业对合伙人所享有的事务执行权与对外代表权权限的限定；这里所指的对抗，是指合伙企业否定第三人的某些权利和利益，拒绝承担某些责任；这里所指的不知情，是指与合伙企业有经济联系的第三人不知道合伙企业所作的内部限制，或者不知道合伙企业对合伙人行使权利所作限制的事实；这里所指的善意第三人，是指本着合法交易的目的，诚实地通过合伙企业的事务执行人，与合伙企业之间建立民事、商事法律关系的法人、非法人团体或自然人。如果第三人与合伙企业事务执行人恶意串通、损害合伙企业利益，则不属善意的情形。

2. 合伙企业和合伙人的债务清偿

（1）合伙企业的债务清偿与合伙人的关系。合伙企业对其债务，应先以其全部财产进行清偿。合伙企业财产不足清偿到期债务的，各合伙人应当承担无限连带清偿责任。各合伙人所有个人的财产，除去依法不可执行的财产，如合伙人及其家属的生活必需品、已设定抵押权的财产等外，均可用于清偿；以合伙企业财产清偿合伙企业债务时，其不足的部分，由各合伙人按照合伙企业分担亏损的比例，用其在合伙企业出资以外的财产承担清偿责任。对于合伙企业亏损分担比例，合伙协议约定的，按照合伙协议约定的比例分担；合伙协议未约定的，由各合伙人平均分担。

需要注意的是，合伙人之间的分担比例对债权人没有约束力。债权人可以根据自己的清偿利益，请求全体合伙人中的一人或数人承担全部清偿责任，也可以按照自己确定的比例向各合伙人分别追索。如果合伙人实际支付的债务数额超过其依照既定比例所应承担的数额，该合伙人有权就超过部分向其他未支付或者未足额支付应承担数额的合伙人追偿。

（2）合伙人的债务清偿与合伙企业的关系。第一，合伙企业中某一合伙人的债权人，不得以该债权抵销其对合伙企业的债务。第二，合伙人个人负有债务，其债权人不得代为行使该合伙人在合伙企业中的权利。第三，合伙人个人财产不足清偿其个人所负债务的，该合伙人只能以其从合伙企业中分取的收益用于清偿；债权人也可依法请求人民法院强制执行该合伙人在合伙企业中的财产份额用于清偿。

在以合伙人的财产份额清偿其个人债务时需要注意：一是这种清偿必须通过民事诉讼法规定的强制执行程序进行，债权人不得自行接管债务人在合伙企业中的财产份额。二是在强制执行个别合伙人在合伙企业中的财产份额时，其他合伙人有优先受让的权利。也就是说，如果其他合伙人不愿意接受该债权人成为其合伙企业新的合伙人，可以由他们中的任何一人或数人行使优先受让权，取得该债务人的财产份额。受让人支付的价金，用于向该债权人清偿债务。

（五）入伙与退伙

1. 入伙

入伙是指在合伙企业存续期间，合伙人以外的第三人加入合伙企业并取得合伙人资格的行为。新合伙人入伙时，应当经全体合伙人同意，并依法订立书面入伙协议。订立入伙协议时，原合伙人应当向新合伙人告知原合伙企业经营状况和财务状况。入伙的新合伙人与原合伙人享有同等的权利，承担同等的责任。入伙的新合伙人对入伙前合伙企业的债务承担无限连带责任。

2. 退伙

退伙是指合伙人退出合伙企业，从而丧失合伙人资格。合伙人退伙，一般有两种原因：一是自愿退伙；二是法定退伙。

自愿退伙，是指合伙人基于自愿的意思表示而退伙。自愿退伙可以分为协议退伙和通知退伙两种。合伙协议约定合伙企业的经营期限的，有下列情形之一时，合伙人可以退伙：①合伙协议约定的退伙事由出现；②经全体合伙人同意退伙；③发生合伙人难以继续参加合伙企业的事由；④其他合伙人严重违反合伙协议约定的义务。

合伙协议未约定合伙企业的经营期限的，合伙人在不给合伙企业事务执行造成不利影响的情况下，可以退伙，但应当提前30日通知其他合伙人。合伙人违反上述规定擅自退伙的，应当赔偿由此给其他合伙人造成的损失。

法定退伙，是指合伙人因出现法律规定的事由而退伙。法定退伙分为当然退伙和除名退伙两类。合伙人有下列情形之一的，当然退伙：①作为合伙人的自然人死亡或者被依法宣告死亡；②个人丧失偿债能力；③作为合伙人的法人或者其他组织依法被吊销营业执照、责令关闭、撤销，或者被宣告破产；④法律规定或者合伙协议约定合伙人必须具有相关资格而丧失该资格；⑤合伙人在合伙企业中的全部财产份额被人民法院强制执行。除名退伙：合伙人有下列情形之一的，经其他合伙人一致同意，可以决议将其除名：①未履行出资义务；②因故意或者重大过失给合伙企业造成损失；③执行合伙企业事务时有不正当行为；④合伙协议约定的其他事由。对合伙人的除名决议应当书面通知被除名人。被除名人自接到除名通知之日起，除名生效，被除名人退伙。被除名人对除名决议有异议的，可以在接到除名通知之日起 30 日内，向人民法院起诉。

合伙人退伙时其他合伙人应当与该退伙人按照退伙时的合伙企业财产状况进行结算，退还退伙人的财产份额。同时退伙人退伙后仍对其退伙前已发生的合伙企业债务，与其他合伙人承担无限连带责任。

（六）特殊的普通合伙企业

以专业知识和专门技能为客户提供有偿服务的专业服务机构，可以设立为特殊的普通合伙企业。特殊的普通合伙企业名称中应当标明“特殊普通合伙”字样。

特殊的普通合伙企业，一个合伙人或者数个合伙人在执行活动中因故意或者重大过失造成合伙企业债务的，应当承担无限责任或者无限连带责任，其他合伙人以其在合伙企业中的财产份额为限承担责任。合伙人在执行活动中非因故意或者重大失误造成的合伙企业债务以及合伙企业的其他债务，由全体合伙人承担无限连带责任。

特殊的普通合伙企业应当建立执业风险基金、办理执业保险。

三、有限合伙企业

（一）有限合伙企业的设立条件

设立有限合伙企业应当具备以下条件：

（1）除法律另有规定外，有限合伙企业应有两个以上 50 个以下合伙人，其中至少有一个为普通合伙人。

（2）有书面合伙协议。有限合伙企业合伙协议除包括普通合伙企业内容外，还应当载明下列事项：①普通合伙人和有限合伙人的姓名或者名称、住所；②执行事务合伙人应具备的条件和选择程序；③执行事务合伙人权限与违约处理办法；④执行事务合伙人的除名条件和交换程序；⑤有限合伙人入伙、退伙条件、程序以及相关责任；⑥有限合伙人和普通合伙人相互转变程序。

（3）有合伙人认缴或者实际缴付的出资，其中有限合伙人可以用货币、实物、知识产权、土地使用权或者其他财产权利作价出资。有限合伙人不得以劳务出资。有限合伙人应当按照合伙协议的约定按期足额缴纳出资；未按期足额缴纳的，应当承担补缴义务，并对其他合伙人承担违约责任。

（4）有合伙企业名称。有限合伙企业在其名称中应当注明“有限合伙”字样。

（5）有营业场所和从事经营的必备条件。

（二）合伙事务的执行

1. 合伙事务执行形式

有限合伙企业由普通合伙人执行合伙事务。有限合伙人不执行合伙事务，不得对外代表有限合伙企业。

有限合伙人的下列行为，不视为执行合伙事务：①参与决定普通合伙人入伙、退伙；②对企业的经营管理提出建议；③参与选择承办有限合伙企业审计业务的会计师事务所；④获取经审计的有限合伙企业财务会计报告；⑤对涉及自身利益的情况，查阅有限合伙企业财务会计账簿等财务资料；⑥在有限合伙企业中的利益受到侵害时，向有责任的合伙人主张权利或提起诉讼；⑦执行事务合伙人怠于行使权利时，督促其行使权利或者为了本企业的利益以自己的名义提起诉讼；⑧依法为本企业提供担保。

2. 合伙人的权利和义务

执行合伙事务合伙人可以要求在合伙协议中确定执行事务的报酬及报酬的提取方式。

有限合伙人，除合伙协议另有约定外，可以同本合伙企业进行交易；可以自营或者同他人合作经营与本有限合伙企业相竞争的业务；可以将其在有限合伙企业中的财产份额出质。

有限合伙人可以按照合伙协议的约定向合伙人以外的人转让其在有限合伙企业中财产份额，但应当提前30日通知其他合伙人。有限合伙人的自有财产不足清偿其与合伙企业无关的债务的，该合伙人可以以其从有限合伙企业中分取的收益用于清偿；债权人也可以依法请求人民法院强制执行该合伙人在有限合伙企业中的财产份额用于清偿，但执行时，应当通知全体合伙人。在同等条件下，其他合伙人有优先购买权。

第三人有理由相信有限合伙人为普通合伙人并与其交易的，该有限合伙人对该笔交易承担与普通合伙人同样的责任。有限合伙人未经授权以有限合伙企业名义与他人进行交易，给有限合伙企业或者其他合伙人造成损失的，该有限合伙人应当承担赔偿责任。

（三）有限合伙企业的入伙、退伙

新入伙的有限合伙人对入伙前有限合伙企业的债务，以其认缴的出资额为限承担责任。

普通合伙人转变为有限合伙人，或者有限合伙人转变为普通合伙人，应当经全体合伙人一致同意。有限合伙人转变为普通合伙人的，对其作为有限合伙人期间有限合伙企业发生的债务承担无限连带责任；普通合伙人转变为有限合伙人的，对其作为普通合伙人期间合伙企业发生的债务承担无限连带责任。

有限合伙人有下列情形之一的，当然退伙：

（1）作为合伙人的自然人死亡或者被依法宣告死亡。

（2）作为合伙人的法人或者其他组织依法被吊销营业执照、责令关闭、撤销或者被宣告破产。

（3）法律规定或者合伙协议约定合伙人必须具有相关资格而丧失该资格。

（4）合伙人在合伙企业中的全部财产份额被人民法院强制执行。

作为有限合伙人的自然人在有限合伙企业存续期间丧失民事行为能力的，其他合伙人不得因此要求其退伙。作为有限合伙人的自然人死亡，被依法宣告死亡或者作为有限合伙人的法人及其他组织终止时，其继承人或者权利承受人可以依法取得该有限合伙人在有限合伙企业中的资格。

有限合伙人退伙后，对基于其退伙前的原因发生的有限合伙企业债务，以其退伙时从有限合伙企业中取回的财产承担责任。

四、合伙企业的设立登记

合伙企业的设立登记，应按照如下程序进行：

（1）向企业登记机关提出申请，并提交全体合伙人签署的合伙申请书、全体合伙人的身份证明、合伙协议、全体合伙人对各合伙人认缴或者实际缴付出资的确认书、经营场所证明以及其他文件。法律、行政法规规定设立合伙企业须报经有关部门审批的，还应当提交有关批准文件。合伙协议约定或者全体合伙人决定，委托一名或者数名合伙人执行合伙事务的，还应当提交全体合伙人的委托书。

（2）企业登记机关审核，对申请人提交的登记申请材料齐全，符合法定形式的，企业登记机关能够当场登记的，应予当场登记，发给营业执照。其他应当自受理申请之日起 20 日内。作出是否登记的决定。

合伙企业的营业执照签发日期，为合伙企业的成立日期。合伙企业领取营业执照前，合伙人不得以合伙企业的名义从事经营活动。合伙企业设立分支机构，应当向分支机构所在地企业登记机关申请登记，领取营业执照。

五、合伙企业解散与清算

（一）合伙企业解散

合伙企业解散是指各合伙人解除合伙协议，合伙企业终止活动。合伙企业有下列情形之一的，应当解散：①合伙协议约定的经营期限届满，合伙人不愿意继续经营的。②合伙协议约定的解散事由出现。③全体合伙人决定解散。④合伙人已不具备法定人数满 30 天。⑤合伙协议约定的合伙目的已经实现或者无法实现。⑥被依法吊销营业执照。⑦出现法律、行政法规规定的合伙企业解散的其他原因。

有限合伙企业仅剩有限合伙人的应当解散；有限合伙企业仅剩普通合伙人的，转为普通合伙企业。

（二）合伙企业清算

合伙企业解散时，应当进行清算。

1. 确定清算人

合伙企业解散，清算人由全体合伙人担任；不能由全体合伙人担任清算人的，经全体合伙人过半数同意，可以自合伙企业解散后 15 日内指定一名或者数名合伙人，或者委托第三人担任清算人。自合伙企业解散事由出现之日起 15 日内未确定清算人的，合伙人或者其他利害关系人可以申请人民法院指定清算人。

清算人在清算期间履行下列职责：①清理合伙企业财产，分别编制资产负债表和财产清单。②处理与清算有关的合伙企业未了结的事务。③清缴所欠税款。④清理债权、债务。⑤处理合伙企业清偿债务后的剩余财产。⑥代表合伙企业参与民事诉讼活动。

2. 通知、公告债权人

清算人自被确定之日起 10 天内将合伙企业解散事项通知债权人，并于 60 天内在报纸上公告。债权人应当自接到通知书之日起 30 日内，未接到通知书的自公告之日起 45 天内，向清算人申报债权。债权人申报债权，应当说明债权的有关事项，并提供证明材料。清算人应当对债权进行登记。清算期间，合伙企业存续，但不得开展与清算无关的经营活动。

3. 财产清偿顺序

合伙企业财产在支付清算费用后，按下列顺序清偿：①职工工资。②社会保险费用。③法定补偿金及所欠税款。④合伙企业的债务。⑤分配利润。

4. 清算结束

在清算期间，如果全体合伙人以个人财产承担清偿责任后，仍不足清偿合伙企业债务的，应当结束清算程序。对于未能清偿的债务，由原普通合伙人继续承担无限连带清偿责任。

清算结束后，清算人应当编制清算报告，经全体合伙人签名、盖章后，在 15 日内向企业登记机关报送清算报告，办理合伙企业注销登记。

案例探讨

甲从某厂退休返乡后，决定利用曾在红星公司工作多年的优势，与村民乙、丙商量合伙开办出口台布的加工业务，约定甲出资 1 万元，负责联系业务，乙、丙各出资 4000 元，负责组织村民干活并进行技术指导。三人起草了一份协议，但尚未签字。当年年底，完成多批加工任务，获得利润 5 万余元，三人按约定比例进行了分配。次年，因赶上农活忙季，人手少，台布出现质量问题，给购货方红星公司造成 3 万余元的经济损失。红星公司要求甲、乙、丙赔偿，乙、丙称自己是受雇于甲，不能承担责任，于是甲向红星公司赔偿了全部损失。根据以上案情回答：甲、乙、丙三人之间的关系应如何认定？

法律链接

中华人民共和国合伙企业法

（1997 年 2 月 23 日第八届全国人民代表大会常务委员会第二十四次会议通过，2006 年 8 月 27 日第十届全国人民代表大会常务委员会第二十三次会议修订）

第一章　总　　则

第一条　为了规范合伙企业的行为，保护合伙企业及其合伙人、债权人的合法权益，维护社会经济秩序，促进社会主义市场经济的发展，制定本法。

第二条 本法所称合伙企业，是指自然人、法人和其他组织依照本法在中国境内设立的普通合伙企业和有限合伙企业。

普通合伙企业由普通合伙人组成，合伙人对合伙企业债务承担无限连带责任。本法对普通合伙人承担责任的形式有特别规定的，从其规定。

有限合伙企业由普通合伙人和有限合伙人组成，普通合伙人对合伙企业债务承担无限连带责任，有限合伙人以其认缴的出资额为限对合伙企业债务承担责任。

第三条 国有独资公司、国有企业、上市公司以及公益性的事业单位、社会团体不得成为普通合伙人。

第四条 合伙协议依法由全体合伙人协商一致、以书面形式订立。

第五条 订立合伙协议、设立合伙企业，应当遵循自愿、平等、公平、诚实信用原则。

第六条 合伙企业的生产经营所得和其他所得，按照国家有关税收规定，由合伙人分别缴纳所得税。

第七条 合伙企业及其合伙人必须遵守法律、行政法规，遵守社会公德、商业道德，承担社会责任。

第八条 合伙企业及其合伙人的合法财产及其权益受法律保护。

第九条 申请设立合伙企业，应当向企业登记机关提交登记申请书、合伙协议书、合伙人身份证明等文件。

合伙企业的经营范围中有属于法律、行政法规规定在登记前须经批准的项目的，该项经营业务应当依法经过批准，并在登记时提交批准文件。

第十条 申请人提交的登记申请材料齐全、符合法定形式，企业登记机关能够当场登记的，应予当场登记，发给营业执照。

除前款规定情形外，企业登记机关应当自受理申请之日起二十日内，作出是否登记的决定。予以登记的，发给营业执照；不予登记的，应当给予书面答复，并说明理由。

第十一条 合伙企业的营业执照签发日期，为合伙企业成立日期。

合伙企业领取营业执照前，合伙人不得以合伙企业名义从事合伙业务。

第十二条 合伙企业设立分支机构，应当向分支机构所在地的企业登记机关申请登记，领取营业执照。

第十三条 合伙企业登记事项发生变更的，执行合伙事务的合伙人应当自作出变更决定或者发生变更事由之日起十五日内，向企业登记机关申请办理变更登记。

第二章 普通合伙企业

第一节 合伙企业设立

第十四条 设立合伙企业，应当具备下列条件：

（一）有二个以上合伙人。合伙人为自然人的，应当具有完全民事行为能力；

（二）有书面合伙协议；

（三）有合伙人认缴或者实际缴付的出资；

（四）有合伙企业的名称和生产经营场所；

（五）法律、行政法规规定的其他条件。

第十五条 合伙企业名称中应当标明“普通合伙”字样。

第十六条 合伙人可以用货币、实物、知识产权、土地使用权或者其他财产权利出资，也可以用劳务出资。

合伙人以实物、知识产权、土地使用权或者其他财产权利出资，需要评估作价的，可以由全体合伙人协商确定，也可以由全体合伙人委托法定评估机构评估。

合伙人以劳务出资的，其评估办法由全体合伙人协商确定，并在合伙协议中载明。

第十七条 合伙人应当按照合伙协议约定的出资方式、数额和缴付期限，履行出资义务。

以非货币财产出资的，依照法律、行政法规的规定，需要办理财产权转移手续的，应当依法办理。

第十八条 合伙协议应当载明下列事项：

（一）合伙企业的名称和主要经营场所的地点；

（二）合伙目的和合伙经营范围；

（三）合伙人的姓名或者名称、住所；

（四）合伙人的出资方式、数额和缴付期限；

（五）利润分配、亏损分担方式；

（六）合伙事务的执行；

（七）入伙与退伙；

（八）争议解决办法；

（九）合伙企业的解散与清算；

（十）违约责任。

第十九条 合伙协议经全体合伙人签名、盖章后生效。合伙人按照合伙协议享有权利，履行义务。

修改或者补充合伙协议，应当经全体合伙人一致同意；但是，合伙协议另有约定的除外。

合伙协议未约定或者约定不明确的事项，由合伙人协商决定；协商不成的，依照本法和其他有关法律、行政法规的规定处理。

第二节 合伙企业财产

第二十条 合伙人的出资、以合伙企业名义取得的收益和依法取得的其他财产，均为合伙企业的财产。

第二十一条 合伙人在合伙企业清算前，不得请求分割合伙企业的财产；但是，本法另有规定的除外。

合伙人在合伙企业清算前私自转移或者处分合伙企业财产的，合伙企业不得以此对抗善意第三人。

第二十二条 除合伙协议另有约定外，合伙人向合伙人以外的人转让其在合伙企业中的全部或者部分财产份额时，须经其他合伙人一致同意。

合伙人之间转让在合伙企业中的全部或者部分财产份额时，应当通知其他合伙人。

第二十三条 合伙人向合伙人以外的人转让其在合伙企业中的财产份额的，在同等条件下，其他合伙人有优先购买权；但是，合伙协议另有约定的除外。

第二十四条 合伙人以外的人依法受让合伙人在合伙企业中的财产份额的，经修改合伙协议即成为合伙企业的合伙人，依照本法和修改后的合伙协议享有权利，履行义务。

第二十五条 合伙人以其在合伙企业中的财产份额出质的，须经其他合伙人一致同意；未经其他合伙人一致同意，其行为无效，由此给善意第三人造成损失的，由行为人依法承担赔偿责任。

第三节 合伙事务执行

第二十六条 合伙人对执行合伙事务享有同等的权利。

按照合伙协议的约定或者经全体合伙人决定，可以委托一个或者数个合伙人对外代表合伙企业，执行合伙事务。

作为合伙人的法人、其他组织执行合伙事务的，由其委派的代表执行。

第二十七条 依照本法第二十六条第二款规定委托一个或者数个合伙人执行合伙事务的，其他合伙人不再执行合伙事务。

不执行合伙事务的合伙人有权监督执行事务合伙人执行合伙事务的情况。

第二十八条 由一个或者数个合伙人执行合伙事务的，执行事务合伙人应当定期向其他合伙人报告事务执行情况以及合伙企业的经营和财务状况，其执行合伙事务所产生的收益归合伙企业，所产生的费用和亏损由合伙企业承担。

合伙人为了解合伙企业的经营状况和财务状况，有权查阅合伙企业会计账簿等财务资料。

第二十九条 合伙人分别执行合伙事务的，执行事务合伙人可以对其他合伙人执行的事务提出异议。提出异议时，应当暂停该项事务的执行。如果发生争议，依照本法第三十条规定作出决定。

受委托执行合伙事务的合伙人不按照合伙协议或者全体合伙人的决定执行事务的，其他合伙人可以决定撤销该委托。

第三十条 合伙人对合伙企业有关事项作出决议，按照合伙协议约定的表决办法办理。合伙协议未约定或者约定不明确的，实行合伙人一人一票并经全体合伙人过半数通过的表决办法。

本法对合伙企业的表决办法另有规定的，从其规定。

第三十一条 除合伙协议另有约定外，合伙企业的下列事项应当经全体合伙人一致同意：

（一）改变合伙企业的名称；

（二）改变合伙企业的经营范围、主要经营场所的地点；

（三）处分合伙企业的不动产；

（四）转让或者处分合伙企业的知识产权和

其他财产权利；

（五）以合伙企业名义为他人提供担保；

（六）聘任合伙人以外的人担任合伙企业的经营管理人员。

第三十二条 合伙人不得自营或者同他人合作经营与本合伙企业相竞争的业务。

除合伙协议另有约定或者经全体合伙人一致同意外，合伙人不得同本合伙企业进行交易。合伙人不得从事损害本合伙企业利益的活动。

第三十三条 合伙企业的利润分配、亏损分担，按照合伙协议的约定办理；合伙协议未约定或者约定不明确的，由合伙人协商决定；协商不成的，由合伙人按照实缴出资比例分配、分担；无法确定出资比例的，由合伙人平均分配、分担。

合伙协议不得约定将全部利润分配给部分合伙人或者由部分合伙人承担全部亏损。

第三十四条 合伙人按照合伙协议的约定或者经全体合伙人决定，可以增加或者减少对合伙企业的出资。

第三十五条 被聘任的合伙企业的经营管理人员应当在合伙企业授权范围内履行职务。

被聘任的合伙企业的经营管理人员，超越合伙企业授权范围履行职务，或者在履行职务过程中因故意或者重大过失给合伙企业造成损失的，依法承担赔偿责任。

第三十六条 合伙企业应当依照法律、行政法规的规定建立企业财务、会计制度。

第四节 合伙企业与第三人关系

第三十七条 合伙企业对合伙人执行合伙事务以及对外代表合伙企业权利的限制，不得对抗善意第三人。

第三十八条 合伙企业对其债务，应先以其全部财产进行清偿。

第三十九条 合伙企业不能清偿到期债务的，合伙人承担无限连带责任。

第四十条 合伙人由于承担无限连带责任，清偿数额超过本法第三十三条第一款规定的其亏损分担比例的，有权向其他合伙人追偿。

第四十一条 合伙人发生与合伙企业无关的债务，相关债权人不得以其债权抵销其对合伙企业的债务；也不得代位行使合伙人在合伙企业中的权利。

第四十二条 合伙人的自有财产不足清偿其与合伙企业无关的债务的，该合伙人可以以其从合伙企业中分取的收益用于清偿；债权人也可以依法请求人民法院强制执行该合伙人在合伙企业中的财产份额用于清偿。

人民法院强制执行合伙人的财产份额时，应当通知全体合伙人，其他合伙人有优先购买权；其他合伙人未购买，又不同意将该财产份额转让给他人的，依照本法第五十一条的规定为该合伙人办理退伙结算，或者办理削减该合伙人相应财产份额的结算。

第五节 入伙、退伙

第四十三条 新合伙人入伙，除合伙协议另有约定外，应当经全体合伙人一致同意，并依法订立书面入伙协议。

订立入伙协议时，原合伙人应当向新合伙人如实告知原合伙企业的经营状况和财务状况。

第四十四条 入伙的新合伙人与原合伙人享有同等权利，承担同等责任。入伙协议另有约定的，从其约定。

新合伙人对入伙前合伙企业的债务承担无限连带责任。

第四十五条 合伙协议约定合伙期限的，在合伙企业存续期间，有下列情形之一的，合伙人可以退伙：

（一）合伙协议约定的退伙事由出现；

（二）经全体合伙人一致同意；

（三）发生合伙人难以继续参加合伙的事由；

（四）其他合伙人严重违反合伙协议约定的义务。

第四十六条 合伙协议未约定合伙期限的，合伙人在不给合伙企业事务执行造成不利影响的情况下，可以退伙，但应当提前三十日通知其他合伙人。

第四十七条 合伙人违反本法第四十五条、第四十六条的规定退伙的，应当赔偿由此给合伙企业造成的损失。

第四十八条 合伙人有下列情形之一的，当然退伙：

（一）作为合伙人的自然人死亡或者被依法宣告死亡；

（二）个人丧失偿债能力；

（三）作为合伙人的法人或者其他组织依法被吊销营业执照、责令关闭、撤销，或者被宣告破产；

（四）法律规定或者合伙协议约定合伙人必须具有相关资格而丧失该资格；

（五）合伙人在合伙企业中的全部财产份额被人民法院强制执行。

合伙人被依法认定为无民事行为能力人或者限制民事行为能力人的，经其他合伙人一致同意，可以依法转为有限合伙人，普通合伙企业依法转为有限合伙企业。其他合伙人未能一致同意的，该无民事行为能力或者限制民事行为能力的合伙人退伙。

退伙事由实际发生之日为退伙生效日。

第四十九条 合伙人有下列情形之一的，经其他合伙人一致同意，可以决议将其除名：

（一）未履行出资义务；

（二）因故意或者重大过失给合伙企业造成损失；

（三）执行合伙事务时有不正当行为；

（四）发生合伙协议约定的事由。

对合伙人的除名决议应当书面通知被除名人。被除名人接到除名通知之日，除名生效，被除名人退伙。

被除名人对除名决议有异议的，可以自接到除名通知之日起三十日内，向人民法院起诉。

第五十条 合伙人死亡或者被依法宣告死亡的，对该合伙人在合伙企业中的财产份额享有合法继承权的继承人，按照合伙协议的约定或者经全体合伙人一致同意，从继承开始之日起，取得该合伙企业的合伙人资格。

有下列情形之一的，合伙企业应当向合伙人的继承人退还被继承合伙人的财产份额：

（一）继承人不愿意成为合伙人；

（二）法律规定或者合伙协议约定合伙人必须具有相关资格，而该继承人未取得该资格；

（三）合伙协议约定不能成为合伙人的其他情形。

合伙人的继承人为无民事行为能力人或者限制民事行为能力人的，经全体合伙人一致同意，可以依法成为有限合伙人，普通合伙企业依法转为有限合伙企业。全体合伙人未能一致同意的，合伙企业应当将被继承合伙人的财产份额退还该继承人。

第五十一条 合伙人退伙，其他合伙人应当与该退伙人按照退伙时的合伙企业财产状况进行结算，退还退伙人的财产份额。退伙人对给合伙企业造成的损失负有赔偿责任的，相应扣减其应当赔偿的数额。

退伙时有未了结的合伙企业事务的，待该事务了结后进行结算。

第五十二条 退伙人在合伙企业中财产份额的退还办法，由合伙协议约定或者由全体合伙人决定，可以退还货币，也可以退还实物。

第五十三条 退伙人对基于其退伙前的原因发生的合伙企业债务，承担无限连带责任。

第五十四条 合伙人退伙时，合伙企业财产少于合伙企业债务的，退伙人应当依照本法第三十三条第一款的规定分担亏损。

第六节 特殊的普通合伙企业

第五十五条 以专业知识和专门技能为客户提供有偿服务的专业服务机构，可以设立为特殊的普通合伙企业。

特殊的普通合伙企业是指合伙人依照本法第五十七条的规定承担责任的普通合伙企业。

特殊的普通合伙企业适用本节规定；本节未作规定的，适用本章第一节至第五节的规定。

第五十六条 特殊的普通合伙企业名称中应当标明“特殊普通合伙”字样。

第五十七条 一个合伙人或者数个合伙人在执业活动中因故意或者重大过失造成合伙企业债务的，应当承担无限责任或者无限连带责任，其他合伙人以其在合伙企业中的财产份额为限承担责任。

合伙人在执业活动中非因故意或者重大过失造成的合伙企业债务以及合伙企业的其他债务，由全体合伙人承担无限连带责任。

第五十八条 合伙人执业活动中因故意或者重大过失造成的合伙企业债务，以合伙企业财产对外承担责任后，该合伙人应当按照合伙协议的约定对给合伙企业造成的损失承担赔偿责任。

第五十九条 特殊的普通合伙企业应当建立执业风险基金、办理职业保险。

执业风险基金用于偿付合伙人执业活动造成的债务。执业风险基金应当单独立户管理。具体管理办法由国务院规定。

第三章 有限合伙企业

第六十条 有限合伙企业及其合伙人适用本章规定；本章未作规定的，适用本法第二章第一节至第五节关于普通合伙企业及其合伙人的规定。

第六十一条 有限合伙企业由二个以上五十个以下合伙人设立；但是，法律另有规定的除外。

有限合伙企业至少应当有一个普通合伙人。

第六十二条 有限合伙企业名称中应当标明“有限合伙”字样。

第六十三条 合伙协议除符合本法第十八条的规定外，还应当载明下列事项：

（一）普通合伙人和有限合伙人的姓名或者名称、住所；

（二）执行事务合伙人应具备的条件和选择程序；

（三）执行事务合伙人权限与违约处理办法；

（四）执行事务合伙人的除名条件和更换程序；

（五）有限合伙人入伙、退伙的条件、程序以及相关责任；

（六）有限合伙人和普通合伙人相互转变程序。

第六十四条 有限合伙人可以用货币、实物、知识产权、土地使用权或者其他财产权利作价出资。

有限合伙人不得以劳务出资。

第六十五条 有限合伙人应当按照合伙协议的约定按期足额缴纳出资；未按期足额缴纳的，应当承担补缴义务，并对其他合伙人承担违约责任。

第六十六条 有限合伙企业登记事项中应当载明有限合伙人的姓名或者名称及认缴的出资数额。

第六十七条 有限合伙企业由普通合伙人执行合伙事务。执行事务合伙人可以要求在合伙协议中确定执行事务的报酬及报酬提取方式。

第六十八条 有限合伙人不执行合伙事务，不得对外代表有限合伙企业。

有限合伙人的下列行为，不视为执行合伙事务：

（一）参与决定普通合伙人入伙、退伙；

（二）对企业的经营管理提出建议；

（三）参与选择承办有限合伙企业审计业务的会计师事务所；

（四）获取经审计的有限合伙企业财务会计报告；

（五）对涉及自身利益的情况，查阅有限合伙企业财务会计账簿等财务资料；

（六）在有限合伙企业中的利益受到侵害时，向有责任的合伙人主张权利或者提起诉讼；

（七）执行事务合伙人怠于行使权利时，督促其行使权利或者为了本企业的利益以自己的名义提起诉讼；

（八）依法为本企业提供担保。

第六十九条 有限合伙企业不得将全部利润分配给部分合伙人；但是，合伙协议另有约定的除外。

第七十条 有限合伙人可以同本有限合伙企业进行交易；但是，合伙协议另有约定的除外。

第七十一条 有限合伙人可以自营或者同他人合作经营与本有限合伙企业相竞争的业务；但是，合伙协议另有约定的除外。

第七十二条 有限合伙人可以将其在有限合伙企业中的财产份额出质；但是，合伙协议另有约定的除外。

第七十三条 有限合伙人可以按照合伙协议的约定向合伙人以外的人转让其在有限合伙企业中的财产份额，但应当提前三十日通知其他合伙人。

第七十四条 有限合伙人的自有财产不足清偿其与合伙企业无关的债务的，该合伙人可以以其从有限合伙企业中分取的收益用于清偿；债权人也可以依法请求人民法院强制执行该合伙人在有限合伙企业中的财产份额用于清偿。

人民法院强制执行有限合伙人的财产份额

时，应当通知全体合伙人。在同等条件下，其他合伙人有优先购买权。

第七十五条　有限合伙企业仅剩有限合伙人的，应当解散；有限合伙企业仅剩普通合伙人的，转为普通合伙企业。

第七十六条　第三人有理由相信有限合伙人为普通合伙人并与其交易的，该有限合伙人对该笔交易承担与普通合伙人同样的责任。

有限合伙人未经授权以有限合伙企业名义与他人进行交易，给有限合伙企业或者其他合伙人造成损失的，该有限合伙人应当承担赔偿责任。

第七十七条　新入伙的有限合伙人对入伙前有限合伙企业的债务，以其认缴的出资额为限承担责任。

第七十八条　有限合伙人有本法第四十八条第一款第一项、第三项至第五项所列情形之一的，当然退伙。

第七十九条　作为有限合伙人的自然人在有限合伙企业存续期间丧失民事行为能力的，其他合伙人不得因此要求其退伙。

第八十条　作为有限合伙人的自然人死亡、被依法宣告死亡或者作为有限合伙人的法人及其他组织终止时，其继承人或者权利承受人可以依法取得该有限合伙人在有限合伙企业中的资格。

第八十一条　有限合伙人退伙后，对基于其退伙前的原因发生的有限合伙企业债务，以其退伙时从有限合伙企业中取回的财产承担责任。

第八十二条　除合伙协议另有约定外，普通合伙人转变为有限合伙人，或者有限合伙人转变为普通合伙人，应当经全体合伙人一致同意。

第八十三条　有限合伙人转变为普通合伙人的，对其作为有限合伙人期间有限合伙企业发生的债务承担无限连带责任。

第八十四条　普通合伙人转变为有限合伙人的，对其作为普通合伙人期间合伙企业发生的债务承担无限连带责任。

第四章　合伙企业解散、清算

第八十五条　合伙企业有下列情形之一的，应当解散：

（一）合伙期限届满，合伙人决定不再经营；

（二）合伙协议约定的解散事由出现；

（三）全体合伙人决定解散；

（四）合伙人已不具备法定人数满三十天；

（五）合伙协议约定的合伙目的已经实现或者无法实现；

（六）依法被吊销营业执照、责令关闭或者被撤销；

（七）法律、行政法规规定的其他原因。

第八十六条　合伙企业解散，应当由清算人进行清算。

清算人由全体合伙人担任；经全体合伙人过半数同意，可以自合伙企业解散事由出现后十五日内指定一个或者数个合伙人，或者委托第三人，担任清算人。

自合伙企业解散事由出现之日起十五日内未确定清算人的，合伙人或者其他利害关系人可以申请人民法院指定清算人。

第八十七条　清算人在清算期间执行下列事务：

（一）清理合伙企业财产，分别编制资产负债表和财产清单；

（二）处理与清算有关的合伙企业未了结事务；

（三）清缴所欠税款；

（四）清理债权、债务；

（五）处理合伙企业清偿债务后的剩余财产；

（六）代表合伙企业参加诉讼或者仲裁活动。

第八十八条　清算人自被确定之日起十日内将合伙企业解散事项通知债权人，并于六十日内在报纸上公告。债权人应当自接到通知书之日起三十日内，未接到通知书的自公告之日起四十五日内，向清算人申报债权。

债权人申报债权，应当说明债权的有关事项，并提供证明材料。清算人应当对债权进行登记。

清算期间，合伙企业存续，但不得开展与清算无关的经营活动。

第八十九条　合伙企业财产在支付清算费用和职工工资、社会保险费用、法定补偿金以及缴纳所欠税款、清偿债务后的剩余财产，依照本法

第三十三条第一款的规定进行分配。

第九十条 清算结束，清算人应当编制清算报告，经全体合伙人签名、盖章后，在十五日内向企业登记机关报送清算报告，申请办理合伙企业注销登记。

第九十一条 合伙企业注销后，原普通合伙人对合伙企业存续期间的债务仍应承担无限连带责任。

第九十二条 合伙企业不能清偿到期债务的，债权人可以依法向人民法院提出破产清算申请，也可以要求普通合伙人清偿。

合伙企业依法被宣告破产的，普通合伙人对合伙企业债务仍应承担无限连带责任。

第五章 法律责任

第九十三条 违反本法规定，提交虚假文件或者采取其他欺骗手段，取得合伙企业登记的，由企业登记机关责令改正，处以五千元以上五万元以下的罚款；情节严重的，撤销企业登记，并处以五万元以上二十万元以下的罚款。

第九十四条 违反本法规定，合伙企业未在其名称中标明“普通合伙”、“特殊普通合伙”或者“有限合伙”字样的，由企业登记机关责令限期改正，处以二千元以上一万元以下的罚款。

第九十五条 违反本法规定，未领取营业执照，而以合伙企业或者合伙企业分支机构名义从事合伙业务的，由企业登记机关责令停止，处以五千元以上五万元以下的罚款。

合伙企业登记事项发生变更时，未依照本法规定办理变更登记的，由企业登记机关责令限期登记；逾期不登记的，处以二千元以上二万元以下的罚款。

合伙企业登记事项发生变更，执行合伙事务的合伙人未按期申请办理变更登记的，应当赔偿由此给合伙企业、其他合伙人或者善意第三人造成的损失。

第九十六条 合伙人执行合伙事务，或者合伙企业从业人员利用职务上的便利，将应当归合伙企业的利益据为己有的，或者采取其他手段侵占合伙企业财产的，应当将该利益和财产退还合伙企业；给合伙企业或者其他合伙人造成损失的，依法承担赔偿责任。

第九十七条 合伙人对本法规定或者合伙协议约定必须经全体合伙人一致同意始得执行的事务擅自处理，给合伙企业或者其他合伙人造成损失的，依法承担赔偿责任。

第九十八条 不具有事务执行权的合伙人擅自执行合伙事务，给合伙企业或者其他合伙人造成损失的，依法承担赔偿责任。

第九十九条 合伙人违反本法规定或者合伙协议的约定，从事与本合伙企业相竞争的业务或者与本合伙企业进行交易的，该收益归合伙企业所有；给合伙企业或者其他合伙人造成损失的，依法承担赔偿责任。

第一百条 清算人未依照本法规定向企业登记机关报送清算报告，或者报送清算报告隐瞒重要事实，或者有重大遗漏的，由企业登记机关责令改正。由此产生的费用和损失，由清算人承担和赔偿。

第一百零一条 清算人执行清算事务，牟取非法收入或者侵占合伙企业财产的，应当将该收入和侵占的财产退还合伙企业；给合伙企业或者其他合伙人造成损失的，依法承担赔偿责任。

第一百零二条 清算人违反本法规定，隐匿、转移合伙企业财产，对资产负债表或者财产清单作虚假记载，或者在未清偿债务前分配财产，损害债权人利益的，依法承担赔偿责任。

第一百零三条 合伙人违反合伙协议的，应当依法承担违约责任。

合伙人履行合伙协议发生争议的，合伙人可以通过协商或者调解解决。不愿通过协商、调解解决或者协商、调解不成的，可以按照合伙协议约定的仲裁条款或者事后达成的书面仲裁协议，向仲裁机构申请仲裁。合伙协议中未订立仲裁条款，事后又没有达成书面仲裁协议的，可以向人民法院起诉。

第一百零四条 有关行政管理机关的工作人员违反本法规定，滥用职权、徇私舞弊、收受贿赂、侵害合伙企业合法权益的，依法给予行政处分。

第一百零五条 违反本法规定，构成犯罪的，依法追究刑事责任。

第一百零六条 违反本法规定，应当承担民事赔偿责任和缴纳罚款、罚金，其财产不足以同时支付的，先承担民事赔偿责任。

第六章　附　　则

第一百零七条　非企业专业服务机构依据有关法律采取合伙制的，其合伙人承担责任的形式可以适用本法关于特殊的普通合伙企业合伙人承担责任的规定。

第一百零八条　外国企业或者个人在中国境内设立合伙企业的管理办法由国务院规定。

第一百零九条　本法自 2007 年 6 月 1 日起施行。

第七章　中外合资经营企业法

材料导读

我国的外资引进工作始于20世纪70年代末的改革开放，从党的十一届三中全会作出改革开放的重大决策至中共十八大胜利召开后的今天，外商进入中国市场投资已近40年。在这近40年改革开放的征程中，中国从计划经济转向市场经济。在这个转型的市场中，外商在华的投资战略及策略发生了质的变化，由零星分散的随意合资、试探性投资转向规模化、系统化并购控股战略投资。这近40年大致分成三个阶段：1979～1992年是第一阶段，即从十一届三中全会确定改革开放到1992年邓小平“南方谈话”。我们把这称为呼唤外资阶段。在这个阶段，中国政府是摸着石头过河，改革开放到底开放到什么程度，不是很清楚，外商在这个时候也是试探性的投资，投资的方式主要以新设投资，即以建立中外合资企业、合作企业作为到中国投资的主要形式，投资主体以香港、澳门、台湾地区投资者居多，投资领域多集中在劳动密集型产业，直接投资控股的情况较少。虽然外资控股项目在比例、外资额，项目数逐年增加，但外商在华直接投资控股与外商在华投资的总数相比还是少额的。

1992～2001年是第二个阶段，即从邓小平“南方谈话”到中国加WTO，我们把它称为外资扩张阶段，在这个阶段，经过20世纪80年代的重复引进、重复建设、重复生产，导致生产和市场集中程度提高，市场竞争激烈，很多企业在激烈的市场竞争中面临生存和发展的危机，国内市场出现了竞争外资和外资竞争的局面，为了摆脱危机走出困境，中国政府对外开放的程度不断扩大，用优惠的政策引进外资，而外商经过第一阶段试探性投资熟悉了中国市场，且在华经营经验越来越丰富，他们坚信我国政府对外开放的决心，更是看好中国广阔的市场前景。

2001年至今是第三阶段，即从中国加入WTO到中共十八大的胜利召开。外商在华投资由并购控股扩张阶段向控股控市阶段发展。这主要体现在外商有意识地在一些行业和地区形成控制和准控制局面。跨国公司人为地把中国市场纳入其全球战略体系之中，对中国市场进行规模化、系统化的整合。中方企业只是作为跨国公司进入中国市场的一个载体，是跨国公司全球战略投资链带中一个节点或一个加工基地。

一、中外合资经营企业的概念与特征

中外合资经营企业（简称“合营企业”）是我国外商投资企业中最常见的企业形式，它是指外国的公司、企业和其他经济组织或个人同中国的公司、企业或其他经济组织依照中国法律在中国境内共同投资、共同经营、共担风险、共负盈亏的企业法人组织。

中外合资经营企业具有以下特点。

1. 由外方与中方共同举办

根据《中华人民共和国中外合资经营企业法》（以下简称《中外合资经营企业法》）的规定，外国合资者可以是公司、企业、其他经济组织，也可以是个人；中国合资者是指中国的公司、企业或其他经济组织。这里所指的“公司、企业或其他经济组织”，应指依中国法律程序，经核准、登记注册，获得主体资格的经济实体。中国的各级政府部门及其行政管理部门，以及其他不具备合资条件的组织，不能与外国投资者举办合资经营企业。

2. 双方共同出资

合营企业是由外国投资者与中国投资者共同举办的，合资各方所出的资本构成合资企业的财产，成为合资企业进行经营活动和对外承担债务的基础；同时，合资各方也通常依各自的出资比例享受权利，承担义务。

3. 双方共同经营管理

合营企业是由合资各方共同管理的。合资各方通过设立一定的组织管理机构，参加对企业的经营管理。

4. 双方共担风险，共负盈亏

根据我国《中外合资经营企业法》的规定，合资各方按照出资比例分享利润，分担风险。对合资企业的债务，合资各方按各自认缴的出资额对企业的债务承担责任。

5. 企业形式是中国法人

合营企业设在中国境内，依照中国法律设立，是中国法人。

二、中外合资经营企业的设立

（一）中外合资经营企业的设立条件

合营企业的设立条件宽松，只要能够促进中国经济的发展和科学技术水平的提高，有利于现代化建设，就可以设立。但有下列情形之一的，不予以批准：（1）有损中国主权的；（2）违反中国法律的；（3）不符合中国国民经济发展要求的；（4）造成环境污染的；（5）签订的协议、合同、章程显属不公平，损害合营一方权益的。

（二）中外合资经营企业的设立程序

1. 申请

由中国合营者向企业的主管部门呈报拟与外国合营者设立合营企业的项目建议书和

初步可行性研究报告。该建议书和初步可行性研究报告经企业的主管部门审查同意并转报审批机构批准后，合营各方才能进行以可行性研究为中心的各项工作，协商合营企业的协议、合同、章程。此外，如果合营各方已就合营事宜形成一致意见，应先行向国家工商管理机关申请合营企业名称的预先核准。并且，中方合营者负责向审批机构报送以下文件：设立合营企业的申请书；合营各方共同编制的可行性研究报告；由合营各方授权代表签署的合营企业协议、合同和章程；由合营各方委派的合营企业董事长、副董事长、董事人选名单；中国合营者的企业主管部门和合营企业所在地的省、自治区、直辖市人民政府对设立该合营企业签署的意见。

2. 审批

审批机构包括对外经济贸易部和对外经济贸易部委托有关的省、自治区、直辖市人民政府或国务院有关部、局。审批机构自收到上述全部文件之日起3个月内决定批准或者不批准。审批机构如发现送审的文件有不妥之处，须在1个月内提出，否则视为同意。对于符合条件给予批准的，应签发批准证书。

3. 登记

申请者应在得到批准后的1个月之内，凭批准证书、合同、章程、场地使用文件、企业名称预先核准通知书等向合营企业所在地的省、自治区、直辖市的工商行政管理局办理登记手续，领取企业法人营业执照。合营企业营业执照的签发日期，即为合营企业的成立日期。

（三）中外合资经营企业在设立过程中的法律文件

（1）中外合资经营企业协议，是指合营各方对设立合营企业的某些要点和原则达成一致意见而订立的文件。其主要内容是确定出资者共同举办合营企业的权利和义务关系，明确投资各方的投资责任、投资期限、投资方式、经营项目以及其他与投资活动有关的内容。经合营各方同意，可以不签订协议而只订立合同和章程。

（2）中外合资经营企业合同，是指合营各方为设立合营企业，就相互权利、义务关系达成一致意见而订立的文件。中外合资经营企业合同不仅包括协议的内容，还包括在整个合营期限内合营各方的权利义务关系，具体包括：合营各方的名称、注册国家、法定地址和法定代表人的姓名、职务、国籍；合营企业名称、法定地址、宗旨、经营范围和规模；合营企业的投资总额，注册资本，合营各方的出资额、出资比例、出资方式、出资的缴付期限以及出资额欠缴、股权转让的规定；合营各方利润分配和亏损分担的比例；合营企业董事会的组成、董事名额的分配以及总经理、副总经理及其他高级管理人员的职责、权限和聘用办法；采用的主要生产设备、生产技术及其来源；原材料购买和产品销售方式；财务、会计、审计的处理原则；有关劳动管理、工资、福利、劳动保险等事项的规定；合营企业期限、解散及清算程序；违反合同的责任；解决合营各方之间争议的方式和程序；合同文本采用的文字和合同生效的条件。合营企业协议与合营企业合同有抵触时，以合营企业合同为准。

（3）中外合资经营企业章程，是指按照合营各方规定的原则，经合营各方同意，规定合营的宗旨、组织原则和经营管理方法等事项的文件。合营企业章程也是合营企业作为企业法人成立的必要条件之一。合营企业章程应包括下列内容：合营企业名称及法定地址；合营企业的宗旨、经营范围和合营期限；合营各方的名称、注册国家、法定地址、法定代表人的姓名、职务、国籍；合营企业的投资总额，注册资本，合营各方的出资额、出资比例、出资方式、出资缴付期限、股权转让的规定，利润分配和亏损分担的比例；董事会的组成、职权和议事规则，董事的任期，董事长、副董事长的职责；管理机构的设置，办事规则，总经理、副总经理及其他高级管理人员的职责和任免方法；财务、会计、审计制度的原则；解散和清算；章程修改的程序等。以上三个法律文件制作完备后，需提交对外经济贸易部门核准审批后方为有效。章程应由合资各方代表签署。三项文件的修改也要经审批核准。

三、中外合资经营企业的投资

（一）注册资本和投资总额

1. 注册资本

注册资本亦称法定资本，是指为设立合营企业在登记管理机构登记的资本总额，应为各方认缴的出资之和。合营企业的组织形式为有限责任公司。合营各方以其出资对合营企业承担有限责任。因而，注册资本不仅是合营企业进行商业活动的基本物质条件，也是通过法律的强制性对债权人利益的担保。注册资本一旦投入就不允许投资者任意减少或撤回。合营企业的注册资本可以以人民币表示，也可以以外国货币表示。注册资本也是投资者股权的体现和利润分配的法律根据。在注册资本中，外国合营者的投资比例不得低于25%。但是在某些特定的行业我国政府规定了中方的最低投资比例，例如在航空业中，中方的出资比例不能低于51%，外国投资者加入中方已有的航空企业，最高不能超过35%。

合营企业在经营期间，其注册资本可以增加或转让。任何一方如将注册资本转让，必须经过他方的同意，并报审批机构批准，完成变更登记。合营一方转让出资额的，他方有优先购买权。

2. 投资总额

合营企业的投资总额是指按照合营企业合同或者章程规定的生产规模需要投入的基本建设资金和生产流动资金。投资总额是注册资本与企业借入资本之和。借入资本是指为弥补投资总额的不足，以合资企业的名义或者以项目的名义向金融机构融资的资本。

3. 注册资本和投资总额的比例

根据我国相关法律的规定，合资企业的注册资本和投资总额应当符合以下的比例：投资总额在300万美元（含本数，下同）以下的，注册资本至少应占其中的7/10；合资企业的投资总额在300万美元以上1000万美元以下的，注册资本至少应占其中的1/2，其中投资总额在420万美元以下的，注册资本不得低于210万美元；合资企业的投资总额在1000万美元以上3000万美元以下的，注册资本至少应占其中的2/5，其中投资总额在1250万美元以下的，注册资本不得低于500万美元；合资企业的投资总额在3000万美元以上的，注册资本至少应占其中的1/3，其中投资总额在3600万美元以下的，注册资本不得低于1200万美元。

（二）出资方式和出资期限

合营者可以用货币出资，也可以用建筑物、厂房、机器设备或其他物料、工业产权、专有技术、场地使用权等作价出资。以建筑物、厂房、机器设备或其他物料、工业产权、专有技术、场地使用权作价出资的，其作价由合营各方按照公平合理的原则协商确定，或聘请合营各方同意的第三者评定。外国合营者作为投资的技术和设备，必须确实是适合我国需要的先进技术和设备。中国合营者以场地使用权作价出资的，应由中方向土地管理部门提出申请，经审查批准后方可进行投资，并由中方向政府补缴土地使用费。

合营企业的投资者履行出资义务必须符合法律的规定，不得进行欺诈。中外出资者按照合营合同的规定向合营企业认缴的出资，必须是投资者现有的资金，自己所有并且未设立任何担保物权的实物、工业产权、专有技术等。凡是以实物、工业产权、专有技术作价出资的，应当出具拥有所有权和处置权的证明。合营企业任何一方不得用以合营企业的名义取得的贷款、租赁的设备或者其他财产以及合营者以外的第三人的财产作为自己一方的出资，也不得以合营企业的财产和权益或者合营他方的财产和权益为其出资设定担保。

合营企业的出资期限由合营各方依照法律的规定在合营合同中约定。合营各方应按照合同的规定履行出资义务，逾期不履行或不完全履行的，应按合同的规定支付迟延利息或赔偿损失。

四、中外合资经营企业的组织机构与管理

（一）中外合资经营企业的组织机构

中外合资企业的组织形式是有限责任公司，其在管理体制上的特点是不设股东会。董事会既是企业的决策机构，也是企业的权力机构。董事会下设经理机构，实行董事会领导下的总经理负责制。企业的组织机构的问题，应适用《中华人民共和国公司法》的有关规定。

1. 董事会

董事会是合资企业的最高权力机构，根据合资企业章程的规定，讨论决定合资企业的一切重大问题。其具体职权包括：讨论决定企业的发展规划，生产经营活动方案，收支预算，利润分配，劳动工资计划，停业，以及总经理、副总经理、总会计师、审计师的任命或聘请及其职权或待遇等。

董事会的人数由合营各方协商，在合同、章程中确定，并由合营各方委派或撤换。董事会的人数不得少于3人。董事的名额分配，由合营各方参照出资比例商定。董事的任期为4年，可以连任。董事长是合资企业的法定代表人，董事长、副董事长由合营各方协商确定或者由董事会选举产生。中外合资企业中，一方担任董事长的，副董事长由另一方担任。

董事会会议每年至少召开一次，经1/3以上的董事提议，可以召开临时董事

会会议。董事会会议应有 2/3 以上的董事出席方能举行，由董事长负责召集或主持。董事长不能召集时，由董事长委托副董事长或者其他董事召集主持董事会会议。

有关合营企业的以下事项应由出席会议的董事的一致通过方可作出决议：合营企业章程的修改；合营企业的中止、解散；合营企业注册资本的增加、转让；合营企业与其他经济组织的合并。其他事项的表决，可以根据章程规定的议事规则进行。

2. 经营管理机构

合营企业实行在董事会领导下的总经理负责制。合资经营企业的经营管理机构，负责日常的经营管理工作。经营管理机构设总经理一人，副总经理若干人。总经理、副总经理由合营企业董事会聘任，可以由中国公民担任，也可以由外国公民担任。经董事会聘请，董事会成员可以兼任合营企业的总经理、副总经理或者其他高级管理职务。总经理执行董事会会议的各项决议，负责企业的生产经营指挥和日常工作。在董事会授权的范围内，总经理对外代表合营企业，对内任免下属人员，行使董事会授予的其他职权。总经理的职权应由公司章程明确，一般来讲包括：执行董事会决议；提供并不断完善符合法律、法规的公司各项规章制度；向董事会提名除副总经理以外的中高级管理人员的任免、聘用或者解聘；任免下属机构负责人；领导企业的生产经营活动、科研活动、公共关系以及销售活动；在职权范围内，统一调度、使用、处置企业财产；受董事会的委托，代表合营企业参与诉讼、仲裁等司法程序等。总经理和副总经理不得兼任其他经济组织的总经理或副总经理，不得参与其他商业组织对本企业的竞争。总经理、副总经理或其他高级管理人员有营私舞弊的行为或者其他失职行为时，经董事会决议可以随时解聘。

（二）中外合资企业的管理

1. 合营企业的生产经营管理

合营企业制定的生产经营计划，由董事会执行，报企业主管部门备案。企业的主管部门和各级计划管理部门不得对合营企业下达指令性的生产经营计划。合营企业所需的机器设备、原材料、燃料、配套件、运输工具和办公用品等物资，有权自行决定在中国购买或向国外购买。中国政府鼓励合营企业向国际市场销售其产品。

2. 合营企业的利润分配

合营企业的销售收入扣除成本，缴纳企业所得税后，即为合营企业的净利润或叫税后利润。根据我国法律，净利润应当依以下原则分配：提取储备基金、职工奖励及福利基金、企业发展基金。该三项基金的扣除比例法律没有规定，可由董事会根据企业自身的情况决定。企业的储备基金除用于弥补合营企业的亏损外，也可以用于本企业增加资本。三项基金扣除后的余额，按合营各方的出资比例进行分配。外方欲将分得的利润再行在中国投资的，可以申请减免税收；如要汇出国外，则应经中国银行按外汇管理法规定办理。

五、中外合资经营企业的期限、解散与清算

（一）中外合资经营企业的期限

中外合资经营企业的合营期限，根据不同的行业和项目作不同的约定。有的行业的合资企业应当在约定合营期限，有的行业的合资企业可以约定合营期限，也可以不约定合营期限。约定合营期限的，一般的项目期限为10～30年，投资大、回收周期长、利润率低的项目，或产品有竞争能力、外方提供了尖端技术的可延长至50年，经国务院特别批准的项目可以超过50年。合营企业的合营期限，由合营各方在合营企业协议、合同、章程中规定。合营期限从合营企业营业执照签发之日起计算。合营各方如同意延长合营期限，应在合营期满前6个月，向审批机构报送由合营各方授权代表签署的延长合营期限的申请书。审批机构应在接到申请书之日起1个月内批复。合营期限的延长经批准后，应及时办理变更登记手续。

（二）中外合资经营企业的解散和清算

1. 合营企业的解散

根据我国法律的规定，合营企业在下列情况下解散：合营期限届满；企业发生严重亏损，无力继续经营；合营一方不履行合营企业协议、合同、章程规定的义务，致使企业无法继续经营；因自然灾害、战争等不可抗力遭受严重损失，无法继续经营；合营企业未达到其经营目的，同时又无发展前途；合营企业合同、章程规定的其他解散原因已经出现。合营企业解散，除因期限届满的，其他情况下应由董事会提出解散申请书，报审批机关批准。在第三种情况下，不履行合营企业协议、合同、章程规定的义务的一方，应对合营企业由此造成的损失负赔偿责任。

2. 合营企业的清算

合营企业宣告解散时，董事会应提出清算程序、原则和清算委员会人选、报企业主管部门审核并监督清算。清算委员会的成员一般应在合营企业的董事会中选任。董事不能担任或不适合担任清算委员会成员时，合营企业可以聘请在中国注册的会计师、律师担任。审批机构可派人监督。

清算委员会对合营企业的财产、债权、债务进行全面清查，编制资产负债表和财产目录，提出财产作价和计算依据，制订清算方案，提请董事会会议通过后执行。在清算期间，清算委员会代表合营企业起诉和应诉。合营企业以其全部资产对其债务承担责任。合营企业清偿债务后的剩余财产按照合营各方的出资比例进行分配。

合营企业的清算工作结束后，由清算委员会提出清算结束报告，提请董事会会议通过后，报原审批机关，并办理注销登记手续，缴销营业执照。

案例探讨

2009年3月，美国哈弗公司与中国绿鞋公司订立合同，约定哈弗公司以现金、机器设备和专有技术合计300万美元出资，绿鞋公司以场地使用权、厂房和流动资金合计100万美元出资，在上海设立一家中外合资企业。请回答双方最后商定，合营企业增资

100万美元，用于支付上述设备款和补充流动资金，为此，双方应当履行哪些法定手续？

法律链接

中华人民共和国中外合资经营企业法

（1979年7月1日第五届全国人民代表大会第二次会议通过，根据1990年4月4日第七届全国人民代表大会第三次会议《关于修改〈中华人民共和国中外合资经营企业法〉的决定》修正，根据2001年3月15日第九届全国人民代表大会第四次会议《关于修改〈中华人民共和国中外合资经营企业法〉的决定》第二次修正）

第一条 中华人民共和国为了扩大国际经济合作和技术交流，允许外国公司、企业和其他经济组织或个人（以下简称“外国合营者”），按照平等互利的原则，经中国政府批准，在中华人民共和国境内，同中国的公司、企业或其他经济组织（以下简称“中国合营者”）共同举办合营企业。

第二条 中国政府依法保护外国合营者按照经中国政府批准的协议、合同、章程在合营企业的投资应分得的利润和其他合法权益。

合营企业的一切活动应遵守中华人民共和国法律、法规的规定。

国家对合营企业不实行国有化和征收；在特殊情况下，根据社会公共利益的需要，对合营企业可以依照法律程序实行征收，并给予相应的补偿。

第三条 合营各方签订的合营协议、合同、章程，应报国家对外经济贸易主管部门（以下称“审查批准机关”）审查批准。审查批准机关应在三个月内决定批准或不批准。合营企业经批准后，向国家工商行政管理主管部门登记，领取营业执照，开始营业。

第四条 合营企业的形式为有限责任公司。

在合营企业的注册资本中，外国合营者的投资比例一般不低于25%。

合营各方按注册资本比例分享利润和分担风险及亏损。

合营者的注册资本如果转让必须经合营各方同意。

第五条 合营企业各方可以现金、实物、工业产权等进行投资。

外国合营者作为投资的技术和设备，必须确实是适合我国需要的先进技术和设备。如果有意以落后的技术和设备进行欺骗，造成损失的，应赔偿损失。

中国合营者的投资可包括为合营企业经营期间提供的场地使用权。如果场地使用权未作为中国合营者投资的一部分，合营企业应向中国政府缴纳使用费。

上述各项投资应在合营企业的合同和章程中加以规定，其价格（场地除外）由合营各方评议商定。

第六条 合营企业设董事会，其人数组成由合营各方协商，在合同章程中确定，并由合营各方委派和撤换。董事长和副董事长由合营各方协商确定或由董事会选举产生。中外合营者的一方担任董事长的，由他方担任副董事长。董事会根据平等互利的原则，决定合营企业的重大问题。

董事会的职权是按合营企业章程规定，讨论决定合营企业的一切重大问题：企业发展规划、生产经营活动方案、收支预算、利润分配、劳动工资计划、停业，以及总经理 副总经理 总工程师 总会计师 审计师的任命或聘请及其职权和待遇等。

正副总经理（或正副厂长）由合营各方分别担任。

合营企业职工的录用、辞退、报酬、福利、劳动保护、劳动保险等事项，应当依法通过订立合同加以规定。

第七条 合营企业的职工依法建立工会组织，开展工会活动，维护职工的合法权益。

合营企业应当为本企业工会提供必要的活动

条件。

第八条 合营企业获得的毛利润，按中华人民共和国税法规定缴纳合营企业所得税后，扣除合营企业章程规定的储备基金、职工奖励及福利基金、企业发展基金，净利润根据合营各方注册资本的比例进行分配。

合营企业依照国家有关税收的法律和行政法规的规定，可以享受减税、免税的优惠待遇。

外国合营者将分得的净利润用于在中国境内再投资时，可申请退还已缴纳的部分所得税。

第九条 合营企业应凭营业执照在国家外汇管理机关允许经营外汇业务的银行或其他金融机构开立外汇账户。

合营企业的有关外汇事宜，应遵照中华人民共和国外汇管理条例办理。

合营企业在其经营活动中，可直接向外国银行筹措资金。

合营企业的各项保险应向中国境内的保险公司投保。

第十条 合营企业在批准的经营范围内所需的原材料、燃料等物资，按照公平合理的原则，可以在国内市场或者在国际市场购买。鼓励合营企业向中国境外销售产品。出口产品可由合营企业直接或与其有关的委托机构向国外市场出售，也可通过中国的外贸机构出售。合营企业产品也可在中国市场销售。

合营企业需要时可在中国境外设立分支机构。

第十一条 外国合营者在履行法律和协议合同规定的义务后分得的净利润，在合营企业期满或者中止时所分得的资金以及其他资金，可按合营企业合同规定的货币，按外汇管理条例汇往国外。

鼓励外国合营者将可汇出的外汇存入中国银行。

第十二条 合营企业的外籍职工的工资收入和其他正当收入，按中华人民共和国税法缴纳个人所得税后，可按外汇管理条例汇往国外。

第十三条 合营企业的合营期限，按不同行业、不同情况，作不同的约定。有的行业的合营企业，应当约定合营期限；有的行业的合营企业，可以约定合营期限，也可以不约定合营期限。约定合营期限的合营企业，合营各方同意延长合营期限的，应在距合营期满六个月前向审查批准机关提出申请。审查批准机关应自接到申请之日起一个月内决定批准或不批准。

第十四条 合营企业如发生严重亏损、一方不履行合同和章程规定的义务不可抗力等，经合营各方协商同意，报请审查批准机关批准，并向国家工商行政管理主管部门登记，可终止合同。如果因违反合同而造成损失的，应由违反合同的一方承担经济责任。

第十五条 合营各方发生纠纷，董事会不能协商解决时，由中国仲裁机构进行调解或仲裁，也可由合营各方协议在其他仲裁机构仲裁。合营各方没有在合同中订有仲裁条款的或者事后没有达成书面仲裁协议的，可以向人民法院起诉。

第十六条 本法自公布之日起生效。

第八章 中外合作经营企业法

材料导读

《中外合作经营企业法》第21条规定："中外合作者在合作企业合同中约定合作期满时合作企业的全部固定资产归中国合作者所有的，可以在合作企业合同中约定外国合作者在合作期限内先行回收投资的办法。合作企业合同约定外国合作者在缴纳所得税前回收投资的，必须向财政税务机关提出申请，由财政税务机关依照国家有关税收的规定审查批准。依照前款规定外国合作者在合作期限内先行回收投资的，中外合作者应当依照有关法律的规定和合作企业合同的约定对合作企业的债务承担责任。"此条规定肯定了外国合作者在合作期限内可以先行回收投资。目前，理论界对先行回收投资法律性质的认识，大致有四种观点：第一种观点，把先行回收投资等同于抽回、减少注册资本；第二种观点，将先行回收投资视为资本的转让；第三种观点，把先行回收投资视为保本经营；第四种观点，将先行回收投资性质上视为一种让利性的优惠措施，属国家对外商投资的促进、鼓励政策。

一、中外合作经营企业的概念及其特征

（一）中外合作经营企业的概念

中外合作经营企业，是指中国合作者与外国合作者依照中华人民共和国法律的规定，在中国境内共同举办的，按合作企业合同的约定分配收益或者产品、分担风险和亏损的企业。中国合作者包括中国的企业或者其他经济组织，外国合作者包括外国的企业和其他经济组织或者个人。

（二）中外合作经营企业的特征

（1）中外合作经营企业属于契约式的合营企业。由不同投资者共同举办的共同经营企业有两大类，一类属股权式合营企业如中外合资经营企业，另一类是契约式的合营企业即中外合作经营企业。企业的重大事宜包括：中外合作者按何种比例进行收益或者产品的分配、风险和亏损的分担，是在合作企业合同中约定的。这同中外合资经营企业这种股权式的合营企业是有明显区别的。

（2）合作企业的组织形式。合作企业组织形式灵活，中外合作者可以共同举办具有中国法人资格的合作企业，也可以共同举办不具有中国法人资格的合作企业。

（3）合作企业的经营管理机构具有多样性。

（4）合作企业按合同约定分配利润和产品，外国合作者可以在合作期间先行回收投资。

二、中外合作经营企业的设立和变更

（一）合作企业的设立

（1）设立合作企业的条件。在中国境内举办中外合作经营企业（以下简称合作企业），应当符合国家的发展政策和产业政策；遵守国家关于指导外商投资方向的规定。

《中华人民共和国经营合作企业法》（以下简称《合作企业法》）第 4 条规定："国家鼓励举办产品出口的或者技术先进的生产型合作企业。"产品出口企业，是指产品主要用于出口，年度外汇总收入额减除年度生产经营外汇支出额和外国投资者汇出分得利润所需外汇额以后，外汇有结余的生产型企业；先进技术企业，是指外国投资者提供先进技术，从事新产品开发，实现产品升级换代，以增加出口创汇或者替代进口的生产型企业。

（2）设立合作企业的审批。设立合作企业由对外贸易经济合作部或者国务院授权的部门和地方人民政府审查批准。

审查批准机关应当自收到规定的全部文件之日起 45 天内决定批准或者不批准；审查批准机关认为报送的文件不全或者有不当之处的，有权要求合作各方在指定期间内补全或者修正。

（3）设立合作企业的登记。设立合作企业的申请经批准后，应当自接到批准证书之日起 30 天内向工商行政管理机关申请登记，领取营业执照。合作企业的营业执照签发日期，为该企业的成立日期。合作企业应当自成立之日起 30 天内向税务机关办理税务登记。

（二）合作企业的变更

中外合作者在合作期限内协商同意对合作企业合同作重大变更的，应当报审查批准机关批准；变更内容涉及法定工商登记项目、税务登记项目的，应当向工商行政管理机关、税务机关办理变更登记手续。

合作企业成立后改为委托中外合作者以外的他人经营管理的，经董事会或者联合管理机构一致同意，并报请审批机关批准后，应当向工商行政管理机关办理变更登记手续。

经审批机关批准延长合作企业的合作期限的，合作企业凭批准文件向工商行政管理机关办理变更登记手续。

三、中外合作经营企业的出资与组织机构

（一）合作企业的组织形式

合作企业包括依法取得中国法人资格的合作企业和不具有法人资格的合作企业。

合作企业依法取得中国法人资格的，为有限责任公司。除合作企业合同另有约定外，合作各方以其投资或者提供的合作条件为限对合作企业承担责任。合作企业以全部资产对合作企业的债务承担责任。

不具有法人资格的合作企业的合作各方的关系是一种合伙关系。合伙的债务，由合伙人按照出资比例或者协议的约定，以各自的财产承担清偿责任。合伙人对合伙的债务承担连带责任，法律另有规定的除外。偿还合伙债务超过自己应当承担数额的合伙人，有权向其他合伙人追偿。

不具有法人资格的合作企业应当向工商行政管理机关登记合作各方的投资或者提供的合作条件。

不具有法人资格的合作企业的合作各方的投资或者提供的合作条件，合作各方分别所有。经合作各方约定，可以共有或者部分分别所有、部分共有。合作企业经营积累的财产，归合作各方共有。

不具有法人资格的合作企业合作各方的投资或者提供的合作条件由合作企业统一管理和使用。未经合作他方同意，任何一方不得擅自处理。

（二）合作企业的注册资本

合作企业的注册资本，是指为设立合作企业，在工商行政管理机关登记的合作各方认缴的出资额之和。

合作企业注册资本在合作期限内不得减少。但是，因投资总额和生产经营规模等变化，确需减少的，须经审查批准机关批准。

在依法取得中国法人资格的合作企业中，外国合作者的投资一般不低于合作企业注册资本的25%。

（三）投资者的投资或者提供合作条件

合作各方应当依照有关法律、行政法规的规定和合作企业合同的约定，向合作企业投资或者提供合作条件。

合作各方应当以其自有的财产或者财产权利作为投资或者合作条件，对该投资或者合作条件不得设置抵押权或者其他形式的担保。

合作各方向合作企业的投资或者提供的合作条件可以是货币，也可以是实物或者工业产权、专有技术、土地使用权等财产权利。

中国合作者的投资或者提供的合作条件，属于国有资产的，应当依照有关法律、行政法规的规定进行资产评估。

合作各方应当根据合作企业的生产经营需要，依照有关法律、行政法规的规定，在合作企业合同中约定合作各方向合作企业投资或者提供合作条件的期限。

合作各方没有按照合作企业合同约定缴纳投资或者提供合作条件的，工商行政管理机关应当限期履行；限期届满仍未履行的，审查批准机关应当撤销合作企业的批准证书，工商行政管理机关应当吊销合作企业的营业执照，并予以公告。未按照合作企业合同约定缴纳投资或者提供合作条件的一方，应当向已按照合作企业合同约定缴纳投资或者提供合作条件的他方承担违约责任。

（四）合作企业的组织机构

（1）合作企业的权力机构。合作企业设董事会或者联合管理委员会。董事会或者联合管理委员会是合作企业的权力机构，按照合作企业章程的规定，决定合作企业的重大问题。

董事会或者联合管理委员会成员不得少于3人，其名额的分配由中外合作者参照其投资或者提供的合作条件协商确定。董事会董事或者联合管理委员会委员由合作各方自行委派或者撤换。董事会董事长、副董事长或者联合管理委员会主任、副主任的产生办法由合作企业章程规定；中外合作者的一方担任董事长、主任的，副董事长、副主任由他方担任。

董事或者委员的任期由合作企业章程规定；但是，每届任期不得超过3年。董事或者委员任期届满，委派方继续委派的，可以连任。

董事长或者主任是合作企业的法定代表人。董事长或者主任因特殊原因不能履行职务时，应当授权副董事长、副主任或者其他董事、委员对外代表合作企业。

（2）合作企业的经营管理机构。合作企业设总经理1人，负责合作企业的日常经营管理工作，对董事会或者联合管理委员会负责。合作企业的总经理由董事会或者联合管理委员会聘任、解聘。

总经理及其他高级管理人员可以由中国公民担任，也可以由外国公民担任。经董事会或者联合管理委员会聘任，董事或者委员可以兼任合作企业的总经理或者其他高级管理职务。

（3）合作企业的委托管理制。合作企业成立后委托合作各方以外的他人经营管理的，必须经董事会或者联合管理委员会一致同意，并应当与被委托人签订委托经营管理合同。

合作企业应当将董事会或者联合管理委员会的决议、签订的委托经营管理合同，连同被委托人的资信证明等文件，一并报送审查批准机关批准。审查批准机关应当自收到有关文件之日起30天内决定批准或者不批准。

（4）合作企业的盈亏分配。中外合作者依照合作企业合同的约定，分配收益或者产品，承担风险和亏损。合作企业的盈亏分摊不一定以投资比例来确定，而是由合作各方依据企业是否具备法人资格、各方投资的合作条件等因素协商而定。中外合作者可以采用分配利润、分配产品或者合作各方共同商定的其他方式分配收益。产品分成，一般是在资源开发项目中采用的。至于利润分成、产品分成的比例，由中外合作者在合作企业合同中约定。由于具体情况不同，合同当事人可以约定在合作企业期满前始终按同一个比例实行利润或产品分成，也可以在合作企业期满前的一定时期按某种比例分成，在另外的时期按别的比例分成。

中外合作者在合作企业合同中约定合作期满时合作企业的全部固定资产归中国合作者所有的，可以在合作企业合同中约定外国合作者在合作期限内先行回收投资的办法。外国合作者在合作期限内可以申请按照下列方式先行回收其投资：

（1）在按照投资或者提供合作条件进行分配的基础上，在合作企业合同中约定扩大外国合作者的收益分配比例；

（2）经财政税务机关按照国家有关税收的规定审查批准，外国合作者在合作企业缴纳所得税前回收投资；

（3）经财政税务机关和审查批准机关批准的其他回收投资方式。

合作企业的亏损未弥补前，外国合作者不得先行回收投资。

四、中外合作经营企业的合作期限、解散与清算

（一）合作企业的合作期限

关于合作企业的合作期限，一般来说，生产型的合作企业、特别是其中的产品出口企业和先进技术企业，应当比非生产型的合作企业更长一些。而同样是生产型合作企业或非生产型合作企业，由于各种行业的情况不同，也不宜规定统一的期限。因此，《合作企业法》第24条规定，合作企业的合作期限由中外合作者协商并在合作企业合同中订明。中外合作者同意延长合作期限的，应当在距合作期满180天前向审查批准机关提出申请。审查批准机关应当自接到申请之日起30天内决定批准或者不批准。

（二）合作企业的解散

合作企业因下列情形之一出现时解散：

（1）合作期限届满；

（2）合作企业发生严重亏损，或者因不可抗力遭受严重损失，无力继续经营；

（3）中外合作者一方或者数方不履行合作企业合同、章程规定的义务，致使合作企业无法继续经营；

（4）合作企业合同、章程中规定的其他解散原因已经出现；

（5）合作企业违反法律、行政法规，被依法责令关闭。

上述第（2）项、第（3）项所列情形发生，应当由合作企业的董事会或者联合管理委员会做出决定，报审查批准机关批准。在上述第（3）项所列情形下，不履行合作企业合同、章程规定的义务的中外合作者一方或者数方，应当对履行合同的他方因此遭受的损失承担赔偿责任；履行合同的一方或者数方有权向审查批准机关提出申请，解散合作企业。

合作企业期满或者提前终止，应当向工商行政管理机关和税务机关办理注销登记手续。

（三）合作企业的清算

《合作企业法》第23条规定，合作企业期满或者提前终止时，应当依照法定程序对资产和债权、债务进行清算。中外合作者应当依照合作企业合同的约定确定合作企业财产的归属。

案例探讨

美国一家著名的公司准备和上海一公司办一合作企业，开拓中国市场。双方合同约定：美方公司合作期满后，合作企业的全部固定资产归中国合作者所有，美方从

利润分成中先行回收资本，以3：7的比例分配收益和承担风险。企业成立后，设立联合管理机构来进行经营。由于市场竞争激烈，美方决定改为由双方合作者以外的另一销售公司负责合作企业的经营管理。在召开的联合管理机构大会上，绝大多数票支持此项提议，美方决定实施该方案。此时，公司从美国进口一批原料，因海上遇险而不能如期到达，从而使与该销售公司签订的合同不能如期履行：导致企业破产。美方认为应先收投资，拒绝承担债务责任。根据以上案情回答：美方是否有权拒绝承担企业债务？

法律链接

中华人民共和国中外合作经营企业法

（1988年4月13日第七届全国人民代表大会第一次会议通过，根据2000年10月31日第九届全国人民代表大会常务委员会第十八次会议《关于修改〈中华人民共和国中外合作经营企业法〉的决定》修正）

第一条 为了扩大对外经济合作和技术交流，促进外国的企业和其他经济组织或者个人（以下简称外国合作者）按照平等互利的原则，同中华人民共和国的企业或者其他经济组织（以下简称中国合作者）在中国境内共同举办中外合作经营企业（以下简称合作企业），特制定本法。

第二条 中外合作者举办合作企业，应当依照本法的规定，在合作企业合同中约定投资或者合作条件、收益或者产品的分配、风险和亏损的分担、经营管理的方式和合作企业终止时财产的归属等事项。

合作企业符合中国法律关于法人条件的规定的，依法取得中国法人资格。

第三条 国家依法保护合作企业和中外合作者的合法权益。

合作企业必须遵守中国的法律、法规，不得损害中国的社会公共利益。

国家有关机关依法对合作企业实行监督。

第四条 国家鼓励举办产品出口的或者技术先进的生产型合作企业。

第五条 申请设立合作企业，应当将中外合作者签订的协议、合同、章程等文件报国务院对外经济贸易主管部门或者国务院授权的部门和地方政府（以下简称审查批准机关）审查批准。审查批准机关应当自接到申请之日起四十五天内决定批准或者不批准。

第六条 设立合作企业的申请经批准后，应当自接到批准证书之日起三十天内向工商行政管理机关申请登记，领取营业执照。合作企业的营业执照签发日期，为该企业的成立日期。

合作企业应当自成立之日起三十天内向税务机关办理税务登记。

第七条 中外合作者在合作期限内协商同意对合作企业合同作重大变更的，应当报审查批准机关批准；变更内容涉及法定工商登记项目、税务登记项目的，应当向工商行政管理机关、税务机关办理变更登记手续。

第八条 中外合作者的投资或者提供的合作条件可以是现金、实物、土地使用权、工业产权、非专利技术和其他财产权利。

第九条 中外合作者应当依照法律、法规的规定和合作企业合同的约定，如期履行缴足投资、提供合作条件的义务。逾期不履行的，由工商行政管理机关限期履行；限期届满仍未履行的，由审查批准机关和工商行政管理机关依照国家有关规定处理。

中外合作者的投资或者提供的合作条件，由中国注册会计师或者有关机构验证并出具证明。

第十条 中外合作者的一方转让其在合作企业合同中的全部或者部分权利、义务的，必须经他方同意，并报审查批准机关批准。

第十一条 合作企业依照经批准的合作企业合同、章程进行经营管理活动。合作企业的经营管理自主权不受干涉。

第十二条 合作企业应当设立董事会或者联合管理机构，依照合作企业合同或者章程的规定，决定合作企业的重大问题。中外合作者的一方担任董事会的董事长、联合管理机构的主任的，由他方担任副董事长、副主任。董事会或者联合管理机构可以决定任命或者聘请总经理负责合作企业的日常经营管理工作。总经理对董事会或者联合管理机构负责。

合作企业成立后改为委托中外合作者以外的他人经营管理的，必须经董事会或者联合管理机构一致同意，报审查批准机关批准，并向工商行政管理机关办理变更登记手续。

第十三条 合作企业职工的录用、辞退、报酬、福利、劳动保护、劳动保险等事项，应当依法通过订立合同加以规定。

第十四条 合作企业的职工依法建立工会组织，开展工会活动，维护职工的合法权益。

合作企业应当为本企业工会提供必要的活动条件。

第十五条 合作企业必须在中国境内设置会计账簿，依照规定报送会计报表，并接受财政税务机关的监督。

合作企业违反前款规定，不在中国境内设置会计账簿的，财政税务机关可以处以罚款，工商行政管理机关可以责令停止营业或者吊销其营业执照。

第十六条 合作企业应当凭营业执照在国家外汇管理机关允许经营外汇业务的银行或者其他金融机构开立外汇账户。

合作企业的外汇事宜，依照国家有关外汇管理的规定办理。

第十七条 合作企业可以向中国境内的金融机构借款，也可以在中国境外借款。

中外合作者用作投资或者合作条件的借款及其担保，由各方自行解决。

第十八条 合作企业的各项保险应当向中国境内的保险机构投保。

第十九条 合作企业可以在经批准的经营范围内，进口本企业需要的物资，出口本企业生产的产品。合作企业在经批准的经营范围内所需的原材料、燃料等物资，按照公平、合理的原则，可以在国内市场或者在国际市场购买。

第二十条 合作企业依照国家有关税收的规定缴纳税款并可以享受减税、免税的优惠待遇。

第二十一条 中外合作者依照合作企业合同的约定，分配收益或者产品，承担风险和亏损。

中外合作者在合作企业合同中约定合作期满时合作企业的全部固定资产归中国合作者所有的，可以在合作企业合同中约定外国合作者在合作期限内先行回收投资的办法。合作企业合同约定外国合作者在缴纳所得税前回收投资的，必须向财政税务机关提出申请，由财政税务机关依照国家有关税收的规定审查批准。

依照前款规定外国合作者在合作期限内先行回收投资的，中外合作者应当依照有关法律的规定和合作企业合同的约定对合作企业的债务承担责任。

第二十二条 外国合作者在履行法律规定和合作企业合同约定的义务后分得的利润、其他合法收入和合作企业终止时分得的资金，可以依法汇往国外。

合作企业的外籍职工的工资收入和其他合法收入，依法缴纳个人所得税后，可以汇往国外。

第二十三条 合作企业期满或者提前终止时，应当依照法定程序对资产和债权、债务进行清算。中外合作者应当依照合作企业合同的约定确定合作企业财产的归属。

合作企业期满或者提前终止，应当向工商行政管理机关和税务机关办理注销登记手续。

第二十四条 合作企业的合作期限由中外合作者协商并在合作企业合同中订明。中外合作者同意延长合作期限的，应当在距合作期满一百八十天前向审查批准机关提出申请。审查批准机关应当自接到申请之日起三十天内决定批准或者不批准。

第二十五条 中外合作者履行合作企业合同、章程发生争议时，应当通过协商或者调解解决。中外合作者不愿通过协商、调解解决的，或者协商、调解不成的，可以依照合作企业合同中的仲裁条款或者事后达成的书面仲裁协议，提交中国仲裁机构或者其他仲裁机构仲裁。

中外合作者没有在合作企业合同中订立仲裁条款，事后又没有达成书面仲裁协议的，可以向中国法院起诉。

第二十六条 国务院对外经济贸易主管部门根据本法制定实施细则，报国务院批准后施行。

第二十七条 本法自公布之日起施行。

第九章 外资企业法

材料导读

2013 年 9 月国务院印发了《中国（上海）自由贸易试验区总体方案》。方案显示，上海自由贸易区服务业扩大开放措施涉及金融、航运、商贸、专业服务、文化、社会服务等 6 大领域 18 个方面。方案明确了试验区建设的主要任务措施。其中，扩大投资领域开放成为一大亮点，金融、航运、商贸、文化等服务领域将扩大开放。

由于在试验区内取消部分外商投资企业设立及变更审批、允许外商投资拍卖企业从事文物拍卖业务等 12 项开放措施，与现行外资企业法等 4 部法律的有关规定不一致，同时下发的《国务院关于印发中国（上海）自由贸易试验区总体方案的通知》规定，根据《全国人民代表大会常务委员会关于授权国务院在中国（上海）自由贸易试验区暂时调整有关法律规定的行政审批的决定》（下称决定），相应暂时调整有关行政法规和国务院文件的部分规定。为此，决定提出，上海自由贸易试验区内，对国家规定实施准入特别管理措施之外的外商投资，暂时调整《中华人民共和国外资企业法》、《中华人民共和国中外合资经营企业法》和《中华人民共和国中外合作经营企业法》规定的有关行政审批。

一、外资企业的概念与特征

外资企业是指依照中国法律在中国境内设立的，全部资本由外国投资者投资的企业，但不包括外国企业和其他经济组织在中国境内设立的分支机构。

外资企业的法律特征如下：

（1）外资企业是外国投资者依照中国的法律在中国境内设立的。

也就是说，设立外资企业的法律依据必须是中国的法律规定和制度，而不是任何外国的法律。在外资企业的设立、变更、经营、解散、清算以及投资纠纷的解决等方面都必须适用中国法律。因此，外资企业是中国企业。外国企业以外国公司的身份在中国从事经营活动不属于外资企业法的调整范围。

（2）外资企业的全部资本由外国的投资者投资，企业的利润全部归外资所有，风险和亏损也全部由外国投资者独自承担。外国投资者可以单独在中国进行投资，也可以由多个投资者联合投资。

（3）外资企业在中国是以自己的名义进行经营活动的主体，自主经营，自负盈亏，独立承担民事责任。

一般情况下，外资企业具有法人资格，组织形式为有限责任公司，但经批准也可以成为其他形式。这是与外国公司在中国的分支机构的区别。外国公司的分支机构，亦称代表处、办事处，它们从属于外国公司，在经济上、法律上不独立。在经营上，分支机构以外国公司的名义从事业务活动，并由外国公司承担责任。

二、外资企业的设立

（一）外资企业的设立条件

外资企业的设立，必须坚持有利于国民经济发展的原则。国家鼓励举办产品出口或者技术先进的外资企业。

根据《中华人民共和国外资企业法实施细则》的规定，对于申请设立外资企业，有以下情形的，不予批准：有损中国主权或者社会公共利益的；危及中国国家安全的；违反中国法律、法规的；不符合中国国民经济发展要求的；可能造成环境污染的。

随着我国对外开放的进一步拓展，鼓励外商设立外资企业的领域也将进一步放宽。目前禁止设立外资企业的行业主要有新闻、出版、广播、电视、电影、国内商业、对外贸易、保险、邮电通信等行业。限制设立外资企业的行业主要有公用事业、交通运输、房地产、信托投资和租赁等。从近年来的实践来看，我国加入 WTO 以后在市场准入方面，允许设立外资企业的领域将不断扩大。

（二）外资企业的设立程序

在我国境内设立外资企业主要经过以下程序：

（1）申请。外国投资者应首先向拟设立外资企业所在地的县级以上人民政府提出报告。收到报告的地方政府在 30 日内向外国投资者作出答复。同意设立外资企业的，该外国投资者应就设立事项向县级以上人民政府的审批机关提出设立企业的书面申请。

（2）审批。国务院对外经济主管部门以及其授权的地方人民政府的对外贸易经济主管部门及机构都是设立外资企业的审批机关。审批机关在收到外商投资企业的设立申请材料后的 90 天之内作出批准或者不予批准的决定。

（3）登记。外国投资者在收到批准证书的 30 天之内向工商行政管理机关申请登记，领取营业执照。营业执照的签发日期为外资企业成立日期。

三、外资企业的投资和土地使用

（一）外资企业的资本

外资企业的组织形式一般为有限责任公司，经批准也可以采取其他形式。对于外资企业作为有限责任公司的最低出资额，法律未作具体要求，应符合《中华人民共和国公司法》的规定。外资企业的资本要求与中外合资经营企业的规定基本相同，如注册资本要与经营规模相适应，注册资本与投资总额的比例符合法律规定，在经营期间注册资本不得减少，其财产对外抵押转让要经审批机构批准，并且备案等。外资企业的出资方式主要有实物、技术、货币三种形式。实物出资应是投资者自有的，不存在任何担保物权，作价与国际市场价格相符合。以工业产权、专有技术作价出资的，该工业产权、专有技术应当为外国投资者所有。对作价出资的工业产权、专有技术，应当备有详细资料，包括所有权证书的复制件，有效状况及其技术性能、实用价值，作价的计算根据和标准等，作为设立外资企业申请书的附件一并报送审批机关。外资企业的货币出资，一般应当是可以自由兑换的外币；经审批机关批准，外国投资者也可以用其从中国境内举办的其他外商投资企业获得的人民币利润出资。

外资企业的出资期限应当在设立申请书和章程中载明。

（二）外资企业的土地使用

外资企业在中国境内设立，使用土地必须向中国政府提出申请并支付使用费。外资企业的用地，由外资企业所在地的县级以上人民政府结合本地情况予以安排，或者依我国土地管理的法律规定取得土地使用权。外资企业营业执照签发后 30 日内，可持批准证书和营业执照到有关县级以上土地管理部门办理土地使用手续，领取土地使用证书。在外资企业的经营期间内，其土地使用权不得转让。土地使用权的年限应与外资企业的经营期限相一致。外资企业应缴纳土地使用费，使用已开发土地的，还应一次性或分年补交土地开发费。

四、外资企业的经营期限、终止与清算

（一）外资企业的经营期限

外资企业的经营期限，根据不同行业和企业的具体情况，由外国投资者在设立外资企业的申请中拟订，并经审批机关批准。外资企业的经营期限，从其营业执照签发之日起计算。外资企业需延长经营期限的，应当在距期满 180 天前向审批机关递交申请书。审批机关在收到申请之日起 30 日内决定批准或者不批准。批准延长的，应当在收到批准文件的 30 天内向工商行政管理部门办理变更登记手续。

（二）外资企业的终止

根据我国法律的规定，外资企业终止的原因主要有：①经营期限届满；②经营不善，严重亏损，外国投资者决定解散；③因自然灾害、战争等不可抗力因素而遭受严重损失，无法继续经营的；④破产；⑤违反中国法律、法规，危害社会公共利益被依法撤销；⑥外资企业章程规定的其他解散事由已经出现。因以上②、③、④项情形而终止的，应自行提交申请书，报审批机关核准，核准日期为外资企业终止的日期。

（三）外资企业的清算

外资企业因上述①、②、③、⑥项情形终止的，应在终止之日起 15 天内对外公告并通知债权人。并在终止公告发出之日起 15 天内提出清算顺序、原则及清算委员会人选，报审批机关后清算。外资企业在清算结束前，不得将企业的资金汇出或携带出中国境外，不得自行处理财产。清算结束后，应办理注销登记手续，缴销营业执照。在清算结束后，如果资产净值和剩余资产部分超过注册资本的，还应交纳所得税。

案例探讨

外商哈理斯先生是名称为M的某中外合资经营企业的投资者之一，该企业连年盈利。哈理斯先生觉得某项产品在中国有广阔的市场，准备独立投资开办一家外商独资企业，并且准备用从M企业获得的人民币利润进行出资。根据以上案情回答：哈理斯先生的该项出资是否需要经过审批机关的审批？

法律链接

中华人民共和国外资企业法

（1986年4月12日第六届全国人民代表大会第四次会议通过，根据2000年10月31日第九届全国人民代表大会常务委员会第十八次会议《关于修改〈中华人民共和国外资企业法〉的决定》修正）

第一条 为了扩大对外经济合作和技术交流，促进中国国民经济的发展，中华人民共和国允许外国的企业和其他经济组织或者个人（以下简称外国投资者）在中国境内举办外资企业，保护外资企业的合法权益。

第二条 本法所称的外资企业是指依照中国有关法律在中国境内设立的全部资本由外国投资者投资的企业，不包括外国的企业和其他经济组织在中国境内的分支机构。

第三条 设立外资企业，必须有利于中国国民经济的发展。国家鼓励举办产品出口或者技术先进的外资企业。

国家禁止或者限制设立外资企业的行业由国务院规定。

第四条 外国投资者在中国境内的投资、获得的利润和其他合法权益，受中国法律保护。

外资企业必须遵守中国的法律、法规，不得损害中国的社会公共利益。

第五条 国家对外资企业不实行国有化和征收；在特殊情况下，根据社会公共利益的需要，对外资企业可以依照法律程序实行征收，并给予相应的补偿。

第六条 设立外资企业的申请，由国务院对外经济贸易主管部门或者国务院授权的机关审查批准。审查批准机关应当在接到申请之日起九十天内决定批准或者不批准。

第七条 设立外资企业的申请经批准后，外国投资者应当在接到批准证书之日起三十天内向工商行政管理机关申请登记，领取营业执照。外资企业的营业执照签发日期，为该企业成立日期。

第八条 外资企业符合中国法律关于法人条件的规定的，依法取得中国法人资格。

第九条 外资企业应当在审查批准机关核准的期限内在中国境内投资；逾期不投资的，工商行政管理机关有权吊销营业执照。

工商行政管理机关对外资企业的投资情况进行检查和监督。

第十条 外资企业分立、合并或者其他重要事项变更，应当报审查批准机关批准，并向工商行政管理机关办理变更登记手续。

第十一条 外资企业依照经批准的章程进行经营管理活动，不受干涉。

第十二条 外资企业雇用中国职工应当依法签订合同，并在合同中订明雇用、解雇、报酬、福利、劳动保护、劳动保险等事项。

第十三条 外资企业的职工依法建立工会组织，开展工会活动，维护职工的合法权益。

外资企业应当为本企业工会提供必要的活动条件。

第十四条 外资企业必须在中国境内设置会计账簿，进行独立核算，按照规定报送会计报表，并接受财政税务机关的监督。

外资企业拒绝在中国境内设置会计账簿的，财政税务机关可以处以罚款，工商行政管理机关可以责令停止营业或者吊销营业执照。

第十五条 外资企业在批准的经营范围内所需的原材料、燃料等物资，按照公平、合理的原则，可以在国内市场或者在国际市场购买。

第十六条 外资企业的各项保险应当向中国境内的保险公司投保。

第十七条 外资企业依照国家有关税收的规定纳税并可以享受减税、免税的优惠待遇。

外资企业将缴纳所得税后的利润在中国境内再投资的，可以依照国家规定申请退还再投资部分已缴纳的部分所得税税款。

第十八条 外资企业的外汇事宜，依照国家外汇管理规定办理。

外资企业应当在中国银行或者国家外汇管理机关指定的银行开户。

第十九条 外国投资者从外资企业获得的合法利润、其他合法收入和清算后的资金，可以汇往国外。

外资企业的外籍职工的工资收入和其他正当收入，依法缴纳个人所得税后，可以汇往国外。

第二十条 外资企业的经营期限由外国投资者申报，由审查批准机关批准。期满需要延长的，应当在期满一百八十天以前向审查批准机关提出申请。审查批准机关应当在接到申请之日起三十天内决定批准或者不批准。

第二十一条 外资企业终止，应当及时公告，按照法定程序进行清算。

在清算完结前，除为了执行清算外，外国投资者对企业财产不得处理。

第二十二条 外资企业终止，应当向工商行政管理机关办理注销登记手续，缴销营业执照。

第二十三条 国务院对外经济贸易主管部门根据本法制定实施细则，报国务院批准后施行。

第二十四条 本法自公布之日起施行。

第十章　公　司　法

材料导读

公司资本真实是《公司法》的基本要求，也是《公司法》贯穿始终的法律理念。从注册资本的确定到股份的发行，再到股东出资义务履行的每个环节，无不要求当事人行为和法律事实的真实可靠。我国公司资本制度虽然进行了重大改革，但资本真实的法律要求从未动摇。这一法律要求不因取消法定最低资本额限制而改变，不因采取法定资本制或采取授权资本制而不同，也不因采取实缴资本制还是认缴资本制而有别。没有法定最低资本额限定，但有当事人自定的资本额。在法定资本制之下，资本须一次发行，但可以分期缴纳。授权资本制下的资本是授权公司董事会根据需要分期发行，同时分期发行的资本亦可分期缴纳。无论何种情形，只要有资本登记注册或依法记载的规定，必然要求登记或记载之信息与客观事实相一致。

近十年来，我国对资本制度先后进行了两次重大突破和变革，总的趋向是不断降低门槛、放宽条件、减少管制，以至于将最低资本额都予以取消。这与各国公司法在资本制度上呈现出的“朝底竞争”的态势不谋而合。但无论怎样突破和变革，坚守的法律底线是资本真实，其中包括实缴资本的真实和认缴资本的真实。对于实缴资本，要求股东实际缴纳的出资额与其公示的资本额一致，不存在虚假出资或出资财产实际价值不足其出资额的情形。对于认缴资本，要求全体股东实际承诺认缴的出资额与其注册资本一致，不存在未经股东认缴的空置的注册资本。①

第一节　公司与公司法概述

一、公司的概念与特征

（一）公司的概念

作为世界各国普遍存在的一种企业组织形式，公司产生于资本主义萌芽和上升时

① 中华人民共和国国家工商行政管理总局［EB/OL］. http：//www. saic. gov. cn/gzfw/zjgd/xxzx/201410/t20141021_149249. html.

期，是资本主义商品经济发展的产物。关于“公司”一词的法律含义，不同国家因所属法系不同而有不同的表述。在大陆法系中，公司是指依法定条件和法定程序设立的，以营利为目的的社团法人、企业法人。英美法系中的公司并非仅指以营利为目的的公司，以营利为目的的公司是商业公司，而非营利性的公司则相当于大陆法系中非营利的社团法人。如英国的《伯尔门公司法》一书中说：“公司是依公司法的规定而设立的经济组织体”。《美国标准公司法》给公司下的定义则是：“公司是指受本法令管辖之营利公司。”

《中华人民共和国公司法》（以下简称《公司法》）第 2 条规定：“本法所称公司是指依照本法在中国境内设立的有限责任公司和股份有限公司”；“有限责任公司和股份有限公司是企业法人”。

（二）公司的特征

（1）公司是依法设立的，具有合法性。公司的设立必须符合公司法规定的设立条件与设立程序。公司设立的条件与程序包括：

1）只能设立公司法准许设立的公司。我国公司法明确规定，准许设立的公司类型包括有限责任公司和股份有限公司，一人有限责任公司与国有独资公司是有限责任公司的两种特殊形式，而不是独立的公司类型。

2）公司章程、公司出资、资本与债券、公司股份、公司治理结构、公司的合并、分立与变更及公司的财务会计等有关公司的一切事项，均需遵守公司法的规定。

3）公司必须依法向公司登记机关申请设立登记。法律、行政法规规定设立公司必须报经批准的，应当在公司登记前依法办理批准手续。对于公司申请登记的相关信息，公众可以向公司登记机关申请查询，公司登记机关应当提供查询服务。

（2）公司是法人，具有独立性。法人是与自然人并列的一类经济活动主体，并以自己的财产独立承担民事责任，我国公司是具有法人资格的经济组织。根据我国《公司法》第 3 条之规定，公司的独立性主要表现为：

1）公司具有独立的财产权。公司作为一个以营利为目的的法人，必须有其可控制、可支配的财产，以从事经济活动。公司享有的财产权包括货币、实物的所有权、知识产权、债权等财产权利，股东则对公司享有股权，如资产收益权、参与重大决策权及选择管理者权等。公司的财产与股东个人的财产是相分离的。

2）公司独立地享有民事权利和承担民事义务。公司因违法而需承担民事赔偿责任或因经营亏损而需对外承担债务的，公司用其全部法人财产独立承担责任，公司股东仅以其出资额为限对公司承担责任。

3）公司是社团法人，具有集合性。根据法人内部组织基础的不同，可以将法人分为社团法人与财团法人。公司属于社团法人，公司的社团性表现为：公司是由法定数量（通常是两个或两个以上）的股东共同出资组成，并对公司承担有限责任的股权式的联合。各股东以其出资的金额和比例，共同享有利润、承担风险。公司的社团法人性质在我国存在三种例外情形：一人有限责任公司和国有独资公司及根据《外资企业法》的规定设立的有限责任公司。

4）公司是以营利性为目的的，具有营利性。公司的营利性是公司在法律不禁止的范围内开展各种经济活动和追逐资本利润的本性。公司设立的目的、公司参与经济活动及公司的治理与运作，都是为了谋求经济利益。公司的营利性是公司区别于非营利性法人组织的重要特征。

二、公司的分类

依据不同标准可对公司进行不同分类，如依股东所负责任的不同，分为无限公司、两合公司、有限公司、股份公司、股份两合公司，这是国际上最常见和最基本的分类；依公司信用基础的不同，又分为人合公司、资合公司、人合兼资合公司等。

我国《公司法》及其相关法律法规规定的公司种类有：①有限责任公司与股份有限公司；②一人公司与合资公司；③上市公司与非上市公司；④母公司与子公司；⑤本公司与分公司；⑥内资公司与外商投资公司；⑦本国公司与外国公司；⑧关联公司与公司集团。本章第七节、第八节主要对有限责任公司与股份有限公司进行分析。

三、公司法

公司法是指规定公司设立、组织、经营、变更、解散、清算及调整公司运营过程中的对内对外关系的法律规范的总称。简言之，公司法是关于公司组织和行为的法律规范之和。

公司法是随着现代公司的产生而逐渐发展和完善起来的规范公司组织和公司活动的法律制度。有关公司的立法规定，最早见于英国政府 1672 年颁布的《商事条例》。19 世纪以前，各国基本上没有制定统一的、一般性的公司法。公司一般由当事人自由设立或由国家元首发布特许令或由议会通过特种法案，许可成立并授予特权，如 17 世纪成立的英国东印度公司；从 19 世纪开始，各国陆续制定了有关公司组织及行为的民商法典或单行公司法，如法国 1807 年颁布的商法典及 1867 年颁布的单行公司法规；德国 1892 年通过的世界上第一部有限责任公司法；20 世纪 50 年代以后，为适应公司制度的社会化、国际化变革，公司立法在内容上不断得到发展与完善。

在我国，由于历史上长期的封建统治，商品经济很不发达，生产社会化程度低，公司出现较晚，公司立法也较为滞后。我国历史上的首家公司是 1861 年在上海创立的以长江航运为业的“旗昌轮船公司”；最早的公司立法是 1903 年清朝政府颁布的《公司律》。新中国成立后，1950 年政务院颁布《中华人民共和国私营企业暂行条例》，肯定了公司可以作为私营企业的组织形式的存在，但 1956 年之后，公司制度逐渐被废止；直至改革开放后，现代公司企业才在我国得以复生和迅速发展。1993 年 12 月 29 日，第八届全国人民代表大会常务委员会第五次会议通过了《中华人民共和国公司法》（简称《公司法》），该法共 11 章 230 条，于 1994 年 7 月 1 日起施行；1999 年第九届全国人民代表大会常务委员会第十三次会议对该法进行了第一次修订；2005 年，第十届全国人大常务委员会第十八次会议对该法作了第二次修订。修订后的《公司法》自 2006 年 1 月 1 日起施行。2013 年，第十二届全国人民代表大会常务委员会第六次会议《关于修改〈中华人民共和国海洋环境保护法〉等七部法律的决定》对该法作了第三次修订，修订后的《公司法》自2014年3月1日起施行。

第二节　公司的设立

一、公司设立的概念及特征

（一）概念

公司设立是指创办公司一系列法律行为的总和。公司设立的内容包括设立的方式、条件及发起人等。公司设立的本质在于使一个尚不存在或正在形成中的公司取得法律上的主体资格，即法人资格。

（二）特征

公司设立具备以下特征：设立主体是发起人；设立行为只能发生在公司成立前，并应当严格履行法定条件和程序；设立行为的目的在于最终成立公司，取得主体资格，使公司具有权利能力和行为能力；设立行为的内容因公司种类不同而不同。

公司设立不同于公司成立。公司成立是指公司经过设立程序，具备了法律规定的条件，经主管机关核准登记，发给营业执照，取得法人资格的一种状态或事实。公司设立与公司成立在发生阶段、行为性质、法律效力、解决有关行为争议的依据及行为人等方面均有重大区别。因此，公司设立并不当然导致公司成立。

二、公司设立的原则

公司设立的原则因公司类型的不同及时代的演变而有所差异，概括来说，公司设立大体经历了自由主义、特许主义、核准主义、准则主义等几个不同的立法阶段。

（1）自由设立主义，也称放任主义。主要在欧洲中世纪公司勃兴的初期，此原则极易导致滥设公司的弊端。

（2）特许主义。是指公司的设立必须经过国家元首颁布命令，或者基于立法机关的立法，予以特别许可。主要在17世纪的英国、荷兰等国实行。由于特许主义下，设立手续复杂，且过于严格，因而现代公司法已很少采用。

（3）核准主义，又称许可主义、审批主义。指设立公司必须依照法律经过行政机关的审核、批准。18世纪德、法等国采取。比特许主义有很大的进步，极大地方便了公司的设立，但仍然过于苛刻，有碍公司的成立和发展，所以当今许多国家仅对设立与国计民生有密切关系的公司适用这一原则。

（4）准则主义，又称登记主义，经历了单纯准则主义到严格准则主义两个阶段。单纯准则主义，即法律上预先对设立条件作出规定，只要符合法定条件，经过登记，就可设立公司。该设立方式有利于商品经济的发展，19世纪末开始，这种方式被各国公司法所普遍采用。严格准则主义是对单纯准则主义进一步完善化的结果，为当今多数国家所采用。其特点是，一方面，设立程序简化日益简化；另一方面，立法上加重了设立责任，特别是引进行政责任和刑事责任措施，以防止公司滥设立。

我国《公司法》第 6 条规定“设立公司，应当依法向公司登记机关申请设立登记。符合本法规定的设立条件的，由公司登记机关分别登记为有限责任公司或者股份有限公司；不符合本法规定的设立条件的，不得登记为有限责任公司或者股份有限公司。法律、行政法规规定设立公司必须报经批准的，应当在公司登记前依法办理批准手续”。本条第一款规定，符合公司法规定设立条件的，登记为相应类型的公司，此种设立方式为准则主义。即只要依据公司法，符合公司法关于有限责任公司或股份有限公司的设立条件，就可直接到公司登记机关办理登记，而无须经过审批程序。本条第二款规定了公司设立的例外情形，即需要审批的情形。这些例外主要适用于特种行业公司的设立，如金融业、保险业、证券业及其他特别规定的行业公司的设立。因此，现行公司法奉行的是以准则主义为主，以许可主义为辅的设立原则。

三、公司设立的条件与方式

（一）公司设立条件

公司设立的条件是指公司取得法人资格所必须具备的基本要素。从总体来讲，公司的设立条件可分为人数要件、资本要件和组织要件三项。

（1）符合法律规定的股东或发起人人数与资格条件。我国《公司法》第 24 条规定，有限责任公司由 50 人以下股东出资设立；《公司法》第 78 条规定，股份有限公司应当有 2 人以上，200 人以下为发起人。

（2）有符合公司章程规定的全体股东认缴或者实缴的出资。公司股东可以自主约定认缴出资额、出资方式、出资期限等，并记载于公司的章程。即股东可以以货币、实物、知识产权、土地使用权出资；股东可以一次性缴纳注册资本，也可约定在一定期限内缴纳。但依据《公司法》第 26 条第二款规定，“法律、行政法规以及国务院决定对有限责任公司注册资本实缴、注册资本最低限额另有规定的，从其规定”，此为例外规定。

（3）公司设立的组织要件。公司设立的组织要件是指设立公司必须订立公司章程，确定公司的名称，建立符合法律要求的组织机构，拥有固定的生产经营场所和必要的生产经营条件。

在符合设立公司的法定条件前提下，依照法定程序办理设立登记是公司成立的必经程序。公司营业执照签发之日，是为公司成立日期，即公司取得法人资格之时。如公司不成立或公司设立无效和撤销，发起人均应承担相应的法律责任。

（二）公司设立方式

公司设立的方式基本为两种，即发起设立和募集设立。

发起设立又称“同时设立”，是指公司的全部股份或首期发行的股份由发起人自行认购而设立公司的方式。有限责任公司只能采取发起设立的方式，由全体股东出资设立。股份公司也可以采用发起设立的方式。《公司法》第 77 条明确规定，股份有限公司可采取发起设立的方式，也可以采取募集设立的方式。

募集设立又称“渐次设立”，是指发起人只认购公司股份或首期发行股份的一部分，其余部分对外募集而设立公司的方式。《公司法》第 77 条第 3 款规定：“募集设立，是指由发起人认购公司应发行股份的一部分，其余股份向社会公开募集或者向特定对象募集而设立公司。”所以，募集设立既可以是通过向社会公开发行股票的方式设立，也可以是不发行股票而只向特定对象募集而设立。这种方式只为股份有限公司设立之方式。由于募集设立的股份有限公司资本规模较大，涉及众多投资者的利益，故各国公司法均对其设立程序给予严格限制。如《公司法》第 84 条规定“以募集设立方式设立股份有限公司的，发起人认购的股份不得少于公司股份总数的 35%；但是，法律、行政法规另有规定的，从其规定”；第 87 条“发起人向社会公开募集股份，应当由依法设立的证券公司承销，签订承销协议”；第 88 条“发起人向社会公开募集股份，应当同银行签订代收股款协议。代收股款的银行应当按照协议代收和保存股款，向缴纳股款的认股人出具收款单据，并负有向有关部门出具收款证明的义务”；第 89 条“发行股份的股款缴足后，必须经依法设立的验资机构验资并出具证明。发起人应当自股款缴足之日起 30 日内主持召开公司创立大会。创立大会由发起人、认股人组成。发行的股份超过招股说明书规定的截止期限尚未募足的，或者发行股份的股款缴足后，发起人在 30 日内未召开创立大会的，认股人可以按照所缴股款并加算银行同期存款利息，要求发起人返还”。

四、公司章程

（一）公司章程的概念和性质

《公司法》第 11 条规定，设立公司必须依法制定公司章程。公司章程对公司、股东、董事、监事、高级管理人员具有约束力。公司章程是指公司必备的规范公司组织及活动的基本规则的书面文件，是以书面形式固定下来的全体股东共同一致的意思表示。公司章程是公司设立的必备要件；是公司行为的基本准则；是国家对公司实施管理的重要依据。公司章程是公司法上公开原则的具体体现，章程的制定和修改必须依法进行。

（二）公司章程的内容

公司章程的内容亦即公司章程的记载事项，依据法律是否有明文规定可以分为必要记载事项和任意记载事项。《公司法》第 25、81 条是对有限责任公司与股份有限公司章程记载事项的集中列举规定，其中两类公司章程中相同的必要记载事项为：①公司名称和住所；②公司经营范围；③公司注册资本；④股东和发起人姓名或名称；⑤股东或发起人的出资方式、出资额或认购的股份数、出资时间；⑥公司法定代表人。公司法关于任意记载事项的规定主要分散在相关条款中。如第 25 条及第 81 条均规定，“股东会会议认为需要规定的其他事项”，又如第 37 条规定，公司章程可以对股东会法定职权以外的职权作出规定。

（三）公司章程的效力

（1）生效与失效。公司章程在制定后并不立即生效，而是随着公司的成立而发生效力。章程于公司终止时失效。

（2）公司章程对公司的效力。①规定组织机构的办法产生，并在其规定的权限范围内行使职权；②使用规定公司的名称，在规定的经营范围从事经营活动。

（3）公司章程对股东、董事、监事、高管人员的效力。公司章程对股东的效力主要体现在规范股东如何行使权利，防止控股股东权利的滥用。股东在权利受损害时，可依据章程获得救济。公司章程是董事、监事、高级管理人员行使职权的重要依据，是他们职权的重要来源之一。《公司法》第 147 条规定，董事、监事、高级管理人员应遵守法律、行政法规和公司章程，对有公司负有忠实义务和勤勉义务。公司的高级管理人员是指公司的经理、副经理、财务负责人，上市公司董事会秘书和公司章程规定的其他人员。

（四）公司章程的修改

公司章程的修改是指增加或删减章程记载的内容，包括对章程记载事项的增删，对某一事项具体内容进行字句上的增删，还包括对章程结构布局的调整。可见，章程的修改在一定意义上仍有创设规则的效力，且其程序较制定可能更为严格。公司法对修改公司章程的事由未作限制，但根据《上市公司章程指引》第 187 条的规定有下列情形之一的，公司应当修改章程：①《公司法》或有关法律、行政法规修改后，章程规定的事项与修改后的法律、行政法规的规定相抵触；②公司的情况发生变化，与章程记载的事项不一致；③股东大会决定修改章程。

修改公司章程是股东（大）会的一项重要权力，但股东大会行使权力时必须依照法定程序进行，否则可能导致章程修改无效。《公司法》第 43 条规定，有限责任公司股东会修改公司章程必须经代表 2/3 以上表决权的股东通过。第 103 条规定，股份有限公司股东大会修改公司章程必须经出席会议的股东所持表决权的 2/3 以上通过。

第三节　公司资本

一、公司资本三原则

公司资本又称“股本”，即公司股份财产的总额。通说认为，公司资本是指由公司章程确定并载明的、全体股东的认缴出资总额。为了保障公司债权人的合法权益和交易的安全，许多国家都确立了资本确定、资本维持和资本不变的资本三原则。

（一）资本确定原则

资本确定原则是指公司在设立时，必须在章程中对公司的资本总额做出明确的规定，并须由股东全部认足，否则公司就不能成立。它的含义主要是要求公司资本总额必须明确记载于公司章程，使它成为一个具体的、确定的数额。

（二）资本维持原则

资本维持原则又称资本充实原则，是指公司在其存续过程中，应当经常保持与其注册资本额相适应的财产。资本是公司对外交往的一般担保和从事生产经营活动的物质基础，公司拥有足够的现实财产，可在一定程度上减少股东有限责任给债权人带来的交易风险。该原则在我国公司法规定中具体体现为发起人的连带认缴出资责任；严禁发起人、股东在公司登记后，抽回出资；不得低价发行股票；在弥补亏损前，不得向股东分配股利；必须按规定提取和使用公积金；除法定情形外，公司不得收购本公司的股份。

（三）资本不变原则

资本不变原则是指公司的资本一经确定，非因法定原因并经法定程序不得变更公司资本总额。资本不变原则只具有相对意义，并非指资本绝对不能改变，而是指公司资本一经确定便不得随意变更。事实上，在公司成立后，有很多原因可以导致公司资本的增加或减少，如经营规模的扩大或缩小，股东人数的增加或减少。在公司法上，资本不变原则主要体现在公司增减资本所应具备的条件和应遵循的严格法律程序上。

二、出资不实的法律责任

（一）股东出资不实的法律责任

（1）民事责任。《公司法》第30条规定，有限责任公司成立后，发现作为设立公司出资的非货币财产的实际价额显著低于公司章程所定价额的，应当由交付该出资的股东补足其差额；公司设立时的其他股东承担连带责任。《公司法》第93条规定，股份有限公司发起人未按章程规定缴足出资的，应当补缴；其他发起人承担连带责任。非货币出资实际价额显著低于章程所定价额的，应由交付该出资的发起人补足差额；其他发起人承担连带责任。

（2）行政责任。发起人、股东虚假出资，未交付或未按期交付作为出资的财产，由公司登记机关责令改正，处以虚假出资金额5%以上15%以下的罚款。

（二）资产评估、验资、验证机构的法律责任

资产评估、验资、验证机构提供虚假材料的，由公司登记机关没收违法所得，处以违法所得1倍以上5倍以下的罚款，并可以由有关主管部门依法责令该机构停业、吊销直接责任人员的资格证书，吊销营业执照。

因其出具的评估结果、验资或者验证证明不实，给公司债权人造成损失的，除能够证明自己没有过错的外，在其评估或者证明不实的金额范围内承担赔偿责任。

三、公司资本的增加与减少

（一）公司资本的增加

公司资本的增加又称公司增资，是指公司成立后注册资本的增加。由于增资是对注册资本的扩充，必然涉及公司章程内容的变更，因此增资必须严格依照法律程序进行（《公司法》178条），增资必须由股东（大）会决议。

实践中，公司增资的方式和方法主要有：有限公司。一般通过增加新股东，或者原有股东增加投资；股份公司的增资方式有：①公开发行新股；②向现有股东配售股份；③向现有股东派送红股；④以公积金转增股本；⑤法律、行政法规规定以及国务院证券主管部门批准的其他方式。股份公司增加资本的具体方法包括：增加股份数额、增加每股金额、既增加每股金额又同时增加股份的数额。

公司增资资金的来源主要有四个：①将部分公积金转为资本，法定公积金转为资本时，所留存的该项公积金不得少于转增前公司注册资本的25%；②将公司债券（可转换公司债）转化为股份；③将分配利益转化为股份，即以派发新股的方式代替现金（股息）的分配；④通过发行新股而增加公司资本。

（二）公司资本的减少

公司资本的减少又称公司减资，是指公司成立后对注册资本的减少。减资的原因不外乎四种情形：①公司因滥发股份，导致公司资本过剩，资本使用效率下降，为了提高公司资本的利用效率而减少资本；②公司因亏损严重，致使已留存的公积金不足以弥补其亏损的，公司不得不减少注册资本；③公司因经营效益欠佳，股东的资金回报率太低，为提高股东的资金回报率，激励股东的投资热情而削减作为分配基数的股本；④因公司合并，为了理顺彼此间的关系而削减部分公司或全部公司的股份。

《公司法》第177条规定，公司需要减少注册资本时，必须编制资产负债表及财产清单。公司应当自作出减少注册资本决议之日起10日内通知债权人，并于30日内在报纸上公告。债权人自接到通知书之日起300日内，未接到通知书的自公告之日起45日内，有权要求公司清偿债务或者提供相应的担保。可见，公司减资必须依照法律规定的程序进行，具体程序如下：①首先必须编制资产负债表和财产清单，制订减资方案；②召开股东会作出减资决议；③通知和公告债权人。

第四节　公司治理与公司组织机构

广义上的公司治理是指通过一套包括正式或非正式的、内部的或外部的制度或机制来协调公司与所有利害相关者之间的利益关系，以保证公司决策的科学化，从而最终维护公司各方面的利益。狭义的公司治理是指所有者，主要是股东对经营者的一种监督与制衡机制。公司组织机构是表达公司这种社团法人意志、管理公司内外部事务的机构。公司组织机构是实现公司治理的物质载体，公司治理目标实际上是通过公司的组织机构来实现的。

一、公司股东与股东（大）会

股东是指取得公司股份，作为公司组成成员并对公司享有股权的人。民事主体既可以通过直接认购出资或股份，或转让、继承、合并的方式取得出资或股份的方式成为公司股东，也可能因具备法定原因或依法定程序而丧失股东身份。

股东身份证明，根据《公司法》第 31 条的规定，有限责任公司成立后，应当向股东签发出资证明书，出资证明书应当载明下列事项：公司名称；公司成立日期；公司注册资本；股东的姓名或者名称、缴纳的出资额和出资日期；出资证明书的编号和核发日期。出资证明书由公司盖章。第 32 条规定，有限责任公司应当置备股东名册，记载下列事项：股东的姓名或者名称及住所；股东的出资额；出资证明书编号。记载于股东名册的股东，可以依股东名册主张行使股东权利。公司应当将股东的姓名或者名称向公司登记机关登记；登记事项发生变更的，应当办理变更登记。未经登记或者变更登记的，不得对抗第三人。

（一）股东的权利与义务

股东权利即股权，是指股东将自己的财产交由公司进行经营，按其投资份额对公司享有一定权利并承担一定义务。股权是股东法律地位的具体化，又是股东具体权利义务的抽象概括。在公司中，基于股东资格而产生的每个股东的权利和义务是平等的，各股东依其所持有的股份比例或拥有的出资额享有平等的权利，负担同等的义务。《公司法》没有对股东权利做列举式规定，如《公司法》第 4 条表述为“公司股东依法享有资产收益、重大决策和选择管理者等权利”。据此结合相关规定而言，股东的权利主要包括：①资产收益权，包括盈余分配权、股份转让权、剩余财产分配权；②股东（大）会、董事会决议撤销请求权；③知情权、查账权；④召集和主持股东会议权；⑤临时股东（大）会召集请求权；⑥异议股东回购请求权；⑦提案权；⑧投票表决权；⑨新股优先认购权；⑩股东派生诉讼权；⑪请求法院解散公司权。

股东义务与股东权利一样均是基于股东资格而产生的，可能是对公司负担的义务，也可能是对其他股东负担的义务。公司法对股东义务的规定也是分散在有关公司条文中，大致可以概括为：①遵守公司章程；②依法和依照章程的规定向公司缴纳出资；③对公司所负债务承担责任；④公司成立后，不得抽逃出资；⑤控股股东、实际控制人、董事、监事、高级管理人员不得利用关联关系损害公司利益（《公司法》第 21 条）；⑥依法行使股东权利，不得滥用股东权利损害公司或者其他股东的利益；⑦不得滥用公司法人独立地位和股东有限责任损害公司债权人的利益。《公司法》第 20 条规定，“公司股东应当遵守法律、行政法规和公司章程，依法行使股东权利，不得滥用股东权利损害公司或者其他股东的利益；不得滥用公司法人独立地位和股东有限责任损害公司债权人的利益。公司股东滥用股东权利给公司或者其他股东造成损失的，应当依法承担赔偿责任。公司股东滥用公司法人独立地位和股东有限责任，逃避债务，严重损害公司债权人利益的，应当对公司债务承担连带责任”。

（二）股东（大）会

1. 概念

根据公司法的规定，股东会是由公司（全体）股东组成的，依照法定的（或者公司章程规定的）方式和程序决议公司法或者公司章程规定的重大事项的公司权力机关。在我国，除一人公司、国有独资公司、中外合资经营企业、中外合作经营企业之外，股东会是公司的必要法定机关。

公司的股东会具有以下法律特征：

（1）是由股东组成的公司机关，是一种会议机关，仅以会议的形式存在，而非常设机关。

（2）是依法定或者公司章程规定的职权决议公司重要事务的意思机关，其法定或者章程规定职权由法律或者章程列举规定。股东只能就这些事项做决定，从而形成公司意思。

（3）按照法定的（或者章程规定的）方式、程序进行决议，即以会议的方式以多数表决（普通及特别，一般以出资额或股份为基数）的方法行使权力。

（4）是公司的法定权力机关，不执行公司事务，不能对外代表公司。

2. 股东会会议制度

根据《公司法》第36条~第43条与第98条~第107条规定，根据股东会召集时期的不同，股东会分为定期会议和临时会议。有限责任公司的股东会召开时间由公司章程决定，股份有限公司每年召开一次股东大会年会，通常于每一会计年度终了后6个月内召开。

（1）临时会议的召开。有限责任公司中代表1/10以上表决权的股东，1/3以上的董事，监事会或者不设监事会的公司的监事提议召开临时会议的，应当召开临时会议；股份有限公司具备下列情形之一的，应当在两个月内召开临时股东大会：①董事人数不足本法规定人数或者公司章程所定人数的2/3时；②公司未弥补的亏损达实收股本总额1/3时；③单独或者合计持有公司10%以上股份的股东请求时；④董事会认为必要时；⑤监事会提议召开时；⑥公司章程规定的其他情形。

（2）股东会会议的召集。

1）有限责任公司。首次股东会由出资最多的股东召集、主持；此后的股东会会议，设立董事会的由董事会召集，董事长主持；董事长不能履行职务或者不履行职务的，由副董事长主持；副董事长不能履行职务或者不履行职务，由半数以上董事共同推举一名董事主持。不设董事会的，股东会会议由执行董事召集和主持。董事会或者执行董事不能履行或者不履行召集股东会会议职责的，由监事会或者不设监事会的公司的监事召集和主持；监事会或者监事不召集和主持的，代表1/10以上表决权的股东可以自行召集和主持。

2）股份有限公司：创立大会，由发起人召集、主持；公司成立后股东大会董事会召集、董事长主持；董事长不能履行职务或者不履行职务的，由副董事长主持；副董事长不能履行职务或者不履行职务的，由半数以上董事共同推举一名董事主持。董事会不能履行或者不履行召集股东大会会议职责的，监事会应当及时召集和主持；监事会不召集和主持的，连续90日以上单独或者合计持有公司10%以上股份的股东可以自行召集和主持。

（3）股东会表决。有限公司股东会会议由股东按照出资比例行使表决权；但是，公司章程另有规定的除外。股份公司股东的表决方式有直接表决与累积表决两种。股东会决议由每一股东根据自己所持股份数和"一股一权"的平等原则投票，并经出席会议的多数表决权通过。

二、公司董事与董事会

公司董事与监事、经理等高级管理人员在公司法理上可称为公司的负责人，由于其地位的特殊性，《公司法》设44条~56条与第108条~第119条等专门规定公司董事、监事、经理等高管人员的资格和义务。为体系之需要，本文在此对董事与监事、高级管理人员的资格和义务、会议制度等一并阐述。

（一）董事、监事、高级管理人员的资格和义务

（1）资格。即任职条件，鉴于公司负责人的重要性，各国公司法无不规定其相应的任职条件。在公司法上，任职条件包括积极资格和消极资格。积极资格即任职必须具备的条件，消极资格即不得任职的条件和情形。我国《公司法》对公司负责人资格的有关规定，几乎都属于消极资格的内容，对积极资格没有做出明确集中的规定。根据《公司法》146条第一款的规定，具有下列情形之一的，不得担任公司的董事、监事、高级管理人员：

1）无民事行为能力或者限制民事行为能力。

2）因贪污、贿赂、侵占财产、挪用财产或者破坏社会主义市场经济秩序，被判处刑罚，执行期满未逾5年，或者因犯罪被剥夺政治权利，执行期满未逾5年。

3）担任破产清算的公司、企业的董事或者厂长、经理，对该公司、企业的破产负有个人责任的，自该公司、企业破产清算完结之日起未逾3年。

4）担任因违法被吊销营业执照、责令关闭的公司、企业的法定代表人，并负有个人责任的，自该公司、企业被吊销营业执照之日起未逾3年。

5）个人所负数额较大的债务到期未清偿。公司违反前五款规定选举、委派董事、监事或者聘任高级管理人员的，该选举、委派或者聘任无效。董事、监事、高级管理人员在任职期间出现上述所列情形的，公司应当解除其职务。

6）具备其他法定情形的人。根据公司法及其他相关法律法规规定的一些情形主要指受到职业、职务及某种身份限制的人，包括：①《公司法》第52条和第117条规定，董事、高级管理人员不得兼任监事；②《公务员法》第53条规定，公务员不得"从事或者参与营利性活动，在企业或者其他营利性组织中兼任职务"。可见，除了国有独资公司的情况下，公务员在一般情况下不得兼任公司董事、监事、高级管理人员的职务；③中国证监会1997年发布的《证券市场禁入规定》第5条及《上市公司章程指引》第78条规定，违反法律、行政法规或者中国证监会有关规定，被中国证监会确定为市场禁入者，并且尚未解除的人员，不得担任上市公司的董事。

（2）董事、监事、高级管理人员的义务。

《公司法》第147条第一款规定："董事、监事、高级管理人员应当遵守法律、行政法规和公司章程，对公司负有忠实义务和勤勉义务"。忠实义务是指公司负责人为公司执行其职务应竭尽忠诚，必须为公司的最佳利益和适当目的行事，不得将个人利益摆在对公司利益相冲突的位置上。《公司法》对忠实义务虽没有做具体规定，但《上市公司治理准则》与《上市公司章程指引》对董事的忠实义务均作了进一步解释。勤勉义务是指董事、监事、高级管理人员应当谨慎、认真、勤勉地行使公司所赋予的权利、在行使权利或履行义务时，以一个合理谨慎的人在相似情形下所应表现的谨慎、勤勉和技能为其所应为的行为。对勤勉义务一般只是做概括性规定，如《公司法》在第150条规定了接受股东质询的义务和配合监事履行职责的义务，具体规定往往在公司章程中去加以规定。根据法律规定，忠实义务具体表现如下：

1）不得利用职权收受贿赂或其他非法收入和不得侵占公司财产的义务。

2）不得挪用公司资金的义务。

3）不得将公司资金以自己个人名义或者其他个人名义开立账户存储的义务。

4）不得违法将公司资金借贷给他人或者以公司财产为他人提供担保的义务。

5）限制自我交易的义务。自我交易是指董事、高级管理人员为自己或为他人利益与其所任职的公司进行交易。自我交易分两种基本形式：①直接交易，即公司管理人员直接以本人名义与其所任职的公司进行交易，在交易过程中，行为人独立行使权利、履行义务并承担责任；②间接交易，即与公司管理人员有利害关系的第三人与公司管理人员所任职的公司之间进行交易，在该交易中，公司管理人员不是交易主体，不以其本人名义与公司交易。我国《公司法》规定的自我交易限定为直接交易，且《公司法》对自我交易并不采取绝对禁止的做法，如果“公司章程或经股东会、股东大会同意”的自我交易，则属于法律许可的行为。

6）谋取公司商业机会限制和竞业限制的义务。我国公司法对该两项义务的规定是相对禁止义务而非绝对禁止性义务，即从事该两类行为需要经“股东大会或者股东会的同意”，或者说不超出“股东会或股东大会同意”的范围。谋取公司商业机会限制又称“篡夺公司机会禁止”。篡夺公司商业机会是指公司经营者不得将公司拥有的权利、财产利益或正期待的机会或理应属于公司的机会据为己有。禁业限制的行为是董事、高级管理人员“未经股东会或股东大会的同意、自营或者为他人经营与所任职公司同类的业务”。

7）不得接受他人与公司交易的佣金为己有的义务。

8）不得擅自披露公司秘密的义务。

（二）董事会

1. 董事会概述

董事会是由股东会（或监事会）选举产生的董事组成，负责公司经营管理事务的公司机关，是公司的执行机关，对外代表公司。有限责任公司的董事会由3～13人组成，董事长、副董事长的产生办法由公司章程规定；股份有限公司的董事会由5～19人组成，董事长、副董事长由全体董事过半数选举产生。两个以上的国有企业或者两个以上的其他国有投资主体投资设立的有限责任公司，其董事会成员中应当有公司职工代表；其他有限责任公司、股份有限公司的董事会成员中可以有公司职工代表。董事会中的职工代表由公司职工通过职工代表大会、职工大会或者其他形式民主选举产生。董事在任期内可以辞职，应当向董事会提交书面的辞职报告，擅自离职的，对因此给公司造成的损失负赔偿责任。董事任期届满未及时改选，或者董事在任期内辞职导致董事会成员低于法定人数的，在改选出的董事就任前，原董事仍应当依照法律、行政法规和公司章程的规定，履行董事职务。

2. 董事会职权

根据《公司法》规定，在法定职权的基础上，允许公司章程对董事会的职权作出补充性规定。概而言之，董事会其职权包括：①召集股东会会议，并向股东会报告工作；②执行股东会的决议；③决定公司的经营计划和投资方案；④制订公司的年度财务预算方案、决算方案；⑤制订公司的利润分配方案和弥补亏损方案；⑥制订公司增加或者减少注册资本以及发行公司债券的方案；⑦制订公司合并、分立、解散或者变更公司形式的方案；⑧决定公司内部管理机构的设置；⑨决定聘任或者解聘公司经理及其报酬事项，并根据经理的提名决定聘任或者解聘公司副经理、财务负责人及其报酬事项；⑩制定公司的基本管理制度；公司章程规定的其他职权。

3. 董事会议事制度

董事会的议事方式、表决程序除法律有规定外由公司章程规定。董事会应当对所议事项的决定作成会议记录，出席会议的董事应当在会议记录上签名。董事会的决议，股东大会不得干预，但在职权重合的情况下，股东会的权力至上。

股份有限公司董事会每年度至少召开两次会议，每次会议应当于会议召开 10 日前通知全体董事和监事。代表 1/10 以上表决权的股东、1/3 以上董事或者监事会，可以提议召开董事会临时会议。董事长应当自接到提议后 10 日内，召集和主持董事会会议。董事会召开临时会议，可以另定召集董事会的通知方式和通知时限。董事会会议应有过半数的董事出席方可举行。董事会作出的决议，必须经全体董事的过半数通过。董事会决议的表决，实行一人一票。

（三）经理

经理是负责公司日常经营管理活动的高级管理人员，由董事会聘任或解聘，对董事会负责，经理列席董事会会议。一般来说，经理并非公司的法定机关，因而其设置主要由公司来自行决定，法律无须直接规定。就我国《公司法》的规定来看，在有限责任公司，经理的设置是任意性的，由公司章程自行确定；在股份有限公司，经理的设置则是法定的。经理的聘任或者解聘，由董事会决定。在实践中，经理的具体职位表现为 CEO、CFO、CIO、总裁、司库、秘书等。

有限责任公司可以设经理，由董事会决定聘任或者解聘，经理对董事会负责。人数较少或者规模较小的有限责任公司的执行董事可以兼任公司经理（执行董事的职权由公司章程规定）；股份有限公司设经理，由董事会决定聘任或者解聘。董事会可以决定由董事会成员兼任经理。

根据《公司法》第 50 条和第 113 条的规定，经理具有以下职权：①主持公司的生产经营管理工作，组织实施董事会决议；②组织实施公司年度经营计划和投资方案；③拟订公司内部管理机构设置方案；④拟订公司的基本管理制度；⑤制定公司的具体规章；⑥提请聘任或者解聘公司副经理、财务负责人；⑦决定聘任或解聘除应由董事会聘任或解聘以外的负责管理人员；⑧董事会授予的其他职权。公司章程对经理职权另有规定的，从其规定。

三、监事会

1. 监事会概述

监事会是大陆法系国家创设的，负责对董事和经理的经营管理行为及公司财务进行监督的监督机关，是公司的必设机关。

监事会成员不少于 3 人，由股东代表和适当比例的职工代表组成，具体比例由公司章程规定，但不得低于 1/3。规模较小的有限责任公司可以不设监事会，而设 1 ~ 2 名监事。监事会增设主席职务，由全体监事过半数选举产生，负责召集和主持监事会会议。股份有限公司还可以设副主席。当主席殆于履行职务，可以由副主席，直至由半数以上监事共同推举一名监事召集和主持监事会会议。

监事的任期为 3 年，连选可以连任。其中的职工代表监事由公司职工通过职工代表大会、职工大会或者其他形式民主选举产生。与董事的任期由公司章程规定不同，监事的任期由法律直接规定。监事在任期内辞职，导致监事会成员低于法定人数的，在改选出监事就任前，原监事仍应当依照法律、行政法规或者公司章程的规定，履行职务。

2. 监事会会议制度

有限责任公司监事会每年度至少召开一次会议，监事可以提议召开临时监事会会议。监事会的议事方式和表决程序，除公司法有规定的外，由公司章程规定。监事会决议应当经半数以上监事通过。监事会应当对所议事项的决定作成会议记录，出席会议的监事应当在会议记录上签名。

股份有限公司监事会每六个月至少召开一次会议。监事可以提议召开临时监事会会议。监事会的议事方式和表决程序，除本法有规定的外，由公司章程规定。监事会决议应当经半数以上监事通过。监事会应当对所议事项的决定作成会议记录，出席会议的监事应当在会议记录上签名。

3. 监事会职权

根据《公司法》第 53 条、第 54 条、第 56 条、第 117 条规定，监事会职权包括：

（1）检查公司的财务。

（2）对董事、高级管理人员执行公司职务的行为进行监督，对违反法律、行政法规、公司章程或者股东会决议的董事、高级管理人员提出罢免的建议。

（3）当董事、高级管理人员的行为损害公司利益时，要求董事、高级管理人员予以纠正。

（4）提议召开临时股东大会，在董事会不履行本法规定的召集和主持股东会会议职责时召集和主持股东会会议。

（5）向股东会会议提出提案。

（6）依照本法第 152 条的规定，对董事、高级管理人员提起诉讼。

（7）公司章程规定的其他职权。此外，监事可以列席董事会会议，并对董事会决议事项提出质询或者建议；监事会、不设监事会的公司的监事发现公司经营情况异常，可以进行调查；必要时，可以聘请会计师事务所等协助其工作，费用由公司承担；监事会、不设监事会的公司的监事行使职权所必需的费用，由公司承担。

第五节　公司合并、分立、解散与清算

一、公司合并

（一）合并的概念、特征

公司合并是指两个或两个以上的公司订立合并协议，依照公司法的规定，不经过清算程序，直接合并为一个公司的法律行为。

公司合并不同于公司并购。公司并购是指一切涉及公司控制权转移与合并的行为，它包括资产收购（营业转让）、股权收购和公司合并等方式，其中所谓“并”，即公司合并，主要指吸收合并，所谓“购”，即购买股权或资产。

公司合并不同于公司的资产收购，资产收购是一个公司购买另一个公司的部分或全部资产，收购公司与被收购公司在资产收购行为完成之后仍然存续。公司合并也不同于公司的股权收购，公司的股权收购（acquisition）是指一个公司收买另一个公司的股权，以取得控股权，收购公司和被收购公司在股权收购行为完成之后仍然存续。公司合并的本质是公司人格的合并，而股权收购的本质是股权的买卖行为，不影响公司的人格。

总之，公司合并的本质是公司人格的合并，而资产收购和股权收购在本质上都是买卖行为。

（二）合并的方式与程序

《公司法》172 条规定，公司合并可以采取吸收合并或者新设合并。一个公司吸收其他公司为吸收合并，被吸收的公司解散。两个以上公司合并设立一个新的公司为新设合并，合并各方解散。吸收合并（兼并）是最常见的合并类型。新设合并又称解散合并，是指合并各方解散而共同组合为一个新的公司；吸收合并又称存续合并，是指合并一方存续，其他各方解散并归属于存续公司。公司的合并不仅涉及参与合并公司的股东及职工的利益，而且涉及公司债权人利益和社会公共利益，因此公司合并必须严格按照法定程序进行。根据《公司法》173 条 ~ 176 条规定，公司合并必须履行以下程序：

（1）签订合并协议。公司的合并应当由合并各方签订书面合并协议，并编制资产负债表和财产清单，以及按照国家统一的会计制度的规定编制相应的财务会计报告。

（2）作出合并议决。公司合并为股东会决议事项，由于公司合并为事关公司存亡的大事，所以，股东会的议决应采取特别决议的方式进行，即由 2/3 以上的表决权通过。

（3）依法办理有关审批手续。实践中，需要经过批准的事项较多。

（4）通知、公告债权人。公司应当自作出合并决议之日起 10 日内通知债权人，并于 30 日内在报纸上公告。债权人自接到通知书之日起 30 日内，未接到通知书的债权人

自公告之日起45日内，有权要求公司清偿债务或提供相应的担保。如果不清偿债务或提供相应担保，公司不得合并。

（5）实施合并协议。完成了催告债权程序后，即可着手具体实施合并协议。合并各方应根据合并协议的规定进行资产移交。即合并公司接受被合并公司的有关资产，并按约定采用股权或非股权方式（现金、有价证券和其他资产）向被合并公司股东进行支付。

（6）办理合并登记。公司合并后，应根据情况，向公司登记机关办理相应的登记。例如，新设合并要办理注销登记和设立登记，吸收合并要办理变更登记和注销登记等。

（三）合并的法律效果

公司合并发生以下三种法律效果：

（1）公司的消灭。公司合并后，必有一方公司或双方公司消灭，消灭的公司应当办理注销登记。由于消灭的公司的全部权利和义务已由存续公司或新设公司概括承受，所以，它的解散与一般公司的解散不同，无须经过清算程序，公司法人人格直接消灭。

（2）公司的变更或设立。在吸收合并中，由于存续公司因承受消灭公司的权利和义务而发生组织变更，如注册资本、章程、（有限责任公司）股东等事项，应办理变更登记。在新设合并中，参与合并的公司全部消灭而产生新的公司，新设公司应办理设立登记。

（3）权利和义务的概括承受。《公司法》第174条规定，公司合并时，合并各方的债权、债务，应当由合并后存续的公司或新设的公司承继。

二、公司的分立

（一）分立的概念和特征

公司分立是指一个公司通过签订协议，不经过清算程序，分为两个或两个以上的公司的法律行为。1966年，法国公司法首次创立公司分立制度，其后为许多国家公司法所接受。在公司分立中，原公司分离一部分资产后，不会获得对价，资产总额因此减少，所有者权益（包括股本）也因此减少。公司分立直接影响股东的地位，在派生分立中，原公司的股东对原公司的股权将减少，但是，相应的获得分立出来的公司的股权，在新设分立中，原公司的股东对原公司的股权因原公司的消灭而消灭，但是，相应的获得分立出来的公司的股权。可见，公司分立的本质是公司的人格的变化，而非公司资产的买卖。

（二）分立的方式

公司分立主要有派生分立和新设分立两种形式。派生分立，也称存续分立，是指一个公司分离成两个以上公司，本公司继续存在并设立一个以上新的公司。新设分立，也称解散分立，是指一个公司分解为两个以上公司，本公司解散并设立两个以上新的公司。我国公司分立必须履行以下程序：

（1）作出决定和决议。公司分立需经股东会（股东大会）特别决议通过。

（2）订立分立协议。

（3）编制资产负债表和财产清单。

（4）通知债权人。《公司法》第 175 条规定：公司分立，其财产作相应的分割。公司分立时，应当编制资产负债表及财产清单。公司应当自作出分立决议之日起 10 日内通知债权人，并于 30 日内在报纸上至少公告三次。债权人自接到通知书之日起 30 日内，未接到通知书的自第一次公告之日起 90 日内，有权要求公司清偿债务或者提供相应的担保。不清偿债务或者不提供相应的担保的，公司不得分立。

（5）报有关部门审批。

（6）办理登记手续。在派生分立中，原公司的登记事项如注册资本等发生变化，应办理变更登记，分立出来的公司应办理设立登记；在新设分立中，原公司解散，应办理注销登记，分立出来的公司应办理设立登记。

（三）分立的法律效果

公司的分立会产生以下三种法律后果：

（1）公司的变更、设立和解散。在派生分立中，原公司的登记事项如注册资本等发生变化，并产生新的公司人格——分立出来的公司；在新设分立中，原公司解散，人格消灭，但产生两个或两个以上的新的公司（分立出来的公司）。

（2）股东和股权的变动。公司的分立不仅导致公司资产的分立，而且导致股东和股权的变动，在派生分立中，原公司的股东可以从原公司中分立出来，成为新公司的股东，也可以减少对原公司的股权，而相应地获得对新公司的股权；在新设分立中，股东对原公司的股权因原公司消灭而消灭，但相应到获得对新公司的股权。

（3）债权、债务的承受。按照《公司法》第 176 条的规定："公司分立前的债务由分立后的公司承担连带责任。但是，公司在分立前与债权人就债务清偿达成的书面协议另有约定的除外"。

三、公司的解散

（一）公司解散的概念

公司的解散又称公司的终止，是指公司因法律或章程规定事由的出现而停止营业活动并消灭其主体资格的行为。其特点有：①主体资格的消失；②组织解体；③永久性停止营业。

（二）公司解散的原因

《公司法》第 180 条规定，公司因下列原因解散：公司章程规定的营业期限届满或者公司章程规定的其他解散事由出现；股东会或者股东大会决议解散；因公司合并或者分立需要解散；依法被吊销营业执照、责令关闭或者被撤销；人民法院依照本法第 183 条的规定予以解散。据此，公司解散的原因可分为自愿解散、强制解散两种。

1. 自愿解散

自愿解散是指公司依照自己的意愿自行关闭。根据《公司法》第 180 条的规定，公司有三种情形的可以自愿解散：①公司章程规定的营业期限届满或者公司章程规定的其他事由出现时；②公司股东会决议解散，经股东会特别决议、并由 2/3 以上的表决权通过，公司得解散；③因公司合并或分立需要解散的。

2. 强制解散

强制解散是指因公司违法而由有关机关依职权予以解散。主要有：①责令关闭。公司因为违反法律、法规的规定，可由行政机关责令关闭。②吊销营业执照。《公司法》第 211 条规定：公司成立后无正当理由超过 6 个月未开业的，或者开业后自行停业连续 6 个月以上的，可以由公司登记机关吊销营业执照。第 214 条规定：利用公司名义从事危害国家安全、社会公共利益的严重违法行为的，吊销营业执照。③被撤销。《公司法》第 198 条规定：违反本法规定，虚报注册资本、提交虚假材料或者采取其他欺诈手段隐瞒重要事实取得公司登记，情节严重的，撤销公司登记或者吊销营业执照。④判决解散。判决解散是指法院依当事人的请求裁定解散公司。在国外，当公司出现无力解决的、不得已的事由或者公司董事的行为危及公司的存亡以及公司的业务遇到显著困难、公司的财产有受重大损失之嫌时，持有一定比例股份的股东有权请求法院解散公司。一些国家还规定债权人在一定条件下可以起诉要求解散公司。我国《公司法》第 182 条规定：公司经营管理发生严重困难，继续存续会使股东利益受到重大损失，通过其他途径不能解决的，持有公司全部股东表决权 10% 以上的股东，可以请求人民法院解散公司。

四、公司的清算

（一）公司清算概念

公司清算又称清盘，是指处理公司未了事务，终结其法律关系，从而消灭公司法人资格的法律程序。根据是否在破产情形下进行，公司清算可分为破产清算和非破产清算（本章主要阐述非破产清算）。《公司法》第 183 条规定，公司因本法第一百八十一条第（一）项、第（二）项、第（四）项、第（五）项规定而解散的，应当在解散事由出现之日起 15 日内成立清算组，开始清算。第 190 条规定，公司被依法宣告破产的，依照有关企业破产的法律实施破产清算。

（二）清算组

清算组又称清算人，是公司清算事务的执行人。其使命为对内主持清算事务，对外代表解散中的公司。根据《公司法》第 184 条的规定，清算组的职权有：①清理公司财产，分别编制资产负债表和财产清单；②通知、公告债权人；③处理与清算有关的公司未了结的业务；④清缴所欠税款以及清算过程中产生的税款；⑤清理债权、债务；⑥处理公司清偿债务后的剩余财产；⑦代表公司参与民事诉讼活动。

清算组的义务主要是：清算组成员应当忠于职守，依法履行清算义务。清算组成员不得利用职权收受贿赂或者其他非法收入，不得侵占公司财产。清算组成员因故意或者重大过失给公司或者债权人造成损失的，应当承担赔偿责任。

（三）清算程序

根据《公司法》第 185 条～188 条之规定，公司清算依下列程序进行：

1. 成立清算组

《公司法》第 183 条规定：除因合并、分立而解散的，应自解散事由出现之日起 15 日内成立清算组。其中，有限责任公司的清算组由股东组成，股份有限公司的清算组由董事或者股东大会确定的人员组成。逾期不成立清算组进行清算的，债权人可以申请人民法院指定有关人员组成清算组进行清算。人民法院应当受理该申请，并及时组织清算组进行清算。

2. 通知、公告债权人，登记债权

为了保障债权人的合法权益，《公司法》第 185 条规定：清算组应当自成立之日起 10 日内通知债权人，并于 60 日内在报纸上公告。债权人应当自接到通知书之日起 30 日内，未接到通知书的自公告之日起 45 日内，向清算组申报其债权。债权人申报债权，应当说明债权的有关事项，并提供证明材料。清算组应当对债权进行登记。在申报债权期间，清算组不得对债权人进行清偿。

3. 制定清算方案，清理公司财产，清偿债权债务并分配剩余财产

《公司法》第 186 条规定：清算组应当在清理公司财产，编制资产负债表和转产清单的基础上，制定清算方案，并报股东（大）会或法院确认。《公司法》第 187 条规定：清算组发现公司财产不足以清偿公司债务的，应当向法院申请宣告破产。

4. 报送清算报告，办理注销登记

公司清算结束后，清算组应当制作清算报告，报股东会、股东大会或者人民法院确认，并报送公司登记机关，申请注销公司登记，公告公司终止。

第六节　公司的财务会计

一、公司财务会计报告

（一）财务会计的含义及其意义

公司的财务会计是公司财务和公司会计的总称，是指法律、行政法规、公司章程中确立的公司财务会计规则。公司财务是指公司在生产活动中有关资金筹集、运用和收益分配的活动，即公司理财活动。公司会计是指以货币为主要计量尺度，对公司的整个财务活动和经营状况以记账、算账、报账等方式进行的核算与监督活动。财务会计制度为公司的内部管理制度。但公司财务会计与一般的内部规章相比，在强制性、规范性及统一性等方面具有明显的区别。如在统一性方面，《中华人民共和国会计法》（以下简称《会计法》）第 8 条规定：国家实行一的会计制度；由国务院财政部门根据会计法制定并公布。

公司财务会计主要作用就是采用价值形式，对公司的一切经营活动进行记录、核算、分析、管理，以求最佳效益、实现公司的经营目的。公司依法建立财务会计制度有

利于保护股东的利益、有利于保护债权人的利益及社会公共利益。同时公司财务会计制度的建立与健全还有利于政府的宏观调控，有利于完善公司管理和提高经济效益。

（二）财务会计报告的构成

财务会计报告是指公司对外提供的反映公司某一特定日期财务状况和某一会计期间经营成果、现金流量的文件。我国《公司法》第164条第二款规定："财务会计报告应当依照法律、行政法规和国务院财政部门的规定制作"。按照《企业财务会计报告条例》的规定，财务会计报告包括会计报表、会计报表附注、财务情况说明书。其中财务会计报表包括资产负债表（资金平衡表）、利润表（损益表）、现金流量表及相关附表等，财务情况说明书中主要说明事项包括生产经营基本情况、利润实现与分配情况、资金增减与周转情况、对财务状况、现金流量、经营成果有重大影响的其他事项。

（三）财务会计报告的编制

财务会计报告的编制应在法律规定的时间内，由符合法律要求的制作人依法制作。从我国公司法规定董事会的职权包括"编订公司的年度财务预算、决算方案"来看，董事会应是财务报告的主持人，具体的编制工作由公司的财会人员制作；从制作时间来看，公司应在每一会计年度终了时编制财务会计报告，并依会计师事务所审计。股份有限公司对外提供的财务报告包括月度财务报告、中期财务报告和年度财务报告。根据《会计法》第4条和第50条的规定，公司的法定代表人应为司财务会计报告制作的责任人，对其真实性、完整性负责。

公司发生合并、分立情形，或公司终止营业，或公司清算破产等特殊情形时，应当立即制作财务会计报表。企业集团，母公司除编制其个别会计报表外，还应当编制企业集团的合并会计报表。

（四）财务会计报告的对外提供与公示

《公司法》第165条规定："有限责任公司应当依照公司章程规定的期限将财务会计报告送交各股东。股份有限公司的财务会计报告应当在召开股东大会年会的20日前置备于本公司，供股东查阅；公开发行股票的股份有限公司必须公告其财务会计报告"。公开发行股票的股份公司必须公告其财务会计报告。财务会计报告的对外提供的相关要求：①财务会计报告反映的会计信息应当真实、完整；②及时提供；③向各方提供的报告，编制基础、编制依据、编制原则和方法应当一致；④须经注册会计师审计的；⑤接受报告方在企业财务会计报告未正式对外披露前，应当对其内容保密。

二、公司公积金

（一）公积金的概念

公积金又称储备金、准备金，是公司为预防亏损和增强财力、扩大营业规模的目的，依照法律和公司章程的规定或股东会决议，从公司盈余或公司资本收益中提取的不作为股利分配，而暂存于公司内部的特殊用途的基金。根据《公司法》第166条的规定，"公司分配当年税后利润时，应当提取利润的10%列入公司法定公积金。公司法定公积金累计额为公司注册资本的50%以上的，可以不再提取。公司的法定公积金不足以弥补以前年度亏损的，在依照前款规定提取法定公积金之前，应当先用当年利润弥补亏损。公司从税后利润中提取法定公积金后，经股东会或者股东大会决议，还可以从税后利润中提取任意公积金”。

公司建立公积金的目的在于协调股东的短期利益与长远利益和公司利益的冲突，防止股东追求股利分配最大化而影响公司的自我发展，并提高公司对公司债权人的责任能力。基于上述目的，在大陆法系国家，建立公积金是一种强行法律制度。但在英美法系国家并不存在严格的法定公积金制度，而实行董事的诚信责任。

（二）公积金的分类

1. 盈余公积金和资本公积金

依据公积金的不同来源为标准，公积金可分为盈余公积金和资本公积金。盈余公积金指公司依照法律或公司章程的规定，从公司的利润中提取的公积金。资本公积金指依法直接由公司资本、资产或其他收益所形成的公积金。资本公积金都是依法提留的，因而也称为法定资本公积金。

2. 法定公积金和任意公积金

依据公积金是否为法律所强制规定为标准，公积金可分为法定公积金和任意公积金。法定公积金指依照法律的强制规定而提取的公积金，对其提取及提取比例，公司章程或股东会决议不得予以取消和变更。任意公积金指非以法律的强制规定，而是公司章程的规定或股东会的决议提取的公积金。任意公积金的用途由公司章程或股东会决议而定，法律不予限制。但提取及用途一经确定，也不得随意变更，其变更需经过修改公司章程或变更股东会决议。

（三）公积金的用途

根据我国《公司法》第166条、第18条的规定，法定盈余公积金和资本公积金可以用于以下三方面：

（1）弥补亏损。公司可以用法定盈余公积金或资本公积金弥补亏损，以维持公司资本与资产的基本相当，增强公司的偿债能力。

（2）扩大公司生产经营规模。公司可以直接用公积金扩大生产经营规模，以增强公司的发展能力，从长远看可以为公司和股东赚取更多的利润。

（3）增加资本。公司可以根据生产经营的需要及公司的资本结构随时将法定盈余公积金、资本公积金转增为资本。为防止转增资本后公司留存的法定盈余公积金过少，因此，《公司法》规定，法定公积金转为资本时，所留存的该项公积金不得少于注册资本的25%。但资本公积金不得用于弥补公司的亏损。

三、公司利润分配

公司的利润是指公司在一定时间内生产经营的成果，主要由营业利润、投资净收益和营业外收入净额组成。公司向股东分配股利的资金来源只能是公司的利润。各国公司法大都采取“无盈不分”的原则，即公司无利润时不得分配股利。如《公司法》第

166 条第五款规定："股东会、股东大会或者董事会违反前款规定，在公司弥补亏损和提取法定公积金之前向股东分配利润的，股东必须将违反规定分配的利润退还公司"。根据有关财务税收法规，公司的年度利润应按以下顺序分配：

（1）弥补公司以前年度的亏损。根据我国《中华人民共和国企业所得税暂行条例》第 11 条的规定，纳税人发生年度亏损的，可以用下一年度的所得弥补；下一纳税年度的所得不足以弥补的，可以逐年延续弥补，但延续弥补期最长不得超过 5 年。

（2）缴纳所得税。根据《企业所得税暂行条例》的规定，公司与国有企业、集体企业、私营企业均统一适用 33% 的比例税率。

（3）支付各项税收的滞纳金、罚款。根据有关的财务、税收规定，公司的各项罚没支出一律不得在税前列支，应从税后利润中支付，以体现"罚"、"没"的作用。

（4）提取法定公积金。公司弥补完亏损仍有余额的，提取税后利润扣除前两项后的 10% 列入公司的法定公积金。

（5）提取任意公积金。公司提取法定公积金、法定公益金后，经股东会决议，可以提取任意公积金，提取比例由股东会或公司章程确定。

（6）向股东分配股利。公司利润在提取弥补亏损、提取公积金、公益金之后仍有剩余的，才可向股东分配股利。有限责任公司股东按照实缴的出资比例分取红利，但是，全体股东约定不按照出资比例分取红利的除外。股份有限公司按照股东持有的股份比例分配，但股份有限公司章程规定不按持股比例分配的除外。

四、公司债券

公司债券，《公司法》第 153 条规定，"本法所称公司债券，是指公司依照法定程序发行、约定在一定期限还本付息的有价证券。公司发行公司债券应当符合《中华人民共和国证券法》规定的发行条件"。公司债券是公司债的表现形式，是公司向债券持有人出具的债务凭证。我国《证券法》第 16 条规定，公开发行公司债券，应当符合下列条件：股份有限公司的净资产不低于人民币 3000 万元，有限责任公司的净资产不低于人民币 6000 万元；累计债券余额不超过公司净资产的 40%；最近三年平均可分配利润足以支付公司债券一年的利息；筹集的资金投向符合国家产业政策；债券的利率不超过国务院限定的利率水平；国务院规定的其他条件。

公司债券不管是对发行公司债券的公司而言，还是对政府监管部门而言，都是一件重大的事件。对于发行人而言，发行公司债券属于向社会投资者出售信用、增加负债的重大社会融资行为，故公司经营管理层不得擅自决定发行公司债券，且募集的资金不可以用于偿还银行贷款；对于政府监管机构而言，由于发行公司债券涉及社会重大信用，对稳定社会经济秩序、维护投资者权益都有重大影响，因此发行公司债券必须报经政府有关监管机构批准或核准，或者到政府监管机构登记、注册。如《公司法》第 154 条规定："发行公司债券的申请经国务院授权的部门核准后，应当公告公司债券募集办法。"

公司债券的发行方式有三种，即面值发行、溢价发行、折价发行。假设其他条件不变，债券的票面利率高于同期银行存款利率时，可按超过债券票面价值的价格发行，称为溢价发行。溢价是企业以后各期多付利息而事先得到补偿；如果债券的票面利率低于同期银行存款利率，可按低于债券面值的价格发行，称为折价发行。折价是企业以后各期少付利息而预先给投资者补偿。如果债券的票面利率与同期银行存款利率相同，可按票面价格发行，称为面值发行。溢价或折价是发行债券企业在债券存续期内对利息费用的一种调整。

第七节　有限责任公司

一、有限责任公司的概念及特征

有限责任公司是指由50个以下股东共同出资设立，每个股东以其所认缴的出资额为限对公司承担责任，公司以其全部财产对公司债务承担责任的企业法人。根据《公司法》第23条、第24条规定，有限责任公司主要特征概括如下：

（1）股东人数的限制性。有限责任公司的股东可以是自然人，也可以是法人。股东人数一般为2人以上50人以下，特殊情形下1人也可成立有限责任公司。

（2）股东责任的有限性。公司的股东以其出资额对公司承担责任，公司以其全部资产对公司的债务承担责任。

（3）公司资本的封闭性。有限责任公司只能由股东认缴全部出资不能向社会公开募集公司资本，不能发行股票。

（4）公司设立程序及组织机构的简便性。有限责任公司与股份有限公司不同，只有发起设立，没有募集设立方式，且有限公司的机关设置也较股份有限公司简单、灵活。

（5）有限责任公司是资合公司，但同时具有较强的人合性。公司股东人数有限，一般相互认识，具有一定程度的信任感，其股份转让受到一定限制，向股东以外的人转让股份须得到其他股东过半数同意。

公司法对有限责任公司的许多规定，使其既体现出资合性又体现出人合性的特点。

1）有限责任公司人合性的特点表现在：①股东人数有一定限制；②公司的资本只能由全体股东认缴，不得向社会公开募集；③股东的出资证明书不得自由流通转让；④股东的出资转让须取得其他股东的同意，其他股东有优先购买权；⑤有限责任公司的经营事项和财务账目无须向社会公开。

2）有限责任公司资合性的特点体现在：①股东对公司债务只承担有限责任；②在资本制度上，实行资本确立原则、资本维持原则及资本不变原则，公司设立有最低资本额的要求；③股东出资形式受法律限制，只能是货币、实物、工业产权等价值稳定和具有可转让性的财产，信用及劳务不能用于出资；④公司分配实行无盈不分原则，其盈余须首先弥补亏损和提留公积金后才能用于股东分配。

二、有限责任公司的特殊规定

（一）股东出资

1. 出资证明书与股东名册

出资证明书又称股单，是有限责任公司记载股东出资和证明股东拥有公司股权的书面凭证。出资证明书必须在公司成立之后才能向股东签发，以确定并记载公司和股东之间发生投资和被投资法律关系。

出资证明书一方面表明公司设立人已经履行了缴付所认缴的出资的义务，成为公司的股东；另一方面，股东依据出资证明书记载的事项享有相应的权利，承担相应的义务和责任。由于有限责任公司的性质，出资证明书只能是记名的，并不能在上市流通，其转让受到严格的限制。根据我国《公司法》第 31 条的规定，出资证明书应当记载以下事项：①公司名称；②公司成立日期；③公司注册资本；④股东的名称或姓名、缴纳的出资额和出资日期；⑤出资证明书的编号和核发日期。出资证明书由公司盖章。

有限责任公司应当置备股东名册，根据《公司法》第 32 条规定，股东名册记载下列事项：①股东的姓名或者名称及住所；②股东的出资额；③出资证明书编号。记载于股东名册的股东，可以依股东名册主张行使股东权利。公司应当将股东的姓名或者名称及其出资额向公司登记机关登记；登记事项发生变更的，应当办理变更登记。未经登记或者变更登记的，不得对抗第三人。

2. 出资转让的有限性

由于有限责任公司兼具资合和人合的因素，注重股东之间的联系和稳定，因此与股东关系不密切的人，不能随意向公司出资而成为公司的股东。大陆法系和英美法系国家对此都有限制。通常而言，法律对股东之间转让出资的限制较为宽松，对向非股东转让出资的限制较严。如《公司法》第 71 条规定，“有限责任公司的股东之间可以相互转让其全部或者部分股权。股东向股东以外的人转让股权，应当经其他股东过半数同意。股东应就其股权转让事项书面通知其他股东征求同意，其他股东自接到书面通知之日起满 30 日未答复的，视为同意转让。其他股东半数以上不同意转让的，不同意的股东应当购买该转让的股权；不购买的，视为同意转让。经股东同意转让的股权，在同等条件下，其他股东有优先购买权。两个以上股东主张行使优先购买权的，协商确定各自的购买比例；协商不成的，按照转让时各自的出资比例行使优先购买权。公司章程对股权转让另有规定的，从其规定”。《公司法》第 75 条相关规定：“自然人股东死亡后，其合法继承人可以继承股东资格；但是，公司章程另有规定的除外”。

股东转让出资后，股东之间、股东和公司之间关系均发生变化，因此公司应当注销原股东的出资证明书，向新股东签发出资证明书，并相应修改公司章程和股东名册中有关股东及其出资额的记载。对公司章程的该项修改不需再由股东会表决。

3. 优先购买权的特殊性

我国《公司法》第 71 条、第 72 条规定的优先购买权是一种可选择的救济权利，优先购买权只是为了保持有限责任公司的人合性和公司运转的稳定，法律赋予其他股东可选择的一种救济权利。就其他股东而言，如果其在明知的前提下，自愿放弃该优先权的行使，也是于法不悖的。若公司章程约定“当公司股东向公司外股东转让股权时，其他公司股东明示放弃同等条件下的优先购买权。”只要公司股东在当初签约时没有出现欺诈、胁迫等情况，各股东也明示该权利的放弃对公司的人合性和公司的稳定运转并无影响，这样的章程约定就是合法有效的。

股权转让行为是基于双方当事人意思表示一致而成立的法律行为，必须由转让人和受让人双方就转让的出资、数量、价格和交付期限等主要条款达成协议才能成立。因此未经转让出资的股东同意，其他股东不能部分行使优先购买权。

当因继承、赠与等事由出现而致使股权零对价转移，股东发生变化时，其他股东能否以优先购买权为由对抗，要求限制相关股权的转移？我国《公司法》对此没有相应规定。依据我国《公司法》第 71 条的规定，优先购买权是针对有偿转让而言的，否则就谈不上购买，更无法判定何为“同等条件”。至于因继承、赠与等事由出现而致使股权零对价转移，股东发生变化时，其他股东可能会重新考虑人合因素及公司内部的稳定性，但不能用优先购买权来进行救济。另外，根据《公司法》第 72 条的规定，人民法院依照法律规定的强制执行程序转让股东的股权时，应当通知公司及全体股东，其他股东在同等条件下有优先购买权。其他股东自人民法院通知之日起满 20 日不行使优先购买权的，视为放弃优先购买权。

《最高人民法院关于人民法院执行工作若干问题的规定》第 54 条规定：“对被执行人在有限责任公司中被冻结的投资权益或股权，人民法院可以依据《中华人民共和国公司法》（原）第 35 条、第 36 条的规定，征得全体股东过半数同意后，予以拍卖、变卖或以其他方式转让。不同意转让的股东，应当购买该转让的投资权益或股权，不购买的，视为同意转让，不影响执行。”

（二）国有独资公司

1. 概念

国有独资公司是我国公司法特有的概念。《公司法》第 64 条规定，“本法所称国有独资公司，是指国家单独出资、由国务院或者地方人民政府授权本级人民政府国有资产监督管理机构履行出资人职责的有限责任公司”。

国有独资公司一般适用于特殊行业。所谓生产特殊产品或特殊行业是指关系到国计民生、国防、社会安全或者国家专营的产品、行业，包括航空、邮政、电信、电力、军火、烟草等，这些必须采取国有独资公司形式的生产特殊产品的或者特定行业的范围，必须由国务院确定。此外，生产一般产品或一般行业的企业也可以但不是必须采取国有独资公司形式。

2. 国有独资公司的组织机构

国有独资公司的组织机构也是由权力机关、经营管理机关和监督机关三部分组成，但其内部构成由于其国家股东、股东的人数而有异于一般的有限责任公司，因此，公司法规定有特殊规则，没有规定的则适用有限责任公司的规定：

（1）权力机关。国有独资公司不设股东会，由国有资产监督管理机构行使股东会职权，负责决定公司的合并、分立、解散、增加或者减注册资本和发行公司债券等重大事项。重要的国有独资公司（按照国务院的规定确定）合并、分立、解散、申请破产的，应当由国有资产监督管理机构审核后，报本级人民政府批准。其余属于一般有限责任公司股东会的职责可以授权董事会代行。国有独资公司的章程由国有资产监督管理机构依照《公司法》制定，或者由董事会制定报国有资产监督管理机构批准。

（2）经营管理机关。公司董事会成员部分由权力机构委派，部分由职工民主选举产生，具体比例由公司章程规定，任期不得超过 3 年。公司的董事长、副董事长由权力机构指定。

（3）执行机关。经理由董事会聘任或者解聘，经国有资产监督管理机构同意，公司的董事会成员可以担任经理。

（4）国有独资公司设监事会，监事会的成员不得少于 5 人，由国有资产监督管理机构委派的人员组成，并有公司职工代表参加，其中职工代表的比例不得低于 1/3（具体比例由公司章程规定），由公司职工代表大会选举产生。监事会主席由国有资产监督管理机构从监事会成员中指定。

《公司法》第 69 条规定，董事会成员、高级管理人员负有专职义务，或称国有独资公司的专职原则，即未经权力机构的同意，不得在其他公司或经济组织（不考虑竞业与否）兼职。

（三）一人公司

1. 概念

一人公司也称独资公司，《公司法》第 57 条规定，“本法所称一人有限责任公司，是指只有一个自然人股东或者一个法人股东的有限责任公司”。其特征包括：①仅有一个股东，自然人或法人；②全部出资或股份归一人所有；③转投资的限定性，即一个自然人只能投资设立一个一人有限责任公司，该一人有限责任公司不能投资设立新的一人有限责任公司。

2. 一人有限责任公司的限制

《公司法》第 58 条~63 条规定中，对一人公司的限制主要表现在以下方面：

（1）股东的限制。一个自然人只能投资设立一个一人有限责任公司，以避免自然人将自己的财产分割成若干份，以小量资本承担较大风险，损害债权人利益。该一人有限责任公司不能投资设立新的一人有限责任公司，目的在于以防止一人公司的连锁结构。

（2）严格登记、公示制度。一人有限责任公司应当在公司登记中注明自然人独资或者法人独资，并在公司营业执照中载明。以便债权人在与公司进行交易时充分了解公司的状况。

（3）行使股东职权的限制。一人有限责任公司章程由股东制定。股东作出《公司法》第 37 条第一款所列决定时，应当采用书面形式，并由股东签名后置备于公司。

（4）业务活动、账簿记录的限制。公司和其一人股东应当明确区分业务活动和活动范围，一人公司应当持续、真实记录经营情况和财务情况，并经注册会计师事务所审计。

（5）有限责任的限制/公司法人格否认。公司法人格否认适用于一切有限责任的公司形式，但在一人公司的情况下有着更加迫切的设立和完善要求。由于一人公司中缺乏股东之间的相互制约，极易导致公司财产和股东财产混同，即利用公司人格为自己谋取私利，损害债权人或者公共利益。因而，《公司法》第 63 条规定“一人有限责任公司的股东不能证明公司财产独立于股东自己的财产的，应当对公司债务承担连带责任”。

第八节　股份有限公司

一、股份有限公司的概念及特征

股份有限公司又简称为股份公司，是指公司全部资本分为等额股份，股东以其所认购的股份对公司承担责任，公司以其全部资产对公司债务承担责任的企业法人。根据《公司法》第 76 条的规定，股份有限公司具有以下特征：

1. 股东具有广泛性

股份有限公司通过向社会公众广泛地发行股票来筹集资本，任何投资者只要认购股票和支付股款，都可成为股份公司的股东，这使得股份有限公司的股东人数具有广泛性的特点。各国公司法也都只对股份公司股东人数规定最低限额，而无最高人数的限制。根据我国《公司法》第 78 条规定，“设立股份有限公司，应当有 2 人以上 200 人以下为发起人，其中须有半数以上的发起人在中国境内有住所”。

2. 股东的出资具有股份性

股份有限公司的全部资本划分为金额相等的股份，股份是构成公司资本的最小单位。这种资本股份化的采用，是为了适应股份有限公司独特的向社会公开募集资本方式中便利性的需求。如《公司法》第 84 条规定，“以募集设立方式设立股份有限公司的，发起人认购的股份不得少于公司股份总数的 35%；但是，法律、行政法规另有规定的，从其规定”。第 85 条规定，“发起人向社会公开募集股份，必须公告招股说明书，并制作认股书。认股书应当载明本法第八十七条所列事项，由认股人填写认购股数、金额、住所，并签名、盖章。认股人按照所认购股数缴纳股款”。

3. 股东责任具有有限性

股份有限公司的股东对公司债务仅以其认购的股份为限承担责任，公司的债权人不得直接向公司股东提出清偿债务的要求。

4. 股份发行和转让的公开性、自由性

股份有限公司通常都以发行股票的方式公开募集资本，这种募集方式使得股东人数众多，分散广泛。同时，为提高股份的融资能力和吸引投资者，股份必须具有较高程度的流通性，股票必须能够自由转让和交易。因此，股份有限公司的股票除可以在一般交易场所转让交易外，还可以申请在证券交易所挂牌上市交易，股份有限公司也由此变成为上市公司。股份有限公司的股票的公开发行和自由流通，也促进了资本市场——证券市场的形成和发展。

5. 公司经营状况的公开性

由于股份有限公司股份发行的公开性及股份转让的自由性，使得股份有限公司的经营状况不仅要向股东公开，还必须向社会公开，使社会公众了解公司的经营状况，以最大限度地保护公司股东、债权人及社会公众利益。对于公开发行股票的股份有限公司来说，因其社会性更强，其经营状况公开的意义则更为突出。这种公开性的特点与有限公司的封闭性完全不同。

6. 公司信用基础的资合性

股份有限公司的信用基础在于其公司资本和资产，公司资本和资产不仅是公司进行经营的基本条件，也是公司承担债务的基本担保。因此，股份有限公司实行严格的资本确定、维持和不变的法律原则，实行法定资本制的国家一般都要求公司设立必须达到法定资本的最低限额。股东只能以货币、实物等出资，而不能以信用或劳务出资。公司的盈余分配更是严格实行无盈不分的法律原则。这些都与人合性的无限公司截然相反，股份有限公司是最典型的资合公司。

股份有限公司是资本主义市场经济的典型组织形式，也是垄断资本主义的起点。尽管目前股份公司的数量在各国公司总数中所占的比例并不是最高，但由于股份有限公司在集资、分散风险、公司运行与管理上的优越性，其在国民经济中的地位举足轻重，国民经济重要部门的大企业多采用这一企业形态，而大型跨国公司更是以股份有限公司作为其首选形式。

二、股份有限公司的特殊规定

（一）股份、股票

股份是股份有限公司对股东出资的法律术语，是股份有限公司资本构成的最小单位，是对公司资本的等额划分，全部股份金额的总和就是公司资本的总额。股份是股东法律地位的表现形式，每一股代表一份股东权，每一份同类别股东权所包含的权利义务内容一律平等。

股份的表现形式是股票，股票是指由股份有限公司签发的，证明股东按其持有的股份享有权利、承担义务的书面凭证。股票是一种可以转让的有价证券，股份的转让一般都是通过股票交易形式进行，合法取得股票就合法持有股份，拥有股东权。同时股票作为财产权的载体，可以从事其他财产性行为，如质押。

1. 股份

股份可以区分为不同的类别，不同类别的股份金额不一定相等，但同类别的股份金额一定相等。股份的基本原则是：同股同额、同股同权、同股同利。

股份根据不同的划分标准，可以作如下分类：

（1）依据股东享有权利和承担风险的大小，分为普通股和优先股。其中优先股又可分为累积优先股和非累积优先股；参与优先股和非参与优先股。

（2）依据股份是否以金额表示，分为面额股和无面额股（比例股）。

（3）依据股份有无表决权，分为表决权股和无表决权股。

（4）依据是否在股份上记载股东的姓名或名称，分为记名股和无记名股。记名股的转让必须记载于股票、股东名册上；无记名股易于流通，其股票数量、编号及发行日期应由公司予以记载。

我国股份特殊分类：根据股份资金来源分为国家股、法人股、个人股、外资股。其中外资股包括境内上市外资股（B 股）和境外上市外资股（H 股、N 股、E 股、S 股）。

股份有限公司股东股份的转让。根据《公司法》第 137 条规定，股东持有的股份可以依法转让，但须遵守公司法相关规定，且依据股份或股票类型的不同而由不同要求。如第 138 条规定，“股东转让其股份，应当在依法设立的证券交易场所进行或者按照国务院规定的其他方式进行”；第 139 条规定，“记名股票，由股东以背书方式或者法律、行政法规规定的其他方式转让；转让后由公司将受让人的姓名或者名称及住所记载于股东名册。股东大会召开前二十日内或者公司决定分配股利的基准日前五日内，不得进行前款规定的股东名册的变更登记。但是，法律对上市公司股东名册变更登记另有规定的，从其规定”。又如，第 140 条规定，“无记名股票的转让，由股东将该股票交付给受让人后即发生转让的效力”。另据第 141 条规定，“发起人持有的本公司股份，自公司成立之日起一年内不得转让。公司公开发行股份前已发行的股份，自公司股票在证券交易所上市交易之日起一年内不得转让。公司董事、监事、高级管理人员应当向公司申报所持有的本公司的股份及其变动情况，在任职期间每年转让的股份不得超过其所持有本公司股份总数的 25%；所持本公司股份自公司股票上市交易之日起一年内不得转让。上述人员离职后半年内，不得转让其所持有的本公司股份。公司章程可以对公司董事、监事、高级管理人员转让其所持有的本公司股份作出其他限制性规定”。该条即对股票持有人的特殊身份而设定了转让的限制性或禁止性条件。

2. 股票

根据《公司法》第 125 条的规定，所谓股票是指股份有限公司签发的，证明股东所持股份的证券。《公司法》第 132 条明确规定：股票必须于公司登记成立后方可正式交付，公司登记成立前不得向股东交付股票。股票应当载明下列主要事项：①公司名称；②公司成立日期；③股票种类、票面金额及代表的股份数；④股票的编号。由法定代表人签名、公司盖章，否则该股票无效。发起人股票还应当注明“发起人股票”的字样；股票作为股份的证券表现形式，基本上也有与股份同样的分类。

股份的发行实行公平、公正的原则，同种类的每一股份应当具有同等权利。同次发行的同种类股票，每股的发行条件和价格应当相同；任何单位或者个人所认购的股份，每股应当支付相同价额。此即股票的发行的“三公”原则：同股同权、同股同利、同股同价。股票的发行价格有以下几种：①面额发行，即按照股票上的面值发行；②溢价发行，即以高于股票面额的价格发行，溢价款列入资本公积金（《中华人民共和国证券法》第 34 条规定：股票发行采取溢价发行的，其发行价格由发行人与承销的证券公司协商确定）；③折价发行，即以低于股票面额的价格发行，目的是为了推销股票，为我国所禁止；④设定价格发行，针对无面额股票的发行。

股票交易。上市公司的股票，依照有关法律、行政法规及证券交易所交易规则上市交易。上市公司必须依照法律、行政法规的规定，公开其财务状况、经营情况及重大诉讼，在每会计年度内半年公布一次财务会计报告。

（二）上市公司组织机构特有制度

《公司法》第120条规定，本法所称上市公司，是指其股票在证券交易所上市交易的股份有限公司。上市公司对于国家的整体经济有着重要的意义。根据《公司法》的规定，上市公司在组织机构设置方面除具有一般股份公司的所有特点之外，还有以下的特殊制度：

1. 董事会秘书

1996年，《国务院关于股份有限公司境外募集股份及上市的特别规定》中提出“董事会秘书”的概念，沪深交易所相继颁布《上市公司董事会秘书管理办法》明确规定上市公司必须聘任董事会秘书，并对其任职条件、职权、任免程序、法律责任明确规定。但是，他不是公司的法定代理人，并不直接对政府负责、独立承担责任，对公司并无约束作用，有待重新定位。

《公司法》第123条规定：上市公司设董事会秘书，负责公司股东大会和董事会会议的筹备、文件保管以及公司股东资料的管理，办理信息披露事务等事宜。这表明，董事会秘书：①为公司高级管理人员，对董事会负责；②主要职责是操办股东会、董事会召开，记录、保管、准备、上报文件，负责信息披露等。

董事会秘书制度对于上市公司治理发挥着重要作用。从公司内部治理而言，董事会秘书拥有广泛的公司内部运作程序上的职权，便于公司程序性和辅助性事务的集中行使，从而提高公司的运作效率，促进了公司的运作规范。同时，权力的集中行使使董事会秘书成为公司具体经营活动的直接经手人和见证人，实现对公司经营管理人员的权力制约，从而保护投资者的合法权益；从公司外部治理而言，董事会秘书作为公司机关，代表公司与公司登记机关和监督机关进行沟通，使得与公司相关主体的知情权得以保障。

2. 独立董事

独立董事是指不在公司担任除董事之外的其他职务，并与其所受聘的上市公司及其主要股东不存在可能妨碍其进行客观判断的关系的董事。这一概念来源于美国的“非利害关系董事”。我国《公司法》第122条规定：上市公司设立独立董事，具体办法由国务院规定。

独立董事除应当具有公司法和其他相关法律、法规赋予董事的职权外，上市公司还应当赋予独立董事以下特别职权：①重大关联交易（指上市公司拟与关联人达成的总额高于300万元或高于上市公司最近经审计净资产值的5%的关联交易）应由独立董事认可后，提交董事会讨论，独立董事作出判断前，可以聘请中介机构出具独立财务顾问报告，作为其判断的依据；②向董事会提议聘用或解聘会计师事务所；③向董事会提请召开临时股东大会；④提议召开董事会；⑤独立聘请外部审计机构和咨询机构；⑥可以在股东大会召开前公开向股东征集投票权。独立董事行使上述职权应当取得全体独立董事的1/2以上同意。如上述提议未被采纳或上述职权不能正常行使，上市公司应将有关情况予以披露。

独立董事除履行上述职责外，还应当对以下事项向董事会或股东大会发表独立意见：①提名、任免董事；②聘任或解聘高级管理人员；③公司董事、高级管理人员的薪酬；④上市公司的股东、实际控制人及其关联企业对上市公司现有或新发生的总额高于300万元或高于上市公司最近经审计净资产值的5%的借款或其他资金往来，以及公司是否采取有效措施回收欠款；⑤独立董事认为可能损害中小股东权益的事项；⑥公司章程规定的其他事项。

案例探讨

2009年8月10日，舟山市B公司有一批废旧钢管托运业务（从舟山运至广东）欲委托宁波市A公司承运，但A公司电话回复"因公司车辆有限，无法派车到外地承运，除非委托方送货上门"。后在A公司推荐下，B公司与宁波××公共停车场的丁某某达成口头约定：由丁某某在公共停车场负责联系车辆，并派驾驶员凭联系单去舟山接货，丁某某从中收取每辆车200元的服务费。后在承运过程中，因驾驶员×××及车上货物全部失踪，导致B公司向货主赔偿巨额损失。B公司向货主赔偿后，以A公司为被告起诉至法院。

后查明以下事实：宁波A公司与舟山B公司均为货物运输有限公司，A公司自2008年12月开始承接B公司螺丝配件的运输业务，双方之间没有签订书面运输合同。双方实际操作过程是：B公司将货物送至A公司所在地，并预支部分运费后由A公司负责承运，待车辆返回后，B公司凭货物接收回单支付剩余运费。A公司业务过程中使用的单据均为宁波C公司出具但未加盖任何公章的托运单。另查明，宁波××公共停车场的丁某某系A公司的自然人股东（占公司20%股份），未担任A公司任何职务。问：该案中A公司是否应承担赔偿责任？

法律链接

中华人民共和国公司法

（1993年12月29日第八届全国人民代表大会常务委员会第五次会议通过，根据1999年12月25日第九届全国人民代表大会常务委员会第十三次会议《关于修改〈中华人民共和国公司法〉的决定》第一次修正，根据2004年8月28日第十届全国人民代表大会常务委员会第十一次会议《关于修改〈中华人民共和国公司法〉的决定》第二次修正，2005年10月27日第十届全国人民代表大会常务委员会第十八次会议修订，根据2013年12月28日第十二届全国人民代表大会常务委员会第六次会议《关于修改〈中华人民共和国海洋环境保护法〉等七部法律的决定》第三次修正）

第一章　总　　则

第一条　为了规范公司的组织和行为，保护公司、股东和债权人的合法权益，维护社会经济秩序，促进社会主义市场经济的发展，制定本法。

第二条　本法所称公司是指依照本法在中国境内设立的有限责任公司和股份有限公司。

第三条　公司是企业法人，有独立的法人财产，享有法人财产权。公司以其全部财产对公司的债务承担责任。

有限责任公司的股东以其认缴的出资额为限对公司承担责任；股份有限公司的股东以其认购的股份为限对公司承担责任。

第四条 公司股东依法享有资产收益、参与重大决策和选择管理者等权利。

第五条 公司从事经营活动，必须遵守法律、行政法规，遵守社会公德、商业道德，诚实守信，接受政府和社会公众的监督，承担社会责任。

公司的合法权益受法律保护，不受侵犯。

第六条 设立公司，应当依法向公司登记机关申请设立登记。符合本法规定的设立条件的，由公司登记机关分别登记为有限责任公司或者股份有限公司；不符合本法规定的设立条件的，不得登记为有限责任公司或者股份有限公司。

法律、行政法规规定设立公司必须报经批准的，应当在公司登记前依法办理批准手续。

公众可以向公司登记机关申请查询公司登记事项，公司登记机关应当提供查询服务。

第七条 依法设立的公司，由公司登记机关发给公司营业执照。公司营业执照签发日期为公司成立日期。

公司营业执照应当载明公司的名称、住所、注册资本、经营范围、法定代表人姓名等事项。

公司营业执照记载的事项发生变更的，公司应当依法办理变更登记，由公司登记机关换发营业执照。

第八条 依照本法设立的有限责任公司，必须在公司名称中标明有限责任公司或者有限公司字样。

依照本法设立的股份有限公司，必须在公司名称中标明股份有限公司或者股份公司字样。

第九条 有限责任公司变更为股份有限公司，应当符合本法规定的股份有限公司的条件。股份有限公司变更为有限责任公司，应当符合本法规定的有限责任公司的条件。

有限责任公司变更为股份有限公司的，或者股份有限公司变更为有限责任公司的，公司变更前的债权、债务由变更后的公司承继。

第十条 公司以其主要办事机构所在地为住所。

第十一条 设立公司必须依法制定公司章程。公司章程对公司、股东、董事、监事、高级管理人员具有约束力。

第十二条 公司的经营范围由公司章程规定，并依法登记。公司可以修改公司章程，改变经营范围，但是应当办理变更登记。

公司的经营范围中属于法律、行政法规规定须经批准的项目，应当依法经过批准。

第十三条 公司法定代表人依照公司章程的规定，由董事长、执行董事或者经理担任，并依法登记。公司法定代表人变更，应当办理变更登记。

第十四条 公司可以设立分公司。设立分公司，应当向公司登记机关申请登记，领取营业执照。分公司不具有法人资格，其民事责任由公司承担。

公司可以设立子公司，子公司具有法人资格，依法独立承担民事责任。

第十五条 公司可以向其他企业投资；但是，除法律另有规定外，不得成为对所投资企业的债务承担连带责任的出资人。

第十六条 公司向其他企业投资或者为他人提供担保，依照公司章程的规定，由董事会或者股东会、股东大会决议；公司章程对投资或者担保的总额及单项投资或者担保的数额有限额规定的，不得超过规定的限额。

公司为公司股东或者实际控制人提供担保的，必须经股东会或者股东大会决议。

前款规定的股东或者受前款规定的实际控制人支配的股东，不得参加前款规定事项的表决。该项表决由出席会议的其他股东所持表决权的过半数通过。

第十七条 公司必须保护职工的合法权益，依法与职工签订劳动合同，参加社会保险，加强劳动保护，实现安全生产。

公司应当采用多种形式，加强公司职工的职业教育和岗位培训，提高职工素质。

第十八条 公司职工依照《中华人民共和国工会法》组织工会，开展工会活动，维护职工合法权益。公司应当为本公司工会提供必要的活动条件。公司工会代表职工就职工的劳动报酬、工作时间、福利、保险和劳动安全卫生等事项依法与公司签订集体合同。

公司依照宪法和有关法律的规定，通过职工代表大会或者其他形式，实行民主管理。

公司研究决定改制以及经营方面的重大问

题、制定重要的规章制度时，应当听取公司工会的意见，并通过职工代表大会或者其他形式听取职工的意见和建议。

第十九条 在公司中，根据中国共产党章程的规定，设立中国共产党的组织，开展党的活动。公司应当为党组织的活动提供必要条件。

第二十条 公司股东应当遵守法律、行政法规和公司章程，依法行使股东权利，不得滥用股东权利损害公司或者其他股东的利益；不得滥用公司法人独立地位和股东有限责任损害公司债权人的利益。

公司股东滥用股东权利给公司或者其他股东造成损失的，应当依法承担赔偿责任。

公司股东滥用公司法人独立地位和股东有限责任，逃避债务，严重损害公司债权人利益的，应当对公司债务承担连带责任。

第二十一条 公司的控股股东、实际控制人、董事、监事、高级管理人员不得利用其关联关系损害公司利益。

违反前款规定，给公司造成损失的，应当承担赔偿责任。

第二十二条 公司股东会或者股东大会、董事会的决议内容违反法律、行政法规的无效。

股东会或者股东大会、董事会的会议召集程序、表决方式违反法律、行政法规或者公司章程，或者决议内容违反公司章程的，股东可以自决议作出之日起六十日内，请求人民法院撤销。

股东依照前款规定提起诉讼的，人民法院可以应公司的请求，要求股东提供相应担保。

公司根据股东会或者股东大会、董事会决议已办理变更登记的，人民法院宣告该决议无效或者撤销该决议后，公司应当向公司登记机关申请撤销变更登记。

第二章 有限责任公司的设立和组织机构

第一节 设 立

第二十三条 设立有限责任公司，应当具备下列条件：

（一）股东符合法定人数；

（二）有符合公司章程规定的全体股东认缴的出资额；

（三）股东共同制定公司章程；

（四）有公司名称，建立符合有限责任公司要求的组织机构；

（五）有公司住所。

第二十四条 有限责任公司由五十个以下股东出资设立。

第二十五条 有限责任公司章程应当载明下列事项：

（一）公司名称和住所；

（二）公司经营范围；

（三）公司注册资本；

（四）股东的姓名或者名称；

（五）股东的出资方式、出资额和出资时间；

（六）公司的机构及其产生办法、职权、议事规则；

（七）公司法定代表人；

（八）股东会会议认为需要规定的其他事项。

股东应当在公司章程上签名、盖章。

第二十六条 有限责任公司的注册资本为在公司登记机关登记的全体股东认缴的出资额。

法律、行政法规以及国务院决定对有限责任公司注册资本实缴、注册资本最低限额另有规定的，从其规定。

第二十七条 股东可以用货币出资，也可以用实物、知识产权、土地使用权等可以用货币估价并可以依法转让的非货币财产作价出资；但是，法律、行政法规规定不得作为出资的财产除外。

对作为出资的非货币财产应当评估作价，核实财产，不得高估或者低估作价。法律、行政法规对评估作价有规定的，从其规定。

第二十八条 股东应当按期足额缴纳公司章程中规定的各自所认缴的出资额。股东以货币出资的，应当将货币出资足额存入有限责任公司在银行开设的账户；以非货币财产出资的，应当依法办理其财产权的转移手续。

股东不按照前款规定缴纳出资的，除应当向公司足额缴纳外，还应当向已按期足额缴纳出资的股东承担违约责任。

第二十九条 股东认足公司章程规定的出资后，由全体股东指定的代表或者共同委托的代理人向公司登记机关报送公司登记申请书、公司章程等文件，申请设立登记。

第三十条 有限责任公司成立后，发现作为设立公司出资的非货币财产的实际价额显著低于公司章程所定价额的，应当由交付该出资的股东补足其差额；公司设立时的其他股东承担连带责任。

第三十一条 有限责任公司成立后，应当向股东签发出资证明书。

出资证明书应当载明下列事项：

（一）公司名称；

（二）公司成立日期；

（三）公司注册资本；

（四）股东的姓名或者名称、缴纳的出资额和出资日期；

（五）出资证明书的编号和核发日期。

出资证明书由公司盖章。

第三十二条 有限责任公司应当置备股东名册，记载下列事项：

（一）股东的姓名或者名称及住所；

（二）股东的出资额；

（三）出资证明书编号。

记载于股东名册的股东，可以依股东名册主张行使股东权利。

公司应当将股东的姓名或者名称向公司登记机关登记；登记事项发生变更的，应当办理变更登记。未经登记或者变更登记的，不得对抗第三人。

第三十三条 股东有权查阅、复制公司章程、股东会会议记录、董事会会议决议、监事会会议决议和财务会计报告。

股东可以要求查阅公司会计账簿。股东要求查阅公司会计账簿的，应当向公司提出书面请求，说明目的。公司有合理根据认为股东查阅会计账簿有不正当目的，可能损害公司合法利益的，可以拒绝提供查阅，并应当自股东提出书面请求之日起十五日内书面答复股东并说明理由。公司拒绝提供查阅的，股东可以请求人民法院要求公司提供查阅。

第三十四条 股东按照实缴的出资比例分取红利；公司新增资本时，股东有权优先按照实缴的出资比例认缴出资。但是，全体股东约定不按照出资比例分取红利或者不按照出资比例优先认缴出资的除外。

第三十五条 公司成立后，股东不得抽逃出资。

第二节 组织机构

第三十六条 有限责任公司股东会由全体股东组成。股东会是公司的权力机构，依照本法行使职权。

第三十七条 股东会行使下列职权：

（一）决定公司的经营方针和投资计划；

（二）选举和更换非由职工代表担任的董事、监事，决定有关董事、监事的报酬事项；

（三）审议批准董事会的报告；

（四）审议批准监事会或者监事的报告；

（五）审议批准公司的年度财务预算方案、决算方案；

（六）审议批准公司的利润分配方案和弥补亏损方案；

（七）对公司增加或者减少注册资本作出决议；

（八）对发行公司债券作出决议；

（九）对公司合并、分立、解散、清算或者变更公司形式作出决议；

（十）修改公司章程；

（十一）公司章程规定的其他职权。

对前款所列事项股东以书面形式一致表示同意的，可以不召开股东会会议，直接作出决定，并由全体股东在决定文件上签名、盖章。

第三十八条 首次股东会会议由出资最多的股东召集和主持，依照本法规定行使职权。

第三十九条 股东会会议分为定期会议和临时会议。

定期会议应当依照公司章程的规定按时召开。代表十分之一以上表决权的股东，三分之一以上的董事，监事会或者不设监事会的公司的监事提议召开临时会议的，应当召开临时会议。

第四十条 有限责任公司设立董事会的，股东会会议由董事会召集，董事长主持；董事长不能履行职务或者不履行职务的，由副董事长主持；副董事长不能履行职务或者不履行职务的，由半数以上董事共同推举一名董事主持。

有限责任公司不设董事会的，股东会会议由

执行董事召集和主持。

董事会或者执行董事不能履行或者不履行召集股东会会议职责的，由监事会或者不设监事会的公司的监事召集和主持；监事会或者监事不召集和主持的，代表十分之一以上表决权的股东可以自行召集和主持。

第四十一条 召开股东会会议，应当于会议召开十五日前通知全体股东；但是，公司章程另有规定或者全体股东另有约定的除外。

股东会应当对所议事项的决定作成会议记录，出席会议的股东应当在会议记录上签名。

第四十二条 股东会会议由股东按照出资比例行使表决权；但是，公司章程另有规定的除外。

第四十三条 股东会的议事方式和表决程序，除本法有规定的外，由公司章程规定。

股东会会议作出修改公司章程、增加或者减少注册资本的决议，以及公司合并、分立、解散或者变更公司形式的决议，必须经代表三分之二以上表决权的股东通过。

第四十四条 有限责任公司设董事会，其成员为三人至十三人；但是，本法第五十条另有规定的除外。

两个以上的国有企业或者两个以上的其他国有投资主体投资设立的有限责任公司，其董事会成员中应当有公司职工代表；其他有限责任公司董事会成员中可以有公司职工代表。董事会中的职工代表由公司职工通过职工代表大会、职工大会或者其他形式民主选举产生。

董事会设董事长一人，可以设副董事长。董事长、副董事长的产生办法由公司章程规定。

第四十五条 董事任期由公司章程规定，但每届任期不得超过三年。董事任期届满，连选可以连任。

董事任期届满未及时改选，或者董事在任期内辞职导致董事会成员低于法定人数的，在改选出的董事就任前，原董事仍应当依照法律、行政法规和公司章程的规定，履行董事职务。

第四十六条 董事会对股东会负责，行使下列职权：

（一）召集股东会会议，并向股东会报告工作；

（二）执行股东会的决议；

（三）决定公司的经营计划和投资方案；

（四）制订公司的年度财务预算方案、决算方案；

（五）制订公司的利润分配方案和弥补亏损方案；

（六）制订公司增加或者减少注册资本以及发行公司债券的方案；

（七）制订公司合并、分立、解散或者变更公司形式的方案；

（八）决定公司内部管理机构的设置；

（九）决定聘任或者解聘公司经理及其报酬事项，并根据经理的提名决定聘任或者解聘公司副经理、财务负责人及其报酬事项；

（十）制定公司的基本管理制度；

（十一）公司章程规定的其他职权。

第四十七条 董事会会议由董事长召集和主持；董事长不能履行职务或者不履行职务的，由副董事长召集和主持；副董事长不能履行职务或者不履行职务的，由半数以上董事共同推举一名董事召集和主持。

第四十八条 董事会的议事方式和表决程序，除本法有规定的外，由公司章程规定。

董事会应当对所议事项的决定作成会议记录，出席会议的董事应当在会议记录上签名。

董事会决议的表决，实行一人一票。

第四十九条 有限责任公司可以设经理，由董事会决定聘任或者解聘。经理对董事会负责，行使下列职权：

（一）主持公司的生产经营管理工作，组织实施董事会决议；

（二）组织实施公司年度经营计划和投资方案；

（三）拟订公司内部管理机构设置方案；

（四）拟订公司的基本管理制度；

（五）制定公司的具体规章；

（六）提请聘任或者解聘公司副经理、财务负责人；

（七）决定聘任或者解聘除应由董事会决定聘任或者解聘以外的负责管理人员；

（八）董事会授予的其他职权。

公司章程对经理职权另有规定的，从其

规定。

经理列席董事会会议。

第五十条 股东人数较少或者规模较小的有限责任公司，可以设一名执行董事，不设董事会。执行董事可以兼任公司经理。

执行董事的职权由公司章程规定。

第五十一条 有限责任公司设监事会，其成员不得少于三人。股东人数较少或者规模较小的有限责任公司，可以设一至二名监事，不设监事会。

监事会应当包括股东代表和适当比例的公司职工代表，其中职工代表的比例不得低于三分之一，具体比例由公司章程规定。监事会中的职工代表由公司职工通过职工代表大会、职工大会或者其他形式民主选举产生。

监事会设主席一人，由全体监事过半数选举产生。监事会主席召集和主持监事会会议；监事会主席不能履行职务或者不履行职务的，由半数以上监事共同推举一名监事召集和主持监事会会议。

董事、高级管理人员不得兼任监事。

第五十二条 监事的任期每届为三年。监事任期届满，连选可以连任。

监事任期届满未及时改选，或者监事在任期内辞职导致监事会成员低于法定人数的，在改选出的监事就任前，原监事仍应当依照法律、行政法规和公司章程的规定，履行监事职务。

第五十三条 监事会、不设监事会的公司的监事行使下列职权：

（一）检查公司财务；

（二）对董事、高级管理人员执行公司职务的行为进行监督，对违反法律、行政法规、公司章程或者股东会决议的董事、高级管理人员提出罢免的建议；

（三）当董事、高级管理人员的行为损害公司的利益时，要求董事、高级管理人员予以纠正；

（四）提议召开临时股东会会议，在董事会不履行本法规定的召集和主持股东会会议职责时召集和主持股东会会议；

（五）向股东会会议提出提案；

（六）依照本法第一百五十一条的规定，对董事、高级管理人员提起诉讼；

（七）公司章程规定的其他职权。

第五十四条 监事可以列席董事会会议，并对董事会决议事项提出质询或者建议。

监事会、不设监事会的公司的监事发现公司经营情况异常，可以进行调查；必要时，可以聘请会计师事务所等协助其工作，费用由公司承担。

第五十五条 监事会每年度至少召开一次会议，监事可以提议召开临时监事会会议。

监事会的议事方式和表决程序，除本法有规定的外，由公司章程规定。

监事会决议应当经半数以上监事通过。

监事会应当对所议事项的决定作成会议记录，出席会议的监事应当在会议记录上签名。

第五十六条 监事会、不设监事会的公司的监事行使职权所必需的费用，由公司承担。

第三节 一人有限责任公司的特别规定

第五十七条 一人有限责任公司的设立和组织机构，适用本节规定；本节没有规定的，适用本章第一节、第二节的规定。

本法所称一人有限责任公司，是指只有一个自然人股东或者一个法人股东的有限责任公司。

第五十八条 一个自然人只能投资设立一个一人有限责任公司。该一人有限责任公司不能投资设立新的一人有限责任公司。

第五十九条 一人有限责任公司应当在公司登记中注明自然人独资或者法人独资，并在公司营业执照中载明。

第六十条 一人有限责任公司章程由股东制定。

第六十一条 一人有限责任公司不设股东会。股东作出本法第三十七条第一款所列决定时，应当采用书面形式，并由股东签名后置备于公司。

第六十二条 一人有限责任公司应当在每一会计年度终了时编制财务会计报告，并经会计师事务所审计。

第六十三条 一人有限责任公司的股东不能证明公司财产独立于股东自己的财产的，应当对公司债务承担连带责任。

第四节 国有独资公司的特别规定

第六十四条 国有独资公司的设立和组织机

构，适用本节规定；本节没有规定的，适用本章第一节、第二节的规定。

本法所称国有独资公司，是指国家单独出资、由国务院或者地方人民政府授权本级人民政府国有资产监督管理机构履行出资人职责的有限责任公司。

第六十五条 国有独资公司章程由国有资产监督管理机构制定，或者由董事会制订报国有资产监督管理机构批准。

第六十六条 国有独资公司不设股东会，由国有资产监督管理机构行使股东会职权。国有资产监督管理机构可以授权公司董事会行使股东会的部分职权，决定公司的重大事项，但公司的合并、分立、解散、增加或者减少注册资本和发行公司债券，必须由国有资产监督管理机构决定；其中，重要的国有独资公司合并、分立、解散、申请破产的，应当由国有资产监督管理机构审核后，报本级人民政府批准。

前款所称重要的国有独资公司，按照国务院的规定确定。

第六十七条 国有独资公司设董事会，依照本法第四十六条、第六十六条的规定行使职权。董事每届任期不得超过三年。董事会成员中应当有公司职工代表。

董事会成员由国有资产监督管理机构委派；但是，董事会成员中的职工代表由公司职工代表大会选举产生。

董事会设董事长一人，可以设副董事长。董事长、副董事长由国有资产监督管理机构从董事会成员中指定。

第六十八条 国有独资公司设经理，由董事会聘任或者解聘。经理依照本法第四十九条规定行使职权。

经国有资产监督管理机构同意，董事会成员可以兼任经理。

第六十九条 国有独资公司的董事长、副董事长、董事、高级管理人员，未经国有资产监督管理机构同意，不得在其他有限责任公司、股份有限公司或者其他经济组织兼职。

第七十条 国有独资公司监事会成员不得少于五人，其中职工代表的比例不得低于三分之一，具体比例由公司章程规定。

监事会成员由国有资产监督管理机构委派；但是，监事会成员中的职工代表由公司职工代表大会选举产生。监事会主席由国有资产监督管理机构从监事会成员中指定。

监事会行使本法第五十三条第（一）项至第（三）项规定的职权和国务院规定的其他职权。

第三章 有限责任公司的股权转让

第七十一条 有限责任公司的股东之间可以相互转让其全部或者部分股权。

股东向股东以外的人转让股权，应当经其他股东过半数同意。股东应就其股权转让事项书面通知其他股东征求同意，其他股东自接到书面通知之日起满三十日未答复的，视为同意转让。其他股东半数以上不同意转让的，不同意的股东应当购买该转让的股权；不购买的，视为同意转让。

经股东同意转让的股权，在同等条件下，其他股东有优先购买权。两个以上股东主张行使优先购买权的，协商确定各自的购买比例；协商不成的，按照转让时各自的出资比例行使优先购买权。

公司章程对股权转让另有规定的，从其规定。

第七十二条 人民法院依照法律规定的强制执行程序转让股东的股权时，应当通知公司及全体股东，其他股东在同等条件下有优先购买权。其他股东自人民法院通知之日起满二十日不行使优先购买权的，视为放弃优先购买权。

第七十三条 依照本法第七十一条、第七十二条转让股权后，公司应当注销原股东的出资证明书，向新股东签发出资证明书，并相应修改公司章程和股东名册中有关股东及其出资额的记载。对公司章程的该项修改不需再由股东会表决。

第七十四条 有下列情形之一的，对股东会该项决议投反对票的股东可以请求公司按照合理的价格收购其股权：

（一）公司连续五年不向股东分配利润，而公司该五年连续盈利，并且符合本法规定的分配利润条件的；

（二）公司合并、分立、转让主要财产的；

（三）公司章程规定的营业期限届满或者章程规定的其他解散事由出现，股东会会议通过决议修改章程使公司存续的。

自股东会会议决议通过之日起六十日内，股东与公司不能达成股权收购协议的，股东可以自股东会会议决议通过之日起九十日内向人民法院提起诉讼。

第七十五条 自然人股东死亡后，其合法继承人可以继承股东资格；但是，公司章程另有规定的除外。

第四章 股份有限公司的设立和组织机构

第一节 设 立

第七十六条 设立股份有限公司，应当具备下列条件：

（一）发起人符合法定人数；

（二）有符合公司章程规定的全体发起人认购的股本总额或者募集的实收股本总额；

（三）股份发行、筹办事项符合法律规定；

（四）发起人制订公司章程，采用募集方式设立的经创立大会通过；

（五）有公司名称，建立符合股份有限公司要求的组织机构；

（六）有公司住所。

第七十七条 股份有限公司的设立，可以采取发起设立或者募集设立的方式。

发起设立，是指由发起人认购公司应发行的全部股份而设立公司。

募集设立，是指由发起人认购公司应发行股份的一部分，其余股份向社会公开募集或者向特定对象募集而设立公司。

第七十八条 设立股份有限公司，应当有二人以上二百人以下为发起人，其中须有半数以上的发起人在中国境内有住所。

第七十九条 股份有限公司发起人承担公司筹办事务。

发起人应当签订发起人协议，明确各自在公司设立过程中的权利和义务。

第八十条 股份有限公司采取发起设立方式设立的，注册资本为在公司登记机关登记的全体发起人认购的股本总额。在发起人认购的股份缴足前，不得向他人募集股份。

股份有限公司采取募集方式设立的，注册资本为在公司登记机关登记的实收股本总额。

法律、行政法规以及国务院决定对股份有限公司注册资本实缴、注册资本最低限额另有规定的，从其规定。

第八十一条 股份有限公司章程应当载明下列事项：

（一）公司名称和住所；

（二）公司经营范围；

（三）公司设立方式；

（四）公司股份总数、每股金额和注册资本；

（五）发起人的姓名或者名称、认购的股份数、出资方式和出资时间；

（六）董事会的组成、职权和议事规则；

（七）公司法定代表人；

（八）监事会的组成、职权和议事规则；

（九）公司利润分配办法；

（十）公司的解散事由与清算办法；

（十一）公司的通知和公告办法；

（十二）股东大会会议认为需要规定的其他事项。

第八十二条 发起人的出资方式，适用本法第二十七条的规定。

第八十三条 以发起设立方式设立股份有限公司的，发起人应当书面认足公司章程规定其认购的股份，并按照公司章程规定缴纳出资。以非货币财产出资的，应当依法办理其财产权的转移手续。

发起人不依照前款规定缴纳出资的，应当按照发起人协议承担违约责任。

发起人认足公司章程规定的出资后，应当选举董事会和监事会，由董事会向公司登记机关报送公司章程以及法律、行政法规规定的其他文件，申请设立登记。

第八十四条 以募集设立方式设立股份有限公司的，发起人认购的股份不得少于公司股份总数的百分之三十五；但是，法律、行政法规另有规定的，从其规定。

第八十五条 发起人向社会公开募集股份，必须公告招股说明书，并制作认股书。认股书应当载明本法第八十六条所列事项，由认股人填写认购股数、金额、住所，并签名、盖章。认股人按照所认购股数缴纳股款。

第八十六条　招股说明书应当附有发起人制订的公司章程，并载明下列事项：

（一）发起人认购的股份数；

（二）每股的票面金额和发行价格；

（三）无记名股票的发行总数；

（四）募集资金的用途；

（五）认股人的权利、义务；

（六）本次募股的起止期限及逾期未募足时认股人可以撤回所认股份的说明。

第八十七条　发起人向社会公开募集股份，应当由依法设立的证券公司承销，签订承销协议。

第八十八条　发起人向社会公开募集股份，应当同银行签订代收股款协议。

代收股款的银行应当按照协议代收和保存股款，向缴纳股款的认股人出具收款单据，并负有向有关部门出具收款证明的义务。

第八十九条　发行股份的股款缴足后，必须经依法设立的验资机构验资并出具证明。发起人应当自股款缴足之日起三十日内主持召开公司创立大会。创立大会由发起人、认股人组成。

发行的股份超过招股说明书规定的截止期限尚未募足的，或者发行股份的股款缴足后，发起人在三十日内未召开创立大会的，认股人可以按照所缴股款并加算银行同期存款利息，要求发起人返还。

第九十条　发起人应当在创立大会召开十五日前将会议日期通知各认股人或者予以公告。创立大会应有代表股份总数过半数的发起人、认股人出席，方可举行。

创立大会行使下列职权：

（一）审议发起人关于公司筹办情况的报告；

（二）通过公司章程；

（三）选举董事会成员；

（四）选举监事会成员；

（五）对公司的设立费用进行审核；

（六）对发起人用于抵作股款的财产的作价进行审核；

（七）发生不可抗力或者经营条件发生重大变化直接影响公司设立的，可以作出不设立公司的决议。

创立大会对前款所列事项作出决议，必须经出席会议的认股人所持表决权过半数通过。

第九十一条　发起人、认股人缴纳股款或者交付抵作股款的出资后，除未按期募足股份、发起人未按期召开创立大会或者创立大会决议不设立公司的情形外，不得抽回其股本。

第九十二条　董事会应于创立大会结束后三十日内，向公司登记机关报送下列文件，申请设立登记：

（一）公司登记申请书；

（二）创立大会的会议记录；

（三）公司章程；

（四）验资证明；

（五）法定代表人、董事、监事的任职文件及其身份证明；

（六）发起人的法人资格证明或者自然人身份证明；

（七）公司住所证明。

以募集方式设立股份有限公司公开发行股票的，还应当向公司登记机关报送国务院证券监督管理机构的核准文件。

第九十三条　股份有限公司成立后，发起人未按照公司章程的规定缴足出资的，应当补缴；其他发起人承担连带责任。

股份有限公司成立后，发现作为设立公司出资的非货币财产的实际价额显著低于公司章程所定价额的，应当由交付该出资的发起人补足其差额；其他发起人承担连带责任。

第九十四条　股份有限公司的发起人应当承担下列责任：

（一）公司不能成立时，对设立行为所产生的债务和费用负连带责任；

（二）公司不能成立时，对认股人已缴纳的股款，负返还股款并加算银行同期存款利息的连带责任；

（三）在公司设立过程中，由于发起人的过失致使公司利益受到损害的，应当对公司承担赔偿责任。

第九十五条　有限责任公司变更为股份有限

公司时，折合的实收股本总额不得高于公司净资产额。有限责任公司变更为股份有限公司，为增加资本公开发行股份时，应当依法办理。

第九十六条 股份有限公司应当将公司章程、股东名册、公司债券存根、股东大会会议记录、董事会会议记录、监事会会议记录、财务会计报告置备于本公司。

第九十七条 股东有权查阅公司章程、股东名册、公司债券存根、股东大会会议记录、董事会会议决议、监事会会议决议、财务会计报告，对公司的经营提出建议或者质询。

第二节 股东大会

第九十八条 股份有限公司股东大会由全体股东组成。股东大会是公司的权力机构，依照本法行使职权。

第九十九条 本法第三十七条第一款关于有限责任公司股东会职权的规定，适用于股份有限公司股东大会。

第一百条 股东大会应当每年召开一次年会。有下列情形之一的，应当在两个月内召开临时股东大会：

（一）董事人数不足本法规定人数或者公司章程所定人数的三分之二时；

（二）公司未弥补的亏损达实收股本总额三分之一时；

（三）单独或者合计持有公司百分之十以上股份的股东请求时；

（四）董事会认为必要时；

（五）监事会提议召开时；

（六）公司章程规定的其他情形。

第一百零一条 股东大会会议由董事会召集，董事长主持；董事长不能履行职务或者不履行职务的，由副董事长主持；副董事长不能履行职务或者不履行职务的，由半数以上董事共同推举一名董事主持。

董事会不能履行或者不履行召集股东大会会议职责的，监事会应当及时召集和主持；监事会不召集和主持的，连续九十日以上单独或者合计持有公司百分之十以上股份的股东可以自行召集和主持。

第一百零二条 召开股东大会会议，应当将会议召开的时间、地点和审议的事项于会议召开二十日前通知各股东；临时股东大会应当于会议召开十五日前通知各股东；发行无记名股票的，应当于会议召开三十日前公告会议召开的时间、地点和审议事项。

单独或者合计持有公司百分之三以上股份的股东，可以在股东大会召开十日前提出临时提案并书面提交董事会；董事会应当在收到提案后二日内通知其他股东，并将该临时提案提交股东大会审议。临时提案的内容应当属于股东大会职权范围，并有明确议题和具体决议事项。

股东大会不得对前两款通知中未列明的事项作出决议。

无记名股票持有人出席股东大会会议的，应当于会议召开五日前至股东大会闭会时将股票交存于公司。

第一百零三条 股东出席股东大会会议，所持每一股份有一表决权。但是，公司持有的本公司股份没有表决权。

股东大会作出决议，必须经出席会议的股东所持表决权过半数通过。但是，股东大会作出修改公司章程、增加或者减少注册资本的决议，以及公司合并、分立、解散或者变更公司形式的决议，必须经出席会议的股东所持表决权的三分之二以上通过。

第一百零四条 本法和公司章程规定公司转让、受让重大资产或者对外提供担保等事项必须经股东大会作出决议的，董事会应当及时召集股东大会会议，由股东大会就上述事项进行表决。

第一百零五条 股东大会选举董事、监事，可以依照公司章程的规定或者股东大会的决议，实行累积投票制。

本法所称累积投票制，是指股东大会选举董事或者监事时，每一股份拥有与应选董事或者监事人数相同的表决权，股东拥有的表决权可以集中使用。

第一百零六条 股东可以委托代理人出席股东大会会议，代理人应当向公司提交股东授权委托书，并在授权范围内行使表决权。

第一百零七条 股东大会应当对所议事项的决定作成会议记录，主持人、出席会议的董事应当在会议记录上签名。会议记录应当与出席股东的签名册及代理出席的委托书一并保存。

第三节　董事会、经理

第一百零八条　股份有限公司设董事会，其成员为五人至十九人。

董事会成员中可以有公司职工代表。董事会中的职工代表由公司职工通过职工代表大会、职工大会或者其他形式民主选举产生。

本法第四十五条关于有限责任公司董事任期的规定，适用于股份有限公司董事。

本法第四十六条关于有限责任公司董事会职权的规定，适用于股份有限公司董事会。

第一百零九条　董事会设董事长一人，可以设副董事长。董事长和副董事长由董事会以全体董事的过半数选举产生。

董事长召集和主持董事会会议，检查董事会决议的实施情况。副董事长协助董事长工作，董事长不能履行职务或者不履行职务的，由副董事长履行职务；副董事长不能履行职务或者不履行职务的，由半数以上董事共同推举一名董事履行职务。

第一百一十条　董事会每年度至少召开两次会议，每次会议应当于会议召开十日前通知全体董事和监事。

代表十分之一以上表决权的股东、三分之一以上董事或者监事会，可以提议召开董事会临时会议。董事长应当自接到提议后十日内，召集和主持董事会会议。

董事会召开临时会议，可以另定召集董事会的通知方式和通知时限。

第一百一十一条　董事会会议应有过半数的董事出席方可举行。董事会作出决议，必须经全体董事的过半数通过。

董事会决议的表决，实行一人一票。

第一百一十二条　董事会会议，应由董事本人出席；董事因故不能出席，可以书面委托其他董事代为出席，委托书中应载明授权范围。

董事会应当对会议所议事项的决定作成会议记录，出席会议的董事应当在会议记录上签名。

董事应当对董事会的决议承担责任。董事会的决议违反法律、行政法规或者公司章程、股东大会决议，致使公司遭受严重损失的，参与决议的董事对公司负赔偿责任。但经证明在表决时曾表明异议并记载于会议记录的，该董事可以免除责任。

第一百一十三条　股份有限公司设经理，由董事会决定聘任或者解聘。

本法第四十九条关于有限责任公司经理职权的规定，适用于股份有限公司经理。

第一百一十四条　公司董事会可以决定由董事会成员兼任经理。

第一百一十五条　公司不得直接或者通过子公司向董事、监事、高级管理人员提供借款。

第一百一十六条　公司应当定期向股东披露董事、监事、高级管理人员从公司获得报酬的情况。

第四节　监事会

第一百一十七条　股份有限公司设监事会，其成员不得少于三人。

监事会应当包括股东代表和适当比例的公司职工代表，其中职工代表的比例不得低于三分之一，具体比例由公司章程规定。监事会中的职工代表由公司职工通过职工代表大会、职工大会或者其他形式民主选举产生。

监事会设主席一人，可以设副主席。监事会主席和副主席由全体监事过半数选举产生。监事会主席召集和主持监事会会议；监事会主席不能履行职务或者不履行职务的，由监事会副主席召集和主持监事会会议；监事会副主席不能履行职务或者不履行职务的，由半数以上监事共同推举一名监事召集和主持监事会会议。

董事、高级管理人员不得兼任监事。

本法第五十二条关于有限责任公司监事任期的规定，适用于股份有限公司监事。

第一百一十八条　本法第五十三条、第五十四条关于有限责任公司监事会职权的规定，适用于股份有限公司监事会。

监事会行使职权所必需的费用，由公司承担。

第一百一十九条　监事会每六个月至少召开一次会议。监事可以提议召开临时监事会会议。

监事会的议事方式和表决程序，除本法有规定的外，由公司章程规定。

监事会决议应当经半数以上监事通过。

监事会应当对所议事项的决定作成会议记录，出席会议的监事应当在会议记录上签名。

第五节 上市公司组织机构的特别规定

第一百二十条 本法所称上市公司，是指其股票在证券交易所上市交易的股份有限公司。

第一百二十一条 上市公司在一年内购买、出售重大资产或者担保金额超过公司资产总额百分之三十的，应当由股东大会作出决议，并经出席会议的股东所持表决权的三分之二以上通过。

第一百二十二条 上市公司设独立董事，具体办法由国务院规定。

第一百二十三条 上市公司设董事会秘书，负责公司股东大会和董事会会议的筹备、文件保管以及公司股东资料的管理，办理信息披露事务等事宜。

第一百二十四条 上市公司董事与董事会会议决议事项所涉及的企业有关联关系的，不得对该项决议行使表决权，也不得代理其他董事行使表决权。该董事会会议由过半数的无关联关系董事出席即可举行，董事会会议所作决议须经无关联关系董事过半数通过。出席董事会的无关联关系董事人数不足三人的，应将该事项提交上市公司股东大会审议。

第五章 股份有限公司的股份发行和转让

第一节 股份发行

第一百二十五条 股份有限公司的资本划分为股份，每一股的金额相等。

公司的股份采取股票的形式。股票是公司签发的证明股东所持股份的凭证。

第一百二十六条 股份的发行，实行公平、公正的原则，同种类的每一股份应当具有同等权利。

同次发行的同种类股票，每股的发行条件和价格应当相同；任何单位或者个人所认购的股份，每股应当支付相同价额。

第一百二十七条 股票发行价格可以按票面金额，也可以超过票面金额，但不得低于票面金额。

第一百二十八条 股票采用纸面形式或者国务院证券监督管理机构规定的其他形式。

股票应当载明下列主要事项：

（一）公司名称；

（二）公司成立日期；

（三）股票种类、票面金额及代表的股份数；

（四）股票的编号。

股票由法定代表人签名，公司盖章。

发起人的股票，应当标明发起人股票字样。

第一百二十九条 公司发行的股票，可以为记名股票，也可以为无记名股票。

公司向发起人、法人发行的股票，应当为记名股票，并应当记载该发起人、法人的名称或者姓名，不得另立户名或者以代表人姓名记名。

第一百三十条 公司发行记名股票的，应当置备股东名册，记载下列事项：

（一）股东的姓名或者名称及住所；

（二）各股东所持股份数；

（三）各股东所持股票的编号；

（四）各股东取得股份的日期。

发行无记名股票的，公司应当记载其股票数量、编号及发行日期。

第一百三十一条 国务院可以对公司发行本法规定以外的其他种类的股份，另行作出规定。

第一百三十二条 股份有限公司成立后，即向股东正式交付股票。公司成立前不得向股东交付股票。

第一百三十三条 公司发行新股，股东大会应当对下列事项作出决议：

（一）新股种类及数额；

（二）新股发行价格；

（三）新股发行的起止日期；

（四）向原有股东发行新股的种类及数额。

第一百三十四条 公司经国务院证券监督管理机构核准公开发行新股时，必须公告新股招股说明书和财务会计报告，并制作认股书。

本法第八十七条、第八十八条的规定适用于公司公开发行新股。

第一百三十五条 公司发行新股，可以根据公司经营情况和财务状况，确定其作价方案。

第一百三十六条 公司发行新股募足股款后，必须向公司登记机关办理变更登记，并公告。

第二节 股份转让

第一百三十七条 股东持有的股份可以依法转让。

第一百三十八条 股东转让其股份，应当在依法设立的证券交易场所进行或者按照国务院规定的其他方式进行。

第一百三十九条 记名股票，由股东以背书方式或者法律、行政法规规定的其他方式转让；转让后由公司将受让人的姓名或者名称及住所记载于股东名册。

股东大会召开前二十日内或者公司决定分配股利的基准日前五日内，不得进行前款规定的股东名册的变更登记。但是，法律对上市公司股东名册变更登记另有规定的，从其规定。

第一百四十条 无记名股票的转让，由股东将该股票交付给受让人后即发生转让的效力。

第一百四十一条 发起人持有的本公司股份，自公司成立之日起一年内不得转让。公司公开发行股份前已发行的股份，自公司股票在证券交易所上市交易之日起一年内不得转让。

公司董事、监事、高级管理人员应当向公司申报所持有的本公司的股份及其变动情况，在任职期间每年转让的股份不得超过其所持有本公司股份总数的百分之二十五；所持本公司股份自公司股票上市交易之日起一年内不得转让。上述人员离职后半年内，不得转让其所持有的本公司股份。公司章程可以对公司董事、监事、高级管理人员转让其所持有的本公司股份作出其他限制性规定。

第一百四十二条 公司不得收购本公司股份。但是，有下列情形之一的除外：

（一）减少公司注册资本；

（二）与持有本公司股份的其他公司合并；

（三）将股份奖励给本公司职工；

（四）股东因对股东大会作出的公司合并、分立决议持异议，要求公司收购其股份的。

公司因前款第（一）项至第（三）项的原因收购本公司股份的，应当经股东大会决议。公司依照前款规定收购本公司股份后，属于第（一）项情形的，应当自收购之日起十日内注销；属于第（二）项、第（四）项情形的，应当在六个月内转让或者注销。

公司依照第一款第（三）项规定收购的本公司股份，不得超过本公司已发行股份总额的百分之五；用于收购的资金应当从公司的税后利润中支出；所收购的股份应当在一年内转让给职工。

公司不得接受本公司的股票作为质押权的标的。

第一百四十三条 记名股票被盗、遗失或者灭失，股东可以依照《中华人民共和国民事诉讼法》规定的公示催告程序，请求人民法院宣告该股票失效。人民法院宣告该股票失效后，股东可以向公司申请补发股票。

第一百四十四条 上市公司的股票，依照有关法律、行政法规及证券交易所交易规则上市交易。

第一百四十五条 上市公司必须依照法律、行政法规的规定，公开其财务状况、经营情况及重大诉讼，在每会计年度内半年公布一次财务会计报告。

第六章 公司董事、监事、高级管理人员的资格和义务

第一百四十六条 有下列情形之一的，不得担任公司的董事、监事、高级管理人员：

（一）无民事行为能力或者限制民事行为能力；

（二）因贪污、贿赂、侵占财产、挪用财产或者破坏社会主义市场经济秩序，被判处刑罚，执行期满未逾五年，或者因犯罪被剥夺政治权利，执行期满未逾五年；

（三）担任破产清算的公司、企业的董事或者厂长、经理，对该公司、企业的破产负有个人责任的，自该公司、企业破产清算完结之日起未逾三年；

（四）担任因违法被吊销营业执照、责令关闭的公司、企业的法定代表人，并负有个人责任的，自该公司、企业被吊销营业执照之日起未逾三年；

（五）个人所负数额较大的债务到期未清偿。

公司违反前款规定选举、委派董事、监事或者聘任高级管理人员的，该选举、委派或者聘任无效。

董事、监事、高级管理人员在任职期间出现本条第一款所列情形的，公司应当解除其职务。

第一百四十七条　董事、监事、高级管理人员应当遵守法律、行政法规和公司章程，对公司负有忠实义务和勤勉义务。

董事、监事、高级管理人员不得利用职权收受贿赂或者其他非法收入，不得侵占公司的财产。

第一百四十八条　董事、高级管理人员不得有下列行为：

（一）挪用公司资金；

（二）将公司资金以其个人名义或者以其他个人名义开立账户存储；

（三）违反公司章程的规定，未经股东会、股东大会或者董事会同意，将公司资金借贷给他人或者以公司财产为他人提供担保；

（四）违反公司章程的规定或者未经股东会、股东大会同意，与本公司订立合同或者进行交易；

（五）未经股东会或者股东大会同意，利用职务便利为自己或者他人谋取属于公司的商业机会，自营或者为他人经营与所任职公司同类的业务；

（六）接受他人与公司交易的佣金归为己有；

（七）擅自披露公司秘密；

（八）违反对公司忠实义务的其他行为。

董事、高级管理人员违反前款规定所得的收入应当归公司所有。

第一百四十九条　董事、监事、高级管理人员执行公司职务时违反法律、行政法规或者公司章程的规定，给公司造成损失的，应当承担赔偿责任。

第一百五十条　股东会或者股东大会要求董事、监事、高级管理人员列席会议的，董事、监事、高级管理人员应当列席并接受股东的质询。

董事、高级管理人员应当如实向监事会或者不设监事会的有限责任公司的监事提供有关情况和资料，不得妨碍监事会或者监事行使职权。

第一百五十一条　董事、高级管理人员有本法第一百四十九条规定的情形的，有限责任公司的股东、股份有限公司连续一百八十日以上单独或者合计持有公司百分之一以上股份的股东，可以书面请求监事会或者不设监事会的有限责任公司的监事向人民法院提起诉讼；监事有本法第一百四十九条规定的情形的，前述股东可以书面请求董事会或者不设董事会的有限责任公司的执行董事向人民法院提起诉讼。

监事会、不设监事会的有限责任公司的监事，或者董事会、执行董事收到前款规定的股东书面请求后拒绝提起诉讼，或者自收到请求之日起三十日内未提起诉讼，或者情况紧急、不立即提起诉讼将会使公司利益受到难以弥补的损害的，前款规定的股东有权为了公司的利益以自己的名义直接向人民法院提起诉讼。

他人侵犯公司合法权益，给公司造成损失的，本条第一款规定的股东可以依照前两款的规定向人民法院提起诉讼。

第一百五十二条　董事、高级管理人员违反法律、行政法规或者公司章程的规定，损害股东利益的，股东可以向人民法院提起诉讼。

第七章　公司债券

第一百五十三条　本法所称公司债券，是指公司依照法定程序发行、约定在一定期限还本付息的有价证券。

公司发行公司债券应当符合《中华人民共和国证券法》规定的发行条件。

第一百五十四条　发行公司债券的申请经国务院授权的部门核准后，应当公告公司债券募集办法。

公司债券募集办法中应当载明下列主要事项：

（一）公司名称；

（二）债券募集资金的用途；

（三）债券总额和债券的票面金额；

（四）债券利率的确定方式；

（五）还本付息的期限和方式；

（六）债券担保情况；

（七）债券的发行价格、发行的起止日期；

（八）公司净资产额；

（九）已发行的尚未到期的公司债券总额；

（十）公司债券的承销机构。

第一百五十五条　公司以实物券方式发行公司债券的，必须在债券上载明公司名称、债券票面金额、利率、偿还期限等事项，并由法定代表人签名，公司盖章。

第一百五十六条 公司债券，可以为记名债券，也可以为无记名债券。

第一百五十七条 公司发行公司债券应当置备公司债券存根簿。

发行记名公司债券的，应当在公司债券存根簿上载明下列事项：

（一）债券持有人的姓名或者名称及住所；

（二）债券持有人取得债券的日期及债券的编号；

（三）债券总额，债券的票面金额、利率、还本付息的期限和方式；

（四）债券的发行日期。

发行无记名公司债券的，应当在公司债券存根簿上载明债券总额、利率、偿还期限和方式、发行日期及债券的编号。

第一百五十八条 记名公司债券的登记结算机构应当建立债券登记、存管、付息、兑付等相关制度。

第一百五十九条 公司债券可以转让，转让价格由转让人与受让人约定。

公司债券在证券交易所上市交易的，按照证券交易所的交易规则转让。

第一百六十条 记名公司债券，由债券持有人以背书方式或者法律、行政法规规定的其他方式转让；转让后由公司将受让人的姓名或者名称及住所记载于公司债券存根簿。

无记名公司债券的转让，由债券持有人将该债券交付给受让人后即发生转让的效力。

第一百六十一条 上市公司经股东大会决议可以发行可转换为股票的公司债券，并在公司债券募集办法中规定具体的转换办法。上市公司发行可转换为股票的公司债券，应当报国务院证券监督管理机构核准。

发行可转换为股票的公司债券，应当在债券上标明可转换公司债券字样，并在公司债券存根簿上载明可转换公司债券的数额。

第一百六十二条 发行可转换为股票的公司债券的，公司应当按照其转换办法向债券持有人换发股票，但债券持有人对转换股票或者不转换股票有选择权。

第八章 公司财务、会计

第一百六十三条 公司应当依照法律、行政法规和国务院财政部门的规定建立本公司的财务、会计制度。

第一百六十四条 公司应当在每一会计年度终了时编制财务会计报告，并依法经会计师事务所审计。

财务会计报告应当依照法律、行政法规和国务院财政部门的规定制作。

第一百六十五条 有限责任公司应当依照公司章程规定的期限将财务会计报告送交各股东。

股份有限公司的财务会计报告应当在召开股东大会年会的二十日前置备于本公司，供股东查阅；公开发行股票的股份有限公司必须公告其财务会计报告。

第一百六十六条 公司分配当年税后利润时，应当提取利润的百分之十列入公司法定公积金。公司法定公积金累计额为公司注册资本的百分之五十以上的，可以不再提取。

公司的法定公积金不足以弥补以前年度亏损的，在依照前款规定提取法定公积金之前，应当先用当年利润弥补亏损。

公司从税后利润中提取法定公积金后，经股东会或者股东大会决议，还可以从税后利润中提取任意公积金。

公司弥补亏损和提取公积金后所余税后利润，有限责任公司依照本法第三十四条的规定分配；股份有限公司按照股东持有的股份比例分配，但股份有限公司章程规定不按持股比例分配的除外。

股东会、股东大会或者董事会违反前款规定，在公司弥补亏损和提取法定公积金之前向股东分配利润的，股东必须将违反规定分配的利润退还公司。

公司持有的本公司股份不得分配利润。

第一百六十七条 股份有限公司以超过股票票面金额的发行价格发行股份所得的溢价款以及国务院财政部门规定列入资本公积金的其他收入，应当列为公司资本公积金。

第一百六十八条 公司的公积金用于弥补公司的亏损、扩大公司生产经营或者转为增加公司资本。但是，资本公积金不得用于弥补公司的亏损。

法定公积金转为资本时，所留存的该项公积金不得少于转增前公司注册资本的百分之二十五。

第一百六十九条 公司聘用、解聘承办公司审计业务的会计师事务所，依照公司章程的规定，由股东会、股东大会或者董事会决定。

公司股东会、股东大会或者董事会就解聘会计师事务所进行表决时，应当允许会计师事务所陈述意见。

第一百七十条 公司应当向聘用的会计师事务所提供真实、完整的会计凭证、会计账簿、财务会计报告及其他会计资料，不得拒绝、隐匿、谎报。

第一百七十一条 公司除法定的会计账簿外，不得另立会计账簿。

对公司资产，不得以任何个人名义开立账户存储。

第九章 公司合并、分立、增资、减资

第一百七十二条 公司合并可以采取吸收合并或者新设合并。

一个公司吸收其他公司为吸收合并，被吸收的公司解散。两个以上公司合并设立一个新的公司为新设合并，合并各方解散。

第一百七十三条 公司合并，应当由合并各方签订合并协议，并编制资产负债表及财产清单。公司应当自作出合并决议之日起十日内通知债权人，并于三十日内在报纸上公告。债权人自接到通知书之日起三十日内，未接到通知书的自公告之日起四十五日内，可以要求公司清偿债务或者提供相应的担保。

第一百七十四条 公司合并时，合并各方的债权、债务，应当由合并后存续的公司或者新设的公司承继。

第一百七十五条 公司分立，其财产作相应的分割。

公司分立，应当编制资产负债表及财产清单。公司应当自作出分立决议之日起十日内通知债权人，并于三十日内在报纸上公告。

第一百七十六条 公司分立前的债务由分立后的公司承担连带责任。但是，公司在分立前与债权人就债务清偿达成的书面协议另有约定的除外。

第一百七十七条 公司需要减少注册资本时，必须编制资产负债表及财产清单。

公司应当自作出减少注册资本决议之日起十日内通知债权人，并于三十日内在报纸上公告。债权人自接到通知书之日起三十日内，未接到通知书的自公告之日起四十五日内，有权要求公司清偿债务或者提供相应的担保。

第一百七十八条 有限责任公司增加注册资本时，股东认缴新增资本的出资，依照本法设立有限责任公司缴纳出资的有关规定执行。

股份有限公司为增加注册资本发行新股时，股东认购新股，依照本法设立股份有限公司缴纳股款的有关规定执行。

第一百七十九条 公司合并或者分立，登记事项发生变更的，应当依法向公司登记机关办理变更登记；公司解散的，应当依法办理公司注销登记；设立新公司的，应当依法办理公司设立登记。

公司增加或者减少注册资本，应当依法向公司登记机关办理变更登记。

第十章 公司解散和清算

第一百八十条 公司因下列原因解散：

（一）公司章程规定的营业期限届满或者公司章程规定的其他解散事由出现；

（二）股东会或者股东大会决议解散；

（三）因公司合并或者分立需要解散；

（四）依法被吊销营业执照、责令关闭或者被撤销；

（五）人民法院依照本法第一百八十二条的规定予以解散。

第一百八十一条 公司有本法第一百八十条第（一）项情形的，可以通过修改公司章程而存续。

依照前款规定修改公司章程，有限责任公司须经持有三分之二以上表决权的股东通过，股份有限公司须经出席股东大会会议的股东所持表决权的三分之二以上通过。

第一百八十二条 公司经营管理发生严重困

难，继续存续会使股东利益受到重大损失，通过其他途径不能解决的，持有公司全部股东表决权百分之十以上的股东，可以请求人民法院解散公司。

第一百八十三条　公司因本法第一百八十条第（一）项、第（二）项、第（四）项、第（五）项规定而解散的，应当在解散事由出现之日起十五日内成立清算组，开始清算。有限责任公司的清算组由股东组成，股份有限公司的清算组由董事或者股东大会确定的人员组成。逾期不成立清算组进行清算的，债权人可以申请人民法院指定有关人员组成清算组进行清算。人民法院应当受理该申请，并及时组织清算组进行清算。

第一百八十四条　清算组在清算期间行使下列职权：

（一）清理公司财产，分别编制资产负债表和财产清单；

（二）通知、公告债权人；

（三）处理与清算有关的公司未了结的业务；

（四）清缴所欠税款以及清算过程中产生的税款；

（五）清理债权、债务；

（六）处理公司清偿债务后的剩余财产；

（七）代表公司参与民事诉讼活动。

第一百八十五条　清算组应当自成立之日起十日内通知债权人，并于六十日内在报纸上公告。债权人应当自接到通知书之日起三十日内，未接到通知书的自公告之日起四十五日内，向清算组申报其债权。

债权人申报债权，应当说明债权的有关事项，并提供证明材料。清算组应当对债权进行登记。

在申报债权期间，清算组不得对债权人进行清偿。

第一百八十六条　清算组在清理公司财产、编制资产负债表和财产清单后，应当制定清算方案，并报股东会、股东大会或者人民法院确认。

公司财产在分别支付清算费用、职工的工资、社会保险费用和法定补偿金，缴纳所欠税款，清偿公司债务后的剩余财产，有限责任公司按照股东的出资比例分配，股份有限公司按照股东持有的股份比例分配。

清算期间，公司存续，但不得开展与清算无关的经营活动。公司财产在未依照前款规定清偿前，不得分配给股东。

第一百八十七条　清算组在清理公司财产、编制资产负债表和财产清单后，发现公司财产不足清偿债务的，应当依法向人民法院申请宣告破产。

公司经人民法院裁定宣告破产后，清算组应当将清算事务移交给人民法院。

第一百八十八条　公司清算结束后，清算组应当制作清算报告，报股东会、股东大会或者人民法院确认，并报送公司登记机关，申请注销公司登记，公告公司终止。

第一百八十九条　清算组成员应当忠于职守，依法履行清算义务。

清算组成员不得利用职权收受贿赂或者其他非法收入，不得侵占公司财产。

清算组成员因故意或者重大过失给公司或者债权人造成损失的，应当承担赔偿责任。

第一百九十条　公司被依法宣告破产的，依照有关企业破产的法律实施破产清算。

第十一章　外国公司的分支机构

第一百九十一条　本法所称外国公司是指依照外国法律在中国境外设立的公司。

第一百九十二条　外国公司在中国境内设立分支机构，必须向中国主管机关提出申请，并提交其公司章程、所属国的公司登记证书等有关文件，经批准后，向公司登记机关依法办理登记，领取营业执照。

外国公司分支机构的审批办法由国务院另行规定。

第一百九十三条　外国公司在中国境内设立分支机构，必须在中国境内指定负责该分支机构的代表人或者代理人，并向该分支机构拨付与其所从事的经营活动相适应的资金。

对外国公司分支机构的经营资金需要规定最低限额的，由国务院另行规定。

第一百九十四条　外国公司的分支机构应当在其名称中标明该外国公司的国籍及责任形式。

外国公司的分支机构应当在本机构中置备该

外国公司章程。

第一百九十五条 外国公司在中国境内设立的分支机构不具有中国法人资格。

外国公司对其分支机构在中国境内进行经营活动承担民事责任。

第一百九十六条 经批准设立的外国公司分支机构，在中国境内从事业务活动，必须遵守中国的法律，不得损害中国的社会公共利益，其合法权益受中国法律保护。

第一百九十七条 外国公司撤销其在中国境内的分支机构时，必须依法清偿债务，依照本法有关公司清算程序的规定进行清算。未清偿债务之前，不得将其分支机构的财产移至中国境外。

第十二章 法律责任

第一百九十八条 违反本法规定，虚报注册资本、提交虚假材料或者采取其他欺诈手段隐瞒重要事实取得公司登记的，由公司登记机关责令改正，对虚报注册资本的公司，处以虚报注册资本金额百分之五以上百分之十五以下的罚款；对提交虚假材料或者采取其他欺诈手段隐瞒重要事实的公司，处以五万元以上五十万元以下的罚款；情节严重的，撤销公司登记或者吊销营业执照。

第一百九十九条 公司的发起人、股东虚假出资，未交付或者未按期交付作为出资的货币或者非货币财产的，由公司登记机关责令改正，处以虚假出资金额百分之五以上百分之十五以下的罚款。

第二百条 公司的发起人、股东在公司成立后，抽逃其出资的，由公司登记机关责令改正，处以所抽逃出资金额百分之五以上百分之十五以下的罚款。

第二百零一条 公司违反本法规定，在法定的会计账簿以外另立会计账簿的，由县级以上人民政府财政部门责令改正，处以五万元以上五十万元以下的罚款。

第二百零二条 公司在依法向有关主管部门提供的财务会计报告等材料上作虚假记载或者隐瞒重要事实的，由有关主管部门对直接负责的主管人员和其他直接责任人员处以三万元以上三十万元以下的罚款。

第二百零三条 公司不依照本法规定提取法定公积金的，由县级以上人民政府财政部门责令如数补足应当提取的金额，可以对公司处以二十万元以下的罚款。

第二百零四条 公司在合并、分立、减少注册资本或者进行清算时，不依照本法规定通知或者公告债权人的，由公司登记机关责令改正，对公司处以一万元以上十万元以下的罚款。

公司在进行清算时，隐匿财产，对资产负债表或者财产清单作虚假记载或者在未清偿债务前分配公司财产的，由公司登记机关责令改正，对公司处以隐匿财产或者未清偿债务前分配公司财产金额百分之五以上百分之十以下的罚款；对直接负责的主管人员和其他直接责任人员处以一万元以上十万元以下的罚款。

第二百零五条 公司在清算期间开展与清算无关的经营活动的，由公司登记机关予以警告，没收违法所得。

第二百零六条 清算组不依照本法规定向公司登记机关报送清算报告，或者报送清算报告隐瞒重要事实或者有重大遗漏的，由公司登记机关责令改正。

清算组成员利用职权徇私舞弊、谋取非法收入或者侵占公司财产的，由公司登记机关责令退还公司财产，没收违法所得，并可以处以违法所得一倍以上五倍以下的罚款。

第二百零七条 承担资产评估、验资或者验证的机构提供虚假材料的，由公司登记机关没收违法所得，处以违法所得一倍以上五倍以下的罚款，并可以由有关主管部门依法责令该机构停业、吊销直接责任人员的资格证书，吊销营业执照。

承担资产评估、验资或者验证的机构因过失提供有重大遗漏的报告的，由公司登记机关责令改正，情节较重的，处以所得收入一倍以上五倍以下的罚款，并可以由有关主管部门依法责令该机构停业、吊销直接责任人员的资格证书，吊销营业执照。

承担资产评估、验资或者验证的机构因其出具的评估结果、验资或者验证证明不实，给公司债权人造成损失的，除能够证明自己没有过错的外，在其评估或者证明不实的金额范围内承担赔偿责任。

第二百零八条 公司登记机关对不符合本法规定条件的登记申请予以登记，或者对符合本法规定条件的登记申请不予登记的，对直接负责的主管人员和其他直接责任人员，依法给予行政处分。

第二百零九条 公司登记机关的上级部门强令公司登记机关对不符合本法规定条件的登记申请予以登记，或者对符合本法规定条件的登记申请不予登记的，或者对违法登记进行包庇的，对直接负责的主管人员和其他直接责任人员依法给予行政处分。

第二百一十条 未依法登记为有限责任公司或者股份有限公司，而冒用有限责任公司或者股份有限公司名义的，或者未依法登记为有限责任公司或者股份有限公司的分公司，而冒用有限责任公司或者股份有限公司的分公司名义的，由公司登记机关责令改正或者予以取缔，可以并处十万元以下的罚款。

第二百一十一条 公司成立后无正当理由超过六个月未开业的，或者开业后自行停业连续六个月以上的，可以由公司登记机关吊销营业执照。

公司登记事项发生变更时，未依照本法规定办理有关变更登记的，由公司登记机关责令限期登记；逾期不登记的，处以一万元以上十万元以下的罚款。

第二百一十二条 外国公司违反本法规定，擅自在中国境内设立分支机构的，由公司登记机关责令改正或者关闭，可以并处五万元以上二十万元以下的罚款。

第二百一十三条 利用公司名义从事危害国家安全、社会公共利益的严重违法行为的，吊销营业执照。

第二百一十四条 公司违反本法规定，应当承担民事赔偿责任和缴纳罚款、罚金的，其财产不足以支付时，先承担民事赔偿责任。

第二百一十五条 违反本法规定，构成犯罪的，依法追究刑事责任。

第十三章 附 则

第二百一十六条 本法下列用语的含义：

（一）高级管理人员，是指公司的经理、副经理、财务负责人，上市公司董事会秘书和公司章程规定的其他人员。

（二）控股股东，是指其出资额占有限责任公司资本总额百分之五十以上或者其持有的股份占股份有限公司股本总额百分之五十以上的股东；出资额或者持有股份的比例虽然不足百分之五十，但依其出资额或者持有的股份所享有的表决权已足以对股东会、股东大会的决议产生重大影响的股东。

（三）实际控制人，是指虽不是公司的股东，但通过投资关系、协议或者其他安排，能够实际支配公司行为的人。

（四）关联关系，是指公司控股股东、实际控制人、董事、监事、高级管理人员与其直接或者间接控制的企业之间的关系，以及可能导致公司利益转移的其他关系。但是，国家控股的企业之间不仅因为同受国家控股而具有关联关系。

第二百一十七条 外商投资的有限责任公司和股份有限公司适用本法；有关外商投资的法律另有规定的，适用其规定。

第二百一十八条 本法自2006年1月1日起施行。

第三编　市场行为法

第十一章 合同法

材料导读

了了是个很重感情的女孩子，因为第一个男友的见异思迁使她的感情曾一度跌入低谷。3 年的感情说没就没了，这让了了很受打击。为了不再使自己的恋爱重蹈上次失败的覆辙，了了想出了与男友签订恋爱合同的办法，以此拴住男友的心。于是那天，在男友堂弟的见证下，两人自愿签订了恋爱合同，合同规定了了和男友将来无论因为什么原因，发生什么事情，只要谁先提出分手，就要付给对方 10 万元钱作为赔偿。可没想到事隔不久，她发现男友非常懒惰，并且没有一点上进心，于是她动了违约的念头。可是合同上的 10 万元赔偿金却成了他们分手的绊脚石……思前想后，了了想到了分手。那天，她刚提到分手二字，男友便把一纸合同拿出来，说分手可以，先拿 10 万块钱来。如果拿不出钱，还想分手的话，别怪他翻脸无情去法院告她。该恋爱合同有效吗？为什么？

第一节 合同法概述

一、合同的概念和特征

（一）合同的概念

又称契约，是平等主体的自然人、法人、其他组织之间设立、变更、终止民事权利义务关系的协议。婚姻、收养、监护等有关身份关系的协议，适用其他法律的规定。

（二）合同的特征

（1）合同是双方或多方当事人的协议。协议有单方、双方和多方之分。合同是双方或多方当事人协商一致的结果，故属于双方或多方当事人的协议。

（2）合同是当事人在平等自愿的基础上达成的协议。在合同中，当事人的法律地位完全平等，不允许任何一方拥有特殊的法律地位，也不允许任何一方将自己的意志强加给对方。

（3）合同是以设立、变更、终止民事权利义务关系为目的协议。合同当事人通过合同来设立、变更、终止他们之间的民事权利义务关系，以实现一定的经济目的。

二、合同的分类

按照不同的标准，可以对合同作以下分类：

（1）单务合同与双务合同。这是根据各方当事人权利、义务的分担方式不同来划分的。双务合同是各方当事人都享有权利并承担义务的合同，并且一方享有权利和承担的义务，正是对方应尽的义务和享有的权利，各方互为债权人和债务人，如买卖、租赁合同。单务合同则是指一方享有权利而不承担义务，另一方只承担义务而不享有权利的合同，如赠与合同。

（2）有偿合同与无偿合同。这是根据合同当事人是否存在对价关系而做的分类。有偿合同是指当事人在获得规定权利时，需要支付对价；无须支付对价的合同则是无偿合同，如赠与合同、借用合同。绝大多数合同是有偿合同。

（3）诺成合同与实践合同。这是根据当事人是否以交付标的物为要件而做的分类。双方当事人意思表示一致就能产生法律效力的合同是诺成合同。合同在双人当事人意思表示一致后，还须交付标的物才能成立的，是实践合同。前者如买卖合同、货物运输合同，后者如保管合同。

（4）要式合同与非要式合同：这是根据合同成立是否需要特定的形式和手续而做的分类。在我国，所谓“特定形式”主要是指书面形式，“特定手续”是指经过公证、鉴证或者国家有关部门的批准。凡是要求具备特定形式或履行一定手续的合同为要式合同，一般要式合同由法律直接规定，当事人也可以自己约定必须履行的特定形式。非要式合同指不需要特定形式或手续的合同。实践中常见的合同为非要式合同。

（5）有名合同与无名合同。按照法律是否明确合同名称并作出特别规则而做的分类。有名合同是指法律明确规定合同的名称并作出特别规定的合同。《中华人民共和国合同法》（以下简称《合同法》）中规定的 15 类合同就属于有名合同。无名合同是指法律上没有明确确定合同名称，如借用合同。无名合同适用《合同法》总则的规定，并参照分则或其他法律的规定。

三、合同法的概念及其基本原则

合同法是调整合同关系的法律规范的总称。狭义的合同法是指第九届全国人大第二次会议通过，同年 10 月 1 日施行的《中华人民共和国合同法》（简称《合同法》）。广义的合同法除了《合同法》外，还包括其他调整合同关系的法律，如《民法通则》、《中华人民共和国担保法》、《中华人民共和国中外合作经营企业法》等。

根据《合同法》规定的，合同法包括以下基本原则：

（1）平等原则。《合同法》第 3 条规定：“合同当事人的法律地位平等，一方不得将自己的意志强加给另一方。”这项原则要求当事人在订立合同、履行合同以及承担责任时的法律地位是平等的。平等原则是自愿的前提，贯穿于合同的整个过程。

（2）自愿原则。《合同法》第 4 条规定：“当事人享有自愿订立合同的权利，任何单位和个人不得非法干预。”合同自愿还表现为当事人有变更和解除合同的权利、选择解决合同争议方式和法律适用的权利。合同自愿原则是合同法最基本的原则，充分体现了现代合同的理念。

（3）公平原则。《合同法》第5条规定：“当事人应当遵循公平原则确定各方的权利和义务。”公平原则要求当事人之间的权利和义务公平，大体上平衡。合同一方给付与另一方给付的等值性、合同上的负担和风险的合理分配。

（4）诚实信用原则。《合同法》第6条规定：“当事人行使权利、履行义务应当遵循诚实信用原则。”此原则要求当事人忠诚地履行合同，不得有欺诈行为。

（5）公序良俗原则。《合同法》第7条规定：“当事人订立、履行合同，应当遵守法律、行政法规，尊重社会公德，不得扰乱社会经济秩序、损害社会公共利益。”公序良俗是公共秩序和善良风俗的合称。公共秩序是从国家的角度而言，善良风俗则是从社会的角度出发。公序良俗属于一般条款，同诚实信用原则一样，具有填补法律漏洞的功能。

第二节　合同的订立

一、合同订立的形式

合同形式是指当事人之间订立合同内容的方式，也就是明确当事人权利义务的方式。《合同法》第10条规定：“当事人订立合同，有口头形式、书面形式和其他形式。”

1. 口头形式

口头形式是指当事人以对话方式订立合同，而不是以文字表达合同内容的合同形式。以口头形式订立的合同，其优点是简单方便、直接迅速，当事人在绝大多数场合可以直接通过交谈订立合同。但也有缺点，那就是一旦当事人之间发生争议，很难举证。

2. 书面形式

书面形式是指以文字等有形地表现合同所载内容的形式。根据合同法的规定，书面形式包括合同书、信件和数据电文。数据电文包括电报、电传、传真、电子数据交换和电子邮件等形式。《合同法》对书面形式的适用场合做了两方面的规定：一是法律、行政法规规定采用书面形式的，应当采用书面形式，如《合伙企业法》、《中外合资经营企业法》规定合伙合同、中外合资经营企业合同应当采用书面形式；二是当事人约定采用书面形式的，应当采用书面形式。

书面形式的最大优点是合同有据可查，发生纠纷时容易举证，便于分清责任。因此，对于关系复杂的合同、重要的合同和履行期间长的合同，最好采用书面形式。

3. 其他形式

其他形式是除书面、口头形式以外的当时用来编写合同内容的形式，如推定形式、默示形式。推定形式如《合同法》第236条规定：租赁期间届满，承租人继续使用租赁物，出租人没有提出异议的，原租赁合同继续有效，但租赁期限为不定期。默示形式如《合同法》第 171 条规定：试用买卖的买受人在试用期间内可以购买标的物，也可以拒绝购买。试用期间届满，买受人对是否购买标的物未作表示的，视为购买。

二、合同的内容

合同的内容是确定当事人权利义务的依据。合同的主要条款即合同的内容，各种合同的主要条款一般包括：

（1）当事人的名称或者姓名和住所。名称是指法人或其他组织在登记机关的正式称谓；姓名是指公民在身份证或者户籍登记表上的正式称谓。公民个人的住所是指其居住所在地；法人的住所指主要办事机构所在地。

（2）标的。标的是合同法律关系的客体，是合同权利和义务指向的对象，是任何一个合同都必须具备的。标的可以是物，如买卖合同中出卖的货物；可以是行为，如运输合同中运送旅客或者货物的行为；也可以是智力成果，如技术转让合同中的专利权等。但法律禁止的行为或者禁止转让的物不得作为合同的标的。

（3）质量。质量是标的质的规定性，对于有形财产，质量是标的的物理、化学、机械、生物等性质；对于无形财产、劳务、工作成果、也有质量高低的问题，并有衡量的特定方法。

（4）数量。数量是衡量标的的尺度，以当事人共同选择的计量单位和计量方法来确定。有关计量方法，国家有规定的，应执行国家的规定；国家没有规定的，由当事人协商确定。当事人应当在合同中确定统一的计量单位，计量单位要明确，不可使用含糊不清的计量单位。

（5）价款或者报酬条款。价款是取得标的物所支付的代价，报酬是接受服务或智力成果所支付的代价。价款通常是指标的物本身的价款，有时还包括运费、保险费、保管费等额外费用。

（6）履行期限、地点和方式。合同必须规定义务的履行时间界限，当事人在履行期间外的履行为违约行为。履行义务还必须是在合同规定的地点，因此该地点应当明确约定。当事人对义务的履行可以一次完成，也可以分次分批；可以送货上门，也可以由权利人自提、代办托运等，具体可以由合同作出明确规定。

（7）违约责任。为了保证合同能够得到切实履行，当事人在合同中对一方当事人违反合同规定义务应当承担的法律责任可作出约定。违约责任条款包括承担违约责任的方式、违约金的具体数额、损失赔偿额或损失赔偿额的计算方法等。损失约定可以包括如果合同履行可能获得的利益。

（8）解决争议的方法。当事人可以在合同中约定产生争议协商不成时，采取仲裁或诉讼的方式加以解决。

上述条款是《合同法》规定的示范性条款，不同类型的合同其主要条款也不尽相同。

三、合同的订立程序

合同的订立是指当事人就合同条款的权利义务协商一致，从而达成协议的法律行为。合同订立的过程主要包括要约和承诺两个阶段。

（一）要约

1. 要约的概念和条件

要约即订约提议，是一方当事人向他人提出的希望以一定条件订立合同的意思表示。发出要约的一方为要约人，接受要约的一方为受要约人或相对人。该意思表示应该符合以下条件：

（1）要约的内容必须具体、确定。要约一旦为受要约人承诺，合同就已经成立。因此要约应该包含订立合同的主要条件，如合同的标的、质量、价金、履行期限等，以便受要约人了解要约的真实含义，从而决定是否作出承诺。

（2）表明经受要约人承诺，要约人即受该意思表示约束。要约人对发出的意思表示约束，即一旦受要约人同意要约的内容，合同即告成立，要约人不得反悔。要约不同于要约邀请，要约有法律约束力，而要约邀请没有法律约束力。

要约邀请是希望他人向自己发出要约的意思表示。要约邀请的目的不是订立合同，而是希望他人发出订约的意思表示。按照《合同法》的规定，寄送的价目表、拍卖公告、招标公告、招股说明书、商业广告等为要约邀请。但如果商业广告的内容符合要约规定的，视为要约。对于要约邀请，当事人可以接受，也可以拒绝，因为要约邀请没有法律约束力。

2. 要约的生效

根据我国《合同法》第 16 条的规定，要约到达受要约人时生效。到达是指到达受要约人的控制范围：采用数据电文形式订立合同，收件人指定特定系统接受数据电文的，该数据电文进入该特定系统的时间，视为到达；未指定特定系统的，该数据电文进入收件人的任何系统的首次时间，视为到达时间。

3. 要约的撤回和撤销

要约可以撤回。撤回要约的通知应当在要约到达受要约人之前或者与要约同时到达受要约人。撤回的要约不产生任何约束力。同时法律规定，要约也可以撤销，但撤销要约的通知应当在受要约人发出承诺通知之前到达受要约人。但为保护当事人的利益，《合同法》第 19 条规定，有下列情形之一的，要约不得撤销：①要约中确定了承诺期限以及其他形式明示要约不可撤销；②受要约人有理由认为要约是不可撤销的，并且已经为履行合同作了准备工作。

4. 要约的失效

要约的失效是指要约在一定条件下会失去其法律拘束力。根据《合同法》第 20 条的规定，在下列情形下会导致要约失效：①拒绝要约的通知到达要约人；②要约人依法撤销要约；③要约有效期限届满，受要约人未作出承诺；④受要约人对要约的内容作出实质性变更。

（二）承诺

1. 承诺的概念和条件

承诺是受要约人同意要约的意思表示。承诺应当符合以下条件：

（1）承诺必须由受要约人作出。这就意味着受要约人之外的第三人即使知道要约内容并作出同意要约的意思表示，也并非承诺，而是向要约人发出的要约。

（2）承诺必须在有效的时间内作出。所谓有效期是指要约确定的承诺期限，要约未确定期限的，承诺应当以下期限内作出：要约以对话方式作出的，应当立即承诺；要约以非对话的方式作出的，应当在合理的期限内承诺。凡是在要约有效期满后的答复，是迟到的承诺，除要约人及时通知受要约人该承诺有效的以外，不发生承诺的法律效力，只能构成一个新的要约。

（3）承诺的内容必须与要约的内容一致。承诺作为受要约人愿意按照要约的内容与要约人订立合同的意思表示，承诺的内容应是与要约的内容一致的。如果受要约人对要约的内容只是部分接受，或作出实质性变更的，则不构成承诺，而是一个新要约。承诺对要约的内容作出非实质性变更的，除要约人及时表示反对或者要约表明承诺不得对要约的内容作出任何变更外，该承诺有效，合同的内容以承诺的内容为准。

2. 承诺的法律效力

承诺的法律效力，是指承诺引起的法律后果。我国合同法规定，承诺生效时合同成立，当事人于此时开始负有履行合同的义务。承诺的生效，一般应于承诺通知到达要约人时生效。承诺不需要通知的，应于有符合交易的性质、习惯所确定的方式或者要约表明的其他方式的情形时生效。合同法规定了承诺有下列情形时不发生效力：

（1）承诺被撤回。承诺撤回是受要约人在其作出的承诺生效之前将其撤回的行为。撤回承诺的通知必须先于承诺或者与其同时到达要约人，否则，已作出的承诺仍然有效，合同已经成立，双方当事人要受合同内容的约束。承诺被撤回，视为承诺未发出。

（2）迟到的承诺。受要约人超过要约期限发出的承诺，为迟到的承诺。迟到的承诺，除非要约人及时通知受要约人该迟到承诺仍然有效的以外，不发生承诺的效力；但因其又符合要约的条件，所以构成一个新的要约。

（3）迟延的承诺。承诺的迟到如因意外的原因而导致的，即迟延的承诺，并不一概无效。我国《合同法》第 29 条规定，受要约人在承诺期限内发出承诺，按照通常情形能够及时到达要约人，但因其他原因承诺到达要约人时超过承诺期限的，除要约人及时通知受要约人因承诺超过期限不接受该承诺的以外，该承诺有效。

3. 承诺的方式

承诺的方式是指承诺人采用何种办法将承诺的通知送达要约人。按照我国《合同法》的规定，承诺一般应当以通知的方式作出，同时根据交易习惯或者要约表明可以通过行为作出承诺的也可以行为的方式进行承诺。其中通知的方式可以口头的、书面的；行为一般是合同履行行为，如预付价款、装运货物等。

第三节　合同的效力

合同的效力即已经成立的合同所具有的法律效力，其含义是指依法成立的合同对当事人具有法律的约束力。具有法律效力的合同不仅表现为对当事人的约束，同时在合同有效的前提下，当然可以获得法院强制执行的法律效果。

一、有效合同

合同的生效是指已经成立的合同在当事人之间产生的法律拘束力。合同经过要约、承诺订立。但是，此时的合同还只是体现当事人意思自由的结果，只能说在当事人之间成立了；成立的合同是否生效还要经过法律的评价，看其是否符合法律的要求。即成立的合同符合法律要求则有效，与法律的要求相抵触的，则要么无效，要么被撤销，要么效力待定。

按照《民法通则》第 55 条、《合同法》第 44 条和第 55 条的规定，合同有效要件一般包括以下内容：

（一）订约当事人主体合法

如果当事人是自然人，其订立合同，应具有相应的民事权利能力和民事行为能力。限制行为能力人只有在从事与其年龄、智力状况相适应的民事活动时订立的合同才生效。无民事行为能力人从事民事活动须由其监护人代理。但无行为能力人订立的自己纯获利益的或者义务完全免除的合同（如接受赠与而获得压岁钱、玩具等），和与其智力状况、年龄相适应的满足其日常学习、生活需要的合同则有效。

如果当事人是法人，则情况有所不同。依据民法通则和合同法，原则上要求法人在开展经营活动中订立合同须受其章程及经营范围的限制。但是随着市场经济的发展，一般法人超越经营范围订立的合同，只要没有违背法律的强制性规定，仍然认为是有效的。但违反国家限制经营、特许经营以及法律、行政法规禁止经营的规定而订立的合同是无效的。

（二）意思表示真实

意思表示真实是指当事人在缔约过程所作的要约和承诺都是自己内在真实意志的表示，即当事人行为的外部表示与内心意思是完全一致。包括两方面的含义：一是当事人的内心意思与外部的表示行为一致；二是当事人是在意志自由的前提下所做的意思表示。当事人因受欺诈、胁迫而订立的合同，或者对合同存在重大误解的，合同均因当事人意思表示不真实而在效力上存在瑕疵。

（三）合同内容不违反法律规范及社会公共利益

合同的内容不得违反法律法规的强制性规定，也不得违背社会公共利益。社会公共利益是指社会上多数人的利益，凡是我国的政治基础、社会秩序、道德准则和风俗习惯等都包括在内。

（四）合同标的要确定和可能

标的确定，即合同标的明确、具体。标的的可能，即标的存在客观上的现实性，交易目的是当事人能够实现的。

以上为合同生效的一般要件，此外当事人对合同的效力可以约定附生效条件。附生效条件的合同，自条件出现时生效。附解除条件的合同，自条件出现时失效。当事人为自己的利益不正当地阻止条件成就的，视为条件已成就；不正当地促成条件成就的，视为条件不成就。

当事人对合同的效力也可以约定附生效期限。附生效期限的合同，自期限届至时生效。附终止期限的合同，自期限届满时失效。

二、无效合同

无效合同是指成立的合同因不符合法定生效条件而自始不具有法律效力的合同。无效合同分为全部无效合同和部分无效合同。全部无效合同，又称合同绝对无效，是指合同的全部条款不发生任何法律效力的合同；部分无效合同，是指其中某些条款因违反法律法规而无效，但其他部分仍具有法律效力的合同。

（一）合同绝对无效的具体情形

根据我国《合同法》第52条的规定，合同绝对无效的情形有下列五项：①一方以欺诈、胁迫的手段订立合同，损害国家利益；②恶意串通，损害国家、集体或者第三人利益；③以合法形式掩盖非法目的；④损害社会公共利益；⑤违反法律、行政法规的强制性规定。

根据最高人民法院的司法解释，欺诈行为是指一方当事人故意告知对方虚假情况，或者故意隐瞒真实情况，诱使对方作出错误意思表示的。以给公民及其亲友的生命健康、荣誉、名誉、财产等造成损害或者以给法人的容易、名义、财产等造成损害为要挟，迫使对方作出违背真实的意思表示的，可以认定为胁迫行为。

（二）合同部分条款无效的情形

按照《合同法》第53条的规定，如果合同中约定了下列免责条款，该免责条款无效：①造成对方人身伤害的；②因故意或者重大过失造成对方财产损失。

免责是指没有履行或者不符合约定的当事人，在法律规定或合同约定的情形下，不承担违约责任。

三、可变更、可撤销的合同

（一）可变更、可撤销合同的概念

可变更是指合同虽已成立，但由于存在着法定的可变更的因素，经一方当事人的请求，法院或仲裁机构确认后予以变更的合同。在合同被变更后，合同的内容发生了变动，合同当事人的权利义务关系也随之得到调整。可撤销合同是指合同虽已成立，但由于存在着法定的可撤销的因素，经一方当事人的请求，法院或仲裁机构确认后予以撤销的合同。合同在被撤消后，已发生的合同法律关系自始归于消灭。

（二）可变更、可撤销合同的种类

根据《合同法》第54条的规定，可变更、可撤销合同主要有：

（1）因重大误解订立的合同。重大误解，是指一方当事人对合同的内容或者条款在理解上存在重大的错误，并使自己遭受较大损失。现实生活中重大误解的情形主要包括：①对合同的性质发生误解；②对标的物种类的误解；③对标的物的质量的误解；④对标的物价值的误解；⑤对当事人特定身份认识的错误。

（2）在订立合同时显失公平的。显失公平的合同是指一方在情况紧迫或缺乏经验的情况下，订立对自己明显有重大不利的合同。此种合同违反了公平和等价有偿的合同法原则，使合同当事人双方的权利义务明显不对等，经济利益上明显不均。导致显失公平的原因可以是欺诈、胁迫、乘人之危、重大误解、当事人缺乏行为能力，也可能是其他的因素。

（3）一方以欺诈、胁迫的手段或乘人之危使对方在违背真实意思的情况下订立的合同。乘人之危是指行为人利用他人的为难处境或紧迫需求，强迫对方接受某种明显不公平的条件并违背自己的真实意思而订立合同的。

在上述合同中，受损害方有选择请求变更或撤销的权利，也可以选择继续履约。当事人选择变更的，人民法院或仲裁机构不得强行撤销。

（三）撤销权的行使

合同符合可撤销的情形时，合同的受害人获得撤销权，即受害人可通过单方面的意思表示使合同失去法律效力。撤销权的实现须是在受害人知道或者应该知道撤销事由之日起一年内，向仲裁机构或者法院提出撤销合同的请求，由仲裁机构或法院认定。可撤销的合同在被撤销前是有法律效力的，在被权利人撤销后，合同自始无效。

四、效力待定的合同

效力待定的合同是指合同虽成立，但因其不完全符合有关生效要件，其效力尚未确定，一般经有权人表示承认后才能生效的合同。根据合同法的规定，效力待定合同有以下类型：

（1）限制民事行为能力人订立的合同。经法定代理人追认后，该合同有效。但纯获利益的合同或与其年龄、智力、精神状况相适应而订立的合同，不必经法定代理人的追认。

相对人可以催告法定代理人在一个月内予以追认。法定代理人未作表示的，视为拒绝追认。合同被追认之前，善意相对人有撤销的权利。撤销应当以通知的方式作出。法定代理人拒绝追认或善意相对人撤销的，合同自始没有法律约束力。

（2）因无权代理而订立的合同。行为人没有代理权、超越代理权或者代理权终止后以被代理人名义订立的合同，未经被代理人追认的，对被代理人不发生效力，由行为人承担责任。被代理人追认的，由被代理人承担合同的权利和义务。

对无权代理，相对人可以催告被代理人在1个月内予以追认。被代理人未作表示的，视为拒绝追认。在合同被追认之前，善意相对人有撤销的权利。但撤销应当以通知的方式作出。

对行为人没有代理权、超越代理权或者代理权终止后以被代理人名义订立的合同，相对人有理由相信行为人有代理权的，该代理行为有效，这就是表见代理制度。该制度的设计是为了保护善意第三人的合法利益，维护交易安全，并对疏于注意的被代理人令其自负不利后果。

（3）因无权代表而订立的合同。法人或其他经济组织的法定代表人、负责人超越权限订立的合同，除相对人知道或者应当知道其超越权限的以外，该代表行为有效，合同成立。

（4）因无权处分而订立的合同。《合同法》第 51 条规定：无处分权的人处分他人财产，经权利人追认或无处分权的人事后取得处分权的，该合同有效。

第四节　合同的履行

合同的履行是指当事人按照合同的约定全面、适当地完成其合同义务。合同履行的结果是债务人完成了合同约定的义务，同时债权人实现了其合同权益的统一。

一、合同履行的原则

我国合同法规定了合同履行时的一些原则，这些原则除了诚实信用、公平、平等等合同法的基本原则外，还有以下专属于合同履行的原则：

（1）适当履行原则。此原则又叫全面履行原则，要求当事人按照合同约定的标的及其质量、数量，由适当的主体在适当的履行期限，履行地点，以适当的履行方式，全面完成合同的义务。全面履行原则是合同履行的一项最根本的要求。

（2）协作履行原则。协作履行原则，是指当事人在全面履行自己合同债务的同时，应当基于诚实信用的要求，在必要的限度内，配合协助对方当事人履行债务。这个原则表明，合同的履行不仅仅是债务人的单方面的事，它需要双方积极配合、相互协作才能使合同的内容得以实现。

二、合同的履行规则

合同生效后，当事人应严格按照合同约定进行履行。如果合同中当事人就质量、价款或报酬、履行地点等内容没有约定或者约定不明确的，可以协议补充；达不成补充协议的，按照合同有关条款或者交易习惯确定。如果仍不能确定的，则按照以下规定履行：

（1）质量要求不明确的，按照国家标准、行业标准履行；没有上述标准的，按照通常标准或者符合合同目的的特定标准履行。

(2) 价款或报酬不明确的，按照订立合同时履行地的市场价格履行；依法应当执行政府定价或指导价的，按照规定履行。

(3) 履行地点不明确的，给付货币的，在接受货币一方所在地履行；交付不动产的，在不动产所在地履行；其他标的，在履行义务一方所在地履行。

(4) 履行期限不明确的，债务人可以随时履行，债权人也可随时履行，但应当给对方必要的准备时间。

(5) 履行方式不明确的，按照有利于实现合同目的的方式履行。

(6) 履行费用的负担不明确的，由履行义务一方负担。

三、合同履行中的抗辩权

抗辩权的行使是在双务合同中，一方当事人在对方不履行或履行不符合约定时，依法对抗对方要求或否认对方权利主张的权利。《合同法》规定的抗辩权有以下三种。

(一) 同时履行抗辩权

同时履行抗辩权是指当事人互负债务且没有先后履行顺序，一方当事人在对方未履行合同义务之前，拒绝履行自己义务的权利。同时履行抗辩权的作用主要表现为平衡利益、维护制度、促进协作。

同时履行抗辩权要符合下列条件：①当事人须因同一双务合同而互负债务；②当事人双方互负的债务没有先后履行顺序，并且已到履行期限；③对方当事人未履行债务或未按约定履行债务；④对方当事人的债务是可能履行的。

同时履行抗辩权的行使能暂时阻止对方当事人要求自己履行债务，但是如果对方在适当履行了合同义务后，同时履行抗辩权失去其存在的理由，主张同时履行抗辩权的当事人应当履行自己的合同义务。当事人主张同时履行抗辩权的，还有权要求对方当事人承担违约责任。

(二) 先履行抗辩权

先履行抗辩权是指在有先后履行顺序的双务合同中，应当先履行的一方当事人没有履行合同义务的，后履行一方当事人拒绝履行自己的合同义务的权利。先履行抗辩权是为保护有先后履行顺序的合同中，后履行义务当事人的合法权利。

先履行抗辩权要符合下列条件：①当事人因同一双务合同而互负合同债务；②当事人之间的合同债务有先后履行的顺序；③先履行一方到期未履行债务或未按约定履行债务。

后履行一方当事人行使后履行抗辩权后，可以暂时中止履行债务，并以此来对抗先履行一方要求其履行债务的请求。先履行一方若采取了补救措施或者改变违约为适当履行的情况下，先履行抗辩权则消失，后履行一方须按照合同约定履行其债务。在行使先履行抗辩权的同时，后履行一方当事人还可以要求对方承担违约责任。

(三) 不安抗辩权

不安抗辩权是指双务合同中应先履行义务的一方当事人，有证据证明对方当事人不能或可能不能履行合同义务时，在对方当事人未履行合同或就合同履行提供担保之前，有暂时中止履行合同的权利。

根据《合同法》第 68 条的规定，应当先履行债务的当事人，有确切证据证明对方有下列情况之一的，可以行使不安抗辩权，中止合同履行：

（1）经营状况严重恶化。

（2）转移财产、抽逃资金，以逃避债务。

（3）丧失商业信誉。

（4）有丧失或者可能丧失履行债务能力的其他情形。

不安抗辩权的主要效力在于中止合同，先履行一方有权中止履行，但应及时通知对方。对方提供担保的，应当恢复履行。中止履行后，对方在合理期限内未恢复履行能力并且未提供担保的，先履行合同义务的一方可以解除合同。

四、合同的保全

所谓合同的保全，是指法律为防止因债务人的财产不当减少或不增加而给债权人的债权带来损害，允许债权人行使撤销权或代位权，以保护其债权。合同履行的保全形式有两种：一是债权人的代位权，二是债权人的撤销权。

（一）债权人的代位权

债权人的代位权是指因债务人怠于行使其到期债权，对债权人造成损害的，债权人可以向人民法院请求以自己的名义代位行使债务人的债权。债权人行使代位权应当符合以下条件：①债权人与债务人之间的债权债务合法；②债务人对第三人享有到期债权；③须债务人怠于行使其权利；④须债务人怠于行使权利的行为有害于债权人的债权；⑤债务人的债权不是专属于债务人自身的债权。债权人代位权的行使的以保全债权的必要为标准，不得超过债权人的债权。

（二）债权人的撤销权

债权人的撤销权是指因债务人放弃其到期债权或者无偿转让财产，对债权人造成损害的，债权人可以请求人民法院撤销债务人的行为。债权人撤销权的行使必须符合客观要件和主观要件。

所谓客观要件，是指债务人实施了一定的有害于债权人的债权的行为，才能使债权人行使撤销权。具体包括：①放弃到期债权；②无偿转让财产；③以明显不合理的低价转让财产。

所谓主观要件，是指债务人与第三人具有恶意。这里，由法院推定第三人有恶意，第三人自己举证证明自己没有恶意。

行使撤销权的主体、方式和范围与代位权相同。撤销权的行使还有时间限定，即撤销权应在债权人知道或者应当知道撤销事由之日起 1 年内行使；自债务人的行为发生之日起 5 年内没有行使撤销权的，该撤销权消灭。

第五节 合同的变更、转让和终止

一、合同的变更

（一）合同变更的概念

合同的变更是指合同依法成立后尚未履行或者尚未完全履行前，经双方当事人同意，依照法律规定的条件和程序，对原合同条款进行的修改或补充。广义的合同变更包合同主体的变更和合同内容的变更。狭义的合同变更是指合同内容的变更。合同法中的概念即后者。

合同的变更可分为协议变更和法定变更。协议变更是指合同双方当事人协商同意变更合同内容。法定变更是在合同成立以后，当发生法定的可以变更合同的事由时，经一方当事人的要求而对合同的内容作的变更。前文提及的因重大误解而订立合同的情况下，受害方诉请法院变更合同就属于法定变更的情形。

（二）合同变更的条件

合同成立后，客观的情况发生了变化，原合同已不能履行或不应履行，当事人可以依照法律规定变更合同。合同变更的要符合以下条件：

（1）原已存在着有效的合同关系。变更就是改变原合同关系，其前提是有原合同关系的存在，由此无效的合同、被撤销的合同、被拒绝追认的效力待定的合同无变更的余地。

（2）合同内容发生变化。可能是合同标的、履行条件、合同价金、合同性质（如租赁变买卖）、合同所附条件或期限、合同担保以及其他内容的变更。当事人对合同内容变更的约定必须明确，约定不明确之处，视为未变更。

（3）须依当事人协议或依法律的规定。若是当事人协商达不成一致的，便不发生合同变更的法律效力。

（4）须遵守法律要求的方式。基于重大误解、显失公平等意思表示不真实的合同，须经法院或者仲裁机构的裁决才能变更。法律、行政法规规定变更合同应当办理批准、登记等手续的，合同变更应当办理相应的手续。

（三）合同变更的效力

合同变更后，当事人应按照应变更后的合同内容做出履行，任何一方违反变更后的合同内容将构成违约。合同变更对已履行部分不具有溯及力。

二、合同的转让

合同的转让是指在合同内容不变的情况下，一方当事人依法将其合同权利、义务全部或部分转让给第三人，由第三人来行使合同的债权或者承担合同的债务。相对于合同变更而言，合同的转让是内容不变而合同主体改变。合同的转让可分为合同权利的转让、合同义务的转移、合同权利义务的一并转让，即债权让与、债务承担和权利义务的概括转让。

（一）债权转让

债权转让又称债权让与，指债权人通过协议将其债权全部或者部分转让给第三人享有的行为。其中债权人称为让与人，第三人称为受让人。

债权人转让债权无须债务人的同意，但应当通知债务人。债务人收到债权让与通知后，即应当将受让人作为债权人而履行债务。未经通知的，该转让对债务人不发生效力。债权人转让权利的通知不得撤销，但经受让人同意的除外。

债权转让后产生下列法律效果：

（1）受让人获得合同债权人的地位。若债权全部让与，受让人取代让与人的法律地位而成为新的债权人，让与人则脱离原有的债；若债权只是部分转让，则让与人与受让人共同享有债权。

（2）债务人的抗辩权随之转移，债务人接到债权转让通知时，债务人对让与人的抗辩，可以向受让人主张。

（3）债务人仍可主张抵销，债务人对让与人享有债权的，债务人仍然可以依法向受让人主张抵销。

（二）合同义务转移

债务承担即债务的转让，是指不改变合同内容，债权人或者债务人依法将合同义务全部或部分转移给第三人承担的行为。

债务人将合同义务的全部或部分转让给第三人的，应经债权人同意。法律、行政法规规定转移义务应当办理批准、登记等手续的，应当办理这些手续。

债务承担后发生下列法律效果：①债务承担后，抗辩权随之转移，新债务人可以主张原债务人对债权人的抗辩；②债务承担后，合同的从债务一并转移，新债务人应当承担与主债务有关的从债务

（三）合同权利义务的概括转让

合同权利义务的概括转移是指原合同当事人一方将其合同权利义务一并转移给第三人，由第三人继受这些权利义务的行为。合同权利义务的概括转移的一种情况是出让人将其全部权利义务转移给承受人，即全部转移。全部转移将使承受人完全取代出让人的法律地位，成为合同的新的当事人。概括转移的另一种情况是出让人只转移一部分权利义务，即一部转移。一部转移时出让人和承受人应确定各自享有的权利和承担的义务的份额，若没有约定或约定不明的，视为出让人和承受人负连带责任。

合同权利义务的概括转移，由于既转让权利，又转移义务，因而只存在于双务合同中，并经过对方当事人同意后才能生效。合同经过概括转让后，受让人取得原合同一方当事人的法律地位。

三、合同的终止

（一）合同终止的概念

合同的终止即合同权利义务的终止，是指当事人之间的合同权利和合同义务消灭，当事人不再受合同关系的约束。

（二）导致合同终止的情形

根据《合同法》第 91 条的规定，合同终止的情形主要有以下 7 种：

1. 债务已按约履行

如果合同债务人已按照约定全面履行了合同义务，债权人完全实现了自己的权利，当事人双方订立合同的目的得以实现。因此，合同因完全得到履行而终止是最为正常的。

2. 合同解除

合同解除是指在合同有效成立后尚未完全履行前，基于当事人的约定、协商或者法律规定而使合同关系消灭的行为。合同解除包括约定解除、法定解除和当事人协商解除三种情形。

约定解除是当事人在合同中设立了解约条款，约定一方或者双方保留合同的解除权。当出现解约条款规定的条件时，享有解除权的当事人可以单方面通知对方当事人解除合同。

法定解除是指当事人一方依照法律规定合同解除条件，行使解除合同的权利。法律规定的合同解除条件有：①因不可抗力不能实现合同目的；②在履行期限届满前，当事人一方明确表示或者以自己的行为表明不履行主要债务；③当事人一方迟延履行主要债务，经催告后在合理期限内仍未履行；④当事人一方迟延履行债务或者有其他违约行为致使不能实现合同目的；⑤法律规定的其他情形。

协商解除是当事人没有事先约定解除权，也没有法律直接规定的情况下，就合同的解除协商一致，从而使合同关系消灭。

合同解除后，尚未履行的部分，终止履行；已经履行的，根据履行情况和性质，当事人可以要求恢复原状或采取补救措施，并有权要求赔偿损失。

3. 抵销

抵销是指当事人双方相互负有债务，将各自债务相互充抵，使其债务与对方债务在对等额内相互消灭。

抵销可分为法定抵销和合意抵销。法定抵销的条件：①双方互负有债务，互享有债权；②双方债务的给付为同一种类；③双方的债务均届清偿期；④双方的债务均为可抵销的债务。当事人因此而主张抵销的，应当通知对方，通知自到达对方时生效。合意抵销是当事人基于协议而实行的抵销。按照合同法规定，当事人互负到期债务的，标的物种类、品质不相同的，经双方协商一致，也可以抵销。

4. 提存

提存是指债务人的债务已届履行期时，由于债权人的原因使其无法向债权人清偿债务，债务人可将标的物提交给提存机关，以消灭合同债务的行为。

有下列情况之一，难以履行债务的，债务人可以依法办理提存：①债权人无正当理由拒绝受领标的物；②债权人下落不明；③债权人死亡未确定继承人或者丧失行为能力未确定法定代理人；④法律规定的其他情形。如果标的物不适合提存或者提存费用过高的，债务人可以依法拍卖或者变卖标的物，提存所得的价款。

提存后，意味着债务人已经履行债务，债权人可以随时领取提存物。提存还涉及提存机关，提存机关有保管提存物的义务，提存费用由债权人负担。

5. 免除债务

债务免除是指债权人免除债务人的债务而使合同权利义务部分或全部终止的意思表示。债务免除的效力是使合同消灭。债务全部免除的，合同债务全部消灭；债务部分免除的，合同于免除的范围内部分消灭。主债务因免除而消灭的，从债务也随之免除。

6. 混同

混同是指债权与债务同归于一人，而使合同关系消灭的事实。发生混同的原因有两种：一是概括承受，即合同关系的一方当事人概括承受对方当事人的权利与义务，如企业合并；二是因债权让与或债务承担而承受权利与义务。

7. 其他

法律规定或者当事人约定终止的其他情形。

第六节　合同责任

一、缔约过失责任

缔约过失责任是指当事人在订立合同过程中，因违反法律规定、违背诚实信用的原则，致使合同未能成立给对方造成损失而应当承担的损害赔偿责任。它不同于违约责任。后者以合同的有效成立为基础，前者以合同未能有效成立为基础。缔约过失责任的具体形式有：

（1）假借订立合同的，恶意进行磋商。

（2）故意隐瞒与订立合同有关的重要事项或者提供虚假情况。

（3）违反保密义务。当事人在订立合同的过程中知悉的商业秘密，无论合同是否订立，均不得泄露或不正当的使用。泄露或不正当的使用的给对方造成损失的，应承担损害赔偿责任。

（4）有其他违背诚实信用原则的行为。

二、违约责任

（一）违约责任概念

违约责任又称违反合同的民事责任，是指当事人不履行合同义务或履行合同义务不符合约定所承担的法律后果。违约责任具有惩罚性和补偿性双重属性，即通过违约责任，一方面使受损害一方当事人得到补救；另一方也是对违约人的惩罚。

（二）违约的形态

构成违约责任的要素是违约行为，除了不可抗力外，合同当事人不履行合同义务或者履行合同义务不符合约定的行为，均属违约行为。根据违约行为发生的时间为标准，可以分为预期违约和实际违约两种。

1. 预期违约

预期违约也称为先期违约，它是指在履行期限到来之前，一方无正当理由而明确表示其在履行期到来后将不履行合同，或者其行为表明其在履行期到来以后将不可能履行合同。预期违约包括明示违约和默示违约两种。

（1）明示毁约。是指一方当事人无正当理由，明确肯定地向另一方当事人表示他将在履行期限到来时不履行合同。构成明示毁约必须具备以下条件：①必须是一方明确肯定地向对方作出毁约的表示；②不履行合同的主要义务；③不履行合同义务无正当理由。

（2）默示毁约。是指在履行期到来之前，一方以自己的行为表明其将在履行期到来之后不履行合同，而另一方有足够的证据证明一方将不履行合同，而一方也不愿意提供必要的履行担保。其构成要件是：①一方当事人具有《合同法》第 68 条所规定的情况；②另一方具有确凿的证据证明对方具有上述情形；③一方不愿提供适当的履约担保。

2. 实际违约

在履行期限到来以后，当事人不履行或不完全履行合同义务，都将构成实违约。包括拒绝履行、迟延履行、不适当履行和部分履行。拒绝履行是指在合同期限到来以后，一方当事人无正当理由拒绝履行合同规定的全部义务。迟延履行是指合同当事人的履行违反了履行期限的规定。不适当履行是指当事人交付的标的不符合合同规定的质量要求，也就是说履行具有瑕疵。部分履行是指合同虽然履行，但履行不符合数量的规定，或者说履行在数量上存在着不足。

（三）违约责任主要形式

（1）继续履行合同。继续履行是指当事人一方当事人违反合同义务时，另一方当事人请求法院强制违约方继续履行合同债务的责任形式。包括金钱债务的继续履行和非金钱债务的继续履行。

（2）采取补救措施。履行质量不符合约定的，应当按照当事人的约定承担违约责任，受损害方可以根据标的性质以及损失的大小，合理选择请求对方采取修理、更换、重做、退货、减少价款或者报酬等补救措施。

（3）赔偿损失。赔偿损失是指一方当事人一方不履行合同义务或者履行合同义务不符合约定，给对方造成财产损失的，违约方给予对方的经济补偿。当事人违约，在继续履行义务或者采取补救措施后，对方还有其他损失的，应当赔偿损失。

当事人一方违约后，对方应当采取适当措施防止损失的扩大；没有采取适当措施致使损失扩大的，不得应扩大的损失要求赔偿。当事要因防止损失扩大而支出的合理的费用，由违约方承担。

（4）支付违约金。违约金是指由当事人通过协商预先确定的、在违约发生后作出的独立于履行行为以外的给付。具有以下特点：①违约金是由当事人协商确定的；②违约金的数额是预先确定的；③违约金是一种违约后生效的责任方式。

（5）定金。是指合同当事人为了确保合同的履行，依据法律和合同的规定，由一方按合同标的额的一定比例预先给付对方的金钱或其他代替物。如果给付定金的一方不履行合同义务，定金将被没收；收定金的一方如果不履行合同，需要双倍返还定金。但是如果当事人既约定了定金，又约定了违约金时，只能选择其一。

案例探讨

甲企业（下称“甲”）向乙企业（下称“乙”）发出传真订货，该传真列明了货物的种类、数量、质量、供货时间、交货方式等，并要求乙在10日内报价。乙接受甲发出传真列明的条件并按期报价，亦要求甲在10日内回复；甲按期复电同意其价格，并要求签订书面合同。乙在未签订书面合同的情况下按甲提出的条件发货，甲收货后未提出异议，亦未付货款。后因市场发生变化，该货物价格下降。甲遂向乙提出，由于双方未签订书面合同，买卖关系不能成立，故乙应尽快取回货物。乙不同意甲的意见，要求其偿付货款。随后，乙发现甲放弃其对关联企业的到期债权，并向其关联企业无偿转让财产，导致自己的货款无法得到清偿，遂向人民法院提起诉讼。根据上述情况，分析回答下列问题：

（1）试述甲传真订货、乙报价、甲回复报价行为的法律性质。

（2）买卖合同是否成立？并说明理由。

（3）对甲放弃到期债权、无偿转让财产的行为，乙可向人民法院提出何种权利请求，以保护其利益不受侵害？对乙行使该权利的期限，法律有何规定？

法律链接

中华人民共和国合同法

（1999年3月15日第九届全国人民代表大会第二次会议通过）

总　　则

第一章　一般规定

第一条　为了保护合同当事人的合法权益，维护社会经济秩序，促进社会主义现代化建设，制定本法。

第二条　本法所称合同是平等主体的自然人、法人、其他组织之间设立、变更、终止民事权利义务关系的协议。婚姻、收养、监护等有关身份关系的协议，适用其他法律的规定。

第三条　合同当事人的法律地位平等，一方不得将自己的意志强加给另一方。

第四条　当事人依法享有自愿订立合同的权利，任何单位和个人不得非法干预。

第五条　当事人应当遵循公平原则确定各方的权利和义务。

第六条　当事人行使权利、履行义务应当遵循诚实信用原则。

第七条 当事人订立、履行合同，应当遵守法律、行政法规，尊重社会公德，不得扰乱社会经济秩序，损害社会公共利益。

第八条 依法成立的合同，对当事人具有法律约束力。当事人应当按照约定履行自己的义务，不得擅自变更或者解除合同。依法成立的合同，受法律保护。

第二章　合同的订立

第九条 当事人订立合同，应当具有相应的民事权利能力和民事行为能力。当事人依法可以委托代理人订立合同。

第十条 当事人订立合同，有书面形式、口头形式和其他形式。法律、行政法规规定采用书面形式的，应当采用书面形式。当事人约定采用书面形式的，应当采用书面形式。

第十一条 书面形式是指合同书、信件和数据电文（包括电报、电传、传真、电子数据交换和电子邮件）等可以有形地表现所载内容的形式。

第十二条 合同的内容由当事人约定，一般包括以下条款：

（一）当事人的名称或者姓名和住所；

（二）标的；

（三）数量；

（四）质量；

（五）价款或者报酬；

（六）履行期限、地点和方式；

（七）违约责任；

（八）解决争议的方法。当事人可以参照各类合同的示范文本订立合同。

第十三条 当事人订立合同，采取要约、承诺方式。

第十四条 要约是希望和他人订立合同的意思表示，该意思表示应当符合下列规定：

（一）内容具体确定；

（二）表明经受要约人承诺，要约人即受该意思表示约束。

第十五条 要约邀请是希望他人向自己发出要约的意思表示。寄送的价目表、拍卖公告、招标公告、招股说明书、商业广告等为要约邀请。商业广告的内容符合要约规定的，视为要约。

第十六条 要约到达受要约人时生效。

采用数据电文形式订立合同，收件人指定特定系统接收数据电文的，该数据电文进入该特定系统的时间，视为到达时间；未指定特定系统的，该数据电文进入收件人的任何系统的首次时间，视为到达时间。

第十七条 要约可以撤回。撤回要约的通知应当在要约到达受要约人之前或者与要约同时到达受要约人。

第十八条 要约可以撤销。撤销要约的通知应当在受要约人发出承诺通知之前到达受要约人。

第十九条 有下列情形之一的，要约不得撤销：

（一）要约人确定了承诺期限或者以其他形式明示要约不可撤销；

（二）受要约人有理由认为要约是不可撤销的，并已经为履行合同作了准备工作。

第二十条 有下列情形之一的，要约失效：

（一）拒绝要约的通知到达要约人；

（二）要约人依法撤销要约；

（三）承诺期限届满，受要约人未作出承诺；

（四）受要约人对要约的内容作出实质性变更。

第二十一条 承诺是受要约人同意要约的意思表示。

第二十二条 承诺应当以通知的方式作出，但根据交易习惯或者要约表明可以通过行为作出承诺的除外。

第二十三条 承诺应当在要约确定的期限内到达要约人。要约没有确定承诺期限的，承诺应当依照下列规定到达：

（一）要约以对话方式作出的，应当即时作出承诺，但当事人另有约定的除外；

（二）要约以非对话方式作出的，承诺应当在合理期限内到达。

第二十四条 要约以信件或者电报作出的，承诺期限自信件载明的日期或者电报交发之日开始计算。信件未载明日期的，自投寄该信件的邮戳日期开始计算。要约以电话、传真等快速通信方式作出的，承诺期限自要约到达受要约人时开始计算。

第二十五条 承诺生效时合同成立。

第二十六条 承诺通知到达要约人时生效。承诺不需要通知的，根据交易习惯或者要约的要求作出承诺的行为时生效。

采用数据电文形式订立合同的，承诺到达的时间适用本法第十六条第二款的规定。

第二十七条 承诺可以撤回。撤回承诺的通知应当在承诺通知到达要约人之前或者与承诺通知同时到达要约人。

第二十八条 受要约人超过承诺期限发出承诺的，除要约人及时通知受要约人该承诺有效的以外，为新要约。

第二十九条 受要约人在承诺期限内发出承诺，按照通常情形能够及时到达要约人，但因其他原因承诺到达要约人时超过承诺期限的，除要约人及时通知受要约人因承诺超过期限不接受该承诺的以外，该承诺有效。

第三十条 承诺的内容应当与要约的内容一致。受要约人对要约的内容作出实质性变更的，为新要约。有关合同标的、数量、质量、价款或者报酬、履行期限、履行地点和方式、违约责任和解决争议方法等的变更，是对要约内容的实质性变更。

第三十一条 承诺对要约的内容作出非实质性变更的，除要约人及时表示反对或者要约表明承诺不得对要约的内容作出任何变更的以外，该承诺有效，合同的内容以承诺的内容为准。

第三十二条 当事人采用合同书形式订立合同的，自双方当事人签字或者盖章时合同成立。

第三十三条 当事人采用信件、数据电文等形式订立合同的，可以在合同成立之前要求签订确认书。签订确认书时合同成立。

第三十四条 承诺生效的地点为合同成立的地点。

采用数据电文形式订立合同的，收件人的主营业地为合同成立的地点；没有主营业地的，其经常居住地为合同成立的地点。当事人另有约定的，按照其约定。

第三十五条 当事人采用合同书形式订立合同的，双方当事人签字或者盖章的地点为合同成立的地点。

第三十六条 法律、行政法规规定或者当事人约定采用书面形式订立合同，当事人未采用书面形式但一方已经履行主要义务，对方接受的，该合同成立。

第三十七条 采用合同书形式订立合同，在签字或者盖章之前，当事人一方已经履行主要义务，对方接受的，该合同成立。

第三十八条 国家根据需要下达指令性任务或者国家订货任务的，有关法人、其他组织之间应当依照有关法律、行政法规规定的权利和义务订立合同。

第三十九条 采用格式条款订立合同的，提供格式条款的一方应当遵循公平原则确定当事人之间的权利和义务，并采取合理的方式提请对方注意免除或者限制其责任的条款，按照对方的要求，对该条款予以说明。

格式条款是当事人为了重复使用而预先拟定，并在订立合同时未与对方协商的条款。

第四十条 格式条款具有本法第五十二条和第五十三条规定情形的，或者提供格式条款一方免除其责任、加重对方责任、排除对方主要权利的，该条款无效。

第四十一条 对格式条款的理解发生争议的，应当按照通常理解予以解释。对格式条款有两种以上解释的，应当作出不利于提供格式条款一方的解释。格式条款和非格式条款不一致的，应当采用非格式条款。

第四十二条 当事人在订立合同过程中有下列情形之一，给对方造成损失的，应当承担损害赔偿责任：

（一）假借订立合同，恶意进行磋商；

（二）故意隐瞒与订立合同有关的重要事实或者提供虚假情况；

（三）有其他违背诚实信用原则的行为。

第四十三条 当事人在订立合同过程中知悉的商业秘密，无论合同是否成立，不得泄露或者不正当地使用。泄露或者不正当地使用该商业秘密给对方造成损失的，应当承担损害赔偿责任。

第三章 合同的效力

第四十四条 依法成立的合同，自成立时生效。

法律、行政法规规定应当办理批准、登记等手续生效的，依照其规定。

第四十五条 当事人对合同的效力可以约定附条件。附生效条件的合同，自条件成就时生效。附解除条件的合同，自条件成就时失效。

当事人为自己的利益不正当地阻止条件成就的，视为条件已成就；不正当地促成条件成就的，视为条件不成就。

第四十六条 当事人对合同的效力可以约定附期限。附生效期限的合同，自期限届至时生效。附终止期限的合同，自期限届满时失效。

第四十七条 限制民事行为能力人订立的合同，经法定代理人追认后，该合同有效，但纯获利益的合同或者与其年龄、智力、精神健康状况相适应而订立的合同，不必经法定代理人追认。

相对人可以催告法定代理人在一个月内予以追认。法定代理人未作表示的，视为拒绝追认。合同被追认之前，善意相对人有撤销的权利。撤销应当以通知的方式作出。

第四十八条 行为人没有代理权、超越代理权或者代理权终止后以被代理人名义订立的合同，未经被代理人追认，对被代理人不发生效力，由行为人承担责任。

相对人可以催告被代理人在一个月内予以追认。被代理人未作表示的，视为拒绝追认。合同被追认之前，善意相对人有撤销的权利。撤销应当以通知的方式作出。

第四十九条 行为人没有代理权、超越代理权或者代理权终止后以被代理人名义订立合同，相对人有理由相信行为人有代理权的，该代理行为有效。

第五十条 法人或者其他组织的法定代表人、负责人超越权限订立的合同，除相对人知道或者应当知道其超越权限的以外，该代表行为有效。

第五十一条 无处分权的人处分他人财产，经权利人追认或者无处分权的人订立合同后取得处分权的，该合同有效。

第五十二条 有下列情形之一的，合同无效：

（一）一方以欺诈、胁迫的手段订立合同，损害国家利益；

（二）恶意串通，损害国家、集体或者第三人利益；

（三）以合法形式掩盖非法目的；

（四）损害社会公共利益；

（五）违反法律、行政法规的强制性规定。

第五十三条 合同中的下列免责条款无效：

（一）造成对方人身伤害的；

（二）因故意或者重大过失造成对方财产损失的。

第五十四条 下列合同，当事人一方有权请求人民法院或者仲裁机构变更或者撤销：

（一）因重大误解订立的；

（二）在订立合同时显失公平的。

一方以欺诈、胁迫的手段或者乘人之危，使对方在违背真实意思的情况下订立的合同，受损害方有权请求人民法院或者仲裁机构变更或者撤销。

当事人请求变更的，人民法院或者仲裁机构不得撤销。

第五十五条 有下列情形之一的，撤销权消灭：

（一）具有撤销权的当事人自知道或者应当知道撤销事由之日起一年内没有行使撤销权；

（二）具有撤销权的当事人知道撤销事由后明确表示或者以自己的行为放弃撤销权。

第五十六条 无效的合同或者被撤销的合同自始没有法律约束力。合同部分无效，不影响其他部分效力的，其他部分仍然有效。

第五十七条 合同无效、被撤销或者终止的，不影响合同中独立存在的有关解决争议方法的条款的效力

第五十八条 合同无效或者被撤销后，因该合同取得的财产，应当予以返还；不能返还或者没有必要返还的，应当折价补偿。有过错的一方应当赔偿对方因此所受到的损失，双方都有过错的，应当各自承担相应的责任。

第五十九条 当事人恶意串通，损害国家、集体或者第三人利益的，因此取得的财产收归国家所有或者返还集体、第三人。

第四章　合同的履行

第六十条 当事人应当按照约定全面履行自

己的义务。

当事人应当遵循诚实信用原则，根据合同的性质、目的和交易习惯履行通知、协助、保密等义务。

第六十一条 合同生效后，当事人就质量、价款或者报酬、履行地点等内容没有约定或者约定不明确的，可以协议补充；不能达成补充协议的，按照合同有关条款或者交易习惯确定。

第六十二条 当事人就有关合同内容约定不明确，依照本法第六十一条的规定仍不能确定的，适用下列规定：

（一）质量要求不明确的，按照国家标准、行业标准履行；没有国家标准、行业标准的，按照通常标准或者符合合同目的的特定标准履行。

（二）价款或者报酬不明确的，按照订立合同时履行地的市场价格履行；依法应当执行政府定价或者政府指导价的，按照规定履行。

（三）履行地点不明确，给付货币的，在接受货币一方所在地履行；交付不动产的，在不动产所在地履行；其他标的，在履行义务一方所在地履行。

（四）履行期限不明确的，债务人可以随时履行，债权人也可以随时要求履行，但应当给对方必要的准备时间。

（五）履行方式不明确的，按照有利于实现合同目的的方式履行。

（六）履行费用的负担不明确的，由履行义务一方负担。

第六十三条 执行政府定价或者政府指导价的，在合同约定的交付期限内政府价格调整时，按照交付时的价格计价。逾期交付标的物的，遇价格上涨时，按照原价格执行；价格下降时，按照新价格执行。逾期提取标的物或者逾期付款的，遇价格上涨时，按照新价格执行；价格下降时，按照原价格执行。

第六十四条 当事人约定由债务人向第三人履行债务的，债务人未向第三人履行债务或者履行债务不符合约定，应当向债权人承担违约责任。

第六十五条 当事人约定由第三人向债权人履行债务的，第三人不履行债务或者履行债务不符合约定，债务人应当向债权人承担违约责任。

第六十六条 当事人互负债务，没有先后履行顺序的，应当同时履行。一方在对方履行之前有权拒绝其履行要求。一方在对方履行债务不符合约定时，有权拒绝其相应的履行要求。

第六十七条 当事人互负债务，有先后履行顺序，先履行一方未履行的，后履行一方有权拒绝其履行要求。先履行一方履行债务不符合约定的，后履行一方有权拒绝其相应的履行要求。

第六十八条 应当先履行债务的当事人，有确切证据证明对方有下列情形之一的，可以中止履行：

（一）经营状况严重恶化；

（二）转移财产、抽逃资金，以逃避债务；

（三）丧失商业信誉；

（四）有丧失或者可能丧失履行债务能力的其他情形。

当事人没有确切证据中止履行的，应当承担违约责任。

第六十九条 当事人依照本法第六十八条的规定中止履行的，应当及时通知对方。对方提供适当担保时，应当恢复履行。中止履行后，对方在合理期限内未恢复履行能力并且未提供适当担保的，中止履行的一方可以解除合同。

第七十条 债权人分立、合并或者变更住所没有通知债务人，致使履行债务发生困难的，债务人可以中止履行或者将标的物提存。

第七十一条 债权人可以拒绝债务人提前履行债务，但提前履行不损害债权人利益的除外。债务人提前履行债务给债权人增加的费用，由债务人负担。

第七十二条 债权人可以拒绝债务人部分履行债务，但部分履行不损害债权人利益的除外。债务人部分履行债务给债权人增加的费用，由债务人负担。

第七十三条 因债务人怠于行使其到期债权，对债权人造成损害的，债权人可以向人民法院请求以自己的名义代位行使债务人的债权，但该债权专属于债务人自身的除外。

代位权的行使范围以债权人的债权为限。债权人行使代位权的必要费用，由债务人负担。

第七十四条 因债务人放弃其到期债权或者无偿转让财产，对债权人造成损害的，债权人可以请求人民法院撤销债务人的行为。债务人以明显不合理的低价转让财产，对债权人造成损害，并且受让人知道该情形的，债权人也可以请求人民法院撤销债务人的行为。

撤销权的行使范围以债权人的债权为限。债权人行使撤销权的必要费用，由债务人负担。

第七十五条 撤销权自债权人知道或者应当知道撤销事由之日起一年内行使。自债务人的行为发生之日起五年内没有行使撤销权的，该撤销权消灭。

第七十六条 合同生效后，当事人不得因姓名、名称的变更或者法定代表人、负责人、承办人的变动而不履行合同义务。

第五章 合同的变更和转让

第七十七条 当事人协商一致，可以变更合同。

法律、行政法规规定变更合同应当办理批准、登记等手续的，依照其规定。

第七十八条 当事人对合同变更的内容约定不明确的，推定为未变更。

第七十九条 债权人可以将合同的权利全部或者部分转让给第三人，但有下列情形之一的除外：

（一）根据合同性质不得转让；

（二）按照当事人约定不得转让；

（三）依照法律规定不得转让。

第八十条 债权人转让权利的，应当通知债务人。未经通知，该转让对债务人不发生效力。

债权人转让权利的通知不得撤销，但经受让人同意的除外。

第八十一条 债权人转让权利的，受让人取得与债权有关的从权利，但该从权利专属于债权人自身的除外。

第八十二条 债务人接到债权转让通知后，债务人对让与人的抗辩，可以向受让人主张。

第八十三条 债务人接到债权转让通知时，债务人对让与人享有债权，并且债务人的债权先于转让的债权到期或者同时到期的，债务人可以向受让人主张抵销。

第八十四条 债务人将合同的义务全部或者部分转移给第三人的，应当经债权人同意。

第八十五条 债务人转移义务的，新债务人可以主张原债务人对债权人的抗辩。

第八十六条 债务人转移义务的，新债务人应当承担与主债务有关的从债务，但该从债务专属于原债务人自身的除外。

第八十七条 法律、行政法规规定转让权利或者转移义务应当办理批准、登记等手续的，依照其规定。

第八十八条 当事人一方经对方同意，可以将自己在合同中的权利和义务一并转让给第三人。

第八十九条 权利和义务一并转让的，适用本法第七十九条、第八十一条至第八十三条、第八十五条至第八十七条的规定。

第九十条 当事人订立合同后合并的，由合并后的法人或者其他组织行使合同权利，履行合同义务。当事人订立合同后分立的，除债权人和债务人另有约定的以外，由分立的法人或者其他组织对合同的权利和义务享有连带债权，承担连带债务。

第六章 合同的权利义务终止

第九十一条 有下列情形之一的，合同的权利义务终止：

（一）债务已经按照约定履行；

（二）合同解除；

（三）债务相互抵销；

（四）债务人依法将标的物提存；

（五）债权人免除债务；

（六）债权债务同归于一人；

（七）法律规定或者当事人约定终止的其他情形。

第九十二条 合同的权利义务终止后，当事人应当遵循诚实信用原则，根据交易习惯履行通知、协助、保密等义务。

第九十三条 当事人协商一致，可以解除合同。

当事人可以约定一方解除合同的条件。解除合同的条件成就时，解除权人可以解除合同。

第九十四条 有下列情形之一的，当事人可以解除合同：

（一）因不可抗力致使不能实现合同目的；

（二）在履行期限届满之前，当事人一方明确表示或者以自己的行为表明不履行主要债务；

（三）当事人一方迟延履行主要债务，经催告后在合理期限内仍未履行；

（四）当事人一方迟延履行债务或者有其他违约行为致使不能实现合同目的；

（五）法律规定的其他情形。

第九十五条 法律规定或者当事人约定解除权行使期限，期限届满当事人不行使的，该权利消灭。

法律没有规定或者当事人没有约定解除权行使期限，经对方催告后在合理期限内不行使的，该权利消灭。

第九十六条 当事人一方依照本法第九十三条第二款、第九十四条的规定主张解除合同的，应当通知对方。合同自通知到达对方时解除。对方有异议的，可以请求人民法院或者仲裁机构确认解除合同的效力。

法律、行政法规规定解除合同应当办理批准、登记等手续的，依照其规定。

第九十七条 合同解除后，尚未履行的，终止履行；已经履行的，根据履行情况和合同性质，当事人可以要求恢复原状、采取其他补救措施，并有权要求赔偿损失。

第九十八条 合同的权利义务终止，不影响合同中结算和清理条款的效力。

第九十九条 当事人互负到期债务，该债务的标的物种类、品质相同的，任何一方可以将自己的债务与对方的债务抵销，但依照法律规定或者按照合同性质不得抵销的除外。

当事人主张抵销的，应当通知对方。通知自到达对方时生效。抵销不得附条件或者附期限。

第一百条 当事人互负债务，标的物种类、品质不相同的，经双方协商一致，也可以抵销。

第一百零一条 有下列情形之一，难以履行债务的，债务人可以将标的物提存：

（一）债权人无正当理由拒绝受领；

（二）债权人下落不明；

（三）债权人死亡未确定继承人或者丧失民事行为能力未确定监护人；

（四）法律规定的其他情形。

标的物不适于提存或者提存费用过高的，债务人依法可以拍卖或者变卖标的物，提存所得的价款。

第一百零二条 标的物提存后，除债权人下落不明的以外，债务人应当及时通知债权人或者债权人的继承人、监护人。

第一百零三条 标的物提存后，毁损、灭失的风险由债权人承担。提存期间，标的物的孳息归债权人所有。提存费用由债权人负担。

第一百零四条 债权人可以随时领取提存物，但债权人对债务人负有到期债务的，在债权人未履行债务或者提供担保之前，提存部门根据债务人的要求应当拒绝其领取提存物。

债权人领取提存物的权利，自提存之日起五年内不行使而消灭，提存物扣除提存费用后归国家所有。

第一百零五条 债权人免除债务人部分或者全部债务的，合同的权利义务部分或者全部终止。

第一百零六条 债权和债务同归于一人的，合同的权利义务终止，但涉及第三人利益的除外。

第七章 违约责任

第一百零七条 当事人一方不履行合同义务或者履行合同义务不符合约定的，应当承担继续履行、采取补救措施或者赔偿损失等违约责任。

第一百零八条 当事人一方明确表示或者以自己的行为表明不履行合同义务的，对方可以在履行期限届满之前要求其承担违约责任。

第一百零九条 当事人一方未支付价款或者报酬的，对方可以要求其支付价款或者报酬。

第一百一十条 当事人一方不履行非金钱债务或者履行非金钱债务不符合约定的，对方可以要求履行，但有下列情形之一的除外：

（一）法律上或者事实上不能履行；

（二）债务的标的不适于强制履行或者履行费用过高；

（三）债权人在合理期限内未要求履行。

第一百一十一条 质量不符合约定的，应当按照当事人的约定承担违约责任。对违约责任没有约定或者约定不明确，依照本法第六十一条的规定仍不能确定的，受损害方根据标的的性质以及损失的大小，可以合理选择要求对方承担修理、更换、重作、退货、减少价款或者报酬等违约责任。

第一百一十二条 当事人一方不履行合同义务或者履行合同义务不符合约定的，在履行义务或者采取补救措施后，对方还有其他损失的，应当赔偿损失。

第一百一十三条 当事人一方不履行合同义务或者履行合同义务不符合约定，给对方造成损失的，损失赔偿额应当相当于因违约所造成的损失，包括合同履行后可以获得的利益，但不得超过违反合同一方订立合同时预见到或者应当预见到的因违反合同可能造成的损失。

经营者对消费者提供商品或者服务有欺诈行为的，依照《中华人民共和国消费者权益保护法》的规定承担损害赔偿责任。

第一百一十四条 当事人可以约定一方违约时应当根据违约情况向对方支付一定数额的违约金，也可以约定因违约产生的损失赔偿额的计算方法。

约定的违约金低于造成的损失的，当事人可以请求人民法院或者仲裁机构予以增加；约定的违约金过分高于造成的损失的，当事人可以请求人民法院或者仲裁机构予以适当减少。

当事人就迟延履行约定违约金的，违约方支付违约金后，还应当履行债务。

第一百一十五条 当事人可以依照《中华人民共和国担保法》约定一方向对方给付定金作为债权的担保。债务人履行债务后，定金应当抵作价款或者收回。给付定金的一方不履行约定的债务的，无权要求返还定金；收受定金的一方不履行约定的债务的，应当双倍返还定金。

第一百一十六条 当事人既约定违约金，又约定定金的，一方违约时，对方可以选择适用违约金或者定金条款。

第一百一十七条 因不可抗力不能履行合同的，根据不可抗力的影响，部分或者全部免除责任，但法律另有规定的除外。当事人迟延履行后发生不可抗力的，不能免除责任。

本法所称不可抗力，是指不能预见、不能避免并不能克服的客观情况。

第一百一十八条 当事人一方因不可抗力不能履行合同的，应当及时通知对方，以减轻可能给对方造成的损失，并应当在合理期限内提供证明。

第一百一十九条 当事人一方违约后，对方应当采取适当措施防止损失的扩大；没有采取适当措施致使损失扩大的，不得就扩大的损失要求赔偿。

当事人因防止损失扩大而支出的合理费用，由违约方承担。

第一百二十条 当事人双方都违反合同的，应当各自承担相应的责任。

第一百二十一条 当事人一方因第三人的原因造成违约的，应当向对方承担违约责任。当事人一方和第三人之间的纠纷，依照法律规定或者按照约定解决。

第一百二十二条 因当事人一方的违约行为，侵害对方人身、财产权益的，受损害方有权选择依照本法要求其承担违约责任或者依照其他法律要求其承担侵权责任。

第八章 其他规定

第一百二十三条 其他法律对合同另有规定的，依照其规定。

第一百二十四条 本法分则或者其他法律没有明文规定的合同，适用本法总则的规定，并可以参照本法分则或者其他法律最相类似的规定。

第一百二十五条 当事人对合同条款的理解有争议的，应当按照合同所使用的词句、合同的有关条款、合同的目的、交易习惯以及诚实信用原则，确定该条款的真实意思。

合同文本采用两种以上文字订立并约定具有同等效力的，对各文本使用的词句推定具有相同含义。各文本使用的词句不一致的，应当根据合同的目的予以解释。

第一百二十六条 涉外合同的当事人可以选择处理合同争议所适用的法律，但法律另有规定的除外。涉外合同的当事人没有选择的，适用与合同有最密切联系的国家的法律。

在中华人民共和国境内履行的中外合资经营企业合同、中外合作经营企业合同、中外合作勘探开发自然资源合同，适用中华人民共和国法律。

第一百二十七条 工商行政管理部门和其他有关行政主管部门在各自的职权范围内，依照法律、行政法规的规定，对利用合同危害国家利益、社会公共利益的违法行为，负责监督处理；构成犯罪的，依法追究刑事责任。

第一百二十八条 当事人可以通过和解或者调解解决合同争议。

当事人不愿和解、调解或者和解、调解不成的，可以根据仲裁协议向仲裁机构申请仲裁。涉外合同的当事人可以根据仲裁协议向中国仲裁机构或者其他仲裁机构申请仲裁。当事人没有订立仲裁协议或者仲裁协议无效的，可以向人民法院起诉。当事人应当履行发生法律效力的判决、仲裁裁决、调解书；拒不履行的，对方可以请求人民法院执行。

第一百二十九条 因国际货物买卖合同和技术进出口合同争议提起诉讼或者申请仲裁的期限为四年，自当事人知道或者应当知道其权利受到侵害之日起计算。因其他合同争议提起诉讼或者申请仲裁的期限，依照有关法律的规定。

分　　则

第九章　买卖合同

第一百三十条 买卖合同是出卖人转移标的物的所有权于买受人，买受人支付价款的合同。

第一百三十一条 买卖合同的内容除依照本法第十二条的规定以外，还可以包括包装方式、检验标准和方法、结算方式、合同使用的文字及其效力等条款。

第一百三十二条 出卖的标的物，应当属于出卖人所有或者出卖人有权处分。

法律、行政法规禁止或者限制转让的标的物，依照其规定。

第一百三十三条 标的物的所有权自标的物交付时起转移，但法律另有规定或者当事人另有约定的除外

第一百三十四条 当事人可以在买卖合同中约定买受人未履行支付价款或者其他义务的，标的物的所有权属于出卖人。

第一百三十五条 出卖人应当履行向买受人交付标的物或者交付提取标的物的单证，并转移标的物所有权的义务。

第一百三十六条 出卖人应当按照约定或者交易习惯向买受人交付提取标的物单证以外的有关单证和资料。

第一百三十七条 出卖具有知识产权的计算机软件等标的物的，除法律另有规定或者当事人另有约定的以外，该标的物的知识产权不属于买受人。

第一百三十八条 出卖人应当按照约定的期限交付标的物。约定交付期间的，出卖人可以在该交付期间内的任何时间交付。

第一百三十九条 当事人没有约定标的物的交付期限或者约定不明确的，适用本法第六十一条、第六十二条第四项的规定。

第一百四十条 标的物在订立合同之前已为买受人占有的，合同生效的时间为交付时间。

第一百四十一条 出卖人应当按照约定的地点交付标的物。

当事人没有约定交付地点或者约定不明确，依照本法第六十一条的规定仍不能确定的，适用下列规定：

（一）标的物需要运输的，出卖人应当将标的物交付给第一承运人以运交给买受人；

（二）标的物不需要运输，出卖人和买受人订立合同时知道标的物在某一地点的，出卖人应当在该地点交付标的物；不知道标的物在某一地点的，应当在出卖人订立合同时的营业地交付标的物。

第一百四十二条 标的物毁损、灭失的风险，在标的物交付之前由出卖人承担，交付之后由买受人承担，但法律另有规定或者当事人另有约定的除外。

第一百四十三条 因买受人的原因致使标的物不能按照约定的期限交付的，买受人应当自违反约定之日起承担标的物毁损、灭失的风险。

第一百四十四条 出卖人出卖交由承运人运输的在途标的物，除当事人另有约定的以外，毁损、灭失的风险自合同成立时起由买受人承担。

第一百四十五条 当事人没有约定交付地点或者约定不明确，依照本法第一百四十一条第二款第一项的规定标的物需要运输的，出卖人将标

的物交付给第一承运人后，标的物毁损、灭失的风险由买受人承担。

第一百四十六条 出卖人按照约定或者依照本法第一百四十一条第二款第二项的规定将标的物置于交付地点，买受人违反约定没有收取的，标的物毁损、灭失的风险自违反约定之日起由买受人承担。

第一百四十七条 出卖人按照约定未交付有关标的物的单证和资料的，不影响标的物毁损、灭失风险的转移。

第一百四十八条 因标的物质量不符合质量要求，致使不能实现合同目的的，买受人可以拒绝接受标的物或者解除合同。买受人拒绝接受标的物或者解除合同的，标的物毁损、灭失的风险由出卖人承担。

第一百四十九条 标的物毁损、灭失的风险由买受人承担的，不影响因出卖人履行债务不符合约定，买受人要求其承担违约责任的权利。

第一百五十条 出卖人就交付的标的物，负有保证第三人不得向买受人主张任何权利的义务，但法律另有规定的除外。

第一百五十一条 买受人订立合同时知道或者应当知道第三人对买卖的标的物享有权利的，出卖人不承担本法第一百五十条规定的义务。

第一百五十二条 买受人有确切证据证明第三人可能就标的物主张权利的，可以中止支付相应的价款，但出卖人提供适当担保的除外。

第一百五十三条 出卖人应当按照约定的质量要求交付标的物。出卖人提供有关标的物质量说明的，交付的标的物应当符合该说明的质量要求。

第一百五十四条 当事人对标的物的质量要求没有约定或者约定不明确，依照本法第六十一条的规定仍不能确定的，适用本法第六十二条第一项的规定。

第一百五十五条 出卖人交付的标的物不符合质量要求的，买受人可以依照本法第一百一十一条的规定要求承担违约责任。

第一百五十六条 出卖人应当按照约定的包装方式交付标的物。对包装方式没有约定或者约定不明确，依照本法第六十一条的规定仍不能确定的，应当按照通用的方式包装，没有通用方式的，应当采取足以保护标的物的包装方式。

第一百五十七条 买受人收到标的物时应当在约定的检验期间内检验。没有约定检验期间的，应当及时检验。

第一百五十八条 当事人约定检验期间的，买受人应当在检验期间内将标的物的数量或者质量不符合约定的情形通知出卖人。买受人怠于通知的，视为标的物的数量或者质量符合约定。

当事人没有约定检验期间的，买受人应当在发现或者应当发现标的物的数量或者质量不符合约定的合理期间内通知出卖人。买受人在合理期间内未通知或者自标的物收到之日起两年内未通知出卖人的，视为标的物的数量或者质量符合约定，但对标的物有质量保证期的，适用质量保证期，不适用该两年的规定。

出卖人知道或者应当知道提供的标的物不符合约定的，买受人不受前两款规定的通知时间的限制。

第一百五十九条 买受人应当按照约定的数额支付价款。对价款没有约定或者约定不明确的，适用本法第六十一条、第六十二条第二项的规定。

第一百六十条 买受人应当按照约定的地点支付价款。对支付地点没有约定或者约定不明确，依照本法第六十一条的规定仍不能确定的，买受人应当在出卖人的营业地支付，但约定支付价款以交付标的物或者交付提取标的物单证为条件的，在交付标的物或者交付提取标的物单证的所在地支付。

第一百六十一条 买受人应当按照约定的时间支付价款。对支付时间没有约定或者约定不明确，依照本法第六十一条的规定仍不能确定的，买受人应当在收到标的物或者提取标的物单证的同时支付。

第一百六十二条 出卖人多交标的物的，买受人可以接收或者拒绝接收多交的部分。买受人接收多交部分的，按照合同的价格支付价款；买受人拒绝接收多交部分的，应当及时通知出卖人。

第一百六十三条 标的物在交付之前产生的孳息，归出卖人所有，交付之后产生的孳息，归买受人所有。

第一百六十四条 因标的物的主物不符合约定而解除合同的，解除合同的效力及于从物。因标的物的从物不符合约定被解除的，解除的效力不及于主物。

第一百六十五条 标的物为数物，其中一物不符合约定的，买受人可以就该物解除，但该物与他物分离使标的物的价值显受损害的，当事人可以就数物解除合同。

第一百六十六条 出卖人分批交付标的物的，出卖人对其中一批标的物不交付或者交付不符合约定，致使该批标的物不能实现合同目的的，买受人可以就该批标的物解除。

出卖人不交付其中一批标的物或者交付不符合约定，致使今后其他各批标的物的交付不能实现合同目的的，买受人可以就该批以及今后其他各批标的物解除。

买受人如果就其中一批标的物解除，该批标的物与其他各批标的物相互依存的，可以就已经交付和未交付的各批标的物解除。

第一百六十七条 分期付款的买受人未支付到期价款的金额达到全部价款的五分之一的，出卖人可以要求买受人支付全部价款或者解除合同。

出卖人解除合同的，可以向买受人要求支付该标的物的使用费。

第一百六十八条 凭样品买卖的当事人应当封存样品，并可以对样品质量予以说明。出卖人交付的标的物应当与样品及其说明的质量相同。

第一百六十九条 凭样品买卖的买受人不知道样品有隐蔽瑕疵的，即使交付的标的物与样品相同，出卖人交付的标的物的质量仍然应当符合同种物的通常标准。

第一百七十条 试用买卖的当事人可以约定标的物的试用期间。对试用期间没有约定或者约定不明确，依照本法第六十一条的规定仍不能确定的，由出卖人确定。

第一百七十一条 试用买卖的买受人在试用期内可以购买标的物，也可以拒绝购买。试用期间届满，买受人对是否购买标的物未作表示的，视为购买。

第一百七十二条 招标投标买卖的当事人的权利和义务以及招标投标程序等，依照有关法律、行政法规的规定。

第一百七十三条 拍卖的当事人的权利和义务以及拍卖程序等，依照有关法律、行政法规的规定。

第一百七十四条 法律对其他有偿合同有规定的，依照其规定；没有规定的，参照买卖合同的有关规定。

第一百七十五条 当事人约定易货交易，转移标的物的所有权的，参照买卖合同的有关规定。

第十章 供用电、水、气、热力合同

第一百七十六条 供用电合同是供电人向用电人供电，用电人支付电费的合同。

第一百七十七条 供用电合同的内容包括供电的方式、质量、时间，用电容量、地址、性质，计量方式，电价、电费的结算方式，供用电设施的维护责任等条款。

第一百七十八条 供用电合同的履行地点，按照当事人约定；当事人没有约定或者约定不明确的，供电设施的产权分界处为履行地点。

第一百七十九条 供电人应当按照国家规定的供电质量标准和约定安全供电。供电人未按照国家规定的供电质量标准和约定安全供电，造成用电人损失的，应当承担损害赔偿责任。

第一百八十条 供电人因供电设施计划检修、临时检修、依法限电或者用电人违法用电等原因，需要中断供电时，应当按照国家有关规定事先通知用电人。未事先通知用电人中断供电，造成用电人损失的，应当承担损害赔偿责任。

第一百八十一条 因自然灾害等原因断电，供电人应当按照国家有关规定及时抢修。未及时抢修，造成用电人损失的，应当承担损害赔偿责任。

第一百八十二条 用电人应当按照国家有关规定和当事人的约定及时交付电费。用电人逾期不交付电费的，应当按照约定支付违约金。经催告用电人在合理期限内仍不交付电费和违约金的，供电人可以按照国家规定的程序中止供电。

第一百八十三条 用电人应当按照国家有关规定和当事人的约定安全用电。用电人未按照国家有关规定和当事人的约定安全用电，造成供电人损失的，应当承担损害赔偿责任。

第一百八十四条　供用水、供用气、供用热力合同，参照供用电合同的有关规定。

第十一章　赠与合同

第一百八十五条　赠与合同是赠与人将自己的财产无偿给予受赠人，受赠人表示接受赠与的合同。

第一百八十六条　赠与人在赠与财产的权利转移之前可以撤销赠与。

具有救灾、扶贫等社会公益、道德义务性质的赠与合同或者经过公证的赠与合同，不适用前款规定。

第一百八十七条　赠与的财产依法需要办理登记等手续的，应当办理有关手续。

第一百八十八条　具有救灾、扶贫等社会公益、道德义务性质的赠与合同或者经过公证的赠与合同，赠与人不交付赠与的财产的，受赠人可以要求交付。

第一百八十九条　因赠与人故意或者重大过失致使赠与的财产毁损、灭失的，赠与人应当承担损害赔偿责任。

第一百九十条　赠与可以附义务。

赠与附义务的，受赠人应当按照约定履行义务。

第一百九十一条　赠与的财产有瑕疵的，赠与人不承担责任。附义务的赠与，赠与的财产有瑕疵的，赠与人在附义务的限度内承担与出卖人相同的责任。

赠与人故意不告知瑕疵或者保证无瑕疵，造成受赠人损失的，应当承担损害赔偿责任。

第一百九十二条　受赠人有下列情形之一的，赠与人可以撤销赠与：

（一）严重侵害赠与人或者赠与人的近亲属；

（二）对赠与人有扶养义务而不履行；

（三）不履行赠与合同约定的义务。

赠与人的撤销权，自知道或者应当知道撤销原因之日起一年内行使。

第一百九十三条　因受赠人的违法行为致使赠与人死亡或者丧失民事行为能力的，赠与人的继承人或者法定代理人可以撤销赠与。

赠与人的继承人或者法定代理人的撤销权，自知道或者应当知道撤销原因之日起六个月内行使。

第一百九十四条　撤销权人撤销赠与的，可以向受赠人要求返还赠与的财产。

第一百九十五条　赠与人的经济状况显著恶化，严重影响其生产经营或者家庭生活的，可以不再履行赠与义务。

第十二章　借款合同

第一百九十六条　借款合同是借款人向贷款人借款，到期返还借款并支付利息的合同。

第一百九十七条　借款合同采用书面形式，但自然人之间借款另有约定的除外。借款合同的内容包括借款种类、币种、用途、数额、利率、期限和还款方式等条款。

第一百九十八条　订立借款合同，贷款人可以要求借款人提供担保。担保依照《中华人民共和国担保法》的规定。

第一百九十九条　订立借款合同，借款人应当按照贷款人的要求提供与借款有关的业务活动和财务状况的真实情况。

第二百条　借款的利息不得预先在本金中扣除。利息预先在本金中扣除的，应当按照实际借款数额返还借款并计算利息。

第二百零一条　贷款人未按照约定的日期、数额提供借款，造成借款人损失的，应当赔偿损失。

借款人未按照约定的日期、数额收取借款的，应当按照约定的日期、数额支付利息。

第二百零二条　贷款人按照约定可以检查、监督借款的使用情况。借款人应当按照约定向贷款人定期提供有关财务会计报表等资料。

第二百零三条　借款人未按照约定的借款用途使用借款的，贷款人可以停止发放借款、提前收回借款或者解除合同。

第二百零四条　办理贷款业务的金融机构贷款的利率，应当按照中国人民银行规定的贷款利率的上下限确定。

第二百零五条　借款人应当按照约定的期限支付利息。对支付利息的期限没有约定或者约定不明确，依照本法第六十一条的规定仍不能确定，借款期间不满一年的，应当在返还借款时一并支付；借款期间一年以上的，应当在每届满一年时支付，剩余期间不满一年的，应当在返还借款时一并支付。

第二百零六条 借款人应当按照约定的期限返还借款。对借款期限没有约定或者约定不明确，依照本法第六十一条的规定仍不能确定的，借款人可以随时返还；贷款人可以催告借款人在合理期限内返还。

第二百零七条 借款人未按照约定的期限返还借款的，应当按照约定或者国家有关规定支付逾期利息。

第二百零八条 借款人提前偿还借款的，除当事人另有约定的以外，应当按照实际借款的期间计算利息。

第二百零九条 借款人可以在还款期限届满之前向贷款人申请展期。贷款人同意的，可以展期。

第二百一十条 自然人之间的借款合同，自贷款人提供借款时生效。

第二百一十一条 自然人之间的借款合同对支付利息没有约定或者约定不明确的，视为不支付利息。

自然人之间的借款合同约定支付利息的，借款的利率不得违反国家有关限制借款利率的规定。

第十三章 租赁合同

第二百一十二条 租赁合同是出租人将租赁物交付承租人使用、收益，承租人支付租金的合同。

第二百一十三条 租赁合同的内容包括租赁物的名称、数量、用途、租赁期限、租金及其支付期限和方式、租赁物维修等条款。

第二百一十四条 租赁期限不得超过二十年。超过二十年的，超过部分无效。租赁期间届满，当事人可以续订租赁合同，但约定的租赁期限自续订之日起不得超过二十年。

第二百一十五条 租赁期限六个月以上的，应当采用书面形式。当事人未采用书面形式的，视为不定期租赁。

第二百一十六条 出租人应当按照约定将租赁物交付承租人，并在租赁期间保持租赁物符合约定的用途。

第二百一十七条 承租人应当按照约定的方法使用租赁物。对租赁物的使用方法没有约定或者约定不明确，依照本法第六十一条的规定仍不能确定的，应当按照租赁物的性质使用。

第二百一十八条 承租人按照约定的方法或者租赁物的性质使用租赁物，致使租赁物受到损耗的，不承担损害赔偿责任。

第二百一十九条 承租人未按照约定的方法或者租赁物的性质使用租赁物，致使租赁物受到损失的，出租人可以解除合同并要求赔偿损失。

第二百二十条 出租人应当履行租赁物的维修义务，但当事人另有约定的除外。

第二百二十一条 承租人在租赁物需要维修时可以要求出租人在合理期限内维修。出租人未履行维修义务的，承租人可以自行维修，维修费用由出租人负担。因维修租赁物影响承租人使用的，应当相应减少租金或者延长租期。

第二百二十二条 承租人应当妥善保管租赁物，因保管不善造成租赁物毁损、灭失的，应当承担损害赔偿责任。

第二百二十三条 承租人经出租人同意，可以对租赁物进行改善或者增设他物。

承租人未经出租人同意，对租赁物进行改善或者增设他物的，出租人可以要求承租人恢复原状或者赔偿损失。

第二百二十四条 承租人经出租人同意，可以将租赁物转租给第三人。承租人转租的，承租人与出租人之间的租赁合同继续有效，第三人对租赁物造成损失的，承租人应当赔偿损失。承租人未经出租人同意转租的，出租人可以解除合同。

第二百二十五条 在租赁期间因占有、使用租赁物获得的收益，归承租人所有，但当事人另有约定的除外。

第二百二十六条 承租人应当按照约定的期限支付租金。对支付期限没有约定或者约定不明确，依照本法第六十一条的规定仍不能确定，租赁期间不满一年的，应当在租赁期间届满时支付；租赁期间一年以上的，应当在每届满一年时支付，剩余期间不满一年的，应当在租赁期间届满时支付。

第二百二十七条 承租人无正当理由未支付或者迟延支付租金的，出租人可以要求承租人在合理期限内支付。承租人逾期不支付的，出租人可以解除合同。

第二百二十八条 因第三人主张权利，致使承租人不能对租赁物使用、收益的，承租人可以要求减少租金或者不支付租金。

第三人主张权利的，承租人应当及时通知出租人。

第二百二十九条 租赁物在租赁期间发生所有权变动的，不影响租赁合同的效力。

第二百三十条 出租人出卖租赁房屋的，应当在出卖之前的合理期限内通知承租人，承租人享有以同等条件优先购买的权利。

第二百三十一条 因不可归责于承租人的事由，致使租赁物部分或者全部毁损、灭失的，承租人可以要求减少租金或者不支付租金；因租赁物部分或者全部毁损、灭失，致使不能实现合同目的的，承租人可以解除合同。

第二百三十二条 当事人对租赁期限没有约定或者约定不明确，依照本法第六十一条的规定仍不能确定的，视为不定期租赁。当事人可以随时解除合同，但出租人解除合同应当在合理期限之前通知承租人。

第二百三十三条 租赁物危及承租人的安全或者健康的，即使承租人订立合同时明知该租赁物质量不合格，承租人仍然可以随时解除合同。

第二百三十四条 承租人在房屋租赁期间死亡的，与其生前共同居住的人可以按照原租赁合同租赁该房屋。

第二百三十五条 租赁期间届满，承租人应当返还租赁物。返还的租赁物应当符合按照约定或者租赁物的性质使用后的状态。

第二百三十六条 租赁期间届满，承租人继续使用租赁物，出租人没有提出异议的，原租赁合同继续有效，但租赁期限为不定期。

第十四章　融资租赁合同

第二百三十七条 融资租赁合同是出租人根据承租人对出卖人、租赁物的选择，向出卖人购买租赁物，提供给承租人使用，承租人支付租金的合同。

第二百三十八条 融资租赁合同的内容包括租赁物名称、数量、规格、技术性能、检验方法、租赁期限、租金构成及其支付期限和方式、币种、租赁期间届满租赁物的归属等条款。

融资租赁合同应当采用书面形式。

第二百三十九条 出租人根据承租人对出卖人、租赁物的选择订立的买卖合同，出卖人应当按照约定向承租人交付标的物，承租人享有与受领标的物有关的买受人的权利。

第二百四十条 出租人、出卖人、承租人可以约定，出卖人不履行买卖合同义务的，由承租人行使索赔的权利。承租人行使索赔权利的，出租人应当协助。

第二百四十一条 出租人根据承租人对出卖人、租赁物的选择订立的买卖合同，未经承租人同意，出租人不得变更与承租人有关的合同内容。

第二百四十二条 出租人享有租赁物的所有权。承租人破产的，租赁物不属于破产财产。

第二百四十三条 融资租赁合同的租金，除当事人另有约定的以外，应当根据购买租赁物的大部分或者全部成本以及出租人的合理利润确定。

第二百四十四条 租赁物不符合约定或者不符合使用目的的，出租人不承担责任，但承租人依赖出租人的技能确定租赁物或者出租人干预选择租赁物的除外。

第二百四十五条 出租人应当保证承租人对租赁物的占有和使用。

第二百四十六条 承租人占有租赁物期间，租赁物造成第三人的人身伤害或者财产损害的，出租人不承担责任。

第二百四十七条 承租人应当妥善保管、使用租赁物。承租人应当履行占有租赁物期间的维修义务。

第二百四十八条 承租人应当按照约定支付租金。承租人经催告后在合理期限内仍不支付租金的，出租人可以要求支付全部租金；也可以解除合同，收回租赁物。

第二百四十九条 当事人约定租赁期间届满租赁物归承租人所有，承租人已经支付大部分租金，但无力支付剩余租金，出租人因此解除合同收回租赁物的，收回的租赁物的价值超过承租人欠付的租金以及其他费用的，承租人可以要求部分返还。

第二百五十条 出租人和承租人可以约定租赁期间届满租赁物的归属。对租赁物的归属没有约定或者约定不明确，依照本法第六十一条的规定仍不能确定的，租赁物的所有权归出租人。

第十五章 承揽合同

第二百五十一条 承揽合同是承揽人按照定作人的要求完成工作，交付工作成果，定作人给付报酬的合同。

承揽包括加工、定作、修理、复制、测试、检验等工作。

第二百五十二条 承揽合同的内容包括承揽的标的、数量、质量、报酬、承揽方式、材料的提供、履行期限、验收标准和方法等条款。

第二百五十三条 承揽人应当以自己的设备、技术和劳力，完成主要工作，但当事人另有约定的除外。

承揽人将其承揽的主要工作交由第三人完成的，应当就该第三人完成的工作成果向定作人负责；未经定作人同意的，定作人也可以解除合同。

第二百五十四条 承揽人可以将其承揽的辅助工作交由第三人完成。承揽人将其承揽的辅助工作交由第三人完成的，应当就该第三人完成的工作成果向定作人负责。

第二百五十五条 承揽人提供材料的，承揽人应当按照约定选用材料，并接受定作人检验。

第二百五十六条 定作人提供材料的，定作人应当按照约定提供材料。承揽人对定作人提供的材料，应当及时检验，发现不符合约定时，应当及时通知定作人更换、补齐或者采取其他补救措施。

承揽人不得擅自更换定作人提供的材料，不得更换不需要修理的零部件。

第二百五十七条 承揽人发现定作人提供的图纸或者技术要求不合理的，应当及时通知定作人。因定作人怠于答复等原因造成承揽人损失的，应当赔偿损失。

第二百五十八条 定作人中途变更承揽工作的要求，造成承揽人损失的，应当赔偿损失。

第二百五十九条 承揽工作需要定作人协助的，定作人有协助的义务。定作人不履行协助义务致使承揽工作不能完成的，承揽人可以催告定作人在合理期限内履行义务，并可以顺延履行期限；定作人逾期不履行的，承揽人可以解除合同。

第二百六十条 承揽人在工作期间，应当接受定作人必要的监督检验。定作人不得因监督检验妨碍承揽人的正常工作。

第二百六十一条 承揽人完成工作的，应当向定作人交付工作成果，并提交必要的技术资料和有关质量证明。定作人应当验收该工作成果。

第二百六十二条 承揽人交付的工作成果不符合质量要求的，定作人可以要求承揽人承担修理、重作、减少报酬、赔偿损失等违约责任。

第二百六十三条 定作人应当按照约定的期限支付报酬。对支付报酬的期限没有约定或者约定不明确，依照本法第六十一条的规定仍不能确定的，定作人应当在承揽人交付工作成果时支付；工作成果部分交付的，定作人应当相应支付。

第二百六十四条 定作人未向承揽人支付报酬或者材料费等价款的，承揽人对完成的工作成果享有留置权，但当事人另有约定的除外。

第二百六十五条 承揽人应当妥善保管定作人提供的材料以及完成的工作成果，因保管不善造成毁损、灭失的，应当承担损害赔偿责任。

第二百六十六条 承揽人应当按照定作人的要求保守秘密，未经定作人许可，不得留存复制品或者技术资料。

第二百六十七条 共同承揽人对定作人承担连带责任，但当事人另有约定的除外。

第二百六十八条 定作人可以随时解除承揽合同，造成承揽人损失的，应当赔偿损失。

第十六章 建设工程合同

第二百六十九条 建设工程合同是承包人进行工程建设，发包人支付价款的合同。建设工程合同包括工程勘察、设计、施工合同。

第二百七十条 建设工程合同应当采用书面

形式。

第二百七十一条 建设工程的招标投标活动，应当依照有关法律的规定公开、公平、公正进行。

第二百七十二条 发包人可以与总承包人订立建设工程合同，也可以分别与勘察人、设计人、施工人订立勘察、设计、施工承包合同。发包人不得将应当由一个承包人完成的建设工程肢解成若干部分发包给几个承包人。

总承包人或者勘察、设计、施工承包人经发包人同意，可以将自己承包的部分工作交由第三人完成。第三人就其完成的工作成果与总承包人或者勘察、设计、施工承包人向发包人承担连带责任。承包人不得将其承包的全部建设工程转包给第三人或者将其承包的全部建设工程肢解以后以分包的名义分别转包给第三人。

禁止承包人将工程分包给不具备相应资质条件的单位。禁止分包单位将其承包的工程再分包。建设工程主体结构的施工必须由承包人自行完成。

第二百七十三条 国家重大建设工程合同，应当按照国家规定的程序和国家批准的投资计划、可行性研究报告等文件订立。

第二百七十四条 勘察、设计合同的内容包括提交有关基础资料和文件（包括概预算）的期限、质量要求、费用以及其他协作条件等条款。

第二百七十五条 施工合同的内容包括工程范围、建设工期、中间交工工程的开工和竣工时间、工程质量、工程造价、技术资料交付时间、材料和设备供应责任、拨款和结算、竣工验收、质量保修范围和质量保证期、双方相互协作等条款。

第二百七十六条 建设工程实行监理的，发包人应当与监理人采用书面形式订立委托监理合同。发包人与监理人的权利和义务以及法律责任，应当依照本法委托合同以及其他有关法律、行政法规的规定。

第二百七十七条 发包人在不妨碍承包人正常作业的情况下，可以随时对作业进度、质量进行检查。

第二百七十八条 隐蔽工程在隐蔽以前，承包人应当通知发包人检查。发包人没有及时检查的，承包人可以顺延工程日期，并有权要求赔偿停工、窝工等损失。

第二百七十九条 建设工程竣工后，发包人应当根据施工图纸及说明书、国家颁发的施工验收规范和质量检验标准及时进行验收。验收合格的，发包人应当按照约定支付价款，并接收该建设工程。建设工程竣工经验收合格后，方可交付使用；未经验收或者验收不合格的，不得交付使用。

第二百八十条 勘察、设计的质量不符合要求或者未按照期限提交勘察、设计文件拖延工期，造成发包人损失的，勘察人、设计人应当继续完善勘察、设计，减收或者免收勘察、设计费并赔偿损失。

第二百八十一条 因施工人的原因致使建设工程质量不符合约定的，发包人有权要求施工人在合理期限内无偿修理或者返工、改建。经过修理或者返工、改建后，造成逾期交付的，施工人应当承担违约责任。

第二百八十二条 因承包人的原因致使建设工程在合理使用期限内造成人身和财产损害的，承包人应当承担损害赔偿责任。

第二百八十三条 发包人未按照约定的时间和要求提供原材料、设备、场地、资金、技术资料的，承包人可以顺延工程日期，并有权要求赔偿停工、窝工等损失。

第二百八十四条 因发包人的原因致使工程中途停建、缓建的，发包人应当采取措施弥补或者减少损失，赔偿承包人因此造成的停工、窝工、倒运、机械设备调迁、材料和构件积压等损失和实际费用。

第二百八十五条 因发包人变更计划，提供的资料不准确，或者未按照期限提供必需的勘察、设计工作条件而造成勘察、设计的返工、停工或者修改设计，发包人应当按照勘察人、设计人实际消耗的工作量增付费用。

第二百八十六条 发包人未按照约定支付价款的，承包人可以催告发包人在合理期限内支付价款。发包人逾期不支付的，除按照建设工程的性质不宜折价、拍卖的以外，承包人可以与发包人协议将该工程折价，也可以申请人民法院将该工程依法拍卖。建设工程的价款就该工程折价或者拍卖的价款优先受偿。

第二百八十七条 本章没有规定的，适用承揽合同的有关规定。

第十七章 运输合同

第一节 一般规定

第二百八十八条 运输合同是承运人将旅客或者货物从起运地点运输到约定地点，旅客、托运人或者收货人支付票款或者运输费用的合同。

第二百八十九条 从事公共运输的承运人不得拒绝旅客、托运人通常、合理的运输要求。

第二百九十条 承运人应当在约定期间或者合理期间内将旅客、货物安全运输到约定地点。

第二百九十一条 承运人应当按照约定的或者通常的运输路线将旅客、货物运输到约定地点。

第二百九十二条 旅客、托运人或者收货人应当支付票款或者运输费用。承运人未按照约定路线或者通常路线运输增加票款或者运输费用的，旅客、托运人或者收货人可以拒绝支付增加部分的票款或者运输费用。

第二节 客运合同

第二百九十三条 客运合同自承运人向旅客交付客票时成立，但当事人另有约定或者另有交易习惯的除外。

第二百九十四条 旅客应当持有效客票乘运。旅客无票乘运、超程乘运、越级乘运或者持失效客票乘运的，应当补交票款，承运人可以按照规定加收票款。旅客不交付票款的，承运人可以拒绝运输。

第二百九十五条 旅客因自己的原因不能按照客票记载的时间乘坐的，应当在约定的时间内办理退票或者变更手续。逾期办理的，承运人可以不退票款，并不再承担运输义务。

第二百九十六条 旅客在运输中应当按照约定的限量携带行李。超过限量携带行李的，应当办理托运手续。

第二百九十七条 旅客不得随身携带或者在行李中夹带易燃、易爆、有毒、有腐蚀性、有放射性以及有可能危及运输工具上人身和财产安全的危险物品或者其他违禁物品。

旅客违反前款规定的，承运人可以将违禁物品卸下、销毁或者送交有关部门。旅客坚持携带或者夹带违禁物品的，承运人应当拒绝运输。

第二百九十八条 承运人应当向旅客及时告知有关不能正常运输的重要事由和安全运输应当注意的事项

第二百九十九条 承运人应当按照客票载明的时间和班次运输旅客。承运人迟延运输的，应当根据旅客的要求安排改乘其他班次或者退票。

第三百条 承运人擅自变更运输工具而降低服务标准的，应当根据旅客的要求退票或者减收票款；提高服务标准的，不应当加收票款。

第三百零一条 承运人在运输过程中，应当尽力救助患有急病、分娩、遇险的旅客。

第三百零二条 承运人应当对运输过程中旅客的伤亡承担损害赔偿责任，但伤亡是旅客自身健康原因造成的或者承运人证明伤亡是旅客故意、重大过失造成的除外。

前款规定适用于按照规定免票、持优待票或者经承运人许可搭乘的无票旅客。

第三百零三条 在运输过程中旅客自带物品毁损、灭失，承运人有过错的，应当承担损害赔偿责任。

旅客托运的行李毁损、灭失的，适用货物运输的有关规定。

第三节 货运合同

第三百零四条 托运人办理货物运输，应当向承运人准确表明收货人的名称或者姓名或者凭指示的收货人，货物的名称、性质、重量、数量，收货地点等有关货物运输的必要情况。

因托运人申报不实或者遗漏重要情况，造成承运人损失的，托运人应当承担损害赔偿责任。

第三百零五条 货物运输需要办理审批、检验等手续的，托运人应当将办理完有关手续的文件提交承运人。

第三百零六条 托运人应当按照约定的方式包装货物。对包装方式没有约定或者约定不明确的，适用本法第一百五十六条的规定。

托运人违反前款规定的，承运人可以拒绝运输。

第三百零七条 托运人托运易燃、易爆、有毒、有腐蚀性、有放射性等危险物品的，应当按照国家有关危险物品运输的规定对危险物品妥善包装，作出危险物标志和标签，并将有关危险物品的名称、性质和防范措施的书面材料提交承运人。

托运人违反前款规定的，承运人可以拒绝运输，也可以采取相应措施以避免损失的发生，因此产生的费用由托运人承担。

第三百零八条 在承运人将货物交付收货人之前，托运人可以要求承运人中止运输、返还货物、变更到达地或者将货物交给其他收货人，但应当赔偿承运人因此受到的损失。

第三百零九条 货物运输到达后，承运人知道收货人的，应当及时通知收货人，收货人应当及时提货。收货人逾期提货的，应当向承运人支付保管费等费用。

第三百一十条 收货人提货时应当按照约定的期限检验货物。对检验货物的期限没有约定或者约定不明确，依照本法第六十一条的规定仍不能确定的，应当在合理期限内检验货物。收货人在约定的期限或者合理期限内对货物的数量、毁损等未提出异议的，视为承运人已经按照运输单证的记载交付的初步证据。

第三百一十一条 承运人对运输过程中货物的毁损、灭失承担损害赔偿责任，但承运人证明货物的毁损、灭失是因不可抗力、货物本身的自然性质或者合理损耗以及托运人、收货人的过错造成的，不承担损害赔偿责任。

第三百一十二条 货物的毁损、灭失的赔偿额，当事人有约定的，按照其约定；没有约定或者约定不明确，依照本法第六十一条的规定仍不能确定的，按照交付或者应当交付时货物到达地的市场价格计算。法律、行政法规对赔偿额的计算方法和赔偿限额另有规定的，依照其规定。

第三百一十三条 两个以上承运人以同一运输方式联运的，与托运人订立合同的承运人应当对全程运输承担责任。损失发生在某一运输区段的，与托运人订立合同的承运人和该区段的承运人承担连带责任。

第三百一十四条 货物在运输过程中因不可抗力灭失，未收取运费的，承运人不得要求支付运费；已收取运费的，托运人可以要求返还。

第三百一十五条 托运人或者收货人不支付运费、保管费以及其他运输费用的，承运人对相应的运输货物享有留置权，但当事人另有约定的除外。

第三百一十六条 收货人不明或者收货人无正当理由拒绝受领货物的，依照本法第一百零一条的规定，承运人可以提存货物。

第四节 多式联运合同

第三百一十七条 多式联运经营人负责履行或者组织履行多式联运合同，对全程运输享有承运人的权利，承担承运人的义务。

第三百一十八条 多式联运经营人可以与参加多式联运的各区段承运人就多式联运合同的各区段运输约定相互之间的责任，但该约定不影响多式联运经营人对全程运输承担的义务。

第三百一十九条 多式联运经营人收到托运人交付的货物时，应当签发多式联运单据。按照托运人的要求，多式联运单据可以是可转让单据，也可以是不可转让单据。

第三百二十条 因托运人托运货物时的过错造成多式联运经营人损失的，即使托运人已经转让多式联运单据，托运人仍然应当承担损害赔偿责任。

第三百二十一条 货物的毁损、灭失发生于多式联运的某一运输区段的，多式联运经营人的赔偿责任和责任限额，适用调整该区段运输方式的有关法律规定。货物毁损、灭失发生的运输区段不能确定的，依照本章规定承担损害赔偿责任。

第十八章 技术合同

第一节 一般规定

第三百二十二条 技术合同是当事人就技术开发、转让、咨询或者服务订立的确立相互之间权利和义务的合同。

第三百二十三条 订立技术合同，应当有利于科学技术的进步，加速科学技术成果的转化、应用和推广。

第三百二十四条 技术合同的内容由当事人约定，一般包括以下条款：

（一）项目名称；

（二）标的的内容、范围和要求；

（三）履行的计划、进度、期限、地点、地

域和方式；

（四）技术情报和资料的保密；

（五）风险责任的承担；

（六）技术成果的归属收益的分成办法；

（七）验收标准和方法；

（八）价款、报酬或者使用费及其支付方式；

（九）违约金或者损失赔偿的计算方法；

（十）解决争议的方法；

（十一）名词和术语的解释。

与履行合同有关的技术背景资料、可行性论证和技术评价报告、项目任务书和计划书、技术标准、技术规范、原始设计和工艺文件，以及其他技术文档，按照当事人的约定可以作为合同的组成部分。

技术合同涉及专利的，应当注明发明创造的名称、专利申请人和专利权人、申请日期、申请号、专利号以及专利权的有效期限。

第三百二十五条 技术合同价款、报酬或者使用费的支付方式由当事人约定，可以采取一次总算、一次总付或者一次总算、分期支付，也可以采取提成支付或者提成支付附加预付入门费的方式。

约定提成支付的，可以按照产品价格、实施专利和使用技术秘密后新增的产值、利润或者产品销售额的一定比例提成，也可以按照约定的其他方式计算。提成支付的比例可以采取固定比例、逐年递增比例或者逐年递减比例。约定提成支付的，当事人应当在合同中约定查阅有关会计帐目的办法。

第三百二十六条 职务技术成果的使用权、转让权属于法人或者其他组织的，法人或者其他组织可以就该项职务技术成果订立技术合同。法人或者其他组织应当从使用和转让该项职务技术成果所取得的收益中提取一定比例，对完成该项职务技术成果的个人给予奖励或者报酬。法人或者其他组织订立技术合同转让职务技术成果时，职务技术成果的完成人享有以同等条件优先受让的权利。

职务技术成果是执行法人或者其他组织的工作任务，或者主要是利用法人或者其他组织的物质技术条件所完成的技术成果。

第三百二十七条 非职务技术成果的使用权、转让权属于完成技术成果的个人，完成技术成果的个人可以就该项非职务技术成果订立技术合同。

第三百二十八条 完成技术成果的个人有在有关技术成果文件上写明自己是技术成果完成者的权利和取得荣誉证书、奖励的权利。

第三百二十九条 非法垄断技术、妨碍技术进步或者侵害他人技术成果的技术合同无效。

第二节 技术开发合同

第三百三十条 技术开发合同是指当事人之间就新技术、新产品、新工艺或者新材料及其系统的研究开发所订立的合同。

技术开发合同包括委托开发合同和合作开发合同。

技术开发合同应当采用书面形式。当事人之间就具有产业应用价值的科技成果实施转化订立的合同，参照技术开发合同的规定。

第三百三十一条 委托开发合同的委托人应当按照约定支付研究开发经费和报酬；提供技术资料、原始数据；完成协作事项；接受研究开发成果。

第三百三十二条 委托开发合同的研究开发人应当按照约定制定和实施研究开发计划；合理使用研究开发经费；按期完成研究开发工作，交付研究开发成果，提供有关的技术资料和必要的技术指导，帮助委托人掌握研究开发成果。

第三百三十三条 委托人违反约定造成研究开发工作停滞、延误或者失败的，应当承担违约责任。

第三百三十四条 研究开发人违反约定造成研究开发工作停滞、延误或者失败的，应当承担违约责任。

第三百三十五条 合作开发合同的当事人应当按照约定进行投资，包括以技术进行投资；分工参与研究开发工作；协作配合研究开发工作。

第三百三十六条 合作开发合同的当事人违反约定造成研究开发工作停滞、延误或者失败的，应当承担违约责任。

第三百三十七条 因作为技术开发合同标的的技术已经由他人公开，致使技术开发合同的履行没有意义的，当事人可以解除合同。

第三百三十八条 在技术开发合同履行过程中，因出现无法克服的技术困难，致使研究开发失败或者部分失败的，该风险责任由当事人约定。没有约定或者约定不明确，依照本法第六十一条的规定仍不能确定的，风险责任由当事人合理分担。

当事人一方发现前款规定的可能致使研究开发失败或者部分失败的情形时，应当及时通知另一方并采取适当措施减少损失。没有及时通知并采取适当措施，致使损失扩大的，应当就扩大的损失承担责任。

第三百三十九条 委托开发完成的发明创造，除当事人另有约定的以外，申请专利的权利属于研究开发人。研究开发人取得专利权的，委托人可以免费实施该专利。

研究开发人转让专利申请权的，委托人享有以同等条件优先受让的权利。

第三百四十条 合作开发完成的发明创造，除当事人另有约定的以外，申请专利的权利属于合作开发的当事人共有。当事人一方转让其共有的专利申请权的，其他各方享有以同等条件优先受让的权利。

合作开发的当事人一方声明放弃其共有的专利申请权的，可以由另一方单独申请或者由其他各方共同申请。申请人取得专利权的，放弃专利申请权的一方可以免费实施该专利。

合作开发的当事人一方不同意申请专利的，另一方或者其他各方不得申请专利。

第三百四十一条 委托开发或者合作开发完成的技术秘密成果的使用权、转让权以及利益的分配办法，由当事人约定。没有约定或者约定不明确，依照本法第六十一条的规定仍不能确定的，当事人均有使用和转让的权利，但委托开发的研究开发人不得在向委托人交付研究开发成果之前，将研究开发成果转让给第三人。

第三节 技术转让合同

第三百四十二条 技术转让合同包括专利权转让、专利申请权转让、技术秘密转让、专利实施许可合同技术转让合同应当采用书面形式。

第三百四十三条 技术转让合同可以约定让与人和受让人实施专利或者使用技术秘密的范围，但不得限制技术竞争和技术发展。

第三百四十四条 专利实施许可合同只在该专利权的存续期间内有效。专利权有效期限届满或者专利权被宣布无效的，专利权人不得就该专利与他人订立专利实施许可合同。

第三百四十五条 专利实施许可合同的让与人应当按照约定许可受让人实施专利，交付实施专利有关的技术资料，提供必要的技术指导。

第三百四十六条 专利实施许可合同的受让人应当按照约定实施专利，不得许可约定以外的第三人实施该专利；并按照约定支付使用费。

第三百四十七条 技术秘密转让合同的让与人应当按照约定提供技术资料，进行技术指导，保证技术的实用性、可靠性，承担保密义务。

第三百四十八条 技术秘密转让合同的受让人应当按照约定使用技术，支付使用费，承担保密义务。

第三百四十九条 技术转让合同的让与人应当保证自己是所提供的技术的合法拥有者，并保证所提供的技术完整、无误、有效，能够达到约定的目标。

第三百五十条 技术转让合同的受让人应当按照约定的范围和期限，对让与人提供的技术中尚未公开的秘密部分，承担保密义务。

第三百五十一条 让与人未按照约定转让技术的，应当返还部分或者全部使用费，并应当承担违约责任；实施专利或者使用技术秘密超越约定的范围的，违反约定擅自许可第三人实施该项专利或者使用该项技术秘密的，应当停止违约行为，承担违约责任；违反约定的保密义务的，应当承担违约责任。

第三百五十二条 受让人未按照约定支付使用费的，应当补交使用费并按照约定支付违约金；不补交使用费或者支付违约金的，应当停止实施专利或者使用技术秘密，交还技术资料，承担违约责任；实施专利或者使用技术秘密超越约定的范围的，未经让与人同意擅自许可第三人实施该专利或者使用该技术秘密的，应当停止违约行为，承担违约责任；违反约定的保密义务的，应当承担违约责任。

第三百五十三条 受让人按照约定实施专利、使用技术秘密侵害他人合法权益的，由让与人承担责任，但当事人另有约定的除外。

第三百五十四条 当事人可以按照互利的原则，在技术转让合同中约定实施专利、使用技术秘密后续改进的技术成果的分享办法。没有约定或者约定不明确，依照本法第六十一条的规定仍不能确定的，一方后续改进的技术成果，其他各方无权分享。

第三百五十五条 法律、行政法规对技术进出口合同或者专利、专利申请合同另有规定的，依照其规定

第四节 技术咨询合同和技术服务合同

第三百五十六条 技术咨询合同包括就特定技术项目提供可行性论证、技术预测、专题技术调查、分析评价报告等合同。

技术服务合同是指当事人一方以技术知识为另一方解决特定技术问题所订立的合同，不包括建设工程合同和承揽合同。

第三百五十七条 技术咨询合同的委托人应当按照约定阐明咨询的问题，提供技术背景材料及有关技术资料、数据；接受受托人的工作成果，支付报酬。

第三百五十八条 技术咨询合同的受托人应当按照约定的期限完成咨询报告或者解答问题；提出的咨询报告应当达到约定的要求。

第三百五十九条 技术咨询合同的委托人未按照约定提供必要的资料和数据，影响工作进度和质量，不接受或者逾期接受工作成果的，支付的报酬不得追回，未支付的报酬应当支付。

技术咨询合同的受托人未按期提出咨询报告或者提出的咨询报告不符合约定的，应当承担减收或者免收报酬等违约责任。

技术咨询合同的委托人按照受托人符合约定要求的咨询报告和意见作出决策所造成的损失，由委托人承担，但当事人另有约定的除外。

第三百六十条 技术服务合同的委托人应当按照约定提供工作条件，完成配合事项；接受工作成果并支付报酬。

第三百六十一条 技术服务合同的受托人应当按照约定完成服务项目，解决技术问题，保证工作质量，并传授解决技术问题的知识。

第三百六十二条 技术服务合同的委托人不履行合同义务或者履行合同义务不符合约定，影响工作进度和质量，不接受或者逾期接受工作成果的，支付的报酬不得追回，未支付的报酬应当支付。

技术服务合同的受托人未按照合同约定完成服务工作的，应当承担免收报酬等违约责任。

第三百六十三条 在技术咨询合同、技术服务合同履行过程中，受托人利用委托人提供的技术资料和工作条件完成的新的技术成果，属于受托人。委托人利用受托人的工作成果完成的新的技术成果，属于委托人。当事人另有约定的，按照其约定。

第三百六十四条 法律、行政法规对技术中介合同、技术培训合同另有规定的，依照其规定。

第十九章 保管合同

第三百六十五条 保管合同是保管人保管寄存人交付的保管物，并返还该物的合同。

第三百六十六条 寄存人应当按照约定向保管人支付保管费。

当事人对保管费没有约定或者约定不明确，依照本法第六十一条的规定仍不能确定的，保管是无偿的

第三百六十七条 保管合同自保管物交付时成立，但当事人另有约定的除外。

第三百六十八条 寄存人向保管人交付保管物的，保管人应当给付保管凭证，但另有交易习惯的除外。

第三百六十九条 保管人应当妥善保管保管物。

当事人可以约定保管场所或者方法。除紧急情况或者为了维护寄存人利益的以外，不得擅自改变保管场所或者方法。

第三百七十条 寄存人交付的保管物有瑕疵或者按照保管物的性质需要采取特殊保管措施的，寄存人应当将有关情况告知保管人。寄存人未告知，致使保管物受损失的，保管人不承担损害赔偿责任；保管人因此受损失的，除保管人知道或者应当知道并且未采取补救措施的以外，寄存人应当承担损害赔偿责任。

第三百七十一条 保管人不得将保管物转交第三人保管，但当事人另有约定的除外。

保管人违反前款规定，将保管物转交第三人

保管，对保管物造成损失的，应当承担损害赔偿责任。

第三百七十二条　保管人不得使用或者许可第三人使用保管物，但当事人另有约定的除外。

第三百七十三条　第三人对保管物主张权利的，除依法对保管物采取保全或者执行的以外，保管人应当履行向寄存人返还保管物的义务。

第三人对保管人提起诉讼或者对保管物申请扣押的，保管人应当及时通知寄存人。

第三百七十四条　保管期间，因保管人保管不善造成保管物毁损、灭失的，保管人应当承担损害赔偿责任，但保管是无偿的，保管人证明自己没有重大过失的，不承担损害赔偿责任。

第三百七十五条　寄存人寄存货币、有价证券或者其他贵重物品的，应当向保管人声明，由保管人验收或者封存。寄存人未声明的，该物品毁损、灭失后，保管人可以按照一般物品予以赔偿。

第三百七十六条　寄存人可以随时领取保管物。

当事人对保管期间没有约定或者约定不明确的，保管人可以随时要求寄存人领取保管物；约定保管期间的，保管人无特别事由，不得要求寄存人提前领取保管物。

第三百七十七条　保管期间届满或者寄存人提前领取保管物的，保管人应当将原物及其孳息归还寄存人

第三百七十八条　保管人保管货币的，可以返还相同种类、数量的货币。保管其他可替代物的，可以按照约定返还相同种类、品质、数量的物品。

第三百七十九条　有偿的保管合同，寄存人应当按照约定的期限向保管人支付保管费。

当事人对支付期限没有约定或者约定不明确，依照本法第六十一条的规定仍不能确定的，应当在领取保管物的同时支付。

第三百八十条　寄存人未按照约定支付保管费以及其他费用的，保管人对保管物享有留置权，但当事人另有约定的除外。

第二十章　仓储合同

第三百八十一条　仓储合同是保管人储存存货人交付的仓储物，存货人支付仓储费的合同。

第三百八十二条　仓储合同自成立时生效。

第三百八十三条　储存易燃、易爆、有毒、有腐蚀性、有放射性等危险物品或者易变质物品，存货人应当说明该物品的性质，提供有关资料。

存货人违反前款规定的，保管人可以拒收仓储物，也可以采取相应措施以避免损失的发生，因此产生的费用由存货人承担。

保管人储存易燃、易爆、有毒、有腐蚀性、有放射性等危险物品的，应当具备相应的保管条件。

第三百八十四条　保管人应当按照约定对入库仓储物进行验收。保管人验收时发现入库仓储物与约定不符合的，应当及时通知存货人。保管人验收后，发生仓储物的品种、数量、质量不符合约定的，保管人应当承担损害赔偿责任。

第三百八十五条　存货人交付仓储物的，保管人应当给付仓单。

第三百八十六条　保管人应当在仓单上签字或者盖章。仓单包括下列事项：

（一）存货人的名称或者姓名和住所；

（二）仓储物的品种、数量、质量、包装、件数和标记；

（三）仓储物的损耗标准；

（四）储存场所；

（五）储存期间；

（六）仓储费；

（七）仓储物已经办理保险的，其保险金额、期间以及保险人的名称；

（八）填发人、填发地和填发日期。

第三百八十七条　仓单是提取仓储物的凭证。存货人或者仓单持有人在仓单上背书并经保管人签字或者盖章的，可以转让提取仓储物的权利。

第三百八十八条　保管人根据存货人或者仓单持有人的要求，应当同意其检查仓储物或者提取样品。

第三百八十九条　保管人对入库仓储物发现有变质或者其他损坏的，应当及时通知存货人或者仓单持有人。

第三百九十条　保管人对入库仓储物发现有

变质或者其他损坏，危及其他仓储物的安全和正常保管的，应当催告存货人或者仓单持有人作出必要的处置。因情况紧急，保管人可以作出必要的处置，但事后应当将该情况及时通知存货人或者仓单持有人。

第三百九十一条 当事人对储存期间没有约定或者约定不明确的，存货人或者仓单持有人可以随时提取仓储物，保管人也可以随时要求存货人或者仓单持有人提取仓储物，但应当给予必要的准备时间。

第三百九十二条 储存期间届满，存货人或者仓单持有人应当凭仓单提取仓储物。存货人或者仓单持有人逾期提取的，应当加收仓储费；提前提取的，不减收仓储费。

第三百九十三条 储存期间届满，存货人或者仓单持有人不提取仓储物的，保管人可以催告其在合理期限内提取，逾期不提取的，保管人可以提存仓储物。

第三百九十四条 储存期间，因保管人保管不善造成仓储物毁损、灭失的，保管人应当承担损害赔偿责任。因仓储物的性质、包装不符合约定或者超过有效储存期造成仓储物变质、损坏的，保管人不承担损害赔偿责任。

第三百九十五条 本章没有规定的，适用保管合同的有关规定。

第二十一章 委托合同

第三百九十六条 委托合同是委托人和受托人约定，由受托人处理委托人事务的合同。

第三百九十七条 委托人可以特别委托受托人处理一项或者数项事务，也可以概括委托受托人处理一切事务。

第三百九十八条 委托人应当预付处理委托事务的费用。受托人为处理委托事务垫付的必要费用，委托人应当偿还该费用及其利息。

第三百九十九条 受托人应当按照委托人的指示处理委托事务。需要变更委托人指示的，应当经委托人同意；因情况紧急，难以和委托人取得联系的，受托人应当妥善处理委托事务，但事后应当将该情况及时报告委托人。

第四百条 受托人应当亲自处理委托事务。经委托人同意，受托人可以转委托。转委托经同意的，委托人可以就委托事务直接指示转委托的第三人，受托人仅就第三人的选任及其对第三人的指示承担责任。转委托未经同意的，受托人应当对转委托的第三人的行为承担责任，但在紧急情况下受托人为维护委托人的利益需要转委托的除外。

第四百零一条 受托人应当按照委托人的要求，报告委托事务的处理情况。委托合同终止时，受托人应当报告委托事务的结果。

第四百零二条 受托人以自己的名义，在委托人的授权范围内与第三人订立的合同，第三人在订立合同时知道受托人与委托人之间的代理关系的，该合同直接约束委托人和第三人，但有确切证据证明该合同只约束受托人和第三人的除外。

第四百零三条 受托人以自己的名义与第三人订立合同时，第三人不知道受托人与委托人之间的代理关系的，受托人因第三人的原因对委托人不履行义务，受托人应当向委托人披露第三人，委托人因此可以行使受托人对第三人的权利，但第三人与受托人订立合同时如果知道该委托人就不会订立合同的除外。

受托人因委托人的原因对第三人不履行义务，受托人应当向第三人披露委托人，第三人因此可以选择受托人或者委托人作为相对人主张其权利，但第三人不得变更选定的相对人。

委托人行使受托人对第三人的权利的，第三人可以向委托人主张其对受托人的抗辩。第三人选定委托人作为其相对人的，委托人可以向第三人主张其对受托人的抗辩以及受托人对第三人的抗辩。

第四百零四条 受托人处理委托事务取得的财产，应当转交给委托人。

第四百零五条 受托人完成委托事务的，委托人应当向其支付报酬。因不可归责于受托人的事由，委托合同解除或者委托事务不能完成的，委托人应当向受托人支付相应的报酬。当事人另有约定的，按照其约定。

第四百零六条 有偿的委托合同，因受托人的过错给委托人造成损失的，委托人可以要求赔偿损失。无偿的委托合同，因受托人的故意或者重大过失给委托人造成损失的，委托人可以要求赔偿损失。

受托人超越权限给委托人造成损失的，应当赔偿损失。

第四百零七条 受托人处理委托事务时，因不可归责于自己的事由受到损失的，可以向委托人要求赔偿损失。

第四百零八条 委托人经受托人同意，可以在受托人之外委托第三人处理委托事务。因此给受托人造成损失的，受托人可以向委托人要求赔偿损失。

第四百零九条 两个以上的受托人共同处理委托事务的，对委托人承担连带责任。

第四百一十条 委托人或者受托人可以随时解除委托合同。因解除合同给对方造成损失的，除不可归责于该当事人的事由以外，应当赔偿损失。

第四百一十一条 委托人或者受托人死亡、丧失民事行为能力或者破产的，委托合同终止，但当事人另有约定或者根据委托事务的性质不宜终止的除外。

第四百一十二条 因委托人死亡、丧失民事行为能力或者破产，致使委托合同终止将损害委托人利益的，在委托人的继承人、法定代理人或者清算组织承受委托事务之前，受托人应当继续处理委托事务。

第四百一十三条 因受托人死亡、丧失民事行为能力或者破产，致使委托合同终止的，受托人的继承人、法定代理人或者清算组织应当及时通知委托人。因委托合同终止将损害委托人利益的，在委托人作出善后处理之前，受托人的继承人、法定代理人或者清算组织应当采取必要措施。

第二十二章 行纪合同

第四百一十四条 行纪合同是行纪人以自己的名义为委托人从事贸易活动，委托人支付报酬的合同。

第四百一十五条 行纪人处理委托事务支出的费用，由行纪人负担，但当事人另有约定的除外。

第四百一十六条 行纪人占有委托物的，应当妥善保管委托物。

第四百一十七条 委托物交付给行纪人时有瑕疵或者容易腐烂、变质的，经委托人同意，行纪人可以处分该物；和委托人不能及时取得联系的，行纪人可以合理处分。

第四百一十八条 行纪人低于委托人指定的价格卖出或者高于委托人指定的价格买入的，应当经委托人同意。未经委托人同意，行纪人补偿其差额的，该买卖对委托人发生效力。

行纪人高于委托人指定的价格卖出或者低于委托人指定的价格买入的，可以按照约定增加报酬。没有约定或者约定不明确，依照本法第六十一条的规定仍不能确定的，该利益属于委托人。

委托人对价格有特别指示的，行纪人不得违背该指示卖出或者买入。

第四百一十九条 行纪人卖出或者买入具有市场定价的商品，除委托人有相反的意思表示的以外，行纪人自己可以作为买受人或者出卖人。

行纪人有前款规定情形的，仍然可以要求委托人支付报酬。

第四百二十条 行纪人按照约定买入委托物，委托人应当及时受领。经行纪人催告，委托人无正当理由拒绝受领的，行纪人依照本法第一百零一条的规定可以提存委托物。

委托物不能卖出或者委托人撤回出卖，经行纪人催告，委托人不取回或者不处分该物的，行纪人依照本法第一百零一条的规定可以提存委托物。

第四百二十一条 行纪人与第三人订立合同的，行纪人对该合同直接享有权利、承担义务。

第三人不履行义务致使委托人受到损害的，行纪人应当承担损害赔偿责任，但行纪人与委托人另有约定的除外。

第四百二十二条 行纪人完成或者部分完成委托事务的，委托人应当向其支付相应的报酬。委托人逾期不支付报酬的，行纪人对委托物享有留置权，但当事人另有约定的除外。

第四百二十三条 本章没有规定的，适用委托合同的有关规定。

第二十三章 居间合同

第四百二十四条 居间合同是居间人向委托

人报告订立合同的机会或者提供订立合同的媒介服务，委托人支付报酬的合同。

第四百二十五条 居间人应当就有关订立合同的事项向委托人如实报告。

居间人故意隐瞒与订立合同有关的重要事实或者提供虚假情况，损害委托人利益的，不得要求支付报酬并应当承担损害赔偿责任。

第四百二十六条 居间人促成合同成立的，委托人应当按照约定支付报酬。对居间人的报酬没有约定或者约定不明确，依照本法第六十一条的规定仍不能确定的，根据居间人的劳务合理确定。因居间人提供订立合同的媒介服务而促成合同成立的，由该合同的当事人平均负担居间人的报酬。

居间人促成合同成立的，居间活动的费用，由居间人负担。

第四百二十七条 居间人未促成合同成立的，不得要求支付报酬，但可以要求委托人支付从事居间活动支出的必要费用。

附　　则

第四百二十八条 本法自 1999 年 10 月 1 日起施行，《中华人民共和国经济合同法》、《中华人民共和国涉外经济合同法》、《中华人民共和国技术合同法》同时废止。

第十二章　保险法

材料导读

夏某为丈夫汪某投保意外伤害险，保险金为30万元，保险费为300元。保险期为一年。受益人为夏某。在保险期内，汪某在散步时突然跌到，送医院抢救无效死亡。医院诊断为“脑溢血死亡”。事后，夏某向保险公司提出给付30万元保险金的请求，理由是汪某意外跌到，导致脑溢血死亡。保险公司认为：汪某一直患严重的高血压，被保险人是由于高血压而引起突然发生脑溢血死亡，不属于保险范围，保险公司不予承担给付意外伤害保险金的责任。保险公司是否应该付保险费？

第一节　保险与保险法概述

一、保险与保险法的概念

保险是指投保人根据合同约定，向保险人支付保险费，保险人对于合同约定的可能发生的事故因其发生所造成的财产损失承担赔偿保险金责任，或者当被保险人死亡、伤残、疾病或者达到合同约定的年龄、期限时承担给付保险金责任的商业保险行为。

保险法是调整商业保险关系的法律规范的总称。商业保险关系包括保险合同关系和保险组织关系，在我国的保险法中既规定了保险合同的内容，也规定了保险业的内容。我国现行的保险法律规范主要有《中华人民共和国保险法》（以下简称《保险法》）和《中华人民共和国海商法》。

二、保险法的基本原则

（一）保险利益原则

保险利益又称可保利益或者可保权益，是指投保人或被保险人对保险标的具有利害关系而享有的合法的经济利益。这种经济利益在保险事故未发生时保持稳定的存续状态，因保险事故的发生而受到损失。《保险法》规定，投保人对保险标的应当具有保险利益。投保人对保险标的不具有保险利益的，保险合同无效。

《保险法》规定投保人对保险标的必须具有保险利益，主要是为了避免赌博行为的发生，预防道德风险的出现，限制损害赔偿的程度。

保险利益的成立需具备三个要件：①必须是法律上承认的利益，即合法的利益；②必须是经济上的利益，即可以用金钱估计的利益；③必须是可以确定的利益。

（二）最大诚信原则

保险活动具有不确定的保险风险和赔付风险，所以要求当事人讲求诚信，恪守诺言，不欺不诈，严格履行自己的义务。《保险法》规定，保险活动当事人行使权利、履行义务应当遵循诚实信用原则。

对投保人而言，诚信原则主要表现为应当承担的两项义务：①在订立保险合同时如实告知义务，即应当将有关保险标的的重要情况如实向保险人陈述；②履行保险合同中的信守保险义务，即严守允诺、完成保险合同中约定的作为或不作为义务。

对保险人而言，诚信原则表现为以下两项义务：①在订立合同时将保险条款告知投保人的义务，特别是保险人的免责条款；②及时与全面支付保险金的义务。

（三）近因原则

保险人按照约定的保险责任范围承担责任时，其所承保危险的发生与保险标的的损害之间必须存在因果关系。近因是在造成保险标的损害的原因中起主要的、决定性作用的原因。保险人只对近因造成的损害承担保险责任。

第二节　保险合同总论

一、保险合同的概念和特征

（一）保险合同的概念

保险合同是投保人与保险人约定保险权利义务关系的协议。保险合同的概念有以下含义：

（1）保险合同的当事人只能是投保人和保险人。投保人是指与保险人订立保险合同，并按照保险合同负有支付保险费义务的人。保险人是指与投保人订立保险合同，并承担赔偿或者给付保险金责任的保险公司。

（2）保险合同当事人之间的关系是关于保险权利和义务的关系。

（3）保险合同是当事人意思表示一致的结果。

（二）保险合同的特征

（1）保险合同是射幸合同。射幸的含义是机会。保险合同的射幸性质是由保险事故发生的偶然性决定的。投保人支付保险费，可能没有利益可获，也可能获得远远超过保险费的利益；对于保险人，其赔付的保险金可能远远大于其所收取的保险费，也可能只收取保险费而不支付保险金。

（2）保险合同是最大诚信合同。保险法的基本原则之一是最大诚信原则，法律对于保险当事人尤其是投保人和被保险人的诚实信用程度的要求远高于对一般人的要求。

我国《保险法》关于保险合同中投保人的如实告知义务、危险增加的通知义务、保险人的说明义务、道德危险不保的规定都是诚信义务的体现。

（3）保险合同是附合合同。附合合同也称格式合同、标准合同或定式合同。保险合同的条款是由保险人单方面预先制定，投保人只能同意或不同意，它使得投保人处于极为不利的地位。为了对这种情形进行平衡，保险法规定在对保险合同进行解释时，通常采取不利于保险人的解释原则。

（4）保险合同是双务、有偿合同。保险合同双方当事人互享权利、互负义务，属于双务有偿合同。

（5）保险合同是非要式合同。保险合同的成立取决于投保人和保险人之间的合意，无须履行特定方式，保险人签发保单或其他保险凭证不是合同成立的要件，而是合同的证明。

二、保险合同的分类

（1）财产保险合同与人身保险合同：根据保险合同的标的不同可以将保险合同分为财产保险合同与人身保险合同。

（2）强制保险合同与自愿保险合同：这是依据保险合同实施的形式不同进行的分类。强制保险合同又称法定保险合同，是指依据法律规定而强制实施的保险合同。例如，铁路、飞机、轮船旅客意外伤害强制保险以及我国有的地方实行的车辆第三者责任保险。自愿保险合同是投保人和保险人遵循公平互利、协商一致、自愿原则订立的合同。除法律、行政法规规定必须保险的以外，保险公司和其他单位不得强制他人订立合同。

（3）原保险合同与再保险合同：这是依据保险人的责任次序的不同进行的分类。原保险合同又称为第一次保险，是指保险人对被保险人承担直接责任的原始保险合同。再保险合同又称分保合同或第二次保险合同，是指保险人为了避免自己承保的业务遭受巨额损失，以承保的方式，将其业务部分转移给其他保险人。

（4）单保险合同与复保险合同：这是依据保险人的人数的不同进行的分类。单保险合同是指投保人以一个保险标的、一个保险利益、一个保险事故同一个保险人订立保险合同的保险。复保险合同又称重复保险合同，是指投保人以同一保险标的、同一保险利益、同一保险事故分别向两个以上的保险人订立的保险合同。

我国《保险法》规定：复保险的保险金额总和超过保险价值的，各保险人的赔偿金额的总和不得超过保险价值。除合同另有约定外，各保险人按照其保险金额与保险金额总和的比例承担赔偿责任。

财产保险和人身保险都可以重复保险，但是前者的保险金额不得超过保险价值；人身保险保险金额只要不超过保监会的最高限额就行。例如，旅客航空意外险向一个保险人可以买 4 份。

（5）足额保险合同、不足额保险合同和超额保险合同：这是依据保险金额与保险价值之间的关系为标准进行的分类。足额保险合同是指保险金额等于保险价值的保险合同。不足额保险合同是指保险金额低于保险价值的合同。对于不足额合同，保险人对被保险人损失的赔偿责任仅以保险金额为限，除合同另有约定外，保险人按照保险金额与保险价值的比例承担赔偿责任。超额保险合同是指保险金额超过保险价值的保险合同。我国《保险法》规定，保险金额不得超过保险价值；超过保险价值的，超过的部分无效。

三、几个相近概念的含义

（1）保险标的，也称保险客体，在财产保险中是指财产本身和与财产有关的利益及责任，在人身保险中是指人的生命和身体。

（2）保险价值，也称保险价额，是指投保人与保险人订立保险合同时，作为确定保险金额基础的保险标的的价值，也即投保人对保险标的所享有的保险利益在经济上用货币估计的价值金额。保险价值的确定有三种方法：按照市价确定；依合同双方约定；依照法律规定。

（3）保险金额，也叫保额，是指保险人承担赔偿或者给付保险金责任的最高限额，也是投保人对保险标的的实际投保金额。保险金额的确定以保险标的的价值为基础，保险金的确定又以保险金额为基础。在定值保险中，保险金额为双方约定的保险标的的价值；在不定值保险中，对保险金额的确定主要有两种方法：一是投保人按照保险标的实际价值自行确定；二是合同双方根据保险标的协商确定。保险金额和保险价值之间的关系是判断足额保险合同、不足额保险合同和超额保险合同的尺度。

（4）保险金，是指保险人在保险事故发生时应该支付的金钱数额。在财产保险合同中，是向被保险人进行赔偿经济损失的金额；在人生保险合同中是向受益人支付保险合同约定的保险金额。

（5）保险费，是指投保人为获得保险保障，按照保险合同的约定向保险人支付的费用。保险费的支付方法应该在保险合同中约定，可以一次性付清，也可以分期支付。

（6）保单的现金价值。由于人寿保险合同签订时事故的发生率低，以后则慢慢增高，为了平衡起见，保险费呈现出一个稳定的比例，这样导致合同的起初，所交付的保险费较高，必然有一部分是储蓄性质，因此解除合同时应当退还，这就是保单的现金价值。

四、保险合同的当事人、关系人和辅助人

保险合同的当事人和关系人都是保险合同的主体，但两者的地位不同，在合同种权利义务也不同。

（1）保险合同的当事人是指订立保险合同并享有和承担保险合同所确定的权利义务的人，包括保险合同中的投保人和保险人。

1）保险人。保险人又称承保人，是指与投保人订立保险合同，并承担赔偿责任或者给付保险金责任的，依法成立的经营保险业务的保险公司。经营商业保险业务，必须

是依照保险法设立的保险公司，其他单位和个人不得经营商业保险业务。

2）投保人。投保人又称要保人，是指与保险人订立保险合同，并按照保险合同负有支付保险费义务的人。投保人可以是被保险人本人，也可以是被保险人以外的第三人。投保人必须具备民事权利能力和民事行为能力，并对保险标的具有保险利益

（2）保险合同的关系人。是指在保险事故或保险合同约定的条件满足时，对保险人享有保险金给付请求权的人，包括被保险人和受益人。

1）被保险人。被保险人也称保户，是指其财产或者人身受保险合同保障，享有保险金请求权的人。被保险人可以是投保人自己，也可以是投保人以外的第三人。

2）受益人。受益人是指人身保险合同中由被保险人或者投保人指定的享有保险金请求权的人。受益人只存在于人身保险合同中。受益人由被保险人或者投保人指定。投保人指定受益人时须经被保险人同意。被保险人为无民事行为能力人或者限制民事行为能力人的，可以由其监护人指定受益人。受益人可以是投保人，也可以是被保险人或经被保险人同意的第三人。

（3）保险辅助人

保险代理人是根据保险人的委托，向保险人收取代理手续费，并在保险人授权的范围内代为办理保险业务的单位或者个人。

保险经纪人是基于投保人的利益，为投保人与保险人订立保险合同提供中介服务，并依法收取佣金的单位。

五、保险合同的订立和效力

（一）保险合同的订立

订立保险合同，须经过投保和承保两个阶段。投保人提出保险要求，是投保，属于要约；投保经保险人同意承保，并就合同的条款达成一致，构成承诺，保险合同成立。

（二）保险合同的形式

保险合同是非要式合同，合同成立后，保险人应当及时向投保人签发保险单或者其他保险凭证，并在保险单或者其他保险凭证中载明当事人双方约定的合同内容。经投保人和保险人协商同意，也可以采取其他书面协议形式订立保险合同。采用书面形式时，保险合同一般有以下几种表现形式：

1）投保单。又称为要保单，是投保人出具的要约。

2）保险单。简称保单，是保险合同的正式书面文本。保险单必须明确完整地记载保险双方的权利义务内容。

3）保险凭证。又称小保单，是简化了的保险单，效力与保险单相同。

4）暂保单。是一种临时保单，是正式保险单签发前的一种临时性合同，在正式保单交付后失效。

（三）订立保险合同时投保人和保险人的义务

（1）投保人的告知义务。在订立保险合同时，投保人应当将与保险标的有关的事项告知保险人。如果投保人违反告知义务，将产生以下法律后果：

1）投保人故意隐瞒事实，不履行如实告知义务的或者因过失未履行如实告知义务，足以影响保险人决定是否同意承保或者提高保险费率的，保险人有权解除保险合同。

2）投保人故意不履行如实告知义务的，保险人对于保险合同解除前发生的保险事故，不承担赔偿或者给付保险金的责任，并不退还保险费。

3）投保人因过失未履行如实告知义务，对保险事故的发生有严重影响的，保险人对于保险合同解除前发生的保险事故，不承担赔偿或者给付保险金的责任，但可以退还保险费。

（2）保险人的说明义务。订立保险合同，保险人应当向投保人说明保险合同的条款内容；保险合同中规定有关保险人责任免除条款的，保险人在订立保险合同时应当向投保人明确说明，未明确说明的，该条款不产生效力。

（四）保险合同的生效

保险合同在成立时生效，但法律另有规定或合同另有约定的除外。投保人支付保费不是合同生效的要件。保险合同成立后，投保人按照约定交付保险费；保险人按照约定的时间开始承担保险责任。

（五）保险合同的无效

保险合同的无效原因可以分为两种：

（1）民法上的原因。是指我国《民法通则》和《合同法》中的一般性规定，主要有保险合同的内容违反法律法规、有欺诈和胁迫、无权代理、双方代理、恶意串通以及侵犯国家利益和社会公共利益等行为。

（2）保险法上的原因。是指在《保险法》中规定的保险合同无效的情形，主要有：

1）投保人对保险标的不具有保险利益的，保险合同无效。

2）保险合同中规定有关于保险人责任免除条款的，保险人在订立保险合同时应当向投保人明确说明，未明确说明的，该条款不产生效力。

3）在财产保险中，保险金额不得超过保险价值；超过保险价值的，超过的部分无效。

4）在人身保险合同中，以死亡为给付保险金条件的合同，未经被保险人书面同意认可保险金额的，合同无效，法律另有规定的除外。其中，第2）项和第3）项是部分无效，而不是合同全部无效。

六、保险合同的变更、解除和终止

（一）保险合同的变更

（1）投保人或被保险人的变更。投保人或被保险人的变更是合同主体的变更，将保险合同利益转给第三人，保险标的转让应当通知保险人，经保险人同继续承保后，依法变更同。但是，货物运输保险合同和另有约定的合同除外。

（2）保险合同内容的变更。在保险合同有效期内，投保人和保险人经协商同意，可以变更保险合同的有关内容，如保险标的的数量、品种的增减、保险金额、保险价值、保险费的增减以及人身保险合同中受益人的变更。

（二）保险合同的解除

保险合同成立后即具有法律约束力，当事人不得随意解除合同。当事人解除合同，应当依照法律的规定或者当事人的约定，因此保险合同的解除可分为法定解除和约定解除。

（1）投保人的解除权。除保险法另有规定或者保险合同另有约定外，保险合同成立后，投保人可以解除保险合同，这是投保人的法定解除权，也就是退保。保险法另有规定是指在货物运输保险合同以及运输工具航程保险合同中，在保险责任开始后，投保人不得随意解除合同。

（2）保险人的解除权。除保险法另有规定或者保险合同另有约定外，保险合同成立后，保险人不得解除保险合同。保险法赋予保险人解除权的情形有：①投保人未履行如实告知义务；②投保人、被保险人未履行维护保险标的的义务；③被保险人未履行危险增加的通知义务；④投保人未履行如实申报义务；⑤投保人未按约定履行支付保险费的义务；⑥投保人、被保险人或者受益人进行保险欺诈。

（三）保险合同的终止

保险合同的终止是指保险合同的效力的永久性的停止。保险合同终止的事项有：

（1）保险合同因期限届满而终止。

（2）保险合同因保险赔偿金或者保险金的给付而终止。

（3）保险合同因解除而终止。

（4）财产保险合同中，保险标的发生部分损失的，在保险人赔偿后30日内，投保人可以终止合同；除合同约定不得终止合同的以外，保险人也可以终止合同。

（5）人身保险合同中，在以生存为给付条件的保险合同中，被保险人或者受益人死亡，保险合同终止。

七、保险合同的履行

（一）投保人的义务

（1）缴纳保险费的义务。

（2）保险事故的通知义务。投保人、被保险人或者受益人知道保险事故发生后，应当及时通知保险人。保险事故的通知义务有利于保险人采取必要的措施，防止损失的扩大或者保全保险标的的残余部分；有利于保险人及时调查损失发生的原因。

（3）维护保险标的安全的义务。被保险人应当遵守国家有关消防、安全、生产操作、劳动保护等方面的规定，维护保险标的的安全。根据合同的约定，保险人可以对保险标的的安全状况进行检查，及时向投保人、被保险人提出消除不安全因素和隐患的书面建议。投保人、被保险人未按照约定履行其对保险标的安全应尽的责任的，保险人有权要求增加保险费或者解除合同。保险人为维护保险标的的安全，经被保险人同意，可以采取安全预防措施。

（4）危险程度增加的通知义务。在财产保险合同有效期内，保险标的危险程度增加的，被保险人按照合同约定应当及时通知保险人，保险人有权要求增加保险费或者解除合同。被保险人未履行前款规定的通知义务的，因保险标的危险程度增加而发生的保险事故，保险人不承担赔偿责任。

（5）防止或减少损失的义务。防止损失或者减少损失的费用是在保险赔付之外，额外给付的，必须注意以下两点：

1）如果保险是不足额保险的，防止损失和减少损失的费用也是按照比例赔偿的。例如，保险标的价值10万元，投保金额5万元，那么损失3万元，应当赔偿1.5万元；救助费用为1万元的，保险人实际给付费用为0.5万元。

2）救助费用的赔偿最高不得超过保险金额。例如，保险标的价值10万元，投保金额5万元，那么损失3万元，应当赔偿1.5万元；救助费用为11万元的，保险人实际给付费用不是5.5万元，而是5万元。

（二）保险人的义务

1. 保守秘密的义务

保险人或者再保险接受人对在办理保险业务中知道的投保人、被保险人、受益人或者再保险分出人的业务和财产情况及个人隐私，负有保密的义务。

2. 给付保险金的义务

这是保险人的基本保险义务。在保险事故发生或保险合同约定的条件满足时，保险人应当给付保险金。

（1）保险金的给付期限。保险人收到被保险人或者受益人的赔偿或者给付保险金的请求后，应当及时作出核定，并将核定结果通知被保险人或者受益人；对属于保险责任的，在与被保险人或者受益人达成有关赔偿或者给付保险金额的协议后10日内，履行赔偿或者给付保险金义务。保险合同对保险金额及赔偿或者给付期限有约定的，保险人应当依照保险合同的约定，履行赔偿或者给付保险金义务。对不属于保险责任的，保险人应当向被保险人或者受益人发出拒绝赔偿或者拒绝给付保险金通知书。

（2）保险人的先予支付义务。保险人自收到赔偿或者给付保险金的请求和有关证明、资料之日起60日内，对其赔偿或者给付保险金的数额不能确定的，应当根据已有证明和资料可以确定的最低数额先予支付；保险人最终确定赔偿或者给付保险金的数额后，应当支付相应的差额。

（3）保险金给付请求权的诉讼时效。人寿保险的被保险人或者受益人对保险人请求给付保险金的权利，自其知道保险事故发生之日起5年不行使而消灭。人寿保险以外的其他保险的被保险人或者受益人，对保险人请求赔偿或者给付保险金的权利，自其知道保险事故发生之日起2年不行使而消灭。

（4）保险人的违约责任。保险人未及时给付保险金的，除支付保险金外，应当赔偿被保险人或者受益人因此受到的损失。

（5）保险人的除外责任。在保险合同无效的情形下，保险人不承担赔偿或给付保保险金的责任。我国《保险法》还规定，除当事人另有约定外，在下列情形下保险人不承担给付保险金的义务：

1）订立保险合同时，故意或者因过失未履行如实告知义务，足以影响保险人决定是否同意承保或者提高保险费率的，保险人有权解除保险合同，并不承担赔偿或者给付保险金的责任。

2）投保人、被保险人或者受益人故意制造保险事故的，保险人有权解除保险合同，不承担赔偿或者给付保险金的责任。

3）在财产保险合同中，保险事故发生后，投保人、被保险人或者受益人伪造、变造的有关证明、资料或者其他证据，编造虚假的事故原因或者夸大损失程度的，保险人对其虚报的部分不承担赔偿或者给付保险金的责任。

4）在财产保险合同有效期内，保险标的危险程度增加的，被保险人未及时通知保险人的，因保险标的危险程度增加而发生的保险事故，保险人不承担赔偿责任。

5）在财产保险合同中，保险事故发生时，被保险人有责任尽力采取必要的措施防止或者减少损失，因被保险人不履行防灾减损义务而造成的保险标的扩大扩大损失的，保险人不承担保险责任。

6）在财产保险合同中，保险金额超过保险价值的，超过的部分无效，保险人不承担赔偿或者给付保险金的责任。

7）在财产保险合同中，保险事故发生后，保险人未赔偿保险金之前，被保险人放弃对第三者的请求赔偿的权利的，保险人不承担赔偿保险金的责任。

8）对于保险标的因其性质或者瑕疵或者因其自然损耗而发生的损失，保险人不承担保险责任。

在人身保险合同中，保险人的除外责任有特殊规定，详见人身保险合同中的有关讲解。

八、保险人的代位求偿权

保险人的代位求偿权又称代位追偿权，是指在财产保险中，因第三者对保险标的的损害而造成保险事故的，保险人只想被保险人赔偿保险金之日起，在赔偿金额范围内代位行使被保险人向第三者请求赔偿的权利。

代位求偿权不适用于人身保险合同，这也告诉我们，人身保险合同必然可以拿到双份的赔偿：一份是保险公司给的，一份是致害人给的。

理解代位求偿权要注意把握以下几点：

（1）代位求偿权是一种债权转移。被保险人因保险人赔偿获得保险补偿后，被保险人和第三人之间债权债务关系仍然存在，保险人取得了被保险人对第三人享有的债权。

（2）代位求偿权中的保险事故是由第三人引起。

（3）代位求偿权的取得必须以保险人支付了保险金为基础，保险人在赔付后自动取得代位求偿权。

（4）代位求偿权的范围不得超过保险人的赔付金额。

（5）保险人在行使代位求偿权时，是以自己的名义，行使的对象是造成保险事故的第三人。

（6）保险事故发生后，保险人赔偿保险金之前，被保险人放弃对第三者的请求赔偿的权利的，保险人不承担赔偿保险金的责任。保险人向被保险人赔偿保险金后，被保险人未经保险人同意放弃对第三者请求赔偿的权利的，该行为无效。由于被保险人的过错致使保险人不能行使代位请求赔偿的权利的，保险人可以相应扣减保险赔偿金。

（7）除被保险人的家庭成员或者其组成人员故意造成保险事故以外，保险人不得对被保险人的家庭成员或者其组成人员行使代位请求赔偿的权利。

（8）代位求偿权仅仅适用于财产保险，不适用于人身保险。

第三节　财产保险

一、财产保险合同的概念和分类

（一）财产保险合同的概念

财产保险合同是以财产及其有关利益为保险标的的保险合同。财产保险合同分为财产损失保险合同和责任保险合同。

（二）财产损失保险合同

财产损失保险合同以补偿财产的损失为目的，其保险标的限于有形财产。具体又分为企业财产保险合同、家庭财产保险合同、运输工具保险合同、货物运输保险合同及农业保险合同。

（1）企业财产保险合同。是指企业作为投保人以其自己所有或者经营管理的财产或者以与其有利害关系的他人的财产为保险标的，向保险人缴纳保险费，由保险人依照保险合同的约定负担被保险财产的毁灭、灭失风险责任的合同。企业财产保险合同的标的可以是有形之动产或不动产。

（2）家庭财产保险合同。是保险人以被保险人的家庭财产为保险标的，在发生保险事故而受损失时，依照保险合同的约定承担赔偿责任的保险合同，包括家庭财产个人保险合同、家庭财产团体保险合同和家庭财产两全保险合同。

（3）运输工具保险合同。运输工具保险合同以运输工具作为保险标的，包括机动车辆保险、船舶保险、飞机保险以及铁路机车保险、卫星保险、自行车保险等。

（4）货物运输保险合同。是指货物的托运人向承运人交付货物时，向保险人支付保险费，在被保货物发生保险合同约定的损失时，由保险人负责赔偿损失的保险。货物运输保险合同适用于所有的货物运输，包括水路、公路、铁路、航空以及海洋货物运输等方面的保险。

（5）农业保险合同。农业保险合同是农业生产者以其种植的农作物或者养殖的畜禽等为保险标的的保险合同，可分为农作物收获保险和养殖业保险两大类。

（三）责任保险合同

责任保险合同也称第三者责任险，指以被保险人依法对第三者应负的赔偿责任为保险标的的保险合同，在出现保险事故时，被保险人应当向第三者负赔偿责任，保险人依约向被保险人给付保险金。责任保险合同使被害者及时获得赔偿，而且保障被保险人因为履行损害赔偿责任所受到的利益损失。

责任保险合同依责任保险发生效力的方式，可以分为自愿责任保险和强制责任保险；依承保的范围和对象，可以分为企业责任保险、职业责任保险和个人责任保险；依承保的险别，可以分为产品责任保险、公众责任保险、职业责任保险、机动车第三者责任险等。

责任保险合同的特征表现为：

（1）保险人承担被保险人的赔偿责任。保险人对责任保险的被保险人对第三人的损害，可以依照法律的规定或者合同的约定，直接向第三人赔偿保险金。

（2）责任保险的标的为一定范围内的侵权损害赔偿责任，非损害赔偿责任不能作为责任保险的标的，如行政责任、刑事责任等。

（3）责任保险不能及于被保险人的人身或其财产。责任保险的目的在于转移被保险人对第三者应当承担的赔偿责任，所以，当被保险人的人身或者财产发生损失时，保险人不承担保险责任。从这个意义上讲，责任保险合同是为第三人利益而订立的合同。

（4）保险最高限额给付。责任保险的保险金额是不确定的，在订立合同时不能预见赔偿金额，只能约定保险责任的最高限额。

（5）责任保险的被保险人因给第三人造成损害的保险事故而被提起诉讼的，除合同另有约定外，由被保险人支付的仲裁或者诉讼费用，由保险人承担。

第四节　人身保险

一、人身保险合同的概念和分类

（一）人身保险合同的概念

人身保险合同是以人的寿命和身体为保险标的的保险合同。人身保险合同与财产保险合同的不同在于保险标的的不同，这决定了两者的法律制度的不同。人身保险合同可分为人寿保险合同、伤害保险合同和健康保险合同。

（二）人身保险合同具有的特征

（1）保险标的的人格化。人身保险合同以人的寿命和身体为保险利益，属于被保险人的人格利益或者人身利益。

（2）保险金定额支付。保险标的人格化，使得人身保险的标的不能用具体的金钱价值衡量，通俗地说人的生命是无价的，从而不存在确定保险金额的实际价值标准，人身保险保险金额的确定只能由投保人与保险人协商确定，以此作为保险金给付的最高限额。

（3）人身保险合同的保险事故涉及人的生死、健康。人身保险合同的保险事故可为任何法律事实，包括被保险人生存到保险期限、被保险人死亡、伤残、疾病或者分娩等。

（4）保险费不得诉讼强制请求。保险人对人身保险的保险费，不得用诉讼方式要求投保人支付，因此，投保人在支付保险费时，可以选择缴纳保险费以维持合同，也可以不缴纳保险费以终止合同。

（5）人身保险不适用代位求偿权。人身保险的被保险人因第三者的行为而发生死亡、伤残或者疾病等保险事故的，保险人向被保险人或者受益人给付保险金后，不得享有向第三者追偿的权利。但被保险人或者受益人有权向第三者请求赔偿。

（三）人身保险合同的分类

（1）人寿保险合同。人寿保险合同的标的为被保险人的寿命，保险事故为被保险人的生存或死亡。人寿保险合同又可分为死亡保险、生存保险、生死两全保险、简易人身保险和年金保险。

（2）健康保险合同。又称为疾病保险，是指双方约定，投保人缴纳保险费，当被保险人由于疾病、分娩以及由于疾病或者分娩致残或者丧失劳动能力时，由保险人给付保险金的保险。健康保险包括医疗费给付保险、工资收入保险、业务所得保险以及残疾、死亡保险。

（3）伤害保险合同。又称为意外事故保险合同，是指在被保险人遭受意外伤害或者因意外伤害而致残、死亡时，由保险人支付保险金的保险。伤害保险包括普通伤害保险、团体伤害保险、旅行伤害保险、交通事故伤害保险、职业伤害保险等。

二、人身保险合同的特别规定

在保险合同总论中保险合同的一般规定适用于人身保险合同。保险法对人身保险合同还有一些特别的规定，主要有以下几项：

（一）人身保险合同的保险利益

保险利益原则是保险法的一般原则，在人身保险合同中，投保人对下列人员具有保险利益：①本人；②配偶、子女、父母；③前项以外，与投保人有抚养、赡养或者扶养关系的家庭其他成员、近亲属；④除前三项外，被保险人同意投保人为其订立合同，视为投保人对被保险人具有保险利益。

（二）年龄误报的后果

投保人申报的被保险人的年龄不真实，将会产生下列法律后果：

（1）解除合同。投保人申报的被保险人的年龄不真实，并且其真实年龄不符合约定的年龄限制的，保险人可以解除合同，并在扣除手续费后，向投保人退还保险费。但是自合同成立之日起逾 2 年的除外。

（2）保险费的更正、补交或者保险金的减少。投保人申报的被保险人年龄不真实，致使投保人支付的保险费少于应付保险费的，保险人有权更正并要求投保人补交保险费或者在给付保险金时按照实付保险费与应付保险费的比例支付。

（3）保险费的退还。投保人申报的被保险人年龄不真实，致使投保人实付保险费多于应付保险费的，保险人应当将多收的保险费退还投保人。

（三）以死亡为给付保险金条件的合同的特别规定

（1）投保人的限制。投保人不得为无民事行为能力人投保以死亡为给付保险金条件的人身保险，保险人也不得承保。父母为其未成年子女投保的人身保险，不受前款规定限制，但是死亡给付保险金额总和不得超过保险监督管理机构规定的限额。

（2）保险金的确定。以死亡为给付保险金条件的合同，未经被保险人书面同意并认可保险金额的，合同无效。依照以死亡为给付保险金条件的合同所签发的保险单，未经被保险人书面同意，不得转让或者质押。父母为其未成年子女投保的人身保险险，不受限制。

（四）保险合同的中止与复效

（1）保险合同的中止。合同约定分期支付保险费，投保人支付首期保险费后，除合同另有约定外，投保人超过规定的期限 60 日未支付当期保险费的，合同效力中止或者由保险人按照合同约定的条件减少保险金额。

（2）保险合同的复效。合同效力中止后，经保险人与投保人协商并达成协议，在投保人补交保险费后，合同效力恢复。但是，自合同效力中止之日起 2 年内双方未达成协议的，保险人有权解除合同。保险人解除合同，投保人已交足 2 年以上保险费的，保险人应当按照合同约定退还保险单的现金价值；投保人未交足 2 年保险费的，保险人应当在扣除手续费后，退还保险费。

（五）除外责任

人身保险合同中除外责任的范围包括：

（1）投保人、受益人故意造成被保险人死亡、伤残或者疾病的，保险人不承担支付保险金的责任。投保人已交足 2 年以上保险费的，保险人应当按照合同约定向受益人退还保险单的现金价值。受益人故意造成被保险人死亡或者伤残的或者故意杀害被保险人未遂的，丧失受益权。

（2）以死亡为给付保险金条件的合同，被保险人自杀的，保险人不承担给付保险金的责任，但对投保人已支付的保险费，保险人应按照保险单退还其现金价值。但是，自保险合同成立之日起满 2 年后，如果被保险人自杀的，保险人可以按照合同给付保险金。

（3）被保险人故意犯罪导致其自身伤残或者死亡的，保险人不承担给付保险金的责任。投保人已交足 2 年以上保险费的，保险人应当按照保险单退还其现金价值。

（六）保险金的继承

被保险人死亡后，遇有下列情形之一的，保险金作为被保险人的遗产，由保险人向被保险人的继承人履行给付保险金的义务：①没有指定受益人的；②受益人先于被保险人死亡，没有其他受益人的；③受益人依法丧失受益权或者放弃受益权，没有其他受益人的。

案例探讨

甲公司有一座仓库，董事会责成经理对仓库投保火灾险。公司经理在保险公司陈述时称仓库堆放金属零件和少量的润滑油，没有其他易燃易爆物品。保险公司以该仓库处在居民区，周围的火源比较多，为安全起见，反复声明易燃易爆物品与仓库安全的意义。但甲公司经理称没有问题。保险公司遂与甲公司订立了仓库火灾保险合同。在合同生效的第二个月，保险公司发现该仓库里还堆放了2吨香蕉水，香蕉水属于高度危险物品，保险公司当即要求甲公司将香蕉水立即转移出去，但甲公司表示没有其他仓库存放，拒绝转移香蕉水，保险公司遂解除了该保险合同。在合同解除的第三天，仓库发生火灾，损失100万元。甲公司以保险合同是双方签订的，保险公司无权单方解除，所以合同继续有效，保险公司应当赔偿损失。问题：

（1）甲公司投保时的陈述是否符合保险法的规定？

（2）保险公司在订立保险合同时的说明有何意义？

（3）甲公司在仓库里堆放香蕉水属于保险法规定的何种行为？

（4）保险公司能否单方面解除保险合同？

（5）甲公司能否要求保险公司赔偿损失？

法律链接

中华人民共和国保险法

（1995年6月30日第八届全国人民代表大会常务委员会第十四次会议通过，2002年10月28日第九届全国人民代表大会常务委员会第三十次会议《关于修改〈中华人民共和国保险法〉的决定》修正，2009年2月28日第十一届全国人民代表大会常务委员会第七次会议修订，2009年2月28日中华人民共和国主席令（十一届）第十一号公布，自2009年10月1日起施行，根据2014年8月31日第十二届全国人民代表大会常务委员会《关于修改保险法等五部法律的决定》修正2015年4月24日第十二届全国人民代表大会常务委员会第十四次会议全国人民代表大会常务委员会《关于修改〈中华人民共和国计量法〉等五部法律的决定》修正）

第一章　总　　则

第一条　为了规范保险活动，保护保险活动当事人的合法权益，加强对保险业的监督管理，维护社会经济秩序和社会公共利益，促进保险事业的健康发展，制定本法。

第二条　本法所称保险，是指投保人根据合同约定，向保险人支付保险费，保险人对于合同约定的可能发生的事故因其发生所造成的财产损失承担赔偿保险金责任，或者当被保险人死亡、伤残、疾病或者达到合同约定的年龄、期限等条件时承担给付保险金责任的商业保险行为。

第三条　在中华人民共和国境内从事保险活动，适用本法。

第四条　从事保险活动必须遵守法律、行政法规，尊重社会公德，不得损害社会公共利益。

第五条　保险活动当事人行使权利、履行义务应当遵循诚实信用原则。

第六条　保险业务由依照本法设立的保险公司以及法律、行政法规规定的其他保险组织经营，其他单位和个人不得经营保险业务。

第七条　在中华人民共和国境内的法人和其他组织需要办理境内保险的，应当向中华人民共和国境内的保险公司投保。

第八条　保险业和银行业、证券业、信托业实行分业经营、分业管理，保险公司与银行、证券、信托业务机构分别设立。国家另有规定的除外。

第九条　国务院保险监督管理机构依法对保险业实施监督管理。

国务院保险监督管理机构根据履行职责的需要设立派出机构。派出机构按照国务院保险监督管理机构的授权履行监督管理职责。

第二章　保险合同

第一节　一般规定

第十条　保险合同是投保人与保险人约定保险权利义务关系的协议。

投保人是指与保险人订立保险合同，并按照合同约定负有支付保险费义务的人。

保险人是指与投保人订立保险合同，并按照合同约定承担赔偿或者给付保险金责任的保险公司。

第十一条 订立保险合同，应当协商一致，遵循公平原则确定各方的权利和义务。

除法律、行政法规规定必须保险的外，保险合同自愿订立。

第十二条 人身保险的投保人在保险合同订立时，对被保险人应当具有保险利益。

财产保险的被保险人在保险事故发生时，对保险标的应当具有保险利益。

人身保险是以人的寿命和身体为保险标的的保险。

财产保险是以财产及其有关利益为保险标的的保险。

被保险人是指其财产或者人身受保险合同保障，享有保险金请求权的人。投保人可以为被保险人。

保险利益是指投保人或者被保险人对保险标的具有的法律上承认的利益。

第十三条 投保人提出保险要求，经保险人同意承保，保险合同成立。保险人应当及时向投保人签发保险单或者其他保险凭证。

保险单或者其他保险凭证应当载明当事人双方约定的合同内容。当事人也可以约定采用其他书面形式载明合同内容。

依法成立的保险合同，自成立时生效。投保人和保险人可以对合同的效力约定附条件或者附期限。

第十四条 保险合同成立后，投保人按照约定交付保险费，保险人按照约定的时间开始承担保险责任。

第十五条 除本法另有规定或者保险合同另有约定外，保险合同成立后，投保人可以解除合同，保险人不得解除合同。

第十六条 订立保险合同，保险人就保险标的或者被保险人的有关情况提出询问的，投保人应当如实告知。

投保人故意或者因重大过失未履行前款规定的如实告知义务，足以影响保险人决定是否同意承保或者提高保险费率的，保险人有权解除合同。

前款规定的合同解除权，自保险人知道有解除事由之日起，超过三十日不行使而消灭。自合同成立之日起超过二年的，保险人不得解除合同；发生保险事故的，保险人应当承担赔偿或者给付保险金的责任。

投保人故意不履行如实告知义务的，保险人对于合同解除前发生的保险事故，不承担赔偿或者给付保险金的责任，并不退还保险费。

投保人因重大过失未履行如实告知义务，对保险事故的发生有严重影响的，保险人对于合同解除前发生的保险事故，不承担赔偿或者给付保险金的责任，但应当退还保险费。

保险人在合同订立时已经知道投保人未如实告知的情况的，保险人不得解除合同；发生保险事故的，保险人应当承担赔偿或者给付保险金的责任。

保险事故是指保险合同约定的保险责任范围内的事故。

第十七条 订立保险合同，采用保险人提供的格式条款的，保险人向投保人提供的投保单应当附格式条款，保险人应当向投保人说明合同的内容。

对保险合同中免除保险人责任的条款，保险人在订立合同时应当在投保单、保险单或者其他保险凭证上作出足以引起投保人注意的提示，并对该条款的内容以书面或者口头形式向投保人作出明确说明；未作提示或者明确说明的，该条款不产生效力。

第十八条 保险合同应当包括下列事项：

（一）保险人的名称和住所；

（二）投保人、被保险人的姓名或者名称、住所，以及人身保险的受益人的姓名或者名称、住所；

（三）保险标的；

（四）保险责任和责任免除；

（五）保险期间和保险责任开始时间；

（六）保险金额；

（七）保险费以及支付办法；

（八）保险金赔偿或者给付办法；

（九）违约责任和争议处理；

（十）订立合同的年、月、日。

投保人和保险人可以约定与保险有关的其他

事项。

受益人是指人身保险合同中由被保险人或者投保人指定的享有保险金请求权的人。投保人、被保险人可以为受益人。

保险金额是指保险人承担赔偿或者给付保险金责任的最高限额。

第十九条 采用保险人提供的格式条款订立的保险合同中的下列条款无效：

（一）免除保险人依法应承担的义务或者加重投保人、被保险人责任的；

（二）排除投保人、被保险人或者受益人依法享有的权利的。

第二十条 投保人和保险人可以协商变更合同内容。

变更保险合同的，应当由保险人在保险单或者其他保险凭证上批注或者附贴批单，或者由投保人和保险人订立变更的书面协议。

第二十一条 投保人、被保险人或者受益人知道保险事故发生后，应当及时通知保险人。故意或者因重大过失未及时通知，致使保险事故的性质、原因、损失程度等难以确定的，保险人对无法确定的部分，不承担赔偿或者给付保险金的责任，但保险人通过其他途径已经及时知道或者应当及时知道保险事故发生的除外。

第二十二条 保险事故发生后，按照保险合同请求保险人赔偿或者给付保险金时，投保人、被保险人或者受益人应当向保险人提供其所能提供的与确认保险事故的性质、原因、损失程度等有关的证明和资料。

保险人按照合同的约定，认为有关的证明和资料不完整的，应当及时一次性通知投保人、被保险人或者受益人补充提供。

第二十三条 保险人收到被保险人或者受益人的赔偿或者给付保险金的请求后，应当及时作出核定；情形复杂的，应当在三十日内作出核定，但合同另有约定的除外。保险人应当将核定结果通知被保险人或者受益人；对属于保险责任的，在与被保险人或者受益人达成赔偿或者给付保险金的协议后十日内，履行赔偿或者给付保险金义务。保险合同对赔偿或者给付保险金的期限有约定的，保险人应当按照约定履行赔偿或者给付保险金义务。

保险人未及时履行前款规定义务的，除支付保险金外，应当赔偿被保险人或者受益人因此受到的损失。

任何单位和个人不得非法干预保险人履行赔偿或者给付保险金的义务，也不得限制被保险人或者受益人取得保险金的权利。

第二十四条 保险人依照本法第二十三条的规定作出核定后，对不属于保险责任的，应当自作出核定之日起三日内向被保险人或者受益人发出拒绝赔偿或者拒绝给付保险金通知书，并说明理由。

第二十五条 保险人自收到赔偿或者给付保险金的请求和有关证明、资料之日起六十日内，对其赔偿或者给付保险金的数额不能确定的，应当根据已有证明和资料可以确定的数额先予支付；保险人最终确定赔偿或者给付保险金的数额后，应当支付相应的差额。

第二十六条 人寿保险以外的其他保险的被保险人或者受益人，向保险人请求赔偿或者给付保险金的诉讼时效期间为二年，自其知道或者应当知道保险事故发生之日起计算。

人寿保险的被保险人或者受益人向保险人请求给付保险金的诉讼时效期间为五年，自其知道或者应当知道保险事故发生之日起计算。

第二十七条 未发生保险事故，被保险人或者受益人谎称发生了保险事故，向保险人提出赔偿或者给付保险金请求的，保险人有权解除合同，并不退还保险费。

投保人、被保险人故意制造保险事故的，保险人有权解除合同，不承担赔偿或者给付保险金的责任；除本法第四十三条规定外，不退还保险费。

保险事故发生后，投保人、被保险人或者受益人以伪造、变造的有关证明、资料或者其他证据，编造虚假的事故原因或者夸大损失程度的，保险人对其虚报的部分不承担赔偿或者给付保险金的责任。

投保人、被保险人或者受益人有前三款规定行为之一，致使保险人支付保险金或者支出费用的，应当退回或者赔偿。

第二十八条 保险人将其承担的保险业务，以分保形式部分转移给其他保险人的，为再保险。

应再保险接受人的要求，再保险分出人应当将其自负责任及原保险的有关情况书面告知再保险接受人。

第二十九条 再保险接受人不得向原保险的投保人要求支付保险费。

原保险的被保险人或者受益人不得向再保险接受人提出赔偿或者给付保险金的请求。

再保险分出人不得以再保险接受人未履行再保险责任为由，拒绝履行或者迟延履行其原保险责任。

第三十条 采用保险人提供的格式条款订立的保险合同，保险人与投保人、被保险人或者受益人对合同条款有争议的，应当按照通常理解予以解释。对合同条款有两种以上解释的，人民法院或者仲裁机构应当作出有利于被保险人和受益人的解释。

第二节 人身保险合同

第三十一条 投保人对下列人员具有保险利益：

（一）本人；

（二）配偶、子女、父母；

（三）前项以外与投保人有抚养、赡养或者扶养关系的家庭其他成员、近亲属；

（四）与投保人有劳动关系的劳动者。

除前款规定外，被保险人同意投保人为其订立合同的，视为投保人对被保险人具有保险利益。

订立合同时，投保人对被保险人不具有保险利益的，合同无效。

第三十二条 投保人申报的被保险人年龄不真实，并且其真实年龄不符合合同约定的年龄限制的，保险人可以解除合同，并按照合同约定退还保险单的现金价值。保险人行使合同解除权，适用本法第十六条第三款、第六款的规定。

投保人申报的被保险人年龄不真实，致使投保人支付的保险费少于应付保险费的，保险人有权更正并要求投保人补交保险费，或者在给付保险金时按照实付保险费与应付保险费的比例支付。

投保人申报的被保险人年龄不真实，致使投保人支付的保险费多于应付保险费的，保险人应当将多收的保险费退还投保人。

第三十三条 投保人不得为无民事行为能力人投保以死亡为给付保险金条件的人身保险，保险人也不得承保。

父母为其未成年子女投保的人身保险，不受前款规定限制。但是，因被保险人死亡给付的保险金总和不得超过国务院保险监督管理机构规定的限额。

第三十四条 以死亡为给付保险金条件的合同，未经被保险人同意并认可保险金额的，合同无效。

按照以死亡为给付保险金条件的合同所签发的保险单，未经被保险人书面同意，不得转让或者质押。

父母为其未成年子女投保的人身保险，不受本条第一款规定限制。

第三十五条 投保人可以按照合同约定向保险人一次支付全部保险费或者分期支付保险费。

第三十六条 合同约定分期支付保险费，投保人支付首期保险费后，除合同另有约定外，投保人自保险人催告之日起超过三十日未支付当期保险费，或者超过约定的期限六十日未支付当期保险费的，合同效力中止，或者由保险人按照合同约定的条件减少保险金额。

被保险人在前款规定期限内发生保险事故的，保险人应当按照合同约定给付保险金，但可以扣减欠交的保险费。

第三十七条 合同效力依照本法第三十六条规定中止的，经保险人与投保人协商并达成协议，在投保人补交保险费后，合同效力恢复。但是，自合同效力中止之日起满二年双方未达成协议的，保险人有权解除合同。

保险人依照前款规定解除合同的，应当按照合同约定退还保险单的现金价值。

第三十八条 保险人对人寿保险的保险费，不得用诉讼方式要求投保人支付。

第三十九条 人身保险的受益人由被保险人或者投保人指定。

投保人指定受益人时须经被保险人同意。投保人为与其有劳动关系的劳动者投保人身保险，不得指定被保险人及其近亲属以外的人为受益人。

被保险人为无民事行为能力人或者限制民事行为能力人的，可以由其监护人指定受益人。

第四十条 被保险人或者投保人可以指定一人或者数人为受益人。

受益人为数人的，被保险人或者投保人可以确定受益顺序和受益份额；未确定受益份额的，受益人按照相等份额享有受益权。

第四十一条 被保险人或者投保人可以变更受益人并书面通知保险人。保险人收到变更受益人的书面通知后，应当在保险单或者其他保险凭证上批注或者附贴批单。

投保人变更受益人时须经被保险人同意。

第四十二条 被保险人死亡后，有下列情形之一的，保险金作为被保险人的遗产，由保险人依照《中华人民共和国继承法》的规定履行给付保险金的义务：

（一）没有指定受益人，或者受益人指定不明无法确定的；

（二）受益人先于被保险人死亡，没有其他受益人的；

（三）受益人依法丧失受益权或者放弃受益权，没有其他受益人的。

受益人与被保险人在同一事件中死亡，且不能确定死亡先后顺序的，推定受益人死亡在先。

第四十三条 投保人故意造成被保险人死亡、伤残或者疾病的，保险人不承担给付保险金的责任。投保人已交足二年以上保险费的，保险人应当按照合同约定向其他权利人退还保险单的现金价值。

受益人故意造成被保险人死亡、伤残、疾病的，或者故意杀害被保险人未遂的，该受益人丧失受益权。

第四十四条 以被保险人死亡为给付保险金条件的合同，自合同成立或者合同效力恢复之日起二年内，被保险人自杀的，保险人不承担给付保险金的责任，但被保险人自杀时为无民事行为能力人的除外。

保险人依照前款规定不承担给付保险金责任的，应当按照合同约定退还保险单的现金价值。

第四十五条 因被保险人故意犯罪或者抗拒依法采取的刑事强制措施导致其伤残或者死亡的，保险人不承担给付保险金的责任。投保人已交足二年以上保险费的，保险人应当按照合同约定退还保险单的现金价值。

第四十六条 被保险人因第三者的行为而发生死亡、伤残或者疾病等保险事故的，保险人向被保险人或者受益人给付保险金后，不享有向第三者追偿的权利，但被保险人或者受益人仍有权向第三者请求赔偿。

第四十七条 投保人解除合同的，保险人应当自收到解除合同通知之日起三十日内，按照合同约定退还保险单的现金价值。

第三节 财产保险合同

第四十八条 保险事故发生时，被保险人对保险标的不具有保险利益的，不得向保险人请求赔偿保险金。

第四十九条 保险标的转让的，保险标的的受让人承继被保险人的权利和义务。

保险标的转让的，被保险人或者受让人应当及时通知保险人，但货物运输保险合同和另有约定的合同除外。

因保险标的转让导致危险程度显著增加的，保险人自收到前款规定的通知之日起三十日内，可以按照合同约定增加保险费或者解除合同。保险人解除合同的，应当将已收取的保险费，按照合同约定扣除自保险责任开始之日起至合同解除之日止应收的部分后，退还投保人。

被保险人、受让人未履行本条第二款规定的通知义务的，因转让导致保险标的危险程度显著增加而发生的保险事故，保险人不承担赔偿保险金的责任。

第五十条 货物运输保险合同和运输工具航程保险合同，保险责任开始后，合同当事人不得解除合同。

第五十一条 被保险人应当遵守国家有关消防、安全、生产操作、劳动保护等方面的规定，维护保险标的的安全。

保险人可以按照合同约定对保险标的的安全状况进行检查，及时向投保人、被保险人提出消除不安全因素和隐患的书面建议。

投保人、被保险人未按照约定履行其对保险标的的安全应尽责任的，保险人有权要求增加保险费或者解除合同。

保险人为维护保险标的的安全，经被保险人

同意，可以采取安全预防措施。

第五十二条 在合同有效期内，保险标的的危险程度显著增加的，被保险人应当按照合同约定及时通知保险人，保险人可以按照合同约定增加保险费或者解除合同。保险人解除合同的，应当将已收取的保险费，按照合同约定扣除自保险责任开始之日起至合同解除之日止应收的部分后，退还投保人。

被保险人未履行前款规定的通知义务的，因保险标的的危险程度显著增加而发生的保险事故，保险人不承担赔偿保险金的责任。

第五十三条 有下列情形之一的，除合同另有约定外，保险人应当降低保险费，并按日计算退还相应的保险费：

（一）据以确定保险费率的有关情况发生变化，保险标的的危险程度明显减少的；

（二）保险标的的保险价值明显减少的。

第五十四条 保险责任开始前，投保人要求解除合同的，应当按照合同约定向保险人支付手续费，保险人应当退还保险费。保险责任开始后，投保人要求解除合同的，保险人应当将已收取的保险费，按照合同约定扣除自保险责任开始之日起至合同解除之日止应收的部分后，退还投保人。

第五十五条 投保人和保险人约定保险标的的保险价值并在合同中载明的，保险标的发生损失时，以约定的保险价值为赔偿计算标准。

投保人和保险人未约定保险标的的保险价值的，保险标的发生损失时，以保险事故发生时保险标的的实际价值为赔偿计算标准。

保险金额不得超过保险价值。超过保险价值的，超过部分无效，保险人应当退还相应的保险费。

保险金额低于保险价值的，除合同另有约定外，保险人按照保险金额与保险价值的比例承担赔偿保险金的责任。

第五十六条 重复保险的投保人应当将重复保险的有关情况通知各保险人。

重复保险的各保险人赔偿保险金的总和不得超过保险价值。除合同另有约定外，各保险人按照其保险金额与保险金额总和的比例承担赔偿保险金的责任。

重复保险的投保人可以就保险金额总和超过保险价值的部分，请求各保险人按比例返还保险费。

重复保险是指投保人对同一保险标的、同一保险利益、同一保险事故分别与两个以上保险人订立保险合同，且保险金额总和超过保险价值的保险。

第五十七条 保险事故发生时，被保险人应当尽力采取必要的措施，防止或者减少损失。

保险事故发生后，被保险人为防止或者减少保险标的的损失所支付的必要的、合理的费用，由保险人承担；保险人所承担的费用数额在保险标的损失赔偿金额以外另行计算，最高不超过保险金额的数额。

第五十八条 保险标的发生部分损失的，自保险人赔偿之日起三十日内，投保人可以解除合同；除合同另有约定外，保险人也可以解除合同，但应当提前十五日通知投保人。

合同解除的，保险人应当将保险标的未受损失部分的保险费，按照合同约定扣除自保险责任开始之日起至合同解除之日止应收的部分后，退还投保人。

第五十九条 保险事故发生后，保险人已支付了全部保险金额，并且保险金额等于保险价值的，受损保险标的的全部权利归于保险人；保险金额低于保险价值的，保险人按照保险金额与保险价值的比例取得受损保险标的的部分权利。

第六十条 因第三者对保险标的的损害而造成保险事故的，保险人自向被保险人赔偿保险金之日起，在赔偿金额范围内代位行使被保险人对第三者请求赔偿的权利。

前款规定的保险事故发生后，被保险人已经从第三者取得损害赔偿的，保险人赔偿保险金时，可以相应扣减被保险人从第三者已取得的赔偿金额。

保险人依照本条第一款规定行使代位请求赔偿的权利，不影响被保险人就未取得赔偿的部分向第三者请求赔偿的权利。

第六十一条 保险事故发生后，保险人未赔偿保险金之前，被保险人放弃对第三者请求赔偿的权利的，保险人不承担赔偿保险金的责任。

保险人向被保险人赔偿保险金后，被保险人

未经保险人同意放弃对第三者请求赔偿的权利的，该行为无效。

被保险人故意或者因重大过失致使保险人不能行使代位请求赔偿的权利的，保险人可以扣减或者要求返还相应的保险金。

第六十二条 除被保险人的家庭成员或者其组成人员故意造成本法第六十条第一款规定的保险事故外，保险人不得对被保险人的家庭成员或者其组成人员行使代位请求赔偿的权利。

第六十三条 保险人向第三者行使代位请求赔偿的权利时，被保险人应当向保险人提供必要的文件和所知道的有关情况。

第六十四条 保险人、被保险人为查明和确定保险事故的性质、原因和保险标的的损失程度所支付的必要的、合理的费用，由保险人承担。

第六十五条 保险人对责任保险的被保险人给第三者造成的损害，可以依照法律的规定或者合同的约定，直接向该第三者赔偿保险金。

责任保险的被保险人给第三者造成损害，被保险人对第三者应负的赔偿责任确定的，根据被保险人的请求，保险人应当直接向该第三者赔偿保险金。被保险人怠于请求的，第三者有权就其应获赔偿部分直接向保险人请求赔偿保险金。

责任保险的被保险人给第三者造成损害，被保险人未向该第三者赔偿的，保险人不得向被保险人赔偿保险金。

责任保险是指以被保险人对第三者依法应负的赔偿责任为保险标的的保险。

第六十六条 责任保险的被保险人因给第三者造成损害的保险事故而被提起仲裁或者诉讼的，被保险人支付的仲裁或者诉讼费用以及其他必要的、合理的费用，除合同另有约定外，由保险人承担。

第三章 保险公司

第六十七条 设立保险公司应当经国务院保险监督管理机构批准。

国务院保险监督管理机构审查保险公司的设立申请时，应当考虑保险业的发展和公平竞争的需要。

第六十八条 设立保险公司应当具备下列条件：

（一）主要股东具有持续盈利能力，信誉良好，最近三年内无重大违法违规记录，净资产不低于人民币二亿元；

（二）有符合本法和《中华人民共和国公司法》规定的章程；

（三）有符合本法规定的注册资本；

（四）有具备任职专业知识和业务工作经验的董事、监事和高级管理人员；

（五）有健全的组织机构和管理制度；

（六）有符合要求的营业场所和与经营业务有关的其他设施；

（七）法律、行政法规和国务院保险监督管理机构规定的其他条件。

第六十九条 设立保险公司，其注册资本的最低限额为人民币二亿元。

国务院保险监督管理机构根据保险公司的业务范围、经营规模，可以调整其注册资本的最低限额，但不得低于本条第一款规定的限额。

保险公司的注册资本必须为实缴货币资本。

第七十条 申请设立保险公司，应当向国务院保险监督管理机构提出书面申请，并提交下列材料：

（一）设立申请书，申请书应当载明拟设立的保险公司的名称、注册资本、业务范围等；

（二）可行性研究报告；

（三）筹建方案；

（四）投资人的营业执照或者其他背景资料，经会计师事务所审计的上一年度财务会计报告；

（五）投资人认可的筹备组负责人和拟任董事长、经理名单及本人认可证明；

（六）国务院保险监督管理机构规定的其他材料。

第七十一条 国务院保险监督管理机构应当对设立保险公司的申请进行审查，自受理之日起六个月内作出批准或者不批准筹建的决定，并书面通知申请人。决定不批准的，应当书面说明理由。

第七十二条 申请人应当自收到批准筹建通知之日起一年内完成筹建工作；筹建期间不得从事保险经营活动。

第七十三条 筹建工作完成后，申请人具备本法第六十八条规定的设立条件的，可以向国务院保险监督管理机构提出开业申请。

国务院保险监督管理机构应当自受理开业申请之日起六十日内，作出批准或者不批准开业的决定。决定批准的，颁发经营保险业务许可证；决定不批准的，应当书面通知申请人并说明理由。

第七十四条 保险公司在中华人民共和国境内设立分支机构，应当经保险监督管理机构批准。

保险公司分支机构不具有法人资格，其民事责任由保险公司承担。

第七十五条 保险公司申请设立分支机构，应当向保险监督管理机构提出书面申请，并提交下列材料：

（一）设立申请书；

（二）拟设机构三年业务发展规划和市场分析材料；

（三）拟任高级管理人员的简历及相关证明材料；

（四）国务院保险监督管理机构规定的其他材料。

第七十六条 保险监督管理机构应当对保险公司设立分支机构的申请进行审查，自受理之日起六十日内作出批准或者不批准的决定。决定批准的，颁发分支机构经营保险业务许可证；决定不批准的，应当书面通知申请人并说明理由。

第七十七条 经批准设立的保险公司及其分支机构，凭经营保险业务许可证向工商行政管理机关办理登记，领取营业执照。

第七十八条 保险公司及其分支机构自取得经营保险业务许可证之日起六个月内，无正当理由未向工商行政管理机关办理登记的，其经营保险业务许可证失效。

第七十九条 保险公司在中华人民共和国境外设立子公司、分支机构，应当经国务院保险监督管理机构批准。

第八十条 外国保险机构在中华人民共和国境内设立代表机构，应当经国务院保险监督管理机构批准。代表机构不得从事保险经营活动。

第八十一条 保险公司的董事、监事和高级管理人员，应当品行良好，熟悉与保险相关的法律、行政法规，具有履行职责所需的经营管理能力，并在任职前取得保险监督管理机构核准的任职资格。

保险公司高级管理人员的范围由国务院保险监督管理机构规定。

第八十二条 有《中华人民共和国公司法》第一百四十六条规定的情形或者下列情形之一的，不得担任保险公司的董事、监事、高级管理人员：

（一）因违法行为或者违纪行为被金融监督管理机构取消任职资格的金融机构的董事、监事、高级管理人员，自被取消任职资格之日起未逾五年的；

（二）因违法行为或者违纪行为被吊销执业资格的律师、注册会计师或者资产评估机构、验证机构等机构的专业人员，自被吊销执业资格之日起未逾五年的。

第八十三条 保险公司的董事、监事、高级管理人员执行公司职务时违反法律、行政法规或者公司章程的规定，给公司造成损失的，应当承担赔偿责任。

第八十四条 保险公司有下列情形之一的，应当经保险监督管理机构批准：

（一）变更名称；

（二）变更注册资本；

（三）变更公司或者分支机构的营业场所；

（四）撤销分支机构；

（五）公司分立或者合并；

（六）修改公司章程；

（七）变更出资额占有限责任公司资本总额百分之五以上的股东，或者变更持有股份有限公司股份百分之五以上的股东；

（八）国务院保险监督管理机构规定的其他情形。

第八十五条 保险公司应当聘用专业人员，建立精算报告制度和合规报告制度。

第八十六条 保险公司应当按照保险监督管理机构的规定，报送有关报告、报表、文件和资料。

保险公司的偿付能力报告、财务会计报告、精算报告、合规报告及其他有关报告、报表、文件和资料必须如实记录保险业务事项，不得有虚假记载、误导性陈述和重大遗漏。

第八十七条 保险公司应当按照国务院保险监督管理机构的规定妥善保管业务经营活动的完整账簿、原始凭证和有关资料。

前款规定的账簿、原始凭证和有关资料的保管期限，自保险合同终止之日起计算，保险期间在一年以下的不得少于五年，保险期间超过一年的不得少于十年。

第八十八条 保险公司聘请或者解聘会计师事务所、资产评估机构、资信评级机构等中介服务机构，应当向保险监督管理机构报告；解聘会计师事务所、资产评估机构、资信评级机构等中介服务机构，应当说明理由。

第八十九条 保险公司因分立、合并需要解散，或者股东会、股东大会决议解散，或者公司章程规定的解散事由出现，经国务院保险监督管理机构批准后解散。

经营有人寿保险业务的保险公司，除因分立、合并或者被依法撤销外，不得解散。

保险公司解散，应当依法成立清算组进行清算。

第九十条 保险公司有《中华人民共和国企业破产法》第二条规定情形的，经国务院保险监督管理机构同意，保险公司或者其债权人可以依法向人民法院申请重整、和解或者破产清算；国务院保险监督管理机构也可以依法向人民法院申请对该保险公司进行重整或者破产清算。

第九十一条 破产财产在优先清偿破产费用和共益债务后，按照下列顺序清偿：

（一）所欠职工工资和医疗、伤残补助、抚恤费用，所欠应当划入职工个人账户的基本养老保险、基本医疗保险费用，以及法律、行政法规规定应当支付给职工的补偿金；

（二）赔偿或者给付保险金；

（三）保险公司欠缴的除第（一）项规定以外的社会保险费用和所欠税款；

（四）普通破产债权。

破产财产不足以清偿同一顺序的清偿要求的，按照比例分配。

破产保险公司的董事、监事和高级管理人员的工资，按照该公司职工的平均工资计算。

第九十二条 经营有人寿保险业务的保险公司被依法撤销或者被依法宣告破产的，其持有的人寿保险合同及责任准备金，必须转让给其他经营有人寿保险业务的保险公司；不能同其他保险公司达成转让协议的，由国务院保险监督管理机构指定经营有人寿保险业务的保险公司接受转让。

转让或者由国务院保险监督管理机构指定接受转让前款规定的人寿保险合同及责任准备金的，应当维护被保险人、受益人的合法权益。

第九十三条 保险公司依法终止其业务活动，应当注销其经营保险业务许可证。

第九十四条 保险公司，除本法另有规定外，适用《中华人民共和国公司法》的规定。

第四章 保险经营规则

第九十五条 保险公司的业务范围：

（一）人身保险业务，包括人寿保险、健康保险、意外伤害保险等保险业务；

（二）财产保险业务，包括财产损失保险、责任保险、信用保险、保证保险等保险业务；

（三）国务院保险监督管理机构批准的与保险有关的其他业务。

保险人不得兼营人身保险业务和财产保险业务。但是，经营财产保险业务的保险公司经国务院保险监督管理机构批准，可以经营短期健康保险业务和意外伤害保险业务。

保险公司应当在国务院保险监督管理机构依法批准的业务范围内从事保险经营活动。

第九十六条 经国务院保险监督管理机构批准，保险公司可以经营本法第九十五条规定的保险业务的下列再保险业务：

（一）分出保险；

（二）分入保险。

第九十七条 保险公司应当按照其注册资本总额的百分之二十提取保证金，存入国务院保险监督管理机构指定的银行，除公司清算时用于清偿债务外，不得动用。

第九十八条 保险公司应当根据保障被保险人利益、保证偿付能力的原则，提取各项责任准备金。

保险公司提取和结转责任准备金的具体办法，由国务院保险监督管理机构制定。

第九十九条 保险公司应当依法提取公积金。

第一百条 保险公司应当缴纳保险保障基金。

保险保障基金应当集中管理，并在下列情形下统筹使用：

（一）在保险公司被撤销或者被宣告破产时，向投保人、被保险人或者受益人提供救济；

（二）在保险公司被撤销或者被宣告破产时，向依法接受其人寿保险合同的保险公司提供救济；

（三）国务院规定的其他情形。

保险保障基金筹集、管理和使用的具体办法，由国务院制定。

第一百零一条 保险公司应当具有与其业务规模和风险程度相适应的最低偿付能力。保险公司的认可资产减去认可负债的差额不得低于国务院保险监督管理机构规定的数额；低于规定数额的，应当按照国务院保险监督管理机构的要求采取相应措施达到规定的数额。

第一百零二条 经营财产保险业务的保险公司当年自留保险费，不得超过其实有资本金加公积金总和的四倍。

第一百零三条 保险公司对每一危险单位，即对一次保险事故可能造成的最大损失范围所承担的责任，不得超过其实有资本金加公积金总和的百分之十；超过的部分应当办理再保险。

保险公司对危险单位的划分应当符合国务院保险监督管理机构的规定。

第一百零四条 保险公司对危险单位的划分方法和巨灾风险安排方案，应当报国务院保险监督管理机构备案。

第一百零五条 保险公司应当按照国务院保险监督管理机构的规定办理再保险，并审慎选择再保险接受人。

第一百零六条 保险公司的资金运用必须稳健，遵循安全性原则。

保险公司的资金运用限于下列形式：

（一）银行存款；

（二）买卖债券、股票、证券投资基金份额等有价证券；

（三）投资不动产；

（四）国务院规定的其他资金运用形式。

保险公司资金运用的具体管理办法，由国务院保险监督管理机构依照前两款的规定制定。

第一百零七条 经国务院保险监督管理机构会同国务院证券监督管理机构批准，保险公司可以设立保险资产管理公司。

保险资产管理公司从事证券投资活动，应当遵守《中华人民共和国证券法》等法律、行政法规的规定。

保险资产管理公司的管理办法，由国务院保险监督管理机构会同国务院有关部门制定。

第一百零八条 保险公司应当按照国务院保险监督管理机构的规定，建立对关联交易的管理和信息披露制度。

第一百零九条 保险公司的控股股东、实际控制人、董事、监事、高级管理人员不得利用关联交易损害公司的利益。

第一百一十条 保险公司应当按照国务院保险监督管理机构的规定，真实、准确、完整地披露财务会计报告、风险管理状况、保险产品经营情况等重大事项。

第一百一十一条 保险公司从事保险销售的人员应当品行良好，具有保险销售所需的专业能力。保险销售人员的行为规范和管理办法，由国务院保险监督管理机构规定。

第一百一十二条 保险公司应当建立保险代理人登记管理制度，加强对保险代理人的培训和管理，不得唆使、诱导保险代理人进行违背诚信义务的活动。

第一百一十三条 保险公司及其分支机构应当依法使用经营保险业务许可证，不得转让、出租、出借经营保险业务许可证。

第一百一十四条 保险公司应当按照国务院保险监督管理机构的规定，公平、合理拟订保险条款和保险费率，不得损害投保人、被保险人和受益人的合法权益。

保险公司应当按照合同约定和本法规定，及时履行赔偿或者给付保险金义务。

第一百一十五条 保险公司开展业务，应当遵循公平竞争的原则，不得从事不正当竞争。

第一百一十六条 保险公司及其工作人员在保险业务活动中不得有下列行为：

（一）欺骗投保人、被保险人或者受益人；

（二）对投保人隐瞒与保险合同有关的重要情况；

（三）阻碍投保人履行本法规定的如实告知义务，或者诱导其不履行本法规定的如实告知义务；

（四）给予或者承诺给予投保人、被保险人、受益人保险合同约定以外的保险费回扣或者其他利益；

（五）拒不依法履行保险合同约定的赔偿或者给付保险金义务；

（六）故意编造未曾发生的保险事故、虚构保险合同或者故意夸大已经发生的保险事故的损失程度进行虚假理赔，骗取保险金或者牟取其他不正当利益；

（七）挪用、截留、侵占保险费；

（八）委托未取得合法资格的机构从事保险销售活动；

（九）利用开展保险业务为其他机构或者个人牟取不正当利益；

（十）利用保险代理人、保险经纪人或者保险评估机构，从事以虚构保险中介业务或者编造退保等方式套取费用等违法活动；

（十一）以捏造、散布虚假事实等方式损害竞争对手的商业信誉，或者以其他不正当竞争行为扰乱保险市场秩序；

（十二）泄露在业务活动中知悉的投保人、被保险人的商业秘密；

（十三）违反法律、行政法规和国务院保险监督管理机构规定的其他行为。

第五章　保险代理人和保险经纪人

第一百一十七条　保险代理人是根据保险人的委托，向保险人收取佣金，并在保险人授权的范围内代为办理保险业务的机构或者个人。

保险代理机构包括专门从事保险代理业务的保险专业代理机构和兼营保险代理业务的保险兼业代理机构。

第一百一十八条　保险经纪人是基于投保人的利益，为投保人与保险人订立保险合同提供中介服务，并依法收取佣金的机构。

第一百一十九条　保险代理机构、保险经纪人应当具备国务院保险监督管理机构规定的条件，取得保险监督管理机构颁发的经营保险代理业务许可证、保险经纪业务许可证。

第一百二十条　以公司形式设立保险专业代理机构、保险经纪人，其注册资本最低限额适用《中华人民共和国公司法》的规定。

国务院保险监督管理机构根据保险专业代理机构、保险经纪人的业务范围和经营规模，可以调整其注册资本的最低限额，但不得低于《中华人民共和国公司法》规定的限额。

保险专业代理机构、保险经纪人的注册资本或者出资额必须为实缴货币资本。

第一百二十一条　保险专业代理机构、保险经纪人的高级管理人员，应当品行良好，熟悉保险法律、行政法规，具有履行职责所需的经营管理能力，并在任职前取得保险监督管理机构核准的任职资格。

第一百二十二条　个人保险代理人、保险代理机构的代理从业人员、保险经纪人的经纪从业人员，应当品行良好，具有从事保险代理业务或者保险经纪业务所需的专业能力。

第一百二十三条　保险代理机构、保险经纪人应当有自己的经营场所，设立专门账簿记载保险代理业务、经纪业务的收支情况。

第一百二十四条　保险代理机构、保险经纪人应当按照国务院保险监督管理机构的规定缴存保证金或者投保职业责任保险。

第一百二十五条　个人保险代理人在代为办理人寿保险业务时，不得同时接受两个以上保险人的委托。

第一百二十六条　保险人委托保险代理人代为办理保险业务，应当与保险代理人签订委托代理协议，依法约定双方的权利和义务。

第一百二十七条　保险代理人根据保险人的授权代为办理保险业务的行为，由保险人承担责任。

保险代理人没有代理权、超越代理权或者代理权终止后以保险人名义订立合同，使投保人有理由相信其有代理权的，该代理行为有效。保险人可以依法追究越权的保险代理人的责任。

第一百二十八条　保险经纪人因过错给投保人、被保险人造成损失的，依法承担赔偿责任。

第一百二十九条　保险活动当事人可以委托保险公估机构等依法设立的独立评估机构或者具有相关专业知识的人员，对保险事故进行评估和鉴定。

接受委托对保险事故进行评估和鉴定的机构和人员，应当依法、独立、客观、公正地进行评估和鉴定，任何单位和个人不得干涉。

前款规定的机构和人员，因故意或者过失给保险人或者被保险人造成损失的，依法承担赔偿责任。

第一百三十条　保险佣金只限于向保险代理人、保险经纪人支付，不得向其他人支付。

第一百三十一条　保险代理人、保险经纪人及其从业人员在办理保险业务活动中不得有下列行为：

（一）欺骗保险人、投保人、被保险人或者受益人；

（二）隐瞒与保险合同有关的重要情况；

（三）阻碍投保人履行本法规定的如实告知义务，或者诱导其不履行本法规定的如实告知义务；

（四）给予或者承诺给予投保人、被保险人或者受益人保险合同约定以外的利益；

（五）利用行政权力、职务或者职业便利以及其他不正当手段强迫、引诱或者限制投保人订立保险合同；

（六）伪造、擅自变更保险合同，或者为保险合同当事人提供虚假证明材料；

（七）挪用、截留、侵占保险费或者保险金；

（八）利用业务便利为其他机构或者个人牟取不正当利益；

（九）串通投保人、被保险人或者受益人，骗取保险金；

（十）泄露在业务活动中知悉的保险人、投保人、被保险人的商业秘密。

第一百三十二条　本法第八十六条第一款、第一百一十三条的规定，适用于保险代理机构和保险经纪人。

第六章　保险业监督管理

第一百三十三条　保险监督管理机构依照本法和国务院规定的职责，遵循依法、公开、公正的原则，对保险业实施监督管理，维护保险市场秩序，保护投保人、被保险人和受益人的合法权益。

第一百三十四条　国务院保险监督管理机构依照法律、行政法规制定并发布有关保险业监督管理的规章。

第一百三十五条　关系社会公众利益的保险险种、依法实行强制保险的险种和新开发的人寿保险险种等的保险条款和保险费率，应当报国务院保险监督管理机构批准。国务院保险监督管理机构审批时，应当遵循保护社会公众利益和防止不正当竞争的原则。其他保险险种的保险条款和保险费率，应当报保险监督管理机构备案。

保险条款和保险费率审批、备案的具体办法，由国务院保险监督管理机构依照前款规定制定。

第一百三十六条　保险公司使用的保险条款和保险费率违反法律、行政法规或者国务院保险监督管理机构的有关规定的，由保险监督管理机构责令停止使用，限期修改；情节严重的，可以在一定期限内禁止申报新的保险条款和保险费率。

第一百三十七条　国务院保险监督管理机构应当建立健全保险公司偿付能力监管体系，对保险公司的偿付能力实施监控。

第一百三十八条　对偿付能力不足的保险公司，国务院保险监督管理机构应当将其列为重点监管对象，并可以根据具体情况采取下列措施：

（一）责令增加资本金、办理再保险；

（二）限制业务范围；

（三）限制向股东分红；

（四）限制固定资产购置或者经营费用规模；

（五）限制资金运用的形式、比例；

（六）限制增设分支机构；

（七）责令拍卖不良资产、转让保险业务；

（八）限制董事、监事、高级管理人员的薪酬水平；

（九）限制商业性广告；

（十）责令停止接受新业务。

第三十九条　保险公司未依照本法规定提取

或者结转各项责任准备金，或者未依照本法规定办理再保险，或者严重违反本法关于资金运用的规定的，由保险监督管理机构责令限期改正，并可以责令调整负责人及有关管理人员。

第一百四十条 保险监督管理机构依照本法第一百四十条的规定作出限期改正的决定后，保险公司逾期未改正的，国务院保险监督管理机构可以决定选派保险专业人员和指定该保险公司的有关人员组成整顿组，对公司进行整顿。

整顿决定应当载明被整顿公司的名称、整顿理由、整顿组成员和整顿期限，并予以公告。

第一百四十一条 整顿组有权监督被整顿保险公司的日常业务。被整顿公司的负责人及有关管理人员应当在整顿组的监督下行使职权。

第一百四十二条 整顿过程中，被整顿保险公司的原有业务继续进行。但是，国务院保险监督管理机构可以责令被整顿公司停止部分原有业务、停止接受新业务，调整资金运用。

第一百四十三条 被整顿保险公司经整顿已纠正其违反本法规定的行为，恢复正常经营状况的，由整顿组提出报告，经国务院保险监督管理机构批准，结束整顿，并由国务院保险监督管理机构予以公告。

第一百四十四条 保险公司有下列情形之一的，国务院保险监督管理机构可以对其实行接管：

（一）公司的偿付能力严重不足的；

（二）违反本法规定，损害社会公共利益，可能严重危及或者已经严重危及公司的偿付能力的。

被接管的保险公司的债权债务关系不因接管而变化。

第一百四十五条 接管组的组成和接管的实施办法，由国务院保险监督管理机构决定，并予以公告。

第一百四十六条 接管期限届满，国务院保险监督管理机构可以决定延长接管期限，但接管期限最长不得超过二年。

第一百四十七条 接管期限届满，被接管的保险公司已恢复正常经营能力的，由国务院保险监督管理机构决定终止接管，并予以公告。

第一百四十八条 被整顿、被接管的保险公司有《中华人民共和国企业破产法》第二条规定情形的，国务院保险监督管理机构可以依法向人民法院申请对该保险公司进行重整或者破产清算。

第一百四十九条 保险公司因违法经营被依法吊销经营保险业务许可证的，或者偿付能力低于国务院保险监督管理机构规定标准，不予撤销将严重危害保险市场秩序、损害公共利益的，由国务院保险监督管理机构予以撤销并公告，依法及时组织清算组进行清算。

第一百五十条 国务院保险监督管理机构有权要求保险公司股东、实际控制人在指定的期限内提供有关信息和资料。

第一百五十一条 保险公司的股东利用关联交易严重损害公司利益，危及公司偿付能力的，由国务院保险监督管理机构责令改正。在按照要求改正前，国务院保险监督管理机构可以限制其股东权利；拒不改正的，可以责令其转让所持的保险公司股权。

第一百五十二条 保险监督管理机构根据履行监督管理职责的需要，可以与保险公司董事、监事和高级管理人员进行监督管理谈话，要求其就公司的业务活动和风险管理的重大事项作出说明。

第一百五十三条 保险公司在整顿、接管、撤销清算期间，或者出现重大风险时，国务院保险监督管理机构可以对该公司直接负责的董事、监事、高级管理人员和其他直接责任人员采取以下措施：

（一）通知出境管理机关依法阻止其出境；

（二）申请司法机关禁止其转移、转让或者以其他方式处分财产，或者在财产上设定其他权利。

第一百五十四条 保险监督管理机构依法履行职责，可以采取下列措施：

（一）对保险公司、保险代理人、保险经纪人、保险资产管理公司、外国保险机构的代表机构进行现场检查；

（二）进入涉嫌违法行为发生场所调查取证；

（三）询问当事人及与被调查事件有关的单位和个人，要求其对与被调查事件有关的事项作出说明；

（四）查阅、复制与被调查事件有关的财产权登记等资料；

（五）查阅、复制保险公司、保险代理人、保险经纪人、保险资产管理公司、外国保险机构的代表机构以及与被调查事件有关的单位和个人的财务会计资料及其他相关文件和资料；对可能被转移、隐匿或者毁损的文件和资料予以封存；

（六）查询涉嫌违法经营的保险公司、保险代理人、保险经纪人、保险资产管理公司、外国保险机构的代表机构以及与涉嫌违法事项有关的单位和个人的银行账户；

（七）对有证据证明已经或者可能转移、隐匿违法资金等涉案财产或者隐匿、伪造、毁损重要证据的，经保险监督管理机构主要负责人批准，申请人民法院予以冻结或者查封。

保险监督管理机构采取前款第（一）项、第（二）项、第（五）项措施的，应当经保险监督管理机构负责人批准；采取第（六）项措施的，应当经国务院保险监督管理机构负责人批准。

保险监督管理机构依法进行监督检查或者调查，其监督检查、调查的人员不得少于二人，并应当出示合法证件和监督检查、调查通知书；监督检查、调查的人员少于二人或者未出示合法证件和监督检查、调查通知书的，被检查、调查的单位和个人有权拒绝。

第一百五十五条 保险监督管理机构依法履行职责，被检查、调查的单位和个人应当配合。

第一百五十六条 保险监督管理机构工作人员应当忠于职守，依法办事，公正廉洁，不得利用职务便利牟取不正当利益，不得泄露所知悉的有关单位和个人的商业秘密。

第一百五十七条 国务院保险监督管理机构应当与中国人民银行、国务院其他金融监督管理机构建立监督管理信息共享机制。

保险监督管理机构依法履行职责，进行监督检查、调查时，有关部门应当予以配合。

第七章 法律责任

第一百五十八条 违反本法规定，擅自设立保险公司、保险资产管理公司或者非法经营商业保险业务的，由保险监督管理机构予以取缔，没收违法所得，并处违法所得一倍以上五倍以下的罚款；没有违法所得或者违法所得不足二十万元的，处二十万元以上一百万元以下的罚款。

第一百五十九条 违反本法规定，擅自设立保险专业代理机构、保险经纪人，或者未取得经营保险代理业务许可证、保险经纪业务许可证从事保险代理业务、保险经纪业务的，由保险监督管理机构予以取缔，没收违法所得，并处违法所得一倍以上五倍以下的罚款；没有违法所得或者违法所得不足五万元的，处五万元以上三十万元以下的罚款。

第一百六十条 保险公司违反本法规定，超出批准的业务范围经营的，由保险监督管理机构责令限期改正，没收违法所得，并处违法所得一倍以上五倍以下的罚款；没有违法所得或者违法所得不足十万元的，处十万元以上五十万元以下的罚款。逾期不改正或者造成严重后果的，责令停业整顿或者吊销业务许可证。

第一百六十一条 保险公司有本法第一百一十六条规定行为之一的，由保险监督管理机构责令改正，处五万元以上三十万元以下的罚款；情节严重的，限制其业务范围、责令停止接受新业务或者吊销业务许可证。

第一百六十二条 保险公司违反本法第八十四条规定的，由保险监督管理机构责令改正，处一万元以上十万元以下的罚款。

第一百六十三条 保险公司违反本法规定，有下列行为之一的，由保险监督管理机构责令改正，处五万元以上三十万元以下的罚款：

（一）超额承保，情节严重的；

（二）为无民事行为能力人承保以死亡为给付保险金条件的保险的。

第一百六十四条 违反本法规定，有下列行为之一的，由保险监督管理机构责令改正，处五万元以上三十万元以下的罚款；情节严重的，可以限制其业务范围、责令停止接受新业务或者吊销业务许可证：

（一）未按照规定提存保证金或者违反规定动用保证金的；

（二）未按照规定提取或者结转各项责任准备金的；

（三）未按照规定缴纳保险保障基金或者提取公积金的；

（四）未按照规定办理再保险的；

（五）未按照规定运用保险公司资金的；

（六）未经批准设立分支机构；

（七）未按照规定申请批准保险条款、保险费率的。

第一百六十五条 保险代理机构、保险经纪人有本法第一百三十一条规定行为之一的，由保险监督管理机构责令改正，处五万元以上三十万元以下的罚款；情节严重的，吊销业务许可证。

第一百六十六条 保险代理机构、保险经纪人违反本法规定，有下列行为之一的，由保险监督管理机构责令改正，处二万元以上十万元以下的罚款；情节严重的，责令停业整顿或者吊销业务许可证：

（一）未按照规定缴存保证金或者投保职业责任保险的；

（二）未按照规定设立专门账簿记载业务收支情况的。

第一百六十七条 违反本法规定，聘任不具有任职资格的人员的，由保险监督管理机构责令改正，处二万元以上十万元以下的罚款。

第一百六十八条 违反本法规定，转让、出租、出借业务许可证的，由保险监督管理机构处一万元以上十万元以下的罚款；情节严重的，责令停业整顿或者吊销业务许可证。

第一百六十九条 违反本法规定，有下列行为之一的，由保险监督管理机构责令限期改正；逾期不改正的，处一万元以上十万元以下的罚款：

（一）未按照规定报送或者保管报告、报表、文件、资料的，或者未按照规定提供有关信息、资料的；

（二）未按照规定报送保险条款、保险费率备案的；

（三）未按照规定披露信息的。

第一百七十条 违反本法规定，有下列行为之一的，由保险监督管理机构责令改正，处十万元以上五十万元以下的罚款；情节严重的，可以限制其业务范围、责令停止接受新业务或者吊销业务许可证：

（一）编制或者提供虚假的报告、报表、文件、资料的；

（二）拒绝或者妨碍依法监督检查的；

（三）未按照规定使用经批准或者备案的保险条款、保险费率的。

第一百七十一条 保险公司、保险资产管理公司、保险专业代理机构、保险经纪人违反本法规定的，保险监督管理机构除分别依照本法第一百六十条至第一百七十条的规定对该单位给予处罚外，对其直接负责的主管人员和其他直接责任人员给予警告，并处一万元以上十万元以下的罚款；情节严重的，撤销任职资格。

第一百七十二条 个人保险代理人违反本法规定的，由保险监督管理机构给予警告，可以并处二万元以下的罚款；情节严重的，处二万元以上十万元以下的罚款。

第一百七十三条 外国保险机构未经国务院保险监督管理机构批准，擅自在中华人民共和国境内设立代表机构的，由国务院保险监督管理机构予以取缔，处五万元以上三十万元以下的罚款。

外国保险机构在中华人民共和国境内设立的代表机构从事保险经营活动的，由保险监督管理机构责令改正，没收违法所得，并处违法所得一倍以上五倍以下的罚款；没有违法所得或者违法所得不足二十万元的，处二十万元以上一百万元以下的罚款；对其首席代表可以责令撤换；情节严重的，撤销其代表机构。

第一百七十四条 投保人、被保险人或者受益人有下列行为之一，进行保险诈骗活动，尚不构成犯罪的，依法给予行政处罚：

（一）投保人故意虚构保险标的，骗取保险金的；

（二）编造未曾发生的保险事故，或者编造虚假的事故原因或者夸大损失程度，骗取保险金的；

（三）故意造成保险事故，骗取保险金的。

保险事故的鉴定人、评估人、证明人故意提供虚假的证明文件，为投保人、被保险人或者受益人进行保险诈骗提供条件的，依照前款规定给予处罚。

第一百七十五条 违反本法规定，给他人造成损害的，依法承担民事责任。

第一百七十六条 拒绝、阻碍保险监督管理机构及其工作人员依法行使监督检查、调查职权，未使用暴力、威胁方法的，依法给予治安管理处罚。

第一百七十七条 违反法律、行政法规的规定，情节严重的，国务院保险监督管理机构可以禁止有关责任人员一定期限直至终身进入保险业。

第一百七十八条 保险监督管理机构从事监督管理工作的人员有下列情形之一的，依法给予处分：

（一）违反规定批准机构的设立的；

（二）违反规定进行保险条款、保险费率审批的；

（三）违反规定进行现场检查的；

（四）违反规定查询账户或者冻结资金的；

（五）泄露其知悉的有关单位和个人的商业秘密的；

（六）违反规定实施行政处罚的；

（七）滥用职权、玩忽职守的其他行为。

第一百七十九条 违反本法规定，构成犯罪的，依法追究刑事责任。

第八章　附　则

第一百八十条 保险公司应当加入保险行业协会。保险代理人、保险经纪人、保险公估机构可以加入保险行业协会。

保险行业协会是保险业的自律性组织，是社会团体法人。

第一百八十一条 保险公司以外的其他依法设立的保险组织经营的商业保险业务，适用本法。

第一百八十二条 海上保险适用《中华人民共和国海商法》的有关规定；《中华人民共和国海商法》未规定的，适用本法的有关规定。

第一百八十三条 中外合资保险公司、外资独资保险公司、外国保险公司分公司适用本法规定；法律、行政法规另有规定的，适用其规定。

第一百八十四条 国家支持发展为农业生产服务的保险事业。农业保险由法律、行政法规另行规定。

强制保险，法律、行政法规另有规定的，适用其规定。

第一百八十五条 本法自 2009 年 10 月 1 日起施行。

第十三章　证券法

材料导读

中国证券市场从建立到发展至今，已经具有一定的发展规模，形成一定的法律规制体系，但距离一个完善的法律规制体系目标还有很长的路要走。

从证券市场信用机制这个角度来说，存在的问题较多。可以说，信用是证券市场的生命线，是决定着证券市场能够继续存在、发展的主要因素。特别是加入WTO之后今日的中国证券市场，正在并且将要接受着来自西方几百年经验的证券业的挑战。中国证券市场的信用问题如果不能得到治理，就会成为阻碍我国社会主义经济建设的一大绊脚石。中国证券法律制度必须做出更多改革和创新，例如在完善公司法律治理，强化公司自我及时信息披露的责任意识，完善中小股东的法律保护方面；加强公司内部的管理和减少政府的行政干预，完善对中介机构的管理，增强其社会的独立地位，提高市场准入标准的法律规制，等等。

第一节　证券法律制度概述

一、证券的概念和种类

（一）证券的概念

证券是发行人为了证明或者设立财产权利，依照法定的程序以书面或电子记账的形式付给权利人的凭证。广义上的证券包括：货币证券、商品证券和资本证券。货币证券是证明持有人享有一定数额货币请求权的证券，如汇票、支票和本票；商品证券是证明持有人享有一定数量商品请求权的证券，如提货单、货运单等；资本证券是证明持有人享有资本的所有权与收益权的证券，如股票、债券等。证券法上所指的证券仅为资本证券。

（二）证券的种类

我国目前在证券市场上发行和流通的证券主要有以下几类：

（1）股票。股票是股份有限公司签发的证明股东所持股份的凭证。

（2）债券。债券是政府、金融机构、公司企业等单位依照法定程序发行的，约定在一定期限还本付息的有价证券。

（3）认股权证。认股权证是股份公司给予持证人在一定期限内，以确定价格购买一定数量普通股份的权利凭证。

（4）基金受益凭证。基金受益凭证是证券投资基金发给投资者，用以记载投资者所持基金单位数的凭证。投资者按其所持基金受益凭证在基金中所占比例来分享基金盈利，分担基金亏损。

二、证券法的概念及适用范围

（一）证券法的概念

证券法是调整证券发行、交易等活动中，以及国家在管理证券的发行、交易活动的过程中所发生的社会关系的法律规范的总称。证券法所调整的社会关系，既有证券发行人、证券投资人和证券商之间平等的发行、交易、服务关系，又有证券监督管理部门对证券市场参与者进行组织、协调、监督等活动过程中发生的监督关系，是两者的统一体。

（二）证券法的适用范围

《中华人民共和国证券法》（以下简称《证券法》）第 2 条规定了其适用范围：

（1）在中华人民共和国境内，股票、公司债券和国务院依法认定的其他证券的发行和交易适用本法；本法未规定的适用《中华人民共和国公司法》和其他法律、行政法规的规定。

（2）政府债券、证券投资基金份额的上市交易，适用本法；其他法律、行政法规另有规定的，适用其规定。

（3）证券衍生品种的发行、交易的管理办法，由国务院依照本法的原则规定。

第二节　证券发行

一、证券发行的概念和种类

证券发行是指符合发行条件的商业或政府组织为筹集资金，向不特定的或特定的对象销售证券的活动。证券发行属于证券市场的一部分，该部分属于证券的发行市场。通过证券发行而建立起来的市场称为证券发行市场，又叫一级市场，一般由发行人、承销机构和投资人构成。

证券的发行有公开和不公开发行两种。有下列情形之一的，为公开发行证券：①向不特定对象发行证券；②向特定对象发行证券累计超过 200 人的；③法律、行政法规规定的其他发行行为。非公开发行证券，不得采用广告、公开劝诱和变相公开方式。

二、股票的发行

股票发行是股份有限公司为募集股本，以同一条件向特定或不特定的公众招募及发售自己股份的行为。一般有设立发行和发行新股两类。设立发行又可分为以发起设立方式设立公司的发行和以募集设立方式设立公司的发行。前者是指股份有限公司拟发行股本总额由发起人全部认购的发行；后者是指由发行人认购部分股份有限公司拟发行股份，其余依法向社会公众投资者出售的发行。新股发行又可分为增资发行新股、配股和送股。我国法律具体规定如下。

1. 募集设立发行股票条件

（1）公司的生产经营符合国家的产业政策。

（2）公司发行的普通股限于一种，同股同权。

（3）公司拟发行的股本总额中，发起人认购的部分不少于人民币 3000 万元（法律另有规定的除外）。

（4）向社会公众发行部分不低于拟发行股份的 25%，但总股本超过人民币 4 亿元的，证监会可酌情降低该比例。最少不低于 15%，其中公司内部职工持股比例不超过向社会公众发行的股份总数的 10%。

（5）发起人认购的股份数额不低于公司拟发行的股本总额的 35%。

（6）发起人在最近三年内无重大违法行为。

（7）国务院证券管理委员会规定的其他条件。

2. 公司募增发新股的条件

（1）上市公司必须与控股股东在人员、资产、财务上分开，保证上市公司的人员独立、资产完整和财务独立。

（2）前一次发行的股份已募足，募集资金的使用符合规定，且间隔一年以上。

（3）公司在最近三年连续盈利，并可向股东支付股利；但公司以当年利润分派新股不受此限。

（4）公司在最近三年内财务会计文件无虚假记载。

（5）公司预期利润可达同期银行存款利率。

三、债券的发行

债券是政府、金融机构和企业等机构向投资者发行的，并约定在债券到期时偿还本金以及按照约定的利率支付利息的有价证券。债券的种类很多，包括政府债券、金融债券、企业债券以及公司债券等，根据我国《证券法》的规定：“在中国境内，股票、公司债券和国务院依法认定的其他证券的发行和交易，适用本法。本法未规定的，适用公司法和其他法律、行政法规的规定。政府债券的发行和交易，由法律、行政法规另行规定。”所以，这里只讨论公司债券的有关规定。

按我国法律规定，公司发行债券必须符合以下条件：

（1）发行主体须是股份有限公司、国有独资公司和两个以上的国有企业或者其他两个以上的国有投资主体投资设立的有限责任公司。

（2）拟发行债券的股份有限公司净资产不低于人民币3000万元，有限责任公司净资产不低于人民币6000万元。

（3）发行债券累计总额不超过公司净资产的40%。

（4）公司最近三年平均可分配利润足以支付公司一年的利息。

（5）公司筹集的资金投向符合国家产业政策，且不得用于弥补亏损和非生产性支出。

（6）债券利率不得超过国务院限定水平。

（7）前一次发行债券已募足，并对已发行债券和其他债务无违约或迟延支付本息，且仍持续之事实。

（8）国务院规定的其他条件。

公开发行公司债券筹集的资金，必须用于核准的用途，不得用于弥补亏损和非生产性支出。有下列情形之一的，不得再次公开发行公司债券：

（1）前一次公开发行的公司债券尚未募足。

（2）对已公开发行的公司债券或者其他债务有违约或者延迟支付本息的事实，仍处于继续状态。

（3）改变公开发行公司债券所募资金的用途。

四、证券的承销

根据《证券法》的规定，向不特定对象发行的证券，法律、行政法规规定应当由证券公司承销的，发行人应当同证券公司签订承销协议。证券承销业务采取代销或者包销方式。

证券代销是指证券公司代发行人发售证券，在承销期结束时，将未出售的证券全部退还发行人的销售方式。证券包销是指证券公司将发行的证券按照协议全部购入或在承销期结束时将售后剩余证券全部自行购入的销售方式。《证券法》规定，证券的代销、包销最长销售期不得超过90日。

证券公司在代销、包销期限内，对所代销、包销的证券应当保证先行出售给认购人，证券公司不得为本公司事先预留代销的证券和预先购入并留存所包销的证券。

根据《证券法》的规定，向不特定对象发行的证券票面总值超过人民币5000万元的，应当由承销团承销。所谓承销团，是指由两个或两个以上的证券公司组成的销售主体。对于巨额证券销售采取承销团的形式是为了分散风险和稳定证券市场。发行人有自主选择承销商的权利，证券公司也有接受或不接受承销委托的权利。

第三节 证券交易

一、证券交易的一般规定

证券交易是指证券的合法持有人依照国家法律、法规、政策及交易场所规则将证券转让于其他投资者的行为。一份公开发行的股票、公司债券及其他证券，应当在依法设立的证券交易所上市交易或在国家批准的其他证券交易场所转让。进行证券交易而形成的市场是证券交易市场，又称二级市场。

证券在证券交易所挂牌交易，应当采用公开的集中竞价交易方式，证券交易的集中竞价应当实行价格优先、时间优先的原则。证券交易所当事人买卖的证券可以采用纸面形式或者国务院证券监督管理机构规定的其他形式。

二、证券上市

证券上市是指证券发行人依照法律规定的条件和程序，将其已经发行的证券在证券交易所挂牌交易的行为。

（一）股票的上市

股份有限公司申请股票上市，应当向证券交易所提出申请，由证券交易所依法审核同意，并由双方签订上市协议。股票上市应符合下列条件：①股票经国务院证券监督管理机构核准已向社会公开发行；②公司股本总额不少于人民币 3000 万元；③公开发行的股份达到公司股份总数的 25% 以上；④公司股本总额超过人民币 4 亿元的，公开发行股份的比例为 10% 以上；⑤公司最近 3 年无重大违法行为，财务会计报表无虚假记载。证券交易所可以规定高于前款规定的上市条件，并报国务院证券监督管理机构批准。

上市公司有下列情形之一的，由证券交易所决定暂停其股票上市交易：①公司股本总额、股权分布等发生变化不再具备上市条件；②公司不按照规定公开其财务状况，或者对财务会计报告作虚假记载，可能误导投资者；③公司有重大违法行为；④公司最近三年连续亏损；⑤证券交易所上市规则规定的其他情形。但是如果上市公司有下列情形之一的，证券交易所有权决定终止其股票上市交易：①公司股本总额、股权分布等发生变化不再具备上市条件，在证券交易所规定的期限内仍不能达到上市条件；②公司不按照规定公开其财务状况，或者对财务会计报告作虚假记载，且拒绝纠正；③公司最近三年连续亏损，在其后一个年度内未能恢复盈利；④公司解散或者被宣告破产；⑤证券交易所上市规则规定的其他情形。

（二）债券的上市

公司申请公司债券上市交易，应当符合下列条件：①公司债券的期限为一年以上；②公司债券实际发行额不少于人民币 5000 万元；③公司申请债券上市时仍符合法定的公司债券发行条件。

公司债券上市交易后，公司有下列情形之一的，由证券交易所决定暂停其公司债券上市交易：①公司有重大违法行为；②公司情况发生重大变化不符合公司债券上市条件；③发行公司债券所募集的资金不按照核准的用途使用；④未按照公司债券募集办法履行义务；⑤公司最近两年连续亏损。

如果公司有第①、第④所列情形之一经查实后果严重的，或者有第②、第③、第⑤所列情形之一，在限期内未能消除的，或者公司解散或者被宣告破产的，由证券交易所终止其公司债券上市交易。

三、持续信息公开

公开发行证券的发行人、上市公司附有持续信息公开的义务，应公开的信息包括招股说明书、公司债券募集办法、上市公告书、定期报告和临时报告等。信息公开应当依照中国证监会发布的有关公开发行证券的公司信息披露内容和格式准则进行。发行人、上市公司已发披露的信息，必须真实、准确、完整，不得有虚假记载、误导性陈述或者重大遗漏。

经国务院证券监督管理机构核准依法公开发行股票，或者经国务院授权的部门核准依法公开发行公司债券，应该公告招股说明书、公司债券募集办法。依法公开发行新股或者公司债券的，还应当公告财务会计报告。

国务院证券监督管理机构对上市公司年度报告、中期报告、临时报告以及公告的情况进行监督，对上市公司分派或者配售新股的情况进行监督，对上市公司控股股东及其他信息披露义务的行为进行监督。

四、证券交易的禁止

禁止的交易行为是指依照我国证券法律、行政法规以及其他有关规定，证券市场的参与者在证券交易过程中不得从事的行为，主要包括以下四种行为。

1. 内幕交易行为

内幕交易是指证券交易内幕信息的知情人员利用内幕信息进行证券交易的行为。内幕交易的主体是内幕信息知情人员，行为特征是利用掌握的内幕信息买卖证券，或者是建议他人买卖证券。

《证券法》中内幕交换行为仅指证券交易内部信息的知情人和非法获取内幕信息的人利用内幕信息从事证券交易活动。证券交易内幕信息的知情人包括：①发行人的董事、监事、高级管理人员；②持有公司5%以上股份的股东及其董事、监事、高级管理人员，公司的实际控制人及其董事、监事、高级管理人员；③发行人控股的公司及其董事、监事、高级管理人员；④由于所任公司职务可以获取公司有关内幕信息的人员；⑤证券监督管理机构工作人员以及由于法定职责对证券的发行、交易进行管理的其他人员；⑥保荐人、承销的证券公司、证券交易所、证券登记结算机构、证券服务机构的有关人员；⑦国务院证券监督管理机构规定的其他人。

证券交易活动中，涉及公司的经营、财务或者对该公司证券的市场价格有重大影响的尚未公开的信息，为内幕信息。下列信息皆为内幕信息：①《证券法》第67条第二款所列重大事件；②公司分配股利或者增资的计划；③公司股权结构的重大变化；④公司债务担保的重大变更；⑤公司营业用主要资产的抵押、出售或者报废一次超过该资产的30%；⑥公司的董事、监事、高级管理人员的行为可能依法承担重大损害赔偿责任；⑦上市公司收购的有关方案；⑧国务院证券监督管理机构认定的对证券交易价格有显著影响的其他重要信息。

2. 操纵市场证券行为

操纵市场是指单位或个人以获取利益或者减少损失为目的，利用其资金、信息等优势或者滥用职权影响证券市场价格，制造证券市场假象，诱导或者致使投资者在不了解事实真相的情况下作出买卖证券的决定，扰乱证券市场秩序的行为。

《证券法》规定，禁止任何人以下列手段操纵证券市场：①单独或者通过合谋，集中资金优势、持股优势或者利用信息优势联合或者连续买卖，操纵证券交易价格或者证券交易量；②与他人串通，以事先约定的时间、价格和方式相互进行证券交易，影响证券交易价格或者证券交易量；③在自己实际控制的账户之间进行证券交易，影响证券交易价格或者证券交易量；④以其他手段操纵证券市场。操纵证券市场行为给投资者造成损失的，行为人应当依法承担赔偿责任。

3. 欺诈客户行为

欺诈客户是指证券公司及其从业人员在证券交易中违背客户的真实意愿，侵害客户利益的行为。《证券法》规定，禁止证券公司及其从业人员从事下列损害客户利益的欺诈行为：①违背客户的委托为其买卖证券；②不在规定时间内向客户提供交易的书面确认文件；③挪用客户所委托买卖的证券或者客户账户上的资金；④未经客户的委托，擅自为客户买卖证券，或者假借客户的名义买卖证券；⑤为牟取佣金收入，诱使客户进行不必要的证券买卖；⑥利用传播媒介或者通过其他方式提供、传播虚假或者误导投资者的信息；⑦其他违背客户真实意思表示，损害客户利益的行为。

欺诈客户行为给客户造成损失的，行为人应当依法承担赔偿责任。

4. 制造虚假信息的行为

制造虚假信息包括编造、传播虚假信息和进行虚假成熟或信息误导两种情况。《证券法》规定，禁止国家工作人员、传播媒介从业人员和有关人员编造、传播虚假信息，扰乱证券市场；禁止证券交易所、证券公司、证券登记结算机构、证券服务机构及其从业人员，证券业协会、证券监督管理机构及其工作人员，在证券交易活动中作出虚假陈述或者信息误导。各种传播媒介传播证券市场信息必须真实、客观，禁止误导。

第四节 证券机构

一、证券交易所

（一）证券交易所的概念

证券交易所是为证券集中交易提供场所和设施，组织和监督证券交易，实行自律管理的法人。证券交易所的设立和解散，由国务院决定。证券交易所可以自行支配的各项费用收入，应当首先用于保证其证券交易场所和设施的正常运行并逐步改善，实行会员制的证券交易所的财产积累归会员所有，其权益由会员共同享有，在其存续期间，不得将其财产积累分配给会员。目前，我国只有两家证券交易所，即 1990 年 12 月设立的上海证券交易所和 1991 年 7 月设立的深圳证券交易所。证券交易所设总经理一人，由国务院证券监督管理机构任免。

（二）证券交易所的设立

我国证券交易所的设立采用许可制，《证券法》第 12 条规定，证券交易所的设定和解散，由国务院决定，证券交易所的章程的制定和修改，必须经国务院证券监督管理机构批准。设立证券交易所必需的一般条件：

（1）有自己的名称。《证券法》第 104 条规定，证券交易所必须在其名称中标注“证券交易所”字样，其他任何单位和个人不得使用“证券交易所”或近似的名称。

（2）有自己的组织机构。会员制证券交易所的组织机构一般可分为会员大会、理事会和专门委员会。

（3）必须有自己的章程。《证券法》第 103 条规定：“设立证券交易所必须制定章程。证券交易所章程的制定和修改，必须经国务院证券监督管理机构批准。”证券交易所章程是设立证券交易所的基本文件，其作用在于确定证券交易所的运行规则并约束各会员单位和其自身的行为。

（4）必须有一定数量的成员。会员制的证券交易所必须有一定数量的会员。

（三）证券交易所的职能

依据《证券法》的规定，证券交易所具有以下职能：

（1）提供证券交易场所。由于这一市场的存在，证券买卖双方有集中的交易场所，可以随时把所持有的证券转移变现，保证证券流通的持续不断进行。

（2）形成与公告价格。在交易所内完成的证券交易形成了各种证券的价格，由于证券的买卖是集中、公开进行的。采用双边竞价的方式达成交易，其价格在理论水平上是近似公平与合理的，这种价格及时向社会公告，并被作为各种相关经济活动的重要依据。

（3）集中各类社会资金参与投资。随着交易所上市股票的日趋增多，成交数量日益增大，可以将极为广泛的资金吸引到股票投资上来，为企业发展提供所需资金。

（4）引导投资的合理流向。交易所为资金的自由流动提供了方便，并通过每天公布的行情和上市公司信息，反映证券发行公司的获利能力与发展情况。使社会资金向最需要和最有利的方向流动。

（5）制定交易规则。有规矩才能成方圆，公平的交易规则才能达成公平的交易结果。交易规则主要包括上市退市规则、报价竞价规则、信息披露规则以及交割结算规则等。不同交易所的主要区别关键在于交易规则的差异，同一交易所也可能采用多种交易规则，从而形成细分市场，如纳斯达克按照不同的上市条件细分为全球精选市场、全球市场和资本市场。

（6）维护交易秩序。任何交易规则都不可能十分完善，并且交易规则也不一定能得到有效执行，因此，交易所的一大核心功能便是监管各种违反公平原则及交易规则的行为，使交易公平有序地进行。

（7）提供交易信息。证券交易依靠的是信息，包括上市公司的信息和证券交易信息。交易所对上市公司信息的提供负有督促和适当审查的责任，对交易行情负即时公布的义务。

（8）降低交易成本，促进股票的流动性。如果不存在任何正式的经济组织或者有组织的证券集中交易市场，投资者之间就必须相互接触以确定交易价格和交易数量，以完成证券交易。这样的交易方式由于需要寻找交易对象，并且由于存在信息不对称、交易违约等因素会增加交易的成本，降低交易的速度。因此，集中交易市场的存在可以增加交易机会、提高交易速度、降低信息不对称、增强交易信用，从而可以有效地降低交易成本。

二、证券公司

（一）证券公司的设立

证券公司是指依照《公司法》和《证券法》的规定设立的经营证券业务的有限责任公司或者股份有限公司。证券公司的设立由《公司法》和《证券法》来规范。证券公司的设立实行特许审批制度。设立证券公司，必须符合法定的条件，经国务院证券监督管理机构审查批准。未经国务院证券监督管理机构批准，任何单位和个人不得经营证券业务。

根据《证券法》，设立证券公司应具备的条件包括：①有符合法律、行政法规规定的公司章程；②主要股东具有持续盈利能力，信誉良好，最近三年无重大违法违规记录，净资产不低于人民币 2 亿元；③有符合本法规定的注册资本；④董事、监事、高级管理人员具备任职资格，从业人员具有证券从业资格；⑤有完善的风险管理与内部控制制度；⑥有合格的经营场所和业务设施；⑦法律、行政法规规定的和经国务院批准的国务院证券监督管理机构规定的其他条件。

（二）证券公司的业务范围

经国务院证券监督管理机构批准，证券公司可以经营下列部分或者全部业务：①证券经纪；②证券投资咨询；③与证券交易、证券投资活动有关的财务顾问；④证券承销与保荐；⑤证券自营；⑥证券资产管理；⑦其他证券业务。

证券公司经营证券经纪，证券投资咨询，与证券交易、证券投资活动有关的财务顾问业务的，注册资金最低限额为人民币5000万元；证券公司经营业务证券承销与保荐、证券自营、证券资产管理或其他证券业务的其中一项的，注册资本最低限额为人民币1亿元；经营两项以上的，注册资本最低限额为人民币5亿元。证券公司的注册资金应当是实缴金额。国务院证券监督管理机构根据审慎监管原则和各项业务的风险程度，可以调整注册资本最低限额，但不得少于前款规定的限额。

三、证券登记结算机构

（一）证券登记结算机构的概念和设立

证券登记结算机构是为证券交易提供集中登记、托管与结算服务的，不以营利为目的的法人。

设立证券登记结算机构，必须经国务院证券监督管理机构批准，并应具备下列条件：①自有资金不少于人民币2亿元；②具有证券登记、存管和结算服务所必需的场所和设施；③主要管理人员和从业人员必须具有证券从业资格；④国务院证券监督管理机构规定的其他条件。证券登记结算机构的名称中应当标明证券登记结算字样。

（二）证券登记结算机构的职能

证券登记结算机构履行下列职能：①证券账户、结算账户的设立；②证券的存管和过户；③证券持有人名册登记；④证券交易所上市证券交易的清算和交收；⑤受发行人的委托派发证券权益；⑥办理与上述业务有关的查询；⑦国务院证券监督管理机构批准的其他业务。

案例探讨

某股份有限公司根据公司的实际情况，决定以发行债券的方式向社会筹集资金用于扩大生产经营活动和偿还债务，为此特制订了一个发行债券的方案，该方案有关要点如下：

（1）根据会计师事务所的审计结果，本公司的净资产金额已经达到4500万元，在此条件下，此次发行债券的金额计划为1800万元（不包括前次发行的500万元债券）。

（2）此次发行债券筹集的资金部分用于扩大生产经营规模，部分用于偿还前次发行债券应该偿还而尚未偿还的本息。

（3）为了保证本次债券的发行成功，本公司发行债券利率高于国务院限定的利率水平1个百分点。

（4）本公司利润最近几年呈上升趋势，近三年的可分配利润分别为：120万元、180万元、280万元。由此看来，在发行债券之后的一年，本公司的可分配利润足以支付本次发行债券的利息。

根据证券法对上述要点进行分析，说明各要点是否存在问题？为什么？

法律链接

中华人民共和国证券法

（1998年12月29日第九届全国人民代表大会常务委员会第六次会议通过，根据2004年8月28日第十届全国人民代表大会常务委员会第十一次会议《关于修改〈中华人民共和国证券法〉的决定》第一次修正，2005年10月27日第十届全国人民代表大会常务委员会第十八次会议修订根据2013年6月29日第十二届全国人民代表大会常务委员会第三次会议《关于修改〈中华人民共和国文物保护法〉等十二部法律的决定》第二次修正，根据2014年8月31日第十二届全国人民代表大会常务委员会第十次会议《关于修改〈中华人民共和国保险法〉等五部法律的决定》第三次修正）

第一章　总　　则

第一条　为了规范证券发行和交易行为，保护投资者的合法权益，维护社会经济秩序和社会公共利益，促进社会主义市场经济的发展，制定本法。

第二条　在中华人民共和国境内，股票、公司债券和国务院依法认定的其他证券的发行和交易，适用本法；本法未规定的，适用《中华人民共和国公司法》和其他法律、行政法规的规定。

政府债券、证券投资基金份额的上市交易，适用本法；其他法律、行政法规另有规定的，适用其规定。

证券衍生品种发行、交易的管理办法，由国务院依照本法的原则规定。

第三条　证券的发行、交易活动，必须实行公开、公平、公正的原则。

第四条　证券发行、交易活动的当事人具有平等的法律地位，应当遵守自愿、有偿、诚实信用的原则。

第五条　证券的发行、交易活动，必须遵守法律、行政法规；禁止欺诈、内幕交易和操纵证券市场的行为。

第六条　证券业和银行业、信托业、保险业实行分业经营、分业管理，证券公司与银行、信托、保险业务机构分别设立。国家另有规定的除外。

第七条　国务院证券监督管理机构依法对全国证券市场实行集中统一监督管理。

国务院证券监督管理机构根据需要可以设立派出机构，按照授权履行监督管理职责。

第八条　在国家对证券发行、交易活动实行集中统一监督管理的前提下，依法设立证券业协会，实行自律性管理。

第九条　国家审计机关依法对证券交易所、证券公司、证券登记结算机构、证券监督管理机构进行审计监督。

第二章　证券发行

第十条　公开发行证券，必须符合法律、行政法规规定的条件，并依法报经国务院证券监督管理机构或者国务院授权的部门核准；未经依法核准，任何单位和个人不得公开发行证券。

有下列情形之一的，为公开发行：

（一）向不特定对象发行证券的；

（二）向特定对象发行证券累计超过二百人的；

（三）法律、行政法规规定的其他发行行为。

非公开发行证券，不得采用广告、公开劝诱和变相公开方式。

第十一条　发行人申请公开发行股票、可转换为股票的公司债券，依法采取承销方式的，或者公开发行法律、行政法规规定实行保荐制度的其他证券的，应当聘请具有保荐资格的机构担任保荐人。

保荐人应当遵守业务规则和行业规范，诚实守信，勤勉尽责，对发行人的申请文件和信息披露资料进行审慎核查，督导发行人规范运作。

保荐人的资格及其管理办法由国务院证券监督管理机构规定。

第十二条　设立股份有限公司公开发行股

票，应当符合《中华人民共和国公司法》规定的条件和经国务院批准的国务院证券监督管理机构规定的其他条件，向国务院证券监督管理机构报送募股申请和下列文件：

（一）公司章程；

（二）发起人协议；

（三）发起人姓名或者名称，发起人认购的股份数、出资种类及验资证明；

（四）招股说明书；

（五）代收股款银行的名称及地址；

（六）承销机构名称及有关的协议。

依照本法规定聘请保荐人的，还应当报送保荐人出具的发行保荐书。

法律、行政法规规定设立公司必须报经批准的，还应当提交相应的批准文件。

第十三条 公司公开发行新股，应当符合下列条件：

（一）具备健全且运行良好的组织机构；

（二）具有持续盈利能力，财务状况良好；

（三）最近三年财务会计文件无虚假记载，无其他重大违法行为；

（四）经国务院批准的国务院证券监督管理机构规定的其他条件。

上市公司非公开发行新股，应当符合经国务院批准的国务院证券监督管理机构规定的条件，并报国务院证券监督管理机构核准。

第十四条 公司公开发行新股，应当向国务院证券监督管理机构报送募股申请和下列文件：

（一）公司营业执照；

（二）公司章程；

（三）股东大会决议；

（四）招股说明书；

（五）财务会计报告；

（六）代收股款银行的名称及地址；

（七）承销机构名称及有关的协议。

依照本法规定聘请保荐人的，还应当报送保荐人出具的发行保荐书。

第十五条 公司对公开发行股票所募集资金，必须按照招股说明书所列资金用途使用。改变招股说明书所列资金用途，必须经股东大会作出决议。擅自改变用途而未作纠正的，或者未经股东大会认可的，不得公开发行新股。

第十六条 公开发行公司债券，应当符合下列条件：

（一）股份有限公司的净资产不低于人民币三千万元，有限责任公司的净资产不低于人民币六千万元；

（二）累计债券余额不超过公司净资产的百分之四十；

（三）最近三年平均可分配利润足以支付公司债券一年的利息；

（四）筹集的资金投向符合国家产业政策；

（五）债券的利率不超过国务院限定的利率水平；

（六）国务院规定的其他条件。

公开发行公司债券筹集的资金，必须用于核准的用途，不得用于弥补亏损和非生产性支出。

上市公司发行可转换为股票的公司债券，除应当符合第一款规定的条件外，还应当符合本法关于公开发行股票的条件，并报国务院证券监督管理机构核准。

第十七条 申请公开发行公司债券，应当向国务院授权的部门或者国务院证券监督管理机构报送下列文件：

（一）公司营业执照；

（二）公司章程；

（三）公司债券募集办法；

（四）资产评估报告和验资报告；

（五）国务院授权的部门或者国务院证券监督管理机构规定的其他文件。

依照本法规定聘请保荐人的，还应当报送保荐人出具的发行保荐书。

第十八条 有下列情形之一的，不得再次公开发行公司债券：

（一）前一次公开发行的公司债券尚未募足；

（二）对已公开发行的公司债券或者其他债务有违约或者延迟支付本息的事实，仍处于继续状态；

（三）违反本法规定，改变公开发行公司债券所募资金的用途。

第十九条 发行人依法申请核准发行证券所报送的申请文件的格式、报送方式，由依法负责核准的机构或者部门规定。

第二十条 发行人向国务院证券监督管理机构或者国务院授权的部门报送的证券发行申请文件，必须真实、准确、完整。

为证券发行出具有关文件的证券服务机构和人员，必须严格履行法定职责，保证其所出具文件的真实性、准确性和完整性。

第二十一条 发行人申请首次公开发行股票的，在提交申请文件后，应当按照国务院证券监督管理机构的规定预先披露有关申请文件。

第二十二条 国务院证券监督管理机构设发行审核委员会，依法审核股票发行申请。

发行审核委员会由国务院证券监督管理机构的专业人员和所聘请的该机构外的有关专家组成，以投票方式对股票发行申请进行表决，提出审核意见。

发行审核委员会的具体组成办法、组成人员任期、工作程序，由国务院证券监督管理机构规定。

第二十三条 国务院证券监督管理机构依照法定条件负责核准股票发行申请。核准程序应当公开，依法接受监督。

参与审核和核准股票发行申请的人员，不得与发行申请人有利害关系，不得直接或者间接接受发行申请人的馈赠，不得持有所核准的发行申请的股票，不得私下与发行申请人进行接触。

国务院授权的部门对公司债券发行申请的核准，参照前两款的规定执行。

第二十四条 国务院证券监督管理机构或者国务院授权的部门应当自受理证券发行申请文件之日起三个月内，依照法定条件和法定程序作出予以核准或者不予核准的决定，发行人根据要求补充、修改发行申请文件的时间不计算在内；不予核准的，应当说明理由。

第二十五条 证券发行申请经核准，发行人应当依照法律、行政法规的规定，在证券公开发行前，公告公开发行募集文件，并将该文件置备于指定场所供公众查阅。

发行证券的信息依法公开前，任何知情人不得公开或者泄露该信息。

发行人不得在公告公开发行募集文件前发行证券。

第二十六条 国务院证券监督管理机构或者国务院授权的部门对已作出的核准证券发行的决定，发现不符合法定条件或者法定程序，尚未发行证券的，应当予以撤销，停止发行。已经发行尚未上市的，撤销发行核准决定，发行人应当按照发行价并加算银行同期存款利息返还证券持有人；保荐人应当与发行人承担连带责任，但是能够证明自己没有过错的除外；发行人的控股股东、实际控制人有过错的，应当与发行人承担连带责任。

第二十七条 股票依法发行后，发行人经营与收益的变化，由发行人自行负责；由此变化引致的投资风险，由投资者自行负责。

第二十八条 发行人向不特定对象发行的证券，法律、行政法规规定应当由证券公司承销的，发行人应当同证券公司签订承销协议。证券承销业务采取代销或者包销方式。

证券代销是指证券公司代发行人发售证券，在承销期结束时，将未售出的证券全部退还给发行人的承销方式。

证券包销是指证券公司将发行人的证券按照协议全部购入或者在承销期结束时将售后剩余证券全部自行购入的承销方式。

第二十九条 公开发行证券的发行人有权依法自主选择承销的证券公司。证券公司不得以不正当竞争手段招揽证券承销业务。

第三十条 证券公司承销证券，应当同发行人签订代销或者包销协议，载明下列事项：

（一）当事人的名称、住所及法定代表人姓名；

（二）代销、包销证券的种类、数量、金额及发行价格；

（三）代销、包销的期限及起止日期；

（四）代销、包销的付款方式及日期；

（五）代销、包销的费用和结算办法；

（六）违约责任；

（七）国务院证券监督管理机构规定的其他事项。

第三十一条 证券公司承销证券，应当对公开发行募集文件的真实性、准确性、完整性进行核查；发现有虚假记载、误导性陈述或者重大遗漏的，不得进行销售活动；已经销售的，必须立即停止销售活动，并采取纠正措施。

第三十二条　向不特定对象发行的证券票面总值超过人民币五千万元的，应当由承销团承销。承销团应当由主承销和参与承销的证券公司组成。

第三十三条　证券的代销、包销期限最长不得超过九十日。

证券公司在代销、包销期内，对所代销、包销的证券应当保证先行出售给认购人，证券公司不得为本公司预留所代销的证券和预先购入并留存所包销的证券。

第三十四条　股票发行采取溢价发行的，其发行价格由发行人与承销的证券公司协商确定。

第三十五条　股票发行采用代销方式，代销期限届满，向投资者出售的股票数量未达到拟公开发行股票数量百分之七十的，为发行失败。发行人应当按照发行价并加算银行同期存款利息返还股票认购人。

第三十六条　公开发行股票，代销、包销期限届满，发行人应当在规定的期限内将股票发行情况报国务院证券监督管理机构备案。

第三章　证券交易

第一节　一般规定

第三十七条　证券交易当事人依法买卖的证券，必须是依法发行并交付的证券。

非依法发行的证券，不得买卖。

第三十八条　依法发行的股票、公司债券及其他证券，法律对其转让期限有限制性规定的，在限定的期限内不得买卖。

第三十九条　依法公开发行的股票、公司债券及其他证券，应当在依法设立的证券交易所上市交易或者在国务院批准的其他证券交易场所转让。

第四十条　证券在证券交易所上市交易，应当采用公开的集中交易方式或者国务院证券监督管理机构批准的其他方式。

第四十一条　证券交易当事人买卖的证券可以采用纸面形式或者国务院证券监督管理机构规定的其他形式。

第四十二条　证券交易以现货和国务院规定的其他方式进行交易。

第四十三条　证券交易所、证券公司和证券登记结算机构的从业人员、证券监督管理机构的工作人员以及法律、行政法规禁止参与股票交易的其他人员，在任期或者法定限期内，不得直接或者以化名、借他人名义持有、买卖股票，也不得收受他人赠送的股票。

任何人在成为前款所列人员时，其原已持有的股票，必须依法转让。

第四十四条　证券交易所、证券公司、证券登记结算机构必须依法为客户开立的账户保密。

第四十五条　为股票发行出具审计报告、资产评估报告或者法律意见书等文件的证券服务机构和人员，在该股票承销期内和期满后六个月内，不得买卖该种股票。

除前款规定外，为上市公司出具审计报告、资产评估报告或者法律意见书等文件的证券服务机构和人员，自接受上市公司委托之日起至上述文件公开后五日内，不得买卖该种股票。

第四十六条　证券交易的收费必须合理，并公开收费项目、收费标准和收费办法。

证券交易的收费项目、收费标准和管理办法由国务院有关主管部门统一规定。

第四十七条　上市公司董事、监事、高级管理人员、持有上市公司股份百分之五以上的股东，将其持有的该公司的股票在买入后六个月内卖出，或者在卖出后六个月内又买入，由此所得收益归该公司所有，公司董事会应当收回其所得收益。但是，证券公司因包销购入售后剩余股票而持有百分之五以上股份的，卖出该股票不受六个月时间限制。

公司董事会不按照前款规定执行的，股东有权要求董事会在三十日内执行。公司董事会未在上述期限内执行的，股东有权为了公司的利益以自己的名义直接向人民法院提起诉讼。

公司董事会不按照第一款的规定执行的，负有责任的董事依法承担连带责任。

第二节　证券上市

第四十八条　申请证券上市交易，应当向证券交易所提出申请，由证券交易所依法审核同意，并由双方签订上市协议。

证券交易所根据国务院授权的部门的决定安排政府债券上市交易。

第四十九条　申请股票、可转换为股票的公司债券或者法律、行政法规规定实行保荐制度的其他证券上市交易，应当聘请具有保荐资格的机构担任保荐人。

本法第十一条第二款、第三款的规定适用于上市保荐人。

第五十条 股份有限公司申请股票上市，应当符合下列条件：

（一）股票经国务院证券监督管理机构核准已公开发行；

（二）公司股本总额不少于人民币三千万元；

（三）公开发行的股份达到公司股份总数的百分之二十五以上；公司股本总额超过人民币四亿元的，公开发行股份的比例为百分之十以上；

（四）公司最近三年无重大违法行为，财务会计报告无虚假记载。

证券交易所可以规定高于前款规定的上市条件，并报国务院证券监督管理机构批准。

第五十一条 国家鼓励符合产业政策并符合上市条件的公司股票上市交易。

第五十二条 申请股票上市交易，应当向证券交易所报送下列文件：

（一）上市报告书；

（二）申请股票上市的股东大会决议；

（三）公司章程；

（四）公司营业执照；

（五）依法经会计师事务所审计的公司最近三年的财务会计报告；

（六）法律意见书和上市保荐书；

（七）最近一次的招股说明书；

（八）证券交易所上市规则规定的其他文件。

第五十三条 股票上市交易申请经证券交易所审核同意后，签订上市协议的公司应当在规定的期限内公告股票上市的有关文件，并将该文件置备于指定场所供公众查阅。

第五十四条 签订上市协议的公司除公告前条规定的文件外，还应当公告下列事项：

（一）股票获准在证券交易所交易的日期；

（二）持有公司股份最多的前十名股东的名单和持股数额；

（三）公司的实际控制人；

（四）董事、监事、高级管理人员的姓名及其持有本公司股票和债券的情况。

第五十五条 上市公司有下列情形之一的，由证券交易所决定暂停其股票上市交易：

（一）公司股本总额、股权分布等发生变化不再具备上市条件；

（二）公司不按照规定公开其财务状况，或者对财务会计报告作虚假记载，可能误导投资者；

（三）公司有重大违法行为；

（四）公司最近三年连续亏损；

（五）证券交易所上市规则规定的其他情形。

第五十六条 上市公司有下列情形之一的，由证券交易所决定终止其股票上市交易：

（一）公司股本总额、股权分布等发生变化不再具备上市条件，在证券交易所规定的期限内仍不能达到上市条件；

（二）公司不按照规定公开其财务状况，或者对财务会计报告作虚假记载，且拒绝纠正；

（三）公司最近三年连续亏损，在其后一个年度内未能恢复盈利；

（四）公司解散或者被宣告破产；

（五）证券交易所上市规则规定的其他情形。

第五十七条 公司申请公司债券上市交易，应当符合下列条件：

（一）公司债券的期限为一年以上；

（二）公司债券实际发行额不少于人民币五千万元；

（三）公司申请债券上市时仍符合法定的公司债券发行条件。

第五十八条 申请公司债券上市交易，应当向证券交易所报送下列文件：

（一）上市报告书；

（二）申请公司债券上市的董事会决议；

（三）公司章程；

（四）公司营业执照；

（五）公司债券募集办法；

（六）公司债券的实际发行数额；

（七）证券交易所上市规则规定的其他文件。

申请可转换为股票的公司债券上市交易，还应当报送保荐人出具的上市保荐书。

第五十九条 公司债券上市交易申请经证券交易所审核同意后，签订上市协议的公司应当在规定的期限内公告公司债券上市文件及有关文件，并将其申请文件置备于指定场所供公众查阅。

第六十条 公司债券上市交易后，公司有下列情形之一的，由证券交易所决定暂停其公司债券上市交易：

（一）公司有重大违法行为；

（二）公司情况发生重大变化不符合公司债券上市条件；

（三）发行公司债券所募集的资金不按照核准的用途使用；

（四）未按照公司债券募集办法履行义务；

（五）公司最近二年连续亏损。

第六十一条 公司有前条第（一）项、第（四）项所列情形之一经查实后果严重的，或者有前条第（二）项、第（三）项、第（五）项所列情形之一，在限期内未能消除的，由证券交易所决定终止其公司债券上市交易。

公司解散或者被宣告破产的，由证券交易所终止其公司债券上市交易。

第六十二条 对证券交易所作出的不予上市、暂停上市、终止上市决定不服的，可以向证券交易所设立的复核机构申请复核。

第三节 持续信息公开

第六十三条 发行人、上市公司依法披露的信息，必须真实、准确、完整，不得有虚假记载、误导性陈述或者重大遗漏。

第六十四条 经国务院证券监督管理机构核准依法公开发行股票，或者经国务院授权的部门核准依法公开发行公司债券，应当公告招股说明书、公司债券募集办法。依法公开发行新股或者公司债券的，还应当公告财务会计报告。

第六十五条 上市公司和公司债券上市交易的公司，应当在每一会计年度的上半年结束之日起二个月内，向国务院证券监督管理机构和证券交易所报送记载以下内容的中期报告，并予公告：

（一）公司财务会计报告和经营情况；

（二）涉及公司的重大诉讼事项；

（三）已发行的股票、公司债券变动情况；

（四）提交股东大会审议的重要事项；

（五）国务院证券监督管理机构规定的其他事项。

第六十六条 上市公司和公司债券上市交易的公司，应当在每一会计年度结束之日起四个月内，向国务院证券监督管理机构和证券交易所报送记载以下内容的年度报告，并予公告：

（一）公司概况；

（二）公司财务会计报告和经营情况；

（三）董事、监事、高级管理人员简介及其持股情况；

（四）已发行的股票、公司债券情况，包括持有公司股份最多的前十名股东的名单和持股数额；

（五）公司的实际控制人；

（六）国务院证券监督管理机构规定的其他事项。

第六十七条 发生可能对上市公司股票交易价格产生较大影响的重大事件，投资者尚未得知时，上市公司应当立即将有关该重大事件的情况向国务院证券监督管理机构和证券交易所报送临时报告，并予公告，说明事件的起因、目前的状态和可能产生的法律后果。

下列情况为前款所称重大事件：

（一）公司的经营方针和经营范围的重大变化；

（二）公司的重大投资行为和重大的购置财产的决定；

（三）公司订立重要合同，可能对公司的资产、负债、权益和经营成果产生重要影响；

（四）公司发生重大债务和未能清偿到期重大债务的违约情况；

（五）公司发生重大亏损或者重大损失；

（六）公司生产经营的外部条件发生的重大变化；

（七）公司的董事、三分之一以上监事或者经理发生变动；

（八）持有公司百分之五以上股份的股东或者实际控制人，其持有股份或者控制公司的情况发生较大变化；

（九）公司减资、合并、分立、解散及申请破产的决定；

（十）涉及公司的重大诉讼，股东大会、董事会决议被依法撤销或者宣告无效；

（十一）公司涉嫌犯罪被司法机关立案调查，公司董事、监事、高级管理人员涉嫌犯罪被司法机关采取强制措施；

（十二）国务院证券监督管理机构规定的其他事项。

第六十八条 上市公司董事、高级管理人员应当对公司定期报告签署书面确认意见。

上市公司监事会应当对董事会编制的公司定期报告进行审核并提出书面审核意见。

上市公司董事、监事、高级管理人员应当保证上市公司所披露的信息真实、准确、完整。

第六十九条 发行人、上市公司公告的招股说明书、公司债券募集办法、财务会计报告、上市报告文件、年度报告、中期报告、临时报告以及其他信息披露资料，有虚假记载、误导性陈述或者重大遗漏，致使投资者在证券交易中遭受损失的，发行人、上市公司应当承担赔偿责任；发行人、上市公司的董事、监事、高级管理人员和其他直接责任人员以及保荐人、承销的证券公司，应当与发行人、上市公司承担连带赔偿责任，但是能够证明自己没有过错的除外；发行人、上市公司的控股股东、实际控制人有过错的，应当与发行人、上市公司承担连带赔偿责任。

第七十条 依法必须披露的信息，应当在国务院证券监督管理机构指定的媒体发布，同时将其置备于公司住所、证券交易所，供社会公众查阅。

第七十一条 国务院证券监督管理机构对上市公司年度报告、中期报告、临时报告以及公告的情况进行监督，对上市公司分派或者配售新股的情况进行监督，对上市公司控股股东和信息披露义务人的行为进行监督。

证券监督管理机构、证券交易所、保荐人、承销的证券公司及有关人员，对公司依照法律、行政法规规定必须作出的公告，在公告前不得泄露其内容。

第七十二条 证券交易所决定暂停或者终止证券上市交易的，应当及时公告，并报国务院证券监督管理机构备案。

第四节　禁止的交易行为

第七十三条 禁止证券交易内幕信息的知情人和非法获取内幕信息的人利用内幕信息从事证券交易活动。

第七十四条 证券交易内幕信息的知情人包括：

（一）发行人的董事、监事、高级管理人员；

（二）持有公司百分之五以上股份的股东及其董事、监事、高级管理人员，公司的实际控制人及其董事、监事、高级管理人员；

（三）发行人控股的公司及其董事、监事、高级管理人员；

（四）由于所任公司职务可以获取公司有关内幕信息的人员；

（五）证券监督管理机构工作人员以及由于法定职责对证券的发行、交易进行管理的其他人员；

（六）保荐人、承销的证券公司、证券交易所、证券登记结算机构、证券服务机构的有关人员；

（七）国务院证券监督管理机构规定的其他人。

第七十五条 证券交易活动中，涉及公司的经营、财务或者对该公司证券的市场价格有重大影响的尚未公开的信息，为内幕信息。

下列信息皆属内幕信息：

（一）本法第六十七条第二款所列重大事件；

（二）公司分配股利或者增资的计划；

（三）公司股权结构的重大变化；

（四）公司债务担保的重大变更；

（五）公司营业用主要资产的抵押、出售或者报废一次超过该资产的百分之三十；

（六）公司的董事、监事、高级管理人员的行为可能依法承担重大损害赔偿责任；

（七）上市公司收购的有关方案；

（八）国务院证券监督管理机构认定的对证券交易价格有显著影响的其他重要信息。

第七十六条 证券交易内幕信息的知情人和

非法获取内幕信息的人，在内幕信息公开前，不得买卖该公司的证券，或者泄露该信息，或者建议他人买卖该证券。

持有或者通过协议、其他安排与他人共同持有公司百分之五以上股份的自然人、法人、其他组织收购上市公司的股份，本法另有规定的，适用其规定。

内幕交易行为给投资者造成损失的，行为人应当依法承担赔偿责任。

第七十七条 禁止任何人以下列手段操纵证券市场：

（一）单独或者通过合谋，集中资金优势、持股优势或者利用信息优势联合或者连续买卖，操纵证券交易价格或者证券交易量；

（二）与他人串通，以事先约定的时间、价格和方式相互进行证券交易，影响证券交易价格或者证券交易量；

（三）在自己实际控制的账户之间进行证券交易，影响证券交易价格或者证券交易量；

（四）以其他手段操纵证券市场。

操纵证券市场行为给投资者造成损失的，行为人应当依法承担赔偿责任。

第七十八条 禁止国家工作人员、传播媒介从业人员和有关人员编造、传播虚假信息，扰乱证券市场。

禁止证券交易所、证券公司、证券登记结算机构、证券服务机构及其从业人员，证券业协会、证券监督管理机构及其工作人员，在证券交易活动中作出虚假陈述或者信息误导。

各种传播媒介传播证券市场信息必须真实、客观，禁止误导。

第七十九条 禁止证券公司及其从业人员从事下列损害客户利益的欺诈行为：

（一）违背客户的委托为其买卖证券；

（二）不在规定时间内向客户提供交易的书面确认文件；

（三）挪用客户所委托买卖的证券或者客户账户上的资金；

（四）未经客户的委托，擅自为客户买卖证券，或者假借客户的名义买卖证券；

（五）为牟取佣金收入，诱使客户进行不必要的证券买卖；

（六）利用传播媒介或者通过其他方式提供、传播虚假或者误导投资者的信息；

（七）其他违背客户真实意思表示，损害客户利益的行为。

欺诈客户行为给客户造成损失的，行为人应当依法承担赔偿责任。

第八十条 禁止法人非法利用他人账户从事证券交易；禁止法人出借自己或者他人的证券账户。

第八十一条 依法拓宽资金入市渠道，禁止资金违规流入股市。

第八十二条 禁止任何人挪用公款买卖证券。

第八十三条 国有企业和国有资产控股的企业买卖上市交易的股票，必须遵守国家有关规定。

第八十四条 证券交易所、证券公司、证券登记结算机构、证券服务机构及其从业人员对证券交易中发现的禁止的交易行为，应当及时向证券监督管理机构报告。

第四章 上市公司的收购

第八十五条 投资者可以采取要约收购、协议收购及其他合法方式收购上市公司。

第八十六条 通过证券交易所的证券交易，投资者持有或者通过协议、其他安排与他人共同持有一个上市公司已发行的股份达到百分之五时，应当在该事实发生之日起三日内，向国务院证券监督管理机构、证券交易所作出书面报告，通知该上市公司，并予公告；在上述期限内，不得再行买卖该上市公司的股票。

投资者持有或者通过协议、其他安排与他人共同持有一个上市公司已发行的股份达到百分之五后，其所持该上市公司已发行的股份比例每增加或者减少百分之五，应当依照前款规定进行报告和公告。在报告期限内和作出报告、公告后二日内，不得再行买卖该上市公司的股票。

第八十七条 依照前条规定所作的书面报告和公告，应当包括下列内容：

（一）持股人的名称、住所；

（二）持有的股票的名称、数额；

（三）持股达到法定比例或者持股增减变化

达到法定比例的日期。

第八十八条 通过证券交易所的证券交易，投资者持有或者通过协议、其他安排与他人共同持有一个上市公司已发行的股份达到百分之三十时，继续进行收购的，应当依法向该上市公司所有股东发出收购上市公司全部或者部分股份的要约。

收购上市公司部分股份的收购要约应当约定，被收购公司股东承诺出售的股份数额超过预定收购的股份数额的，收购人按比例进行收购。

第八十九条 依照前条规定发出收购要约，收购人必须公告上市公司收购报告书，并载明下列事项：

（一）收购人的名称、住所；

（二）收购人关于收购的决定；

（三）被收购的上市公司名称；

（四）收购目的；

（五）收购股份的详细名称和预定收购的股份数额；

（六）收购期限、收购价格；

（七）收购所需资金额及资金保证；

（八）公告上市公司收购报告书时持有被收购公司股份数占该公司已发行的股份总数的比例。

第九十条 收购要约约定的收购期限不得少于三十日，并不得超过六十日。

第九十一条 在收购要约确定的承诺期限内，收购人不得撤销其收购要约。收购人需要变更收购要约的，必须及时公告，载明具体变更事项。

第九十二条 收购要约提出的各项收购条件，适用于被收购公司的所有股东。

第九十三条 采取要约收购方式的，收购人在收购期限内，不得卖出被收购公司的股票，也不得采取要约规定以外的形式和超出要约的条件买入被收购公司的股票。

第九十四条 采取协议收购方式的，收购人可以依照法律、行政法规的规定同被收购公司的股东以协议方式进行股份转让。

以协议方式收购上市公司时，达成协议后，收购人必须在三日内将该收购协议向国务院证券监督管理机构及证券交易所作出书面报告，并予公告。

在公告前不得履行收购协议。

第九十五条 采取协议收购方式的，协议双方可以临时委托证券登记结算机构保管协议转让的股票，并将资金存放于指定的银行。

第九十六条 采取协议收购方式的，收购人收购或者通过协议、其他安排与他人共同收购一个上市公司已发行的股份达到百分之三十时，继续进行收购的，应当向该上市公司所有股东发出收购上市公司全部或者部分股份的要约。但是，经国务院证券监督管理机构免除发出要约的除外。

收购人依照前款规定以要约方式收购上市公司股份，应当遵守本法第八十九条至第九十三条的规定。

第九十七条 收购期限届满，被收购公司股权分布不符合上市条件的，该上市公司的股票应当由证券交易所依法终止上市交易；其余仍持有被收购公司股票的股东，有权向收购人以收购要约的同等条件出售其股票，收购人应当收购。

收购行为完成后，被收购公司不再具备股份有限公司条件的，应当依法变更企业形式。

第九十八条 在上市公司收购中，收购人持有的被收购的上市公司的股票，在收购行为完成后的十二个月内不得转让。

第九十九条 收购行为完成后，收购人与被收购公司合并，并将该公司解散的，被解散公司的原有股票由收购人依法更换。

第一百条 收购行为完成后，收购人应当在十五日内将收购情况报告国务院证券监督管理机构和证券交易所，并予公告。

第一百零一条 收购上市公司中由国家授权投资的机构持有的股份，应当按照国务院的规定，经有关主管部门批准。

国务院证券监督管理机构应当依照本法的原则制定上市公司收购的具体办法。

第五章 证券交易所

第一百零二条 证券交易所是为证券集中交易提供场所和设施，组织和监督证券交易，实行自律管理的法人。

证券交易所的设立和解散，由国务院决定。

第一百零三条 设立证券交易所必须制定章程。

证券交易所章程的制定和修改，必须经国务院证券监督管理机构批准。

第一百零四条 证券交易所必须在其名称中标明证券交易所字样。其他任何单位或者个人不得使用证券交易所或者近似的名称。

第一百零五条 证券交易所可以自行支配的各项费用收入，应当首先用于保证其证券交易场所和设施的正常运行并逐步改善。

实行会员制的证券交易所的财产积累归会员所有，其权益由会员共同享有，在其存续期间，不得将其财产积累分配给会员。

第一百零六条 证券交易所设理事会。

第一百零七条 证券交易所设总经理一人，由国务院证券监督管理机构任免。

第一百零八条 有《中华人民共和国公司法》第一百四十六条规定的情形或者下列情形之一的，不得担任证券交易所的负责人：

（一）因违法行为或者违纪行为被解除职务的证券交易所、证券登记结算机构的负责人或者证券公司的董事、监事、高级管理人员，自被解除职务之日起未逾五年；

（二）因违法行为或者违纪行为被撤销资格的律师、注册会计师或者投资咨询机构、财务顾问机构、资信评级机构、资产评估机构、验证机构的专业人员，自被撤销资格之日起未逾五年。

第一百零九条 因违法行为或者违纪行为被开除的证券交易所、证券登记结算机构、证券服务机构、证券公司的从业人员和被开除的国家机关工作人员，不得招聘为证券交易所的从业人员。

第一百一十条 进入证券交易所参与集中交易的，必须是证券交易所的会员。

第一百一十一条 投资者应当与证券公司签订证券交易委托协议，并在证券公司开立证券交易账户，以书面、电话以及其他方式，委托该证券公司代其买卖证券。

第一百一十二条 证券公司根据投资者的委托，按照证券交易规则提出交易申报，参与证券交易所场内的集中交易，并根据成交结果承担相应的清算交收责任；证券登记结算机构根据成交结果，按照清算交收规则，与证券公司进行证券和资金的清算交收，并为证券公司客户办理证券的登记过户手续。

第一百一十三条 证券交易所应当为组织公平的集中交易提供保障，公布证券交易即时行情，并按交易日制作证券市场行情表，予以公布。

未经证券交易所许可，任何单位和个人不得发布证券交易即时行情。

第一百一十四条 因突发性事件而影响证券交易的正常进行时，证券交易所可以采取技术性停牌的措施；因不可抗力的突发性事件或者为维护证券交易的正常秩序，证券交易所可以决定临时停市。

证券交易所采取技术性停牌或者决定临时停市，必须及时报告国务院证券监督管理机构。

第一百一十五条 证券交易所对证券交易实行实时监控，并按照国务院证券监督管理机构的要求，对异常的交易情况提出报告。

证券交易所应当对上市公司及相关信息披露义务人披露信息进行监督，督促其依法及时、准确地披露信息。

证券交易所根据需要，可以对出现重大异常交易情况的证券账户限制交易，并报国务院证券监督管理机构备案。

第一百一十六条 证券交易所应当从其收取的交易费用和会员费、席位费中提取一定比例的金额设立风险基金。风险基金由证券交易所理事会管理。

风险基金提取的具体比例和使用办法，由国务院证券监督管理机构会同国务院财政部门规定。

第一百一十七条 证券交易所应当将收存的风险基金存入开户银行专门账户，不得擅自使用。

第一百一十八条 证券交易所依照证券法律、行政法规制定上市规则、交易规则、会员管理规则和其他有关规则，并报国务院证券监督管理机构批准。

第一百一十九条 证券交易所的负责人和其他从业人员在执行与证券交易有关的职务时，与其本人或者其亲属有利害关系的，应当回避。

第一百二十条 按照依法制定的交易规则进行的交易，不得改变其交易结果。对交易中违规交易者应负的民事责任不得免除；在违规交易中所获利益，依照有关规定处理。

第一百二十一条 在证券交易所内从事证券交易的人员，违反证券交易所有关交易规则的，由证券交易所给予纪律处分；对情节严重的，撤销其资格，禁止其入场进行证券交易。

第六章 证券公司

第一百二十二条 设立证券公司，必须经国务院证券监督管理机构审查批准。未经国务院证券监督管理机构批准，任何单位和个人不得经营证券业务。

第一百二十三条 本法所称证券公司是指依照《中华人民共和国公司法》和本法规定设立的经营证券业务的有限责任公司或者股份有限公司。

第一百二十四条 设立证券公司，应当具备下列条件：

（一）有符合法律、行政法规规定的公司章程；

（二）主要股东具有持续盈利能力，信誉良好，最近三年无重大违法违规记录，净资产不低于人民币二亿元；

（三）有符合本法规定的注册资本；

（四）董事、监事、高级管理人员具备任职资格，从业人员具有证券从业资格；

（五）有完善的风险管理与内部控制制度；

（六）有合格的经营场所和业务设施；

（七）法律、行政法规规定的和经国务院批准的国务院证券监督管理机构规定的其他条件。

第一百二十五条 经国务院证券监督管理机构批准，证券公司可以经营下列部分或者全部业务：

（一）证券经纪；

（二）证券投资咨询；

（三）与证券交易、证券投资活动有关的财务顾问；

（四）证券承销与保荐；

（五）证券自营；

（六）证券资产管理；

（七）其他证券业务。

第一百二十六条 证券公司必须在其名称中标明证券有限责任公司或者证券股份有限公司字样。

第一百二十七条 证券公司经营本法第一百二十五条第（一）项至第（三）项业务的，注册资本最低限额为人民币五千万元；经营第（四）项至第（七）项业务之一的，注册资本最低限额为人民币一亿元；经营第（四）项至第（七）项业务中两项以上的，注册资本最低限额为人民币五亿元。证券公司的注册资本应当是实缴资本。

国务院证券监督管理机构根据审慎监管原则和各项业务的风险程度，可以调整注册资本最低限额，但不得少于前款规定的限额。

第一百二十八条 国务院证券监督管理机构应当自受理证券公司设立申请之日起六个月内，依照法定条件和法定程序并根据审慎监管原则进行审查，作出批准或者不予批准的决定，并通知申请人；不予批准的，应当说明理由。

证券公司设立申请获得批准的，申请人应当在规定的期限内向公司登记机关申请设立登记，领取营业执照。

证券公司应当自领取营业执照之日起十五日内，向国务院证券监督管理机构申请经营证券业务许可证。未取得经营证券业务许可证，证券公司不得经营证券业务。

第一百二十九条 证券公司设立、收购或者撤销分支机构，变更业务范围，增加注册资本且股权结构发生重大调整，减少注册资本，变更持有百分之五以上股权的股东、实际控制人，变更公司章程中的重要条款，合并、分立、停业、解散、破产，必须经国务院证券监督管理机构批准。

证券公司在境外设立、收购或者参股证券经营机构，必须经国务院证券监督管理机构批准。

第一百三十条 国务院证券监督管理机构应当对证券公司的净资本，净资本与负债的比例，净资本与净资产的比例，净资本与自营、承销、资产管理等业务规模的比例，负债与净资产的比例，以及流动资产与流动负债的比例等风险控制指标作出规定。

证券公司不得为其股东或者股东的关联人提供融资或者担保。

第一百三十一条 证券公司的董事、监事、高级管理人员，应当正直诚实，品行良好，熟悉证券法律、行政法规，具有履行职责所需的经营管理能力，并在任职前取得国务院证券监督管理机构核准的任职资格。

有《中华人民共和国公司法》第一百四十六条规定的情形或者下列情形之一的，不得担任证券公司的董事、监事、高级管理人员：

（一）因违法行为或者违纪行为被解除职务的证券交易所、证券登记结算机构的负责人或者证券公司的董事、监事、高级管理人员，自被解除职务之日起未逾五年；

（二）因违法行为或者违纪行为被撤销资格的律师、注册会计师或者投资咨询机构、财务顾问机构、资信评级机构、资产评估机构、验证机构的专业人员，自被撤销资格之日起未逾五年。

第一百三十二条 因违法行为或者违纪行为被开除的证券交易所、证券登记结算机构、证券服务机构、证券公司的从业人员和被开除的国家机关工作人员，不得招聘为证券公司的从业人员。

第一百三十三条 国家机关工作人员和法律、行政法规规定的禁止在公司中兼职的其他人员，不得在证券公司中兼任职务。

第一百三十四条 国家设立证券投资者保护基金。证券投资者保护基金由证券公司缴纳的资金及其他依法筹集的资金组成，其筹集、管理和使用的具体办法由国务院规定。

第一百三十五条 证券公司从每年的税后利润中提取交易风险准备金，用于弥补证券交易的损失，其提取的具体比例由国务院证券监督管理机构规定。

第一百三十六条 证券公司应当建立健全内部控制制度，采取有效隔离措施，防范公司与客户之间、不同客户之间的利益冲突。

证券公司必须将其证券经纪业务、证券承销业务、证券自营业务和证券资产管理业务分开办理，不得混合操作。

第一百三十七条 证券公司的自营业务必须以自己的名义进行，不得假借他人名义或者以个人名义进行。

证券公司的自营业务必须使用自有资金和依法筹集的资金。

证券公司不得将其自营账户借给他人使用。

第一百三十八条 证券公司依法享有自主经营的权利，其合法经营不受干涉。

第一百三十九条 证券公司客户的交易结算资金应当存放在商业银行，以每个客户的名义单独立户管理。具体办法和实施步骤由国务院规定。

证券公司不得将客户的交易结算资金和证券归入其自有财产。禁止任何单位或者个人以任何形式挪用客户的交易结算资金和证券。证券公司破产或者清算时，客户的交易结算资金和证券不属于其破产财产或者清算财产。非因客户本身的债务或者法律规定的其他情形，不得查封、冻结、扣划或者强制执行客户的交易结算资金和证券。

第一百四十条 证券公司办理经纪业务，应当置备统一制定的证券买卖委托书，供委托人使用。采取其他委托方式的，必须作出委托记录。

客户的证券买卖委托，不论是否成交，其委托记录应当按照规定的期限，保存于证券公司。

第一百四十一条 证券公司接受证券买卖的委托，应当根据委托书载明的证券名称、买卖数量、出价方式、价格幅度等，按照交易规则代理买卖证券，如实进行交易记录；买卖成交后，应当按照规定制作买卖成交报告单交付客户。

证券交易中确认交易行为及其交易结果的对账单必须真实，并由交易经办人员以外的审核人员逐笔审核，保证账面证券余额与实际持有的证券相一致。

第一百四十二条 证券公司为客户买卖证券提供融资融券服务，应当按照国务院的规定并经国务院证券监督管理机构批准。

第一百四十三条 证券公司办理经纪业务，不得接受客户的全权委托而决定证券买卖、选择证券种类、决定买卖数量或者买卖价格。

第一百四十四条 证券公司不得以任何方式对客户证券买卖的收益或者赔偿证券买卖的损失作出承诺。

第一百四十五条 证券公司及其从业人员不

得未经过其依法设立的营业场所私下接受客户委托买卖证券。

第一百四十六条 证券公司的从业人员在证券交易活动中，执行所属的证券公司的指令或者利用职务违反交易规则的，由所属的证券公司承担全部责任。

第一百四十七条 证券公司应当妥善保存客户开户资料、委托记录、交易记录和与内部管理、业务经营有关的各项资料，任何人不得隐匿、伪造、篡改或者毁损。上述资料的保存期限不得少于二十年。

第一百四十八条 证券公司应当按照规定向国务院证券监督管理机构报送业务、财务等经营管理信息和资料。国务院证券监督管理机构有权要求证券公司及其股东、实际控制人在指定的期限内提供有关信息、资料。

证券公司及其股东、实际控制人向国务院证券监督管理机构报送或者提供的信息、资料，必须真实、准确、完整。

第一百四十九条 国务院证券监督管理机构认为有必要时，可以委托会计师事务所、资产评估机构对证券公司的财务状况、内部控制状况、资产价值进行审计或者评估。具体办法由国务院证券监督管理机构会同有关主管部门制定。

第一百五十条 证券公司的净资本或者其他风险控制指标不符合规定的，国务院证券监督管理机构应当责令其限期改正；逾期未改正，或者其行为严重危及该证券公司的稳健运行、损害客户合法权益的，国务院证券监督管理机构可以区别情形，对其采取下列措施：

（一）限制业务活动，责令暂停部分业务，停止批准新业务；

（二）停止批准增设、收购营业性分支机构；

（三）限制分配红利，限制向董事、监事、高级管理人员支付报酬、提供福利；

（四）限制转让财产或者在财产上设定其他权利；

（五）责令更换董事、监事、高级管理人员或者限制其权利；

（六）责令控股股东转让股权或者限制有关股东行使股东权利；

（七）撤销有关业务许可。

证券公司整改后，应当向国务院证券监督管理机构提交报告。国务院证券监督管理机构经验收，符合有关风险控制指标的，应当自验收完毕之日起三日内解除对其采取的前款规定的有关措施。

第一百五十一条 证券公司的股东有虚假出资、抽逃出资行为的，国务院证券监督管理机构应当责令其限期改正，并可责令其转让所持证券公司的股权。

在前款规定的股东按照要求改正违法行为、转让所持证券公司的股权前，国务院证券监督管理机构可以限制其股东权利。

第一百五十二条 证券公司的董事、监事、高级管理人员未能勤勉尽责，致使证券公司存在重大违法违规行为或者重大风险的，国务院证券监督管理机构可以撤销其任职资格，并责令公司予以更换。

第一百五十三条 证券公司违法经营或者出现重大风险，严重危害证券市场秩序、损害投资者利益的，国务院证券监督管理机构可以对该证券公司采取责令停业整顿、指定其他机构托管、接管或者撤销等监管措施。

第一百五十四条 在证券公司被责令停业整顿、被依法指定托管、接管或者清算期间，或者出现重大风险时，经国务院证券监督管理机构批准，可以对该证券公司直接负责的董事、监事、高级管理人员和其他直接责任人员采取以下措施：

（一）通知出境管理机关依法阻止其出境；

（二）申请司法机关禁止其转移、转让或者以其他方式处分财产，或者在财产上设定其他权利。

第七章　证券登记结算机构

第一百五十五条 证券登记结算机构是为证券交易提供集中登记、存管与结算服务，不以营利为目的的法人。

设立证券登记结算机构必须经国务院证券监督管理机构批准。

第一百五十六条 设立证券登记结算机构，应当具备下列条件：

（一）自有资金不少于人民币二亿元；

（二）具有证券登记、存管和结算服务所必须的场所和设施；

（三）主要管理人员和从业人员必须具有证券从业资格；

（四）国务院证券监督管理机构规定的其他条件。

证券登记结算机构的名称中应当标明证券登记结算字样。

第一百五十七条 证券登记结算机构履行下列职能：

（一）证券账户、结算账户的设立；

（二）证券的存管和过户；

（三）证券持有人名册登记；

（四）证券交易所上市证券交易的清算和交收；

（五）受发行人的委托派发证券权益；

（六）办理与上述业务有关的查询；

（七）国务院证券监督管理机构批准的其他业务。

第一百五十八条 证券登记结算采取全国集中统一的运营方式。

证券登记结算机构章程、业务规则应当依法制定，并经国务院证券监督管理机构批准。

第一百五十九条 证券持有人持有的证券，在上市交易时，应当全部存管在证券登记结算机构。

证券登记结算机构不得挪用客户的证券。

第一百六十条 证券登记结算机构应当向证券发行人提供证券持有人名册及其有关资料。

证券登记结算机构应当根据证券登记结算的结果，确认证券持有人持有证券的事实，提供证券持有人登记资料。

证券登记结算机构应当保证证券持有人名册和登记过户记录真实、准确、完整，不得隐匿、伪造、篡改或者毁损。

第一百六十一条 证券登记结算机构应当采取下列措施保证业务的正常进行：

（一）具有必备的服务设备和完善的数据安全保护措施；

（二）建立完善的业务、财务和安全防范等管理制度；

（三）建立完善的风险管理系统。

第一百六十二条 证券登记结算机构应当妥善保存登记、存管和结算的原始凭证及有关文件和资料。其保存期限不得少于二十年。

第一百六十三条 证券登记结算机构应当设立证券结算风险基金，用于垫付或者弥补因违约交收、技术故障、操作失误、不可抗力造成的证券登记结算机构的损失。

证券结算风险基金从证券登记结算机构的业务收入和收益中提取，并可以由结算参与人按照证券交易业务量的一定比例缴纳。

证券结算风险基金的筹集、管理办法，由国务院证券监督管理机构会同国务院财政部门规定。

第一百六十四条 证券结算风险基金应当存入指定银行的专门账户，实行专项管理。

证券登记结算机构以证券结算风险基金赔偿后，应当向有关责任人追偿。

第一百六十五条 证券登记结算机构申请解散，应当经国务院证券监督管理机构批准。

第一百六十六条 投资者委托证券公司进行证券交易，应当申请开立证券账户。证券登记结算机构应当按照规定以投资者本人的名义为投资者开立证券账户。

投资者申请开立账户，必须持有证明中国公民身份或者中国法人资格的合法证件。国家另有规定的除外。

第一百六十七条 证券登记结算机构为证券交易提供净额结算服务时，应当要求结算参与人按照货银对付的原则，足额交付证券和资金，并提供交收担保。

在交收完成之前，任何人不得动用用于交收的证券、资金和担保物。

结算参与人未按时履行交收义务的，证券登记结算机构有权按照业务规则处理前款所述财产。

第一百六十八条 证券登记结算机构按照业务规则收取的各类结算资金和证券，必须存放于专门的清算交收账户，只能按业务规则用于已成交的证券交易的清算交收，不得被强制执行。

第八章 证券服务机构

第一百六十九条 投资咨询机构、财务顾问机构、资信评级机构、资产评估机构、会计师事务所从事证券服务业务，必须经国务院证券监督管理机构和有关主管部门批准。

投资咨询机构、财务顾问机构、资信评级机构、资产评估机构、会计师事务所从事证券服务业务的审批管理办法，由国务院证券监督管理机构和有关主管部门制定。

第一百七十条 投资咨询机构、财务顾问机构、资信评级机构从事证券服务业务的人员，必须具备证券专业知识和从事证券业务或者证券服务业务二年以上经验。认定其证券从业资格的标准和管理办法，由国务院证券监督管理机构制定。

第一百七十一条 投资咨询机构及其从业人员从事证券服务业务不得有下列行为：

（一）代理委托人从事证券投资；

（二）与委托人约定分享证券投资收益或者分担证券投资损失；

（三）买卖本咨询机构提供服务的上市公司股票；

（四）利用传播媒介或者通过其他方式提供、传播虚假或者误导投资者的信息；

（五）法律、行政法规禁止的其他行为。

有前款所列行为之一，给投资者造成损失的，依法承担赔偿责任。

第一百七十二条 从事证券服务业务的投资咨询机构和资信评级机构，应当按照国务院有关主管部门规定的标准或者收费办法收取服务费用。

第一百七十三条 证券服务机构为证券的发行、上市、交易等证券业务活动制作、出具审计报告、资产评估报告、财务顾问报告、资信评级报告或者法律意见书等文件，应当勤勉尽责，对所依据的文件资料内容的真实性、准确性、完整性进行核查和验证。其制作、出具的文件有虚假记载、误导性陈述或者重大遗漏，给他人造成损失的，应当与发行人、上市公司承担连带赔偿责任，但是能够证明自己没有过错的除外。

第九章 证券业协会

第一百七十四条 证券业协会是证券业的自律性组织，是社会团体法人。

证券公司应当加入证券业协会。

证券业协会的权力机构为全体会员组成的会员大会。

第一百七十五条 证券业协会章程由会员大会制定，并报国务院证券监督管理机构备案。

第一百七十六条 证券业协会履行下列职责：

（一）教育和组织会员遵守证券法律、行政法规；

（二）依法维护会员的合法权益，向证券监督管理机构反映会员的建议和要求；

（三）收集整理证券信息，为会员提供服务；

（四）制定会员应遵守的规则，组织会员单位的从业人员的业务培训，开展会员间的业务交流；

（五）对会员之间、会员与客户之间发生的证券业务纠纷进行调解；

（六）组织会员就证券业的发展、运作及有关内容进行研究；

（七）监督、检查会员行为，对违反法律、行政法规或者协会章程的，按照规定给予纪律处分；

（八）证券业协会章程规定的其他职责。

第一百七十七条 证券业协会设理事会。理事会成员依章程的规定由选举产生。

第十章 证券监督管理机构

第一百七十八条 国务院证券监督管理机构依法对证券市场实行监督管理，维护证券市场秩序，保障其合法运行。

第一百七十九条 国务院证券监督管理机构在对证券市场实施监督管理中履行下列职责：

（一）依法制定有关证券市场监督管理的规章、规则，并依法行使审批或者核准权；

（二）依法对证券的发行、上市、交易、登记、存管、结算，进行监督管理；

（三）依法对证券发行人、上市公司、证券公司、证券投资基金管理公司、证券服务机构、证券交易所、证券登记结算机构的证券业务活动，进行监督管理；

（四）依法制定从事证券业务人员的资格标

准和行为准则，并监督实施；

（五）依法监督检查证券发行、上市和交易的信息公开情况；

（六）依法对证券业协会的活动进行指导和监督；

（七）依法对违反证券市场监督管理法律、行政法规的行为进行查处；

（八）法律、行政法规规定的其他职责。

国务院证券监督管理机构可以和其他国家或者地区的证券监督管理机构建立监督管理合作机制，实施跨境监督管理。

第一百八十条 国务院证券监督管理机构依法履行职责，有权采取下列措施：

（一）对证券发行人、上市公司、证券公司、证券投资基金管理公司、证券服务机构、证券交易所、证券登记结算机构进行现场检查；

（二）进入涉嫌违法行为发生场所调查取证；

（三）询问当事人和与被调查事件有关的单位和个人，要求其对与被调查事件有关的事项作出说明；

（四）查阅、复制与被调查事件有关的财产权登记、通讯记录等资料；

（五）查阅、复制当事人和与被调查事件有关的单位和个人的证券交易记录、登记过户记录、财务会计资料及其他相关文件和资料；对可能被转移、隐匿或者毁损的文件和资料，可以予以封存；

（六）查询当事人和与被调查事件有关的单位和个人的资金账户、证券账户和银行账户；对有证据证明已经或者可能转移或者隐匿违法资金、证券等涉案财产或者隐匿、伪造、毁损重要证据的，经国务院证券监督管理机构主要负责人批准，可以冻结或者查封；

（七）在调查操纵证券市场、内幕交易等重大证券违法行为时，经国务院证券监督管理机构主要负责人批准，可以限制被调查事件当事人的证券买卖，但限制的期限不得超过十五个交易日；案情复杂的，可以延长十五个交易日。

第一百八十一条 国务院证券监督管理机构依法履行职责，进行监督检查或者调查，其监督检查、调查的人员不得少于二人，并应当出示合法证件和监督检查、调查通知书。监督检查、调查的人员少于二人或者未出示合法证件和监督检查、调查通知书的，被检查、调查的单位有权拒绝。

第一百八十二条 国务院证券监督管理机构工作人员必须忠于职守，依法办事，公正廉洁，不得利用职务便利牟取不正当利益，不得泄露所知悉的有关单位和个人的商业秘密。

第一百八十三条 国务院证券监督管理机构依法履行职责，被检查、调查的单位和个人应当配合，如实提供有关文件和资料，不得拒绝、阻碍和隐瞒。

第一百八十四条 国务院证券监督管理机构依法制定的规章、规则和监督管理工作制度应当公开。

国务院证券监督管理机构依据调查结果，对证券违法行为作出的处罚决定，应当公开。

第一百八十五条 国务院证券监督管理机构应当与国务院其他金融监督管理机构建立监督管理信息共享机制。

国务院证券监督管理机构依法履行职责，进行监督检查或者调查时，有关部门应当予以配合。

第一百八十六条 国务院证券监督管理机构依法履行职责，发现证券违法行为涉嫌犯罪的，应当将案件移送司法机关处理。

第一百八十七条 国务院证券监督管理机构的人员不得在被监管的机构中任职。

第十一章　法律责任

第一百八十八条 未经法定机关核准，擅自公开或者变相公开发行证券的，责令停止发行，退还所募资金并加算银行同期存款利息，处以非法所募资金金额百分之一以上百分之五以下的罚款；对擅自公开或者变相公开发行证券设立的公司，由依法履行监督管理职责的机构或者部门会同县级以上地方人民政府予以取缔。对直接负责的主管人员和其他直接责任人员给予警告，并处以三万元以上三十万元以下的罚款。

第一百八十九条 发行人不符合发行条件，以欺骗手段骗取发行核准，尚未发行证券的，处以三十万元以上六十万元以下的罚款；已经发行证券的，处以非法所募资金金额百分之一以上百分之五以下的罚款。对直接负责的主管人员和其他直接责任人员处以三万元以上三十万元以下的罚款。

发行人的控股股东、实际控制人指使从事前款违法行为的，依照前款的规定处罚。

第一百九十条 证券公司承销或者代理买卖未经核准擅自公开发行的证券的，责令停止承销或者代理买卖，没收违法所得，并处以违法所得一倍以上五倍以下的罚款；没有违法所得或者违法所得不足三十万元的，处以三十万元以上六十万元以下的罚款。给投资者造成损失的，应当与发行人承担连带赔偿责任。对直接负责的主管人员和其他直接责任人员给予警告，撤销任职资格或者证券从业资格，并处以三万元以上三十万元以下的罚款。

第一百九十一条 证券公司承销证券，有下列行为之一的，责令改正，给予警告，没收违法所得，可以并处三十万元以上六十万元以下的罚款；情节严重的，暂停或者撤销相关业务许可。给其他证券承销机构或者投资者造成损失的，依法承担赔偿责任。对直接负责的主管人员和其他直接责任人员给予警告，可以并处三万元以上三十万元以下的罚款；情节严重的，撤销任职资格或者证券从业资格：

（一）进行虚假的或者误导投资者的广告或者其他宣传推介活动；

（二）以不正当竞争手段招揽承销业务；

（三）其他违反证券承销业务规定的行为。

第一百九十二条 保荐人出具有虚假记载、误导性陈述或者重大遗漏的保荐书，或者不履行其他法定职责的，责令改正，给予警告，没收业务收入，并处以业务收入一倍以上五倍以下的罚款；情节严重的，暂停或者撤销相关业务许可。对直接负责的主管人员和其他直接责任人员给予警告，并处以三万元以上三十万元以下的罚款；情节严重的，撤销任职资格或者证券从业资格。

第一百九十三条 发行人、上市公司或者其他信息披露义务人未按照规定披露信息，或者所披露的信息有虚假记载、误导性陈述或者重大遗漏的，责令改正，给予警告，并处以三十万元以上六十万元以下的罚款。对直接负责的主管人员和其他直接责任人员给予警告，并处以三万元以上三十万元以下的罚款。

发行人、上市公司或者其他信息披露义务人未按照规定报送有关报告，或者报送的报告有虚假记载、误导性陈述或者重大遗漏的，责令改正，给予警告，并处以三十万元以上六十万元以下的罚款。对直接负责的主管人员和其他直接责任人员给予警告，并处以三万元以上三十万元以下的罚款。

发行人、上市公司或者其他信息披露义务人的控股股东、实际控制人指使从事前两款违法行为的，依照前两款的规定处罚。

第一百九十四条 发行人、上市公司擅自改变公开发行证券所募集资金的用途的，责令改正，对直接负责的主管人员和其他直接责任人员给予警告，并处以三万元以上三十万元以下的罚款。

发行人、上市公司的控股股东、实际控制人指使从事前款违法行为的，给予警告，并处以三十万元以上六十万元以下的罚款。对直接负责的主管人员和其他直接责任人员依照前款的规定处罚。

第一百九十五条 上市公司的董事、监事、高级管理人员、持有上市公司股份百分之五以上的股东，违反本法第四十七条的规定买卖本公司股票的，给予警告，可以并处三万元以上十万元以下的罚款。

第一百九十六条 非法开设证券交易场所的，由县级以上人民政府予以取缔，没收违法所得，并处以违法所得一倍以上五倍以下的罚款；没有违法所得或者违法所得不足十万元的，处以十万元以上五十万元以下的罚款。对直接负责的主管人员和其他直接责任人员给予警告，并处以三万元以上三十万元以下的罚款。

第一百九十七条 未经批准，擅自设立证券公司或者非法经营证券业务的，由证券监督管理机构予以取缔，没收违法所得，并处以违法所得一倍以上五倍以下的罚款；没有违法所得或者违法所得不足三十万元的，处以三十万元以上六十万元以下的罚款。对直接负责的主管人员和其他直接责任人员给予警告，并处以三万元以上三十万元以下的罚款。

第一百九十八条 违反本法规定，聘任不具有任职资格、证券从业资格的人员的，由证券监督管理机构责令改正，给予警告，可以并处十万元以上三十万元以下的罚款；对直接负责的主管人员给予警告，可以并处三万元以上十万元以下的罚款。

第一百九十九条 法律、行政法规规定禁止参与股票交易的人员，直接或者以化名、借他人名义持有、买卖股票的，责令依法处理非法持有的股票，没收违法所得，并处以买卖股票等值以下的罚款；属于国家工作人员的，还应当依法给予行政处分。

第二百条 证券交易所、证券公司、证券登记结算机构、证券服务机构的从业人员或者证券业协会的工作人员，故意提供虚假资料，隐匿、伪造、篡改或者毁损交易记录，诱骗投资者买卖证券的，撤销证券从业资格，并处以三万元以上十万元以下的罚款；属于国家工作人员的，还应当依法给予行政处分。

第二百零一条 为股票的发行、上市、交易出具审计报告、资产评估报告或者法律意见书等文件的证券服务机构和人员，违反本法第四十五条的规定买卖股票的，责令依法处理非法持有的股票，没收违法所得，并处以买卖股票等值以下的罚款。

第二百零二条 证券交易内幕信息的知情人或者非法获取内幕信息的人，在涉及证券的发行、交易或者其他对证券的价格有重大影响的信息公开前，买卖该证券，或者泄露该信息，或者建议他人买卖该证券的，责令依法处理非法持有的证券，没收违法所得，并处以违法所得一倍以上五倍以下的罚款；没有违法所得或者违法所得不足三万元的，处以三万元以上六十万元以下的罚款。单位从事内幕交易的，还应当对直接负责的主管人员和其他直接责任人员给予警告，并处以三万元以上三十万元以下的罚款。证券监督管理机构工作人员进行内幕交易的，从重处罚。

第二百零三条 违反本法规定，操纵证券市场的，责令依法处理非法持有的证券，没收违法所得，并处以违法所得一倍以上五倍以下的罚款；没有违法所得或者违法所得不足三十万元的，处以三十万元以上三百万元以下的罚款。单位操纵证券市场的，还应当对直接负责的主管人员和其他直接责任人员给予警告，并处以十万元以上六十万元以下的罚款。

第二百零四条 违反法律规定，在限制转让期限内买卖证券的，责令改正，给予警告，并处以买卖证券等值以下的罚款。对直接负责的主管人员和其他直接责任人员给予警告，并处以三万元以上三十万元以下的罚款。

第二百零五条 证券公司违反本法规定，为客户买卖证券提供融资融券的，没收违法所得，暂停或者撤销相关业务许可，并处以非法融资融券等值以下的罚款。对直接负责的主管人员和其他直接责任人员给予警告，撤销任职资格或者证券从业资格，并处以三万元以上三十万元以下的罚款。

第二百零六条 违反本法第七十八条第一款、第三款的规定，扰乱证券市场的，由证券监督管理机构责令改正，没收违法所得，并处以违法所得一倍以上五倍以下的罚款；没有违法所得或者违法所得不足三万元的，处以三万元以上二十万元以下的罚款。

第二百零七条 违反本法第七十八条第二款的规定，在证券交易活动中作出虚假陈述或者信息误导的，责令改正，处以三万元以上二十万元以下的罚款；属于国家工作人员的，还应当依法给予行政处分。

第二百零八条 违反本法规定，法人以他人名义设立账户或者利用他人账户买卖证券的，责令改正，没收违法所得，并处以违法所得一倍以上五倍以下的罚款；没有违法所得或者违法所得不足三万元的，处以三万元以上三十万元以下的罚款。对直接负责的主管人员和其他直接责任人员给予警告，并处以三万元以上十万元以下的罚款。

证券公司为前款规定的违法行为提供自己或者他人的证券交易账户的，除依照前款的规定处罚外，还应当撤销直接负责的主管人员和其他直接责任人员的任职资格或者证券从业资格。

第二百零九条 证券公司违反本法规定，假借他人名义或者以个人名义从事证券自营业务的，责令改正，没收违法所得，并处以违法所得一倍以上五倍以下的罚款；没有违法所得或者违法所得不足三十万元的，处以三十万元以上六十万元以下的罚款；情节严重的，暂停或者撤销证券自营业务许可。对直接负责的主管人员和其他直接责任人员给予警告，撤销任职资格或者证券从业资格，并处以三万元以上十万元以下的罚款。

第二百一十条 证券公司违背客户的委托买卖证券、办理交易事项，或者违背客户真实意思表示，办理交易以外的其他事项的，责令改正，处以一万元以上十万元以下的罚款。给客户造成损失的，依法承担赔偿责任。

第二百一十一条 证券公司、证券登记结算机构挪用客户的资金或者证券，或者未经客户的委托，擅自为客户买卖证券的，责令改正，没收违法所得，并处以违法所得一倍以上五倍以下的罚款；没有违法所得或者违法所得不足十万元的，处以十万元以上六十万元以下的罚款；情节严重的，责令关闭或者撤销相关业务许可。对直接负责的主管人员和其他直接责任人员给予警告，撤销任职资格或者证券从业资格，并处以三万元以上三十万元以下的罚款。

第二百一十二条 证券公司办理经纪业务，接受客户的全权委托买卖证券的，或者证券公司对客户买卖证券的收益或者赔偿证券买卖的损失作出承诺的，责令改正，没收违法所得，并处以五万元以上二十万元以下的罚款，可以暂停或者撤销相关业务许可。对直接负责的主管人员和其他直接责任人员给予警告，并处以三万元以上十万元以下的罚款，可以撤销任职资格或者证券从业资格。

第二百一十三条 收购人未按照本法规定履行上市公司收购的公告、发出收购要约等义务的，责令改正，给予警告，并处以十万元以上三十万元以下的罚款；在改正前，收购人对其收购或者通过协议、其他安排与他人共同收购的股份不得行使表决权。对直接负责的主管人员和其他直接责任人员给予警告，并处以三万元以上三十万元以下的罚款。

第二百一十四条 收购人或者收购人的控股股东，利用上市公司收购，损害被收购公司及其股东的合法权益的，责令改正，给予警告；情节严重的，并处以十万元以上六十万元以下的罚款。给被收购公司及其股东造成损失的，依法承担赔偿责任。对直接负责的主管人员和其他直接责任人员给予警告，并处以三万元以上三十万元以下的罚款。

第二百一十五条 证券公司及其从业人员违反本法规定，私下接受客户委托买卖证券的，责令改正，给予警告，没收违法所得，并处以违法所得一倍以上五倍以下的罚款；没有违法所得或者违法所得不足十万元的，处以十万元以上三十万元以下的罚款。

第二百一十六条 证券公司违反规定，未经批准经营非上市证券的交易的，责令改正，没收违法所得，并处以违法所得一倍以上五倍以下的罚款。

第二百一十七条 证券公司成立后，无正当理由超过三个月未开始营业的，或者开业后自行停业连续三个月以上的，由公司登记机关吊销其公司营业执照。

第二百一十八条 证券公司违反本法第一百二十九条的规定，擅自设立、收购、撤销分支机构，或者合并、分立、停业、解散、破产，或者在境外设立、收购、参股证券经营机构的，责令改正，没收违法所得，并处以违法所得一倍以上五倍以下的罚款；没有违法所得或者违法所得不足十万元的，处以十万元以上六十万元以下的罚款。对直接负责的主管人员给予警告，并处以三万元以上十万元以下的罚款。

证券公司违反本法第一百二十九条的规定，擅自变更有关事项的，责令改正，并处以十万元以上三十万元以下的罚款。对直接负责的主管人员给予警告，并处以五万元以下的罚款。

第二百一十九条 证券公司违反本法规定，超出业务许可范围经营证券业务的，责令改正，没收违法所得，并处以违法所得一倍以上五倍以下的罚款；没有违法所得或者违法所得不足三十万元的，处以三十万元以上六十万元以下罚款；情节严重的，责令关闭。对直接负责的主管人员和其他直接责任人员给予警告，撤销任职资格或者证券从业资格，并处以三万元以上十万元以下的罚款。

第二百二十条 证券公司对其证券经纪业务、证券承销业务、证券自营业务、证券资产管理业务，不依法分开办理，混合操作的，责令改正，没收违法所得，并处以三十万元以上六十万元以下的罚款；情节严重的，撤销相关业务许可。对直接负责的主管人员和其他直接责任人员给予警告，并处以三万元以上十万元以下的罚款；情节严重的，撤销任职资格或者证券从业资格。

第二百二十一条 提交虚假证明文件或者采取其他欺诈手段隐瞒重要事实骗取证券业务许可的，或者证券公司在证券交易中有严重违法行为，不再具备经营资格的，由证券监督管理机构撤销证券业务许可。

第二百二十二条 证券公司或者其股东、实际控制人违反规定，拒不向证券监督管理机构报送或者提供经营管理信息和资料，或者报送、提供的经营管理信息和资料有虚假记载、误导性陈述或者重大遗漏的，责令改正，给予警告，并处以三万元以上三十万元以下的罚款，可以暂停或者撤销证券公司相关业务许可。对直接负责的主管人员和其他直接责任人员，给予警告，并处以三万元以下的罚款，可以撤销任职资格或者证券从业资格。

证券公司为其股东或者股东的关联人提供融资或者担保的，责令改正，给予警告，并处以十万元以上三十万元以下的罚款。对直接负责的主管人员和其他直接责任人员，处以三万元以上十万元以下的罚款。股东有过错的，在按照要求改正前，国务院证券监督管理机构可以限制其股东权利；拒不改正的，可以责令其转让所持证券公司股权。

第二百二十三条 证券服务机构未勤勉尽责，所制作、出具的文件有虚假记载、误导性陈述或者重大遗漏的，责令改正，没收业务收入，暂停或者撤销证券服务业务许可，并处以业务收入一倍以上五倍以下的罚款。对直接负责的主管人员和其他直接责任人员给予警告，撤销证券从业资格，并处以三万元以上十万元以下的罚款。

第二百二十四条 违反本法规定，发行、承销公司债券的，由国务院授权的部门依照本法有关规定予以处罚。

第二百二十五条 上市公司、证券公司、证券交易所、证券登记结算机构、证券服务机构，未按照有关规定保存有关文件和资料的，责令改正，给予警告，并处以三万元以上三十万元以下的罚款；隐匿、伪造、篡改或者毁损有关文件和资料的，给予警告，并处以三十万元以上六十万元以下的罚款。

第二百二十六条 未经国务院证券监督管理机构批准，擅自设立证券登记结算机构的，由证券监督管理机构予以取缔，没收违法所得，并处以违法所得一倍以上五倍以下的罚款。

投资咨询机构、财务顾问机构、资信评级机构、资产评估机构、会计师事务所未经批准，擅自从事证券服务业务的，责令改正，没收违法所得，并处以违法所得一倍以上五倍以下的罚款。

证券登记结算机构、证券服务机构违反本法规定或者依法制定的业务规则的，由证券监督管理机构责令改正，没收违法所得，并处以违法所得一倍以上五倍以下的罚款；没有违法所得或者违法所得不足十万元的，处以十万元以上三十万元以下的罚款；情节严重的，责令关闭或者撤销证券服务业务许可。

第二百二十七条 国务院证券监督管理机构或者国务院授权的部门有下列情形之一的，对直接负责的主管人员和其他直接责任人员，依法给予行政处分：

（一）对不符合本法规定的发行证券、设立证券公司等申请予以核准、批准的；

（二）违反规定采取本法第一百八十条规定的现场检查、调查取证、查询、冻结或者查封等措施的；

（三）违反规定对有关机构和人员实施行政处罚的；

（四）其他不依法履行职责的行为。

第二百二十八条 证券监督管理机构的工作人员和发行审核委员会的组成人员，不履行本法规定的职责，滥用职权、玩忽职守，利用职务便利牟取不正当利益，或者泄露所知悉的有关单位和个人的商业秘密的，依法追究法律责任。

第二百二十九条 证券交易所对不符合本法规定条件的证券上市申请予以审核同意的，给予警告，没收业务收入，并处以业务收入一倍以上五倍以下的罚款。对直接负责的主管人员和其他直接责任人员给予警告，并处以三万元以上三十万元以下的罚款。

第二百三十条 拒绝、阻碍证券监督管理机构及其工作人员依法行使监督检查、调查职权未使用暴力、威胁方法的，依法给予治安管理处罚。

第二百三十一条 违反本法规定，构成犯罪的，依法追究刑事责任。

第二百三十二条 违反本法规定，应当承担民事赔偿责任和缴纳罚款、罚金，其财产不足以同时支付时，先承担民事赔偿责任。

第二百三十三条 违反法律、行政法规或者国务院证券监督管理机构的有关规定，情节严重的，国务院证券监督管理机构可以对有关责任人员采取证券市场禁入的措施。

前款所称证券市场禁入，是指在一定期限内直至终身不得从事证券业务或者不得担任上市公司董事、监事、高级管理人员的制度。

第二百三十四条 依照本法收缴的罚款和没收的违法所得，全部上缴国库。

第二百三十五条 当事人对证券监督管理机构或者国务院授权的部门的处罚决定不服的，可以依法申请行政复议，或者依法直接向人民法院提起诉讼。

第十二章 附 则

第二百三十六条 本法施行前依照行政法规已批准在证券交易所上市交易的证券继续依法进行交易。

本法施行前依照行政法规和国务院金融行政管理部门的规定经批准设立的证券经营机构，不完全符合本法规定的，应当在规定的限期内达到本法规定的要求。具体实施办法，由国务院另行规定。

第二百三十七条 发行人申请核准公开发行股票、公司债券，应当按照规定缴纳审核费用。

第二百三十八条 境内企业直接或者间接到境外发行证券或者将其证券在境外上市交易，必须经国务院证券监督管理机构依照国务院的规定批准。

第二百三十九条 境内公司股票以外币认购和交易的，具体办法由国务院另行规定。

第二百四十条 本法自 2006 年 1 月 1 日起施行。

第十四章 票据法

材料导读

近代票据法起源于欧洲中世纪的商人习惯法，依托于12～13世纪意大利地中海沿岸城市发展起来的商人法，它主要表现为商业习惯和商业规则，为各国商人所共同接受。自20世纪以来，统一票据法的国际活动主要有三次，分别是：海牙统一票据法会议、日内瓦统一票据法会议及联合国统一票据法活动。中华人民共和国成立后，废除了旧中国包括票据法在内的所有法律，在此后的相当长时期内，我国一直是用行政办法来管理票据。1986年9月，根据国务院的指示，中国人民银行拟出《中华人民共和国票据法暂行条例（草案）》，向金融界、法律界征询意见。1990年草拟了《中华人民共和国票据法》（讨论稿），1991年9月，形成了《中华人民共和国票据法》（修改稿），于1994年经国务院提请全国人民代表大会常务委员会审议，终于在1995年5月10日，由第八届全国人民代表大会常务委员会第13次会议通过，并于1996年1月1日起实施，中华人民共和国第一部票据法由此诞生。

第一节 票据法律制度概述

一、票据的含义

票据，有广义和狭义两样含义，广义的票据包括各种有价证券和商业上的权利凭证。包括股票、债券、发票、提单等。在我国法律上或法学士所说的票据，如无特别说明仅指狭义的票据，即出票人依据票据法发行的无条件支付一定金额或委托他人无条件支付一定金额给收款人或持票人的有价证券。《中华人民共和国票据法》（以下简称《票据法》）第2条第二款：“本法所称票据，是指汇票、本票和支票。”

二、票据的特征

1. 票据的法律特征

（1）票据为设权证券。所谓设权证券即票据上所载明的权利，是由票据行为而设立产生的，票据行为不是证明已存在的权利，而是创设权利，只有作出票据并经过交付，票据权利才产生。

（2）票据是一种完全有价证券。有价证券是代表一定财产权的证券，票据不仅证明价值，而且其本身具有价值，代表给付一定金额的货币。

（3）票据是一种要式证券。即票据必须依照法定的条件和格式作成，才产生票据的效力，若欠缺法律规定的票据必须应记载的事项，则票据无效。

（4）票据是文义证券。即票据上的权利义务完全依照票据上所记载的文义为准，不能以票据以外的事项来认定票据上的权利义务，也不能以票据以外的其他立证方法，来变更或增减票据上的权利义务。

（5）票据为无因证券。所谓无因，是指票据权利仅以票据法的规定发生，而不需要票据行为发生的原因或基础。这就是说持票人在主张票据上的权利时不必证明其取得票据的原因，仅依照票据文字记载的文义就可请求给付一定的金额。

（6）票据为流通证券。票据权利可以通过在票据上背书或交付而自由转让，具备流通性。一般来说，无记名票据，仅依单纯交付即可转让，记名票据须经背书方可转让。

三、票据法

（一）票据法的概念

票据法是指规范票据种类、形式、内容以及各当事人之间权利义务关系的法律。1929 年民国政府公布施行的票据法是汇总过历史上第一本正式的票据法，该法几经修改仍在我国台湾地区适用。我国现行的《票据法》是在 1995 年 5 月 10 日经八届全国人大常委会第十三次会议审议通过的，自 1996 年 1 月 1 日施行。

（二）票据法律关系

1. 票据法律关系的概念

票据法律关系是指当事人间在票据的签发和转让等过程中发生的权利义务关系。票据法律关系可分为票据关系和非票据关系。票据关系是指当事人之间基本票据行为而发生的债权债务关系，如出票人与收款人之间的关系。票据法上的非票据关系是指票据法所规定的，不是基于票据行为直接发生的法律关系，如票据付款人后请求持票人交还票据的关系等。

2. 票据法律关系的构成

票据法律关系与其他民事法律关系一样，由主体、内容和客体三大要素构成。

（1）主体。票据法律关系的主体就是票据法律关系的当事人，是指享有票据权利、承担票据义务以及与票据权利义务有密切关系的法律主体。常见的名称有：出票人、收款人、付款人、背书人、被背书人、承兑人、保证人和被保证人等。

（2）内容。票据法律关系的内容是指票据法律关系的主体依法所享有的权利或承担的义务，具体内涵则依据特定的票据法律关系而定。

（3）客体。票据法律关系的客体是特定的，只能是一定数额的金钱而不是某种物品。在票据关系中，不允许用其他物品来代替金钱进行支付或赔偿。

（三）票据行为

1. 票据行为的概念和分类

票据行为是指票据关系的当事人之间以发生、变更或终止票据关系为目的而进行的法律行为。

一般包括：出票、背书、承兑、保证和参加承兑五种。我国《票据法》只规定了前面四种，对参加承兑没有作出规定。

2. 票据行为的代理

民法上关于法律行为的代理的规定，也适用于票据行为。但票据法更注重保护善意第三人，所以要求代理行为更加确实，易于表现以外，还要求：

（1）实行严格的显示主义。即要求代理人在代理他人为票据行为时，必须表明其系代理人，否则应自负其责。

（2）无权代理和越权代理，不能追认。没有代理权而以代理人名义在票据上签章的，应当由签章人承担票据责任；代理人超越代理权限的，应当就其超越权限的部分承担票据责任。

（四）票据权利

1. 票据权利的概念

我国《票据法》第 4 条第四款规定："本法所称票据权利是指持票人向票据债务人请求支付票据金额的权利，包括付款请求权和追索权。"付款请求权是指持票人向票据上所记载的付款人要求付款的权利。追索权则是在付款请求权未能实现的前提下，持票人向其前手请求付款的权利。

2. 票据权利的取得

票据是一种完全的有价证券，票据权利一占有票据为依据，因此，当事人合法占有票据，即取得票据权利。票据权利的取得有原始取得和继受取得两种。票据的原始取得是指持票人取得票据权利不是从其他前手权利人处受让票据权利。继受取得是指持票人依背书交付或单纯交付方式从前手受让票据权利。

3. 票据权利的丧失

根据《票据法》第 17 条的规定，票据权利在下列期限内不行使而消灭：

（1）持票人对票据的出票人和承兑人的权利，自票据到期日起 2 年。见票即付的汇票、本票，自出票日起 2 年。

（2）持票人对支票出票人的权利，自出票日起 6 个月。

（3）持票人对前手的追索权，自被拒绝承兑或者被拒绝付款之日起 6 个月。

（4）持票人对前手的再追索权，自清偿日或者被提起诉讼之日起 3 个月。

4. 票据抗辩

我国《票据法》第 13 条第三款规定："本法所称抗辩是指票据债务人根据本法规定对票据债权人拒绝履行义务的行为。"票据抗辩以民法上的抗辩制度为基础，但又有别于民法抗辩制度。

根据不同的抗辩原因，可将票据抗辩区分为物的抗辩和人的抗辩两大类。物的抗辩又称为绝对抗辩、客观的抗辩，是指基于票据本身内容（记载事项及票据的性质）而提出的抗辩。比如绝对必须记载事项欠缺抗辩、付款日期未至抗辩等。这种抗辩来自票据本身，不论持票人是谁，债务人是谁，都能成立。人的抗辩又称相对的抗辩、主观的抗辩，是指由于债务人与特定债权人之间的关系而发生，因而只能向特定债权人行使的抗辩。比如恶意取得抗辩。

票据流通性对于票据的存在意义重大，因此确保善意持票人的权利至关重要，票据法对此项抗辩权利的行使有所限制。由于物的抗辩是基于票据本身原因而发生的抗辩，票据债务人可以对抗一起票据权利人，因此票据法不对此类抗辩进行限制。而由于人的抗辩是基于特定的当事人之间的关系所发生的抗辩，仅能对直接当事人主张，因此我国《票据法》第 13 条第一款规定："票据债务人不得以自己与出票人或者与持票人的前手之间的抗辩事由，对抗持票人。但是，持票人明知存在抗辩事由而取得票据的除外"。

（五）票据的伪造与变造

1. 票据伪造

票据伪造是指以行骗为目的，假冒他人名义或虚构他人名义而进行的票据行为。票据的伪造行为是一种恶意损害他人利益的行为，在法律上不具有任何票据行为的效力。另外，根据《票据法》第 14 条第二款的规定，在伪造的票据上进行真实签章的人，仍然必须对其票据行为负责，即其票据行为不因存在伪造签章而无效。

2. 票据的变造

票据变造是指没有合法权限的人在已有效成立的票据上变更票据的签章以外的记载事项的行为。我国《票据法》第 14 条第三款对票据变造在票据法上的法律后果作出了明确的规定："票据上其他事项被变造的，在变造之前签章的人，对原记载事项负责；在变造之后签章的人，对变造之后记载的事项负责；不能辨别是在票据被变造之前或之后签章的，视同在变造之前签章。"变造票据可能涉及其他民事赔偿责任、行政责任或刑事责任。

（六）票据的丧失及其补救

票据丧失是指持票人并非出于本意而丧失票据的占有。票据是完全有价证券，票据丧失意味着无法依据正常程序行使票据权利。由于票据丧失并非出于本意，故《票据法》第 15 条规定了三种形式的补救措施，即挂失止付、公示催告及提起诉讼，予以救济。

1. 挂失止付

所谓挂失止付是指失票人将票据丧失的情形通知票据的付款人，请求停止付款。挂失止付通知必须采用书面形式及时发出。收到挂失止付通知的付款人，应当暂停支付。失票人应当在通知挂失止付后 3 日内，也可以在票据丧失后，依法向人民法院申请公示催告，或者向人民法院提起诉讼。挂失止付只是一种临时补救方法，不能成为一种对丧失票据的独立补救方法。

2. 公示催告

公示催告是指法院依照当事人的申请以公示的方法，催告利害关系人在一定期限内申报债权，如逾期不申请即产生失权效果。公示催告期满，如无人申请权利及提示票据，法院即作除权判决宣告票据无效。申请人可以凭保权判决行使票据权利，而不必提示票据。

3. 提起诉讼

依《票据法》第 15 条第三款规定，失票人可以直接向法院提起民事诉讼，要求法院判令票据债务人向其支付票据金额。但对于此项制度，我国现行法律还缺乏详细的规定，难以操作，有待完善。

第二节　汇　　票

一、汇票的概念与种类

我国《票据法》第 19 条第一款规定：“汇票是出票人签发的，委托付款人在见票时或者在指定日期无条件支付确定的金额给收款人或者持票人的票据。”

汇票可从不同角度作出不同分类，以付款期限长短为标准，可分为即期汇票和远期汇票；以记载受款人的方式不同为标准，可分为记名汇票和无记名汇票；以签发和支付地点不同，可分为国内汇票和国际汇票。我国《票据法》将汇票分银行汇票和商业汇票，前者是指由银行签发的汇票，后者则是由银行之外的其他主体签发的汇票。

二、汇票的出票

（一）出票的概念与效力

出票又称发票，我国《票据法》第 20 条规定：“出票是指出票人签发票据并将其交付给收款人的票据行为。”出票由作成票据和交付票据两项行为构成，欠缺任何一项，出票行为皆不成立。

出票具有下列效力：

（1）出票人签发汇票后，即承担保证该汇票承兑和付款的责任。出票人在汇票得不到承兑或者付款时，应当自己向持票人清偿票据法规定的金额和费用。

（2）汇票的出票人必须与付款人具有真实的委托付款关系，而且具有支付汇票金额的可靠资金来源。不得签发对无价的汇票用以骗取银行或者其他票据当事人的资金。

（二）汇票出票的记载事项

汇票是一种要式证券，出票行为是一种要式行为，故汇票的作成必须符合法定的格式或款式。汇票的格式就是作成汇票后表现于汇票上的内容。该内容可分为绝对必要记载事项、相对必要记载事项、任意记载事项和不得记载的事项等。

1. 绝对必要记载事项

根据我国《票据法》第 22 条第一款的规定，汇票必须记载以下 7 个方面的内容，否则无效：①表明“汇票”的字样；②无条件支付的委托；③确定的金额；④付款人名称；⑤收款人名称；⑥出票日期；⑦出票人签章。

2. 相对必要记载事项

所谓相对必要记载事项是指在出票时应当予以记载的事项，但如果未作记载，票据法另有补充规定，汇票并不因此而无效。比如付款日期、付款地、出票人等事项。我国《票据法》规定未记载付款日期的，为见票即付。未记载出票地的，出票人的营业场所、住所或经常居住地为出票地。

3. 任意记载事项

所谓任意记载事项是指出票人可以自由选择是否记载的事项，但是一经记载，即发生票据法上的效力。我国《票据法》第 27 条第二款所规定的，“出票人在汇票上记载‘不得转让’字样的，汇票不得转让”，就是对任意事项的一种说明。

4. 不得记载的事项

有些事项出票人在出票时是不得记载的，否则此项记载无效或整个票据无效。如出票人在汇票上记载免除担保付款或附条件的委托付款，就会导致记载无效或汇票无效。

三、汇票的背书

（一）汇票的转让与背书

汇票的转让是指汇票的持票人以背书或仅凭交付的方式将票据权利让与他人的一种票据行为。理论上，票据转让主要有背书转让和单纯交付两种。单纯交付是指持票人未在票据上作任何转让事项的记载而直接将票据交与他人的一种法律行为；背书转让是指持票人对于他人，以转让票据权利或其他目的，在票据背面或者粘单上记载有关事项并签章的附属票据行为。但是，根据我国《票据法》第 27 条第一款和第三款规定，持票人可以将汇票权利转让给他人，持票人形式此项权利时，应当背书并交付汇票。换言之，背书是我国《票据法》规定的唯一一种汇票转让方式。

根据《票据法》第 27 条的规定，可知背书是指在票据背面或者粘单上记载有关事项并签章的票据行为。转让人称为背书人，受让人称为被背书人。

（二）背书的交付

背书交付的内容是指收款人（持票人）以转让票据权利为目的在汇票上签章并作必要记载所作的一种附属票据行为。汇票以背书转让或者要背书将一定的汇票权利授予他人行使时，必须记载被背书人的名称，个人须记本名，单位须记载注册登记的全称，交付票据是背书转让票据行为的结果。

（三）背书的连续

背书连续是指在票据转让中，转让票据的背书人与受让汇票的被背书人在汇票上的签章依次前后衔接。我国《票据法》第 31 条第一款规定：“以背书转让的汇票，背书应当连续。”如果背书不连续，付款人可以拒绝向持票人付款，否则应自行承担责任。

（四）背书的限制

（1）出票人在汇票上记载“不得转让”字样的，汇票不得转让；否则出票人及付款人将对非付款人的持票人拒绝承兑或拒绝付款；背书人在汇票上记载“不得转让”字样的，其后手再次背书转让的，原背书人对后手的被背书人不承担保证责任。

（2）票据权利不得分割，汇票须完整转让，将汇票金额的一部分转让的背书，或将同一张汇票金额分别转让给二人以上的背书无效。

（3）背书不得附有条件，《票据法》规定，背书附有条件的，所附条件不具有汇票上的效力。

（4）汇票被拒绝承兑、被拒绝付款或者超过付款提示期限的，不得背书转让；背书转让的，背书人应当承担汇票责任。

四、承兑

（一）概念

承兑是指汇票付款人承诺在到期日支付汇票金额的一种票据行为。承兑是汇票特有的制度。汇票是出票人委托他人付款的一种委付证券，由于其是一种单方法律行为，故对付款人并不当然产生拘束力，只有在付款人表示愿意向收款人或持票人支付汇票金额后，持票人才可与汇票到期日向付款人行使付款请求权。承兑就是一直明确付款人的付款责任，确定持票人票据权利的制度。

（二）承兑程序

1. 提示承兑

提示承兑是持票人向付款人出示汇票，并要求付款人承诺付款的行为。我国《票据法》规定，定日付款或者出票后定期付款的汇票，持票人应当在汇票到期日前向付款人提示承兑。见票后定期付款的汇票，持票人应当自出票日起 1 个月内向付款人提示承兑。汇票未按照规定期限提示承兑的，持票人丧失对其前手的追索权。见票即付的汇票无须承兑，付款人不得以该汇票未经承兑而拒绝立即付款，否则构成拒绝付款，并须承担相应的法律责任。

2. 承兑审查

付款人收到持票人提示承兑的汇票时，应当向持票人签发收到汇票的回单，回单上应当记明汇票提示承兑日期并签章，付款人应当自收到提示承兑的汇票之日起 3 日内承兑或者拒绝承兑。付款人承兑汇票，不得附有条件，承兑附有条件的，视为拒绝承兑。

3. 承兑表示

付款人同意承兑的应当在汇票正面记载“承兑”字样和承兑日期并签章；见票后定期付款的汇票，应当在承兑时记载付款日期。

（三）承兑的效力

付款人承兑汇票并将汇票交还持票人后，承兑即发生法律效力。付款人对汇票债务承担第一性的或主要的责任。付款人的这种票据责任具有绝对性，除非汇票权利因时效届满而消灭，否则不受其他因素的影响，特别是不受付款人是否已从出票人出接受资金的影响。

五、汇票的保证

汇票的保证是指票据债务人以外的第三人以担保特定的汇票债务人承兑汇票付款为目的，在汇票上签章及记载必要事项的票据行为。其中担保汇票付款者为保证人，被担保的特定汇票债务人为被保证人。

汇票保证是要式票据行为，根据《票据法》第 46 条规定：保证人必须在汇票或者粘单上记载下列事项：①表明“保证”的字样；②保证人名称和住所；③被保证人的名称；④保证日期；⑤保证人签章。该法第 48 条规定：“保证不得附有条件，附有条件的，不影响对汇票的保证责任。”

保证一旦成立，即在保证人与被保证人之间产生法律效力。对保证人而言，意味着承担三个方面的票据责任：①保证人附有与被保证人相同的票据责任；②保证人独立承兑保证责任；③共同保证人对被保证的票据债务负连带责任。当然，保证人履行保证义务，清楚票据债务后，便可取得汇票持票人的地位，向汇票上的其他有关债务人行使追索权。

六、汇票的付款

（一）付款概述

付款是汇票上的付款人或担当付款人支付汇款金额以消灭票据关系的行为。我国《票据法》第 60 条规定：“付款人依法足额付款后，全体汇票债务人的责任解除。”付款在票据法上有下列法律特征：①付款是支付票据金额的行为；②付款是消灭票据关系的金钱支付行为；③付款是一种准票据行为。

（二）付款的程序

1. 付款时间

《票据法》第 53 条规定：持票人应当按照下列期限提示付款：①见票即付的汇票，自出票日起一个月内向付款人提示付款；②定日付款、出票后定期付款或者见票后定期付款的汇票，自到期日起 10 日内向承兑人提示付款。持票人未按照以上规定期限提示付款的，在作出说明后，承兑人或者付款人仍应当继续对持票人承担付款责任。

2. 提示付款

这是票据权利的行使，其主体是提示付款人，包括持票人和《票据法》第 53 条第三款规定的情况，即通过委托收款银行或者通过票据交换系统向付款人提示付款的，视同持票人提票据交换系统向付款人提示付款的，视同持票人提示付款。

3. 付款程序

（1）持票人请求付款的，付款人必须当时足额付款，否则就会影响付款人或银行的信用，并且还应承担相应的法律责任。

（2）汇票金额为外币的，按照付款日的市场汇价，以人民币支付。在中国人民银行规定的人民币经常性项目可自由兑换的规定生效后，可根据具体的交易项目及持票人的要求支付人民币，或相应的外币。

（3）持票人获得付款的，应当在汇票上签收，并将汇票交给付款人。持票人委托银行收款的，受委托的银行将代收的汇票金额转账收入持票人账户，视同签收。持票人的汇票权利得到实现，汇票债务人的责任全部解除。

（4）付款人及其代理付款人付款时，应当审查汇票背书的连续，并审查提示付款人的合法身份证明或者有效证件。

七、汇票的追索权

汇票追索权是指汇票的持票人在票据到期不获付款或期前不获承兑或有其他法定原因时，在行使或保全票据权利后，向其前手请求偿还票据金额、利息及其他法定款项的一种票据权利。追索权实在票据权利人的付款请求得不得满足之后，法律赋予持票人对票据债务进行追偿的权利。追索权的当事人为追索权人和被追索人。追索权人包括最后持票人和已代为清偿的票据债务人。被追索人是指追索的对象，包括出票人、背书人和其他债务人。

行使追索权必须具备一定的条件，包括实质条件和行使条件两个方面：

（1）实质条件。根据《票据法》第 61 条规定，追索权的实质条件包括以下内容：①汇票被拒绝承兑的；②承兑人或者付款人死亡、逃匿的；③承兑人或者付款人被依法宣告破产的或者因违法被责令终止业务活动的。在发生上述情形之一的，持票人可以行使追索权。

（2）行使追索权的形式要件，即保全追索权的手续，主要包括以下三个方面：①在法定提示期限提示承兑或提示付款；②在不获承兑或不获付款时，在法定期限内作成拒绝证书，包括拒绝证明和其他有关证明；③在获得相关拒绝证明后 3 日内，将被拒绝的事由书面通知其前手。

第三节　本票和支票

一、本票

根据《票据法》第 73 条的规定可知，本票是出票人签发的，承诺自己见票时无条件支付确定的金额给收款人或者持票人的票据。本票包括银行本票、商业本票。我国《票据法》只规定了见票即付的银行本票，不包括商业本票，更不包括个人本票。

《中国人民银行票据管理实施办法》第 7 条规定：“银行本票的出票人，为经中国人民银行批准办理银行本票业务的银行。”也就是说并非所有的银行都有出票权。

本票出票人签发本票后，负有绝对的直接付款责任，不能以与本票的申请人之间的资金关系来对抗持票人。本票必须记载的事项与汇票大致相同，但不包括付款人名称，这是因为本票的出票人即为付款人，无须再作记载。

《票据法》规定，本票自出票日起，付款期限最长不得超过两个月。本票的出票人在持票人提示见票时必须承担付款的责任。这种责任是第一次的无条件的、绝对的、最终的义务。

此外，本票出票人的付款义务是不能免除的，出票人如在本票上作免除付款义务的记载，这种记载无效。

二、支票

支票是出票人签发的，委托办理支票存款业务的银行或其他金融机构在见票时无条件支付一定金额给收款人或持票人的票据。支票具有以下特点：

（1）支票的付款人只限于银行等可以办理存款业务的金融机构。

（2）支票是见即付的票据，持票人在有效提示期内提示，付款人则应无条件支付票面金额。

出票人签发支票必须在经中国人民银行当地分支行批准办理支票业务的银行机构开立可以使用支票的存款账户，并且应在银行预留印鉴，以便于付款银行在付款时进行审查。签发支票时，出票人应当保证账户上足够的存款，不得签发空头支票。

支票和汇票一样，出票人做成有效的支票。必须按照法定要求在票据上记载有关事项。记载事项同样分为绝对应记载事项和相对应记载事项。支票的绝对应记载事项包括：①表明“支票”的字样；②无条件支付的承诺；③确定的金额；④收款人名称；⑤出票日期；⑥出票人签章。支票上未记载以上规定事项之一的，支票无效。此外《票据法》还规定了两项可以通过授权补记方式记载的绝对应记载事项：一是关于支票金额的授权补记，支票上的金额可以有出票人授权补记，未补记前的支票，不得使用；二是收款人名称授权补记。

相对应记载事项包括付款地和出票地。支票上未记载付款地的，付款人的营业场所为付款地。未记载出票地的，出票人的营业场所、住所地或经常居住地为出票地。

| 案例探讨 |

A公司开出一张收款人为B公司，出票日期为2010年1月6日，票面金额是1000万元，付款人为C银行的汇票。B公司与D公司发生了货物买卖关系而将该银行承兑的汇票转让给了D公司，D公司又将其背书转让给了E公司。E公司在票据到期日请求C银行付款时遭拒绝。为此，E公司要求B公司承兑票据责任。B认为，D公司所供货物有明显的质量瑕疵，故拒绝付款。

（1）A公司对B公司承担责任的最后一天是哪一天？

（2）除上述有关信息外，该汇票还需要记载哪些必要记载事项？

（3）假设票面上记有不得“转让”字样，B公司将该汇票背书转让给D公司，则D公司可否享有票据权利？

（4）假定上述若干次背书居委有效背书，E公司要求B公司承兑票据责任的请求是否合法？

（5）假定E公司是善意取得票据，那么B公司的抗辩是否合法？

（6）什么是票据抗辩？

法律链接

中华人民共和国票据法

（1995年5月10日第八届全国人民代表大会常务委员会第十三次会议通过，根据2004年8月28日第十届全国人民代表大会常务委员会第十一次会议《关于修改〈中华人民共和国票据法〉的决定》修正）

第一章 总 则

第一条 为了规范票据行为，保障票据活动中当事人的合法权益，维护社会经济秩序，促进社会主义市场经济的发展，制定本法。

第二条 在中华人民共和国境内的票据活动，适用本法。

本法所称票据，是指汇票、本票和支票。

第三条 票据活动应当遵守法律、行政法规，不得损害社会公共利益。

第四条 票据出票人制作票据，应当按照法定条件在票据上签章，并按照所记载的事项承担票据责任。

持票人行使票据权利，应当按照法定程序在票据上签章，并出示票据。

其他票据债务人在票据上签章的，按照票据所记载的事项承担票据责任。

本法所称票据权利，是指持票人向票据债务人请求支付票据金额的权利，包括付款请求权和追索权。

本法所称票据责任，是指票据债务人向持票人支付票据金额的义务。

第五条 票据当事人可以委托其代理人在票据上签章，并应当在票据上表明其代理关系。

没有代理权而以代理人名义在票据上签章的，应当由签章人承担票据责任；代理人超越代理权限的，应当就其超越权限的部分承担票据责任。

第六条 无民事行为能力人或者限制民事行为能力人在票据上签章的，其签章无效，但是不影响其他签章的效力。

第七条 票据上的签章，为签名、盖章或者签名加盖章。

法人和其他使用票据的单位在票据上的签章，为该法人或者该单位的盖章加其法定代表人或者其授权的代理人的签章。

在票据上的签名，应当为该当事人的本名。

第八条 票据金额以中文大写和数码同时记载，二者必须一致，二者不一致的，票据无效。

第九条 票据上的记载事项必须符合本法的规定。

票据金额、日期、收款人名称不得更改，更改的票据无效。

对票据上的其他记载事项，原记载人可以更改，更改时应当由原记载人签章证明。

第十条 票据的签发、取得和转让，应当遵循诚实信用的原则，具有真实的交易关系和债权债务关系。

票据的取得，必须给付对价，即应当给付票据双方当事人认可的相对应的代价。

第十一条 因税收、继承、赠与可以依法无偿取得票据的，不受给付对价的限制。但是，所享有的票据权利不得优于其前手的权利。

前手是指在票据签章人或者持票人之前签章的其他票据债务人。

第十二条 以欺诈、偷盗或者胁迫等手段取得票据的，或者明知有前列情形，出于恶意取得票据的，不得享有票据权利。

持票人因重大过失取得不符合本法规定的票据的，也不得享有票据权利。

第十三条 票据债务人不得以自己与出票人或者与持票人的前手之间的抗辩事由，对抗持票人。但是，持票人明知存在抗辩事由而取得票据的除外。

票据债务人可以对不履行约定义务的与自己有直接债权债务关系的持票人，进行抗辩。

本法所称抗辩，是指票据债务人根据本法规定对票据债权人拒绝履行义务的行为。

第十四条 票据上的记载事项应当真实，不得伪造、变造。伪造、变造票据上的签章和其他记载事项的，应当承担法律责任。

票据上有伪造、变造的签章的，不影响票据上其他真实签章的效力。

票据上其他记载事项被变造的，在变造之前签章的人，对原记载事项负责；在变造之后签章的人，对变造之后的记载事项负责；不能辨别是在票据被变造之前或者之后签章的，视同在变造之前签章。

第十五条 票据丧失，失票人可以及时通知票据的付款人挂失止付，但是，未记载付款人或者无法确定付款人及其代理付款人的票据除外。

收到挂失止付通知的付款人，应当暂停支付。

失票人应当在通知挂失止付后三日内，也可以在票据丧失后，依法向人民法院申请公示催告，或者向人民法院提起诉讼。

第十六条 持票人对票据债务人行使票据权利，或者保全票据权利，应当在票据当事人的营业场所和营业时间内进行，票据当事人无营业场所的，应当在其住所进行。

第十七条 票据权利在下列期限内不行使而消灭：

（一）持票人对票据的出票人和承兑人的权利，自票据到期日起二年。见票即付的汇票、本票，自出票日起二年；

（二）持票人对支票出票人的权利，自出票日起六个月；

（三）持票人对前手的追索权，自被拒绝承兑或者被拒绝付款之日起六个月；

（四）持票人对前手的再追索权，自清偿日或者被提起诉讼之日起三个月。

票据的出票日、到期日由票据当事人依法确定。

第十八条 持票人因超过票据权利时效或者因票据记载事项欠缺而丧失票据权利的，仍享有民事权利，可以请求出票人或者承兑人返还其与未支付的票据金额相当的利益。

第二章 汇　　票

第一节 出　　票

第十九条 汇票是出票人签发的，委托付款人在见票时或者在指定日期无条件支付确定的金额给收款人或者持票人的票据。

汇票分为银行汇票和商业汇票。

第二十条 出票是指出票人签发票据并将其交付给收款人的票据行为。

第二十一条 汇票的出票人必须与付款人具有真实的委托付款关系，并且具有支付汇票金额的可靠资金来源。

不得签发无对价的汇票用以骗取银行或者其他票据当事人的资金。

第二十二条 汇票必须记载下列事项：

（一）表明“汇票”的字样；

（二）无条件支付的委托；

（三）确定的金额；

（四）付款人名称；

（五）收款人名称；

（六）出票日期；

（七）出票人签章。

汇票上未记载前款规定事项之一的，汇票无效。

第二十三条 汇票上记载付款日期、付款地、出票地等事项的，应当清楚、明确。

汇票上未记载付款日期的，为见票即付。

汇票上未记载付款地的，付款人的营业场所、住所或者经常居住地为付款地。

汇票上未记载出票地的，出票人的营业场所、住所或者经常居住地为出票地。

第二十四条 汇票上可以记载本法规定事项以外的其他出票事项，但是该记载事项不具有汇票上的效力。

第二十五条 付款日期可以按照下列形式之一记载：

（一）见票即付；

（二）定日付款；

（三）出票后定期付款；

（四）见票后定期付款。

前款规定的付款日期为汇票到期日。

第二十六条 出票人签发汇票后，即承担保证该汇票承兑和付款的责任。出票人在汇票得不到承兑或者付款时，应当向持票人清偿本法第七十条、第七十一条规定的金额和费用。

第二节 背 书

第二十七条 持票人可以将汇票权利转让给他人或者将一定的汇票权利授予他人行使。

出票人在汇票上记载“不得转让”字样的，汇票不得转让。

持票人行使第一款规定的权利时，应当背书并交付汇票。

背书是指在票据背面或者粘单上记载有关事项并签章的票据行为。

第二十八条 票据凭证不能满足背书人记载事项的需要，可以加附粘单，粘附于票据凭证上。

粘单上的第一记载人，应当在汇票和粘单的粘接处签章。

第二十九条 背书由背书人签章并记载背书日期。

背书未记载日期的，视为在汇票到期日前背书。

第三十条 汇票以背书转让或者以背书将一定的汇票权利授予他人行使时，必须记载被背书人名称。

第三十一条 以背书转让的汇票，背书应当连续。持票人以背书的连续，证明其汇票权利；非经背书转让，而以其他合法方式取得汇票的，依法举证，证明其汇票权利。

前款所称背书连续，是指在票据转让中，转让汇票的背书人与受让汇票的被背书人在汇票上的签章依次前后衔接。

第三十二条 以背书转让的汇票，后手应当对其直接前手背书的真实性负责。

后手是指在票据签章人之后签章的其他票据债务人。

第三十三条 背书不得附有条件。背书时附有条件的，所附条件不具有汇票上的效力。

将汇票金额的一部分转让的背书或者将汇票金额分别转让给二人以上的背书无效。

第三十四条 背书人在汇票上记载“不得转让”字样，其后手再背书转让的，原背书人对后手的被背书人不承担保证责任。

第三十五条 背书记载“委托收款”字样的，被背书人有权代背书人行使被委托的汇票权利。但是，被背书人不得再以背书转让汇票权利。

汇票可以设定质押；质押时应当以背书记载“质押”字样。被背书人依法实现其质权时，可以行使汇票权利。

第三十六条 汇票被拒绝承兑、被拒绝付款或者超过付款提示期限的，不得背书转让；背书转让的，背书人应当承担汇票责任。

第三十七条 背书人以背书转让汇票后，即承担保证其后手所持汇票承兑和付款的责任。背书人在汇票得不到承兑或者付款时，应当向持票人清偿本法第七十条、第七十一条规定的金额和费用。

第三节 承 兑

第三十八条 承兑是指汇票付款人承诺在汇票到期日支付汇票金额的票据行为。

第三十九条 定日付款或者出票后定期付款的汇票，持票人应当在汇票到期日前向付款人提示承兑。

提示承兑是指持票人向付款人出示汇票，并要求付款人承诺付款的行为。

第四十条 见票后定期付款的汇票，持票人应当自出票日起一个月内向付款人提示承兑。

汇票未按照规定期限提示承兑的，持票人丧失对其前手的追索权。

见票即付的汇票无需提示承兑。

第四十一条 付款人对向其提示承兑的汇票，应当自收到提示承兑的汇票之日起三日内承兑或者拒绝承兑。

付款人收到持票人提示承兑的汇票时，应当向持票人签发收到汇票的回单。回单上应当记明汇票提示承兑日期并签章。

第四十二条 付款人承兑汇票的，应当在汇票正面记载“承兑”字样和承兑日期并签章；见票后定期付款的汇票，应当在承兑时记载付款日期。

汇票上未记载承兑日期的，以前条第一款规定期限的最后一日为承兑日期。

第四十三条 付款人承兑汇票，不得附有条件；承兑附有条件的，视为拒绝承兑。

第四十四条 付款人承兑汇票后，应当承担到期付款的责任。

第四节 保 证

第四十五条 汇票的债务可以由保证人承担保证责任。

保证人由汇票债务人以外的他人担当。

第四十六条 保证人必须在汇票或者粘单上记载下列事项：

（一）表明“保证”的字样；

（二）保证人名称和住所；

（三）被保证人的名称；

（四）保证日期；

（五）保证人签章。

第四十七条 保证人在汇票或者粘单上未记载前条第（三）项的，已承兑的汇票，承兑人为被保证人；未承兑的汇票，出票人为被保证人。

保证人在汇票或者粘单上未记载前条第（四）项的，出票日期为保证日期。

第四十八条 保证不得附有条件；附有条件的，不影响对汇票的保证责任。

第四十九条 保证人对合法取得汇票的持票人所享有的汇票权利，承担保证责任。但是，被保证人的债务因汇票记载事项欠缺而无效的除外。

第五十条 被保证的汇票，保证人应当与被保证人对持票人承担连带责任。汇票到期后得不到付款的，持票人有权向保证人请求付款，保证人应当足额付款。

第五十一条 保证人为二人以上的，保证人之间承担连带责任。

第五十二条 保证人清偿汇票债务后，可以行使持票人对被保证人及其前手的追索权。

第五节 付 款

第五十三条 持票人应当按照下列期限提示付款：

（一）见票即付的汇票，自出票日起一个月内向付款人提示付款；

（二）定日付款、出票后定期付款或者见票后定期付款的汇票，自到期日起十日内向承兑人提示付款。

持票人未按照前款规定期限提示付款的，在作出说明后，承兑人或者付款人仍应当继续对持票人承担付款责任。

通过委托收款银行或者通过票据交换系统向付款人提示付款的，视同持票人提示付款。

第五十四条 持票人依照前条规定提示付款的，付款人必须在当日足额付款。

第五十五条 持票人获得付款的，应当在汇票上签收，并将汇票交给付款人。持票人委托银行收款的，受委托的银行将代收的汇票金额转账收入持票人账户，视同签收。

第五十六条 持票人委托的收款银行的责任，限于按照汇票上记载事项将汇票金额转入持票人账户。

付款人委托的付款银行的责任，限于按照汇票上记载事项从付款人账户支付汇票金额。

第五十七条 付款人及其代理付款人付款时，应当审查汇票背书的连续，并审查提示付款人的合法身份证明或者有效证件。

付款人及其代理付款人以恶意或者有重大过失付款的，应当自行承担责任。

第五十八条 对定日付款、出票后定期付款或者见票后定期付款的汇票，付款人在到期日前付款的，由付款人自行承担所产生的责任。

第五十九条 汇票金额为外币的，按照付款日的市场汇价，以人民币支付。

汇票当事人对汇票支付的货币种类另有约定的，从其约定。

第六十条 付款人依法足额付款后，全体汇票债务人的责任解除。

第六节 追索权

第六十一条 汇票到期被拒绝付款的，持票人可以对背书人、出票人以及汇票的其他债务人行使追索权。

汇票到期日前，有下列情形之一的，持票人也可以行使追索权：

（一）汇票被拒绝承兑的；

（二）承兑人或者付款人死亡、逃匿的；

（三）承兑人或者付款人被依法宣告破产的或者因违法被责令终止业务活动的。

第六十二条 持票人行使追索权时，应当提供被拒绝承兑或者被拒绝付款的有关证明。

持票人提示承兑或者提示付款被拒绝的，承兑人或者付款人必须出具拒绝证明，或者出具退票理由书。未出具拒绝证明或者退票理由书的，应当承担由此产生的民事责任。

第六十三条 持票人因承兑人或者付款人死亡、逃匿或者其他原因，不能取得拒绝证明的，可以依法取得其他有关证明。

第六十四条 承兑人或者付款人被人民法院依法宣告破产的，人民法院的有关司法文书具有拒绝证明的效力。

承兑人或者付款人因违法被责令终止业务活动的，有关行政主管部门的处罚决定具有拒绝证明的效力。

第六十五条 持票人不能出示拒绝证明、退票理由书或者未按照规定期限提供其他合法证明的，丧失对其前手的追索权。但是，承兑人或者付款人仍应当对持票人承担责任。

第六十六条 持票人应当自收到被拒绝承兑或者被拒绝付款的有关证明之日起三日内，将被拒绝事由书面通知其前手；其前手应当自收到通知之日起三日内书面通知其再前手。持票人也可以同时向各汇票债务人发出书面通知。

未按照前款规定期限通知的，持票人仍可以行使追索权。因延期通知给其前手或者出票人造成损失的，由没有按照规定期限通知的汇票当事人，承担对该损失的赔偿责任，但是所赔偿的金额以汇票金额为限。

在规定期限内将通知按照法定地址或者约定的地址邮寄的，视为已经发出通知。

第六十七条 依照前条第一款所作的书面通知，应当记明汇票的主要记载事项，并说明该汇票已被退票。

第六十八条 汇票的出票人、背书人、承兑人和保证人对持票人承担连带责任。

持票人可以不按照汇票债务人的先后顺序，对其中任何一人、数人或者全体行使追索权。

持票人对汇票债务人中的一人或者数人已经进行追索的，对其他汇票债务人仍可以行使追索权。被追索人清偿债务后，与持票人享有同一权利。

第六十九条 持票人为出票人的，对其前手无追索权。持票人为背书人的，对其后手无追索权。

第七十条 持票人行使追索权，可以请求被追索人支付下列金额和费用：

（一）被拒绝付款的汇票金额；

（二）汇票金额自到期日或者提示付款日起至清偿日止，按照中国人民银行规定的利率计算的利息；

（三）取得有关拒绝证明和发出通知书的费用。

被追索人清偿债务时，持票人应当交出汇票和有关拒绝证明，并出具所收到利息和费用的收据。

第七十一条 被追索人依照前条规定清偿后，可以向其他汇票债务人行使再追索权，请求其他汇票债务人支付下列金额和费用：

（一）已清偿的全部金额；

（二）前项金额自清偿日起至再追索清偿日止，按照中国人民银行规定的利率计算的利息；

（三）发出通知书的费用。

行使再追索权的被追索人获得清偿时，应当交出汇票和有关拒绝证明，并出具所收到利息和费用的收据。

第七十二条 被追索人依照前二条规定清偿债务后，其责任解除。

第三章　本　　票

第七十三条 本票是出票人签发的，承诺自己在见票时无条件支付确定的金额给收款人或者持票人的票据。

本法所称本票，是指银行本票。

第七十四条 本票的出票人必须具有支付本票金额的可靠资金来源，并保证支付。

第七十五条 本票必须记载下列事项：

（一）表明“本票”的字样；

（二）无条件支付的承诺；

（三）确定的金额；

（四）收款人名称；

（五）出票日期；

（六）出票人签章。

本票上未记载前款规定事项之一的，本票无效。

第七十六条 本票上记载付款地、出票地等事项的，应当清楚、明确。

本票上未记载付款地的，出票人的营业场所为付款地。

本票上未记载出票地的，出票人的营业场所为出票地。

第七十七条 本票的出票人在持票人提示见票时，必须承担付款的责任。

第七十八条 本票自出票日起，付款期限最长不得超过二个月。

第七十九条 本票的持票人未按照规定期限提示见票的，丧失对出票人以外的前手的追索权。

第八十条 本票的背书、保证、付款行为和追索权的行使，除本章规定外，适用本法第二章有关汇票的规定。

本票的出票行为，除本章规定外，适用本法第二十四条关于汇票的规定。

第四章 支 票

第八十一条 支票是出票人签发的，委托办理支票存款业务的银行或者其他金融机构在见票时无条件支付确定的金额给收款人或者持票人的票据。

第八十二条 开立支票存款账户，申请人必须使用其本名，并提交证明其身份的合法证件。

开立支票存款账户和领用支票，应当有可靠的资信，并存入一定的资金。

开立支票存款账户，申请人应当预留其本名的签名式样和印鉴。

第八十三条 支票可以支取现金，也可以转账，用于转账时，应当在支票正面注明。

支票中专门用于支取现金的，可以另行制作现金支票，现金支票只能用于支取现金。

支票中专门用于转账的，可以另行制作转账支票，转账支票只能用于转账，不得支取现金。

第八十四条 支票必须记载下列事项：

（一）表明“支票”的字样；

（二）无条件支付的委托；

（三）确定的金额；

（四）付款人名称；

（五）出票日期；

（六）出票人签章。

支票上未记载前款规定事项之一的，支票无效。

第八十五条 支票上的金额可以由出票人授权补记，未补记前的支票，不得使用。

第八十六条 支票上未记载收款人名称的，经出票人授权，可以补记。

支票上未记载付款地的，付款人的营业场所为付款地。

支票上未记载出票地的，出票人的营业场所、住所或者经常居住地为出票地。

出票人可以在支票上记载自己为收款人。

第八十七条 支票的出票人所签发的支票金额不得超过其付款时在付款人处实有的存款金额。

出票人签发的支票金额超过其付款时在付款人处实有的存款金额的，为空头支票。禁止签发空头支票。

第八十八条 支票的出票人不得签发与其预留本名的签名式样或者印鉴不符的支票。

第八十九条 出票人必须按照签发的支票金额承担保证向该持票人付款的责任。

出票人在付款人处的存款足以支付支票金额时，付款人应当在当日足额付款。

第九十条 支票限于见票即付，不得另行记载付款日期。另行记载付款日期的，该记载无效。

第九十一条 支票的持票人应当自出票日起十日内提示付款；异地使用的支票，其提示付款的期限由中国人民银行另行规定。

超过提示付款期限的，付款人可以不予付款；付款人不予付款的，出票人仍应当对持票人承担票据责任。

第九十二条 付款人依法支付支票金额的，对出票人不再承担受委托付款的责任，对持票人不再承担付款的责任。但是，付款人以恶意或者有重大过失付款的除外。

第九十三条 支票的背书、付款行为和追索权的行使，除本章规定外，适用本法第二章有关汇票的规定。

支票的出票行为，除本章规定外，适用本法第二十四条、第二十六条关于汇票的规定。

第五章 涉外票据的法律适用

第九十四条 涉外票据的法律适用，依照本章的规定确定。

前款所称涉外票据，是指出票、背书、承兑、保证、付款等行为中，既有发生在中华人民共和国境内又有发生在中华人民共和国境外的票据。

第九十五条 中华人民共和国缔结或者参加的国际条约同本法有不同规定的，适用国际条约的规定。但是，中华人民共和国声明保留的条款除外。

本法和中华人民共和国缔结或者参加的国际条约没有规定的，可以适用国际惯例。

第九十六条 票据债务人的民事行为能力，适用其本国法律。

票据债务人的民事行为能力，依照其本国法律为无民事行为，能力或者为限制民事行为能力而依照行为地法律为完全民事行为能力的，适用行为地法律。

第九十七条 汇票、本票出票时的记载事项，适用出票地法律。

支票出票时的记载事项，适用出票地法律，经当事人协议，也可以适用付款地法律。

第九十八条 票据的背书、承兑、付款和保证行为，适用行为地法律。

第九十九条 票据追索权的行使期限，适用出票地法律。

第一百条 票据的提示期限、有关拒绝证明的方式、出具拒绝证明的期限，适用付款地法律。

第一百零一条 票据丧失时，失票人请求保全票据权利的程序，适用付款地法律。

第六章 法律责任

第一百零二条 有下列票据欺诈行为之一的，依法追究刑事责任：

（一）伪造、变造票据的；

（二）故意使用伪造、变造的票据的；

（三）签发空头支票或者故意签发与其预留的本名签名式样或者印鉴不符的支票，骗取财物的；

（四）签发无可靠资金来源的汇票、本票，骗取资金的；

（五）汇票、本票的出票人在出票时作虚假记载，骗取财物的；

（六）冒用他人的票据，或者故意使用过期或者作废的票据，骗取财物的；

（七）付款人同出票人、持票人恶意串通，实施前六项所列行为之一的。

第一百零三条 有前条所列行为之一，情节轻微，不构成犯罪的，依照国家有关规定给予行政处罚。

第一百零四条 金融机构工作人员在票据业务中玩忽职守，对违反本法规定的票据予以承兑、付款或者保证的，给予处分；造成重大损失，构成犯罪的，依法追究刑事责任。

由于金融机构工作人员因前款行为给当事人造成损失的，由该金融机构和直接责任人员依法承担赔偿责任。

第一百零五条 票据的付款人对见票即付或者到期的票据，故意压票，拖延支付的，由金融行政管理部门处以罚款，对直接责任人员给予处分。

票据的付款人故意压票，拖延支付，给持票人造成损失的，依法承担赔偿责任。

第一百零六条 依照本法规定承担赔偿责任以外的其他违反本法规定的行为，给他人造成损失的，应当依法承担民事责任。

第七章 附 则

第一百零七条 本法规定的各项期限的计算，适用民法通则关于计算期间的规定。

按月计算期限的，按到期月的对日计算；无对日的，月末日为到期日。

第一百零八条 汇票、本票、支票的格式应当统一。

票据凭证的格式和印制管理办法，由中国人民银行规定。

第一百零九条 票据管理的具体实施办法，由中国人民银行依照本法制定，报国务院批准后施行。

第一百一十条 本法自 1996 年 1 月 1 日起施行。

第四编　市场管理法

第十五章　竞争法

材料导读

2014年9月11日，上海市物价局对克莱斯勒（中国）汽车销售有限公司及其部分上海地区经销商上海越也、上海名创、上海信佳汽车销售服务有限公司的价格垄断行为分别予以处罚，其中，对克莱斯勒公司处以罚款3168.2万元，对3家经销商共处罚款214.21万元。2014年9月26日，湖北省物价局也依《反垄断法》对一汽奥迪处以罚款2.4858亿元，对湖北鼎杰、湖北中基等8家奥迪经销商共处罚款2996万元。奔驰公司是奥迪和克莱斯勒之后，又一因价格垄断遭受处罚的车企。奔驰公司因与江苏省内经销商达成并实施了限定E级、S级整车及部分配件最低转售价格的垄断协议，而违反了《反垄断法》第十四条的规定，排除、限制了相关市场竞争，损害了消费者利益。2015年4月24日，江苏省物价局因奔驰公司违反《反垄断法》对其作出行政处罚，对奔驰公司罚款3.5亿元，对部分经销商罚款786.9万元。奔驰对此表示，完全尊重并诚恳接受处罚。2008年《反垄断法》实施以来至2015年上半年，商务部共审结经营者集中案件1143件，其中无条件批准1117件，禁止2件，附条件批准24件。国家工商总局和省级工商机关共立案查处涉嫌垄断行为案件54件，包括涉嫌垄断协议案件31件，涉嫌滥用市场支配案件23件，目前已结案23件。发展改革委及地方价格主管部门调查并已作出执法决定的反垄断案件55件，包括发展改革委查处案件16件，地方价格主管部门查处案件39件。反垄断法的实施，为建立公平有序的社会主义市场经济秩序和维护消费者的利益，发挥了巨大的作用①。

第一节　竞争法概述

一、竞争法概述

（一）竞争与市场经济

竞争是市场经济的本质，是市场经济的活力和源泉，没有竞争就不可能充分发挥市

① 根据人民网－中国人大新闻网十二届全国人大常委会第五次会议新闻报道整理。

场机制的作用。竞争对市场经济的作用体现在：其一，竞争可以促进有限社会资源的合理流动，实现资源的优化配置。其二，竞争作为经济发展的动力和压力，优胜劣汰的竞争结果，迫使市场主体改善经营管理，提高劳动生产效率，促进社会经济的发展。其三，竞争可以调节国民收入分配和再分配，有利于完全的市场价格和均衡利润的形成。所以，竞争秩序是市场秩序的核心。

（二）竞争与反竞争

市场经济本身存在悖论，市场需要竞争，而竞争的结果会产生反竞争或限制竞争的因素和力量。其一，竞争会导致垄断，出于竞争压力下的企业为了摆脱竞争，会通过联合或者扩张的形式谋求垄断地位，反过来阻碍竞争，阻碍经济发展。其二，市场竞争天然具有损害竞争的本能，竞争中汇形成不正当竞争行为，损害正当的经济竞争秩序。

（三）竞争法及其调整的范围

竞争法是为了维护竞争在经济运行中的基础作用，以反垄断和反不正当竞争行为为核心的法律规范的总和。竞争法调整的经济关系主要体现在纵向的经济关系，即国家队经济活动干预中所形成的经济关系。具体而言，竞争法对于竞争秩序的规制包括以下两个方面。

1. 对垄断的规制

垄断是指垄断主体对市场的经济运行过程中进行排他性控制或对市场竞争进行实质性限制，妨碍公平竞争的行为，包括经济垄断和行政垄断。经济垄断行为主要表现为垄断协议、滥用市场支配地位和经营者集中。而行政垄断主要表现为行业垄断、地区垄断等。

2. 对不正当竞争行为的规制

不正当竞争行为是指在市场竞争中，有的经营者为了牟取自身利益，采用损人利己、违背诚实信用的竞争手段争夺市场的行为。不正当竞争行为危害市场秩序，也损害了消费者和其他经营者的利益。常见的不正当竞争行为有欺骗性商业行为、虚假宣传行为、商业贿赂行为、诋毁他人信誉的行为、低价倾销行为等。

二、竞争法立法

我国反不正当竞争立法将反垄断和反不正当竞争分别立法。1993 年，全国人大常委会第三次会议通过了《中华人民共和国反不正当竞争法》（以下简称《反不正当竞争法》）。2007 年 8 月 30 日，全国人大常委会第二十九次会议通过了《中华人民共和国反垄断法》（以下简称《反垄断法》），这是一部重要的法律，解决了我国市场解决发展中的长期的反垄断法律缺位的问题。此外，《中华人民共和国刑法》、《中华人民共和国广告法》、《中华人民共和国商标法》、《中华人民共和国专利法》等也有关于反不正当竞争的法律规定。

第二节　反不正当竞争法

一、反不正当竞争法的概念和调整对象

反不正当竞争法是调整在制止不正当竞争行为过程中发生的社会关系的法律规范的总称。反不正当竞争法调整的市场竞争关系具有下列特征：

（1）市场竞争关系是处于同一经济环节中市场主体之间的关系。从调整市场主体之间的关系这个角度看，反不正当竞争法与民商法是一致的，所不同的是它们分别调整着不同层次的市场主体之间的关系。民商法调整的主要是商品交换关系，是商品的提供者与需求者之间的关系，是一种相互需求、相互配合的协作关系。各方当事人主要以契约为纽带，法律进行调整的目的在于保证各方当事人利益均衡。而市场竞争关系的各方当事人处于同一经济环节中，是同类商品的生产者或者经营者之间的关系，是一种相互排斥、相互抵触的竞争关系，禁止竞争者达成任何形式的协议对其他竞争者进行限制。法律进行调整的目的在于保证竞争者遵守公认的商业道德，以正当的手段进行竞争。

（2）市场竞争关系是竞争者与整个社会之间的关系。市场经济规律的有效运行离不开竞争机制的有效发挥。但损害正当竞争关系的行为不仅会对特定的竞争者造成损害，同时也会引起不同程度的竞争机制的紊乱，从而导致社会经济秩序的混乱。因此，反不正当竞争法规定由专门机关对不正当竞争行为进行监督检查，对违法行为进行追究；情节严重，构成犯罪的，还应依法追究刑事责任。

二、不正当竞争行为

根据《反不正当竞争法》第 2 条规定，不正当竞争是指经营者在竞争中违反《反不正当竞争法》规定，损害其他经营者的合法权益，扰乱社会经济秩序的行为。《反不正当竞争法》第 2 章专章规定了十一大类不正当竞争行为，具体表现如下。

（1）商业假冒欺骗行为。假冒行为是指虚构事实，掩人耳目以进行商业性欺诈牟利的行为。具体包括经营者采用下列不正当手段从事市场交易、损害竞争对手的行为：①假冒他人的注册商标；②擅自使用知名商品特有的名称、包装、装潢，或者使用与知名商品近似的名称、包装、装潢，造成和他人的知名商品相混淆，使购买者误认为是该知名商品；③擅自使用他人的企业名称或者姓名，引人误认为是他人的商品；④在商品上伪造或者冒用认证标志、名优标志等质量标志，伪造产地，对商品质量作引人误解的虚假表示。

（2）滥用独占地位的限定购买和排挤行为。这种行为是指公用企业或者其他依法具有独占地位的经营者，限定他人购买其指定的经营者的商品，以排挤其他经营者的公平竞争的行为。所谓公用企业或者其他依法具有独占地位的经营者，主要是指电力、通信、供水、供热、供气、交通等企业。由于这些行业的自然特点以及我国旧的经济体制

的延续，这类企业所提供的商品或者服务具有一定程度的垄断，特定的消费者对这类商品或者服务的提供者往往没有选择的余地。正是基于这种垄断地位，公用企业或者其他依法具有独占地位的经营者才有能力限定他人购买其指定的经营者的商品。这种行为的危害性在于排除了被指定的经营者的竞争者与其进行竞争的可能性，使竞争处于不平等状态，损害了其他经营者的合法权益，同时也剥夺了消费者的自由选择权，损害了消费者的利益。

（3）政府及其所属部门滥用行政权力限制竞争的行为。这种行为是指政府及其所属部门滥用行政权力，限定他人购买其指定的经营者的商品，限制其他经营者正当的经营活动，以及限制外地商品进入本地市场，或者限制本地商品流向外地市场的行为。

（4）商业贿赂行为。这种行为是指经营者采用财物或者其他手段进行贿赂以销售或者购买商品的行为。在账外暗中给予对方单位或者个人回扣的，以行贿论处；对方单位或者个人在账外暗中收受回扣的，以受贿论处。但经营者销售或者购买商品，可以以明示方式给对方折扣，可以给中间人佣金。经营者给对方折扣、给中间人佣金的，必须如实入账，接受折扣、佣金的经营者也必须如实入账。

（5）虚假的广告宣传行为。这种行为是指经营者利用广告或者其他方法，对商品的质量、制作成分、性能、用途、生产者、有效期限、产地等作引人误解的虚假宣传，以及广告的经营者在明知或者应知的情况下，代理、设计、制作、发布虚假广告的行为。

（6）侵犯商业秘密的行为。侵犯他人商业秘密的行为包括：①经营者以盗窃、利诱、胁迫或者其他不正当手段获取权利人的商业秘密；②经营者披露、使用或者允许他人使用以上述第①项手段获取的权利人的商业秘密；③经营者违反约定或者违反权利人有关保守商业秘密的要求，披露、使用或者允许他人使用其所掌握的商业秘密。

此外，第三人明知或者应知以上所列违法行为，获取、使用或者披露他人的商业秘密，也视为侵犯他人商业秘密的行为。

（7）低价倾销行为。这种行为是指经营者以排挤竞争对手为目的，以低下成本的价格销售商品的行为。但有下列情形之一的，则不属于不正当竞争行为：①销售鲜活商品；②处理有效期限即将到期的商品或者其他积压的商品；③季节性降价；④因清偿债务、转产、歇业降价销售商品。

（8）附条件的交易行为。这种行为主要是指经营者在销售商品时，违背购买者的意愿搭售商品或者附加其他不合理条件的行为。其危害性在于限制了被搭售商品行业进行正当竞争，造成一定程度的资金和商品的浪费，也损害了消费者的合法利益。

（9）不正当有奖销售行为。这种行为是指经营者在市场交易中，违反有关法律法规的规定，采取欺骗性的有奖销售手段推销商品的行为。具体包括：①采用谎称有奖或者故意让内定人员中奖的欺骗方式进行有奖销售；②利用有奖销售的手段推销质次价高的商品；③抽奖式的有奖销售，最高奖的金额超过 5000 元。

（10）商业诋毁行为。这种行为是指经营者捏造、散布虚伪事实，损害竞争对手的商业信誉、商品信誉的行为。其危害性在于，严重侵犯了竞争对手的利益，也损害了消费者的利益。

（11）招标投标中的通谋行为。这种行为是指投标者串通投标，抬高标价或者压低标价，或者投标者和招标者相互勾结，以排挤竞争对手的公平竞争的行为。

根据《关于禁止串通招标投标行为的暂行规定》，投标者不得违反《反不正当竞争法》的规定，实施下列串通投标行为：①投标者之间相互约定，一致抬高或者压低投标报价；②投标者之间相互约定，在招标项目中轮流以高价位或者低价位中标；③投标者之间先进行内部竞价，内定中标人，然后再参加投标；④投标者之间其他串通投标行为。

三、违反《反不正当竞争法》的法律责任

不正当竞争行为是一种侵犯其他经营者和消费者的合法权益，危害国家利益，扰乱社会经济秩序的行为，具有严重的社会危害性。因此，我国《反不正当竞争法》对不正当竞争行为规定了严厉的制裁措施。《反不正当竞争法》第 4 章对不正当竞争行为规定了三种法律责任。

（1）行政责任，即由监督检查部门作出的，违法者因其违反《反不正当竞争法》的规定所应承担的行政处罚后果。其形式主要有：责令停止违法行为、没收违法所得、罚款、吊销营业执照等。

（2）民事责任，即由人民法院作出的，违法者因其违反《反不正当竞争法》的规定，必须承担的民事制裁后果。其形式主要有停止侵害、赔礼道歉、消除影响、恢复名誉、赔偿损失等。

（3）民事责任，即由人民法院作出的，违法者因其违反《反不正当竞争法》的规定，且情节严重，构成犯罪，所应承担的刑事制裁后果。刑事责任是各种处罚方式中最严厉的一种。我国《反不正当竞争法》只是将个别情节严重的不正当竞争行为作为犯罪，予以刑事制裁，而且也没有规定具体的刑事责任形式，因此，在实践中需要援引《刑法》及相关刑事法律补充规定的相应条款。

经营者违反《反不正当竞争法》规定，给被侵害的经营者造成损害的，应当承担损害赔偿责任。被侵害的经营者的损失难以计算的，赔偿额为侵权人在侵权期间因侵权所获得的利润，并应当承担被侵害的经营者因调查该经营者侵害其合法权益的不正当竞争行为所支付的合理费用。这是承担不正当竞争行为损害赔偿责任的一般原则。

第三节　反垄断法

一、反垄断法概述

反垄断法是市场经济国家的基本法律制度，在市场经济国家的法律体系中占有十分重要的地位。20 世纪以来，主要资本主义国家普遍采用法律的手段规制原本只信奉自由主义的经济生活，因而产生了一系列国家规制经济的特有的法律。在众多的经济法律中，反垄断法占据着核心的地位。各国用描绘反垄断法在经济制度、法律制度中地位的

词语尽管不尽相同，但他们所表达的实质内容大致是相同的。可以说，反垄断法是市场经济国家确立起政治、经济和社会制度，调整各种社会关系的经济宪法。

（一）垄断行为的定义和特征

垄断行为是指通过不合理的企业规模和减少竞争者的数量以及对竞争企业实行控制等方式，排除竞争，造成市场结构的不合理，使竞争机制作用失效，从而破坏市场竞争，损害公共利益的行为。垄断行为具有以下特征：①主体具有多样性；既可为经营者，也可为政府及其所属部门。②范围为法定专营范围以外的生产经营活动；③方式是操纵或控制市场；④结果是限制或妨碍了竞争。

（二）反垄断法的概念

反垄断法在各国的具体表述上有很大差别。美国反垄断法是以反托拉斯为主要内容的，称之为“反托拉斯法”；德国的反垄断法是以控制企业联合组织之间的限制竞争协议为主，称之为“反限制竞争法或卡特尔法”；日本的反垄断法则以反对私人垄断和限制竞争行为为主要内容的，称为“禁止私人垄断及确保公平交易的法律”。虽然在称呼上不尽相同，但大体上在主要制度安排上趋向一致。现在一般认为，反垄断法是禁止非法限制竞争、维护自由公平竞争秩序和市场经济活动的这一类法律的通称。

二、反垄断法规制的垄断行为

垄断行为一般是由特定经营者实施的限制或禁止竞争的行为，特殊情况是指由行政机关实施的限制或禁止竞争的行为。我国《反垄断法》中规定的垄断行为包括以下4个方面：

（一）垄断协议

垄断协议是指几个企业之间通过订立协议的形式，合谋限制自由贸易和竞争，以谋求协同利益的行为。我国《反垄断法》所称的垄断协议是指排除、限制竞争的协议、决定或者其他协同行为。

垄断协议分为横向垄断协议和纵向垄断协议。《反垄断法》第13条、第14条以列举的方式明确了五种横向垄断协议和两种纵向垄断协议。禁止具有竞争关系的经营者达成下列垄断协议：①固定或者变更商品价格；②限制商品的生产数量或者销售数量；③分割销售市场或者原材料采购市场；④限制购买新技术、新设备或者限制开发新技术、新产品；⑤联合抵制交易；⑥国务院反垄断执法机构认定的其他垄断协议。禁止经营者与交易相对人达成下列垄断协议：①固定向第三人转售商品的价格；②限定向第三人转售商品的最低价格；③国务院反垄断执法机构认定的其他垄断协议。

（二）滥用市场支配地位

《反垄断法》所称市场支配地位是指经营者在相关市场内具有能够控制商品价格、数量或者其他交易条件，或者能够阻碍、影响其他经营者进入相关市场能力的市场地位。同时在第18规定，认定经营者是否具有市场支配地位可以考虑以下因素：①该经营者在相关市场的市场份额，以及相关市场的竞争状况；②该经营者控制销售市场或者原材料采购市场的能力；③该经营者的财力和技术条件；④其他经营者对该经营者在交易上的依赖程度；⑤其他经营者进入相关市场的难易程度；⑥与认定该经营者市场支配地位有关的其他因素。同时为了保证起见，在本法第 19 条又规定了市场支配地位的具体表现：①一个经营者在相关市场的市场份额达到 1/2 的；②两个经营者在相关市场的市场份额合计达到 2/3 的；③三个经营者在相关市场的市场份额合计达到 3/4 的。

在本法第 17 条通过列举的方式规定了滥用市场支配地位的表现形式，主要有：①以不公平的高价销售商品或者以不公平的低价购买商品；②没有正当理由，以低于成本的价格销售商品；③没有正当理由，拒绝与交易相对人进行交易；④没有正当理由，限定交易相对人只能与其进行交易或者只能与其指定的经营者进行交易；⑤没有正当理由搭售商品，或者在交易时附加其他不合理的交易条件；⑥没有正当理由，对条件相同的交易相对人在交易价格等交易条件上实行差别待遇；⑦国务院反垄断执法机构认定的其他滥用市场支配地位的行为。

（三）经营者集中

经营者集中既可以指企业法和公司法意义上的合并、兼并等形式，也可以指企业并购、收购等形式。《反垄断法》第 20 条规定经营者其中表现为以下情形：①经营者合并；②经营者通过取得股权或者资产的方式取得对其他经营者的控制权；③经营者通过合同等方式取得对其他经营者的控制权或者能够对其他经营者施加决定性影响。

（四）滥用行政权力排除、限制竞争

实际上不管是在中国还是在其他国家，在过去、现在还是将来，政府限制竞争都是对竞争损害最甚的行为。因为我国《反垄断法》第五章明确规定，禁止行政机关和法律、法规授权的具有管理公共事务职能的组织滥用行政权力实施下列行为：

（1）限定或者变相限定单位或者个人经营、购买、使用其指定的经营者提供的商品。

（2）妨碍商品在地区之间的自由流通，包括对外地商品设定歧视性收费项目、实行歧视性收费标准，或者规定歧视性价格；对外地商品规定与本地同类商品不同的技术要求、检验标准，或者对外地商品采取重复检验、重复认证等歧视性技术措施，限制外地商品进入本地市场；采取专门针对外地商品的行政许可，限制外地商品进入本地市场；设置关卡或者采取其他手段，阻碍外地商品进入或者本地商品运出等。

（3）以设定歧视性资质要求、评审标准或者不依法发布信息等方式，排斥或者限制外地经营者参加本地的招标投标活动。

（4）采取与本地经营者不平等待遇等方式，排斥或者限制外地经营者在本地投资或者设立分支机构。

（5）强制经营者从事本法规定的垄断行为。

（6）制定含有排除、限制竞争内容的规定。

案例探讨

甲、乙两厂均为某市生产饮料的企业，使用在饮料上的商标分别注册为 A 和 B。其中，甲厂是老牌企业，乙厂是后起之秀。由于乙厂饮料质优价廉，销路很好，导致甲厂的经济效益下降。甲厂为在竞争中取胜，在该市电视台加大广告宣传力度，广告词中称：目前本市有一些厂家生产的同类产品，与本厂生产的保健饮料在质量上有根本差别，系本厂产品的仿制品，唯有本厂生产的A牌饮料不含化学成分，才是正宗，特提请广大消费者注意，购买保健饮料时请认准A牌商标，谨防受骗上当。甲厂的广告在市电视台播出后，许多经营乙厂保健饮料的客户纷纷找乙厂退货，称其为仿制产品，致使乙厂生产严重滑坡，造成10万元的经济损失。于是，乙厂向工商行政管理局反映，要求处理。问：

(1) 甲厂行为的性质是什么？

(2) 工商行政管理机关应如何处理此案？

(3) 乙厂是否有权要求赔偿损失？损失额应当如何计算？

法律链接

中华人民共和国反不正当竞争法

(《中华人民共和国反不正当竞争法》已由中华人民共和国第八届全国人民代表大会常务委员会第三次会议于1993年9月2日通过，现予公布，自1993年12月1日起施行)

第一章 总 则

第一条 为保障社会主义市场经济健康发展，鼓励和保护公平竞争，制止不正当竞争行为，保护经营者和消费者的合法权益，制定本法。

第二条 经营者在市场交易中，应当遵循自愿、平等、公平、诚实信用的原则，遵守公认的商业道德。

本法所称的不正当竞争，是指经营者违反本法规定，损害其他经营者的合法权益，扰乱社会经济秩序的行为。

本法所称的经营者，是指从事商品经营或者营利性服务（以下所称商品包括服务）的法人、其他经济组织和个人。

第三条 各级人民政府应当采取措施，制止不正当竞争行为，为公平竞争创造良好的环境和条件。

县级以上人民政府工商行政管理部门对不正当竞争行为进行监督检查；法律、行政法规规定由其他部门监督检查的，依照其规定。

第四条 国家鼓励、支持和保护一切组织和个人对不正当竞争行为进行社会监督。

国家机关工作人员不得支持、包庇不正当竞争行为。

第二章 不正当竞争行为

第五条 经营者不得采用下列不正当手段从事市场交易，损害竞争对手：

（一）假冒他人的注册商标；

（二）擅自使用知名商品特有的名称、包装、装潢，或者使用与知名商品近似的名称、包装、装潢，造成和他人的知名商品相混淆，使购买者误认为是该知名商品；

（三）擅自使用他人的企业名称或者姓名，引人误认为是他人的商品；

（四）在商品上伪造或者冒用认证标志、名优标志等质量标志，伪造产地，对商品质量作引人误解的虚假表示。

第六条 公用企业或者其他依法具有独占地位的经营者，不得限定他人购买其指定的经营者的商品，以排挤其他经营者的公平竞争。

第七条 政府及其所属部门不得滥用行政权力，限定他人购买其指定的经营者的商品，限制其他经营者正当的经营活动。

政府及其所属部门不得滥用行政权力，限制外地商品进入本地市场，或者本地商品流向外地市场。

第八条 经营者不得采用财物或者其他手段进行贿赂以销售或者购买商品。在账外暗中给予对方单位或者个人回扣的，以行贿论处；对方单位或者个人在账外暗中收受回扣的，以受贿论处。

经营者销售或者购买商品，可以以明示方式给对方折扣，可以给中间人佣金。经营者给对方折扣、给中间人佣金的，必须如实入账。接受折扣、佣金的经营者必须如实入账。

第九条 经营者不得利用广告或者其他方法，对商品的质量、制作成分、性能、用途、生产者、有效期限、产地等作引人误解的虚假宣传。

广告的经营者不得在明知或者应知的情况下，代理、设计、制作、发布虚假广告。

第十条 经营者不得采用下列手段侵犯商业秘密：

（一）以盗窃、利诱、胁迫或者其他不正当手段获取权利人的商业秘密；

（二）披露、使用或者允许他人使用以前项手段获取的权利人的商业秘密；

（三）违反约定或者违反权利人有关保守商业秘密的要求，披露、使用或者允许他人使用其所掌握的商业秘密。

第三人明知或者应知前款所列违法行为，获取、使用或者披露他人的商业秘密，视为侵犯商业秘密。本条所称的商业秘密，是指不为公众所知悉、能为权利人带来经济利益、具有实用性并经权利人采取保密措施的技术信息和经营信息。

第十一条 经营者不得以排挤竞争对手为目的，以低于成本的价格销售商品。

有下列情形之一的，不属于不正当竞争行为：

（一）销售鲜活商品；

（二）处理有效期限即将到期的商品或者其他积压的商品；

（三）季节性降价；

（四）因清偿债务、转产、歇业降价销售商品。

第十二条 经营者销售商品，不得违背购买者的意愿搭售商品或者附加其他不合理的条件。

第十三条 经营者不得从事下列有奖销售：

（一）采用谎称有奖或者故意让内定人员中奖的欺骗方式进行有奖销售；

（二）利用有奖销售的手段推销质次价高的商品；

（三）抽奖式的有奖销售，最高奖的金额超过五千元。

第十四条 经营者不得捏造、散布虚伪事实，损害竞争对手的商业信誉、商品声誉。

第十五条 投标者不得串通投标，抬高标价或者压低标价。

投标者和招标者不得相互勾结，以排挤竞争对手的公平竞争。

第三章 监督检查

第十六条 县级以上监督检查部门对不正当竞争行为，可以进行监督检查。

第十七条 监督检查部门在监督检查不正当竞争行为时，有权行使下列职权：

（一）按照规定程序询问被检查的经营者、利害关系人、证明人，并要求提供证明材料或者与不正当竞争行为有关的其他资料；

（二）查询、复制与不正当竞争行为有关的协议、账册、单据、文件、记录、业务函电和其他资料；

（三）检查与本法第五条规定的不正当竞争行为有关的财物，必要时可以责令被检查的经营者说明该商品的来源和数量，暂停销售，听候检查，不得转移、隐匿、销毁该财物。

第十八条 监督检查部门工作人员监督检查不正当竞争行为时，应当出示检查证件。

第十九条 监督检查部门在监督检查不正当竞争行为时，被检查的经营者、利害关系人和证明人应当如实提供有关资料或者情况。

第四章 法律责任

第二十条 经营者违反本法规定，给被侵害的经营者造成损害的，应当承担损害赔偿责任，被侵害的经营者的损失难以计算的，赔偿额为侵权人在侵权期间因侵权所获得的利润；并应当承担被侵害的经营者因调查该经营者侵害其合法权益的不正当竞争行为所支付的合理费用。

被侵害的经营者的合法权益受到不正当竞争

行为损害的，可以向人民法院提起诉讼。

第二十一条 经营者假冒他人的注册商标，擅自使用他人的企业名称或者姓名，伪造或者冒用认证标志、名优标志等质量标志，伪造产地，对商品质量作引人误解的虚假表示的，依照《中华人民共和国商标法》、《中华人民共和国产品质量法》的规定处罚。

经营者擅自使用知名商品特有的名称、包装、装潢，或者使用与知名商品近似的名称、包装、装潢，造成和他人的知名商品相混淆，使购买者误认为是该知名商品的，监督检查部门应当责令停止违法行为，没收违法所得，可以根据情节处以违法所得一倍以上三倍以下的罚款；情节严重的可以吊销营业执照；销售伪劣商品，构成犯罪，依法追究刑事责任。

第二十二条 经营者采用财物或者其他手段进行贿赂以销售或者购买商品，构成犯罪的，依法追究刑事责任；不构成犯罪的，监督检查部门可以根据情节处以一万元以上二十万元以下的罚款，有违法所得的，予以没收。

第二十三条 公用企业或者其他依法具有独占地位的经营者，限定他人购买其指定的经营者的商品，以排挤其他经营者的公平竞争的，省级或者设区的市的监督检查部门应当责令停止违法行为，可以根据情节处以五万元以上二十万元以下的罚款。被指定的经营者借此销售质次价高商品或者滥收费用的，监督检查部门应当没收违法所得，可以根据情节处以违法所得一倍以上三倍以下的罚款。

第二十四条 经营者利用广告或者其他方法，对商品作引人误解的虚假宣传的，监督检查部门应当责令停止违法行为，消除影响，可以根据情节处以一万元以上二十万元以下的罚款。

广告的经营者，在明知或者应知的情况下，代理、设计、制作、发布虚假广告的，监督检查部门应当责令停止违法行为，没收违法所得，并依法处以罚款。

第二十五条 违反本法第十条规定侵犯商业秘密的，监督检查部门应当责令停止违法行为可以根据情节处以一万元以上二十万元以下的罚款。

第二十六条 经营者违反本法第十三条规定进行有奖销售的，监督检查部门应当责令停止违法行为，可以根据情节处以一万元以上十万元以下的罚款。

第二十七条 投标者串通投标，抬高标价或者压低标价；投标者和招标者相互勾结以排挤竞争对手的公平竞争的，其中标无效。监督检查部门可以根据情节处以一万元以上二十万元以下的罚款。

第二十八条 经营者有违反被责令暂停销售，不得转移、隐匿、销毁与不正当竞争行为有关的财物的行为的，监督检查部门可以根据情节处以被销售、转移、隐匿、销毁财物的价款的一倍以上三倍以下的罚款。

第二十九条 当事人对监督检查部门作出的处罚决定不服的，可以自收到处罚决定之日起十五日内向上一级主管机关申请复议；对复议决定不服的，可以自收到复议决定书之日起十五日内向人民法院提起诉讼；也可以直接向人民法院提起诉讼。

第三十条 政府及其所属部门违反本法第七条规定，限定他人购买其指定的经营者的商品、限制其他经营者正当的经营活动，或者限制商品在地区之间正常流通的，由上级机关责令其改正；情节严重的，由同级或者上级机关对直接责任人员给予行政处分。被指定的经营者借此销售质次价高商品或者滥收费用的，监督检查部门应当没收违法所得，可以根据情节处以违法所得一倍以上三倍以下的罚款。

第三十一条 监督检查不正当竞争行为的国家机关工作人员滥用职权、玩忽职守，构成犯罪的，依法追究刑事责任；不构成犯罪的，给予行政处分。

第三十二条 监督检查不正当竞争行为的国家机关工作人员徇私舞弊，对明知有违反本法规定构成犯罪的经营者故意包庇不使他受追诉的，依法追究刑事责任。

第五章 附 则

第三十三条 本法自 1993 年 12 月 1 日起施行。

中华人民共和国反垄断法

（2007年8月30日第十届全国人民代表大会常务委员会第二十九次会议通过）

第一章 总 则

第一条 为了预防和制止垄断行为，保护市场公平竞争，提高经济运行效率，维护消费者利益和社会公共利益，促进社会主义市场经济健康发展，制定本法。

第二条 中华人民共和国境内经济活动中的垄断行为，适用本法；中华人民共和国境外的垄断行为，对境内市场竞争产生排除、限制影响的，适用本法。

第三条 本法规定的垄断行为包括：

（一）经营者达成垄断协议；

（二）经营者滥用市场支配地位；

（三）具有或者可能具有排除、限制竞争效果的经营者集中。

第四条 国家制定和实施与社会主义市场经济相适应的竞争规则，完善宏观调控，健全统一、开放、竞争、有序的市场体系。

第五条 经营者可以通过公平竞争、自愿联合，依法实施集中，扩大经营规模，提高市场竞争能力。

第六条 具有市场支配地位的经营者，不得滥用市场支配地位，排除、限制竞争。

第七条 国有经济占控制地位的关系国民经济命脉和国家安全的行业以及依法实行专营专卖的行业，国家对其经营者的合法经营活动予以保护，并对经营者的经营行为及其商品和服务的价格依法实施监管和调控，维护消费者利益，促进技术进步。

前款规定行业的经营者应当依法经营，诚实守信，严格自律，接受社会公众的监督，不得利用其控制地位或者专营专卖地位损害消费者利益。

第八条 行政机关和法律、法规授权的具有管理公共事务职能的组织不得滥用行政权力，排除、限制竞争。

第九条 国务院设立反垄断委员会，负责组织、协调、指导反垄断工作，履行下列职责：

（一）研究拟订有关竞争政策；

（二）组织调查、评估市场总体竞争状况，发布评估报告；

（三）制定、发布反垄断指南；

（四）协调反垄断行政执法工作；

（五）国务院规定的其他职责。

国务院反垄断委员会的组成和工作规则由国务院规定。

第十条 国务院规定的承担反垄断执法职责的机构（以下统称国务院反垄断执法机构）依照本法规定，负责反垄断执法工作。

国务院反垄断执法机构根据工作需要，可以授权省、自治区、直辖市人民政府相应的机构，依照本法规定负责有关反垄断执法工作。

第十一条 行业协会应当加强行业自律，引导本行业的经营者依法竞争，维护市场竞争秩序。

第十二条 本法所称经营者，是指从事商品生产、经营或者提供服务的自然人、法人和其他组织。

本法所称相关市场，是指经营者在一定时期内就特定商品或者服务（以下统称商品）进行竞争的商品范围和地域范围。

第二章 垄断协议

第十三条 禁止具有竞争关系的经营者达成下列垄断协议：

（一）固定或者变更商品价格；

（二）限制商品的生产数量或者销售数量；

（三）分割销售市场或者原材料采购市场；

（四）限制购买新技术、新设备或者限制开发新技术、新产品；

（五）联合抵制交易；

（六）国务院反垄断执法机构认定的其他垄断协议。

本法所称垄断协议，是指排除、限制竞争的

协议、决定或者其他协同行为。

第十四条 禁止经营者与交易相对人达成下列垄断协议：

（一）固定向第三人转售商品的价格；

（二）限定向第三人转售商品的最低价格；

（三）国务院反垄断执法机构认定的其他垄断协议。

第十五条 经营者能够证明所达成的协议属于下列情形之一的，不适用本法第十三条、第十四条的规定：

（一）为改进技术、研究开发新产品的；

（二）为提高产品质量、降低成本、增进效率，统一产品规格、标准或者实行专业化分工的；

（三）为提高中小经营者经营效率，增强中小经营者竞争力的；

（四）为实现节约能源、保护环境、救灾救助等社会公共利益的；

（五）因经济不景气，为缓解销售量严重下降或者生产明显过剩的；

（六）为保障对外贸易和对外经济合作中的正当利益的；

（七）法律和国务院规定的其他情形。

属于前款第一项至第五项情形，不适用本法第十三条、第十四条规定的，经营者还应当证明所达成的协议不会严重限制相关市场的竞争，并且能够使消费者分享由此产生的利益。

第十六条 行业协会不得组织本行业的经营者从事本章禁止的垄断行为。

第三章 滥用市场支配地位

第十七条 禁止具有市场支配地位的经营者从事下列滥用市场支配地位的行为：

（一）以不公平的高价销售商品或者以不公平的低价购买商品；

（二）没有正当理由，以低于成本的价格销售商品；

（三）没有正当理由，拒绝与交易相对人进行交易；

（四）没有正当理由，限定交易相对人只能与其进行交易或者只能与其指定的经营者进行交易；

（五）没有正当理由搭售商品，或者在交易时附加其他不合理的交易条件；

（六）没有正当理由，对条件相同的交易相对人在交易价格等交易条件上实行差别待遇；

（七）国务院反垄断执法机构认定的其他滥用市场支配地位的行为。

本法所称市场支配地位，是指经营者在相关市场内具有能够控制商品价格、数量或者其他交易条件，或者能够阻碍、影响其他经营者进入相关市场能力的市场地位。

第十八条 认定经营者具有市场支配地位，应当依据下列因素：

（一）该经营者在相关市场的市场份额，以及相关市场的竞争状况；

（二）该经营者控制销售市场或者原材料采购市场的能力；

（三）该经营者的财力和技术条件；

（四）其他经营者对该经营者在交易上的依赖程度；

（五）其他经营者进入相关市场的难易程度；

（六）与认定该经营者市场支配地位有关的其他因素。

第十九条 有下列情形之一的，可以推定经营者具有市场支配地位：

（一）一个经营者在相关市场的市场份额达到二分之一的；

（二）两个经营者在相关市场的市场份额合计达到三分之二的；

（三）三个经营者在相关市场的市场份额合计达到四分之三的。

有前款第二项、第三项规定的情形，其中有的经营者市场份额不足十分之一的，不应当推定该经营者具有市场支配地位。

被推定具有市场支配地位的经营者，有证据证明不具有市场支配地位的，不应当认定其具有市场支配地位。

第四章 经营者集中

第二十条 经营者集中是指下列情形：

（一）经营者合并；

（二）经营者通过取得股权或者资产的方式

取得对其他经营者的控制权；

（三）经营者通过合同等方式取得对其他经营者的控制权或者能够对其他经营者施加决定性影响。

第二十一条　经营者集中达到国务院规定的申报标准的，经营者应当事先向国务院反垄断执法机构申报，未申报的不得实施集中。

第二十二条　经营者集中有下列情形之一的，可以不向国务院反垄断执法机构申报：

（一）参与集中的一个经营者拥有其他每个经营者百分之五十以上有表决权的股份或者资产的；

（二）参与集中的每个经营者百分之五十以上有表决权的股份或者资产被同一个未参与集中的经营者拥有的。

第二十三条　经营者向国务院反垄断执法机构申报集中，应当提交下列文件、资料：

（一）申报书；

（二）集中对相关市场竞争状况影响的说明；

（三）集中协议；

（四）参与集中的经营者经会计师事务所审计的上一会计年度财务会计报告；

（五）国务院反垄断执法机构规定的其他文件、资料。

申报书应当载明参与集中的经营者的名称、住所、经营范围、预定实施集中的日期和国务院反垄断执法机构规定的其他事项。

第二十四条　经营者提交的文件、资料不完备的，应当在国务院反垄断执法机构规定的期限内补交文件、资料。经营者逾期未补交文件、资料的，视为未申报。

第二十五条　国务院反垄断执法机构应当自收到经营者提交的符合本法第二十三条规定的文件、资料之日起三十日内，对申报的经营者集中进行初步审查，作出是否实施进一步审查的决定，并书面通知经营者。国务院反垄断执法机构作出决定前，经营者不得实施集中。

国务院反垄断执法机构作出不实施进一步审查的决定或者逾期未作出决定的，经营者可以实施集中。

第二十六条　国务院反垄断执法机构决定实施进一步审查的，应当自决定之日起九十日内审查完毕，作出是否禁止经营者集中的决定，并书面通知经营者。作出禁止经营者集中的决定，应当说明理由。审查期间，经营者不得实施集中。

有下列情形之一的，国务院反垄断执法机构经书面通知经营者，可以延长前款规定的审查期限，但最长不得超过六十日：

（一）经营者同意延长审查期限的；

（二）经营者提交的文件、资料不准确，需要进一步核实的；

（三）经营者申报后有关情况发生重大变化的。

国务院反垄断执法机构逾期未作出决定的，经营者可以实施集中。

第二十七条　审查经营者集中，应当考虑下列因素：

（一）参与集中的经营者在相关市场的市场份额及其对市场的控制力；

（二）相关市场的市场集中度；

（三）经营者集中对市场进入、技术进步的影响；

（四）经营者集中对消费者和其他有关经营者的影响；

（五）经营者集中对国民经济发展的影响；

（六）国务院反垄断执法机构认为应当考虑的影响市场竞争的其他因素。

第二十八条　经营者集中具有或者可能具有排除、限制竞争效果的，国务院反垄断执法机构应当作出禁止经营者集中的决定。但是，经营者能够证明该集中对竞争产生的有利影响明显大于不利影响，或者符合社会公共利益的，国务院反垄断执法机构可以作出对经营者集中不予禁止的决定。

第二十九条　对不予禁止的经营者集中，国务院反垄断执法机构可以决定附加减少集中对竞争产生不利影响的限制性条件。

第三十条　国务院反垄断执法机构应当将禁止经营者集中的决定或者对经营者集中附加限制性条件的决定，及时向社会公布。

第三十一条　对外资并购境内企业或者以其他方式参与经营者集中，涉及国家安全的，除依照本法规定进行经营者集中审查外，还应当按照国家有关规定进行国家安全审查。

第五章　滥用行政权力排除、限制竞争

第三十二条　行政机关和法律、法规授权的具有管理公共事务职能的组织不得滥用行政权力，限定或者变相限定单位或者个人经营、购买、使用其指定的经营者提供的商品。

第三十三条　行政机关和法律、法规授权的具有管理公共事务职能的组织不得滥用行政权力，实施下列行为，妨碍商品在地区之间的自由流通：

（一）对外地商品设定歧视性收费项目、实行歧视性收费标准，或者规定歧视性价格；

（二）对外地商品规定与本地同类商品不同的技术要求、检验标准，或者对外地商品采取重复检验、重复认证等歧视性技术措施，限制外地商品进入本地市场；

（三）采取专门针对外地商品的行政许可，限制外地商品进入本地市场；

（四）设置关卡或者采取其他手段，阻碍外地商品进入或者本地商品运出；

（五）妨碍商品在地区之间自由流通的其他行为。

第三十四条　行政机关和法律、法规授权的具有管理公共事务职能的组织不得滥用行政权力，以设定歧视性资质要求、评审标准或者不依法发布信息等方式，排斥或者限制外地经营者参加本地的招标投标活动。

第三十五条　行政机关和法律、法规授权的具有管理公共事务职能的组织不得滥用行政权力，采取与本地经营者不平等待遇等方式，排斥或者限制外地经营者在本地投资或者设立分支机构。

第三十六条　行政机关和法律、法规授权的具有管理公共事务职能的组织不得滥用行政权力，强制经营者从事本法规定的垄断行为。

第三十七条　行政机关不得滥用行政权力，制定含有排除、限制竞争内容的规定。

第六章　对涉嫌垄断行为的调查

第三十八条　反垄断执法机构依法对涉嫌垄断行为进行调查。

对涉嫌垄断行为，任何单位和个人有权向反垄断执法机构举报。反垄断执法机构应当为举报人保密。

举报采用书面形式并提供相关事实和证据的，反垄断执法机构应当进行必要的调查。

第三十九条　反垄断执法机构调查涉嫌垄断行为，可以采取下列措施：

（一）进入被调查的经营者的营业场所或者其他有关场所进行检查；

（二）询问被调查的经营者、利害关系人或者其他有关单位或者个人，要求其说明有关情况；

（三）查阅、复制被调查的经营者、利害关系人或者其他有关单位或者个人的有关单证、协议、会计账簿、业务函电、电子数据等文件、资料；

（四）查封、扣押相关证据；

（五）查询经营者的银行账户。

采取前款规定的措施，应当向反垄断执法机构主要负责人书面报告，并经批准。

第四十条　反垄断执法机构调查涉嫌垄断行为，执法人员不得少于二人，并应当出示执法证件。

执法人员进行询问和调查，应当制作笔录，并由被询问人或者被调查人签字。

第四十一条　反垄断执法机构及其工作人员对执法过程中知悉的商业秘密负有保密义务。

第四十二条　被调查的经营者、利害关系人或者其他有关单位或者个人应当配合反垄断执法机构依法履行职责，不得拒绝、阻碍反垄断执法机构的调查。

第四十三条　被调查的经营者、利害关系人有权陈述意见。反垄断执法机构应当对被调查的经营者、利害关系人提出的事实、理由和证据进行核实。

第四十四条　反垄断执法机构对涉嫌垄断行为调查核实后，认为构成垄断行为的，应当依法作出处理决定，并可以向社会公布。

第四十五条　对反垄断执法机构调查的涉嫌垄断行为，被调查的经营者承诺在反垄断执法机构认可的期限内采取具体措施消除该行为后果的，反垄断执法机构可以决定中止调查。中止调

查的决定应当载明被调查的经营者承诺的具体内容。

反垄断执法机构决定中止调查的，应当对经营者履行承诺的情况进行监督。经营者履行承诺的，反垄断执法机构可以决定终止调查。

有下列情形之一的，反垄断执法机构应当恢复调查：

（一）经营者未履行承诺的；

（二）作出中止调查决定所依据的事实发生重大变化的；

（三）中止调查的决定是基于经营者提供的不完整或者不真实的信息作出的。

第七章　法律责任

第四十六条　经营者违反本法规定，达成并实施垄断协议的，由反垄断执法机构责令停止违法行为，没收违法所得，并处上一年度销售额百分之一以上百分之十以下的罚款；尚未实施所达成的垄断协议的，可以处五十万元以下的罚款。

经营者主动向反垄断执法机构报告达成垄断协议的有关情况并提供重要证据的，反垄断执法机构可以酌情减轻或者免除对该经营者的处罚。

行业协会违反本法规定，组织本行业的经营者达成垄断协议的，反垄断执法机构可以处五十万元以下的罚款；情节严重的，社会团体登记管理机关可以依法撤销登记。

第四十七条　经营者违反本法规定，滥用市场支配地位的，由反垄断执法机构责令停止违法行为，没收违法所得，并处上一年度销售额百分之一以上百分之十以下的罚款。

第四十八条　经营者违反本法规定实施集中的，由国务院反垄断执法机构责令停止实施集中、限期处分股份或者资产、限期转让营业以及采取其他必要措施恢复到集中前的状态，可以处五十万元以下的罚款。

第四十九条　对本法第四十六条、第四十七条、第四十八条规定的罚款，反垄断执法机构确定具体罚款数额时，应当考虑违法行为的性质、程度和持续的时间等因素。

第五十条　经营者实施垄断行为，给他人造成损失的，依法承担民事责任。

第五十一条　行政机关和法律、法规授权的具有管理公共事务职能的组织滥用行政权力，实施排除、限制竞争行为的，由上级机关责令改正；对直接负责的主管人员和其他直接责任人员依法给予处分。反垄断执法机构可以向有关上级机关提出依法处理的建议。

法律、行政法规对行政机关和法律、法规授权的具有管理公共事务职能的组织滥用行政权力实施排除、限制竞争行为的处理另有规定的，依照其规定。

第五十二条　对反垄断执法机构依法实施的审查和调查，拒绝提供有关材料、信息，或者提供虚假材料、信息，或者隐匿、销毁、转移证据，或者有其他拒绝、阻碍调查行为的，由反垄断执法机构责令改正，对个人可以处二万元以下的罚款，对单位可以处二十万元以下的罚款；情节严重的，对个人处二万元以上十万元以下的罚款，对单位处二十万元以上一百万元以下的罚款；构成犯罪的，依法追究刑事责任。

第五十三条　对反垄断执法机构依据本法第二十八条、第二十九条作出的决定不服的，可以先依法申请行政复议；对行政复议决定不服的，可以依法提起行政诉讼。

对反垄断执法机构作出的前款规定以外的决定不服的，可以依法申请行政复议或者提起行政诉讼。

第五十四条　反垄断执法机构工作人员滥用职权、玩忽职守、徇私舞弊或者泄露执法过程中知悉的商业秘密，构成犯罪的，依法追究刑事责任；尚不构成犯罪的，依法给予处分。

第八章　附　　则

第五十五条　经营者依照有关知识产权的法律、行政法规规定行使知识产权的行为，不适用本法；但是，经营者滥用知识产权，排除、限制竞争的行为，适用本法。

第五十六条　农业生产者及农村经济组织在农产品生产、加工、销售、运输、储存等经营活动中实施的联合或者协同行为，不适用本法。

第五十七条　本法自 2008 年 8 月 1 日起施行。

第十六章 产品质量法

材料导读

2013年9月1日，“《中华人民共和国产品质量法》施行20周年座谈会”由国家质检总局组织召开。与会社会各界普遍认为，经过社会各界20年来的不懈努力，已经形成全社会共建法律质量时代新格局。与会官员在座谈会上表示，《产品质量法》实施20周年来取得了巨大成效。该官员指出，国家强，必须质量强。《产品质量法》实施20周年来，我国产品质量监管法规体系基本建立，产品质量总体水平稳步提高，产品质量工作能力有效加强，产品质量工作基础不断夯实，产品质量意识明显提升。20年的历程启示我们，坚持法治是提升产品质量的根本保障，维护市场竞争秩序是提升产品质量的有效途径，保护消费者权益是提升产品质量的内在动力，实施适度行政监管是提升产品质量的必要条件，实行产品质量社会共治是提升产品质量的必然选择。

在《产品质量法》施行20周年所取得的巨大成就中，企业界履行社会责任，为建设质量强国做出了不懈努力。与会的企业家表示，质量是诚信的根本，只有坚持质量为本，坚持诚信经营，才能获得消费者的拥护，才能在市场上赢得认可和尊重。

当今世界各国，特别是一些经济发达国家，都把产品质量当作经济工作中的一个永恒的主题，当作一项长期的发展战略，并十分重视运用法律手段来规范产品的生产和销售，为此制定了一系列有关产品质量方面的法律法规。在我国社会主义市场经济条件下，虽然企业追求的最终目标是经济效益，但经济效益的提高在根本上取决于产品质量。产品质量关系着企业的生存和发展，直接影响着消费者的人体健康和人身、财产安全，也最终影响着我国社会主义市场经济能否持续健康发展。因此，必须制定相应的法律法规，加强对产品质量的监督管理，明确产品质量责任，切实保护用户、消费者的合法权益，维护社会经济秩序。

第一节　产品质量法概述

一、产品质量

产品是指一切人们运用劳动手段对劳动对象进行加工而成，用于满足人们生产和生活需要并具有使用价值的物品。根据《中华人民共和国产品质量法》（以下简称《产品质量法》）第 2 条规定："本法所称产品是指经过加工、制作，用于销售的产品。建设工程不适用本法规定；但是，建设工程使用的建筑材料、建筑构配件和设备，属于前述规定的产品范围，适用本法规定。"可见，我国《产品质量法》所确定的"产品"是指经过加工、制作，用于销售的动产，不包括不动产。

产品质量是指产品符合人们需要的内在素质与外观形态的各种特性的综合状态。主要包括使用性能、可靠性、可维修性、安全性、适应性、经济性、时间性等。

二、产品质量法的概念和调整对象

产品质量法是调整在生产、流通和消费过程中因产品质量所发生的社会关系的法律规范的总称。产品质量法的调整对象是在生产、流通和消费过程中因产品质量所发生的社会关系。具体包括以下两个方面：

（1）产品质量监督管理关系，即各级产品质量监督管理部门与生产者、销售者之间在产品质量监督管理过程中发生的社会关系。这种关系具有行政管理性质，当事人之间存在着管理与被管理的关系。

（2）产品质量责任关系，即生产者、销售者与消费者之间在产品质量方面的权利义务关系以及由此产生的产品质量责任关系。这种关系具有平等的民事法律关系的性质，当事人之间处于平等的法律地位。

三、产品质量的监督制度

产品质量的监督制度是指国家有关部门及由有关部门授权的质量技术监督机构、消费者组织和个人，依照一定的标准体系或者合同要求，采用一定的技术和法律手段，对生产者和销售者生产经营的产品质量进行检查、监督、处罚、奖励的制度体系，包括产品质量的监督体制、标准制度、认证制度、监督检查及检验制度等。

（一）产品质量监督体制

根据《产品质量法》第 8 条的规定，国务院产品质量监督部门主管全国产品质量监督工作，国务院有关部门在各自的职责范围内负责产品质量监督工作；县级以上地方产品质量监督部门主管本行政区域内的产品质量监督工作，县级以上地方人民政府有关部门在各自的职责范围内负责产品质量监督工作。

（二）产品质量标准制度

产品质量要符合有关标准。产品质量的标准化制度，是关于产品质量标准的制定、实施、监督检查的各项规定的总和，它是产品质量监督和管理的依据和基础。根据《产品质量法》的规定，对于可能危及人体健康和人身、财产安全的工业产品，必须符合保障人体健康和人身、财产安全的国家标准、行业标准；未制定国家标准、行业标准的，必须符合保障人体健康和人身、财产安全的要求。禁止生产、销售不符合保障人体健康和人身、财产安全的标准和要求的工业产品。具体管理办法按国务院有关规定执行。

（三）企业质量体系认证制度

国家根据国际通用的质量管理标准，推行企业质量体系认证制度。企业根据自愿原则可以向国务院产品质量监督部门认可的或者国务院产品质量监督部门授权的部门认可的认证机构申请企业质量体系认证。经认证合格的，由认证机构颁发企业质量体系认证证书。

（四）产品质量认证制度

国家参照国际先进的产品标准和技术要求，推行产品质量认证制度。企业根据自愿原则可以向国务院产品质量监督部门认可的或者国务院产品质量监督部门授权的部门认可的认证机构申请产品质量认证。经认证合格的，由认证机构颁发产品质量认证证书，准许企业在产品或者其包装上使用产品质量认证标志。

（五）产品质量的监督检查制度

国家对产品质量实行以抽查为主要方式的监督检查制度。这是政府有关部门依法对产品生产、流通领域内的产品质量推行的一种强制性监督检查措施，也是督促企业提高产品质量的一种有效办法。主要内容是：

（1）抽查的产品范围。重点抽查以下三类产品：一是可能危及人体健康和人身、财产安全的产品；二是影响国计民生的重要工业产品；三是消费者、有关组织反映有质量问题的产品。抽查的样品应当在市场上或者企业成品仓库内的待销产品中随机抽取。

（2）组织实施。监督抽查工作由国务院产品质量监督部门规划和组织。县级以上地方产品质量监督部门在本行政区域内也可以组织监督抽查，但要避免重复抽查。

（3）产品质量监督检验制度。根据监督抽查的需要，可以对产品进行检验。检验抽取样品的数量不得超过检验的合理需要，并不得向被检查人收取检验费用。监督抽查所需检验费用按照国务院规定列支。产品质量检验机构必须具备相应的检测条件和能力，经省级以上人民政府产品质量监督部门或者其授权的部门考核合格后，方可承担产品质量检验工作。

第二节　生产者、销售者的产品质量义务

一、生产者的产品质量义务

根据我国《产品质量法》的规定，生产者必须履行以下产品质量义务：

（一）产品内在质量应当符合法定要求

（1）不存在危及人身、财产安全的不合理的危险，有保障人体健康和人身、财产安全的国家标准、行业标准的，应当符合标准。

（2）具备产品应当具备的使用性能，但是，对产品存在使用性能的瑕疵作出说明的除外。

（3）符合在产品或者其包装上注明采用的产品标准，符合以产品说明、实物样品等方式表明的质量状况。

（二）产品包装标识符合法定要求

（1）有产品质量检验合格证明。

（2）有中文标明的产品名称、生产厂厂名和厂址。

（3）根据产品的特点和使用要求，需要标明产品规格、等级、所含主要成分的名称和含量的，用中文相应予以标明；需要事先让消费者知晓的，应当在外包装上标明，或者预先向消费者提供有关资料。

（4）限期使用的产品，应当在显著位置清晰地标明生产日期和安全使用期或者失效日期。

（5）使用不当，容易造成产品本身损坏或者可能危及人身、财产安全的产品，应当有警示标志或者中文警示说明。

（6）易碎、易燃、易爆、有毒、有腐蚀性、有放射性等危险物品以及储运中不能倒置和其他有特殊要求的产品，其包装质量必须符合相应要求，依照国家有关规定作出警示标志或者中文警示说明，标明储运注意事项。

对于裸装的食品和其他根据产品的特点难以附加标识的裸装产品，可以不附加产品标识。

（三）不得违反禁止性规定

生产者的其他产品质量义务。生产者除了要履行以上产品质量方面的作为义务外，还负有以下不作为义务：

（1）不得生产国家明令淘汰的产品。

（2）不得伪造产地，不得伪造或者冒用他人的厂名、厂址。

（3）不得伪造或者冒用认证标志等质量标志。

（4）生产的产品不得掺杂、掺假，不得以假充真、以次充好，不得以不合格产品冒充合格产品。

二、销售者的产品质量义务

销售者必须履行以下产品质量责任和义务：

（1）进货时的产品质量验收义务。销售者应当建立并执行进货检查验收制度，验明产品合格证明和其他标识。

（2）进货后的产品质量保持义务。销售者应当采取措施，保持销售产品的质量。

（3）销售时的产品质量保证义务。销售者不得销售国家明令淘汰并停止销售的产品和失效、变质的产品；销售的产品的标识应当符合《产品质量法》的有关规定；不得伪造产地，不得伪造或者冒用他人的厂名、厂址；不得伪造或者冒用认证标志等质量标志；不得掺杂、掺假，不得以假充真、以次充好，不得以不合格产品冒充合格产品。

第三节　产品质量法律责任

产品质量法律责任是指产品的生产者和销售者因其生产或者销售的产品有缺陷，或者造成消费者或者其他利害关系人人身或者财产的损害而依法应承担的法律后果。

一、民事责任

产品质量民事责任是指生产者、销售者违反《产品质量法》规定的或合同当事人约定的产品质量民事义务，应当承担的民事法律后果。根据《产品质量法》的规定，产品质量民事责任主要有两种，即产品瑕疵担保责任和产品缺陷责任。

1. 产品瑕疵担保责任

产品瑕疵担保责任是指销售者违反关于产品质量的保证和承诺应当承担的法律责任。产品瑕疵是指产品不具备应有的使用性能、不符合明示采用的产品质量标准，或不符合产品说明、实物样品等方式表明的质量状况。

根据《产品质量法》的规定，售出的产品有下列情形之一的，销售者应当负责修理、更换、退货；给购买产品的消费者造成损失的，销售者应当赔偿损失：

（1）不具备产品应当具备的使用性能而事先未作说明的；

（2）不符合在产品或者其包装上注明采用的产品标准的；

（3）不符合以产品说明、实物样品等方式表明的质量状况的。

销售者依照上述规定负责修理、更换、退货、赔偿损失后，属于生产者的责任或者属于向销售者提供产品的其他销售者（以下简称“供货者”）的责任的，销售者有权向生产者、供货者追偿。销售者未按照上述规定给予修理、更换、退货或者赔偿损失的，由产品质量监督部门或者工商行政管理部门责令改正。生产者之间、销售者之间、生产者与销售者之间订立的买卖合同、承揽合同有不同约定的，合同当事人按照合同约定执行。

2. 产品缺陷责任

产品应有保障人体健康、人身或财产安全的国家标准、行业标准。产品缺陷，是指产品存在危及人身、财产安全的不合理的危险，是不符合国家标准和行业标准的。产品缺陷责任是指产品存在缺陷，造成消费者或他人人身财产损失，缺陷产品的生产者、销售依法应承担的法律责任。

因产品存在缺陷造成人身、他人财产损害的，受害人可以向产品的生产者要求赔偿，也可以向产品的销售者要求赔偿。属于产品的生产者的责任，产品的销售者赔偿的，产品的销售者有权向产品的生产者追偿。属于产品的销售者的责任，产品的生产者赔偿的，产品的生产者有权向产品的销售者追偿。

根据《产品质量法》的规定，因产品存在缺陷造成人身、缺陷产品以外的其他财产（以下简称他人财产）损害的，生产者应当承担赔偿责任。但生产者能够证明有下列情形之一的，不承担赔偿责任：

（1）未将产品投入流通的。

（2）产品投入流通时，引起损害的缺陷尚不存在的。

（3）将产品投入流通时的科学技术水平尚不能发现缺陷的存在的。

由于销售者的过错使产品存在缺陷，造成人身、他人财产损害的，销售者应当承担赔偿责任。销售者不能指明缺陷产品的生产者也不能指明缺陷产品的供货者的，销售者应当承担赔偿责任。

因产品存在缺陷造成受害人人身伤害的，侵害人应当赔偿医疗费、治疗期间的护理费、因误工减少的收入等费用；造成残疾的，还应当支付残疾者生活自助具费、生活补助费、残疾赔偿金以及由其扶养的人所必须的生活费等费用；造成受害人死亡的，并应当支付丧葬费、死亡赔偿金以及由死者生前扶养的人所必需的生活费等费用；造成受害人财产损失的，侵害人应当恢复原状或者折价赔偿，受害人因此遭受其他重大损失的，侵害人应当赔偿损失。

根据《产品质量法》第 45 条的规定，因产品存在缺陷造成损害要求赔偿的诉讼时效期间为 2 年，自当事人知道或者应当知道其权益受到损害时起计算。因产品存在缺陷造成损害要求赔偿的请求权，在造成损害的缺陷产品交付最初消费者满 10 年丧失；但是，尚未超过明示的安全使用期的除外。

二、行政责任和刑事责任

（1）对生产、销售不符合保障人体健康和人身、财产安全的国家标准、行业标准的产品的处罚。生产不符合保障人体健康和人身、财产安全的国家标准、行业标准的产品的，责令停止生产、销售，没收违法生产、销售的产品，并处违法生产、销售产品（包括已售出和未售出的产品，下同）货值金额等值以上 3 倍以下的罚款；有违法所得的，并处没收违法所得；情节严重的，吊销营业执照；构成犯罪的，依法追究刑事责任。

（2）对生产、销售伪劣产品的处罚。生产者、销售者在产品中掺杂、掺假，以假充真，以次充好，或者以不合格产品冒充合格产品的，责令停止生产、销售，没收违法生产、销售的产品，并处违法生产、销售产品货值金额50%以上3倍以下的罚款；有违法所得的，并处没收违法所得；情节严重的，吊销营业执照；构成犯罪的，依法追究刑事责任。

（3）对生产、销售国家明令淘汰的产品的处罚。生产国家明令淘汰的产品的，销售国家明令淘汰并停止销售的产品的，责令停止生产、销售，没收违法生产、销售的产品，并处违法生产、销售产品货值金额等值以下的罚款；有违法所得的，并处没收违法所得；情节严重的，吊销营业执照。

（4）对销售失效、变质产品的处罚。销售失效、变质的产品的，责令停止销售，没收违法销售的产品，并处违法销售产品货值金额2倍以下的罚款；有违法所得的，并处没收违法所得；情节严重的，吊销营业执照；构成犯罪的，依法追究刑事责任。

（5）对伪造产品产地、他人厂名和厂址及质量标志的处罚。生产者、销售者伪造产品产地的，伪造或者冒用他人厂名、厂址的，伪造或者冒用认证标志等质量标志的，责令改正，没收违法生产、销售的产品，并处违法生产、销售产品货值金额等值以下的罚款；有违法所得的，并处没收违法所得；情节严重的，吊销营业执照。

（6）对产品标识不符合《产品质量法》规定的处罚。产品标识不符合《产品质量法》第27条规定的，责令改正；有包装的产品标识不符合《产品质量法》第27条第（四）项、第（五）项规定，情节严重的，责令停止生产、销售，并处违法生产、销售产品货值金额30%以下的罚款；有违法所得的，并处没收违法所得。

| 案例探讨 |

一户赵姓人家在为家中老人祝寿时，高压锅突然爆炸，儿媳妇被锅盖击中头部，抢救无效死亡。据负责高压锅质量检测的专家鉴定，高压锅爆炸的直接原因是高压锅的设计有问题，导致锅盖上的排气孔堵塞。由于高压锅的生产厂家距离遥远，赵家要求出售此高压锅的商场承担损害民事赔偿责任。但商场在答辩状中称：第一，根据《民法通则》的规定，因身体伤害要求赔偿的诉讼时效期间为1年，因此原告的起诉已过诉讼时效；第二，原告死亡是由于高压锅存在质量缺陷，被告作为产品销售者没有过错，因此原告无权要求商场承担赔偿责任，而应向高压锅的生产着某省B电器厂要求赔偿。请根据以上事实，回答问题：

（1）商场的第一条答辩理由是否成立？为什么？

（2）商场的第二条答辩理由是否成立？为什么？

（3）商场应承担哪些赔偿责任？

（4）商场赔偿后，对高压锅的生产厂家享有什么权利？

| 法律链接 |

中华人民共和国产品质量法

（1993年2月22日第七届全国人民代表大会常务委员会第三十次会议通过，根据2000年7月8日第九届全国人民代表大会常务委员会第十六次会议《关于修改〈中华人民共和国产品质量法〉的决定》进行第一次修正）

第一章　总　　则

第一条　为了加强对产品质量的监督管理，提高产品质量水平，明确产品质量责任，保护消费者的合法权益，维护社会经济秩序，制定本法。

第二条　在中华人民共和国境内从事产品生产、销售活动，必须遵守本法。

本法所称产品是指经过加工、制作，用于销售的产品。

建设工程不适用本法规定；但是，建设工程使用的建筑材料、建筑构配件和设备，属于前款规定的产品范围的，适用本法规定。

第三条　生产者、销售者应当建立健全内部产品质量管理制度，严格实施岗位质量规范、质量责任以及相应的考核办法。

第四条　生产者、销售者依照本法规定承担产品质量责任。

第五条　禁止伪造或者冒用认证标志等质量标志；禁止伪造产品的产地，伪造或者冒用他人的厂名、厂址；禁止在生产、销售的产品中掺杂、掺假，以假充真，以次充好。

第六条　国家鼓励推行科学的质量管理方法，采用先进的科学技术，鼓励企业产品质量达到并且超过行业标准、国家标准和国际标准。

对产品质量管理先进和产品质量达到国际先进水平、成绩显著的单位和个人，给予奖励。

第七条　各级人民政府应当把提高产品质量纳入国民经济和社会发展规划，加强对产品质量工作的统筹规划和组织领导，引导、督促生产者、销售者加强产品质量管理，提高产品质量，组织各有关部门依法采取措施，制止产品生产、销售中违反本法规定的行为，保障本法的施行。

第八条　国务院产品质量监督部门主管全国产品质量监督工作。国务院有关部门在各自的职责范围内负责产品质量监督工作。

县级以上地方产品质量监督部门主管本行政区域内的产品质量监督工作。县级以上地方人民政府有关部门在各自的职责范围内负责产品质量监督工作。

法律对产品质量的监督部门另有规定的，依照有关法律的规定执行。

第九条　各级人民政府工作人员和其他国家机关工作人员不得滥用职权、玩忽职守或者徇私舞弊，包庇、放纵本地区、本系统发生的产品生产、销售中违反本法规定的行为，或者阻挠、干预依法对产品生产、销售中违反本法规定的行为进行查处。

各级地方人民政府和其他国家机关有包庇、放纵产品生产、销售中违反本法规定的行为的，依法追究其主要负责人的法律责任。

第十条　任何单位和个人有权对违反本法规定的行为，向产品质量监督部门或者其他有关部门检举。

产品质量监督部门和有关部门应当为检举人保密，并按照省、自治区、直辖市人民政府的规定给予奖励。

第十一条　任何单位和个人不得排斥非本地区或者非本系统企业生产的质量合格产品进入本地区、本系统。

第二章　产品质量的监督

第十二条　产品质量应当检验合格，不得以不合格产品冒充合格产品。

第十三条　可能危及人体健康和人身、财产安全的工业产品，必须符合保障人体健康和人身、财产安全的国家标准、行业标准；未制定国家标准、行业标准的，必须符合保障人体健康和人身、财产安全的要求。

禁止生产、销售不符合保障人体健康和人身、财产安全的标准和要求的工业产品。具体管理办法由国务院规定。

第十四条　国家根据国际通用的质量管理标准，推行企业质量体系认证制度。企业根据自愿原则可以向国务院产品质量监督部门认可的或者国务院产品质量监督部门授权的部门认可的认证机构申请企业质量体系认证。经认证合格的，由认证机构颁发企业质量体系认证证书。

国家参照国际先进的产品标准和技术要求，推行产品质量认证制度。企业根据自愿原则可以向国务院产品质量监督部门认可的或者国务院产品质量监督部门授权的部门认可的认证机构申请产品质量认证。经认证合格的，由认证机构颁发产品质量认证证书，准许企业在产品或者其包装上使用产品质量认证标志。

第十五条 国家对产品质量实行以抽查为主要方式的监督检查制度，对可能危及人体健康和人身、财产安全的产品，影响国计民生的重要工业产品以及消费者、有关组织反映有质量问题的产品进行抽查。抽查的样品应当在市场上或者企业成品仓库内的待销产品中随机抽取。监督抽查工作由国务院产品质量监督部门规划和组织。县级以上地方产品质量监督部门在本行政区域内也可以组织监督抽查。法律对产品质量的监督检查另有规定的，依照有关法律的规定执行。

国家监督抽查的产品，地方不得另行重复抽查；上级监督抽查的产品，下级不得另行重复抽查。

根据监督抽查的需要，可以对产品进行检验。检验抽取样品的数量不得超过检验的合理需要，并不得向被检查人收取检验费用。监督抽查所需检验费用按照国务院规定列支。

生产者、销售者对抽查检验的结果有异议的，可以自收到检验结果之日起十五日内向实施监督抽查的产品质量监督部门或者其上级产品质量监督部门申请复检，由受理复检的产品质量监督部门作出复检结论。

第十六条 对依法进行的产品质量监督检查，生产者、销售者不得拒绝。

第十七条 依照本法规定进行监督抽查的产品质量不合格的，由实施监督抽查的产品质量监督部门责令其生产者、销售者限期改正。逾期不改正的，由省级以上人民政府产品质量监督部门予以公告；公告后经复查仍不合格的，责令停业，限期整顿；整顿期满后经复查产品质量仍不合格的，吊销营业执照。

监督抽查的产品有严重质量问题的，依照本法第五章的有关规定处罚。

第十八条 县级以上产品质量监督部门根据已经取得的违法嫌疑证据或者举报，对涉嫌违反本法规定的行为进行查处时，可以行使下列职权：

（一）对当事人涉嫌从事违反本法的生产、销售活动的场所实施现场检查；

（二）向当事人的法定代表人、主要负责人和其他有关人员调查、了解与涉嫌从事违反本法的生产、销售活动有关的情况；

（三）查阅、复制当事人有关的合同、发票、账簿以及其他有关资料；

（四）对有根据认为不符合保障人体健康和人身、财产安全的国家标准、行业标准的产品或者有其他严重质量问题的产品，以及直接用于生产、销售该项产品的原辅材料、包装物、生产工具，予以查封或者扣押。

县级以上工商行政管理部门按照国务院规定的职责范围，对涉嫌违反本法规定的行为进行查处时，可以行使前款规定的职权。

第十九条 产品质量检验机构必须具备相应的检测条件和能力，经省级以上人民政府产品质量监督部门或者其授权的部门考核合格后，方可承担产品质量检验工作。法律、行政法规对产品质量检验机构另有规定的，依照有关法律、行政法规的规定执行。

第二十条 从事产品质量检验、认证的社会中介机构必须依法设立，不得与行政机关和其他国家机关存在隶属关系或者其他利益关系。

第二十一条 产品质量检验机构、认证机构必须依法按照有关标准，客观、公正地出具检验结果或者认证证明。

产品质量认证机构应当依照国家规定对准许使用认证标志的产品进行认证后的跟踪检查；对不符合认证标准而使用认证标志的，要求其改正；情节严重的，取消其使用认证标志的资格。

第二十二条 消费者有权就产品质量问题，向产品的生产者、销售者查询；向产品质量监督部门、工商行政管理部门及有关部门申诉，接受申诉的部门应当负责处理。

第二十三条 保护消费者权益的社会组织可以就消费者反映的产品质量问题建议有关部门负责处理，支持消费者对因产品质量造成的损害向人民法院起诉。

第二十四条 国务院和省、自治区、直辖市人民政府的产品质量监督部门应当定期发布其监督抽查的产品的质量状况公告。

第二十五条 产品质量监督部门或者其他国家机关以及产品质量检验机构不得向社会推荐生产者的产品；不得以对产品进行监制、监销等方式参与产品经营活动。

第三章　生产者、销售者产品质量责任和义务

第一节　生产者的产品质量责任和义务

第二十六条　生产者应当对其生产的产品质量负责。

产品质量应当符合下列要求：

（一）不存在危及人身、财产安全的不合理的危险，有保障人体健康和人身、财产安全的国家标准、行业标准的，应当符合该标准；

（二）具备产品应当具备的使用性能，但是，对产品存在使用性能的瑕疵作出说明的除外；

（三）符合在产品或者其包装上注明采用的产品标准，符合以产品说明、实物样品等方式表明的质量状况。

第二十七条　产品或者其包装上的标识必须真实，并符合下列要求：

（一）有产品质量检验合格证明；

（二）有中文标明的产品名称、生产厂厂名和厂址；

（三）根据产品的特点和使用要求，需要标明产品规格、等级、所含主要成分的名称和含量的，用中文相应予以标明；需要事先让消费者知晓的，应当在外包装上标明，或者预先向消费者提供有关资料；

（四）限期使用的产品，应当在显著位置清晰地标明生产日期和安全使用期或者失效日期；

（五）使用不当，容易造成产品本身损坏或者可能危及人身、财产安全的产品，应当有警示标志或者中文警示说明。

裸装的食品和其他根据产品的特点难以附加标识的裸装产品，可以不附加产品标识。

第二十八条　易碎、易燃、易爆、有毒、有腐蚀性、有放射性等危险物品以及储运中不能倒置和其他有特殊要求的产品，其包装质量必须符合相应要求，依照国家有关规定作出警示标志或者中文警示说明，标明储运注意事项。

第二十九条　生产者不得生产国家明令淘汰的产品。

第三十条　生产者不得伪造产地，不得伪造或者冒用他人的厂名、厂址。

第三十一条　生产者不得伪造或者冒用认证标志等质量标志。

第三十二条　生产者生产产品，不得掺杂、掺假，不得以假充真、以次充好，不得以不合格产品冒充合格产品。

第二节　销售者的产品质量责任和义务

第三十三条　销售者应当建立并执行进货检查验收制度，验明产品合格证明和其他标识。

第三十四条　销售者应当采取措施，保持销售产品的质量。

第三十五条　销售者不得销售国家明令淘汰并停止销售的产品和失效、变质的产品。

第三十六条　销售者销售的产品的标识应当符合本法第二十七条的规定。

第三十七条　销售者不得伪造产地，不得伪造或者冒用他人的厂名、厂址。

第三十八条　销售者不得伪造或者冒用认证标志等质量标志。

第三十九条　销售者销售产品，不得掺杂、掺假，不得以假充真、以次充好，不得以不合格产品冒充合格产品。

第四章　损害赔偿

第四十条　售出的产品有下列情形之一的，销售者应当负责修理、更换、退货；给购买产品的消费者造成损失的，销售者应当赔偿损失：

（一）不具备产品应当具备的使用性能而事先未作说明的；

（二）不符合在产品或者其包装上注明采用的产品标准的；

（三）不符合以产品说明、实物样品等方式表明的质量状况的。

销售者依照前款规定负责修理、更换、退货、赔偿损失后，属于生产者的责任或者属于向销售者提供产品的其他销售者（以下简称供货者）的责任的，销售者有权向生产者、供货者追偿。

销售者未按照第一款规定给予修理、更换、退货或者赔偿损失的，由产品质量监督部门或者工商行政管理部门责令改正。

生产者之间，销售者之间，生产者与销售者之间订立的买卖合同、承揽合同有不同约定的，合同当事人按照合同约定执行。

第四十一条 因产品存在缺陷造成人身、缺陷产品以外的其他财产（以下简称他人财产）损害的，生产者应当承担赔偿责任。

生产者能够证明有下列情形之一的，不承担赔偿责任：

（一）未将产品投入流通的；

（二）产品投入流通时，引起损害的缺陷尚不存在的；

（三）将产品投入流通时的科学技术水平尚不能发现缺陷的存在的。

第四十二条 由于销售者的过错使产品存在缺陷，造成人身、他人财产损害的，销售者应当承担赔偿责任。

销售者不能指明缺陷产品的生产者也不能指明缺陷产品的供货者的，销售者应当承担赔偿责任。

第四十三条 因产品存在缺陷造成人身、他人财产损害的，受害人可以向产品的生产者要求赔偿，也可以向产品的销售者要求赔偿。属于产品的生产者的责任，产品的销售者赔偿的，产品的销售者有权向产品的生产者追偿。属于产品的销售者的责任，产品的生产者赔偿的，产品的生产者有权向产品的销售者追偿。

第四十四条 因产品存在缺陷造成受害人人身伤害的，侵害人应当赔偿医疗费、治疗期间的护理费、因误工减少的收入等费用；造成残疾的，还应当支付残疾者生活自助具费、生活补助费、残疾赔偿金以及由其扶养的人所必需的生活费等费用；造成受害人死亡的，并应当支付丧葬费、死亡赔偿金以及由死者生前扶养的人所必需的生活费等费用。

因产品存在缺陷造成受害人财产损失的，侵害人应当恢复原状或者折价赔偿。受害人因此遭受其他重大损失的，侵害人应当赔偿损失。

第四十五条 因产品存在缺陷造成损害要求赔偿的诉讼时效期间为二年，自当事人知道或者应当知道其权益受到损害时起计算。

因产品存在缺陷造成损害要求赔偿的请求权，在造成损害的缺陷产品交付最初消费者满十年丧失；但是，尚未超过明示的安全使用期的除外。

第四十六条 本法所称缺陷，是指产品存在危及人身、他人财产安全的不合理的危险；产品有保障人体健康和人身、财产安全的国家标准、行业标准的，是指不符合该标准。

第四十七条 因产品质量发生民事纠纷时，当事人可以通过协商或者调解解决。当事人不愿通过协商、调解解决或者协商、调解不成的，可以根据当事人各方的协议向仲裁机构申请仲裁；当事人各方没有达成仲裁协议或者仲裁协议无效的，可以直接向人民法院起诉。

第四十八条 仲裁机构或者人民法院可以委托本法第十九条规定的产品质量检验机构，对有关产品质量进行检验。

第五章　罚　　则

第四十九条 生产、销售不符合保障人体健康和人身、财产安全的国家标准、行业标准的产品的，责令停止生产、销售，没收违法生产、销售的产品，并处违法生产、销售产品（包括已售出和未售出的产品，下同）货值金额等值以上三倍以下的罚款；有违法所得的，并处没收违法所得；情节严重的，吊销营业执照；构成犯罪的，依法追究刑事责任。

第五十条 在产品中掺杂、掺假，以假充真，以次充好，或者以不合格产品冒充合格产品的，责令停止生产、销售，没收违法生产、销售的产品，并处违法生产、销售产品货值金额百分之五十以上三倍以下的罚款；有违法所得的，并处没收违法所得；情节严重的，吊销营业执照；构成犯罪的，依法追究刑事责任。

第五十一条 生产国家明令淘汰的产品的，销售国家明令淘汰并停止销售的产品的，责令停止生产、销售，没收违法生产、销售的产品，并处违法生产、销售产品货值金额等值以下的罚款；有违法所得的，并处没收违法所得；情节严重的，吊销营业执照。

第五十二条 销售失效、变质的产品的，责令停止销售，没收违法销售的产品，并处违法销售产品货值金额二倍以下的罚款；有违法所得的，并处没收违法所得；情节严重的，吊销营业执照；构成犯罪的，依法追究刑事责任。

第五十三条 伪造产品产地的，伪造或者冒用他人厂名、厂址的，伪造或者冒用认证标志等质量标志的，责令改正，没收违法生产、销售的产品，并处违法生产、销售产品货值金额等值以下的罚款；有违法所得的，并处没收违法所得；情节严重的，吊销营业执照。

第五十四条 产品标识不符合本法第二十七条规定的，责令改正；有包装的产品标识不符合本法第二十七条第（四）项、第（五）项规定，情节严重的，责令停止生产、销售，并处违法生产、销售产品货值金额百分之三十以下的罚款；有违法所得的，并处没收违法所得。

第五十五条 销售者销售本法第四十九条至第五十三条规定禁止销售的产品，有充分证据证明其不知道该产品为禁止销售的产品并如实说明其进货来源的，可以从轻或者减轻处罚。

第五十六条 拒绝接受依法进行的产品质量监督检查的，给予警告，责令改正；拒不改正的，责令停业整顿；情节特别严重的，吊销营业执照。

第五十七条 产品质量检验机构、认证机构伪造检验结果或者出具虚假证明的，责令改正，对单位处五万元以上十万元以下的罚款，对直接负责的主管人员和其他直接责任人员处一万元以上五万元以下的罚款；有违法所得的，并处没收违法所得；情节严重的，取消其检验资格、认证资格；构成犯罪的，依法追究刑事责任。

产品质量检验机构、认证机构出具的检验结果或者证明不实，造成损失的，应当承担相应的赔偿责任；造成重大损失的，撤销其检验资格、认证资格。

产品质量认证机构违反本法第二十一条第二款的规定，对不符合认证标准而使用认证标志的产品，未依法要求其改正或者取消其使用认证标志资格的，对因产品不符合认证标准给消费者造成的损失，与产品的生产者、销售者承担连带责任；情节严重的，撤销其认证资格。

第五十八条 社会团体、社会中介机构对产品质量作出承诺、保证，而该产品又不符合其承诺、保证的质量要求，给消费者造成损失的，与产品的生产者、销售者承担连带责任。

第五十九条 在广告中对产品质量作虚假宣传，欺骗和误导消费者的，依照《中华人民共和国广告法》的规定追究法律责任。

第六十条 对生产者专门用于生产本法第四十九条、第五十一条所列的产品或者以假充真的产品的原辅材料、包装物、生产工具，应当予以没收。

第六十一条 知道或者应当知道属于本法规定禁止生产、销售的产品而为其提供运输、保管、仓储等便利条件的，或者为以假充真的产品提供制假生产技术的，没收全部运输、保管、仓储或者提供制假生产技术的收入，并处违法收入百分之五十以上三倍以下的罚款；构成犯罪的，依法追究刑事责任。

第六十二条 服务业的经营者将本法第四十九条至第五十二条规定禁止销售的产品用于经营性服务的，责令停止使用；对知道或者应当知道所使用的产品属于本法规定禁止销售的产品的，按照违法使用的产品（包括已使用和尚未使用的产品）的货值金额，依照本法对销售者的处罚规定处罚。

第六十三条 隐匿、转移、变卖、损毁被产品质量监督部门或者工商行政管理部门查封、扣押的物品的，处被隐匿、转移、变卖、损毁物品货值金额等值以上三倍以下的罚款；有违法所得的，并处没收违法所得。

第六十四条 违反本法规定，应当承担民事赔偿责任和缴纳罚款、罚金，其财产不足以同时支付时，先承担民事赔偿责任。

第六十五条 各级人民政府工作人员和其他国家机关工作人员有下列情形之一的，依法给予行政处分；构成犯罪的，依法追究刑事责任：

（一）包庇、放纵产品生产、销售中违反本法规定行为的；

（二）向从事违反本法规定的生产、销售活动的当事人通风报信，帮助其逃避查处的；

（三）阻挠、干预产品质量监督部门或者工商行政管理部门依法对产品生产、销售中违反本法规定的行为进行查处，造成严重后果的。

第六十六条 产品质量监督部门在产品质量监督抽查中超过规定的数量索取样品或者向被检查人收取检验费用的，由上级产品质量监督部门或者监察机关责令退还；情节严重的，对直接负责的主管人员和其他直接责任人员依法给予行政处分。

第六十七条 产品质量监督部门或者其他国家机关违反本法第二十五条的规定，向社会推荐生产者的产品或者以监制、监销等方式参与产品经营活动的，由其上级机关或者监察机关责令改正，消除影响，有违法收入的予以没收；情节严重的，对直接负责的主管人员和其他直接责任人员依法给予行政处分。

产品质量检验机构有前款所列违法行为的，由产品质量监督部门责令改正，消除影响，有违法收入的予以没收，可以并处违法收入一倍以下的罚款；情节严重的，撤销其质量检验资格。

第六十八条 产品质量监督部门或者工商行政管理部门的工作人员滥用职权、玩忽职守、徇私舞弊，构成犯罪的，依法追究刑事责任；尚不构成犯罪的，依法给予行政处分。

第六十九条 以暴力、威胁方法阻碍产品质量监督部门或者工商行政管理部门的工作人员依法执行职务的，依法追究刑事责任；拒绝、阻碍未使用暴力、威胁方法的，由公安机关依照《治安管理处罚法》的规定处罚。

第七十条 本法规定的吊销营业执照的行政处罚由工商行政管理部门决定，本法第四十九条至第五十七条、第六十条至第六十三条规定的行政处罚由产品质量监督部门或者工商行政管理部门按照国务院规定的职权范围决定。法律、行政法规对行使行政处罚权的机关另有规定的，依照有关法律、行政法规的规定执行。

第七十一条 对依照本法规定没收的产品，依照国家有关规定进行销毁或者采取其他方式处理。

第七十二条 本法第四十九条至第五十四条、第六十二条、第六十三条所规定的货值金额以违法生产、销售产品的标价计算；没有标价的，按照同类产品的市场价格计算。

第六章 附 则

第七十三条 军工产品质量监督管理办法，由国务院、中央军事委员会另行制定。

因核设施、核产品造成损害的赔偿责任，法律、行政法规另有规定的，依照其规定。

第七十四条 本法自 1993 年 9 月 1 日起施行。

第十七章 消费者权益保护法

材料导读

1993年10月31日八届全国人大常委会第四次会议通过了《中华人民共和国消费者权益保护法》，以专门法的形式规定了消费者的权利、经营者义务，以及政府和社会方方面面的保护消费者权益的责任。各省、自治区、直辖市也根据消费者权益保护法相继制定了地方性的法规。从此，中国消费者走上了依法维权的道路。

2013年，正值“消法”正式实施20年之际，10月25日，十二届全国人大常委会第五次会议表决通过关于修改消费者权益保护法的决定。国家主席习近平签署第7号主席令予以公布，将于3月15日起施行。这是一次全面的修改，新消法对消费者的权利、经营者的义务以及政府各个相关部门的责任，特别是社会组织的相关责任，都作了进一步的规定。

“新消法”与时俱进地明确了网络购物“无理由退货制度”，完善了“三包”规定，终结“霸王条款”，并加重对违法经营的惩罚。新消法对消费者的保护，可谓亮点纷呈：强化个人信息保护，维护消费者隐私；举证责任倒置，让消费者轻松维权；7日内无理由退货，愉快网购；缺陷商品实行召回，让消费者放心消费；强化广告经营者、发布者的责任，明星要管好自己的嘴；“三包”范围扩大、门槛降低，免除后顾之忧；惩罚性赔偿将进一步加重，商家欺诈，“假一赔三”。

第一节 消费者权益保护法概述

一、消费者权益保护法的概念和调整对象

消费者权益保护法是调整在保护消费者权益过程中发生的社会关系的法律规范的总称。

消费包括生产资料的消费和生活资料的消费。这里讲的消费者是指生活资料的消费者，即为了满足个人生活消费的需要而购买、使用商品或者接受服务的个体公民。

消费者权益是指消费者依法享有的权利及该权利受到保护时而给消费者带来的应得的利益。消费者权益的核心是消费者的权利，而且从广义上讲，消费者的权利也包含了

消费者的利益。

（1）国家机关与经营者之间的关系，主要是指国家有关行政部门在对经营者的生产、销售、服务活动进行监督管理、维护消费者合法权益过程中所发生的关系。

（2）国家机关与消费者之间的关系，主要是指国家有关行政部门在为消费者提供指导、服务与保护过程中所发生的关系。

（3）经营者与消费者之间的关系，主要是指经营者因进行违法经营活动给消费者造成损害，消费者请求赔偿，以及消费者对经营者进行监督所发生的关系。

二、《消费者权益保护法》的立法宗旨和适用范围

《中华人民共和国消费者权益保护法》（以下简称《消费者权益保护法》）第1条开宗明义，明确规定了该法的立法宗旨是“保护消费者的合法权益，维护社会经济秩序，促进社会主义市场经济健康发展”。

根据《消费者权益保护法》的规定，其适用范围包括以下三个方面：

（1）消费者为生活消费需要购买、使用商品或者接受服务，适用《消费者权益保护法》。《消费者权益保护法》保护的主体是消费者，即为生活消费需要而购买、使用商品或者接受服务的个体公民，但有时也包括单位。但单位作为消费者，是个人通过集体媒介表现出来的购买、使用商品或者接受服务的形式，单位消费实质上还是个人消费。

（2）经营者为消费者提供其生产、销售的商品或者提供服务，适用《消费者权益保护法》。这里所称的经营者是指以盈利为目的，从事生产经营活动的法人、其他经济组织和个人，包括生产者、销售者和服务者。经营者的经营活动，包括商品生产、商品销售和提供有偿服务。如果不是以盈利为目的，而是以无偿方式提供商品或者服务，则不属于《消费者权益保护法》的调整范围。

（3）农民购买、使用直接用于农业生产的生产资料，参照《消费者权益保护法》执行。《消费者权益保护法》调整的是生活消费关系，而将农民的农业生产性消费也纳入该法的调整范围，则是考虑到农民的生产性消费和消费者的生活性消费有很多相似之处，同时也是为了对农业生产提供特殊的法律保护。

第二节　消费者的权利和经营者的义务

消费者的权利和经营者的义务是消费者权益保护法的核心内容，它为保护消费者权益、规范经营者的行为提供了法律依据。

一、消费者的权利

根据《消费者权益保护法》的规定，消费者享有以下权利：

（1）安全保障权。即消费者在购买、使用商品和接受服务时，享有人身、财产安全不受损害的权利。这是消费享有的最基本、最重要的权利。消费者有权要求经营者提供的商品和服务，符合保障人身、财产安全的要求。

（2）知悉真情权。即消费者享有知悉其购买、使用的商品或者接受服务的真实情况的权利。消费者有权根据商品或者服务的不同情况，要求经营者提供商品的价格、产地、生产者、用途、性能、规格、等级、主要成分、生产日期、有效期限、检验合格证明、使用方法说明书、售后服务，或者服务的内容、规格、费用等有关情况。

（3）自主选择权。即消费者享有自主选择商品或者服务的权利。消费者有权自主选择提供商品或者服务的经营者，自主选择商品品种或者服务方式，自主决定购买或者不购买任何一种商品、接受或者不接受任何一项服务。消费者在自主选择商品或者服务时，有权进行比较、鉴别和挑选。

（4）公平交易权。即消费者在购买商品或者接受服务时，有权获得质量保障、价格合理、计量正确等公平交易条件，有权拒绝经营者的强制交易行为。

（5）依法求偿权。即消费者因购买、使用商品或者接受服务受到人身、财产损害的，享有依法获得赔偿的权利。

（6）依法结社权。即消费者享有依法成立维护自身合法权益的社会团体的权利。

（7）获得知识权。即消费者享有获得有关消费和消费者权益保护方面的知识的权利。作为消费者，应当努力掌握所需商品或者服务的知识和使用技能，正确使用商品，提高自我保护意识。

（8）维护尊严权。即消费者在购买、使用商品和接受服务时，享有其人格尊严、民族风俗习惯得到尊重的权利。

（9）监督批评权。即消费者享有对商品和服务以及保护消费者权益工作进行监督的权利。消费者有权检举、控告侵害消费者权益的行为和国家机关及其工作人员在保护消费者权益工作中的违法失职行为，有权对保护消费者权益工作提出批评、建议。

二、经营者的义务

经营者与消费者是消费法律关系中两个对应的主体。消费者的权利，相应地也就是经营者的义务，即生产者、销售者和服务提供者的义务。我国《消费者权益保护法》只规定了经营者的义务，而没有规定经营者的权利。但在具体的消费关系中，经营者也享有一定的权利。按照《消费者权益保护法》第三章规定，经营者应当履行以下义务：

（1）依照法律规定或者依照约定履行义务。即经营者向消费者提供商品或者服务，应当依照《产品质量法》和其他有关法律、法规的规定履行义务。经营者和消费者有约定的，应当按照约定履行义务，但双方的约定不得违背法律、法规的规定。

（2）接受监督的义务。即经营者应当听取消费者对其提供的商品或者服务的意见，接受消费者的监督。

（3）保证商品和服务安全的义务。即经营者应当保证其提供的商品或者服务符合保障人身、财产安全的要求。对可能危及人身、财产安全的商品和服务，应当向消费者作出真实的说明和明确的警示，并说明和标明正确使用商品或者接受服务的方法以及防止危害发生的方法。经营者发现其提供的商品或者服务存在严重缺陷，即使正确使用商品或者接受服务仍然可能对人身、财产安全造成危害的，应当立即向有关行政部门报告和告知消费者，并采取防止危害发生的措施。

（4）提供真实信息的义务。即经营者应当向消费者提供有关商品或者服务的真实信息，不得作引人误解的虚假宣传。经营者对消费者就其提供的商品或者服务的质量和使用方法等问题提出的询问，应当作出真实、明确的答复，商店提供商品还应当明码标价。

（5）标明真实名称和标记的义务。即经营者应当标明其真实名称和标记。租赁他人柜台或者场地的经营者，也应当标明其真实名称和标记。

（6）出具购货凭证或者服务单据的义务。即经营者提供商品或者服务，应当按照国家有关规定或者商业惯例向消费者出具购货凭证或者服务单据；消费者索要购货凭证或者服务单据的，经营者必须出具。

（7）保证商品和服务质量的义务。即经营者应当保证在正常使用商品或者接受服务的情况下，其提供的商品或者服务应当具有的质量、性能、用途和有效期限，但消费者在购买该商品或者接受该服务前已经知道其存在瑕疵的除外。经营者以广告、产品说明、实物样品或者其他方式表明商品或者服务的质量状况的，应当保证其提供的商品或者服务的实际质量与表明的质量状况相符。

（8）依照规定或者约定承担“三包”或者其他责任的义务。即经营者提供商品或者服务，按照国家规定或者与消费者的约定，承担包修、包换、包退或者其他责任的，应当按照国家规定或者约定履行，不得故意拖延或者无理拒绝。

（9）进行公平、合理交易的义务。即经营者不得以格式合同、通知、声明、店堂告示等方式作出对消费者不公平、不合理的规定，或者减轻、免除其损害消费者合法权益应当承担的民事责任。

（10）不得侵犯消费者人身权的义务。即经营者不得对消费者进行侮辱、诽谤，不得搜查消费者的身体及其携带的物品，不得侵犯消费者的人身自由。

（11）网购7天无理由退货义务。即经营者采用网络、电视、电话、邮购等方式销售商品，消费者有权自收到商品之日起7日内退货，且无须说明理由，但下列商品除外：①消费者定作的；②鲜活易腐的；③在线下载或者消费者拆封的音像制品、计算机软件等数字化商品；④交付的报纸、期刊。

第三节　消费者权益争议解决

（一）消费者权益争议的解决途径

《消费者权益保护法》第39条规定，消费者和经营者发生消费者权益争议的，可以通过下列途径解决：①与经营者协商和解；②请求消费者协会调解；③向有关行政部门门申诉；④根据与经营者达成的仲裁协议提请仲裁机构仲裁；⑤向人民法院提起诉讼。

（二）求偿对象的确定

消费者的合法权益受到损害的，可根据不同情况，分别按照下列规定向有关当事人要求赔偿：

（1）消费者在购买、使用商品时，其合法权益受到损害的，可以向销售者要求赔偿。销售者赔偿后，属于生产者的责任或者属于向销售者提供商品的其他销售者的责任的，销售者有权向生产者或者其他销售者追偿。

（2）消费者或者其他受害人因商品缺陷造成人身、财产损害的，可以向销售者要求赔偿，也可以向生产者要求赔偿。属于生产者责任的，销售者赔偿后，有权向生产者追偿。属于销售者责任的，生产者赔偿后，有权向销售者追偿。

（3）消费者在接受服务时，其合法权益受到损害的，可以向服务者要求赔偿。

（4）消费者在购买、使用商品或者接受服务时，其合法权益受到损害，因原企业分立、合并的，可以向变更后承受其权利义务的企业要求赔偿。

（5）使用他人营业执照的违法经营者提供商品或者服务，损害消费者合法权益的，消费者可以向其要求赔偿，也可以向营业执照的持有人要求赔偿。

（6）消费者在展销会、租赁柜台购买商品或者接受服务，其合法权益受到损害的，可以向销售者或者服务者要求赔偿。展销会结束或者柜台租赁期满后，也可以向展销会的举办者、柜台的出租者要求赔偿。展销会的举办者、柜台的出租者赔偿后，有权向销售者或者服务者追偿。

（7）消费者因经营者利用虚假广告提供商品或者服务，其合法权益受到损害的，可以向经营者要求赔偿。广告的经营者发布虚假广告的，消费者可以请求行政主管部门予以惩处。广告的经营者不能提供经营者的真实名称、地址的，应当承担赔偿责任。

（8）消费者通过网络交易平台购买商品或者接受服务，其合法权益受到损害的，可以向销售者或者服务者要求赔偿。网络交易平台提供者不能提供销售者或者服务者的真实名称、地址和有效联系方式的，消费者也可以向网络交易平台提供者要求赔偿；网络交易平台提供者赔偿后，有权向销售者或者服务者追偿。网络交易平台提供者明知或者应知销售者或者服务者利用其平台侵害消费者合法权益，未采取必要措施的，依法与该销售者或者服务者承担连带责任。

第四节　侵犯消费者合法权益的法律责任

《消费者权益保护法》第七章规定的侵犯消费者合法权益应承担的法律责任有民事责任、行政责任和刑事责任。

（一）民事责任

1. 经营者承担民事责任的情形

经营者提供的商品或者服务有下列情形之一的，除《消费者权益保护法》另有规定外，应当依照《中华人民共和国产品质量法》和其他有关法律、法规的规定，承担民事责任：

（1）商品存在缺陷的。

（2）不具备商品应当具备的使用性能而出售时未作说明的。

（3）不符合在商品或者其包装上注明采用的商品标准的。

（4）不符合商品说明、实物样品等方式表明的质量状况的。

（5）生产国家明令淘汰的商品或者销售失效、变质的商品的。

（6）销售的商品数量不足的。

（7）服务的内容和费用违反约定的。

（8）对消费者提出的修理、重作、更换、退货、补足商品数量、退还货款和服务费用或者赔偿损失的要求，故意拖延或者无理拒绝的。

（9）法律、法规规定的其他损害消费者权益的情形。

2. 经营者承担的民事责任的具体形式

经营者损害消费者合法权益，分别根据不同的情况承担不同的民事责任。

（1）经营者提供商品或者服务，造成消费者或者其他受害人人身伤害的，应当支付医疗费、治疗期间的护理费、因误工减少的收入等费用；造成残疾的，还应当支付残疾者生活自助具费、生活补助费、残疾赔偿金以及由其扶养的人所必需的生活费等费用；造成消费者或者其他受害人死亡的，应当支付丧葬费、死亡赔偿金以及由死者生前扶养的人所必需的生活费等费用。

（2）经营者违反法律规定对消费者进行侮辱、诽谤，搜查消费者的身体及其携带的物品，侵害消费者的人格尊严或者侵犯消费者人身自由的，应当停止侵害、恢复名誉、消除影响、赔礼道歉，并赔偿损失。

（3）经营者提供商品或者服务，造成消费者财产损害的，应当按照消费者的要求，以修理、重作、更换、退货、补足商品数量、退还货款和服务费用或者赔偿损失等方式承担民事责任。消费者与经营者另有约定的，应当按照约定履行。

（4）对国家规定或者经营者与消费者约定包修、包换、包退的商品，经营者应当负责修理、更换或者退货。在保修期内两次修理仍不能正常使用的，经营者应当负责更换或者退货。对包修、包换、包退的大件商品，消费者要求经营者修理、更换、退货的，经营者应当承担运输等合理费用。

（5）经营者以邮购方式提供商品的，应当按照约定提供。未按照约定提供的，应当按照消费者的要求履行约定或者退回货款，并应当承担消费者必须支付的合理费用。

（6）经营者以预收款方式提供商品或者服务的，应当按照约定提供。未按照约定提供的，应当按照消费者的要求履行约定或者退回预付款，并应当承担预付款的利息、消费者必须支付的合理费用。

（7）依法经有关行政部门认定为不合格的商品，消费者要求退货的，经营者应当负责退货。

（8）应当按照消费者的要求增加赔偿其受到的损失，增加赔偿的金额为消费者购买商品的价款或者接受服务的费用的 3 倍；增加赔偿的金额不足 500 元的，为 500 元。

（二）行政责任

经营者有下列情形之一，《产品质量法》和其他有关法律、法规对处罚机关和处罚方式有规定的，依照法律、法规的规定执行；法律、法规未作规定的，由工商行政管理部门责令改正，可以根据情节单处或者并处警告、没收违法所得、处以违法所得1倍以上5倍以下的罚款，没有违法所得的，处以1万元以下的罚款；情节严重的，责令停业整顿、吊销营业执照：

（1）生产、销售的商品不符合保障人身、财产安全要求的。

（2）在商品中掺杂、掺假，以假充真，以次充好，或者以不合格商品冒充合格商品的。

（3）生产国家明令淘汰的商品或者销售失效、变质的商品的。

（4）伪造商品的产地，伪造或者冒用他人的厂名、厂址，伪造或者冒用认证标志、名优标志等质量标志的。

（5）销售的商品应当检验、检疫而未检验、检疫或者伪造检验、检疫结果的。

（6）对商品或者服务作引人误解的虚假宣传的。

（7）对消费者提出的修理、重作、更换、退货、补足商品数量、退还货款和服务费用或者赔偿损失的要求，故意拖延或者无理拒绝的。

（8）侵害消费者人格尊严或者侵犯消费者人身自由的。

（9）法律、法规规定的对损害消费者权益应当予以处罚的其他情形。

经营者对行政处罚决定不服的，可以按照1999年4月29日九届全国人大常委会第九次会议通过的《中华人民共和国行政复议法》的有关规定申请复议，也可以按照1989年4月4日七届全国人大第二次会议通过的《中华人民共和国行政诉讼法》的有关规定直接向人民法院起诉。

（三）刑事责任

经营者有下列情形之一的，应依法追究刑事责任：

（1）提供的商品或者服务，造成消费者或者其他受害人人身伤害或者残疾，构成犯罪的；

（2）提供的商品或者服务，造成消费者或者其他受害人死亡，构成犯罪的；

（3）以暴力、威胁等方法阻碍有关行政部门工作人员依法执行职务的。

此外，国家机关工作人员玩忽职守或者包庇经营者侵害消费者合法权益的行为，情节严重，构成犯罪的，也应当依法追究刑事责任。

案例探讨

甲和乙（女大学生）星期天去逛街，看到一家知名品牌专卖店门上写着“全场3折，售完为止”，便走进去向店主说：“请推荐一些适合我们的新款衣服。”店主一看她俩都是学生模样，便说：“你们自己看，都是新的，没什么可介绍的。”甲试了好几套衣服，但都觉得不满意，决定不买。谁知店主说：“你是我们今天的第一桩生意，试了就必须买。”她俩没办法，甲只好拿了一件标价360元的衣服到收银台，收银员说：“360元。”“你们不是打折吗？应该108元才对。”甲说。店主说：“那是指旧款，这是新款。”甲只好付了360元，乙也很生气，就在他们往外走时，乙突然重重地摔倒在地，原来地上有很多水，本来就很滑，再沾上水就更滑了。甲准备扶起乙往外走，店主却赶上来说：“我们少了一件衣服，是不是你们拿了，把你们的包检查一下！”甲和乙说：“我们没拿，干吗让你检查？”店主说：“不让检查就是心虚。”这时围了许多人，甲和乙为了证明自己的清白就让他搜了包。接着，乙被甲扶着上医院，被诊断为脚扭伤骨折，医药费花去500元。

在该案中，店主侵犯了甲和乙的哪些合法权益？可以通过什么法律途径解决？

法律链接

中华人民共和国消费者权益保护法

（1993年10月31日第八届全国人民代表大会常务委员会第四次会议通过，根据2009年8月27日第十一届全国人民代表大会常务委员会第十次会议《关于修改部分法律的决定》第一次修正，根据2013年10月25日第十二届全国人民代表大会常务委员会第五次会议《关于修改的决定》第二次修正）

第一章 总 则

第一条 为保护消费者的合法权益，维护社会经济秩序，促进社会主义市场经济健康发展，制定本法。

第二条 消费者为生活消费需要购买、使用商品或者接受服务，其权益受本法保护；本法未作规定的，受其他有关法律、法规保护。

第三条 经营者为消费者提供其生产、销售的商品或者提供服务，应当遵守本法；本法未作规定的，应当遵守其他有关法律、法规。

第四条 经营者与消费者进行交易，应当遵循自愿、平等、公平、诚实信用的原则。

第五条 国家保护消费者的合法权益不受侵害。

国家采取措施，保障消费者依法行使权利，维护消费者的合法权益。

国家倡导文明、健康、节约资源和保护环境的消费方式，反对浪费。

第六条 保护消费者的合法权益是全社会的共同责任。

国家鼓励、支持一切组织和个人对损害消费者合法权益的行为进行社会监督。

大众传播媒介应当做好维护消费者合法权益的宣传，对损害消费者合法权益的行为进行舆论监督。

第二章 消费者的权利

第七条 消费者在购买、使用商品和接受服务时享有人身、财产安全不受损害的权利。

消费者有权要求经营者提供的商品和服务，符合保障人身、财产安全的要求。

第八条 消费者享有知悉其购买、使用的商品或者接受的服务的真实情况的权利。

消费者有权根据商品或者服务的不同情况，要求经营者提供商品的价格、产地、生产者、用途、性能、规格、等级、主要成分、生产日期、有效期限、检验合格证明、使用方法说明书、售后服务，或者服务的内容、规格、费用等有关情况。

第九条 消费者享有自主选择商品或者服务的权利。

消费者有权自主选择提供商品或者服务的经营者，自主选择商品品种或者服务方式，自主决定购买或者不购买任何一种商品、接受或者不接受任何一项服务。

消费者在自主选择商品或者服务时，有权进行比较、鉴别和挑选。

第十条 消费者享有公平交易的权利。

消费者在购买商品或者接受服务时，有权获得质量保障、价格合理、计量正确等公平交易条件，有权拒绝经营者的强制交易行为。

第十一条　消费者因购买、使用商品或者接受服务受到人身、财产损害的，享有依法获得赔偿的权利。

第十二条　消费者享有依法成立维护自身合法权益的社会组织的权利。

第十三条　消费者享有获得有关消费和消费者权益保护方面的知识的权利。

消费者应当努力掌握所需商品或者服务的知识和使用技能，正确使用商品，提高自我保护意识。

第十四条　消费者在购买、使用商品和接受服务时，享有人格尊严、民族风俗习惯得到尊重的权利，享有个人信息依法得到保护的权利。

第十五条　消费者享有对商品和服务以及保护消费者权益工作进行监督的权利。

消费者有权检举、控告侵害消费者权益的行为和国家机关及其工作人员在保护消费者权益工作中的违法失职行为，有权对保护消费者权益工作提出批评、建议。

第三章　经营者的义务

第十六条　经营者向消费者提供商品或者服务，应当依照本法和其他有关法律、法规的规定履行义务。

经营者和消费者有约定的，应当按照约定履行义务，但双方的约定不得违背法律、法规的规定。

经营者向消费者提供商品或者服务，应当恪守社会公德，诚信经营，保障消费者的合法权益；不得设定不公平、不合理的交易条件，不得强制交易。

第十七条　经营者应当听取消费者对其提供的商品或者服务的意见，接受消费者的监督。

第十八条　经营者应当保证其提供的商品或者服务符合保障人身、财产安全的要求。对可能危及人身、财产安全的商品和服务，应当向消费者作出真实的说明和明确的警示，并说明和标明正确使用商品或者接受服务的方法以及防止危害发生的方法。

宾馆、商场、餐馆、银行、机场、车站、港口、影剧院等经营场所的经营者，应当对消费者尽到安全保障义务。

第十九条　经营者发现其提供的商品或者服务存在缺陷，有危及人身、财产安全危险的，应当立即向有关行政部门报告和告知消费者，并采取停止销售、警示、召回、无害化处理、销毁、停止生产或者服务等措施。采取召回措施的，经营者应当承担消费者因商品被召回支出的必要费用。

第二十条　经营者向消费者提供有关商品或者服务的质量、性能、用途、有效期限等信息，应当真实、全面，不得作虚假或者引人误解的宣传。

经营者对消费者就其提供的商品或者服务的质量和使用方法等问题提出的询问，应当作出真实、明确的答复。

经营者提供商品或者服务应当明码标价。

第二十一条　经营者应当标明其真实名称和标记。

租赁他人柜台或者场地的经营者，应当标明其真实名称和标记。

第二十二条　经营者提供商品或者服务，应当按照国家有关规定或者商业惯例向消费者出具发票等购货凭证或者服务单据；消费者索要发票等购货凭证或者服务单据的，经营者必须出具。

第二十三条　经营者应当保证在正常使用商品或者接受服务的情况下其提供的商品或者服务应当具有的质量、性能、用途和有效期限；但消费者在购买该商品或者接受该服务前已经知道其存在瑕疵，且存在该瑕疵不违反法律强制性规定的除外。

经营者以广告、产品说明、实物样品或者其他方式表明商品或者服务的质量状况的，应当保证其提供的商品或者服务的实际质量与表明的质量状况相符。

经营者提供的机动车、计算机、电视机、电冰箱、空调器、洗衣机等耐用商品或者装饰装修等服务，消费者自接受商品或者服务之日起六个月内发现瑕疵，发生争议的，由经营者承担有关瑕疵的举证责任。

第二十四条　经营者提供的商品或者服务不符合质量要求的，消费者可以依照国家规定、当事人约定退货，或者要求经营者履行更换、修理等义务。没有国家规定和当事人约定的，消费者可以自收到商品之日起七日内退货；七日后符合法定解除合同条件的，消费者可以及时退货，不符合法定解除合同条件的，可以要求经营者履行更换、修理等义务。

依照前款规定进行退货、更换、修理的，经营者应当承担运输等必要费用。

第二十五条 经营者采用网络、电视、电话、邮购等方式销售商品，消费者有权自收到商品之日起七日内退货，且无需说明理由，但下列商品除外：

（一）消费者定作的；

（二）鲜活易腐的；

（三）在线下载或者消费者拆封的音像制品、计算机软件等数字化商品；

（四）交付的报纸、期刊。

除前款所列商品外，其他根据商品性质并经消费者在购买时确认不宜退货的商品，不适用无理由退货。

消费者退货的商品应当完好。经营者应当自收到退回商品之日起七日内返还消费者支付的商品价款。退回商品的运费由消费者承担；经营者和消费者另有约定的，按照约定。

第二十六条 经营者在经营活动中使用格式条款的，应当以显著方式提请消费者注意商品或者服务的数量和质量、价款或者费用、履行期限和方式、安全注意事项和风险警示、售后服务、民事责任等与消费者有重大利害关系的内容，并按照消费者的要求予以说明。

经营者不得以格式条款、通知、声明、店堂告示等方式，作出排除或者限制消费者权利、减轻或者免除经营者责任、加重消费者责任等对消费者不公平、不合理的规定，不得利用格式条款并借助技术手段强制交易。

格式条款、通知、声明、店堂告示等含有前款所列内容的，其内容无效。

第二十七条 经营者不得对消费者进行侮辱、诽谤，不得搜查消费者的身体及其携带的物品，不得侵犯消费者的人身自由。

第二十八条 采用网络、电视、电话、邮购等方式提供商品或者服务的经营者，以及提供证券、保险、银行等金融服务的经营者，应当向消费者提供经营地址、联系方式、商品或者服务的数量和质量、价款或者费用、履行期限和方式、安全注意事项和风险警示、售后服务、民事责任等信息。

第二十九条 经营者收集、使用消费者个人信息，应当遵循合法、正当、必要的原则，明示收集、使用信息的目的、方式和范围，并经消费者同意。经营者收集、使用消费者个人信息，应当公开其收集、使用规则，不得违反法律、法规的规定和双方的约定收集、使用信息。

经营者及其工作人员对收集的消费者个人信息必须严格保密，不得泄露、出售或者非法向他人提供。经营者应当采取技术措施和其他必要措施，确保信息安全，防止消费者个人信息泄露、丢失。在发生或者可能发生信息泄露、丢失的情况时，应当立即采取补救措施。

经营者未经消费者同意或者请求，或者消费者明确表示拒绝的，不得向其发送商业性信息。

第四章 国家对消费者合法权益的保护

第三十条 国家制定有关消费者权益的法律、法规、规章和强制性标准，应当听取消费者和消费者协会等组织的意见。

第三十一条 各级人民政府应当加强领导，组织、协调、督促有关行政部门做好保护消费者合法权益的工作，落实保护消费者合法权益的职责。

各级人民政府应当加强监督，预防危害消费者人身、财产安全行为的发生，及时制止危害消费者人身、财产安全的行为。

第三十二条 各级人民政府工商行政管理部门和其他有关行政部门应当依照法律、法规的规定，在各自的职责范围内，采取措施，保护消费者的合法权益。

有关行政部门应当听取消费者和消费者协会等组织对经营者交易行为、商品和服务质量问题的意见，及时调查处理。

第三十三条 有关行政部门在各自的职责范围内，应当定期或者不定期对经营者提供的商品和服务进行抽查检验，并及时向社会公布抽查检验结果。

有关行政部门发现并认定经营者提供的商品或者服务存在缺陷，有危及人身、财产安全危险的，应当立即责令经营者采取停止销售、警示、召回、无害化处理、销毁、停止生产或者服务等措施。

第三十四条　有关国家机关应当依照法律、法规的规定，惩处经营者在提供商品和服务中侵害消费者合法权益的违法犯罪行为。

第三十五条　人民法院应当采取措施，方便消费者提起诉讼。对符合《中华人民共和国民事诉讼法》起诉条件的消费者权益争议，必须受理，及时审理。

第五章　消费者组织

第三十六条　消费者协会和其他消费者组织是依法成立的对商品和服务进行社会监督的保护消费者合法权益的社会组织。

第三十七条　消费者协会履行下列公益性职责：

（一）向消费者提供消费信息和咨询服务，提高消费者维护自身合法权益的能力，引导文明、健康、节约资源和保护环境的消费方式；

（二）参与制定有关消费者权益的法律、法规、规章和强制性标准；

（三）参与有关行政部门对商品和服务的监督、检查；

（四）就有关消费者合法权益的问题，向有关部门反映、查询，提出建议；

（五）受理消费者的投诉，并对投诉事项进行调查、调解；

（六）投诉事项涉及商品和服务质量问题的，可以委托具备资格的鉴定人鉴定，鉴定人应当告知鉴定意见；

（七）就损害消费者合法权益的行为，支持受损害的消费者提起诉讼或者依照本法提起诉讼；

（八）对损害消费者合法权益的行为，通过大众传播媒介予以揭露、批评。

各级人民政府对消费者协会履行职责应当予以必要的经费等支持。

消费者协会应当认真履行保护消费者合法权益的职责，听取消费者的意见和建议，接受社会监督。

依法成立的其他消费者组织依照法律、法规及其章程的规定，开展保护消费者合法权益的活动。

第三十八条　消费者组织不得从事商品经营和营利性服务，不得以收取费用或者其他牟取利益的方式向消费者推荐商品和服务。

第六章　争议的解决

第三十九条　消费者和经营者发生消费者权益争议的，可以通过下列途径解决：

（一）与经营者协商和解；

（二）请求消费者协会或者依法成立的其他调解组织调解；

（三）向有关行政部门投诉；

（四）根据与经营者达成的仲裁协议提请仲裁机构仲裁；

（五）向人民法院提起诉讼。

第四十条　消费者在购买、使用商品时，其合法权益受到损害的，可以向销售者要求赔偿。销售者赔偿后，属于生产者的责任或者属于向销售者提供商品的其他销售者的责任的，销售者有权向生产者或者其他销售者追偿。

消费者或者其他受害人因商品缺陷造成人身、财产损害的，可以向销售者要求赔偿，也可以向生产者要求赔偿。属于生产者责任的，销售者赔偿后，有权向生产者追偿。属于销售者责任的，生产者赔偿后，有权向销售者追偿。

消费者在接受服务时，其合法权益受到损害的，可以向服务者要求赔偿。

第四十一条　消费者在购买、使用商品或者接受服务时，其合法权益受到损害，因原企业分立、合并的，可以向变更后承受其权利义务的企业要求赔偿。

第四十二条　使用他人营业执照的违法经营者提供商品或者服务，损害消费者合法权益的，消费者可以向其要求赔偿，也可以向营业执照的持有人要求赔偿。

第四十三条　消费者在展销会、租赁柜台购买商品或者接受服务，其合法权益受到损害的，可以向销售者或者服务者要求赔偿。展销会结束或者柜台租赁期满后，也可以向展销会的举办者、柜台的出租者要求赔偿。展销会的举办者、柜台的出租者赔偿后，有权向销售者或者服务者追偿。

第四十四条 消费者通过网络交易平台购买商品或者接受服务，其合法权益受到损害的，可以向销售者或者服务者要求赔偿。网络交易平台提供者不能提供销售者或者服务者的真实名称、地址和有效联系方式的，消费者也可以向网络交易平台提供者要求赔偿；网络交易平台提供者作出更有利于消费者的承诺的，应当履行承诺。网络交易平台提供者赔偿后，有权向销售者或者服务者追偿。

网络交易平台提供者明知或者应知销售者或者服务者利用其平台侵害消费者合法权益，未采取必要措施的，依法与该销售者或者服务者承担连带责任。

第四十五条 消费者因经营者利用虚假广告或者其他虚假宣传方式提供商品或者服务，其合法权益受到损害的，可以向经营者要求赔偿。广告经营者、发布者发布虚假广告的，消费者可以请求行政主管部门予以惩处。广告经营者、发布者不能提供经营者的真实名称、地址和有效联系方式的，应当承担赔偿责任。

广告经营者、发布者设计、制作、发布关系消费者生命健康商品或者服务的虚假广告，造成消费者损害的，应当与提供该商品或者服务的经营者承担连带责任。

社会团体或者其他组织、个人在关系消费者生命健康商品或者服务的虚假广告或者其他虚假宣传中向消费者推荐商品或者服务，造成消费者损害的，应当与提供该商品或者服务的经营者承担连带责任。

第四十六条 消费者向有关行政部门投诉的，该部门应当自收到投诉之日起七个工作日内，予以处理并告知消费者。

第四十七条 对侵害众多消费者合法权益的行为，中国消费者协会以及在省、自治区、直辖市设立的消费者协会，可以向人民法院提起诉讼。

第七章 法律责任

第四十八条 经营者提供商品或者服务有下列情形之一的，除本法另有规定外，应当依照其他有关法律、法规的规定，承担民事责任：

（一）商品或者服务存在缺陷的；

（二）不具备商品应当具备的使用性能而出售时未作说明的；

（三）不符合在商品或者其包装上注明采用的商品标准的；

（四）不符合商品说明、实物样品等方式表明的质量状况的；

（五）生产国家明令淘汰的商品或者销售失效、变质的商品的；

（六）销售的商品数量不足的；

（七）服务的内容和费用违反约定的；

（八）对消费者提出的修理、重作、更换、退货、补足商品数量、退还货款和服务费用或者赔偿损失的要求，故意拖延或者无理拒绝的；

（九）法律、法规规定的其他损害消费者权益的情形。

经营者对消费者未尽到安全保障义务，造成消费者损害的，应当承担侵权责任。

第四十九条 经营者提供商品或者服务，造成消费者或者其他受害人人身伤害的，应当赔偿医疗费、护理费、交通费等为治疗和康复支出的合理费用，以及因误工减少的收入。造成残疾的，还应当赔偿残疾生活辅助具费和残疾赔偿金。造成死亡的，还应当赔偿丧葬费和死亡赔偿金。

第五十条 经营者侵害消费者的人格尊严、侵犯消费者人身自由或者侵害消费者个人信息依法得到保护的权利的，应当停止侵害、恢复名誉、消除影响、赔礼道歉，并赔偿损失。

第五十一条 经营者有侮辱诽谤、搜查身体、侵犯人身自由等侵害消费者或者其他受害人人身权益的行为，造成严重精神损害的，受害人可以要求精神损害赔偿。

第五十二条 经营者提供商品或者服务，造成消费者财产损害的，应当依照法律规定或者当事人约定承担修理、重作、更换、退货、补足商品数量、退还货款和服务费用或者赔偿损失等民事责任。

第五十三条 经营者以预收款方式提供商品或者服务的，应当按照约定提供。未按照约定提供的，应当按照消费者的要求履行约定或者退回预付款；并应当承担预付款的利息、消费者必须支付的合理费用。

第五十四条 依法经有关行政部门认定为不合格的商品，消费者要求退货的，经营者应当负责退货。

第五十五条 经营者提供商品或者服务有欺诈行为的，应当按照消费者的要求增加赔偿其受到的损失，增加赔偿的金额为消费者购买商品的价款或者接受服务的费用的三倍；增加赔偿的金额不足五百元的，为五百元。法律另有规定的，依照其规定。

经营者明知商品或者服务存在缺陷，仍然向消费者提供，造成消费者或者其他受害人死亡或者健康严重损害的，受害人有权要求经营者依照本法第四十九条、第五十一条等法律规定赔偿损失，并有权要求所受损失二倍以下的惩罚性赔偿。

第五十六条 经营者有下列情形之一，除承担相应的民事责任外，其他有关法律、法规对处罚机关和处罚方式有规定的，依照法律、法规的规定执行；法律、法规未作规定的，由工商行政管理部门或者其他有关行政部门责令改正，可以根据情节单处或者并处警告、没收违法所得、处以违法所得一倍以上十倍以下的罚款，没有违法所得的，处以五十万元以下的罚款；情节严重的，责令停业整顿、吊销营业执照：

（一）提供的商品或者服务不符合保障人身、财产安全要求的；

（二）在商品中掺杂、掺假，以假充真，以次充好，或者以不合格商品冒充合格商品的；

（三）生产国家明令淘汰的商品或者销售失效、变质的商品的；

（四）伪造商品的产地，伪造或者冒用他人的厂名、厂址，篡改生产日期，伪造或者冒用认证标志等质量标志的；

（五）销售的商品应当检验、检疫而未检验、检疫或者伪造检验、检疫结果的；

（六）对商品或者服务作虚假或者引人误解的宣传的；

（七）拒绝或者拖延有关行政部门责令对缺陷商品或者服务采取停止销售、警示、召回、无害化处理、销毁、停止生产或者服务等措施的；

（八）对消费者提出的修理、重作、更换、退货、补足商品数量、退还货款和服务费用或者赔偿损失的要求，故意拖延或者无理拒绝的；

（九）侵害消费者人格尊严、侵犯消费者人身自由或者侵害消费者个人信息依法得到保护的权利的；

（十）法律、法规规定的对损害消费者权益应当予以处罚的其他情形。

经营者有前款规定情形的，除依照法律、法规规定予以处罚外，处罚机关应当记入信用档案，向社会公布。

第五十七条 经营者违反本法规定提供商品或者服务，侵害消费者合法权益，构成犯罪的，依法追究刑事责任。

第五十八条 经营者违反本法规定，应当承担民事赔偿责任和缴纳罚款、罚金，其财产不足以同时支付的，先承担民事赔偿责任。

第五十九条 经营者对行政处罚决定不服的，可以依法申请行政复议或者提起行政诉讼。

第六十条 以暴力、威胁等方法阻碍有关行政部门工作人员依法执行职务的，依法追究刑事责任；拒绝、阻碍有关行政部门工作人员依法执行职务，未使用暴力、威胁方法的，由公安机关依照《中华人民共和国治安管理处罚法》的规定处罚。

第六十一条 国家机关工作人员玩忽职守或者包庇经营者侵害消费者合法权益的行为的，由其所在单位或者上级机关给予行政处分；情节严重，构成犯罪的，依法追究刑事责任。

第八章　附　　则

第六十二条 农民购买、使用直接用于农业生产的生产资料，参照本法执行。

第六十三条 本法自 1994 年 1 月 1 日起施行。

第五编　宏观调控法

第十八章　财政法

材料导读

2015年1～10月累计，全国一般公共预算收入128848亿元，比去年同期增长7.7%，同口径增长5.4%。其中，中央一般公共预算收入59767亿元，增长6.2%，同口径增长6%；地方本级一般公共预算收入69081亿元，增长9%，同口径增长5%。全国一般公共预算收入中的税收收入106654亿元，同比增长4.1%。受经济下行压力依然存在以及实行结构性减税和普遍性降费等因素影响，后两个月财政收入增长仍然面临不少困难。各级财政部门要继续加强收入监测分析，大力支持税务、海关等部门依法加强征管，落实好各项减税降费政策措施，同时坚决杜绝收取过头税、虚收空转财政收入等违法违规行为。①

财政包含税收，但不限于税收，税收只是财政收入的一种形式，二者不是同一层次的概念，属于种属关系。然而从历史的发展线索出发，自从经济学家关注财政伊始，税收就已经先入为主地成为财政领域一个非常重要的课题。经济学家对财政问题的研究大多以税收作为“切入点”，现代意义上的财政法也是以“税收法定主义”为中心而发展起来的。税法的特殊性不仅表现在法律规范数量多，覆盖面广，更主要地表现在它逐渐发展为一个相对独立的内部体系。由于税收在财政中的地位如此重要，税法在财政法中的相对独立性，人们习惯将税收与财政相提并论，因此本书将财政法和税法分为两节阐述。

第一节　财政法概述

一、财政法的概念和调整对象

“财政”一词在多重意义上被人们使用。首先，财政可以指一种行为，是国家为了

---

① 2015年10月财政收支情况［EB/OL］http：//gks. mof. gov. cn/zhengfuxinxi/tongjishuju/201511/t20151112_1557086. html

满足公共需要而参与国民收入分配的活动。其次，财政可以指一种制度，是财政活动据以运行的机构和规则体系。最后，财政可以指一种社会关系，既可能是国家机关之间以及它们与财政相对人之间，在财政活动过程中发生的相互制约的或管理性质的社会关系，也可能是指从财政分配结果来看的各种主体之间的经济利益分配关系。

财政法就是调整财政关系的法律规范的总称。财政关系可以分为财政收入关系、财政管理关系和财政支出关系。财政收入关系的范围主要包括税收征收关系、资产收益关系、公债发行关系、费用征收关系；财政管理关系主要包括财政预算关系、国库经理关系和审计监督关系等；财政支出关系主要包括财政采购关系、财政贷款关系、财政投资关系、财政转移支付关系等。

二、财政法的体系

财政法的体系主要包括以下内容。

1. 财政基本法

财政基本法主要涉及财政法的一些基本制度，其对财政收入、支出和财政资金的管理都具有普遍的效力。财政法的基本原则、财政权力的分配、政府间的财政关系、财政收入和支出的形式，重要的财政收支制度、预算制度、监督制度等，都需要在财政基本法中加以规定，以体现其重要性和普适性。

2. 财政平衡法

财政平衡法主要涉及政府间的财政关系，因此又可称为财政收支划分法，是财政分权的必然产物。中央政府和各级地方政府的收支范围、下级政府对上级的财政上缴、上级政府对下级的财政拨款，都通过财政平衡法予以规范。为了保证各级政府财力的真正均衡，财政平衡法必须科学测算各级财政的收支范围以及转移支付的标准或额度，因而其显示出很强的技术性。

3. 财政预算法

财政预算法是政府财政行为科学、民主、公开、规范的重要制度保障，它主要包括预算编制、审批、执行和监督等方面的法律规定，同时也包括财政资金入库、管理和出库的相关规定。由于政府的所有收入都应该纳入预算，所有的收支也必须通过预算，因此，预算可以成为人民控制和监督政府财政权力的重要手段，而预算立法的目的也正在于保障这种积极功能的实现。

4. 财政支出法

财政支出法主要包括财政转移支付法、财政采购法、财政投资法和财政贷款法。财政转移支付法主要规范政府无对价的资金拨付行为，如政府间转移支付、政府对企业的补贴或对公民的救济。财政采购法主要规范政府对有价的资金拨付行为，如采购物资、采购劳务等。政府投资法主要规范政府对公用企业、基础设施、高科技企业等的投资行为。财政贷款法主要规范中央对地方政府，以及上级地方政府对下级地方政府的借款行为。

5. 财政收入法

财政收入法主要包括税法、公债法、费用征收法、彩票法，除此之外还包括一些特别的财产收益法。税法由于其重要性和相对独立性，往往被人们从财政收入法中分离出去单独阐述，因此广义的财政收入法包括税法，狭义的财政收入法不包括税法。

6. 财政监督法

财政监督法专门规范和保障财政监督机关依法行使财政监督权，其内容涉及财政监督机关的设立、财政监督机关的职权、财政监督的途径与程序等。我国目前的财政监督机关是审计机关，财政监督法也就表现为《中华人民共和国审计法》。

三、财政法的基本原则

财政法的基本原则是体现财政法的基本精神，指导财政行为的基本准则。财政法的基本原则包括财政民主主义、财政法定主义、财政健全主义和财政平等主义。这四个基本原则既相互独立，又存在紧密的内在联系，相辅相成。

财政民主主义是现代社会整个财政法的基础，它在财政法体系中居于核心地位。财政法定主义是对财政法在形式上的要求，它旨在保障民主原则在制度上的实现。财政健全主义是对财政法功能上的要求，它旨在降低财政风险，确保财政运行不至于偏离安全稳健的目标。而财政平等主义则是对财政法在价值上的追求，它保障通过民主机制和法定程序制定的财政法本身符合正义。

第二节　财政支出法

由于财政支出关系中相对人不仅不会受到利益侵害，反而能从中受益，因此我国财政支出法一直未得到立法的重视，目前除了《中华人民共和国政府采购法》（以下简称《政府采购法》）外，其他领域缺乏法律的有效干预，使财政支出权力具有很大的自由裁量空间。自由裁量权的行使效果取决于执法者的个人素质，在制度上难以保障，因此有必要加强财政支出立法。完善我国财政支出法律制度，当务之急是要推广收支分离制度。完善国库集中支付制度和政府采购制度。

一、收支分离管理制度

收支分离管理制度是我国专门针对行政事业性收费和罚没收入而设计的一种支出制度，实践中通常称为“收支两条线”。实行收支分离管理，有利于从源头上预防和治理腐败，防止司法机关和行政机关为了解决经费不足的问题，利用职权和工作便利，采用各种手段去“创收”。实行收支分离管理，还有利于进一步加强财政收支管理，规范财政分配秩序，提高资金的使用效益，规范财经秩序。

收支分离管理的具体做法是，执收执罚部门将行政事业性收费和罚没收入及时、足额缴入国库和预算外资金财政专户，执收执罚部门正常的经费收支，统一由财政部门按照预算内外资金结合使用的原则审核拨付。

二、国库集中支付制度

国库集中支付其实质就是将政府所有财政性资金集中在国库或国库指定的代理行开设的账户，所有财政支出均通过这一账户进行拨付，以进一步增强财政资金支出的透明度，提高财政资金的使用效益。

三、政府采购制度

政府采购是指各级国家机关、事业单位和团体组织，使用财政性资金采购依法制定的集中采购目录以内的或者采购限额标准以上的货物、工程和服务的行为。2002 年《政府采购法》的颁布标志着我国政府采购制度的发展进入新阶段。《政府采购法》规定了政府采购的四项原则：公开透明、公平竞争、公正和诚实信用原则。

第三节　财政收入法

在不同的历史时期，政府财政收入来源不同，在不同的经济体制背景下，政府财政收入来源也不一样。根据现代国家财政收入的构成，财政收入法主要包括税法、费用法、公债法、彩票法以及某些特定的资产收益法。因为本书有专门的篇幅介绍税法，因此在财政收入法中只介绍费用征收法、公债法和彩票法。

一、费用征收法

关于费用的概念，众说纷纭。概括而言，对费用可以从广义和狭义两个方面理解。狭义的费用包括规费和受益费；广义的费用还包括基于特定经济社会政策需要，以专项基金方式收取和使用的各种政府性基金。目前我国财政法重点关注的是行政事业性收费和政府性基金，即以政府为主体所收取的费用。

二、公债法

公债法是调整公债发行、流通、转让、使用、偿还和管理的法律规范。所谓公债是债的一种特殊形式，是政府以其信用为基础，按照债的一般原则，通过向社会筹集资金所形成的债权债务关系。公债可以分为国债和地方债，在当代，公债已经构成财政收入的重要形式，是实施财政政策的重要手段。

三、彩票法

彩票是政府或政府批准的发行机关为了某种特殊筹资目的发行的，印有号码、图形或文字并设定规则由公众自愿购买，依照随机或公认的公平方式决定中彩范围，不还本不计息的有价证券。我国 2009 年 4 月 22 日国务院通过了《彩票管理条例》，已于 2009 年 7 月 1 日起施行。《彩票管理条例》的颁布实施，改变了我国彩票业长期以来无法可依的局面，对彩票业的健康发展将起到十分重要的作用。

第四节　财政平衡法

财政平衡法主要涉及政府间的财政关系，它包括财政收支划分法和财政转移支付法。中央政府及各级地方政府的收支范围、下级政府对上级的财政上缴、上级政府对下级的财政拨款，都通过财政平衡法予以规范。

一、财政收支划分法

财政收支划分法是国家处理中央与地方、地方各级政府之间分配关系，确定各级财政收支范围和管理权限的法律规范的总称。合理确定各层次政府的职能，并相应划分各层次政府的财政收入范围，既是现代财政管理体制所要解决的核心问题，也是充分发挥现代财政职能的基础性环节。财政收支划分法的内容主要包括：设立财政级次、划分财政支出职责、划分财政收入权。

二、财政转移支付法

我国没有专门的转移支付法，国务院和财政部曾制定一些相关的规则。在财政法上，转移支付有广义和狭义的区分，广义的转移支付既包括政府对私人的转移支付，也包括政府间的转移支付，狭义的转移支付仅指政府间的转移支付。本书采用狭义的定义。所谓政府间财政转移支付，是指一个国家的各级政府在既定的事权、财权和财力划分框架下，为实现双向均衡而进行的财政资金的相互转移，包括上级政府对下级政府的各项补助、下级政府向上级政府的上解以及地方政府间发达地区对不发达地区的补助等。目前我国中央和地方政府之间的转移支付形式主要有两类：一般性转移支付和专项转移支付。

第五节 预算法

预算，又称政府预算或财政预算，是按法定程序编制、审查和批准的政府年度财政收支计划，是政府组织分配财政资金的重要工具，也是宏观调控的重要经济杠杆。我国早在 1994 年就通过了《中华人民共和国预算法》（以下简称《预算法》）。《预算法》的主要原则有公开性原则、真实性原则、完整性原则、统一性原则、年度性原则。

一、预算管理职权

我国的政府预算分为中央预算、地方预算、各级总预算和单位预算。中央预算即中央政府预算，由中央各部门的预算组成。地方预算包括省（自治区、直辖市）级预算、市（自治州）级预算、县（自治县、不设区的市、市辖区）级预算和乡（乡、民族乡、镇）级预算。地方各级总预算有地方本级政府预算和汇总的下一级总预算组成。

二、预算管理程序

预算管理的程序包括预算的编制、预算审查和批准、预算的执行、预算的调整、决算。首先是预算的编制。预算的编制，就是制定预算收入和预算支出的年度计划。预算编制应符合健全性原则、真实性原则和合理性原则。其次是预算的审查和批准。编制好的预算由各级政府财政部门进行初步审查，初步审查好后由各级人大进行审批。预算经本级人大批准后，应报上一级政府备案。预算经批准后，本级政府财政部门应当及时向本级政府各部门批复预算。再次是预算的执行。预算的执行是指经法定程序批准的预算进入具体实施阶段。预算一经批准，就要有具体的执行机构来组织实施。我国预算执行的主体包括各级政府、各级政府财政部门、预算收入征收部门、国家金库、各有关部门和有关单位。再次是预算调整。预算调整是指预算在执行中因特殊情况增加支出或者减少收入，使原批准的收支平衡的预算的总支出超过总收入，或者原批准的预算中举债国内、国外债务的数额增加的部分所做的变更。最后是决算。决算是指各级政府、各部门、各单位编制的经法定程序审查和批准的预算收支的年度执行结果。

三、预算外资金的监管

预算外资金的监管问题。所谓预算外资金，是指国家机关、事业单位、社会团体、具有行政管理职能的企业主管部门和政府委托的其他机构，为履行或代行政府职能，依据国家法律、法规和具有法律效力的规章而收取、提取、募集和安排使用的，未纳入国家预算管理的各种财政性资金。预算外资金属于国家财政性资金，不是部门和单位的自由资金。收取和提取预算外资金必须依照法律、法规和有法律效力的规章制度所规定的项目、范围、标准和程序进行。财政部门是预算外资金的管理部门，由财政部门在银行建立预算外资金专门账户，用于对预算外自己收支进行统一核算和集中管理。预算外资金实行收支两条线管理，预算外资金收入上缴同级财政专户，支出由同级财政部门按照预算外资金收支计划，从财政专户中拨付。

案例探讨

在2014年中国税法论坛上，有多位财税学者透露，目前财税界已开始起草制定《财政法》作为财税领域的顶层设计制度，《财政法》将为其他财政法律的立法提供指导。12月1日，财政部长楼继伟在《人民日报》撰文指出：在修订预算法的基础上，还应当制定财政基本法、财政转移支付法等实体法。财政法的立法之所以要提上日程，一方面是十八届四中全会通过的《中共中央关于全面推进依法治国若干重大问题的决定》提出推进各级政府事权的法律化、规范化，完善不同层级政府事权法律制度；另一方面各级政府越位缺位的问题很难解决，财政法制定要明确政府的事权、政府间财政关系，同时也是依法治国的核心。现代财政制度当中，财政法是基石与核心，由于我国财政体制当中责任划分不清、财政监督不清等财税体制改革的滞后，制定财政法非常有必要而且紧迫。

法律链接

中华人民共和国预算法

（1994年3月22日第八届全国人民代表大会第二次会议通过，主席令第21号公布）

第一章　总　　则

第一条　为了强化预算的分配和监督职能，健全国家对预算的管理，加强国家宏观调控，保障经济和社会的健康发展，根据宪法，制定本法。

第二条　国家实行一级政府一级预算，设立中央，省、自治区、直辖市，设区的市、自治州，县、自治县、不设区的市、市辖区，乡、民族乡、镇五级预算。

不具备设立预算条件的乡、民族乡、镇，经省、自治区、直辖市政府确定，可以暂不设立预算。

第三条　各级预算应当做到收支平衡。

第四条　中央政府预算（以下简称中央预算）由中央各部门（含直属单位，下同）的预算组成。

中央预算包括地方向中央上解的收入数额和中央对地方返还或者给予补助的数额。

第五条　地方预算由各省、自治区、直辖市总预算组成。

地方各级总预算由本级政府预算（以下简称本级预算）和汇总的下一级总预算组成；下一级只有本级预算的，下一级总预算即指下一级的本级预算。没有下一级预算的，总预算即指本级预算。

地方各级政府预算由本级各部门（含直属单位，下同）的预算组成。

地方各级政府预算包括下级政府向上级政府上解的收入数额和上级政府对下级政府返还或者给予补助的数额。

第六条　各部门预算由本部门所属各单位预算组成。

第七条　单位预算是指列入部门预算的国家机关、社会团体和其他单位的收支预算。

第八条　国家实行中央和地方分税制。

第九条 经本级人民代表大会批准的预算，非经法定程序，不得改变。

第十条 预算年度自公历1月1日起，至12月31日止。

第十一条 预算收入和预算支出以人民币元为计算单位。

第二章 预算管理职权

第十二条 全国人民代表大会审查中央和地方预算草案及中央和地方预算执行情况的报告；批准中央预算和中央预算执行情况的报告；改变或者撤销全国人民代表大会常务委员会关于预算、决算的不适当的决议。

全国人民代表大会常务委员会监督中央和地方预算的执行；审查和批准中央预算的调整方案；审查和批准中央决算；撤销国务院制定的同宪法、法律相抵触的关于预算、决算的行政法规、决定和命令；撤销省、自治区、直辖市人民代表大会及其常务委员会制定的同宪法、法律和行政法规相抵触的关于预算、决算的地方性法规和决议。

第十三条 县级以上地方各级人民代表大会审查本级总预算草案及本级总预算执行情况的报告；批准本级预算和本级预算执行情况的报告；改变或者撤销本级人民代表大会常务委员会关于预算、决算的不适当的决议；撤销本级政府关于预算、决算的不适当的决定和命令。

县级以上地方各级人民代表大会常务委员会监督本级总预算的执行；审查和批准本级预算的调整方案；审查和批准本级政府决算（以下简称本级决算）；撤销本级政府和下一级人民代表大会及其常务委员会关于预算、决算的不适当的决定、命令和决议。

设立预算的乡、民族乡、镇的人民代表大会审查和批准本级预算和本级预算执行情况的报告；监督本级预算的执行；审查和批准本级预算的调整方案；审查和批准本级决算；撤销本级政府关于预算、决算的不适当的决定和命令。

第十四条 国务院编制中央预算、决算草案；向全国人民代表大会作关于中央和地方预算草案的报告；将省、自治区、直辖市政府报送备案的预算汇总后报全国人民代表大会常务委员会备案；组织中央和地方预算的执行；决定中央预算预备费的动用；编制中央预算调整方案；监督中央各部门和地方政府的预算执行；改变或者撤销中央各部门和地方政府关于预算、决算的不适当的决定、命令；向全国人民代表大会、全国人民代表大会常务委员会报告中央和地方预算的执行情况。

第十五条 县级以上地方各级政府编制本级预算、决算草案；向本级人民代表大会作关于本级总预算草案的报告；将下一级政府报送备案的预算汇总后报本级人民代表大会常务委员会备案；组织本级总预算的执行；决定本级预算预备费的动用；编制本级预算的调整方案；监督本级各部门和下级政府的预算执行；改变或者撤销本级各部门和下级政府关于预算、决算的不适当的决定、命令；向本级人民代表大会、本级人民代表大会常务委员会报告本级总预算的执行情况。

乡、民族乡、镇政府编制本级预算、决算草案；向本级人民代表大会作关于本级预算草案的报告；组织本级预算的执行；决定本级预算预备费的动用；编制本级预算的调整方案；向本级人民代表大会报告本级预算的执行情况。

第十六条 国务院财政部门具体编制中央预算、决算草案；具体组织中央和地方预算的执行；提出中央预算预备费动用方案；具体编制中央预算的调整方案；定期向国务院报告中央和地方预算的执行情况。

地方各级政府财政部门具体编制本级预算、决算草案；具体组织本级总预算的执行；提出本级预算预备费动用方案；具体编制本级预算的调整方案；定期向本级政府和上一级政府财政部门报告本级总预算的执行情况。

第十七条 各部门编制本部门预算、决算草案；组织和监督本部门预算的执行；定期向本级政府财政部门报告预算的执行情况。

第十八条 各单位编制本单位预算、决算草案；按照国家规定上缴预算收入，安排预算支出，并接受国家有关部门的监督。

第三章 预算收支范围

第十九条 预算由预算收入和预算支出组成。

预算收入包括：

（一）税收收入；

（二）依照规定应当上缴的国有资产收益；

（三）专项收入；

（四）其他收入。

预算支出包括：

（一）经济建设支出；

（二）教育、科学、文化、卫生、体育等事业发展支出；

（三）国家管理费用支出；

（四）国防支出；

（五）各项补贴支出；

（六）其他支出。

第二十条 预算收入划分为中央预算收入、地方预算收入、中央和地方预算共享收入。

预算支出划分为中央预算支出和地方预算支出。

第二十一条 中央预算与地方预算有关收入和支出项目的划分、地方向中央上解收入、中央对地方返还或者给予补助的具体办法，由国务院规定，报全国人民代表大会常务委员会备案。

第二十二条 预算收入应当统筹安排使用；确需设立专用基金项目的，须经国务院批准。

第二十三条 上级政府不得在预算之外调用下级政府预算的资金。下级政府不得挤占或者截留属于上级政府预算的资金。

第四章 预算编制

第二十四条 各级政府、各部门、各单位应当按照国务院规定的时间编制预算草案。

第二十五条 中央预算和地方各级政府预算，应当参考上一年预算执行情况和本年度收支预测进行编制。

第二十六条 中央预算和地方各级政府预算按照复式预算编制。

复式预算的编制办法和实施步骤，由国务院规定。

第二十七条 中央政府公共预算不列赤字。

中央预算中必需的建设投资的部分资金，可以通过举借国内和国外债务等方式筹措，但是借债应当有合理的规模和结构。

中央预算中对已经举借的债务还本付息所需的资金，依照前款规定办理。

第二十八条 地方各级预算按照量入为出、收支平衡的原则编制，不列赤字。

除法律和国务院另有规定外，地方政府不得发行地方政府债券。

第二十九条 各级预算收入的编制，应当与国民生产总值的增长率相适应。

按照规定必须列入预算的收入，不得隐瞒、少列，也不得将上年的非正常收入作为编制预算收入的依据。

第三十条 各级预算支出的编制，应当贯彻厉行节约、勤俭建国的方针。

各级预算支出的编制，应当统筹兼顾，确保重点，在保证政府公共支出合理需要的前提下，妥善安排其他各类预算支出。

第三十一条 中央预算和有关地方政府预算中安排必要的资金，用于扶助经济不发达的民族自治地方、革命老根据地、边远、贫困地区发展经济文化建设事业。

第三十二条 各级政府预算应当按照本级政府预算支出额的百分之一至百分之三设置预备费，用于当年预算执行中的自然灾害救灾开支及其他难以预见的特殊开支。

第三十三条 各级政府预算应当按照国务院的规定设置预算周转金。

第三十四条 各级政府预算的上年结余，可以在下年用于上年结转项目的支出；有余额的，可以补充预算周转金；再有余额的，可以用于下年必需的预算支出。

第三十五条 国务院应当及时下达关于编制下一年预算草案的指示。

编制预算草案的具体事项，由国务院财政部门部署。

第三十六条 省、自治区、直辖市政府应当按照国务院规定的时间，将本级总预算草案报国务院审核汇总。

第三十七条 国务院财政部门应当在每年全国人民代表大会会议举行的一个月前，将中央预算草案的主要内容提交全国人民代表大会财政经济委员会进行初步审查。

省、自治区、直辖市、设区的市、自治州政府财政部门应当在本级人民代表大会会议举行的一个月前，将本级预算草案的主要内容提交本级人民代表大会有关的专门委员会或者根据本级人民代表大会常务委员会主任会议的决定提交本级人民代表大会常务委员会有关的工作委员会进行初步审查。

县、自治县、不设区的市、市辖区政府财政部门应当在本级人民代表大会会议举行的一个月前，将本级预算草案的主要内容提交本级人民代表大会常务委员会进行初步审查。

第五章　预算审查和批准

第三十八条　国务院在全国人民代表大会举行会议时，向大会作关于中央和地方预算草案的报告。

地方各级政府在本级人民代表大会举行会议时，向大会作关于本级总预算草案的报告。

第三十九条　中央预算由全国人民代表大会审查和批准。

地方各级政府预算由本级人民代表大会审查和批准。

第四十条　乡、民族乡、镇政府应当及时将经本级人民代表大会批准的本级预算报上一级政府备案。县级以上地方各级政府应当及时将经本级人民代表大会批准的本级预算及下一级政府报送备案的预算汇总，报上一级政府备案。

县级以上地方各级政府将下一级政府依照前款规定报送备案的预算汇总后，报本级人民代表大会常务委员会备案。国务院将省、自治区、直辖市政府依照前款规定报送备案的预算汇总后，报全国人民代表大会常务委员会备案。

第四十一条　国务院和县级以上地方各级政府对下一级政府依照本法第四十条规定报送备案的预算，认为有同法律、行政法规相抵触或者有其他不适当之处，需要撤销批准预算的决议的，应当提请本级人民代表大会常务委员会审议决定。

第四十二条　各级政府预算经本级人民代表大会批准后，本级政府财政部门应当及时向本级各部门批复预算。各部门应当及时向所属各单位批复预算。

第六章　预算执行

第四十三条　各级预算由本级政府组织执行，具体工作由本级政府财政部门负责。

第四十四条　预算年度开始后，各级政府预算草案在本级人民代表大会批准前，本级政府可以先按照上一年同期的预算支出数额安排支出；预算经本级人民代表大会批准后，按照批准的预算执行。

第四十五条　预算收入征收部门，必须依照法律、行政法规的规定，及时、足额征收应征的预算收入。不得违反法律、行政法规规定，擅自减征、免征或者缓征应征的预算收入，不得截留、占用或者挪用预算收入。

第四十六条　有预算收入上缴任务的部门和单位，必须依照法律、行政法规和国务院财政部门的规定，将应当上缴的预算资金及时、足额地上缴国家金库（以下简称国库），不得截留、占用、挪用或者拖欠

第四十七条　各级政府财政部门必须依照法律、行政法规和国务院财政部门的规定，及时、足额地拨付预算支出资金，加强对预算支出的管理和监督。

各级政府、各部门、各单位的支出必须按照预算执行。

第四十八条　县级以上各级预算必须设立国库；具备条件的乡、民族乡、镇也应当设立国库。

中央国库业务由中国人民银行经理，地方国库业务依照国务院的有关规定办理。

各级国库必须按照国家有关规定，及时准确地办理预算收入的收纳、划分、留解和预算支出的拨付。

各级国库库款的支配权属于本级政府财政部门。除法律、行政法规另有规定外，

未经本级政府财政部门同意，任何部门、单位和个人都无权动用国库库款或者以其他方式支配已入国库的库款。

各级政府应当加强对本级国库的管理和监督。

第四十九条　各级政府应当加强对预算执行的领导，支持政府财政、税务、海关等预算收入的征收部门依法组织预算收入，支持政府财政部门严格管理预算支出。

财政、税务、海关等部门在预算执行中，应

当加强对预算执行的分析；发现问题时应当及时建议本级政府采取措施予以解决。

第五十条 各部门、各单位应当加强对预算收入和支出的管理，不得截留或者动用应当上缴的预算收入，也不得将不应当在预算内支出的款项转为预算内支出。

第五十一条 各级政府预算预备费的动用方案，由本级政府财政部门提出，报本级政府决定。

第五十二条 各级政府预算周转金由本级政府财政部门管理，用于预算执行中的资金周转，不得挪作他用。

第七章 预算调整

第五十三条 预算调整是指经全国人民代表大会批准的中央预算和经地方各级人民代表大会批准的本级预算，在执行中因特殊情况需要增加支出或者减少收入，使原批准的收支平衡的预算的总支出超过总收入，或者使原批准的预算中举借债务的数额增加的部分变更。

第五十四条 各级政府对于必须进行的预算调整，应当编制预算调整方案。中央预算的调整方案必须提请全国人民代表大会常务委员会审查和批准。县级以上地方各级政府预算的调整方案必须提请本级人民代表大会常务委员会审查和批准；乡、民族乡、镇政府预算的调整方案必须提请本级人民代表大会审查和批准。未经批准，不得调整预算。

第五十五条 未经批准调整预算，各级政府不得作出任何使原批准的收支平衡的预算的总支出超过总收入或者使原批准的预算中举借债务的数额增加的决定。

对违反前款规定作出的决定，本级人民代表大会、本级人民代表大会常务委员会或者上级政府应当责令其改变或者撤销。

第五十六条 在预算执行中，因上级政府返还或者给予补助而引起的预算收支变化，不属于预算调整。接受返还或者补助款项的县级以上地方各级政府应当向本级人民代表大会常务委员会报告有关情况；接受返还或者补助款项的乡、民族乡、镇政府应当向本级人民代表大会报告有关情况。

第五十七条 各部门、各单位的预算支出应当按照预算科目执行。不同预算科目间的预算资金需要调剂使用的，必须按照国务院财政部门的规定报经批准。

第五十八条 地方各级政府预算的调整方案经批准后，由本级政府报上一级政府备案。

第八章 决　算

第五十九条 决算草案由各级政府、各部门、各单位，在每一预算年度终了后按照国务院规定的时间编制。

编制决算草案的具体事项，由国务院财政部门部署。

第六十条 编制决算草案，必须符合法律、行政法规，做到收支数额准确、内容完整、报送及时。

第六十一条 各部门对所属各单位的决算草案，应当审核并汇总编制本部门的决算草案，在规定的期限内报本级政府财政部门审核。

各级政府财政部门对本级各部门决算草案审核后发现有不符合法律、行政法规规定的，有权予以纠正。

第六十二条 国务院财政部门编制中央决算草案，报国务院审定后，由国务院提请全国人民代表大会常务委员会审查和批准。

县级以上地方各级政府财政部门编制本级决算草案，报本级政府审定后，由本级政府提请本级人民代表大会常务委员会审查和批准。

乡、民族乡、镇政府编制本级决算草案，提请本级人民代表大会审查和批准。

第六十三条 各级政府决算经批准后，财政部门应当向本级各部门批复决算。

第六十四条 地方各级政府应当将经批准的决算，报上一级政府备案。

第六十五条 国务院和县级以上地方各级政府对下一级政府依照本法第六十四条规定报送备案的决算，认为有同法律、行政法规相抵触或者有其他不适当之处，需要撤销批准该项决算的决议的，应当提请本级人民代表大会常务委员会审议决定；经审议决定撤销的，该下级人民代表大会常务委员会应当责成本级政府依照本法规定重新编制决算草案，提请本级人民代表大会常务委员会审查和批准。

第九章 监　　督

第六十六条 全国人民代表大会及其常务委员会对中央和地方预算、决算进行监督。

县级以上地方各级人民代表大会及其常务委员会对本级和下级政府预算、决算进行监督。

乡、民族乡、镇人民代表大会对本级预算、决算进行监督。

第六十七条 各级人民代表大会和县级以上各级人民代表大会常务委员会有权就预算、决算中的重大事项或者特定问题组织调查，有关的政府、部门、单位和个人应当如实反映情况和提供必要的材料。

第六十八条 各级人民代表大会和县级以上各级人民代表大会常务委员会举行会议时，人民代表大会代表或者常务委员会组成人员，依照法律规定程序就预算、决算中的有关问题提出询问或者质询，受询问或者受质询的有关的政府或者财政部门必须及时给予答复。

第六十九条 各级政府应当在每一预算年度内至少二次向本级人民代表大会或者其常务委员会作预算执行情况的报告。

第七十条 各级政府监督下级政府的预算执行；下级政府应当定期向上一级政府报告预算执行情况。

第七十一条 各级政府财政部门负责监督检查本级各部门及其所属各单位预算的执行；并向本级政府和上一级政府财政部门报告预算执行情况。

第七十二条 各级政府审计部门对本级各部门、各单位和下级政府的预算执行、决算实行审计监督。

第十章 法律责任

第七十三条 各级政府未经依法批准擅自变更预算，使经批准的收支平衡的预算的总支出超过总收入，或者使经批准的预算中举借债务的数额增加的，对负有直接责任的主管人员和其他直接责任人员追究行政责任。

第七十四条 违反法律、行政法规的规定，擅自动用国库库款或者擅自以其他方式支配已入国库的库款的，由政府财政部门责令退还或者追回国库库款，并由上级机关给予负有直接责任的主管人员和其他直接责任人员行政处分。

第七十五条 隐瞒预算收入或者将不应当在预算内支出的款项转为预算内支出的，由上一级政府或者本级政府财政部门责令纠正，并由上级机关给予负有直接责任的主管人员和其他直接责任人员行政处分。

第十一章 附　　则

第七十六条 各级政府、各部门、各单位应当加强对预算外资金的管理。预算外资金管理办法由国务院另行规定。各级人民代表大会要加强对预算外资金使用的监督。

第七十七条 民族自治地方的预算管理，依照民族区域自治法的有关规定执行；民族区域自治法没有规定的，依照本法和国务院的有关规定执行。

第七十八条 国务院根据本法制定实施条例。

第七十九条 本法自1995年1月1日施行。1991年10月21日国务院发布的《国家预算管理条例》同时废止。

第十九章　税　法

材料导读

2015 年 3 月，立法法修正案由全国人民代表大会通过，修正案明确“税种的开征、停征和税收征收管理的基本制度”只能由法律规定，落实税收法定的原则。立法法修正案的通过，将意味着我国目前的十余种税收条例都要制定成法律，从而催生出十余部税法。立法法修正案的这项“税收法定”规定，意味着以后所有开征新税，现在已有税种的停征，以及征管的基本管理框架，都必须走立法和法律修订的程序，纳入全国人大立法的范围。我国目前现行的税种有 18 种，其中只有个人所得税法、企业所得税法和车船税法 3 部法律，其他税种大多由行政法规、规章和规范性文件来规定。财政部制定了一个时间表，计划在 2020 年完成所有税种的立法工作。

2015 年 8 月，十二届全国人大常委会最新调整过的立法规划向社会公布，包括房地产税法在内的 34 项立法任务亮相其中，这次一并被补充进第十二届全国人大常委会立法规划的共有七大税法，即房地产税法、环境保护税法、增值税法、资源税法、关税法、船舶吨税法、耕地占用税法。这一举动向外界释放出了我国税收法定进程提速的重要信号。

税收制度是任何一个国家都不可能回避的重要制度建设，我国建设税收法定原则下的现代税收制度，就是要形成阳光下的规则。某个税种的税法一旦启动立法程序，就要征求社会意见，公民可以尽情表达自己的意见诉求，还可以召开听证会，理性列举自己的论据，从而达到凝聚最大公约数的基本共识。

第一节　税法概述

税收首先是一个经济学的概念，它是指国家为了实现其职能，凭借政治权力，按照法律规定，强制取得财政收入的一种方式，同时也是政府对国民经济实行宏观调控的手段。从经济意义上讲，税收是政府得以存在并履行其职能的物质基础，税收同时也是政府进行收入再分配和调节经济的重要工具。税收是国家实现职能的一种重要方式，为了规范政府税收行为，加强税收征收管理，保障国家税收收入，保障纳税人的合法权益，各国都制定了税法，我国也不例外。

一、税法的概念和基本原则

什么是税法？对此在学理上有多种理解，我们在此不作深入的讨论。简言之，税法是调整税收关系的法律规范的总称。税法是国家征收的依据，也是纳税人纳税的准绳。我国税法从制定的立体层次上看，由三个层次构成：全国人民代表大会及常务委员会制定的法律；国务院及所属机构制定、发布的法规；地方政府的规范性文件。

税法基本原则可归纳为税收法定原则和税收公平原则。此外，税收在功能上虽然以筹措财政资金为主要目的，税收还负担着调节国民经济的任务，因此税收的原则还包括税收效率原则和社会政策原则。税收法定原则是有关征税权行事方式的原则；税收公平原则是关于税收负担分配的原则。税收法定原则是指税的课赋和税收必须基于法律根据进行。换言之，没有法律的根据，国家就不能课赋和征收税收，国民也不得被要求缴纳税款。税收公平原则具有两方面的含义，一是指纳税人的地位平等；二是指税收负担须在纳税人之间公平分配。税收效率原则是指应以最少征税成本和最大限度促进经济发展为征税的准则。税收的社会政策原则就是通过税收手段对市场分配状态进行适当干预，以实现个人、地区之间收入的相对均衡。贯彻这一原则不仅是国家统一、民族团结和社会稳定的需要，也是社会主义市场经济本质的体现。

二、税法的要素

税法的构成要素，是对各种单行税种法的共同基本内容的概括，是构成税法的基本内容。税法要素包括纳税人、征税对象、税率、税目、纳税环节、纳税期限、纳税地点、减免税、税务争议、税收法律责任等。

1. 纳税人

纳税人亦称纳税义务人和纳税主体，它是指依法负有纳税义务的自然人（或称个人）、法人和其他组织。与纳税人相关的税法上还有两类人，即扣缴义务人和纳税代理人。扣缴义务人是指依照法律、法规的规定，负有代扣代缴、代收代缴税款义务的单位和个人。纳税代理人通常由纳税人、扣缴义务人委托或指定代为缴纳税款的人。

2. 征税对象

征税对象是指税法规定的课税标的物、行为以及事实，它构成纳税义务成立的物的基础，或者说是发生纳税义务原因的一种根据。各税种的划分通常就是以征税对象的不同为标志。所有的税种按照征税对象性质不同可以分为 5 种类型：流转税、所得税、财产税、行为税、资源税。

3. 税率

税率是应纳税额与征税标准之间的比率。性质不同的税种往往采用不同的税率。税率的基本形式主要有比例税率、累进税率和定额税三种。比例税率是指不问征税标准的数量多少或价额高低，只规定一个固定的比例来计算应纳税额。如我国现行的增值税就采用比例税率；累进税率是指随着征税标准数量的多少或价额的高低，分别规定一系列不同档次的累进税率，数量越多，价额越高，则适用的比例税率就越高，如我国现行的个人所得税就采用累进税率。定额税率即对征税标准的每一单位规定一个固定的税额，如我国的车船税率、土地使用税率。

4. 税目

税目，是指某种的征税对象的具体范围，是征税对象在本质的上的具体化。税目并不是每一种税法都应具备的内容，如果有税种的征税对象简单、明确，则无划分税目的必要，只有当某一种税种的征税对象范围广、内容复杂时才将其划分税目。

5. 纳税环节、期限、地点

（1）纳税环节。是指应税商品在其整个流转过程中，税法规定应纳税的环节。商品从生产到消费要经历许多环节，纳税环节就是解决在许多环节中就哪个和哪几个环节纳税的问题。

（2）纳税期限。是指那是人发生纳税关系以后，向国家缴纳税款的期限。纳税期限是确定双方是否按时行使征税权利和履行纳税义务的标准。在征税前，征税机关不能征税，纳税人也不能在征税期限后纳税。

（3）纳税地点。是指纳税人缴纳税款的场所，即在何地申报和缴纳税款。纳税地点可以为纳税人所住地、营业地、财产所在地、行为发生地。

6. 减免税

减免税，是指国家对同一税种某一部分特定的纳税人，或特定的纳税对象给予减轻或免除税负的一种优惠。减免税是适应复杂的经济情况的需要，也是国家优化产业结构以及税收调节经济的重要手段。减免税依不同的标准可以分为多种，但不管是何种减免在执行中都不能随意。

7. 税务争议

税务争议是征税机关和相对人（包括纳税主体和非纳税主体）之间因确认或实施税收法律关系而产生的纠纷。税务争议主要分为两类：一类实行对人对征税机关的征税决定或事项不服引起的争议；另一类是相对人对处罚决定和强制执行不服而引起的争议。解决争议的方式主要是行政复议或行政诉讼，但行政复议或行政诉讼的前提条件是相对人要全面履行处理决定。

8. 税收法律责任

税收法律责任，是指税收法律关系主体因违反税收法律规范所应承担的法律责任。主要有两种：一是纳税主体违反税法所应承担的法律责任。二是征税主体，主要是指实际履行税收征收管理职能的税务机关因违反税法所应承担的法律责任。法律责任主要是经济责任、行政责任和刑事责任。

三、我国现行主要税种

我国税收体系按其性质和作用大致可以分为流转税、所得税、资源税、特定目的税、财产和行为税、农业税、关税等。其中流转税、所得税、财产税被认为是税收最重要和最基本的分类。流转税是针对商品或服务的流通交易额而征收的税，包含的具体税种非常丰富。所得税是针对纳税人一定期限内的纯收益而征收的税，包括企业所得税和个人所得税。财产税是针对某些价款较高、对国民经济影响较大的财产征收的税。

第二节 流转税

一、流转税的概念和特征

流转税，国际上通称“商品和劳务税”，是以纳税人的商品流转额和非商品流转额为征税对象的一类税。我国流转税主要包括增值税、消费税、营业税等。

流转税具有以下特征：

（1）税源稳定，征收及时。只要有生产流通存在，流转税的纳税期限一般为商品交易或劳务发生的当天，最长不超过一个月。

（2）简便易行。流转税的税率为比例税率，且纳税人比较稳定，因此征税成本低。

（3）间接性，课税隐蔽。通常纳税人不是流转税实际的负担人，流转税的税款常包含在价金内或随同价金一起有商品或劳务的最终消费者负担。

（4）可以多方面调节经济，对不同商品课征负担不同，从而影响消费和生产。

二、增值税

1. 增值税的概念

增值税是指对商品生产和流通中各环节的新增价值或商品附加值进行征税。然而，在具体的计税方法上，由于新增价值或商品附加值在商品流通过程中难以准确计算，因此，增值税实际上采用间接计算方法，即从事货物销售以及提供应税劳务的纳税人，根据货物或应税劳务销售额，按照规定的税率计算出税款，然后从中扣除上一道环节已纳的增值税款，其余额即为纳税人当期应缴纳的增值税税款。

2. 增值税的纳税人

我国采用属地原则确定增值税的纳税义务人。根据《增值税暂行条例》的规定，凡在中华人民共和国境内销售货物或者提供加工、修理修配劳务，以及进口货物的单位和个人，为增值税的纳税义务人。凡销售货物的所在地或起运地、提供应税劳务的所在地以及进口货物的关境在中国境内的，中国政府都拥有税收管辖权。

3. 增值税的征税范围

现行的增值税的征税范围包括：①销售或者进口的货物。货物包括电力、热力、气体在内。②提供的加工、修理修配劳务。加工是指受托加工货物，即委托方提供原料及主要材料，受托方按照委托方要求制造货物并收取加工费的业务；修理修配是指受托对损伤和丧失功能的货物进行修复，使其恢复原状和功能的业务。总体来说，增值税的征税范围包括上述两项，但实务中某些特殊项目或行为（视同销售货物行为、混合销售行为、兼营非应税劳务等）是否属于增值税的征税范围，还需要具体确定。

三、消费税

1. 消费税的概念

消费税是指以特定消费品为课税对象所征收的一种税。和增值税不同的是，消费税实行单一环节征收，一般在应税消费品的生产、委托加工和进口环节缴纳，在以后的批发、零售等环节中，由于价款中已包含消费税，因此不必再缴纳消费税。

2. 消费税的纳税人

在中华人民共和国境内生产、委托加工和进口应税消费品的单位和个人，为消费税纳税义务人。这里所谓的单位，是指国有企业、集体企业、私有企业、股份制企业、外商投资企业和外国企业、其他企业和行政单位、事业单位、军事单位、社会团体及其他单位。这里所谓的个人，是指个体经营者及其他个人。所谓在中华人民共和国境内，是指生产、委托加工和进口属于应当征收消费税的消费品的起运地或所在地的境内。

3. 消费税的税目

按照《消费税暂行条例》及其他文件规定，征收消费税的有烟、酒及酒精、化妆品、贵重首饰及珠宝玉石、鞭炮烟火、成品油、汽车轮胎、摩托车、小汽车、高尔夫球及球具、高档手表、游艇、木质一次性筷子、实木地板等共 14 项。有的税目还进一步划分若干子目，以便于分别适用不同的税率。

四、营业税

1. 营业税的概念

营业税是指对在我国境内提供应税劳务、转让无形资产和销售不动产的营业额为课税对象所征收的一种税。现行营业税涵盖 9 个税目，采用 3 档 9 种的弹性税率，适用于所有从事应税行为的单位和个人。

2. 营业税纳税义务人和扣缴义务人

在中华人民共和国境内提供应税劳务、转让无形资产或者销售不动产的单位和个人，为营业税的纳税义务人。营业税一般由纳税人申报缴纳。在特定情况下，税法直接规定了扣缴义务人，要求特定的主体代扣代缴应纳税款。

3. 营业税的税目

营业税的税目按照行业、类别的不同分别设置，目前共有交通运输业、建筑业、金融保险业、邮电通信业、文化体育业、娱乐业、服务业、转让无形资产、销售不动产 9 个税目。交通运输业包括陆地运输、水路运输、航空运输、管道运输和装卸搬运 5 大类。建筑业是指建筑安装工程作业等，包括建筑、安装、修缮、装饰和其他工程作业等内容。金融保险业的征收范围包括金融、保险。金融是指经营货币资金融通活动的业务，包括贷款、融资租赁、金融商品转让、金融经纪业和其他金融业务。保险是指将通过契约形式集中起来的资金，用以补偿被保险人的经济利益的业务。邮电通信业是指专门办理信息传递的业务，包括邮政、电信。文化体育业是指经营文化、体育活动的业务，包括文化业和体育业。娱乐业是指为娱乐活动提供场所和服务的业务。服务业是指利用设备、工具、场所、信息或技能为社会提供服务的业务。转让无形资产是指转让无形资产的所有权或使用权的行为。销售不动产是指有偿转让不动产所有权的行为，包括销售建筑物或构筑物和销售其他土地附着物。

第三节　所得税

一、所得税的概念和特征

所得税亦称收益税，是指以法人、自然人和其他经济组织在一定期间内的纯所得额为征税对象的税收。目前我国所得税包括个人所得税和企业所得税。

所得税具有以下特征：①所得税以纯所得或净收入为征税对象；②所得税分享的是资本的收益，而不能扩及资本本身；③所得税必须遵守能量课税原则；④所得税属于直接税，纳税人和实际负担人通常是一致的，纳税人很难讲税收负担转嫁给他人。

二、个人所得税

1. 个人所得税的概念

在我国，个人所得税是指对在我国境内有住所，或者无住所而在中国境内居住满1年的个人，从中国境内和境外取得的所得征收的一种税。

2. 个人所得税的纳税人

根据《个人所得税法》的规定，个人所得税的纳税人包括居民纳税人和非居民纳税人。在中国境内有住所或者无住所而在境内居住满1年的个人，是居民纳税人，从中国境内和境外取得的所得均需缴纳个人所得税。在中国境内无住所又不居住或者无住所而在境内居住不满1年的个人，是非居民纳税人，从中国境内取得的所得，应依法缴纳个人所得税。现行税法中的“中国境内”是指中国内地，还不包括香港、澳门和台湾地区。

3. 个人所得税的征税对象

个人所得税的征收对象，是指纳税人从中国境内和境外取得的应税所得。我国法律采用分类所得税制，明确列举了11项应税所得，具体包括：

（1）工资、薪金所得。工资薪金所得，是指个人因任职或者受雇而取得的工资、薪金、奖金、年终加薪、劳动分红、津贴、补贴以及与任职或者受雇有关的其他所得。

（2）个体工商户的生产、经营所得。

（3）对企事业单位的承包、承租经营所得。对企事业单位的承包、承租经营所得，是指个人承包经营、承租经营以及转包、转租取得的所得，还包括个人按月或者按次取得的工资、薪金性质的所得。

（4）劳务报酬所得。劳务报酬所得是指个人从事设计、装潢、安装、制图、化验、测试、医疗、法律、会计、咨询、讲学、新闻、广播、翻译、审稿、书画、雕刻、影视、录音、录像、演出、表演、广告、展览、技术服务、介绍服务、经纪服务、代办服务以及其他劳务报酬的所得。

（5）稿酬所得。稿酬所得，是指个人因其作品以图书、报刊形式出版、发表作品而取得的所得。

（6）特许权使用费所得。特许权使用费所得是指个人提供专利权、商标权、著作权、非专利技术以及其他特许权的使用权而取得的所得。

（7）利息、股息、红利所得。利息、股息、红利所得，是指个人拥有债权、股权而取得的利息、股息、红利所得。

（8）财产租赁所得。财产租赁所得是指个人出租建筑物、土地使用权、机器设备、车船以及其他财产取得的所得。

（9）财产转让所得。财产转让所得，是指个人转让有价证券、股权、建筑物、土地使用权、机器设备、车船以及其他财产取得的所得。

（10）偶然所得。偶然所得是指个人得奖、中奖、中彩以及其他偶然性质的所得。

（11）其他所得。除上述10项个人应税所得外其他情况。

三、企业所得税

1. 企业所得税的概念

企业所得税是指国家对企业和组织的生产经营所得和其他所得征收的一种税。2007年3月16日前，我国企业所得税按内资、外资企业分别立法。2007年3月16日，审议通过的《中华人民共和国企业所得税法》（以下简《企业所得税法》，该法自2008年1月1日起开始实施），实现内资、外资企业适用统一的企业所得税法。《企业所得税法》不仅统一了法律适用，而且统一并适当降低企业所得税税率；统一和规范收入确认和税前扣除办法；统一税收优惠政策，实现“产业优惠为主，区域优惠为辅”的新税收优惠体系。

2. 企业所得税的纳税人

在中华人民共和国境内，企业和其他取得收入的组织（以下统称为企业）为企业所得税的纳税人。企业分为居民企业和非居民企业。居民企业是指依法在中国境内成立，或者依照外国（地区）法律成立但实际管理机构在中国境内的企业，居民企业应当就其来源于我国境内外的所得缴纳企业所得税。非居民企业，是指依照外国（地区）法律成立且实际管理机构不在我国境内，但在中国境内设立机构、场所的，或者在中国境内未设立机构、场所，但有来源于中国境内所得的企业，非居民企业一般就其来源于我国境内的所得缴纳企业所得税。个人独资企业、合伙企业不适用《企业所得税法》。

3. 征收对象

企业每一纳税年度的收入总额，减除不征税收入、免税收入、准予扣除的项目金额以及允许弥补的以前年度亏损后的余额，为应纳税所得额。企业以货币形式和非货币形式从各种来源取得的收入为收入总额。

第四节　财产税

一、财产税法概述

财产税是以纳税人所拥有或支配的某些财产为征税对象的一类税。财产税是一个古老的税种，它的设立比所得税要早得多。与其他税种相比，财产税具有以下特点：①财产税的税源充足，收入稳定；②财产税属于直接税，税收负担较难转嫁；③财产税在功能上与所得税相辅相成；④财产税大多属于地方税，在税制体系中属于辅助地位。我国目前已经开征了土地税、房产税、契税、车船税等财产税。

二、房产税

1. 房产税的概念

房产税是以房产为征税对象，依据房产价格或房产租金收入向房产所有人或经营人征收的一种税。

2. 房产税的纳税义务人

房产税以在征税范围内的房屋产权所有人为纳税人。产权属于国家所有的，由经营管理单位纳税，产权属于集体和个人所有的，由集体单位和个人纳税。产权出典的，由承典人纳税。产权所有人承典人不在房屋所在地或产权未确定的或租典纠纷未解决的，由房产代管人或使用人纳税。纳税单位和个人无租使用房产管理部门、免税单位及纳税单位的房产，应由使用人代为缴纳房产税。

3. 房产税的征税对象

房产税的征税对象是房产。房地产开发企业建造的商品房，在出售前，不征收房产税，但对出售前房地产开发企业已使用或出租、出借的商品房应按规定征收房产税。房产税仅在城市、县城、建制镇和工矿区开征，农村的房屋未被纳入房产税征税范围。

三、契税

1. 契税的概念

契税是以产权发生转移、变动的不动产为征税对象，向产权承受人征收的一种财产税。契税是一个古老的税种，最早起源于东晋的“古税”。新中国建立后，多次对契税的征收条例进行调整。1997 年国务院颁布的《契税暂行条例》是现行契税的基本法律依据。

2. 契税的纳税义务人

在中国境内移转土地、房屋权属时，承受产权的单位和个人是契税的纳税人，具体包括土地使用权出让或转让中是受让人、房屋的买主、房屋的受赠人、土地使用权的受赠人、房屋或土地使用权交换的双方。

3. 契税的征税对象

契税的征收对象包括以下五项内容：

（1）国有土地使用权的出让。国有土地使用权的出让是指土地使用者向国家交付土地使用权出让费用，国家将国有土地使用权在一定年限内让与土地使用者的行为。

（2）土地使用权的转让。土地使用权的转让是指土地使用者以出售、赠与、交换、投资入股、抵债或者其他方式将土地使用权转移给其他单位和个人的行为，土地使用权的转让不包括农村集体土地承包经营权的移转。

（3）房屋买卖。房屋买卖以有偿和转移房屋的所有权为基本特征。

（4）房屋赠与。房屋赠与是指房屋所有权人将房屋无偿转让给他人所有。

（5）房屋交换。房屋交换是指房屋所有者之间互相交换房屋的行为。

四、车船税

1. 概况

新中国成立初期，我国就开始对车船征税。曾先后开征车船使用牌照税和车船使用税，形成了内外有别的两套车船使用税制度。2006 年国务院制定了《车船税暂行条例》，决定于 2007 年 1 月 1 日起开征车船税，以取代原车船使用牌照税和车船使用税。

2. 车船税的纳税人

车船税的纳税人是车辆、船舶的所有人或管理人，即在我国境内拥有车船的单位和个人。应税车船的所有人或管理人未缴纳车船税的，应由使用人代缴。

3. 车船税的征税对象

车船税的征税对象是依法应在公安、交通、农业等车船管理部门登记的车船，具体可分为车辆和船舶两大类。其中，车辆为机动车，包括载客汽车、载货汽车、三轮汽车、低速货车、摩托车、专项作业车和轮式专业机械车；船舶为机动船和非机动船。

第五节　税收征收管理法

一、税收征收管理法概述

1. 概念

税收征收管理，是指国家征税机关依据国家税收法律规定，按照统一的标准，通过一定的程序，对纳税人应纳税款依法组织收缴、入库的活动。税收征收管理的主体是税务机关，对象是纳税单位和个人，以及负有代扣代缴、代收代缴税款义务的单位和个人。

税收征收管理法，通常在两个意义上被使用。从狭义上说，仅仅指《税收征收管理法》。从广义上说，税收征收管理法是指调整税收征收与税收管理过程中发生的社会关系的法律规范的总称，包括《税收征收管理法》、《税收征收管理法实施细则》、《发票管理办法》、《发票管理办法实施细则》、《税收票证管理办法》等一系列法律、法规和规章。

2. 适用范围

《税收征收管理法》适用于税务机关负责征收的各种税的征收管理，就现行有效税种而言，具有适用于增值税、消费税、营业税、资源税、企业所得税、个人所得税、城镇土地使用税、土地增值税、房产税、车船税、车辆购置税、印花税、城市维护建设税、筵席税等的征收管理。

二、税务管理

税务管理是指税务机关在税收征管中对征纳过程实施的基础性的管理制度和管理行为。它与税款征收、税务检查相对应，具体内容包括税务登记、账簿凭证管理、发票管理和纳税申报等。

税务登记又称纳税登记，是纳税人按照税法规定，就其经营活动，在制定时间内，向所在地税务机关办理法定书面登记的一项制度。税务登记时整个税收征收管理制度的基础，便于税务机关掌握税源，对纳税人实行控制和管理，也是纳税人与税务机关征纳关系建立的开端与依据。税务登记根据办理登记的具体情况，分为开业登记、变更登记和注销登记等。

账簿、凭证管理是税务机关对纳税人的账簿、会计凭证及完税凭证等进行的管理和监督活动。所谓账簿，是指总账、明细账、日记账以及辅助性账簿。所谓凭证是指会计凭证，是用来记录经济业务，明确经济责任的书面证明，是登记账簿的依据。实现账簿凭证管理有利于税务机关正确核定应纳税额和征收税款，有利于税务机关对纳税人、扣缴义务人进行财务监督和税务检查。

纳税申报是纳税人按税法规定，向税务机关报送纳税申报表、财务会计报表、其他有关资料以及扣缴义务人向税务机关报送代扣代缴、代收代缴税款报表、其他有关资料的一项征管制度。纳税申报是税务机关核定应征税款，办理税款征收，开具完税凭证的重要依据，是连接税务管理和税款征收的纽带。

三、税款征收

税款征收，是指税务机关依照法律、行政法规的规定将纳税人、扣缴义务人依法应缴纳或解缴的税款按照一定的征收方式征集入库的执法活动的总称。税款征收是税收征管的中心环节。税款征收制度是强化税收征收管理、保护征纳双方权益的重要措施。

四、税务检查

税务检查是税务机关依据国家税收法规的规定，对纳税人、扣缴义务人履行纳税义务和履行代收、代扣义务的情况进行检查监督的一种手段。其目的是在于打击税收违法行为，监督纳税人依法履行纳税义务，净化税收环境，保证国家财政收入。税务检查的主体是税务机关。

税务检查是防止税款流失，堵塞漏洞和打击偷税的有力手段。税务检查可以提高全民的纳税意识，有利于敦促企业、个人完善其财务会计制度，改善经营管理，加强经济核算；也有利于提高税务征管水平，锻炼征管人员的义务水平。

案例探讨

某教授到外地某企业讲课，关于讲课的劳务报酬，该教授面临着两种选择：一种是企业给教授支付讲课费50000元人民币，往返交通费、住宿费、伙食费等一概由该教授自己负责，另一种是企业支付教授讲课费40000元，往返交通费、住宿费、伙食费等全部由企业负责。讲课期间该教授的开销为：往返飞机票3000元，住宿费5000元，伙食费2000元。因此该教授实际的净收入为30000元。试问该教授应该选择哪一种？

法律链接

中华人民共和国税收征收管理法

（1992年9月4日第七届全国人民代表大会常务委员会第二十七次会议通过，根据1995年2月28日第八届全国人民代表大会常务委员会第十二次会议《关于修改〈中华人民共和国税收征收管理法〉的决定》第一次修正 2001年4月28日第九届全国人民代表大会常务委员会第二十一次会议修订，根据2013年6月29日第十二届全国人民代表大会常务委员会第三次会议《关于修改〈中华人民共和国文物保护法〉等十二部法律的决定》第二次修正）

第一章　总　　则

第一条　为了加强税收征收管理，规范税收征收和缴纳行为，保障国家税收收入，保护纳税人的合法权益，促进经济和社会发展，制定本法。

第二条　凡依法由税务机关征收的各种税收的征收管理，均适用本法。

第三条　税收的开征、停征以及减税、免税、退税、补税，依照法律的规定执行；法律授权国务院规定的，依照国务院制定的行政法规的规定执行。

任何机关、单位和个人不得违反法律、行政法规的规定，擅自作出税收开征、停征以及减税、免税、退税、补税和其他同税收法律、行政法规相抵触的决定。

第四条　法律、行政法规规定负有纳税义务的单位和个人为纳税人。

法律、行政法规规定负有代扣代缴、代收代缴税款义务的单位和个人为扣缴义务人。

纳税人、扣缴义务人必须依照法律、行政法规的规定缴纳税款、代扣代缴、代收代缴税款。

第五条　国务院税务主管部门主管全国税收征收管理工作。各地国家税务局和地方税务局应当按照国务院规定的税收征收管理范围分别进行征收管理。

地方各级人民政府应当依法加强对本行政区域内税收征收管理工作的领导或者协调，支持税务机关依法执行职务，依照法定税率计算税额，依法征收税款。

各有关部门和单位应当支持、协助税务机关依法执行职务。

税务机关依法执行职务，任何单位和个人不得阻挠。

第六条 国家有计划地用现代信息技术装备各级税务机关，加强税收征收管理信息系统的现代化建设，建立、健全税务机关与政府其他管理机关的信息共享制度。

纳税人、扣缴义务人和其他有关单位应当按照国家有关规定如实向税务机关提供与纳税和代扣代缴、代收代缴税款有关的信息。

第七条 税务机关应当广泛宣传税收法律、行政法规，普及纳税知识，无偿地为纳税人提供纳税咨询服务。

第八条 纳税人、扣缴义务人有权向税务机关了解国家税收法律、行政法规的规定以及与纳税程序有关的情况。

纳税人、扣缴义务人有权要求税务机关为纳税人、扣缴义务人的情况保密。税务机关应当依法为纳税人、扣缴义务人的情况保密。

纳税人依法享有申请减税、免税、退税的权利。

纳税人、扣缴义务人对税务机关所作出的决定，享有陈述权、申辩权；依法享有申请行政复议、提起行政诉讼、请求国家赔偿等权利。

纳税人、扣缴义务人有权控告和检举税务机关、税务人员的违法违纪行为。

第九条 税务机关应当加强队伍建设，提高税务人员的政治业务素质。

税务机关、税务人员必须秉公执法，忠于职守，清正廉洁，礼貌待人，文明服务，尊重和保护纳税人、扣缴义务人的权利，依法接受监督。

税务人员不得索贿受贿、徇私舞弊、玩忽职守、不征或者少征应征税款；不得滥用职权多征税款或者故意刁难纳税人和扣缴义务人。

第十条 各级税务机关应当建立、健全内部制约和监督管理制度。

上级税务机关应当对下级税务机关的执法活动依法进行监督。

各级税务机关应当对其工作人员执行法律、行政法规和廉洁自律准则的情况进行监督检查。

第十一条 税务机关负责征收、管理、稽查、行政复议的人员的职责应当明确，并相互分离、相互制约。

第十二条 税务人员征收税款和查处税收违法案件，与纳税人、扣缴义务人或者税收违法案件有利害关系的，应当回避。

第十三条 任何单位和个人都有权检举违反税收法律、行政法规的行为。收到检举的机关和负责查处的机关应当为检举人保密。税务机关应当按照规定对检举人给予奖励。

第十四条 本法所称税务机关是指各级税务局、税务分局、税务所和按照国务院规定设立的并向社会公告的税务机构。

第二章 税务管理

第一节 税务登记

第十五条 企业，企业在外地设立的分支机构和从事生产、经营的场所，个体工商户和从事生产、经营的事业单位（以下统称从事生产、经营的纳税人）自领取营业执照之日起三十日内，持有关证件，向税务机关申报办理税务登记。税务机关应当于收到申报的当日办理登记并发给税务登记证件。

工商行政管理机关应当将办理登记注册、核发营业执照的情况，定期向税务机关通报。

本条第一款规定以外的纳税人办理税务登记和扣缴义务人办理扣缴税款登记的范围和办法，由国务院规定。

第十六条 从事生产、经营的纳税人，税务登记内容发生变化的，自工商行政管理机关办理变更登记之日起三十日内或者在向工商行政管理机关申请办理注销登记之前，持有关证件向税务机关申报办理变更或者注销税务登记。

第十七条 从事生产、经营的纳税人应当按照国家有关规定，持税务登记证件，在银行或者其他金融机构开立基本存款账户和其他存款账户，并将其全部账号向税务机关报告。

银行和其他金融机构应当在从事生产、经营的纳税人的账户中登录税务登记证件号码，并在税务登记证件中登录从事生产、经营的纳税人的账户账号。

税务机关依法查询从事生产、经营的纳税人开立账户的情况时，有关银行和其他金融机构应当予以协助。

第十八条 纳税人按照国务院税务主管部门的规定使用税务登记证件。税务登记证件不得转借、涂改、损毁、买卖或者伪造。

第二节 账簿、凭证管理

第十九条 纳税人、扣缴义务人按照有关法律、行政法规和国务院财政、税务主管部门的规定设置账簿，根据合法、有效凭证记账，进行核算。

第二十条 从事生产、经营的纳税人的财务、会计制度或者财务、会计处理办法和会计核算软件，应当报送税务机关备案。

纳税人、扣缴义务人的财务、会计制度或者财务、会计处理办法与国务院或者国务院财政、税务主管部门有关税收的规定抵触的，依照国务院或者国务院财政、税务主管部门有关税收的规定计算应纳税款、代扣代缴和代收代缴税款。

第二十一条 税务机关是发票的主管机关，负责发票印制、领购、开具、取得、保管、缴销的管理和监督。

单位、个人在购销商品、提供或者接受经营服务以及从事其他经营活动中，应当按照规定开具、使用、取得发票。

发票的管理办法由国务院规定。

第二十二条 增值税专用发票由国务院税务主管部门指定的企业印制；其他发票，按照国务院税务主管部门的规定，分别由省、自治区、直辖市国家税务局、地方税务局指定企业印制。

未经前款规定的税务机关指定，不得印制发票。

第二十三条 国家根据税收征收管理的需要，积极推广使用税控装置。纳税人应当按照规定安装、使用税控装置，不得损毁或者擅自改动税控装置。

第二十四条 从事生产、经营的纳税人、扣缴义务人必须按照国务院财政、税务主管部门规定的保管期限保管账簿、记账凭证、完税凭证及其他有关资料。

账簿、记账凭证、完税凭证及其他有关资料不得伪造、变造或者擅自损毁。

第三节 纳税申报

第二十五条 纳税人必须依照法律、行政法规规定或者税务机关依照法律、行政法规的规定确定的申报期限、申报内容如实办理纳税申报，报送纳税申报表、财务会计报表以及税务机关根据实际需要要求纳税人报送的其他纳税资料。

扣缴义务人必须依照法律、行政法规规定或者税务机关依照法律、行政法规的规定确定的申报期限、申报内容如实报送代扣代缴、代收代缴税款报告表以及税务机关根据实际需要要求扣缴义务人报送的其他有关资料。

第二十六条 纳税人、扣缴义务人可以直接到税务机关办理纳税申报或者报送代扣代缴、代收代缴税款报告表，也可以按照规定采取邮寄、数据电文或者其他方式办理上述申报、报送事项。

第二十七条 纳税人、扣缴义务人不能按期办理纳税申报或者报送代扣代缴、代收代缴税款报告表的，经税务机关核准，可以延期申报。

经核准延期办理前款规定的申报、报送事项的，应当在纳税期内按照上期实际缴纳的税额或者税务机关核定的税额预缴税款，并在核准的延期内办理税款结算。

第三章 税款征收

第二十八条 税务机关依照法律、行政法规的规定征收税款，不得违反法律、行政法规的规定开征、停征、多征、少征、提前征收、延缓征收或者摊派税款。

农业税应纳税额按照法律、行政法规的规定核定。

第二十九条 除税务机关、税务人员以及经税务机关依照法律、行政法规委托的单位和人员外，任何单位和个人不得进行税款征收活动。

第三十条 扣缴义务人依照法律、行政法规的规定履行代扣、代收税款的义务。对法律、行政法规没有规定负有代扣、代收税款义务的单位和个人，税务机关不得要求其履行代扣、代收税款义务。

扣缴义务人依法履行代扣、代收税款义务时，纳税人不得拒绝。纳税人拒绝的，扣缴义务人应当及时报告税务机关处理。

税务机关按照规定付给扣缴义务人代扣、代收手续费。

第三十一条 纳税人、扣缴义务人按照法律、行政法规规定或者税务机关依照法律、行政法规的规定确定的期限，缴纳或者解缴税款。

纳税人因有特殊困难，不能按期缴纳税款

的，经省、自治区、直辖市国家税务局、地方税务局批准，可以延期缴纳税款，但是最长不得超过三个月。

第三十二条 纳税人未按照规定期限缴纳税款的，扣缴义务人未按照规定期限解缴税款的，税务机关除责令限期缴纳外，从滞纳税款之日起，按日加收滞纳税款万分之五的滞纳金。

第三十三条 纳税人可以依照法律、行政法规的规定书面申请减税、免税。

减税、免税的申请须经法律、行政法规规定的减税、免税审查批准机关审批。地方各级人民政府、各级人民政府主管部门、单位和个人违反法律、行政法规规定，擅自作出的减税、免税决定无效，税务机关不得执行，并向上级税务机关报告。

第三十四条 税务机关征收税款时，必须给纳税人开具完税凭证。扣缴义务人代扣、代收税款时，纳税人要求扣缴义务人开具代扣、代收税款凭证的，扣缴义务人应当开具。

第三十五条 纳税人有下列情形之一的，税务机关有权核定其应纳税额：

（一）依照法律、行政法规的规定可以不设置账簿的；

（二）依照法律、行政法规的规定应当设置账簿但未设置的；

（三）擅自销毁账簿或者拒不提供纳税资料的；

（四）虽设置账簿，但账目混乱或者成本资料、收入凭证、费用凭证残缺不全，难以查账的；

（五）发生纳税义务，未按照规定的期限办理纳税申报，经税务机关责令限期申报，逾期仍不申报的；

（六）纳税人申报的计税依据明显偏低，又无正当理由的。

税务机关核定应纳税额的具体程序和方法由国务院税务主管部门规定。

第三十六条 企业或者外国企业在中国境内设立的从事生产、经营的机构、场所与其关联企业之间的业务往来，应当按照独立企业之间的业务往来收取或者支付价款、费用；不按照独立企业之间的业务往来收取或者支付价款、费用，而减少其应纳税的收入或者所得额的，税务机关有权进行合理调整。

第三十七条 对未按照规定办理税务登记的从事生产、经营的纳税人以及临时从事经营的纳税人，由税务机关核定其应纳税额，责令缴纳；不缴纳的，税务机关可以扣押其价值相当于应纳税款的商品、货物。扣押后缴纳应纳税款的，税务机关必须立即解除扣押，并归还所扣押的商品、货物；扣押后仍不缴纳应纳税款的，经县以上税务局（分局）局长批准，依法拍卖或者变卖所扣押的商品、货物，以拍卖或者变卖所得抵缴税款。

第三十八条 税务机关有根据认为从事生产、经营的纳税人有逃避纳税义务行为的，可以在规定的纳税期之前，责令限期缴纳应纳税款；在限期内发现纳税人有明显的转移、隐匿其应纳税的商品、货物以及其他财产或者应纳税的收入的迹象的，税务机关可以责成纳税人提供纳税担保。如果纳税人不能提供纳税担保，经县以上税务局（分局）局长批准，税务机关可以采取下列税收保全措施：

（一）书面通知纳税人开户银行或者其他金融机构冻结纳税人的金额相当于应纳税款的存款；

（二）扣押、查封纳税人的价值相当于应纳税款的商品、货物或者其他财产。

纳税人在前款规定的限期内缴纳税款的，税务机关必须立即解除税收保全措施；限期期满仍未缴纳税款的，经县以上税务局（分局）局长批准，税务机关可以书面通知纳税人开户银行或者其他金融机构从其冻结的存款中扣缴税款，或者依法拍卖或者变卖所扣押、查封的商品、货物或者其他财产，以拍卖或者变卖所得抵缴税款。

个人及其所扶养家属维持生活必需的住房和用品，不在税收保全措施的范围之内。

第三十九条 纳税人在限期内已缴纳税款，税务机关未立即解除税收保全措施，使纳税人的合法利益遭受损失的，税务机关应当承担赔偿责任。

第四十条 从事生产、经营的纳税人、扣缴义务人未按照规定的期限缴纳或者解缴税款，纳税担保人未按照规定的期限缴纳所担保的税款，由税务机关责令限期缴纳，逾期仍未缴纳的，经县以上税务局（分局）局长批准，税务机关可以采取下列强制执行措施：

（一）书面通知其开户银行或者其他金融机构从其存款中扣缴税款；

（二）扣押、查封、依法拍卖或者变卖其价值相当于应纳税款的商品、货物或者其他财产，以拍卖或者变卖所得抵缴税款。

税务机关采取强制执行措施时，对前款所列纳税人、扣缴义务人、纳税担保人未缴纳的滞纳金同时强制执行。

个人及其所扶养家属维持生活必需的住房和用品，不在强制执行措施的范围之内。

第四十一条　本法第三十七条、第三十八条、第四十条规定的采取税收保全措施、强制执行措施的权力，不得由法定的税务机关以外的单位和个人行使。

第四十二条　税务机关采取税收保全措施和强制执行措施必须依照法定权限和法定程序，不得查封、扣押纳税人个人及其所扶养家属维持生活必需的住房和用品。

第四十三条　税务机关滥用职权违法采取税收保全措施、强制执行措施，或者采取税收保全措施、强制执行措施不当，使纳税人、扣缴义务人或者纳税担保人的合法权益遭受损失的，应当依法承担赔偿责任。

第四十四条　欠缴税款的纳税人或者他的法定代表人需要出境的，应当在出境前向税务机关结清应纳税款、滞纳金或者提供担保。未结清税款、滞纳金，又不提供担保的，税务机关可以通知出境管理机关阻止其出境。

第四十五条　税务机关征收税款，税收优先于无担保债权，法律另有规定的除外；纳税人欠缴的税款发生在纳税人以其财产设定抵押、质押或者纳税人的财产被留置之前的，税收应当先于抵押权、质权、留置权执行。

纳税人欠缴税款，同时又被行政机关决定处以罚款、没收违法所得的，税收优先于罚款、没收违法所得。

税务机关应当对纳税人欠缴税款的情况定期予以公告。

第四十六条　纳税人有欠税情形而以其财产设定抵押、质押的，应当向抵押权人、质权人说明其欠税情况。抵押权人、质权人可以请求税务机关提供有关的欠税情况。

第四十七条　税务机关扣押商品、货物或者其他财产时，必须开付收据；查封商品、货物或者其他财产时，必须开付清单。

第四十八条　纳税人有合并、分立情形的，应当向税务机关报告，并依法缴清税款。纳税人合并时未缴清税款的，应当由合并后的纳税人继续履行未履行的纳税义务；纳税人分立时未缴清税款的，分立后的纳税人对未履行的纳税义务应当承担连带责任。

第四十九条　欠缴税款数额较大的纳税人在处分其不动产或者大额资产之前，应当向税务机关报告。

第五十条　欠缴税款的纳税人因怠于行使到期债权，或者放弃到期债权，或者无偿转让财产，或者以明显不合理的低价转让财产而受让人知道该情形，对国家税收造成损害的，税务机关可以依照合同法第七十三条、第七十四条的规定行使代位权、撤销权。

税务机关依照前款规定行使代位权、撤销权的，不免除欠缴税款的纳税人尚未履行的纳税义务和应承担的法律责任。

第五十一条　纳税人超过应纳税额缴纳的税款，税务机关发现后应当立即退还；纳税人自结算缴纳税款之日起三年内发现的，可以向税务机关要求退还多缴的税款并加算银行同期存款利息，税务机关及时查实后应当立即退还；涉及从国库中退库的，依照法律、行政法规有关国库管理的规定退还。

第五十二条　因税务机关的责任，致使纳税人、扣缴义务人未缴或者少缴税款的，税务机关在三年内可以要求纳税人、扣缴义务人补缴税款，但是不得加收滞纳金。

因纳税人、扣缴义务人计算错误等失误，未缴或者少缴税款的，税务机关在三年内可以追征税款、滞纳金；有特殊情况的，追征期可以延长到五年。

对偷税、抗税、骗税的，税务机关追征其未缴或者少缴的税款、滞纳金或者所骗取的税款，不受前款规定期限的限制。

第五十三条 国家税务局和地方税务局应当按照国家规定的税收征收管理范围和税款入库预算级次，将征收的税款缴入国库。

对审计机关、财政机关依法查出的税收违法行为，税务机关应当根据有关机关的决定、意见书，依法将应收的税款、滞纳金按照税款入库预算级次缴入国库，并将结果及时回复有关机关。

第四章 税务检查

第五十四条 税务机关有权进行下列税务检查：

（一）检查纳税人的账簿、记账凭证、报表和有关资料，检查扣缴义务人代扣代缴、代收代缴税款账簿、记账凭证和有关资料；

（二）到纳税人的生产、经营场所和货物存放地检查纳税人应纳税的商品、货物或者其他财产，检查扣缴义务人与代扣代缴、代收代缴税款有关的经营情况；

（三）责成纳税人、扣缴义务人提供与纳税或者代扣代缴、代收代缴税款有关的文件、证明材料和有关资料；

（四）询问纳税人、扣缴义务人与纳税或者代扣代缴、代收代缴税款有关的问题和情况；

（五）到车站、码头、机场、邮政企业及其分支机构检查纳税人托运、邮寄应纳税商品、货物或者其他财产的有关单据、凭证和有关资料；

（六）经县以上税务局（分局）局长批准，凭全国统一格式的检查存款账户许可证明，查询从事生产、经营的纳税人、扣缴义务人在银行或者其他金融机构的存款账户。税务机关在调查税收违法案件时，经设区的市、自治州以上税务局（分局）局长批准，可以查询案件涉嫌人员的储蓄存款。税务机关查询所获得的资料，不得用于税收以外的用途。

第五十五条 税务机关对从事生产、经营的纳税人以前纳税期的纳税情况依法进行税务检查时，发现纳税人有逃避纳税义务行为，并有明显的转移、隐匿其应纳税的商品、货物以及其他财产或者应纳税的收入的迹象的，可以按照本法规定的批准权限采取税收保全措施或者强制执行措施。

第五十六条 纳税人、扣缴义务人必须接受税务机关依法进行的税务检查，如实反映情况，提供有关资料，不得拒绝、隐瞒。

第五十七条 税务机关依法进行税务检查时，有权向有关单位和个人调查纳税人、扣缴义务人和其他当事人与纳税或者代扣代缴、代收代缴税款有关的情况，有关单位和个人有义务向税务机关如实提供有关资料及证明材料。

第五十八条 税务机关调查税务违法案件时，对与案件有关的情况和资料，可以记录、录音、录像、照相和复制。

第五十九条 税务机关派出的人员进行税务检查时，应当出示税务检查证和税务检查通知书，并有责任为被检查人保守秘密；未出示税务检查证和税务检查通知书的，被检查人有权拒绝检查。

第五章 法律责任

第六十条 纳税人有下列行为之一的，由税务机关责令限期改正，可以处二千元以下的罚款；情节严重的，处二千元以上一万元以下的罚款：

（一）未按照规定的期限申报办理税务登记、变更或者注销登记的；

（二）未按照规定设置、保管账簿或者保管记账凭证和有关资料的；

（三）未按照规定将财务、会计制度或者财务、会计处理办法和会计核算软件报送税务机关备查的；

（四）未按照规定将其全部银行账号向税务机关报告的；

（五）未按照规定安装、使用税控装置，或者损毁或者擅自改动税控装置的。

纳税人不办理税务登记的，由税务机关责令限期改正；逾期不改正的，经税务机关提请，由工商行政管理机关吊销其营业执照。

纳税人未按照规定使用税务登记证件，或者转借、涂改、损毁、买卖、伪造税务登记证件的，处二千元以上一万元以下的罚款；情节严重的，处一万元以上五万元以下的罚款。

第六十一条 扣缴义务人未按照规定设置、保管代扣代缴、代收代缴税款账簿或者保管代扣代缴、代收代缴税款记账凭证及有关资料的，由税务机关责令限期改正，可以处二千元以下的罚款；情节严重的，处二千元以上五千元以下的罚款。

第六十二条　纳税人未按照规定的期限办理纳税申报和报送纳税资料的，或者扣缴义务人未按照规定的期限向税务机关报送代扣代缴、代收代缴税款报告表和有关资料的，由税务机关责令限期改正，可以处二千元以下的罚款；情节严重的，可以处二千元以上一万元以下的罚款。

第六十三条　纳税人伪造、变造、隐匿、擅自销毁账簿、记账凭证，或者在账簿上多列支出或者不列、少列收入，或者经税务机关通知申报而拒不申报或者进行虚假的纳税申报，不缴或者少缴应纳税款的，是偷税。对纳税人偷税的，由税务机关追缴其不缴或者少缴的税款、滞纳金，并处不缴或者少缴的税款百分之五十以上五倍以下的罚款；构成犯罪的，依法追究刑事责任。

扣缴义务人采取前款所列手段，不缴或者少缴已扣、已收税款，由税务机关追缴其不缴或者少缴的税款、滞纳金，并处不缴或者少缴的税款百分之五十以上五倍以下的罚款；构成犯罪的，依法追究刑事责任。

第六十四条　纳税人、扣缴义务人编造虚假计税依据的，由税务机关责令限期改正，并处五万元以下的罚款。

纳税人不进行纳税申报，不缴或者少缴应纳税款的，由税务机关追缴其不缴或者少缴的税款、滞纳金，并处不缴或者少缴的税款百分之五十以上五倍以下的罚款。

第六十五条　纳税人欠缴应纳税款，采取转移或者隐匿财产的手段，妨碍税务机关追缴欠缴的税款的，由税务机关追缴欠缴的税款、滞纳金，并处欠缴税款百分之五十以上五倍以下的罚款；构成犯罪的，依法追究刑事责任。

第六十六条　以假报出口或者其他欺骗手段，骗取国家出口退税款的，由税务机关追缴其骗取的退税款，并处骗取税款一倍以上五倍以下的罚款；构成犯罪的，依法追究刑事责任。

对骗取国家出口退税款的，税务机关可以在规定期间内停止为其办理出口退税。

第六十七条　以暴力、威胁方法拒不缴纳税款的，是抗税，除由税务机关追缴其拒缴的税款、滞纳金外，依法追究刑事责任。情节轻微，未构成犯罪的，由税务机关追缴其拒缴的税款、滞纳金，并处拒缴税款一倍以上五倍以下的罚款。

第六十八条　纳税人、扣缴义务人在规定期限内不缴或者少缴应纳或者应解缴的税款，经税务机关责令限期缴纳，逾期仍未缴纳的，税务机关除依照本法第四十条的规定采取强制执行措施追缴其不缴或者少缴的税款外，可以处不缴或者少缴的税款百分之五十以上五倍以下的罚款。

第六十九条　扣缴义务人应扣未扣、应收而不收税款的，由税务机关向纳税人追缴税款，对扣缴义务人处应扣未扣、应收未收税款百分之五十以上三倍以下的罚款。

第七十条　纳税人、扣缴义务人逃避、拒绝或者以其他方式阻挠税务机关检查的，由税务机关责令改正，可以处一万元以下的罚款；情节严重的，处一万元以上五万元以下的罚款。

第七十一条　违反本法第二十二条规定，非法印制发票的，由税务机关销毁非法印制的发票，没收违法所得和作案工具，并处一万元以上五万元以下的罚款；构成犯罪的，依法追究刑事责任。

第七十二条　从事生产、经营的纳税人、扣缴义务人有本法规定的税收违法行为，拒不接受税务机关处理的，税务机关可以收缴其发票或者停止向其发售发票。

第七十三条　纳税人、扣缴义务人的开户银行或者其他金融机构拒绝接受税务机关依法检查纳税人、扣缴义务人存款账户，或者拒绝执行税务机关作出的冻结存款或者扣缴税款的决定，或者在接到税务机关的书面通知后帮助纳税人、扣缴义务人转移存款，造成税款流失的，由税务机关处十万元以上五十万元以下的罚款，对直接负责的主管人员和其他直接责任人员处一千元以上一万元以下的罚款。

第七十四条　本法规定的行政处罚，罚款额在二千元以下的，可以由税务所决定。

第七十五条　税务机关和司法机关的涉税罚没收入，应当按照税款入库预算级次上缴国库。

第七十六条　税务机关违反规定擅自改变税收征收管理范围和税款入库预算级次的，责令限期改正，对直接负责的主管人员和其他直接责任人员依法给予降级或者撤职的行政处分。

第七十七条 纳税人、扣缴义务人有本法第六十三条、第六十五条、第六十六条、第六十七条、第七十一条规定的行为涉嫌犯罪的，税务机关应当依法移交司法机关追究刑事责任。

税务人员徇私舞弊，对依法应当移交司法机关追究刑事责任的不移交，情节严重的，依法追究刑事责任。

第七十八条 未经税务机关依法委托征收税款的，责令退还收取的财物，依法给予行政处分或者行政处罚；致使他人合法权益受到损失的，依法承担赔偿责任；构成犯罪的，依法追究刑事责任。

第七十九条 税务机关、税务人员查封、扣押纳税人个人及其所扶养家属维持生活必需的住房和用品的，责令退还，依法给予行政处分；构成犯罪的，依法追究刑事责任。

第八十条 税务人员与纳税人、扣缴义务人勾结，唆使或者协助纳税人、扣缴义务人有本法第六十三条、第六十五条、第六十六条规定的行为，构成犯罪的，依法追究刑事责任；尚不构成犯罪的，依法给予行政处分。

第八十一条 税务人员利用职务上的便利，收受或者索取纳税人、扣缴义务人财物或者谋取其他不正当利益，构成犯罪的，依法追究刑事责任；尚不构成犯罪的，依法给予行政处分。

第八十二条 税务人员徇私舞弊或者玩忽职守，不征或者少征应征税款，致使国家税收遭受重大损失，构成犯罪的，依法追究刑事责任；尚不构成犯罪的，依法给予行政处分。

税务人员滥用职权，故意刁难纳税人、扣缴义务人的，调离税收工作岗位，并依法给予行政处分。

税务人员对控告、检举税收违法违纪行为的纳税人、扣缴义务人以及其他检举人进行打击报复的，依法给予行政处分；构成犯罪的，依法追究刑事责任。

税务人员违反法律、行政法规的规定，故意高估或者低估农业税计税产量，致使多征或者少征税款，侵犯农民合法权益或者损害国家利益，构成犯罪的，依法追究刑事责任；尚不构成犯罪的，依法给予行政处分。

第八十三条 违反法律、行政法规的规定提前征收、延缓征收或者摊派税款的，由其上级机关或者行政监察机关责令改正，对直接负责的主管人员和其他直接责任人员依法给予行政处分。

第八十四条 违反法律、行政法规的规定，擅自作出税收的开征、停征或者减税、免税、退税、补税以及其他同税收法律、行政法规相抵触的决定的，除依照本法规定撤销其擅自作出的决定外，补征应征未征税款，退还不应征收而征收的税款，并由上级机关追究直接负责的主管人员和其他直接责任人员的行政责任；构成犯罪的，依法追究刑事责任。

第八十五条 税务人员在征收税款或者查处税收违法案件时，未按照本法规定进行回避的，对直接负责的主管人员和其他直接责任人员，依法给予行政处分。

第八十六条 违反税收法律、行政法规应当给予行政处罚的行为，在五年内未被发现的，不再给予行政处罚。

第八十七条 未按照本法规定为纳税人、扣缴义务人、检举人保密的，对直接负责的主管人员和其他直接责任人员，由所在单位或者有关单位依法给予行政处分。

第八十八条 纳税人、扣缴义务人、纳税担保人同税务机关在纳税上发生争议时，必须先依照税务机关的纳税决定缴纳或者解缴税款及滞纳金或者提供相应的担保，然后可以依法申请行政复议；对行政复议决定不服的，可以依法向人民法院起诉。

当事人对税务机关的处罚决定、强制执行措施或者税收保全措施不服的，可以依法申请行政复议，也可以依法向人民法院起诉。

当事人对税务机关的处罚决定逾期不申请行政复议也不向人民法院起诉、又不履行的，作出处罚决定的税务机关可以采取本法第四十条规定的强制执行措施，或者申请人民法院强制执行。

第六章　附　　则

第八十九条 纳税人、扣缴义务人可以委托税务代理人代为办理税务事宜。

第九十条 耕地占用税、契税、农业税、牧业税征收管理的具体办法，由国务院另行制定。

关税及海关代征税收的征收管理，依照法律、行政法规的有关规定执行。

第九十一条 中华人民共和国同外国缔结的有关税收的条约、协定同本法有不同规定的，依照条约、协定的规定办理。

第九十二条 本法施行前颁布的税收法律与本法有不同规定的，适用本法规定。

第九十三条 国务院根据本法制定实施细则。

第九十四条 本法自 2001 年 5 月 1 日起施行。

第二十章　银行法

材料导读

2015年8月29日，十二届全国人大常委会第十六次会议通过修改《商业银行法》的决定，其中删去现行商业银行法中规定的商业银行贷款余额与存款余额的比例不得超过75%的存贷比指标要求。全国人大财经委员会表示，随着中国商业银行改革发展和银行监管的不断加强，存贷比监管已难以适应当前商业银行资产负债多元化发展的需要，也不利于商业银行业务创新和差异化发展。删去商业银行法有关存贷比监管指标的规定，将存贷比由法定监管指标转变为流动性风险监测指标，符合中国商业银行的发展要求，有利于增强商业银行服务实体经济的能力，也是经济下行压力较大情况下稳增长的一项措施。具体而言：一是存贷比监管指标已难以全面反映商业银行的流动性风险状况，当前商业银行审慎监管指标体系不断完善，在防控流动性风险方面，已有新的更有效的监管指标，能更好地反映商业银行流动性风险状况；二是商业银行信贷投放能力受到制约，存贷比合规压力较大，在目前法律规定下，不利于商业银行加大对实体经济特别是小微企业和“三农”的信贷支持，此外还可能影响当前降低存款准备金率等货币政策工具的效果；三是存贷比监管指标对商业银行经营行为产生一定的消极影响，不利于引导和促进商业银行改变片面依靠做大存贷款规模的经营理念和业务模式，影响商业银行业务创新和差异化发展；四是从其他国家和地区情况看，大多没有将存贷比作为法定监管指标，而是作为分析商业银行流动性风险的工具。

第一节　银行法概述

银行是指专门经营存款、贷款和汇兑等业务，充当信用中介和支付中介的金融机构。在现代社会，银行是一国金融的主体和核心，在社会生活中发挥着三大作用：①充当信用中介；②充当支付中介；③成为国家调控经济的必要手段。银行法是调整银行组织机构、业务经营和监督管理过程中发生的各种社会关系的法律规范的总称。由于银行是经营货币的特殊金融机构，其经营活动直接关系到广大存款人的利益，社会波及面大，而存款人又无法对银行的整体经营进行有效的监控，这就需要政府对银行实行特别严格监管，以最大限度地减少或防止危及存款人利益的风险发生。因此世界各国都特别重视银行立法，我国也不例外。随着《中华人民共和国中国人民银行法》（以下简称《中国人民银行法》）、《中华人民共和国商业银行法》（以下简称《商业银行法》）、《中华人民共和国银行业监督管理法》（以下简称《银行业监督管理法》）等法律法规的颁布和实施，我国银行业已经基本形成有法可依的局面。

党的十四届三中全会确立了我国金融体制改革的基本思路和框架，国务院《关于金融体制改革的决定》明确了我国金融体制改革的三大目标是：建立在国务院领导下独立执行货币政策的中央银行宏观调控体系；建立政策性金融与商业性金融分离，以国有商业银行为主体、多种金融机构并存的金融组织体系；建立统一开放、有序竞争、严格管理的金融市场体系。我国金融体制改革的内容展现了我国银行体系的全部内容。我国银行体系主要包括中央银行、政策性银行、商业银行、非银行金融机构、外资金融机构。

在银行体系中，中央银行具体特殊地位，是代表国家管理金融的最高金融机构。我国的中央银行是中国人民银行。我国的政策性银行是指依法设立，不以营利为目的，筹集政策性信贷资金，承担政策性银行业务，代理财政性资金拨款的金融机构。我国的政策性银行包括中国国家开发银行、中国进出口银行和中国农业发展银行。政策性银行是我国银行体系的重要组成部分。商业银行是我国银行体系的主体，特别是国有商业银行，是我国社会主义市场经济建设的金融支柱。非银行金融机构是指不冠以银行名称，但经营货币信用业务的金融机构。非银行金融机构是银行体系的重要补充。外资金融机构是指在我国境内经营的外国资本的金融机构。外资金融机构包括外资银行、外资保险公司、外资投资银行和外国证券公司等。目前，我国外资金融机构中数量最多的是外资银行，外资银行是我国银行体系的重要组成部分。

第二节　中央银行法

一、中央银行法的概念和主要内容

中央银行法，在我国即为中国人民银行法，是确认中国人民银行地位、组织、货币政策、维护金融稳定措施的法律。中央银行法作为经济法的一部分，对国民经济合理有效的宏观调控具有非常重要的意义。

《中国人民银行法》经2003年12月27日修改，共分为8章53条，其内容见本章“法律链接”。

二、中央银行的法律地位

在一国的金融体系中，中央银行（我国的中央银行为中国人民银行）处于核心地位，它是发行的银行，政府的银行和银行的银行，它是制定和执行货币政策，并通过各种货币政策工具实现对经济的宏观调控。

（1）中国人民银行是政府的银行。中国人民银行是政府的银行是指中国人民银行是国务院的职能部门，负责发布与履行其职责有关的各项工作。中国人民银行虽然是政府的职能部门，但它与一般行政机关又有所区别。

（2）中国人民银行是发行的银行。中国人民银行是发行银行，是全国的货币发行机关。中国人民银行根据国家的授权，统一印制和掌管人民币的发行工作，建立统一的发行机构。

（3）中国人民银行是银行的银行。中国人民银行作为我国的中央银行居于商业银行和其他金融机构之上，是特殊的法人，它不以营利为目的，其业务对象主要是政府与金融机构，它代表国家制定和执行货币政策，是国家对经济实现宏观调控的重要主体。

三、中国人民银行与商业银行的关系

中国人民银行和商业银行的关系主要表现为以下几个方面：

（1）商业银行向中国人民银行交纳存款准备金，依《中国人民银行法》第 23 条第一项的规定，所有银行金融机构都必须按规定的比例交存款准备金；同时，《商业银行法》第 32 条规定，商业银行应当按照中国人民银行的规定，向中国人民银行交存存款准备金，留足备付金。

（2）中国人民银行向商业银行提供贷款商业银行如发生资金周转困难时，可向中国人民银行提出贴现或贷款的申请，中国人民银行作为银行的银行，可以为商业银行提供贷款。

（3）中国人民银行为商业银行办理转账结算业务商业银行作为中国人民银行的存款客户，在与其他商业银行以及其他金融机构或非金融机构发生债权与债务关系时，可以通过中国人民银行办理转账结算。

（4）中国人民银行对商业银行实行金融监督管理中国人民银行作为金融监督管理机关，依法检测金融市场的运行情况对金融市场实施宏观调控，促进其协调发展，并有权依照《中国人民银行法》第 32 的规定，对商业银行的金融行为进行检查监督。

四、中国人民银行的职责

按照《中国人民银行法》第 4 条的规定，中国人民银行应履行以下职责：

（1）发布与履行其职责有关的命令和规章。

（2）依法制定和执行货币政策。

（3）发行人民币，管理人民币流通。

（4）监督管理银行间同业拆借市场和银行间债券市场。

（5）实施外汇管理，监督管理银行间外汇市场。

（6）监督管理黄金市场。

（7）持有、管理、经营国家外汇储备、黄金储备。

（8）经理国库。

（9）维护支付、清算系统的正常运行。

（10）指导、部署金融业反洗钱工作，负责反洗钱的资金监测。

（11）负责金融业的统计、调查、分析和预测。

（12）作为国家的中央银行，从事有关的国际金融活动。

（13）国务院规定的其他职责。

中国人民银行为执行货币政策，可以依照本法第四章的有关规定从事金融业务活动。

以上表明，中国人民银行的职责，包括了制定和实施货币政策，实施金融兼管理，从事法定的金融业务，并相应地发布命令、规章。

五、货币政策工具

货币政策是中央银行行为实现其特定的经济目标而采用的各种控制和调节货币供应或信用的方针和措施的总称。中央银行货币政策的目的是通过调控货币供应量来调控经济运行，而这一目的则需要通过货币政策工具来实现。我国的中央银行法根据中国的实际情况和今后的发展方向，规定了 6 种货币政策工具。

（1）存款准备金。存款准备金制度是中央银行规定或调整商业银行交存中央银行的存款准备金比率，控制商业银行的信用创造能力，间接的控制社会货币供应的活动。中国人民银行法明确规定，银行业金融机构要按照规定的比例交存款准备金。中央银行集中各商业银行的存款准备金是中央银行执行货币政策的一个重要工具。

（2）基准利率。在我国，各种存款和各种贷款的最低利率，由中国人民银行拟订，报经国务院批准后，由中国人民银行根据国家政策，分别制定差别利率，并根据情况的变化进行调整。国家允许各银行有一定的利率浮动权，利率浮动的幅度由中国人民银行总行规定，并根据情况进行调整。对于各商业银行之间相互拆借的利率，由借贷双方协商决定。目前，各银行的存款利率一律执行统一的基准利率，对于违反利率政策的，中国人民银行则要根据情况轻重给以不同处罚。

（3）再贴现。商业银行由于业务的需要，将其中贴现所需取得的票据，要求中央银行予以再贴现。中国人民银行依据《中国人民银行法》的规定，为在中国人民银行开立账户的金融机构办理再贴现，这是我国中央银行执行货币政策的重要工具。

（4）向商业银行提供贷款。商业银行所需的资金，在使用其自有资金和吸收存款后，不足的部分，可以向中央银行申请贷款，有中央银行按照其计划贷给。

（5）公开市场业务。公开市场业务是中央银行在公开市场上买进或卖出有价证券的业务。公开市场业务实质性货币政策的又一主要工具。在金融市场资金短缺时，中央银行通过公开市场业务买进有价证券，向社会投入货币，增加社会货币供应；当金融市场资金过多时，中央银行可以通过公开市场业务卖出有价证券，促使货币流回，从而减少货币供应。中央银行通过在公开市场上的证券买卖活动来实现货币供应量的调整，从而达到调控经济运行的目的。

（6）国务院的其他货币政策。《中国人民银行法》第 23 条关于货币政策工具的规定中留下这样一条弹性条款，主要是目前中国处在金融体制改革的过渡时期，传统的控制货币和信贷的手段还不能完全弃之不用，还需要在适当范围和条件下使用。在其他货币政策工具中，还有另外一些不正常的手段，如选择性货币政策工具、弹性货币政策工具，特殊时期货币政策工具等。

第三节 商业银行法

一、商业银行和商业银行法

商业银行是以获得利润为目的，以追求利润最大化为目标，以经营工商业存、放款为主要业务的金融机构。我国《商业银行法》将商业银行定义为：依照《商业银行法》和《公司法》设立的吸收公众存款、发放贷款、办理结算等业务的企业法人。商业银行以安全性、流动性、效益性为经营原则，自担风险、自负盈亏、自我约束。目前我国商业银行包括国有独资商业银行、股份制商业银行、外资商业银行、中外合资商业银行、外国商业银行在华分行等。

二、商业银行的设立

目前我国商业银行的设立必须符合以下条件：

（1）有符合《商业银行法》和《公司法》规定的章程。

（2）有符合法律规定的注册资本最低限额。设立全国性商业银行的注册资本最低限额为10亿元人民币。设立城市商业银行的注册资本最低限额为1亿元人民币，设立农村商业银行的注册资本最低限额为5000万元人民币。

（3）有具备任职专业知识和业务工作经验的董事、高级管理人员。

（4）有健全的组织机构和管理制度。商业银行的组织机构适用《公司法》的规定，《商业银行法》对国有独资商业银行的监事会做了特别规定。

（5）有符合要求的营业场所、安全防范措施和与业务有关的其他设施。

设立商业银行的程序主要包括以下步骤：

（1）国务院银行业监督管理机构审查批准。设立商业银行，申请人应当向国务院银行业监督管理机构提交相应申请文件和资料，经批准设立的商业银行，由国务院银行业监督管理机构颁发经营许可证。

（2）工商登记。经批准设立的商业银行，凭国务院银行业监督管理机构颁发的营业许可证，向工商行政管理部门办理登记，领取营业执照。商业银行自取得营业执照之日起无正当理由超过6个月未开业的，或者开业后自行停业连续6个月以上的，由国务院银行业监督管理机构吊销其经营许可证，并予以公告。

（3）公告。经批准设立的商业银行，由国务院银行业监督管理机构予以公告。

三、商业银行的主要业务

根据《商业银行法》的规定，商业银行在中国境内不得从事信托投资和证券经营业务，不得向非自用不动产投资或者向非银行金融机构和企业投资，但国家另有规定的除外。商业银行的业务范围主要包括：

（1）存款业务。商业银行办理存款业务，应当遵循存款自愿、取款自由、存款有息、为存款人保密的原则。商业银行有权拒绝任何单位或者个人查询、冻结、扣划，但法律另有规定除外。

（2）贷款业务。商业银行根据国民经济和社会发展的需要，在国家产业政策指导下开展贷款业务。任何单位和个人不得强令商业银行发放贷款或者提供担保。商业银行有权拒绝任何单位和个人强令要求其发放贷款或者提供担保。商业银行贷款，应当对借款人的借款用途、偿还能力、还款方式等情况进行严格审查。商业银行贷款，应当实行审贷分离、分级审批的制度。商业银行贷款，还应当遵守下列资产负债比例管理的规定：资本充足率不得低于8%；贷款余额与存款余额的比例不得超过75%；流动性资产余额与流动性负债余额的比例不得低于25%；对同一借款人的贷款余额与商业银行资本余额的比例不得超过10%；国务院银行业监督管理机构对资产负债比例管理的其他规定。

（3）其他主要业务。主要有结算类业务、债券类业务和同业拆借。商业银行办理票据承兑、汇兑、委托收款等结算业务，应当按照规定的期限兑现，收付入账，不得压单、压票或者违反规定退票。商业银行发行金融债券或者到境外借款，应当依照法律规定报经批准。同业拆借，应当遵守中国人民银行的规定，禁止利用拆入资金发放固定资产贷款或者用于投资。

第四节　银行业监督管理法

第十届全国人民代表大会第一次会议于2003年审议通过了国务院机构改革方案，决定成立中国银行业监督管理委员会。第十届全国人大常委会第六次会议于2003年12月27日通过的《中华人民共和国银行法监督管理法》，它其中的一些内容来源于1995年3月18日颁布的《中国人民银行法》，并在此基础上结合我国银行业监督管理的实际，借鉴国外经验，形成银行业监督管理法规则。

一、银行业监督管理法的原则

银行业监督管理法的原则可分为立法和实施的原则。银行业监督管理法的立法原则是：从银行监督管理的实际出发；体现世界贸易组织规则的要求。银行业监督管理法的实施原则是：对银行业实施监督管理，遵循依法、公开、公正和效率的原则；保护银行业公平竞争，提高银行业进整理；依法独立行使监督管理权；实施监督管理权，遵循协调、合作的原则。

二、银行业监督管理委员会及其职责

1. 银行业监督管理委员会

国务院银行业监督管理委员会是国务院所设银行业监督管理机构，负责对全国银行业金融机构及其业务活动监督管理工作。国务院银行业监督管理委员会根据履行职责的需要可以设立派出机构，并对其派出机构实行统一领导和管理。国务院银行监督管理委员会的派出机构在国务院银行业监督管理委员会授权范围内，履行监督管理职责。

2. 银行业监督管理委员会的职责

根据法律规定，银行业监督管理委员会的职责主要包括以下内容：

（1）依照法律、行政法规制定并发布对银行业金融机构及其业务活动监督管理的规章、规则。

（2）依照法律、行政法规规定的条件和程序，审查批准银行业金融机构的设立、变更、终止以及业务范围。

（3）对股东的资金来源、财务状况、资本补充能力和诚信状况进行审查。

（4）审查批准或者备案银行业金融机构业务范围内的业务品种。

（5）批准设立银行业监督管理机构或者从事银行业金融机构的业务活动。

（6）对银行业金融机构的董事和高级管理人员实行任职资格管理。

（7）依照法律、行政法规规定银行业金融机构的审慎经营规则。

（8）建立银行业金融机构监督管理信息系统，分析、评价银行业金融机构的风险状况。

（9）对银行业监督管理机构应当对银行业金融机构的业务活动及其风险状况进行现场检查。

（10）对银行业监督管理机构业务活动以及风险状况进行非现场监管，建立银行业金融机构监督管理信息系统，分析、评价银行业金融机构的评级情况和风险状况。

（11）应当对银行业金融机构的业务活动及其风险状况进行现场检查。

（12）对银行业金融机构实行监督管理。

（13）应当建立对银行业监督管理机构监督管理评级体系和风险预警机制，根据银行业金融机构的评级情况和风险状况，确定对其现场检查的频率、范围和需要采取的其他措施。

（14）建立银行业突发事件的发现、报告岗位责任制度。

（15）负责统一编制全国银行业金融机构的统计数据、报表，并按照国家有关规定予以公布。

（16）对银行业自律组织的活动进行指导和监督。

（17）开展与银行业监督管理有关的国际交流、合作活动。

三、银行监督管理措施

银行监督管理法为了保证对银行业监督管理的有效性，还专章规定了银行监督管理措施。这些措施主要有：

（1）信息取得。银行业监督管理机构根据履行职责的需要，有权要求银行业金融机构按照规定报送资产负债表、利润表和其他财务会计、统计报表、经营管理资料以及注册会计师出具的审计报告。

（2）现场检查。银行业监督管理机构根据审慎监管的要求，可以采取一定措施进行现场检查。进行现场检查，应当经银行业监督管理机构负责人批准。现场检查时，检查人员不得少于二人，并应当出示合法证件和检查通知书；检查人员少于二人或者未出示合法证件和检查通知书的，银行业金融机构有权拒绝检查。

（3）监督管理谈话。银行业监督管理机构根据履行职责的需要，可以与银行业金融机构董事、高级管理人员进行监督管理谈话，要求银行业金融机构董事、高级管理人员就银行业金融机构的业务活动和风险管理的重大事项做出说明。

（4）加强披露。银行业监督管理机构应当责令银行业金融机构按照规定，如实向社会公众披露财务会计报告、风险管理状况、董事和高级管理人员变更以及其他重大事项等信息。

（5）限制某些行为。银行业金融机构违反审慎经营规则的，国务院银行业监督管理机构或者其省一级派出机构应当责令限期改正；逾期未改正的，或者其行为严重危及该银行业金融机构的稳健运行、损害存款人和其他客户合法权益的，经国务院银行业监督管理机构或者其省一级派出机构负责人批准，可以区别情形，采取相应措施。

（6）接管与重组。行业金融机构已经或者可能发生信用危机，严重影响存款人和其他客户合法权益的，国务院银行业监督管理机构可以依法对该银行业金融机构实行接管或者促成机构重组，接管和机构重组依照有关法律和国务院的规定执行。

（7）撤销。银行业金融机构有违法经营、经营管理不善等情形，不予撤销将严重危害金融秩序、损害公众利益的，国务院银行业监督管理机构有权予以撤销。

案例探讨

2000 年 7 月 31 日，原告杨某的父亲杨某某在被告处以原告的名义存入定期存款人民币 60 万元，年利率为 2.25%，期限为一年，2001 年 7 月 31 日到期。杨某某在存款凭证备注栏处留存了密码，约定凭密码支取。被告即向杨某某出具了存单。2001 年 1 月 11 日，杨某某的妻子即原告的母亲蔡某持原告的户口簿、存单和其个人身份证，在没有提供密码，也没有办理密码挂失的情况下，通过支取、转存、再支取方式从被告处将上述款项全部支走。存款到期后，杨某某因找不到存单便到被告处询问，才得知存款早已被其妻蔡某提走。杨某某便向蔡某索要，因蔡某将所取款项全部借与他人未能收回。杨某某遂于 2003 年 7 月 21 日与蔡某离婚（原告由杨某某抚养）。离婚后，蔡某便下落不明。后杨某某与被告交涉，未果，遂以原告名义将被告诉至法院。诉讼中，杨某某称蔡某不知道该存单密码。请问：被告银行要对原告的损失承担责任吗？

法律链接

中华人民共和国中国人民银行法

（1995 年 3 月 18 日第八届全国人民代表大会第三次会议通过，根据 2003 年 12 月 27 日第十届全国人民代表大会常务委员会第六次会议《关于修改〈中华人民共和国中国人民银行法〉的决定》修正）

第一章　总　　则

第一条　为了确立中国人民银行的地位，明确其职责，保证国家货币政策的正确制定和执行，建立和完善中央银行宏观调控体系，维护金融稳定，制定本法。

第二条　中国人民银行是中华人民共和国的中央银行。

中国人民银行在国务院领导下，制定和执行货币政策，防范和化解金融风险，维护金融稳定。

第三条　货币政策目标是保持货币币值的稳定，并以此促进经济增长。

第四条　中国人民银行履行下列职责：

（一）发布与履行其职责有关的命令和规章；

（二）依法制定和执行货币政策；

（三）发行人民币，管理人民币流通；

（四）监督管理银行间同业拆借市场和银行间债券市场；

（五）实施外汇管理，监督管理银行间外汇市场；

（六）监督管理黄金市场；

（七）持有、管理、经营国家外汇储备、黄金储备；

（八）经理国库；

（九）维护支付、清算系统的正常运行；

（十）指导、部署金融业反洗钱工作，负责反洗钱的资金监测；

（十一）负责金融业的统计、调查、分析和预测；

（十二）作为国家的中央银行，从事有关的国际金融活动；

（十三）国务院规定的其他职责。

中国人民银行为执行货币政策，可以依照本法第四章的有关规定从事金融业务活动。

第五条　中国人民银行就年度货币供应量、利率、汇率和国务院规定的其他重要事项作出的决定，报国务院批准后执行。

中国人民银行就前款规定以外的其他有关货币政策事项作出决定后，即予执行，并报国务院备案。

第六条　中国人民银行应当向全国人民代表大会常务委员会提出有关货币政策情况和金融业运行情况的工作报告。

第七条　中国人民银行在国务院领导下依法独立执行货币政策，履行职责，开展业务，不受地方政府、各级政府部门、社会团体和个人的干涉。

第八条　中国人民银行的全部资本由国家出资，属于国家所有。

第九条　国务院建立金融监督管理协调机制，具体办法由国务院规定。

第二章　组织机构

第十条　中国人民银行设行长一人，副行长若干人。

中国人民银行行长的人选，根据国务院总理的提名，由全国人民代表大会决定；全国人民代表大会闭会期间，由全国人民代表大会常务委员会决定，由中华人民共和国主席任免。中国人民银行副行长由国务院总理任免。

第十一条　中国人民银行实行行长负责制。行长领导中国人民银行的工作，副行长协助行长工作。

第十二条　中国人民银行设立货币政策委员

会。货币政策委员会的职责、组成和工作程序，由国务院规定，报全国人民代表大会常务委员会备案。

中国人民银行货币政策委员会应当在国家宏观调控、货币政策制定和调整中，发挥重要作用。

第十三条 中国人民银行根据履行职责的需要设立分支机构，作为中国人民银行的派出机构。中国人民银行对分支机构实行统一领导和管理。

中国人民银行的分支机构根据中国人民银行的授权，维护本辖区的金融稳定，承办有关业务。

第十四条 中国人民银行的行长、副行长及其他工作人员应当恪尽职守，不得滥用职权、徇私舞弊，不得在任何金融机构、企业、基金会兼职。

第十五条 中国人民银行的行长、副行长及其他工作人员，应当依法保守国家秘密，并有责任为与履行其职责有关的金融机构及当事人保守秘密。

第三章　人民币

第十六条 中华人民共和国的法定货币是人民币。以人民币支付中华人民共和国境内的一切公共的和私人的债务，任何单位和个人不得拒收。

第十七条 人民币的单位为元，人民币辅币单位为角、分。

第十八条 人民币由中国人民银行统一印制、发行。

中国人民银行发行新版人民币，应当将发行时间、面额、图案、式样、规格予以公告。

第十九条 禁止伪造、变造人民币。禁止出售、购买伪造、变造的人民币。禁止运输、持有、使用伪造、变造的人民币。禁止故意毁损人民币。禁止在宣传品、出版物或者其他商品上非法使用人民币图样。

第二十条 任何单位和个人不得印制、发售代币票券，以代替人民币在市场上流通。

第二十一条 残缺、污损的人民币，按照中国人民银行的规定兑换，并由中国人民银行负责收回、销毁。

第二十二条 中国人民银行设立人民币发行库，在其分支机构设立分支库。分支库调拨人民币发行基金，应当按照上级库的调拨命令办理。任何单位和个人不得违反规定，动用发行基金。

第四章　业　　务

第二十三条 中国人民银行为执行货币政策，可以运用下列货币政策工具：

（一）要求银行业金融机构按照规定的比例交存存款准备金；

（二）确定中央银行基准利率；

（三）为在中国人民银行开立账户的银行业金融机构办理再贴现；

（四）向商业银行提供贷款；

（五）在公开市场上买卖国债、其他政府债券和金融债券及外汇；

（六）国务院确定的其他货币政策工具。

中国人民银行为执行货币政策，运用前款所列货币政策工具时，可以规定具体的条件和程序。

第二十四条 中国人民银行依照法律、行政法规的规定经理国库。

第二十五条 中国人民银行可以代理国务院财政部门向各金融机构组织发行、兑付国债和其他政府债券。

第二十六条 中国人民银行可以根据需要，为银行业金融机构开立账户，但不得对银行业金融机构的账户透支。

第二十七条 中国人民银行应当组织或者协助组织银行业金融机构相互之间的清算系统，协调银行业金融机构相互之间的清算事项，提供清算服务。具体办法由中国人民银行制定。

中国人民银行会同国务院银行业监督管理机构制定支付结算规则。

第二十八条 中国人民银行根据执行货币政策的需要，可以决定对商业银行贷款的数额、期限、利率和方式，但贷款的期限不得超过一年。

第二十九条 中国人民银行不得对政府财政透支，不得直接认购、包销国债和其他政府债券。

第三十条 中国人民银行不得向地方政府、

各级政府部门提供贷款，不得向非银行金融机构以及其他单位和个人提供贷款，但国务院决定中国人民银行可以向特定的非银行金融机构提供贷款的除外。

中国人民银行不得向任何单位和个人提供担保。

第五章　金融监督管理

第三十一条　中国人民银行依法监测金融市场的运行情况，对金融市场实施宏观调控，促进其协调发展。

第三十二条　中国人民银行有权对金融机构以及其他单位和个人的下列行为进行检查监督：

（一）执行有关存款准备金管理规定的行为；

（二）与中国人民银行特种贷款有关的行为；

（三）执行有关人民币管理规定的行为；

（四）执行有关银行间同业拆借市场、银行间债券市场管理规定的行为；

（五）执行有关外汇管理规定的行为；

（六）执行有关黄金管理规定的行为；

（七）代理中国人民银行经理国库的行为；

（八）执行有关清算管理规定的行为；

（九）执行有关反洗钱规定的行为。

前款所称中国人民银行特种贷款，是指国务院决定的由中国人民银行向金融机构发放的用于特定目的的贷款。

第三十三条　中国人民银行根据执行货币政策和维护金融稳定的需要，可以建议国务院银行业监督管理机构对银行业金融机构进行检查监督。国务院银行业监督管理机构应当自收到建议之日起三十日内予以回复。

第三十四条　当银行业金融机构出现支付困难，可能引发金融风险时，为了维护金融稳定，中国人民银行经国务院批准，有权对银行业金融机构进行检查监督。

第三十五条　中国人民银行根据履行职责的需要，有权要求银行业金融机构报送必要的资产负债表、利润表以及其他财务会计、统计报表和资料。

中国人民银行应当和国务院银行业监督管理机构、国务院其他金融监督管理机构建立监督管理信息共享机制。

第三十六条　中国人民银行负责统一编制全国金融统计数据、报表，并按照国家有关规定予以公布。

第三十七条　中国人民银行应当建立、健全本系统的稽核、检查制度，加强内部的监督管理。

第六章　财务会计

第三十八条　中国人民银行实行独立的财务预算管理制度。

中国人民银行的预算经国务院财政部门审核后，纳入中央预算，接受国务院财政部门的预算执行监督。

第三十九条　中国人民银行每一会计年度的收入减除该年度支出，并按照国务院财政部门核定的比例提取总准备金后的净利润，全部上缴中央财政。

中国人民银行的亏损由中央财政拨款弥补。

第四十条　中国人民银行的财务收支和会计事务，应当执行法律、行政法规和国家统一的财务、会计制度，接受国务院审计机关和财政部门依法分别进行的审计和监督。

第四十一条　中国人民银行应当于每一会计年度结束后的三个月内，编制资产负债表、损益表和相关的财务会计报表，并编制年度报告，按照国家有关规定予以公布。

中国人民银行的会计年度自公历1月1日起至12月31日止。

第七章　法律责任

第四十二条　伪造、变造人民币，出售伪造、变造的人民币，或者明知是伪造、变造的人民币而运输，构成犯罪的，依法追究刑事责任；尚不构成犯罪的，由公安机关处十五日以下拘留、一万元以下罚款。

第四十三条　购买伪造、变造的人民币或者明知是伪造、变造的人民币而持有、使用，构成犯罪的，依法追究刑事责任；尚不构成犯罪的，由公安机关处十五日以下拘留、一万元以下罚款。

第四十四条 在宣传品、出版物或者其他商品上非法使用人民币图样的，中国人民银行应当责令改正，并销毁非法使用的人民币图样，没收违法所得，并处五万元以下罚款。

第四十五条 印制、发售代币票券，以代替人民币在市场上流通的，中国人民银行应当责令停止违法行为，并处二十万元以下罚款。

第四十六条 本法第三十二条所列行为违反有关规定，有关法律、行政法规有处罚规定的，依照其规定给予处罚；有关法律、行政法规未作处罚规定的，由中国人民银行区别不同情形给予警告，没收违法所得，违法所得五十万元以上的，并处违法所得一倍以上五倍以下罚款；没有违法所得或者违法所得不足五十万元的，处五十万元以上二百万元以下罚款；对负有直接责任的董事、高级管理人员和其他直接责任人员给予警告，处五万元以上五十万元以下罚款；构成犯罪的，依法追究刑事责任。

第四十七条 当事人对行政处罚不服的，可以依照《中华人民共和国行政诉讼法》的规定提起行政诉讼。

第四十八条 中国人民银行有下列行为之一的，对负有直接责任的主管人员和其他直接责任人员，依法给予行政处分；构成犯罪的，依法追究刑事责任：

（一）违反本法第三十条第一款的规定提供贷款的；

（二）对单位和个人提供担保的；

（三）擅自动用发行基金的。

有前款所列行为之一，造成损失的，负有直接责任的主管人员和其他直接责任人员应当承担部分或者全部赔偿责任。

第四十九条 地方政府、各级政府部门、社会团体和个人强令中国人民银行及其工作人员违反本法第三十条的规定提供贷款或者担保的，对负有直接责任的主管人员和其他直接责任人员，依法给予行政处分；构成犯罪的，依法追究刑事责任；造成损失的，应当承担部分或者全部赔偿责任。

第五十条 中国人民银行的工作人员泄露国家秘密或者所知悉的商业秘密，构成犯罪的，依法追究刑事责任；尚不构成犯罪的，依法给予行政处分。

第五十一条 中国人民银行的工作人员贪污受贿、徇私舞弊、滥用职权、玩忽职守，构成犯罪的，依法追究刑事责任；尚不构成犯罪的，依法给予行政处分。

第八章 附 则

第五十二条 本法所称银行业金融机构，是指在中华人民共和国境内设立的商业银行、城市信用合作社、农村信用合作社等吸收公众存款的金融机构以及政策性银行。

在中华人民共和国境内设立的金融资产管理公司、信托投资公司、财务公司、金融租赁公司以及经国务院银行业监督管理机构批准设立的其他金融机构，适用本法对银行业金融机构的规定。

第五十三条 本法自公布之日起施行。

第二十一章　价格法

材料导读

价格机制是市场机制的核心，市场决定价格是市场在资源配置中起决定性作用的关键。市场形成价格是社会主义市场价格体制的核心，它要求价格回到交换中去，通过市场竞争形成。绝大多数商品和服务价格要通过经营者与经营者之间、经营者与消费者之间以及消费者之间的竞争来确定。在市场竞争中，经营者的定价权实际上受着价格的支配，任何单个的经营者都不能独立地主观地决定市场价格，只能接受由市场供求关系决定的价格，并参照这一价格来不断调整生产经营方向和规模，进而引起生产要素在不同部门、不同商品之间的合理流动。市场形成价格的机制是一个内在的使价格趋向合理的自动调节机制，正是这种高度灵活、自动调节的价格形成机制，能够及时对商品经营者和消费者提供真实反映供求关系的价格信号，把有限的人、财、物等经济资源不断地以优化的配置流向社会生产的各个领域，促进生产结构与消费结构相适应，达到合理配置资源、按比例分配社会总劳动的目的。但市场形成价格是有局限性的，有时还带有一定的盲目性和滞后性。为此，国家必须对价格进行宏观调控，调控的重点是控制价格总水平，并主要通过调节供求总量去实现。对微观的具体价格，除极少数直接管理外，绝大部分不由国家直接干预，主要是通过平衡宏观总量，调节商品供求，培育和发展市场，限制垄断，促进竞争，规范和指导企业价格行为来影响价格的形成和变动。制定《价格法》增强政府调控价格能力、加强和改善宏观调控，克服和弥补市场机制的缺陷与不足，同时，规范政府本身的价格行为。

第一节　价格法概述

一、价格法的概念

价格法是规范价格关系、价格行为的法律规范总称。它既包括国家立法机关制定的价格基本法，也包括国家行政机关及其价格主管部门制定的专门的价格法规和规章。作为价格法规范对象的价格关系，是指因价格的制定、执行、监督而发生地各种社会性关系。其中，既有纵向的行政管理关系，也有平等主体之间横向的经济利益关系。价格法所规范的价格关系涉及生产、流通、消费和分配诸多领域。涉及国家、生产经营者和消费者等各方面的经济利益。

二、价格法的任务

1. 规范市场主体的价格行为，维护市场经济秩序

价格的本质和作用决定了它在市场经济中的极端重要性。由于经营者的法制观念和职业道德水平不同，经常出现各种不正当的价格行为。不正当的价格行为，妨害公共竞争，损害其他经营者和广大消费者的合法权益，扰乱市场经济秩序，危害国家整体利益。因此，价格法的首要任务就是要规范市场主体的价格行为，规定实施价格行为必须遵守的基本原则，进行价格活动应享有的权利和应当履行的义务，以及实施不正当价格行为应当承担的法律责任，将价格活动纳入法制轨道，维护正常和良好的市场经济秩序。

2. 抑制通货膨胀，维护市场经济条件下价格总水平的基本稳定

在市场经济条件下，当由于各种原因导致社会总需求大于总供给，货币发行超过商品流通领域的实际需要量时，就会发生货币贬值和商品价格大幅度上涨的通货膨胀现象。价格法作为国家对经济生活进行适度干预和实行宏观调控的重要法律手段，通过对价格的调控、管理和监督，以及对不正当价格行为的处罚和制裁，能够比较及时有效地维持市场价格秩序，防止价格的暴涨。

3. 调整价格关系，维护价格关系参与者的正当和合法权益

价格法调整价格关系的直接目的，就是要使价格关系规范化、制度化和权威化，从而使价格关系的参与者充分享有和自由行使法律赋予的各项权利。价格法调整的价格关系体现着价格关系参与者之间的权利义务关系。因此，只有这种权利义务关系依法确立和实现，才能有效地维护国家、商品生产经营者和消费者的合法权益。这也正是制定价格法的根本目的。

4. 实现宏观经济管理目标，保障国民经济持续、稳定和健康发展

价格法作为宏观经济管理法的一个重要组成部分必然要为实现宏观经济管理的整体目标服务。由于价格是市场经济的核心，是进行经济核算和调节国民收入分配和再分配的手段和工具，以调整价格关系为己任的价格法，在这方面分担的任务和所发挥的作用，显然是十分重要的。在一定意义上说，价格法的权威性和有效性，是维持正常市场经济秩序，保障国民经济稳定和健康发展的重要条件之一。

第二节　价格法律形式和价格调控措施

一、价格法律形式

所谓价格法律形式，就是根据定价主体和定价对象的不同，由法律制定或形成的价

格形态，亦即法律规定或确认的价格形式。1997 年 12 月 29 日，第八届全国人大常委会第二十九次会议通过了《中华人民共和国价格法》。该法作为我国的价格基本法，在总结以往经验的基础上，确认了在实践中行之有效的市场调节价（亦称经营者定价）、政府定价和政府指导价三种价格形式。

1. 市场调节价

市场调节价，也称为经营者定价，是指从事生产、经营商品或者提供有偿服务的法人、其他组织和个人（简称经营者，下同），通过市场竞争形成的价格。按照价格法的规定，商品价格和服务价格，除依该法规定适用政府指导价或者政府定价的以外，实行市场调节价，即由经营者依照该法自主制定，经营者自主制定价格必须在法律规定的权限范围内进行，而不能随心所欲地漫天要价。

2. 政府指导价和政府定价

价格法明确规定国家实行并逐步完善宏观经济调控下主要由市场形成价格的机制。大多数商品和服务价格实行市场调节价，极少数商品和服务价格实行政府指导价或政府定价。所谓政府指导价，是指依据价格法的规定，由政府价格管理部门或者其他有关部门，按照定价权限和范围规定基准价及其浮动幅度，指导经营者制定的价格。所谓政府定价，是指依据价格法的规定，由政府价格主管部门或者其他有关部门，按照定价权限和范围规定的价格。

为了明确各级政府在实行政府指导价和政府定价方面的职责和权限，价格法规定：政府指导价、政府定价的定价权限和具体适用范围，以中央的和地方的定价目录为依据，中央定价目录由国务院价格主管部门制定。具体来说，下列商品和服务价格，政府在必要时可以实行政府指导价或者政府定价：①与国民经济发展和人民生活关系重大的极少数商品价格；②资源稀缺的少数商品价格；③自然垄断经营的商品价格；④重要的公用事业价格；⑤重要的公益性服务价格。

二、价格调控措施

稳定市场价格总水平是国家重要的宏观经济政策目标。国家根据国民经济发展的需要和社会承受能力，确定市场价格总水平调控目标，列入国民经济和社会发展计划，并综合运用货币、财政、投资、进出口等方面的政策和措施，予以实现。除此以外，为了实现市场价格总水平的稳定，价格法还具体规定了以下几项调控措施。

1. 建立重要商品储备制度，设立价格调节基金

为了国家与人民整体的长远利益，政府应当根据价格法的规定，建立起比较健全的重要商品储备制度和设立价格调节基金。设立价格调节基金的目的也在于平抑市场物价，避免或缓解商品价格出现反常和较大波动带来的冲击。

2. 建立价格监测制度

价格法规定政府价格主管部门应当建立价格监测制度，对重要商品、服务价格的变动进行监测。只有通过科学的方法，对重要商品和服务价格的变动进行必要的和经常性的监测，才能获得准确的有价值的价格信息、资料和有数据。这是政府及时对价格采取

必要、正确的调控措施的基础和前提。

3. 对主要农产品实行保护价格

1993 年 7 月公布实施的《中华人民共和国农业法》已经明确规定“国家对粮食、食品等关系到国计民生的重要农产品实行保护价收购制度”。为了防止谷贱伤农，保护农民的生产积极性，稳定和保障农产品市场供给，价格法进一步规定：“政府在粮食等重要农产品的市场购买价格过低时，可以在收购中实行保护价格，并采取相应的经济措施保证其实现。”依法对重要农产品实行保护价格的制度，具有十分重要的意义。

4. 政府可以对部分价格采取的干预措施

由于政治、经济和自然灾害等多方面的原因，一些重要商品和服务价格，也有可能发生突发性显著上涨和下跌。如果发生这种情况，就会导致人民群众生活水平的下降和社会秩序紊乱，影响社会的稳定和妨碍国民经济的发展。因此，价格法规定当重要商品和服务价格显著上涨或者有可能显著上涨，国务院和省、自治区、直辖市人民政府可以对部分价格采取限定差价率或者利润率、规定限价、实行提价申报制度和调控商品供求关系，抑制市场价格的过大波动。通过规定临时性的最高限价和最低限价，可以控制价格因非常原因而出现的暴涨或暴跌，以保护消费者和经营者的正当利益。通过实行提价申报制度对提价和调价的合法性、合理性和适时性进行审查和监控，有利于稳定市场价格总水平。

5. 国务院可以采取的紧急措施

在一般情况下，国家通过政策和法律措施能够保证市场价格总水平的稳定和基本稳定，而不会出现异常和巨大的波动。但是，也不能完全排除由于战争、自然灾害、通货膨胀等原因引起的市场价格总水平突发性的剧烈波动。因此，价格法规定：“当市场价格总水平出现剧烈波动等异常状态时，国务院可以在全国范围内或者部分区域内采取临时集中定价、部分或全面冻结价格的紧急措施。”当依法实行紧急措施的情形消除后，应当及时解除紧急措施，恢复正常秩序。

第三节　价格法的实施

只有不折不扣地将价格法付诸实施，才能达到规范价格行为，发挥价格合理配置资源的作用，稳定市场价格总水平，保护消费者和经营者的合法权益，促进社会主义市场经济健康发展的根本目的。否则，价格法再好，也难以发挥作用。为了认真实施价格法，必须做好多方面的工作。

一、政府和有关部门依法履行职责的权限

国务院价格主管部门负责全国的价格工作，国务院其他有关部门在各自的职责范围内负责有关的价格工作。县级以上地方各级人民政府价格主管部门负责行政区域内的价格工作。县级以上地方各级人民政府其他有关部门在各自的职责范围内负责有关的价格

工作。价格法还规定了政府在价格总水平调控方面采取干预措施和紧急措施的权力，以及进行价格监督检查的权力。法律赋予了政府及其价格主管部门和其他有关部门在价格管理、调控、监督检查方面的权力，各级政府及其价格主管部门和其他有关部门，以及在这些部门工作的价格工作人员，要带头认真执法，严格依法履行自己的职责和正确行使法律赋予的权力，是实施价格法的重要条件和根本保证。如果滥用职权实施违法行为，必须承担相应的法律责任。

二、严格执行价格监督检查制度

为了规范价格行为和维护市场秩序，《中华人民共和国价格法》（以下简称《价格法》）规定了必要的价格监督检查制度。按照规定，县以上各级人民政府价格主管部门，依法对价格活动进行监督检查，并依照本法的规定对价格违法行为实施行政处罚。除了政府价格主管部门实施的监督检查外，《价格法》还规定消费者组织、职工价格监督组织、居民委员会、村民委员会等组织以及消费者有权对价格行为进行社会监督。新闻单位有权进行价格舆论监督。政府价格主管部门应当充分发挥群众的价格监督作用，建立对价格违法行为的举报制度，以便形成专业监督、社会监督、企业内部监督和舆论监督相结合的价格监督检查机制和网络，动员社会各方面的力量，把价格监督检查工作做好。

三、依法严格处罚价格违法行为

《价格法》明确规定经营者不执行政府指导价、政府定价以及法定的价格干预措施、紧急措施的、责令改正，没收非法所得，可以并处违法所得五倍以下的罚款。没有违法所得的，可以处以罚款；情节严重的，责令停业整顿。在总结多年来价格立法与相关立法（如《消费者权益保护法》、《反不正当竞争法》等）和执法实践经验的基础上，根据当前市场价格活动特点和价格违法行为的表现形式，《价格法》有针对性地规定了处罚价格违法的方法和手段，依法认真查处各种违法行为，这是建立严格违法责任制度和维护市场价格秩序的必然条件与根本保证。

四、健全价格法律体系，为严格执行提供充分的法律依据

《价格法》作为国家的价格基本法，它明确了价格立法的宗旨和指导思想，规定了建立国家宏观经济调控下主要由市场形成价格的机制，确定了三种法定价格形式，规定了经营者定价的基本原则和制定政府指导价、政府定价的基本原则，以及调控价格总水平的措施，价格监督检查制度和价格法律责任制度。这都是价格法的基本问题和基本制度。但是，这些规定一般都比较原则和概括，具体执行起来，不易操作和落实。因此，为了将《价格法》的各项规定和制度付诸实施，必须在《价格法》的基础上，制定该法的实施条例和一批配套法规和规章。只有建立起以《价格法》为核心的比较完备的

价格法律体系，才能给严格的价格执法创造有利条件和提供充分的法律依据，从而使价格执法工作规范化和制度化，为社会主义市场经济的健康发展，创造一个良好的环境。

案例探讨

案例1：某摄影彩扩有限公司打出"×××数码冲印大减价，0.58元/张"、"×××数码冲印送数码相机包摄像机包（办会员卡）"的广告。之后，相关单位的经营者及摄影行业协会人员等11人，以摄影行业协会的名义，在某会议室召开会议，针对"×××数码冲印大减价，0.58元/张"的广告及数码冲印价格进行协调。会议最后形成了"门市价要求基本统一，每张价格不低于0.70元"等6条"彩扩经营制度"，其中6家单位的经营者在"彩扩经营制度"上签了名。不久，在市区城南桥西侧的"×××数码冲印大减价，0.58元/张"广告牌被更换为"×××数码冲印送数码相机包摄像机包（办会员卡）"。

案例2：某购物有限公司金华分公司在实行临时价格干预措施期间，于2008年1月31日、3月1日两次调高蒙牛纯牛奶的销售价格，不同包装规格的调价幅度分别为16.7%、25%和8%。其间，该单位曾向物价局报送调价备案报告，但由于未提供合法、有效的进货凭证，市物价局当即退还并要求其补齐资料重新备案。但该单位未按规定要求重新予以调价备案。2008年3月2日，该分公司将煮煮乐菜籽油销售价格从67.8元/瓶调高至75元/瓶，调价幅度为10.6%，未按规定履行调价备案。

问以上案例分别违反了价格法哪方面的规定，该如何处理？

法律链接

中华人民共和国价格法

（1997年12月29日第八届全国人民代表大会常务委员会第二十九次会议通过，1997年12月29日中华人民共和国主席令第九十二号公布，自1998年5月1日起施行）

第一章　总　　则

第一条　为了规范价格行为，发挥价格合理配置资源的作用，稳定市场价格总水平，保护消费者和经营者的合法权益，促进社会主义市场经济健康发展，制定本法。

第二条　在中华人民共和国境内发生的价格行为，适用本法。

本法所称价格包括商品价格和服务价格。

商品价格是指各类有形产品和无形资产的价格。

服务价格是指各类有偿服务的收费。

第三条　国家实行并逐步完善宏观经济调控下主要由市场形成价格的机制。价格的制定应当符合价值规律，大多数商品和服务价格实行市场调节价，极少数商品和服务价格实行政府指导价或者政府定价。

市场调节价，是指由经营者自主制定，通过市场竞争形成的价格。

本法所称经营者是指从事生产、经营商品或者提供有偿服务的法人、其他组织和个人。

政府指导价，是指依照本法规定，由政府价格主管部门或者其他有关部门，按照定价权限和范围规定基准价及其浮动幅度，指导经营者制定的价格。

政府定价，是指依照本法规定，由政府价格

主管部门或者其他有关部门，按照定价权限和范围制定的价格。

第四条 国家支持和促进公平、公开、合法的市场竞争，维护正常的价格秩序，对价格活动实行管理、监督和必要的调控。

第五条 国务院价格主管部门统一负责全国的价格工作。国务院其他有关部门在各自的职责范围内，负责有关的价格工作。

县级以上地方各级人民政府价格主管部门负责本行政区域内的价格工作。县级以上地方各级人民政府其他有关部门在各自的职责范围内，负责有关的价格工作。

第二章 经营者的价格行为

第六条 商品价格和服务价格，除依照本法第十八条规定适用政府指导价或者政府定价外，实行市场调节价，由经营者依照本法自主制定。

第七条 经营者定价，应当遵循公平、合法和诚实信用的原则。

第八条 经营者定价的基本依据是生产经营成本和市场供求状况。

第九条 经营者应当努力改进生产经营管理，降低生产经营成本，为消费者提供价格合理的商品和服务，并在市场竞争中获取合法利润。

第十条 经营者应当根据其经营条件建立、健全内部价格管理制度，准确记录与核定商品和服务的生产经营成本，不得弄虚作假。

第十一条 经营者进行价格活动，享有下列权利：

（一）自主制定属于市场调节的价格；

（二）在政府指导价规定的幅度内制定价格；

（三）制定属于政府指导价、政府定价产品范围内的新产品的试销价格，特定产品除外；

（四）检举、控告侵犯其依法自主定价权利的行为。

第十二条 经营者进行价格活动，应当遵守法律、法规，执行依法制定的政府指导价、政府定价和法定的价格干预措施、紧急措施。

第十三条 经营者销售、收购商品和提供服务，应当按照政府价格主管部门的规定明码标价，注明商品的品名、产地、规格、等级、计价单位、价格或者服务的项目、收费标准等有关情况。

经营者不得在标价之外加价出售商品，不得收取任何未予标明的费用。

第十四条 经营者不得有下列不正当价格行为：

（一）相互串通，操纵市场价格，损害其他经营者或者消费者的合法权益；

（二）在依法降价处理鲜活商品、季节性商品、积压商品等商品外，为了排挤竞争对手或者独占市场，以低于成本的价格倾销，扰乱正常的生产经营秩序，损害国家利益或者其他经营者的合法权益；

（三）捏造、散布涨价信息，哄抬价格，推动商品价格过高上涨的；

（四）利用虚假的或者使人误解的价格手段，诱骗消费者或者其他经营者与其进行交易；

（五）提供相同商品或者服务，对具有同等交易条件的其他经营者实行价格歧视；

（六）采取抬高等级或者压低等级等手段收购、销售商品或者提供服务，变相提高或者压低价格；

（七）违反法律、法规的规定牟取暴利；

（八）法律、行政法规禁止的其他不正当价格行为。

第十五条 各类中介机构提供有偿服务收取费用，应当遵守本法的规定。法律另有规定的，按照有关规定执行。

第十六条 经营者销售进口商品、收购出口商品，应当遵守本章的有关规定，维护国内市场秩序。

第十七条 行业组织应当遵守价格法律、法规，加强价格自律，接受政府价格主管部门的工作指导。

第三章 政府的定价行为

第十八条 下列商品和服务价格，政府在必要时可以实行政府指导价或者政府定价：

（一）与国民经济发展和人民生活关系重大的极少数商品价格；

（二）资源稀缺的少数商品价格；

（三）自然垄断经营的商品价格；

（四）重要的公用事业价格；

（五）重要的公益性服务价格。

第十九条 政府指导价、政府定价的定价权限和具体适用范围，以中央的和地方的定价目录为依据。

中央定价目录由国务院价格主管部门制定、修订，报国务院批准后公布。

地方定价目录由省、自治区、直辖市人民政府价格主管部门按照中央定价目录规定的定价权限和具体适用范围制定，经本级人民政府审核同意，报国务院价格主管部门审定后公布。

省、自治区、直辖市人民政府以下各级地方人民政府不得制定定价目录。

第二十条 国务院价格主管部门和其他有关部门，按照中央定价目录规定的定价权限和具体适用范围制定政府指导价、政府定价；其中重要的商品和服务价格的政府指导价、政府定价，应当按照规定经国务院批准。

省、自治区、直辖市人民政府价格主管部门和其他有关部门，应当按照地方定价目录规定的定价权限和具体适用范围制定在本地区执行的政府指导价、政府定价。

市、县人民政府可以根据省、自治区、直辖市人民政府的授权，按照地方定价目录规定的定价权限和具体适用范围制定在本地区执行的政府指导价、政府定价。

第二十一条 制定政府指导价、政府定价，应当依据有关商品或者服务的社会平均成本和市场供求状况、国民经济与社会发展要求以及社会承受能力，实行合理的购销差价、批零差价、地区差价和季节差价。

第二十二条 政府价格主管部门和其他有关部门制定政府指导价、政府定价，应当开展价格、成本调查，听取消费者、经营者和有关方面的意见。

政府价格主管部门开展对政府指导价、政府定价的价格、成本调查时，有关单位应当如实反映情况，提供必需的账簿、文件以及其他资料。

第二十三条 制定关系群众切身利益的公用事业价格、公益性服务价格、自然垄断经营的商品价格等政府指导价、政府定价，应当建立听证会制度，由政府价格主管部门主持，征求消费者、经营者和有关方面的意见，论证其必要性、可行性。

第二十四条 政府指导价、政府定价制定后，由制定价格的部门向消费者、经营者公布。

第二十五条 政府指导价、政府定价的具体适用范围、价格水平，应当根据经济运行情况，按照规定的定价权限和程序适时调整。

消费者、经营者可以对政府指导价、政府定价提出调整建议。

第四章　价格总水平调控

第二十六条 稳定市场价格总水平是国家重要的宏观经济政策目标。国家根据国民经济发展的需要和社会承受能力，确定市场价格总水平调控目标，列入国民经济和社会发展计划，并综合运用货币、财政、投资、进出口等方面的政策和措施，予以实现。

第二十七条 政府可以建立重要商品储备制度，设立价格调节基金，调控价格，稳定市场。

第二十八条 为适应价格调控和管理的需要，政府价格主管部门应当建立价格监测制度，对重要商品、服务价格的变动进行监测。

第二十九条 政府在粮食等重要农产品的市场购买价格过低时，可以在收购中实行保护价格，并采取相应的经济措施保证其实现。

第三十条 当重要商品和服务价格显著上涨或者有可能显著上涨，国务院和省、自治区、直辖市人民政府可以对部分价格采取限定差价率或者利润率、规定限价、实行提价申报制度和调价备案制度等干预措施。

省、自治区、直辖市人民政府采取前款规定的干预措施，应当报国务院备案。

第三十一条 当市场价格总水平出现剧烈波动等异常状态时，国务院可以在全国范围内或者部分区域内采取临时集中定价权限、部分或者全面冻结价格的紧急措施。

第三十二条 依照本法第三十条、第三十一条的规定实行干预措施、紧急措施的情形消除后，应当及时解除干预措施、紧急措施。

第五章　价格监督检查

第三十三条 县级以上各级人民政府价格主

管部门，依法对价格活动进行监督检查，并依照本法的规定对价格违法行为实施行政处罚。

第三十四条 政府价格主管部门进行价格监督检查时，可以行使下列职权：

（一）询问当事人或者有关人员，并要求其提供证明材料和与价格违法行为有关的其他资料；

（二）查询、复制与价格违法行为有关的账簿、单据、凭证、文件及其他资料，核对与价格违法行为有关的银行资料；

（三）检查与价格违法行为有关的财物，必要时可以责令当事人暂停相关营业；

（四）在证据可能灭失或者以后难以取得的情况下，可以依法先行登记保存，当事人或者有关人员不得转移、隐匿或者销毁。

第三十五条 经营者接受政府价格主管部门的监督检查时，应当如实提供价格监督检查所必需的账簿、单据、凭证、文件以及其他资料。

第三十六条 政府部门价格工作人员不得将依法取得的资料或者了解的情况用于依法进行价格管理以外的任何其他目的，不得泄露当事人的商业秘密。

第三十七条 消费者组织、职工价格监督组织、居民委员会、村民委员会等组织以及消费者，有权对价格行为进行社会监督。政府价格主管部门应当充分发挥群众的价格监督作用。

新闻单位有权进行价格舆论监督。

第三十八条 政府价格主管部门应当建立对价格违法行为的举报制度。

任何单位和个人均有权对价格违法行为进行举报。政府价格主管部门应当对举报者给予鼓励，并负责为举报者保密。

第六章　法律责任

第三十九条 经营者不执行政府指导价、政府定价以及法定的价格干预措施、紧急措施的，责令改正，没收违法所得，可以并处违法所得五倍以下的罚款；没有违法所得的，可以处以罚款；情节严重的，责令停业整顿。

第四十条 经营者有本法第十四条所列行为之一的，责令改正，没收违法所得，可以并处违法所得五倍以下的罚款；没有违法所得的，予以警告，可以并处罚款；情节严重的，责令停业整顿，或者由工商行政管理机关吊销营业执照。有关法律对本法第十四条所列行为的处罚及处罚机关另有规定的，可以依照有关法律的规定执行。

有本法第十四条第（一）项、第（二）项所列行为，属于是全国性的，由国务院价格主管部门认定；属于是省及省以下区域性的，由省、自治区、直辖市人民政府价格主管部门认定。

第四十一条 经营者因价格违法行为致使消费者或者其他经营者多付价款的，应当退还多付部分；造成损害的，应当依法承担赔偿责任。

第四十二条 经营者违反明码标价规定的，责令改正，没收违法所得，可以并处五千元以下的罚款。

第四十三条 经营者被责令暂停相关营业而不停止的，或者转移、隐匿、销毁依法登记保存的财物的，处相关营业所得或者转移、隐匿、销毁的财物价值一倍以上三倍以下的罚款。

第四十四条 拒绝按照规定提供监督检查所需资料或者提供虚假资料的，责令改正，予以警告；逾期不改正的，可以处以罚款。

第四十五条 地方各级人民政府或者各级人民政府有关部门违反本法规定，超越定价权限和范围擅自制定、调整价格或者不执行法定的价格干预措施、紧急措施的，责令改正，并可以通报批评；对直接负责的主管人员和其他直接责任人员，依法给予行政处分。

第四十六条 价格工作人员泄露国家秘密、商业秘密以及滥用职权、徇私舞弊、玩忽职守、索贿受贿，构成犯罪的，依法追究刑事责任；尚不构成犯罪的，依法给予处分。

第七章　附　　则

第四十七条 国家行政机关的收费，应当依法进行，严格控制收费项目，限定收费范围、标准。收费的具体管理办法由国务院另行制定。

利率、汇率、保险费率、证券及期货价格，适用有关法律、行政法规的规定，不适用本法。

第四十八条 本法自 1998 年 5 月 1 日起施行。

参考文献

[1] 赵威．经济法（第五版）．北京：中国人民大学出版社，2014.
[2] 刘文华．经济法（第四版）．北京：中国人民大学出版社，2012.
[3] 史际春．经济法（第三版）．北京：中国人民大学出版社，2015.
[4] 胡智强．经济法（第二版）．北京：清华大学出版社，2014.
[5] 屈茂辉，郭哲．经济法律通论．北京：中国人民大学出版社，2013.
[6] 白冬．经济法．北京：中国人民大学出版社，2012.
[7] 岳彩申，卢云华．经济法实务教程．北京：中国人民大学出版社，2012.
[8] 范亚东，王宏宇．经济法概论．北京：中国人民大学出版社，2014.
[9] 宋彪．经济法概论（第四版）．北京：中国人民大学出版社，2014.
[10] 江平．物权法．北京：法律出版社，2009.
[11] 杨立新．民法总论．北京：高等教育出版社，2007.
[12] 刘春田．知识产权法（第五版）．北京：中国人民大学出版社，2014.
[13] 李昌麒．经济法（第二版）．北京：清华大学出版社，2012
[14] 葛恒云，赵伯祥．经济法．北京：机械工业出版社，2014.
[15] 刘大洪．经济法．北京：中国人民大学出版社，2015.
[16] 殷洁．经济法（第四版）．北京：法律出版社，2014.
[17] 赵紫烜，徐杰．经济法学（第七版）．北京：北京大学出版社，2015.
[18] 顾功耘．经济法教程（第三版）．上海：上海人民出版社，2013.
[19] 沈乐平．经济法教程．北京：清华大学出版社，2014.
[20] 王卫国．银行法学．北京：法律出版社，2011.
[21] 熊伟．财政法基本问题．北京：北京大学出版社，2012.
[22] 张守文．税法原理（第六版）．北京：北京大学出版社，2012.
[23] 刘志云．银行法学．厦门：厦门大学出版社，2013.
[24] 施天涛．公司法论（第三版）．北京：法律出版社，2014.
[25] 李建伟．公司法学（第三版）．北京：中国人民大学出版社，2014.
[26] 刘剑文．财税法——原理、案例与材料（第二版）．北京：北京大学出版社，2015.
[27] 李晗．银行法判例与制度研究．北京：法律出版社，2015.
[28] 朱大旗．金融法（第三版）．北京：中国人民大学出版社，2015.
[29] 刘俊海．现代公司法（第三版 上下册）．北京：法律出版社，2015.
[30] 石光乾．经济法．北京：清华大学出版社，2014.